Aloys Pichler

Die wahren Hindernisse und die Grundbedingungen einer durchgreifenden Reform der katholischen Kirche

zunächst in Deutschland

Aloys Pichler

Die wahren Hindernisse und die Grundbedingungen einer durchgreifenden Reform der katholischen Kirche
zunächst in Deutschland

ISBN/EAN: 9783742848215

Hergestellt in Europa, USA, Kanada, Australien, Japan

Cover: Foto ©Lupo / pixelio.de

Manufactured and distributed by brebook publishing software (www.brebook.com)

Aloys Pichler

Die wahren Hindernisse und die Grundbedingungen einer durchgreifenden Reform der katholischen Kirche

Die wahren Hindernisse und die Grundbedingungen

einer durchgreifenden Reform

der

katholischen Kirche

zunächst in Deutschland

erörtert von

Dr. A. Pichler,

Oberbibliothekar der kaiserlichen öffentlichen Bibliothek in St. Petersburg
und Mitglied der Academie der Wissenschaften in München.

> „Nur der will wirklich einen Zweck, der auch die
> Mittel will und sein Wollen durch die That kundgibt."
> Döllinger, Vergangenheit und Gegenwart
> der kath. Theologie. S. 24.

Leipzig,
Fues's Verlag (R. Reisland).
1870.

Vorwort.

Die vorliegende Schrift will kein Beitrag zur ohnehin schon so reichen Concils-Literatur sein, obwohl ihre Entstehung allerdings mit diesem hochwichtigen Ereignisse innig zusammenhängt. Denn wie jedes der bisherigen sogenannten allgemeinen Concilien eine mehr oder minder umfassende Veränderung in den Zuständen der ganzen christlichen Welt zur Folge hatte, so wird eine ähnliche Umgestaltung der kirchlich-staatlichen Verhältnisse, sei es nun zum Besseren oder zum Schlechteren, auch mit dem gegenwärtigen, für öcumenisch gelten wollenden, Concil ohne allen Zweifel verbunden sein. In der Ueberzeugung von der großen Bedeutsamkeit, welche einer solchen General-Versammlung der römisch-katholischen Bischöfe auch noch in unserer Zeit, ja vielleicht gerade in der jetzigen in einem weit höherem Grade als jemals in einer früheren, zukömmt, ist ja auch die allgemeine Aufmerksamkeit begründet, welche wir von Seite aller ernst gesinnten Menschen diesem Concil zugewendet sehen. Nur gedankenlose Oberflächlichkeit kann über die Wichtigkeit der Sache sich täuschen.

An erster Stelle ist es Gewissenspflicht der katholischen Theologen, das heißt, nicht etwa blos der öffentlichen Lehrer der katholischen Religionswissenschaft, sondern Aller Derjenigen, welche die Vorsehung zu einer gründlichen und allseitigen Prüfung des gesammten römisch-katholischen Kirchenthums befähigt und angeleitet hat, also sowohl der Theologen cum cathedra als sine cathedra, die Resultate ihrer Untersuchungen über die Beschaffenheit der Grundlagen ihrer Kirche, sowie der Mängel oder Bedürfnisse derselben, offen und freimüthig vor aller Welt, besonders vor den Genossen der eigenen Religionsgesellschaft, rückhaltlos und unmißverständlich darzulegen, nicht als sollte der eigenen Privatansicht irgend eine für Andere normirende Geltung vindicirt werden, sondern um einerseits die Pflicht der Nächstenliebe gegen Diejenigen zu erfüllen, welche durch anderweitige Berufsgeschäfte an eingehenderer Prüfung ihres Glaubens, wie die kirchliche Autorität ihn vorschreibt, und die staatliche Obrigkeit ihn mehr oder minder strenge einschärft, verhindert sind, und andererseits das eigene Verhalten zu rechtfertigen, welches sie als Männer von religiöser und wissenschaftlicher Ueberzeugung den Bestimmungen einer solchen gesetzgebenden Kirchenversammlung gegenüber einnehmen zu müssen sich für verpflichtet erachten würden.

Bisher ist dieß noch von keinem einzigen katholischen Theologen offen geschehen. Man hat allerdings in Journalartikeln und Broschüren theilweise, wie namentlich der Janus, mit aller, beinahe zu heftigen, Energie gegen die beabsichtigte Dogmatisirung des Syllabus und der Unfehlbarkeit des Papstes sich erklärt; aber kein katholischer Theologe hat dieß mit seinem Namen gethan, und alle, auch der Janus, haben das Concil, welches ja diese, seiner Ansicht nach uralten, Dogmen vorschreiben wird, ausdrücklich als unfehlbaren, allgemein verpflichtenden Glaubensrichter anerkannt, so daß jenen verschämten und vermummten Liberalen nichts übrig bleiben wird, als, nachdem sie A gesagt, auch B zu sagen.

Der Verfasser dieser Schrift, welcher zu den katholischen Theologen sine cathedra gehört, und schon darum selbstverständlich seine Ansicht Niemandem als einen Ausspruch ex cathedra hinzustellen gedenkt, ist aber fest entschlossen, seinen Ueberzeugungen, wie vorliegendes Buch sie in mehr aphoristischer als systematischer Gestalt, mehr in zwangloser, ganz ursprünglicher Gedankenreihe als in künstlerischer Form enthält, auch praktische Folge zu geben, und eine kirchliche Gemeinschaft zu verlassen, welcher er ohne Verletzung seines Gewissens nicht mehr angehören könnte, wenn nicht, wozu freilich überaus geringe Wahrscheinlichkeit vorhanden ist, statt neuer Dogmen vielmehr eine umfassende Reform im Sinne voller Anerkennung alles Religiösen und Christlichen auch außerhalb der römisch-katholischen Kirche, nicht blos in der pharisäischen Weise der Theorie des „unüberwindlichen Irrthums", wenigstens angebahnt wird, wie der ganze Stand unserer Zeitbildung, Wissenschaft und Erfahrung Solches auf das Dringendste fodert. Ob die Unfehlbarkeit des Papstes und der Syllabus dogmatisirt werden oder nicht, ist hiefür in der Hauptsache ganz gleichgültig, namentlich wenn die tridentinischen Anathemen aufs Neue befestigt werden.

Man wird von dieser Schrift noch in höherem Grade sagen müssen, was ein verehrter Beurtheiler meiner „Theologie des Leibniz" bemerkt hat, daß nämlich der Verfasser ganz in der Sache sei. Sie ist mir in der That die heiligste Angelegenheit des Gewissens und des Lebens. Was ich von ultramontaner Seite zu erwarten haben werde, das weiß ich im Voraus. Wenn diese Partei, wie der gemäßigte und edle Warnkönig bereits hervorgehoben hat, schon seit 1848 „so schroff geworden ist, daß sie über Alle den Stab bricht, die sich ihr nicht ganz und gar unterwerfen, und keine, auch noch so wohlgemeinte Opposition duldet, sondern theils durch Todtschweigen, theils durch gehässige Angriffe, namentlich durch den Vorwurf der Unkirchlichkeit, die Schriftsteller zu vernichten sucht, die es wagen, ihrer extremen Richtung entgegenzutren":[1] dann läßt sich denken, mit welcher höhnischen Verachtung dieselbe bei ihrer gegenwärtigen Siegeszuversicht eine solche Kundgebung eines durch ihren Einfluß aus dem ganzen deutschen Vaterlande Verbannten empfangen werde.

Der Bischof Ketteler hat zwar im Jahr 1866 bemerkt: „Es geht ein so ernster Geist durch den ganzen Priesterstand, daß wir darin die Absicht Gottes nicht verkennen können".[2] Was unter diesem „ernsten" Geiste, den die heutigen Bischöfe an dem Clerus mit Freuden gewahren, zu verstehen sei, ist männiglich bekannt. Es ist die geistlose blinde Unterwerfung, die allgemeine Erlahmung des moralischen Muthes, worüber ein wahrhaft ernstgesinnter Mann sich nicht freuen, sondern vielmehr weinen sollte. Was würden die Athanasius, die Origenes, die Cyprian, die Augustin über den heutigen Katholicismus und seine Verdammung der anderen christlichen Kirchen gesagt haben? Was es mit jenem Ernste, der durch den ganzen heutigen katholischen Priesterstand gehe, für eine Bewandtniß habe, bekennt ja Ketteler selbst durch die Klage, daß es selbst in Deutschland

---

[1] In der Kritischen Vierteljahrsschrift von Pözl. München 1860, II, 387.
[2] Deutschland nach dem Kriege von 1866. Mainz 1867. S. 188.

„fast keine Träger der katholischen Wissenschaft mehr gebe".¹ Wenn Ketteler und seine bischöflichen Collegen nur ein wenig „ernst" nachdenken, so werden sie die Ursache davon leicht finden. Der Prälat Ullmann, ein im besten Sinne ernst gesinnter und auf Pflege eines wahrhaft ernsten Geistes bei dem Clerus, zunächst dem evangelischen, bedachter Mann, hat schon vor zwanzig Jahren treffend gesagt: „Will man Wissenschaft und eine würdige Vertretung des eigenen Volkes auf ihrem Gebiete, so muß man auch Männer wollen, die sich ihr ganz und mit voller Hingebung widmen."² Männer sagen aber ihrer Natur nach vor Allem den Oberen die Wahrheit, welche gegenwärtig Niemand weniger als die Hierarchen, und am Allerwenigsten von Seite eines Priesters und katholischen Theologen, die nur ernst schweigen oder heucheln sollen, vertragen kann. Der Theologe, der mit der Wissenschaft Ernst macht, muß mit dem Unfehlbarkeitswahn ganz brechen, was aber in den Augen des heutigen Episcopates das schwerste Verbrechen ist. Denn <u>der</u> Katholicismus, von welchem vor fünfzig Jahren Franz Baader an Passavant schrieb, daß er „in den Protestantismus hinüberdufte" und „der bessere Geist des versteinerten Katholicismus sei",³ hat heutzutage, wo doch der Protestantismus in weit vorzüglicherer Gestalt als damals uns gegenübersteht, auch unter den deutschen Bischöfen keinen Freund und Vertreter mehr. Eben darum wird auch kein deutscher Bischof dem Verfasser vorliegender Schrift einen „ernsten Geist" zuge-

---

[1] S. 195.
[2] Theologie, Theologen und Geistliche zu dieser Zeit: Studien und Kritiken. Bd. 22. (1849) S. 10.
[3] J. K. Passavant. Ein christliches Charakterbild. Frankfurt 1867. S. 106.

stehen, sondern vielmehr alles Andere. Diese Voraussicht konnte mich aber, gerade weil ich ganz der Wissenschaft mit voller Hingebung dienen will, nicht abhalten, mit männlichem Ernste auch bezüglich der Bischöfe die Wahrheit zu sagen. Ich erinnerte mich wohl, daß schon Heinrich Ewald den Rath gegeben, es solle ein weiser Mann dieselben lieber ganz in Ruhe lassen, „bis das Uebermaß von Uebeln, welche sie anstifteten, sich endlich an ihnen rächen werde";[1] allein ich weiß mich doch in Uebereinstimmung mit Einem, und zwar demjenigen der deutschen Bischöfe, unter dessen Leitung und Unterstützung ich selbst meine Jugendbildung während dreizehn Jahren empfangen habe, des Bischofs Heinrich von Passau. „Arme, beweinenswerthe katholische Kirche Deutschlands und Bayerns!" ruft er aus, „die wahnsinnige Parteiwuth deiner vermeintlichen Gönner wird nicht ruhen, bis sie der katholischen Kirche Deutschlands und Bayerns das traurigste Schicksal bereitet haben wird!"[2] Möchte nur diese Ueberzeugung nicht blos eine momentane Aufwallung eines persönlich verletzten Gemüthes, sondern das Ergebniß ernster Prüfung und eigener Gewissenserforschung sein!

Nicht an die Ultramontanen und nicht an das Episcopat ist also meine Schrift gerichtet, sondern an alle Diejenigen, welche in dem Unfehlbarkeitswahn als Träger oder Vertheidiger desselben noch nicht vollständig verknöchert sind oder unter dem Eindrucke seiner so klar zu Tage liegenden Wirkungen an der Richtigkeit jenes Dogmas bereits zu zweifeln begonnen haben. Derer ist, wie es mir scheint und wie Jeder annehmen muß, der nicht an das Abhanden-

---

[1] Letztes Sendschreiben an die päpstlichen Bischöfe und Erzbischöfe in Deutschland: Jahrbücher der bibl. Wiss. IX, (1858) S. 293.
[2] Allg. Zeitung 1869, Nr. 320, am 6. November.

kommen des gesunden Sinnes bei den Katholiken glaubt, keine geringe Zahl, und sie ist namentlich in Deutschland mit jedem Tage im raschen Zunehmen begriffen; besonders auch ein nicht kleiner Theil jüngerer Männer des Clerus scheint mir dazu zu gehören. Und wie wäre es auch anders möglich, wenn sie die gefeiertsten ihrer bejahrten Lehrer selbst wankend werden und in den wichtigsten Punkten, wenn auch verschämt, ihre Decennien lang eifrigst vertheidigten Ansichten wechseln sehen! Der „ernste Geist" würde freilich ein ganz offenes Bekenntniß von Letzteren verlangen; doch wir sind alle nun einmal schwache Menschen und schrecken vor jeder Selbstanklage zurück. In der Jugend ist die Bekehrung noch leichter.

Es ist ja doch nicht anzunehmen, daß der confessionelle Parteigeist auch den unbefangenen Blick der jüngeren Generation, trotz aller künstlichen Pädagogik, schon derart verkehrt habe, daß nicht doch bei der Betrachtung der thatsächlichen Wirklichkeit die Behauptung, es besitze nur der römische Katholicismus die Eigenschaften und Merkmale der wahren christlichen Kirche, als mindestens sehr übertrieben sich darstellen sollte. Ich habe nur mit einigen allgemeinen Zügen auf das Absurde jener, heute noch ganz allgemeinen, katholischen Lehre hingewiesen. Erst jüngst hat wieder Pressensé bemerkt, man müsse im Hinblick auf den radicalen Gegensatz, der gegenwärtig zwischen der liberalen und ultramontanen Partei der Katholiken bestehe, nicht über die Einheit der katholischen Kirche sich wundern, die eine Fabel sei, sondern vielmehr darüber staunen, daß man in Mitte so eclatanter Spaltungen von Einheit derselben auch nur zu reden wage.[1] Man könnte etwa ent-

---
[1] De l'état du catholicisme en France à la veille du concile oecuménique de 1869: Revue chrétienne. Octobre 1869. p. 609.

gegnen, es seien ja die verschiedenen Richtungen, die Dupanloup, Maret und Veuillot, die Döllinger, Feßler und Moufang, doch Alle in der Anerkennung eines öcumenischen Concils als höchster Instanz in allen allgemeinen Angelegenheiten der Kirche vorläufig, ehe der Papst noch für allein unfehlbar erklärt ist und das Episcopat sich an seinen Triumphwagen wird gespannt haben, einig. Aber auch diese Einheit in der fundamentalsten aller Fragen ist rein illusorisch, weil die Ansichten über die Bedingungen eines wirklich öcumenischen Concils weit auseinander gehen. Es ist höchste Zeit, daß die gebildeten und gelehrten Laien unter den Katholiken die Augen öffnen, um der unwürdigen Sklaverei sich bewußt zu werden, in welcher sie durch den Clerus und die Theologen gehalten sind. Noch weit gefährlicher als der von der katholischen Hierarchie gerade in jüngster Zeit auch in Deutschland so offen protegirte Aberglaube, gegen welchen, wie jüngst Henry Martin bemerkt hat, die Vertheidiger der Vernunft, der Wissenschaft und der Religion als gegen ihren gemeinsamen Feind sich verbünden sollten,[1] ist der Unfehlbarkeitsglaube. Die vermeintlichen guten Wirkungen desselben zur Niederhaltung der Massen werden heutzutage, abgesehen davon, daß jenes Mittel einen groben Betrug, eine schwere Verletzung der Nächstenliebe und der Ehrfurcht vor dem Göttlichen in sich schließt, tausendfach aufgewogen durch die verderblichen Folgen: einerseits das Zurückbleiben der katholischen Staaten in der Cultur, andererseits die in der geistigen Nothwehr begründete Opposition des strebsamen Theiles der katholischen Bevölkerung; denn das Dogma der Unfehlbarkeit der katholischen Hierarchie oder gar

---

[1] Les sciences et la philosophie. Essais de critique philosophique et religieuse. Paris 1869. p. 489.

des Papstes allein ist die fruchtbare Mutter der Revolution, da in unserer Zeit eine blos passive Unterwerfung unter Doctrinen, wie der Syllabus sie enthält, eine Unmöglichkeit ist für jeden gesitteten Menschen, vor Allem in Deutschland, und die Opposition im Namen der Wissenschaft und Religion gefordert wird.

Dieser meiner Ueberzeugung gemäß mußte ich denn auch selbst ben liberaler gesinnten Männern unter den katholischen Theologen gegenüber eine durchaus freimüthige Sprache mir erlauben, und am allerwenigsten konnte mein hochverehrter Lehrer Döllinger, in welchem die ganze katholische Theologie ihrem besten Theile nach so zu sagen verkörpert ist, so daß Keiner über katholische Zustände schreiben und sprechen kann, ohne auf diesen eminenten Gelehrten sich zu beziehen, außer Acht gelassen werden. Ich habe mich ganz des nämlichen Freimuthes bedient, den ich mir in meinem persönlichen Verkehr mit demselben erlauben durfte. Ich besorge um so weniger einen Vorwurf, als ich Döllingers eigene Worte kürzlich in der Allgemeinen Zeitung zu lesen glaubte, worin es in vollster Wahrheit heißt: „Niemals während ihrer ganzen Geschichte war die Kirche mit einer ernsteren Aufgabe betraut und von einer gefährlicheren und entscheidenderen Krisis heimgesucht als gegenwärtig". Wenn aber weiter bemerkt wird: „Halbheit und falsch verstandene Pietät sind in der wichtigen Krisis, in welche die katholische Kirche mit dem bevorstehenden Concil tritt, nicht blos ohnmächtig, sondern geradezu verderblich; diese Halbheit wird die ultramontane und jesuitische Partei in ihren Planen nur um so kühner und fester machen":[1] so glaubte ich die gleiche Bemerkung, welche hier bezüglich

---

[1] Beilage der Allg. Zeitung 1869, Nr. 323, am 19. November, S. 4974, 4991.

einiger gemäßigterer Bischöfe gemacht wird, auch auf die liberalen Theologen, und auch auf Döllinger, anwenden zu sollen. Wenn diese Männer schon lange so ernst und redlich als Lehrer und Schriftsteller verfahren wären wie der gelehrte Verfasser jenes Artikels oder wie der Janus, so stünde die katholische Kirche gar nicht vor der jetzigen gefahrvollen Krisis. Ich habe dem Charakter dieser Schrift gemäß, die eigentlich nur ein erweitertes, unter den Händen zu einem Buche mir angewachsenes Vorwort zum zweiten Bande der „Theologie des Leibniz" ist, natürlich nur einzelne Stellen von weittragender Bedeutung und fundamentaler Wichtigkeit aus den Werken der hervorragendsten liberalen Theologen ausgehoben, da eine ausführliche Darstellung der Grundsätze derselben auf so beschränktem Raume nicht möglich war. Ob ich mit richtigem Blicke verfahren sei, muß ich der Beurtheilung Anderer überlassen; das Urtheil hierüber wird wohl sehr verschieden ausfallen. Was insbesondere München betrifft, so kann ich den Wunsch, nicht unterdrücken, daß dasselbe als Metropole deutscher Kunst und Geschichtswissenschaft auch recht bald eine Metropole ächt deutscher Theologie werden möchte, da ja unsere Nation vor den romanischen gerade „den ungeheuren Vorzug größeren und reineren Verständnisses für das Göttliche und Unendliche voraushat",[1] was sich vor Allem in der Theologie offenbaren muß. Ein schöner Anfang ward vor sieben Jahren mit der katholischen Gelehrten-, eigentlich doch nur Theologen-Versammlung gemacht; aber der Ausgang krönte das Werk wahrlich nicht. Dem päpstlichen Verbote, welches eine so verächtliche Behandlung der hervorragendsten katholischen Theologen Deutschlands, vor Allem Döl-

---

[1] Pecht, Kunst und Kunstindustrie auf der Weltausstellung von 1867. Leipzig 1867. S. 104.

lingers, in sich schloß, ward fügsamst entsprochen, und schon die General-Versammlung der katholischen Vereine des folgenden Jahres richtete auf Anregung des bayerischen Universitätsprofessors Denzinger eine Adresse an den Papst, worin die kindlich gläubige Unterwerfung unter jenes beschimpfende Breve versichert wurde. Gewiß mit Recht habe ich daher gerade die bisherige Halbheit der liberaleren Theologen, welche thatsächlich die ultramontane Theorie, daß „ein Professor der Theologie nur den Bischof vertritt und, um nicht in ein fremdes Gebiet sich einzudrängen, von ihm seine Sendung erhalten muß",[1] adoptiren und damit zu bloßen Dienern der Bischöfe sich erniedrigen, als eines der allergrößten Hindernisse einer durchgreifenden Reform der Kirche mit aller Schärfe hervorgehoben.

Aber auch die Stellung der katholischen Staatsregierungen zur Theologie mußte als zu wenig entschieden erklärt werden. So lange dieser Zustand bleibt, hat die ultramontane Partei zuletzt immer gewonnenes Spiel; denn eine gewaltsame Revolution liegt nicht im politischen und dynastischen Interesse eines Staates, und vor einer gesetzlichen Umgestaltung oder Regelung der kirchlichen Verhältnisse nach den Principien des modernen Natur- und Staatsrechtes und nach den dringenden Erfodernissen der Zeit schreckt man noch immer zurück. Auch hier gewahrt man nur halbe Maßregeln, und fast nur Bestimmungen von ephemerer und vorübergehender Bedeutung, aber von keiner nachhaltigen Wirkung. Ein ächt liberal und patriotisch gesinnter Theologe hat an der Regierung keine verläßige Stütze; der ultramontanste Fanatiker aber braucht sie nicht

---

[1] So z. B. Prof. Reinerbing, Das Verhältniß der Staatsgewalt zur Kirche. In dem Archiv für katholisches Kirchenrecht von Moy und Vering. Bd. 14, Mainz 1865. S. 202.

zu fürchten, weil sein hierarchischer Gönner weit stärker und mächtiger ist als sein momentaner staatlicher Gegner. Nur durch die Bischöfe regieren die katholischen Staaten heute noch die ganze Kirche des Landes. Die Theologen sind reine Nullen, und in manchem Staate, wie in Bayern, erst in den letzten Jahren zu gänzlichen Sklaven der Bischöfe gemacht worden. Man löscht selbst geflissentlich die Fackel der Freiheit aus, und erhebt dann ein Zetergeschrei, daß es so finster ist. Ebenso wäre es Pflicht der katholischen Regierungen, den Laien wieder zu ihren alten und natürlichen Rechten in kirchlichen Dingen zu verhelfen. Auch die gebildeten und gelehrten Laien unter den Katholiken sind durch den Staat zu Sklaven der Bischöfe und des Clerus erniedrigt worden. Nur Ein Beispiel. Der angesehenste katholische Kirchenrechtslehrer, Schulte, versichert schon in Bezug auf die Zeit vor dem letzten Kriege hinsichtlich des österreichischen Concordates, welches doch das gesammte Unterrichtswesen und religiöse Leben betraf: „Ich glaube nicht, daß das Concordat außerhalb des Clerus in der ganzen Monarchie tausend urtheilsfähige, aufrichtige Verehrer habe." Aber warum hat man sich denn nicht zuvor in einer so wichtigen Staatsangelegenheit um die Ansichten der Urtheilsfähigen über die wahren Bedürfnisse der Kirche des Reiches besser bekümmert und hat lediglich auf die Wünsche der Curie und des Episcopates, nicht einmal des Pfarrclerus, gehört? Welch eine Menge von Verlegenheiten wäre dem Staate erspart geblieben! So löst sich auch ganz einfach die weitere Frage Schulte's: „Wenn Jemand, sei er gläubiger Katholik oder nicht, jene thatsächlichen Zustände, wie sie in Oesterreich bestehen, betrachtet, so mag sich leicht die Frage aufdrängen: wie ist das möglich, da ja doch der ganze Volksunterricht in den Händen des

Clerus ist, da von allen Mittelschulen sorgfältig alle Akatholiken fern gehalten werden, bischöfliche Commissäre die Gymnasien u. s. w. inspiciren: wo liegt der Fehler?"[1] Er liegt eben da, wo man ihn nicht sehen will: in der dem Episcopate von dem Staate eingeräumten Omnipotenz, ohne alle Rücksicht auf die niedere Geistlichkeit, die gelehrten Theologen und die gebildeten Laien. Uebrigens muß man zur Rechtfertigung des Staates gestehen, daß dieß allerdings seit Jahrhunderten allein katholisch ist, und daß darin der Gegensatz zum Protestantismus, freilich auch in seinen allseitigen Wirkungen, gipfelt. Doch möchte ich auch hier eine Reform des Katholicismus nicht ohne Weiteres für gleichbedeutend mit Einführung der protestantischen Kirchenverfassung hinstellen, da ich überhaupt keinerlei Staatskirchenthum das Wort reden kann. Auch die protestantischen Staaten sind bis auf die neueste Zeit allzu ausschließlich nur auf Vermehrung ihrer Kronrechte in kirchlichen Dingen, und allzu wenig auf die Erwägung der damit verbundenen Kronpflichten bedacht gewesen.[2] Eine gewissenhafte Prüfung in dieser Hinsicht wird nur zum Besten der wissenschaftlichen und religiösen Freiheit ausfallen können, welche Freiheit der einzige Weg zur kirchlichen, und damit auch zur dauernden politischen Einigung unsers theueren deutschen Vaterlandes, und das wirksamste Mittel zur Besiegung seines ultramontanen Erzfeindes ist.

Darum laßt uns Alle, die ein ächt deutsches Herz in ihrer Brust tragen, ernstlicher als bisher, da auch die Noth-

---

[1] Im Bonner Theolog. Literatur-Blatt 1867. Nr. 12. S. 432 fg
[2] Vgl. die treffenden Bemerkungen Bluntschli's in dem Aufsatze: Zur Revision der staatlichen Grundbegriffe (Kritische Vierteljahrsschrift von Pözl, München 1859, I, 506 fg.).

wendigkeit größer ist als je,¹ zu diesem hohen Ziele zusammenwirken, eingedenk der Worte unsers Dichters:

>Was bringt in Schulden?
>„Harren und Dulden!"
>Was bringt zu Ehren?
>„Sich wehren!"

St. Petersburg, am 1. Januar n. St. 1870.

Dr. A. Pichler.

---

¹ Ich meine die Nothwendigkeit gegen den **gemeinsamen Feind**. Denn der Mahnruf, den jüngst wieder ein liberaler katholischer Theologe an die Bischöfe gerichtet hat, doch ja nicht den „getrennten Kirchen, der griechisch-russischen und der protestantischen, gegenüber eine unermeßliche Blöße zu geben" (Erwägungen für die Bischöfe des Conciliums über die Frage der päpstlichen Unfehlbarkeit. October 1869. Regensburg. §. 25. S. 17 und §. 17 S. 11) erscheint mir weder ächt **christlich** noch **deutsch**, und er kann nur dazu dienen, die Blöße der alleinseligmachenden und unfehlbaren Kirche in ihrer vollen Nacktheit aufzudecken.

I.

Am 20. Mai 1561, kurz bevor das Concil von Trient, dessen Wiedereröffnung der Papst bereits auf Ostern des nämlichen Jahres angesagt hatte, aufs Neue sich versammelte, um das unselige Werk der Zerreißung der Christenheit und der Zerklüftung unseres deutschen Vaterlandes fortzusetzen und zu vollenden, schrieb der Cardinal Commendone, der als päpstlicher Legat in Deutschland sich befand, an den Cardinal Carlo Borromeo, den Neffen Pius' IV., nach Rom: „Die Dinge in Deutschland stehen nun so, daß ein kleiner Funke in einem Augenblicke ein großes Feuer anzünden kann."[1] Bald genug kam dieses Feuer auch zum Ausbruch und verheerte unser Vaterland von einem Ende bis zum andern; heute noch ist es nicht erloschen, sondern droht eben jetzt aufs Neue mächtiger als seit Langem aufzulodern, da Rom und seine Werkzeuge nun mehr als je sich anstrengen, dasselbe aus allen Kräften zu schüren und anzufachen.

---

[1] „La Germania è ora così disposta che poca scintilla vi può in un subito accendere gran fuoco." — Lettere del Card. Commendone, scritte nella nunziatura di Germania, N. LV. (Miscellanea di storia italiana edita per cura della regia deputazione di storia patria. t. VI. Torino 1865. p. 142.)

Keinem, der die damalige kirchliche Lage Deutschlands mit der heutigen vergleicht, kann die innere Aehnlichkeit beider verborgen bleiben. Die Deutschen hatten schon auf dem Concil zu Constanz den Franzosen und Italienern, durch welche sie seit mehr als drei Jahrhunderten von aller thätigen Theilnahme an den allgemeinen Angelegenheiten der Kirche verdrängt worden waren, sehr deutlich fühlen lassen, daß sie die Schmach romanischer Bevormundung nicht mehr gar lange zu ertragen vermögen würden und daß sie der Herrschaft der Curie, die stets nur italienisch und französisch gewesen war und ein deutsches Element niemals in sich geschlossen hatte, von ganzem Herzen satt seien. So groß auch das kirchliche Verderbniß in Deutschland selbst sein mochte, es war nicht das selbsteigene Erzeugniß des germanischen Volkes, sondern gleich einer fremden Seuche vom romanischen Süden her eingeschleppt und durch die vom Papstthum ausgehende Zerrüttung des kirchlichen Organismus bleibend geworden.[1] Aber unter dem Einfluß der wachsenden inneren Schwäche des Reiches kam jener muthige Anlauf sogleich wieder ins Stocken und der Romanismus erhob das Haupt stolzer, schwang das Scepter gebieterischer als je. Die wenigen Männer, welche das Schimpfliche und Entwürdigende der fremden Knechtschaft empfanden,[2] konnten gegen die fest organisirte Macht des Papstthums nicht aufkommen, und auch auf keinen Schutz

---

[1] Janus, Der Papst und das Concil. Leipzig 1869. S. 322 fg.

[2] Die Behauptung des Janus a. a. O. S. 351, daß „der Clerus größtentheils" um das J. 1439 gegen das Papalsystem war, dürfte doch viel zu weit gehen. Die meisten Geistlichen waren doch allzu unwissend, um die Verkehrtheit jenes Systems einzusehen. Eben darum kann man auch kaum sagen, daß „das ganze Volk" gegen das Papalsystem gewesen sei. Es hätte in

und keine wirksame Unterstützung von staatlicher Seite hoffen. Wo immer im Clerus und in der Theologie eine oppositionelle Stimme sich vernehmen ließ, da ward sie gewaltsam zum Schweigen gebracht und Angesichts der Haltung des Kaiserhofes, der aus Angst vor seinem französischen Rivalen zu allen Forderungen der Curie die Hand bot, mußte die nationale Richtung die Flügel sinken lassen. Das Bestreben, den gefährlichen Conflict mit dem Papstthum zu vermeiden, machte aber die Zustände immer schlimmer und die Kluft zwischen dem mit frivoler Irreligiosität gepaarten Ultramontanismus und dem religiösen Ernste des mißbrauchten deutschen Volkes wurde immer weiter und tiefer, bis sie in Luther und Leo X. ihren prägnanten persönlichen Ausdruck fand.

Aber für eine durchgreifende Reform war das sechzehnte Jahrhundert noch gar nicht reif. Die Reformatoren waren allzusehr noch Kinder ihrer Zeit und ihr Standpunkt litt an derselben Halbheit und Unklarheit, wie es bei der heutigen liberalen Partei unter den katholischen Theologen, wie eine solche in der Bildung begriffen scheint, zur Zeit noch der Fall ist, obwohl ich nicht verkenne, daß er in Rücksicht auf die noch so großen Vorurtheile des größten Theiles des Clerus und Volkes eine theilweise Berechtigung hat und als pädagogische Accomodation erscheint. Der Hinweis auf diesen Punkt ist aber von ungemeiner Wichtigkeit, damit nicht bei der unvermeidlichen, früher oder später erfol-

---

diesem Falle schon damals zu einem, und zwar vollkommenen, Bruche mit Rom kommen müssen, und der schon sieben Jahre darauf erfolgte „vollständige Sieg" des Papstes Eugen über die deutsche Kirche und über das Concil wäre dann doch schlechterdings unmöglich gewesen. Vgl. übrigens S. 371, wo der Janus offenbar jener obigen Behauptung selbst direct widerspricht.

genben, gänzlichen Lossagung des noch katholischen Theiles Deutschlands vom römischen Papstthum die gleichen Fehler wie damals begangen werden und dieselben verderblichen Folgen daraus entstehen. Wir Heutige sind um eine vierthalbhundertjährige Erfahrung reicher, und es wäre für einen deutschen Katholiken unverzeihlich, von derselben gar keinen Gebrauch machen zu wollen.

Einer der größten Fehler, den die Reformatoren des sechzehnten Jahrhunderts begangen haben, war das Festhalten an dem Vorurtheile von der Unfehlbarkeit sogenannter allgemeiner Concilien. Sie begnügten sich mit der Opposition gegen den Papst, und in demselben Grade, als sie dessen Absolutismus für verwerflich erklärten, erhoben sie die Autorität eines Concils, und appellirten ohne Unterlaß an ein solches. Damit konnten sie allerdings vor dem Concil von Trient auf die Anhänger der bekannten Constanzer- und Basler-Beschlüsse rechnen, welche übrigens durch das fünfte Lateran-Concil bereits thatsächlich vollständig verworfen waren; aber ganz anders gestaltete sich die Sache nach dem Tridentinum. Wollten sie der Strafen der Ketzer entgehen, so mußten sie den Beweis liefern, daß dieses Concil auf den Charakter eines öcumenischen keinen rechtlichen Anspruch haben könne. Dieser Beweis war aber für die Menschen jener Zeit sehr schwer zu führen. Die Protestanten erschienen hier als Richter in eigener Sache. Eine dritte Instanz außer den Katholiken und Protestanten hätte hierüber entscheiden müssen, und diese gab es nicht, nämlich die, gar keine Unfehlbarkeit zulassende, völlig neutrale Wissenschaft. So hatten die Jesuiten den Protestanten gegenüber leichtes Spiel. Man wies das Volk darauf hin, daß diese zuerst unaufhörlich nach einem Concil verlangt, nachher aber, als dasselbe gegen sie entschieden, dessen Anerkennung verweigert hätten. Für eine genauere Prüfung der Berechtigung jener Verwerfung fehlte ganz und gar der kritische Sinn; und außerdem war man über den ganzen Sachverhalt, über die Unfreiheit und die von Rom angewandten moralischen Zwangsmittel, noch lange nicht so genau unterrichtet wie dieß gegenwärtig der Fall ist. Unendlich vortheilhafter für die Sache der Reformation wäre es gewesen, wenn die Reformatoren von Anfang an alle Unfehlbarkeit hierarchischer Satzungen, welcher Natur sie auch seien, durchaus in Abrede gestellt hätten. Das fünfte Lateran-Concil wäre ihnen ja zum Beweise hiefür vortrefflich zu Statten gekommen. Und was lag denn näher als die Annahme, daß der heilige Geist doch wohl auch die Reform-Concilien von Constanz und Basel, so wenig wie das Florenzer Concil, geleitet haben konnte, da ja die beiden ersteren, gleich allen früheren des Mittelalters, schließlich doch auch der Gewaltthätigkeit der Päpste und der Herrschsucht derselben unterlagen, was offenbar nicht möglich gewesen wäre, wenn der heilige Geist sie beschützt hätte, und da auch das letztere Concil ohne allen günstigen Erfolg geblieben war?

Nie hätte ferner die Reformation einen so harten Kampf zu bestehen gehabt und einen so unglücklichen Verlauf genommen, wenn nicht vor Allem durch die Sorglosigkeit der Fürsten und Regierungen der vorhergegangenen Zeit der Clerus völlig gezwungen worden wäre, der Curie sich gänzlich in die Arme zu werfen. In den Landen, wo nachher die Reform eingeführt wurde, hätte er dann plötzlich seinen Glauben ändern sollen, während doch nicht leicht ein Geistlicher und Theologe, der einen noch so schlechten Papst, wie Sixtus IV., Innocenz VIII., Alexander VI., öffentlich zu tadeln oder die Laster der Curie zu geißeln wagte, und in Folge dessen der Inquisition verfiel, wie es mit dem Carmeliten Thomas Conecte, mit Savonarola und Andern der Fall war, bei einem katholischen Fürsten auf Schutz und Hilfe rechnen konnte. Aehnlich verhält es sich auch in der Gegenwart. Der liberalere Theil des katholischen Clerus ist in einer verzweifelten Lage. Papst und Bischöfe verlangen, daß er durchaus ultramontan sei und mit ihnen durch dick und dünn gehe; die Regierungen klagen beständig über das Gebahren des Romanismus, würden aber einen diesem Nationalfeinde sich widersetzenden, im Namen der Wissenschaft einer offenbaren Neuerung und Verfälschung der Kirche entgegentretenden Geistlichen völlig schutzlos lassen und ihn aller Gewaltthätigkeit seiner kirchlichen Oberen preisgeben. Erst wenn das politische Interesse es erheischt, soll eine kirchliche Umgestaltung erfolgen, und dann aber auch unbedingt und ohne Besinnen von dem ganzen Clerus willfahrt werden. Auch bezüglich dieses Punktes wird es nöthig sein, aus der Geschichte der Einführung der Reformation eine Lehre und Warnung für die Zukunft zu holen.

Nichts hat ferner Religion, Wissenschaft und nationales Wohl so sehr beschädigt als der Glaube an die Göttlichkeit des römischen Papstthums. Keine Lehre hat so verderbliche Folgen nach sich gezogen. Denn dieses Vorurtheil ließ vor Allem dem katholisch gebliebenen Theile des Clerus und der Theologen den Bruch mit Rom als die Zerstörung des Christenthums selbst erscheinen, und andererseits wurden durch das nämliche Vorurtheil nicht Wenige indirect zum völligen religiösen Indifferentismus geführt und dem Skepticismus überliefert, da das natürliche Bewußtsein von den nothwendigen Eigenschaften des göttlichen Wesens bei der Betrachtung des, allgemein als göttliches Institut erklärten, römischen Papstthums nothwendig in Verwirrung kam und das Eine oder das Andere offenbar falsch sein mußte: entweder das Zeugniß des eigenen religiösen Bewußtseins oder die allgemeine Lehre der Kirche. Es gehört zu den betrübendsten Erscheinungen der Gegenwart, daß der im Papstthum zurückgebliebene Theil der Katholiken Deutschlands selbst in den gelehrtesten und unabhängigsten Persönlichkeiten unter den Theologen heute noch zu der Einsicht von der Unhaltbarkeit und Verderblichkeit jener mittelalterlichen Theorie, die von aller praktischen Erfahrung seit mehr als tausend Jahren Lügen gestraft wird, nicht gelangt ist; ja daß gerade die liberale Richtung der katholischen Theologen der gefährlichen Selbsttäuschung sich überläßt, es wäre die Annahme jenes Dogmas vom göttlichen Primate des Papstes das beste und einfachste Mittel zur gründlichen Beseitigung der confessionellen Spaltung, zunächst in Deutschland, statt einfach zu gestehen, daß ein genügender Beweis für jene katholische Lehre weder aus der heiligen Schrift noch aus dem Zeugniß der alten Kirche zu erbringen ist. Das ganz gleiche Bekenntniß strenger Wahrheit und Gerechtigkeit sollte in Bezug auf alle übrigen, zwischen den kirchlichen Parteien streitigen Punkte rückhaltlos ausgesprochen werden, namentlich hinsichtlich der den Concilien vindicirten Infallibilität, wofür auch nicht ein Schein von Beweis in Schrift und kirchlichem Alterthum zu entdecken ist. Die Halbheit ist in allen Dingen der größte Feind und das größte Hinderniß des Erfolges.

Diesen Eindruck der Halbheit hat auf mich vor Allem die schon angeführte Schrift: „Der Papst und das Concil, von Janus" gemacht, und dieser Eindruck war ein um so peinlicherer, von je umfassenderer Gelehrsamkeit und genauerer Kenntniß der Papstgeschichte jenes Buch sonst Zeugniß ablegt. Es scheint mir daher keine unnütze und verdienstlose Arbeit zu sein, wenn ich nach dem von Janus selbst ausgesprochenen Wunsche, daß eine weitere Erörterung der Sache gepflogen werden möge, auf Grund der Studien, die ich seit Jahren auch selbst über die innere Entwicklung des Papstthums gemacht habe, mit besonderer Rücksicht auf Janus, in der gegenwärtig höchst kritischen Lage des römischen Katholicismus meine Ansichten über die Aufgabe der katholischen Kirche Deutschlands mit unumwundener Offenheit, von nichts als von der Liebe zur Religion Christi, zur ächten Wissenschaft und zum deutschen Vaterlande geleitet, in aller Kürze auseinanderzusetzen mir erlaube. Ich bescheide mich gerne, jedes reifere Urtheil Anderer dem meinigen vorzuziehen; aber immerhin dürfte eine rückhaltlose und ungezwungene Meinungsäußerung, welche ein in theologische Fragen nicht uneingeweihter, wenn auch nicht zu den theologischen Fachmännern gehörender katholischer Gelehrter mit offenem Visir über den Zustand der Kirche, in der er geboren und erzogen ist, ja welcher er seit den Tagen, wo die Befähigung zu selbstständigem Urtheilen begonnen, all sein Denken und Schaffen ungetheilt und unablässig hatte widmen wollen, in ernst wissenschaftlicher Weise kund gibt, auf einiges Interesse rechnen, zumal da man in der Regel Dinge, die man in der Nähe schon hinlänglich kennen gelernt hat, aus weiterer Entfernung richtiger beurtheilt.

Ich gebe zuerst eine allgemeine Charakteristik des gegenwärtigen inneren Zustandes des Katholicismus, und fasse dann einige specielle Punkte etwas näher ins Auge. An irgend eine Vollständigkeit nach was immer für einer Seite ist dabei nicht zu denken; nur zur Orientirung über die wahre Gestalt der Dinge und zur Hervorrufung der Ueberzeugung, daß der Schaden viel bedeutender sei und der Sitz des Uebels viel tiefer liege als auch die liberalere Partei der Katholiken, besonders der Theologen, sich und Andern noch gestehen will, möchte ich einen Beitrag liefern. Kommt dieser auch von jenseits der Gränze, so wird er gewiß darum nicht weniger freundlich aufgenommen werden; denn es handelt sich um eine gemeinsame Angelegenheit des ganzen Vaterlandes, an welcher jeder Angehörige desselben theilzunehmen berechtigt und verpflichtet ist. Möge daher auch Niemand, vor Allem auch nicht der hochverehrte Janus, durch meine rückhaltlosen Bemerkungen sich verletzt fühlen; denn was in gegenwärtiger Lage an erster Stelle Noth thut, ist volle Klarheit und Wahrhaftigkeit, und ich trete im Wesentlichen ja nur in seine Fußtapfen und folge blos seinem Beispiele, nur mit dem Unterschiede, daß ich in meinen Verhältnissen dieß ganz offen thun zu sollen glaube.

II.

Folgendes dürfte zur allgemeinen Characteristik des heutigen inneren Zustandes des Katholicismus geeignet sein. Der Fortbestand der römisch-katholischen Kirche als Gemeinschaft, in welcher vor Allem die Gebildeten unserer Zeit ihre sittlich religiöse Nahrung und stete Erneuerung des Geistes finden sollen, ist von einer **fundamentalen** Reform derselben nach dem Stande der heutigen Civilisation in Bezug auf Lehre und Cult, Verfassung und Disciplin, schlechthin bedingt. Demjenigen System, das heute noch offiziell von Papstthum und Hierarchie sowohl den äußeren Mitgliedern der römischen Kirche als den andern religiösen Genossenschaften gegenüber als alleinseligmachende Kirche erklärt wird, ist weitaus der größte Theil der Gelehrten und Gebildeten unter den Katholiken aller civilisirten Länder, vor Allem aber in Deutschland, gänzlich entfremdet; ja ein nicht geringer, und wahrlich nicht der schlechteste, Theil des Clerus selbst ist innerlich vollständig mit demselben zerfallen und ersehnt nur den Augenblick, seine Ueberzeugung frei äußern und bekennen zu dürfen, und die Fesseln abzuwerfen, von denen er sich entehrt erkennt, so daß, wenn die Verheißung Christi von der ewigen Dauer seiner Kirche nach der all=

gemeinen Versicherung des Papstthums, der Bischöfe und der orthodoxen Theologen auf den römischen Katholicismus, und nur auf ihn, sich bezieht, und jeder andere Begriff von Kirche nur ein „Hirngespinnst" wäre, wie die noch in allgemeinem Gebrauche befindlichen theologischen Compendien lehren, wir dann das Wort des Herrn vor unsern Augen Lügen gestraft, die Gottheit Christi thatsächlich widerlegt, und das Christenthum in seinem rasch sich vollziehenden Zersetzungs- und Auflösungsprozeß begriffen sähen.

Seit Langem ist es in ganz Europa, besonders in Frankreich und in neuerer Zeit auch in Deutschland üblich, zwischen Ultramontanismus oder Romanismus und Katholicismus, und ebenso zwischen Ultramontanen oder Romanisten und Katholiken zu unterscheiden. Diese Unterscheidung leidet aber an großer Unklarheit; und es ist gerade jetzt wichtiger als je, hierüber sich volle Klarheit zu verschaffen. Ich versuche mich mit aller Bündigkeit zu erklären. Ultramontanismus ist heutzutage ein sehr viel gebrauchtes und sehr viel mißbrauchtes Wort. Es gibt Solche, die alle gewissenhafte Beobachtung christlicher und besonders kirchlicher Gebote, alle Vertheidigung des positiven Christenthums als Ultramontanismus bezeichnen. Der Mißbrauch dieser Ausdehnung des Wortes kömmt nur dem Ultramontanismus selbst zu Statten, der hienach als Märtyrer der heiligsten Interessen bei den gläubigen Christen, und namentlich bei den Katholiken erscheint, und ihre Gegner unter den Letzteren dem Verdachte, das Christenthum verwerfen zu wollen, aussetzt. In Deutschland ist die Bezeichnung Ultramontanismus noch nicht dreißig Jahre alt; die Sache selbst aber ist viel älter und bildet schon seit Jahrhunderten den Gegenstand des heftigsten Kampfes in der Literatur wie im Leben der katholischen Kirche. Schon seit einem Jahrtausend wird von Allen, denen ächtes Christenthum und nationaler Fortschritt am Herzen liegen, der Ultramontanismus als gefährlichster Feind betrachtet und gefürchtet. Nur sehr selten aber wagt es Jemand, ihn offen zu bekämpfen; ja der Einzelne riskirt dabei jedesmal entweder wie in früherer Zeit sein Leben, oder doch wie noch gegenwärtig sein Amt und seine Stellung.

Den verschiedenen Merkmalen, die das innere Wesen mehr oder weniger deutlich erkennen lassen, sind die Ausdrücke entlehnt, deren man sich zur Benennung ein und derselben Sache bei den verschiedenen Völkern und zu verschiedenen Zeiten bedient hat und noch bedient. Ueberall ist es im Allgemeinen die Verkümmerung der gottgeschaffenen nationalen Eigenthümlichkeiten und Anlagen durch das Papstthum und die römische Curie, von wo diese Begriffsbestimmungen entnommen werden. Die ältesten Bezeichnungen jenes Systems sind Curialismus, Romanismus und Papismus; die beiden ersteren waren im Occidente üblich und bezogen sich blos auf den Absolutismus des Papalsystems im Gegensatze zum Episcopalsystem, während letztere, von den Orientalen und nachher von den Protestanten angewandte Bezeichnung die Opposition gegen die Prätension der Göttlichkeit des päpstlichen Primates selbst in sich schließt. Aber von allen diesen Gegnern des Ultramontanismus wurde und wird an der Unfehlbarkeit des Episcopates und der allgemeinen Concilien festgehalten, obgleich über die zu einem wahrhaft öcumenischen Concil erforderlichen Bedingungen weder bei den griechischen noch bei den lateinischen Theologen jemals eine Uebereinstimmung und volle Klarheit herrschte, wenn auch der Widerspruch gegen ein solches Concil von denjenigen, die es als öcumenisch anerkannten, als Häresie betrachtet wurde. Schärfer wurde bereits von Luther das Wesen des Ultramontanismus charakterisirt durch Hinweisung auf die drei Mauern, welche, wie er bemerkte, die Romanisten um sich gezogen hatten, auf daß Niemand sie reformiren möge,[1] und auf die drei Worte, welche ihnen ein Gräuel sind: frei, christlich, deutsch.[2] Seit der Reformation wurden in Deutschland die Ausdrücke Jesuitismus, Hierarchismus neben den früheren üblich. In der Aufklärungsperiode bezeichnete man die Ultramontanen zugleich mit den protestantischen Orthodoxen als Obscuranten; erst in neuerer Zeit, seit Ende der vierziger Jahre,[3] ist die in Frankreich

---

[1] Werke Bd. 21. S. 280. Erl. A.

[2] Werke Bd. 26. S. 112.

[3] Vor dem Jahre 1847 kommt sie nur sehr selten vor, und bezieht sich meistens nicht auf den Katholicismus in Deutschland, sondern auf Frankreich. In Preußen wie in Bayern sprach man wohl von „Ultra's", „Ultrakatholicismus", „Ultrakatholiken". So im J. 1820 der Verfasser des „Memoire über die Gefahren, von denen das Schulwesen in Bayern durch das neue Concordat bedroht ist". (Bei Gustav v. Lerchenfeld, Geschichte Bayerns unter König Maximilian I. Berlin 1854. S. 362 ff.). Sowohl der Frh. vom Stein im J. 1826 (Perz, Leben des Frh. v. Stein VI, 207) als Ranke (Die römischen Päpste III, 127, 186, 187) bedienten sich der Ausdrücke „Ultra's", „ultramontane Gesinnung" nur in Bezug auf Frankreich im Gegensatz zu den Gallicanern. Eine der ersten Schriften, wo das Wort allgemeiner auch auf die nichtromanischen Länder ausgedehnt ist, dürfte die im J. 1839 zu Zürich erschienene sein: „Katholicus Christianus, Was will Rom oder die Geldgier und der Ketzerhaß der Ultramontanen". Sugenheim bediente sich bereits im J. 1842 des Ausdruckes „Ultramontane" als eines nicht mehr ganz ungewöhnlichen (Bayerns Kirchen- und Volkszustände im 16. Jahrh. Gießen 1842. Vorrede S. XXII. Ebenso in seiner Geschichte der Jesuiten in Deutschland. Frankf. 1847, I, 71). Aber

für die Gegner der americanischen Freiheiten schon seit Mitte des fünfzehnten Jahrhunderts übliche gewesene Benennung Ultramontanismus auch in Deutschland so allgemein geworden, daß die übrigen Benennungen ungleich seltener noch angewendet werden. So groß nun aber auch die Unklarheit und Verwirrung im Gebrauche dieses Wortes sowohl bei Gelehrten und Gebildeten als bei Ungebildeten und Halbgebildeten ist, und so viele Blößen den Ultramontanen durch ihre Gegner hiedurch gegeben werden, so ist doch der Grundgedanke meistens der richtige, nämlich daß es sich handle um Mißbrauch des Christenthums durch die Herrschsucht des Papstthums und der römischen Curie mit schwerer Schädigung und Beeinträchtigung der deutschen Nationalität in Erfüllung des von der Vorsehung ihr zugetheilten Berufes. In dem

Sauder und Wagner gaben ihren im J. 1843 erschienenen polemischen Schriften noch nicht den Titel „Ultramontanismus", sondern „Romanismus", wie auch Krug gethan hatte. Auch Elvers in seinem Buch: Der nationale Standpunkt in Bezug auf Recht, Kirche und Staat. Kassel 1845. S. 410, sprach noch von „ultramontanistischen Ansichten". Im Cölner Streit gebrauchte man noch die rein politischen Schlagwörter Welfen und Ghibellinen. In Bayern wurden bis zum J. 1847 noch die Bezeichnungen Marianisten, Congregationisten gehört. Des Ministers Wallerstein berühmte Kammer-Rede b. J. 1847 gegen den „Ultramontanismus" brachte diese Bezeichnung für die Anhänger des Ministeriums Abel in allgemeinen Gebrauch. Diese setzten ihren Gegnern das Stichwort „Lola-Montanismus" (von Lola Montez) entgegen. Auch Männer wie Ringseis, Lasaulx wurden als Ultramontane bezeichnet und so der Sache nur wieder geschadet und den wirklichen Ultramontanen Waffen in die Hände gegeben. Vgl. v. Rohmer, Gegen den Ultramontanismus in Bayern 1847. Seit dem J. 1849 ist es besonders der Jesuitismus, dem sich der Papst ganz in die Arme geworfen hat, der als Ultramontanismus benannt wird.

Grabe, als das Bewußtsein aus... ...em weltgeschichtlichen und universellen Beruf bestimm...., hervortritt, wird auch die ultramontane Hemmung lästiger empfunden und muß der Bruch mit jenem System allgemeiner werden. Zugleich muß es immer klarer sich offenbaren, worin das wahre Wesen des Ultramontanismus eigentlich liegt. Man kann nicht sagen, daß die Reformatoren selbst hierüber mit sich im Reinen gewesen wären. Sie sahen dem eigentlichen Uebel, das in die Kirche sich eingenistet hatte, nämlich dem Unfehlbarkeitsglauben, noch allzuwenig auf den Grund. Luther unterschied zwischen der „römischen Kirche" und dem „römischen Hofe"; von ersterer versicherte er, daß er sie in Ehren halte, daß sie fromm und heilig sei, die Taufe und Gottes Wort habe, während ihm letzterer geradezu als Teufelswerk erschien.[1] Melanchthon dagegen eiferte gegen die Confundirung der römischen und der katholischen Kirche, da die päpstliche Herde nicht die katholische Kirche sei.[2] Einen anderen Sinn hatte jene Unterscheidung schon bei Calixt,[3] und noch mehr bei Schleiermacher[4] und seiner ganzen Schule, ja selbst bei den neueren Vertretern der Orthodoxie, Stahl[5] und Hengstenberg.[6] Hier war unter

---

[1] Werke Bd. 44. S. 296.
[2] Responsum ad articulos Bavar. inquisit. §. 27: rejicienda est confusio romanae et catholicae ecclesiae, nam pontificium agmen non est catholica ecclesia. Vergl. sein Schreiben an den Senat von Venedig v. Juli 1539. C. R. III, 745.
[3] Henke, Georg Calixt und seine Zeit. Bd. 2. Abth. 2. Halle 1860. S. 243.
[4] Die christliche Sitte. Werke Bd. 12. S. 408. Vgl. S. 136.
[5] Die lutherische Kirche und die Union. 2. Aufl. Berlin 1862. Vorrede S. IX. Besonders die Schrift: Der Protestantismus als politisches Princip. 2. Aufl. Berlin 1853. S. 94, 100. 112.
[6] Evangel. Kirch.-Ztg. 1845. Vorwort.

Ultramontanismus all Dasjenige verstanden, was von dem Absolutismus des altrömischen Cäsarismus auf das römische Papstthum übergegangen war und diesem einen exclusiven, jede andere Auffassung des Christenthums mit der Prätension alleiniger Unfehlbarkeit und höchster Lehrautorität als unchristlich abweisenden Charakter gab. Unter Katholiken im Gegensatze zu den Ultramontanen versteht der ganze Protestantismus nur diejenigen Christen, welche zwar mehr oder weniger vollständig zu den im Concil von Trient aufgestellten Lehren und Verordnungen sich bekennen, aber die Anathemen gegen alle Andersdenkenden nicht als gerecht anerkennen, oder es wenigstens gewiß nicht thun würden, wenn ihnen dieselben näher bekannt wären.

Alle, wie immer künstlich ausgesonnenen, Unterscheidungen zwischen Katholiken und Ultramontanen, welche die Dogmen von der, nur der römisch-katholischen Kirche zukommenden, sei es nun in ihrem Papste oder in ihren Bischöfen oder sonstwo ruhenden, Unfehlbarkeit und Alleinseligmachung umgehen, und blos auf die Ansichten von dem Verhältniß der Kirche zum Staate sie beschränken wollen, sind unrichtig und haben nur den Zweck, Diejenigen, welche solche willkürliche Unterscheidungen aufstellen, selbst nicht als Ultramontane, wenigstens nicht in liberaleren Kreisen, erscheinen zu lassen. Gewiß sämmtlichen Protestanten ist das Wort Tzschirner's aus der Seele gesprochen: „Eine aufrichtige Achtung gegen die katholische Kirche als eine christliche ist mit dem lebhaftesten Widerwillen gegen das Papstthum und die Hierarchie recht wohl vereinbar."[1] Es versteht sich von selbst, daß der Protestant die gewissenlosen kategorischen Verdammungen,

---

[1] Sendschreiben an Prechtl. Leipzig 1823. S. 8.

welche Papstthum und Hierarchie gegen alle Bestreiter und Bekritler ihrer Anatheme und unerwiesenen Machtsprüche schleudern, nicht als christlich anerkennen kann. Dem Ultramontanismus besteht aber das Wesen des Katholicismus gerade in jenen Dogmen der Unfehlbarkeit und Alleinseligmachung, und ein liberaler Katholik ist ihm, wie die Civiltà cattolica erst neulich in Bezug auf den Janus erklärt hat, ein „Monstrum."[1] Ein solcher Liberaler, und sollte er auch der gelehrteste aller katholischen Theologen sein, welcher sich etwa erlauben wollte, ein vom Papst bestätigtes Concil gleichwohl als ein unfreies zu betrachten und in Folge dessen seinen Beschlüssen die bindende Kraft abzusprechen, müßte nothwendig als außerhalb der katholischen Kirche stehend angesehen werden, da er die Kirche mit dem Liberalismus versöhnen wollte, was nach der Erklärung des Oberhauptes der Kirche selbst eine Unmöglichkeit ist.[2] Und in der That wird auch an den Janus und seine Gesinnungsgenossen unter den katholischen Theologen die Stunde heranrücken, wo er sich offen wird entscheiden müssen: ob er trotz der „tiefen Kluft", die ihn und seine Partei, wie er versichert, von den Ultramontanen scheidet, nicht doch wegen des „göttlichen" Primates und der „unfehlbaren" Concilien, von denen er um keinen Preis lassen will, noch lieber zu den 180 Millionen Mitgliedern der katholischen Kirche, unter denen freilich die weitaus größte Mehrzahl Ultramontane oder völlig Unwissende und den Haß gegen

---

[1] In dem Heft vom 2. October 1869, p. 5. Die Meinung von der Möglichkeit der Vereinigung der Begriffe liberal und katholisch sei „un errore il quale tenderebbe a introdurre il nemico nelle nostre stesse trincee, di che nulla è piu esiziale ad un esercito in tempo di guerra."

[2] Heft v. 16. Oct. p. 143.

die deutsche Bildung für Religion Haltende sind, auch fortan wird gehören wollen, oder ob er den deutsch-protestantischen Brüdern sich verwandter erkennen wird.

Vom streng wissenschaftlichen und geschichtlichen Standpunkte aus bleibt nach den heutigen Ergebnissen der Forschung und Kritik nur das anfrichtige Geständniß übrig, daß der römische Katholicismus eine unvollkommene, aus den Zeit- und Bildungsverhältnissen des Mittelalters, namentlich aus den politischen und socialen Zuständen desselben, hervorgewachsene Auffassung und Darstellung der christlichen Religion nach allen ihren Beziehungen sei, und daß eben dieser mittelalterlichen Gestaltung des Christenthums das Concil von Trient das Siegel der Absolutheit, der für alle Völker und Zeiten als unfehlbare und unantastbare Norm gelten sollenden alleinseligmachenden Kirche aufgedrückt habe, so daß nur die Anhänger des Trienter Concils und die Vertheidiger der 431 Anathemen, welche dasselbe gegen alle Andersdenkenden geschleudert hat, welche Anathemen selbst nach Bossuet's Versicherung wesentliche Bestandtheile des katholischen Glaubens sind, in Wahrheit als rechtgläubige römische Katholiken gelten können.

Auch von Deutschland hat aber seine Geltung, was man in Bezug auf Frankreich gesagt hat: „Ueber nichts herrscht größere Ignoranz als über den Katholicismus."[1] Es wäre im Interesse des deutschen Kirchenfriedens und des allgemeinen nationalen Wohles von höchster Wichtigkeit und dringend zu wünschen, daß jeder gebildete Katholik Deutschlands namentlich jetzt, wo es bei dem besten Willen

---

[1] „Rien de plus ignoré que le catholicisme." Pressensé, Conférences sur le christianisme. Paris 1849. p. 153.

keinem möglich ist, von den kirchlichen Fragen sich ganz fern zu halten, irgend eine gute Ausgabe des Trienter Concils, welches dem gegenwärtigen als Basis dient, zur Hand nähme und sich darüber Rechenschaft gäbe, mit wie vielen von den gegen seine christlichen Mitbrüder und deutschen Mitbürger geschleuderten Flüchen er denn in seinem Gewissen sich einverstanden erklären könne. Denn diese Rechenschaft schuldet doch heutzutage jeder solide Mensch, der überhaupt noch eine ernste religiöse Gesinnung hat, sowohl sich selbst als den Nebenmenschen. Wem es völlig gleichgültig ist, was die Kirche, zu der er doch äußerlich sich hält, lehrt und zu glauben befiehlt, der ist entweder ein roher Unfehlbarkeitsmensch, der alle Viere gerade sein läßt, weil ja der Papst lebt, der nicht irren kann, oder ein in Bezug auf die heiligste Angelegenheit seiner Persönlichkeit völlig indifferenter, und darum auch nichts weniger als ein wahrhaft gebildeter Mann, sondern vielmehr ein sehr einseitiges und oberflächliches, ja halb thierisches, weil um die, das specifische Prärogativ des Menschen bildende, religiöse Seite seines Wesens ganz unbekümmertes Individuum.

Man hat gesagt, es würden die Protestanten einst staunen, wenn sie anfingen, die Bekenntnißschriften ihrer Kirche mit ihren Ueberzeugungen zu vergleichen, und es sei die Unwissenheit über die Kirchenlehre die festeste Schutzwehr des Protestantismus.[1] Ich fürchte sehr, es möchte dieses Staunen bei den Katholiken, die ihr auf Unfehlbarkeit Anspruch machendes[2] Trienter Symbol prüfen wollten, noch weit größer sein, und es möchten „die 200 Mil-

---

[1] Döllinger, Kirche und Kirchen. München 1861. S. 469.
[2] Keine protestantische Bekenntnißschrift erhebt solchen Anspruch, und die allgemein bekannte Abweichung b. h. zeitgemäße Fortentwicklung derselben liegt im Wesen des ächten Protestantismus, und

lionen, welche einen Papst wollen",¹ sehr zusammenschwin=
den, vielleicht auf die freilich immerhin noch sehr große
Zahl derjenigen, die gar nicht wissen was sie wollen oder
die überhaupt gar nichts wollen!

„Sobald ein allgemeines Concil aufhört frei zu sein,
hört es auch auf zu existiren," sagt der ganz ultramontane
Erzbischof Gousset von Rheims.² Daß aber das Triden=
tinum kein freies Concil gewesen, und daß daher an der
Opposition gegen dasselbe keineswegs blos der Macchia=
vellismus Schuld sei,³ sollte doch heutzutage auch kein
nennenswerther katholischer Theologe Deutschlands mehr
läugnen. Gerade in der Erwerbung und offenen Kund=
gebung dieser Ueberzeugung, und überhaupt in der Einsicht
von der Haltlosigkeit der Principien des ganzen specifisch
römischen Kirchenthums, nicht im bloßen zaghaften Tadel
einiger unwesentlicher Auswüchse, sondern in dem streng
wissenschaftlichen kritischen Geiste, muß der Fortschritt der
katholischen Theologie Deutschlands im Gegensatz zur ita=
lienischen, deren Stolz das unser Vaterland so tief ent=
ehrende und beschädigende Tridentinum ist, sich offenbaren;

---

es ist ungerecht, denselben, wie die katholische Polemik es noch immer
ganz ausnahmslos thut, nicht von seinem eigenen, sondern vom
katholischen Standpunkte aus zu beurtheilen.

[1] Döllinger a. a. O. S. 684. Der Janus (Vorrede S. VI)
schenkt bereits 20 Millionen her, und spricht nur noch von 180 Mill.
Es liegt auch gar nicht viel daran.

[2] „En cessant d'être libre un concile (général) cesse
d'exister." — Exposition des principes du droit canonique. Paris
1859. p. 193.

[3] Dieß meint der Abbé Rohrbacher, Histoire de l'église
catholique XXIV, 88.

sonst ist in Bezug auf die Theologie unser Rühmen der deutschen Wissenschaft ein eitles.[1]

Der Bestandtheil, auf welchen der ganze römische Katholicismus in seiner seit einem Jahrtausend zwar mit Unterbrechungen, aber im Ganzen stetig fortlaufenden Entwicklung sublimirt wurde, ist der Papst. Er ist das Alpha und das Omega, der Grund- und Schlußstein, und in kürzester Bälde auch der einzige, den ganzen römischen Kotholicismus wie ein Extract in sich schließende Glaubens-

---

[1] Der Janus macht — denn meine Wenigkeit will ich ausnehmen — mit dem Geständniß der Unfreiheit des Tridentinums einen schüchternen Anfang (S. 391). Ob er wohl auch die Consequenzen zu ziehen wagen oder „mißverstanden" worden zu sein erklären wird? Denn die ganze theologische Literatur, namentlich alle Lehrbücher, sind noch auf das Tridentinum basirt. Auf das Dreisteste weist z. B. Liebermann (Instit. I, 496 ed. 8. Mogunt. 1858) die Anklage der Unfreiheit zurück, und Ritter (Handbuch der Kirchengeschichte. 6. Aufl. Bonn 1862, II, 338) glaubt, es sei zweifelhaft, „ob unsere Zeit bei viel allgemeinerer Bildung ein so ehrwürdiges und gelehrtes Corps in der katholischen Kirche dürfte aufstellen können", als nämlich die Väter von Trient darstellten. Es kommt nur Alles darauf an, wer die Aufstellung und Auswahl zu besorgen hat. Das jetzige Concil steht in Bezug auf Gelehrsamkeit seiner Mitglieder jedenfalls dem Tridentinischen noch bedeutend nach. Und triumphirend fügt Ritter noch bei: „Zur Rechten und Linken sind die gleichzeitigen Bekenntnißschriften anderer Confessionen veraltet, modificirt und abrogirt worden; aber das Concilium Tridentinum steht noch immer als eine erhabene Säule in der katholischen Kirche aller Welttheile da!" — Dieß nennt man pragmatische Kirchengeschichte schreiben! Das bedauerlichste und schmählichste Zurückbleiben in barbarischen Zuständen preist man der studirenden theologischen Jugend als größte Ehre, und die zeitgemäße wissenschaftliche Fortentwicklung auf Seite anderer Kirchen stellt man als Abfall und Auflösung dar! Dieß ist heute noch ganz allgemein in der gesammten katholischen Theologie, in der gelehrten Literatur wie im Unterrichte der Fall.

artikel. „Ich glaube an den römischen Papst", dieß wird nach Abschluß des gegenwärtigen Concils das vollkommen genügende, leicht faßliche und ganz klare Bekenntniß jedes römischen Katholiken sein. Was der Papst zu glauben befiehlt, das ist im Grunde sehr gleichgültig, und es ist am besten und auch am verdienstlichsten, sich mit der Untersuchung hierüber nicht den Kopf zu zerbrechen. Längst ist ja allen frommen Katholiken in allgemein verbreiteten, durch zahlreiche kirchliche Approbationen empfohlenen geistlichen Schriften (z. B. Scupoli) eingeschärft worden, es reiche in allen Kämpfen des Geistes und Gewissens vollkommen hin, und auf dem Todbette, wo der Teufel manchem denkenden Katholiken noch besonders zusetzt, sei es geradezu geboten, allen Anfechtungen und Zweifeln nur unabläßig wie einen undurchdringlichen Schild die Erklärung entgegenzusetzen: „Ich glaube was die römische Kirche glaubt." Ganz anders natürlich haben sich alle nicht-römischen Katholiken gegen solche Versuchungen zu verhalten.

Gerade der Papst, das heißt, nicht dieser oder jener römische Bischof, sondern das seit einem Jahrtausend bestehende System, dem kein einzelner Papst, auch der für seine Person liberalste, nach dem Zeugniß der Geschichte auf die Dauer sich zu widersetzen vermag, ist nun aber der eigentliche Hemmschuh für die in ihrer Entwicklung nach den Gesetzen der Natur und des Geistes fortschreitende Welt. Er ist der Vertreter des, gleich einem Medusenhaupt alles Leben in Erstarrung versetzenden, Principes der Legitimität in der verkehrtesten Anwendung und Ausdehnung dieses Begriffs, im Sinne despotischer Beherrschung dessen, was seiner Natur nach freigeboren ist und wie die Vögel des Himmels nur in der freien Luft gesund und normal leben und sich bewegen kann.

Und dieser Papst, dieses System, prätendirt unmittelbar göttliche Einsetzung, und fordert als oberste conditio sine qua non von jedem Katholiken die Anerkennung seiner göttlichen Institution. Frage sich doch jeder gebildete Katholik in Deutschland, ob er nach reiflicher Ueberlegung und gehöriger Untersuchung der allseitigen Einwirkung des Papstthums auf unser liebes Vaterland, namentlich seit den letzten fünf Jahrhunderten, diese Anerkennung zu leisten im Stande sei, oder aber mit den hervorragendsten und gemäßigtesten Historikern unsers Vaterlandes nur eine geschichtliche Berechtigung für die ersten Jahrhunderte des Mittelalters demselben zuzugestehen vermöge. Was geschichtlich berechtigt war für seine Zeit, das kann aber von größtem Nachtheile sein für eine andere Zeit, und so ist es bezüglich des römischen Papstthums der Fall. Dasselbe handelt bei der Verdammung des ganzen, mit dem Schweiß vor Allem deutscher Arbeit mühsam errungenen, Culturfortschrittes bona fide; und dieß ist eben das Schlimmste und benimmt die Hoffnung auf jede von ihm ausgehende Reform. „Der Gesetzgeber, welcher für alle Culturstufen nur Eine Norm kennt, ist eben so gewiß ein Pfuscher wie ein Schuster, der für Mann und Kind nur Einen Leisten hat."[1] Diese Bemerkung des ersten unserer Lehrer der Nationalöconomie hat ihre volle Anwendung auf das römische Papstthum, das gleich einem Stocktauben für alle Vorstellungen auch seiner wohlmeinendsten Rathgeber sich nicht nur völlig verschlossen hat, sondern, einem Verrückten ähnlich, in jeder solchen Vorstellung ein verbrecherisches Attentat auf seine Rechte erblickt, welches sofort gestraft und

---

[1] Roscher, Ansichten der Volkswirthschaft aus dem geschichtlichen Standpunkte. 2. Aufl. Leipzig 1861. S. 490.

verdammt wird. Oder haben nicht alle reformatorisch gesinnten katholischen Gelehrten Deutschlands seit der Zeit der Hohenstaufen und besonders seit dem Tridentinum dieses an sich erfahren? Alle Reformvorschläge liberaler Katholiken, besonders im letzten Jahrhunderte, wollten aber das göttliche Recht des Papstthums beibehalten wissen, und gerade darum waren alle diese Pläne todtgeborne Kinder. „Wenn ich, wie ihr versichert, der alleinige höchste Stellvertreter Christi bin," konnte der Papst denselben stets entgegnen, „dann muß ich, wie jeder Gesandte, auch eine Instruction von meinem Herrn haben und am besten selbst wissen, wie ich das Schiff der Kirche zu leiten habe." Dazu kommt noch die Rücksicht der Pietät gegen den „heiligen Vater". „Soll man," legte der Bischof Clemens Wenzeslaus von Trier dem Weihbischof Hontheim ans Herz, um ihn zum Widerruf zu bestimmen, „soll man mit einem Vater so umgehen, wenn er auch mit den größten Mängeln behaftet wäre?"[1] Und wie rücksichtsvoll war doch Febronius verfahren! Es läßt sich übrigens nicht läugnen, daß der Vorwurf der Impietät eine gewisse Berechtigung habe, wenn man einerseits die zu tadelnden Punkte als unerträgliche Mißbräuche oder Uebergriffe darstellt und andererseits doch wieder aufs Heiligste betheuert, man betrachte all das doch nur als unwesentlich. In solcher Lage befinden sich alle jene sogenannten liberalen Katholiken, welche über Febronius nicht hinausgehen. Es bleibt ihnen nichts übrig als zuletzt, wie man sagt, wieder zum Kreuze zu kriechen und, wie Günther und Hirscher, zu

---

[1] Briefwechsel zwischen Clemens Wenzeslaus und Hontheim. Frankf. 1813, S. 8. — Der Papst Pius VI. dankte dem Bischof für seine Bemühung, und Febronius widerrief.

widerrufen, oder Lebenslang in Anonymität und Pseudonymität mit ihren liberalen Plänen sich zu hüllen und ihre berühmten Namen nur unter jene Schriften zu setzen, die sie gegen die Protestanten schreiben, mit andern Worten: den Rest des Patriotismus in zaghafter Erbärmlichkeit zu verläugnen, als Romanisten und Nährer des Bruderzwistes aber sich offen zu bekennen. Aber freilich, wer umgekehrt handelt, dem bleibt auch nur Eines übrig: entweder sich selbst und seine Reformgedanken der Verkehrtheit anzuklagen, oder aber die unmittelbar göttliche Institution des Papstthums in Zweifel zu ziehen, mit andern Worten: eine geistige Nothzucht und einen Selbstmord zu begehen oder eine bisher gehegte falsche Voraussetzung im Lichte wissenschaftlicher Erkenntniß fallen zu lassen.

Pflicht der theologischen Facultäten an den katholischen Universitäten Deutschlands wäre es, der Wissenschaft, die sie vertreten sollen, diese Ehre zu geben, statt wie Kinder zu zittern vor jedem Winke der römischen Curie.

„Pfuscherarbeit" ist überhaupt der beste Ausdruck für das ganze im Mittelalter entstandene römische Kirchenwesen. Fortwährend wollten die Päpste und Mönche Christo einpfuschen. Seine Lehren und Anordnungen waren ihnen noch allzu prosaisch und gewöhnlich. Das ganze Werk war zu schlicht und einfach; es mußte Alles in Lehre und Cult, in Verfassung und Disciplin viel poetischer, idealer, übernatürlicher, spitziger und außerordentlicher werden. Um die Folgen, um die Tragkraft kümmerte man sich gar nicht. Aber gerade an den Wirkungen offenbarte sich jedesmal die Pfuscherei als solche und damit zugleich der göttliche Charakter des Werkes Christi selbst. Die ganze Theorie von der päpstlichen Statthalterei ist ein solches Pfuschermachwerk, wie sich immer klarer und allgemeiner vor den Au gen aller Welt herausstellt. Natürlich werden alle diejenigen sich schwer entschließen, daran zu glauben, die, gleich den Jesuiten, ihr ganzes Leben auf die Vertheidigung jener Pfuscherei als ächte Meisterarbeit verwendet haben. Aber schon mehr als einmal hat die eine ganze Theologenwelt Fiasco gemacht.

Ganz richtig bemerkt Heinrich Ritter: „Der positiven Theologie würde der wissenschaftliche Geist fehlen, wenn sie nicht in jeder Art der Wissenschaft ein heiliges Werk sähe, dazu geeignet, ihre besonderen Absichten zu fördern."[1] Wenn die katholische Theologie dieser Aufgabe nachkommen will, dann muß sie das ganze hierarchisch-päpstliche Kirchenthum mit dessen Principien der Lehrbildung wie der Verfassung, der Disciplin wie des Cultes als göttliche Institution aufgeben, und kann ihm höchstens theilweise eine geschichtliche Berechtigung vindiciren. Die sämmtlichen Universitätswissenschaften, vor Allem die Nationalöconomie und die Naturwissenschaften, haben bereits bis zur vollsten Evidenz die Prätension der Göttlichkeit und Absolutheit des römischen Katholicismus Lügen gestraft, und die katholische Theologie kann, wie sie jetzt beschaffen ist, nicht nur nicht mehr die erste Stelle einnehmen, da sie ja den academisch-wissenschaftlichen Charakter gerade am wenigsten repräsentirt, sondern nur etwa als Appendix neben der Fechtkunst noch einen Platz beanspruchen. Die Männer ächter und freier Wissenschaft an allen deutschen Universitäten werden Papst und Concil für die Erlösung von den katholischen Theologen großen Dank wissen, wenn sie sich nicht entschließen können, offen und aufrichtig mit dem antiquirten Ballast und scholastischen Quark, der den gröbsten Miß-

---

[1] Philosophische Paradora. Leipzig 1867. S. 374.

brauch des Heiligen in sich schließt, und allem ächten wissenschaftlichen Fortschreiten statt zur Förderung nur zur Hemmung dient, gänzlich aufzuräumen und die ihrer Bildung anvertrauten deutschen Jünglinge hierüber zu belehren, auf daß sie als Priester der Religion Christi das deutsche Volk auf fruchtbare und gesunde Weideplätze führen, statt es mit Heu, Stroh und Stoppeln zu nähren, weil ihre Lehrer sie mit nichts Anderem bekannt gemacht haben.

Außerdem ist das Dogma von der päpstlichen sowohl als von der hierarchischen Unfehlbarkeit mit manchem andern Dogma, wie namentlich mit der Lehre von der Allgemeinheit der Erbsünde und ihren Folgen, sehr schwer zu vereinigen, wenn man nicht etwa noch einem weiteren Dogma Raum gestatten will, daß nämlich alle Päpste und Bischöfe schon von Mutterleibe an prädestinirt und sämmtlich ohne Erbsünde empfangen sind. Wie sie sonst, ich sage nicht ohne Sünde, sondern zu Trägern der Unfehlbarkeit befähigt sein sollen, zumal da die Prophetengabe in Christo ihren Abschluß gefunden hat, ist kaum psychologisch zu begreifen. „Was sich aber," bemerkt J. J. Fichte sehr richtig, „psychologisch auch nur als höchst unwahrscheinlich erweist, das muß als historische Hypothese sicher verworfen werden."[1]

Man sollte meinen, es müßten doch Päpste und Bischöfe einsehen, daß die Inanspruchnahme eines blos geschichtlichen, statt eines unmittelbar göttlichen Rechtes für die

---

[1] Vermischte Schriften. Leipzig 1869, II, 127. Vgl. hiezu auch die gewichtigen Bemerkungen von Frohschammer, Das Recht der eigenen Ueberzeugung. Leipzig 1869. S. 62 fg.: „Die Erkenntniß absoluter und unfehlbarer Autorität in der Menschengeschichte würde eine absolut und unfehlbar erkennende Vernunft voraussetzen."

Entscheidungen der sogenannten öconomischen Concilien, geschweige für die päpstlichen Decretalen, vollkommen genüge. Es ist ja damit immer noch ungemein viel zugestanden und ihre Autorität leidet nicht den geringsten Schaden, während sie bei der doch nicht haltbaren, von der gesammten Wissenschaft widerlegten Prätension auf absolute Berechtigung aufs Empfindlichste compromittirt wird. Auch der Umstand würde der Autorität der Kirchenhäupter wenig Eintrag thun, daß sie doch Jahrhunderte lang eine solche Prätension erhoben haben. Es ist Aehnliches auch auf andern Gebieten geschehen, und zumal war ja die Frage, auf welche Punkte jener Anspruch auszudehnen sei, auch in der katholischen Theologie immer streitig. Päpsten und Bischöfen würde durch Aufgeben des Anspruches auf unmittelbar göttliche Institution dieser Verfassung, deren Träger sie sind und auch in Zukunft bleiben können, wenn sie jene falsche Theorie fallen lassen, gar nichts zugemuthet, als daß sie von ihrer erträumten übernatürlichen Höhe herabsteigen zu den übrigen Menschenkindern, unter denen sie solche antreffen werden, die in jeder Beziehung ihrer Gesellschaft vollkommen würdig sind, die aber gar kein Hehl haben, daß auf ihrem Gebiete man leider auch Jahrhunderte auf Autoritäten geschworen, wodurch der Fortschritt unendlich geschädigt worden sei. In dieses Schuldbekenntniß sollen für das kirchlich theologische Gebiet auch die katholischen Hierarchen bereitwillig einstimmen, und mit den Autoritäten aller übrigen Lebenssphären das Gelöbniß ablegen, in Zukunft der unerweislichen, vielmehr durch die Wissenschaft Lügen gestraften Prätension der Göttlichkeit und Unfehlbarkeit aufrichtig und für immer zu entsagen. Dabei würden sie den Dank und die Anerkennung aller Edlen sich erwerben, während ihr Gebahren sonst mehr und mehr dem von Verrückten und Tollhäuslern ähnlich sieht, namentlich solchen, die an Gehirnerweichung leiden. Man nenne diese Bemerkung wie man will, aber es gibt Zeiten, wo auch der „Grobian" ein Bedürfniß ist, wo es absolut Noth thut, die Sache beim Namen zu nennen, und eine solche Zeit ist unsere unmittelbare Gegenwart. Die Prätension der katholischen Hierarchie mit ihren Folgen gegenüber dem gesammten civilisirten Europa ist in Wahrheit ein „deliramentum", während Papst und Bischöfe die gesammte heutige civilisirte Welt und ihre Vertheidigung der Gewissensfreiheit also bezeichnen.

Noch ein anderes, nicht unbedeutendes Moment dürfte nicht allein das Episcopat, sondern vor Allem das katholische Volk Deutschlands und besonders die Theologen zum Aufgeben der Prätension absoluter Geltung seines Kirchenwesens bestimmen. Nicht wenige Einrichtungen in Verfassung, Cultus und Disciplin, wie die bischöfliche Verfassung oder die Gedächtnißfeier des Opfertodes Christi in der Messe, wenn das doch erst dem Tridentinum angehörige Sühnopfer-Dogma fallen gelassen würde, selbst die Verehrung der Heiligen, wenn man sie von den Auswüchsen reinigen wollte, verdienten dem Protestantismus, wie dieser selbst gesteht,[1] auch heute noch als Muster vorgehalten

---

[1] Für die bischöfliche Verfassung will ich nicht an Stahl erinnern, sondern nur auf W. Hoffmann's Bemerkungen verweisen (Deutschland einst und jetzt. Berlin 1868. S. 509.) Bezüglich der Heiligenverehrung kann ich es mir nicht versagen, ein interessantes Wort H. J. Fichte's anzuführen. Er bemerkt (Zur Seelenfrage. Eine philosophische Confession. Leipzig 1859. S. 216): „Homer's und Hesiob's Gedichte sind erfüllt von Vertrauen auf hilfreiche Schutzgottheiten, ja dieß wurde gerade der Träger für jenen vielgegliederten Polytheismus, mit welchem man sehr mit Recht (?) die Anrufung der Heiligen in der katholischen Kirche in Parallele gebracht

zu werden, während ihr Anspruch auf absolute Geltung und ihre mit Mißbräuchen versetzte Form sie vielmehr im höchsten Grade anstößig und zu Hindernissen der Verständigung machen. Es verhält sich mit dem System des Katholicismus ungefähr wie mit einem Werke der Tonkunst, wo einzelne Stimmen mitunter sehr Vorzügliches leisten und wenn man sie allein hörte, den allgemeinen Beifall ernteten, indeß die Gesammt=Composition eine verfehlte ist und daher selbst das für sich Schöne und Wohlklingende in dem Ensemble nur zur Disharmonie mitwirkt.

Nicht nur also die göttliche Institution des Papstthums und seiner allseitigen gesetzgebenden Thätigkeit, sondern auch die unmittelbare Göttlichkeit und in Folge davon die Unfehlbarkeit der Hierarchie, welche dem römischen Katholicismus als Dogma gilt, steht im offenbarsten, eben jetzt auf die eclatanteste Weise sich beurkundenden Widerspruche mit den Forderungen unserer Zeit. Dadurch daß das katholische Episcopat sich vollständig hat romanisiren und zum Sklaven der Curie erniedrigen lassen, beweist es unwiderleglich, daß es vom Geiste Gottes, der die Entwicklung der Welt an die von ihm geschaffenen nationalen und persönlichen Individualitäten geknüpft, nicht geleitet werde. Aber es ist gut, daß es so gekommen ist; denn nun werden allen unbefangen Denkenden unter den Katholiken selbst mehr

---

hat. Beides zeigt für den unwiderstehlichen Drang des menschlichen Geistes, die Gestalten der göttlichen Hilfe zu vervielfältigen, um sie sich näher zu rücken, und man muß gestehen, daß unser modernes gebildetes Bewußtsein, welches alle diese Zwischenglieder als überflüssigen Aberglauben längst von sich geworfen hat, verglichen mit jener alterthümlichen Gotteszuversicht, höchst arm dastehe, und daß wir eben darum auch weit kraftlosere Menschen sind."

und mehr die Augen aufgehen und die liberalen Phrasen, womit so mancher deutsche Prälat den Gläubigen Sand in die Augen streute, werden bald keinen Anklang mehr finden. Damit wird aber das ganze Verhältniß zwischen Clerus und Laien einerseits und zwischen dem höheren und niederen Clerus andererseits allmälig ein wesentlich anderes, wahreres und reelleres, werden. „Indem die Kirche sich," bemerkte kürzlich einer der ehrwürdigsten protestantischen Theologen Deutschlands, der selbst zur Erkenntniß des Christenthums sich mühsam durchgerungen und kein Jota von demselben preiszugeben gesonnen ist — „indem die Kirche sich eine Autorität anmaßt, die schlechtweg Gehorsam ohne Prüfung fodert, muthet sie ihren Gliedern zu, ihre Menschenrechte und Menschenpflichten preiszugeben."[1] Der Wahn, durch die päpstliche Confirmation für ein Bisthum zum Ritter der Unfehlbarkeit inaugurirt oder geschlagen worden zu sein, verkehrt die ganze Stellung des Bischofes zu den untergebenen Geistlichen und Gläubigen, und läßt ihn sich selbst und gerade den frömmsten Unterthanen in einem falschen Lichte erscheinen. Es treten alle jene Unnatürlichkeiten zu Tage, die sich bei Menschen einstellen, welche alle miteinander an fixen Ideen leiden.

Hiemit habe ich auch schon angedeutet, was von jener, gegenwärtig übrigens nicht mehr großen, Partei der katholischen Theologen zu erwarten sei, welche unter dem Namen der Gallicaner bekannt ist, und die zwar die Unfehlbarkeit des Papstes bekämpft, aber nur zu Gunsten der Unfehlbarkeit des Episcopates und der Concilien. Zwar hat der Graf Montalembert schon im Februar 1844 in der Pairs-

---

[1] Franz Delitzsch, System der christlichen Apologetik. Leipzig 1869. S. 484.

Kammer versichert, es seien unter den achtzig französischen Bischöfen kaum mehr vier Anhänger der bekannten vier, von Bossuet verfaßten Propositionen, aber neuestens will man wissen, daß doch Mehrere das Nationalgefühl noch zurückhält, die Schmach des Abfalles von der, seit Jahrhunderten mit so viel Zähigkeit und Stolz behaupteten Freiheit der gallicanischen Kirche zu vollenden. Doch sei dem wie ihm wolle: für das wahre Wohl der Christenheit, und vor Allem für die deutsche Kirche, ist von diesem Gallicanismus ebenso wenig, oder noch weniger zu erwarten als vom Papste. Man vergesse nur nicht, daß die Zierde der Gallicaner, Bossuet, den Widerruf des Edictes von Nantes öffentlich von der Kanzel gepriesen hat! Mögen diese liberalen katholischen Theologen es nur glauben: man hat bis an den Hals genug von allen bischöflichen Glaubensfabricationen, über welche einst schon Gregor von Nazianz seine Meinung dahin ausgesprochen hat, daß diese Versammlungen der Kirche nicht zum Frieden dienen, sondern nur Zwietracht säen. Mögen sie daher aufhören, sich selbst noch fortwährend als die „treuen Söhne der Kirche" hinzustellen, und alle Andern in den weiten Sack des „Indifferentismus" zu werfen. Je mehr Menschen sich für unfehlbar ausgeben, um so schlechter ist es, und um so größer ist die Verwirrung. Auch der Episcopat der orientalischen Kirche will ja unfehlbar sein, und ganz mit gleichem Rechte wie der lateinische. Ich halte es für einen entschiedenen Fortschritt auf dem Wege der Verständigung zwischen Katholiken und Protestanten, wenn bei ersteren in Zukunft nur noch der Papst allein, dessen Fehlbarkeit aus der Geschichte, namentlich der deutschen Kirchengeschichte, jedem unbefangenen Kinde bewiesen werden kann, den Anspruch auf Unfehlbarkeit machen wird. Es wird dann Adolph Wagner Recht bekommen, daß die Disposition zum Katholicismus oder Protestantismus auf die Verschiedenheit der „Hirnbildung und Hirnsubstanz" zurückzuführen ist;[1] nur muß man darunter das intellectuelle, und nicht das materielle Hirn verstehen. Die Entscheidung darüber, wer katholisch ist, wird dann nicht mehr von der Hierarchie und Inquisition, sondern von der Wissenschaft abhängen. Angesichts der Wirkungen, welche diejenigen Institute, die den ganz specifisch päpstlichen und hierarchischen Charakter an sich tragen, wie der römische Index, der Cölibatszwang, das Ablaß- und Dispensenunwesen, die Canonisationen, der Jesuitenorden und die Zutheilung des ganzen Unterrichtswesens an denselben, verschiedene Einrichtungen des Cultes, namentlich die Begünstigung der Fabeln und Legenden, — auf religiös moralischem wie auf intellectuellem, auf dem nationalöconomischen wie politischem Gebiete naturgemäß hervorbringen, möchte man bei dem Gedanken an die päpstlich-hierarchische Prätension der Unfehlbarkeit, die dem unwissenden Volke thatsächlich längst als Glaubensartikel hingestellt worden ist, versucht sein, für die ultramontanen Lehrer und Führer des Volkes die vortreffliche Definition in Anwendung zu bringen, welche Volney von dem Unwissenden und dem Dummen giebt; daß nämlich Ersterer ein Blinder sei, der seinen Mangel des Augenlichtes sich gesteht; Letzterer dagegen zwar auch ein Blinder, der aber klar zu sehen versichert.[2] Mögen daher die Ultramontanen nur wacker auf ihrer Bahn fortschreiten; sie nützen uns weit mehr als die liberalen Gallicaner in Frankreich und Deutschland, von denen manche

---

[1] Die Gesetzmäßigkeit in den scheinbar willkürlichen menschlichen Handlungen. Hamburg 1864. S. 188.

[2] Oeuvres choisies de C. F. Volney. Paris 1833. p. 390.

eine bedeutende, bestechende Gelehrsamkeit besitzen, welche aber bezüglich des Hauptpunktes, des Alleinseligmachungs= dogma's, mit jenen doch, wenn auch etwas feiner, in das nämliche Horn blasen, und allen Nichtkatholiken höchstens als „unüberwindlich Irrenden" neben sich im Himmelreiche ein bescheidenes Plätzchen gönnen wollen, wie denn die Allarmirung der Laien gegen das gegenwärtige Concil vor Allem von solchen Theologen ausgeht, die das mehr oder minder bewußte Gefühl haben, daß mit der Trennung der deutschen Kirche von Rom auch der Kampf gegen den Protestantismus an Verdienstlichkeit verliert. Die Fröm= migkeit und der religiöse Glaube werden aber bei dem Auf= geben aller Prätension menschlicher Unfehlbarkeit, die seit Jahrhunderten doch nur der Gegenstand unaufhörlicher ärgerlicher Zwistigkeiten unter den katholischen Theologen selbst ist, nur gewinnen, und es ist daher kein Recht vorhan= den, daß jene vermeintlich liberalen Vertheidiger der Un= fehlbarkeit des Episcopats sich und ihre Anhänger fort= während als die noch „Gläubigen" bezeichnen und alle Anderen als Ungläubige hinstellen, wodurch sie übrigens nur beweisen, was ich eben bemerkt habe, daß sie im Grunde geradeso selbstgefällig und intolerant sind wie die Ultramontanen, die von ihnen so schreckhaft geschildert werden. **In Deutschland hat man aufgehört, an menschliche Unfehlbarkeit zu glauben. Darauf stützt sich der Adel der deutschen Wissenschaft wie der deutschen Tugend; und wenn die katholische Theologie eine Wissenschaft sein will, so muß sie jene Prätension ebenfalls fallen lassen.**

Was von dem Festhalten an der bischöflichen und conciliarischen Unfehlbarkeit für die Verständigung der kirchlichen Parteien zu erwarten sei, das lehrt uns ja das

Concil von Trient mit seinen 280 Mitgliedern und 430 Anathemen. Die wahre Vereinigung kann für eine zu eigenem Prüfen befähigte Zeit nicht durch Machtsprüche bezüglich der Punkte, über welche man bisher Jahrhunderte lang sich gestritten hat, sondern nur durch die in immer weitere, namentlich auch in die clericalen und bischöflichen Kreise eindringende, von allen unbefangenen Gelehrten beider Kirchen längst getheilte Ueberzeugung hergestellt werden, daß es eine in den Zeitverhältnissen liegende Calamität war, daß die Völker dem Clerus und Episcopat allein die Gestaltung des Glaubensbekenntnisses überlassen mußten, welche unter dem irreleitenden Einfluß ihrer Privatinteressen und bei ihrer mangelhaften Auffassung und Kenntniß des christlichen Geistes auf gar viele Punkte, die doch unwesentlich sind, ein zu großes, und auf andere, die wesentlich sind, ein allzu geringes Gewicht gelegt haben.

Es sind jetzt gerade zwanzig Jahre, daß Staudenmaier der katholischen Kirche den Rath gab, sie solle auf einem öcumenischen Concil auf die eigentlichen **christlichen Grundgedanken** sich beschränken. „Die Idee des Katholischen," bemerkte er, „kann, darf und soll nur die Idee des Christlichen sein, und wo diese beiden Ideen nicht congruiren, da ist ein Katholisches, das eine Verkümmerung entweder durch Verstümmelung oder auch durch Zusatz erlitten hat."[1] „Das Christenthum," sagt sehr schön Chr. Baur, „hebt alle trennenden Unterschiede auf."[2] Dieß gilt vor Allem von unserer Zeit, die durch und durch, größtentheils ohne es zu wissen, von christlichen Ideen gesättigt ist und aus dieser christlichen Atmosphäre gar nicht mehr heraus

---

[1] Staudenmaier, Die kirchlichen Aufgaben der Gegenwart. Freiburg 1849. S. 150.

[2] Chr. Baur, Paulus. 2. Aufl. Leipzig 1866, II. 92.

kann.¹ Es ist nicht der mindeste Zweifel, daß die ganze geistige Bewegung und Thätigkeit, besonders der letzten Jahre, über die richtige Auffassung der Persönlichkeit Jesu für die Regeneration des gereinigten Christenthums von unschätzbarem Nutzen ist; denn auf ernster wissenschaftlicher Arbeit ruht stets und kann nur Segen ruhen, während kategorische Machtsprüche auf diesem Gebiete nur Unheil stiften. Welch ganz entgegengesetzten Eindruck bringt auf das Herz des unbefangenen Menschen die Lectüre des Evangeliums und die des Tridentinums hervor! Darum wird vor ersterer so sehr gewarnt, da sie in der That alles hierarchische Satzungswesen und allen Pharisäismus gründlich hassen lehrt! Was trennend wirkt, ist das hierarchische Kirchenthum mit seiner Prätension auf Unfehlbarkeit. Zu diesem Schuldbekenntniß wird aber das katholische Episcopat und Papstthum sich nie entschließen, aber die wahrhaft liberalen katholischen Theologen, vor Allem in Deutschland, müssen es offen aussprechen um jeden Preis, und sollten sie auch aus der römischen Kirche hinausgestoßen werden. Sie werden dann immer noch auf christlichen, vielleicht auf weit christlicheren Boden fallen, wenn auch gerade nicht ins Brandenburger oder Mecklenburger Consistorium; denn die protestantische Kirche und Theologie der Gegenwart nimmt in allen ihren namhaften wissenschaftlichen Vertretern keinen Anstand, jenes Schuldbekenntniß, das von dem Interesse der christlichen Religion selbst gefodert ist, soweit auch sie zu demselben genöthigt ist, freimüthig abzulegen, und von diesem gemeinsamen Bekenntniß ist die wahre Union bedingt.

---

[1] Dieß wird sehr schön bemerkt von dem Verfasser der Schrift: Ecce Homo. 9. ed. London 1868. Preface p. XVI.

In Bezug auf den Cultus muß vor Allem all jener Tand und Schreckensapparat hinwegfallen, der vom Papstthum als Mittel zur Behauptung seiner Herrschaft über die deutschen Katholiken und zur Erzeugung des trügerischen Scheines, als wären sie viel reicher an Gnadenmitteln und Gott wohlgefälliger als die Protestanten, erfunden und von seinen Werkzeugen, besonders den Jesuiten, eifrigst anempfohlen und gepriesen worden ist. Wir wissen aus einer vierthalbhundertjährigen Erfahrung, daß all dieser Köder uns in der wahren Frömmigkeit nicht gefördert, und daß all dieses Naschwerk uns nur Magen und Zähne verdorben hat, daß die solide Tugend heute noch überall da am meisten vermißt wird, wo man an jenem Flitter noch hängt.

Aber auch bezüglich des Mittelpunktes des katholischen Cultes, der Messe, sowie hinsichtlich der Ansicht über die Art und Weise und die Dauer der Gegenwart Christi in der Eucharistie wird, wenn der Standpunkt unmotivirter Machtsprüche gegen den der Wissenschaft vertauscht sein wird, mindestens zugegeben werden müssen, daß die Auffassung der Katholiken, welche immerhin noch bestehen bleiben mag, keineswegs so absolut richtig und ausgemacht sei, daß jede andere Auffassung als die Tridentinische als falsch und unchristlich verdammt werden dürfte oder gar müßte. Man besorge nicht, daß damit das katholische Volk indifferent gemacht würde, wenn man ihm in heiliger Klugheit die Wahrheit predigen würde, statt beständig das Ungewisse und Unerwiesene für ganz gewiß und ausgemacht auszugeben; wenn man es zur Demuth und Bescheidenheit anleitete, wozu es sich ja auch in allen seinen übrigen Lebens- und Berufsverhältnissen jeden Augenblick veranlaßt sieht, und wodurch nur seine Strebsamkeit gefördert wird, statt unabläßig in falschen Schlummer es einzuwiegen und den pharisäischen Dünkel zu nähren. Außerdem hat ja der Geistliche es nicht zu verantworten, wenn er das Ungewisse auch als solches hinstellt, wohl aber, wenn er es als gewiß erklärt. Welch peinliche Noth haben nicht die größten Künstler unter den katholischen Theologen, um geschickt die Risse und Flecken des angeblich ungenähten und makellosen Kleides der römischen Kirche einzubiegen, die aber dennoch bei jedem starken Luftzug zum Vorschein kommen!

Auch in die ganze Literatur der Gebet- und Erbauungsbücher wird ein anderer, christlicherer Geist kommen müssen. Nicht nur der Marien- und Heiligencult wird „zur größeren Ehre Gottes" bedeutend abgeschwächt werden, sondern auch manch andere Gebete, „zur Erhöhung der römischen Kirche", „um Ausrottung der Ketzereien und Irrthümer" und dergleichen, werden am besten ganz verschwinden, da sie, wie man sieht, doch gar keine Kraft haben und Gott nicht gefallen, obwohl täglich so viele fromme Seelen sie verrichten, und Papst und Bischöfe sie mit Approbationen und Ablässen versehen. Was für ein ganz anderer edlerer Geist ist in so manchen deutsch-protestantischen Gebetbüchern anzutreffen; nichts von jenem Pharisäismus, nichts von jener Wagenschmiere, die der ganzen katholischen Erbauungs-Literatur ein so häßliches und schmutziges Gepräge verleiht.

Ist nur einmal der Unfehlbarkeitsdünkel in sein eigenes Grab gesunken, und haben nur, wie es auf dem gegenwärtigen römischen Concil vor den Augen aller Welt geschehen wird, Papst und Bischöfe sich gegenseitig in heiliger Inbrunst erdrückt, und haben die katholischen Geistlichen aufgehört, Götter oder Halbgötter und viel heilskräftiger sein zu wollen, als der Clerus anderer Kirchen, dann wird es die Pflicht und das eigene Interesse der Staaten sein, dem katholischen Clerus die Menschenrechte zu restituiren, die das Papstthum mit dem listigen und lügnerischen Versprechen, er würde durch Verzicht auf dieselben Gott oder doch den Engeln gleich werden, wovon nichts zu sehen und zu bemerken ist, ihm geraubt hat. Das deutsche katholische Volk wird von der jesuitischen Verfälschung und Irreleitung seines tiefen religiösen Sinnes zur natürlichen Reinheit und Klarheit seines Blickes wieder gelangen und erkennen, es sei dem Amte des Priesters entsprechender, mit Frau und Kindern ein christliches stilles und erbauliches Familienleben zu führen, als daß er als Landwirth um Ochsen, Kühe und Schweine sich zu kümmern und ein zahlreiches ungebildetes Dienstbotenpersonal zu halten habe; es wird sich gestehen müssen, daß es anständiger sei, den Geistlichen allenfalls aus dem Kreise seiner Kinder zu einem priesterlichen Berufsgeschäfte holen, als ihn auf den Feldern, im Stalle oder auch im Wirthshause bei Spiel und Trunk Stunden lange aufsuchen zu müssen und zum Altare eilen zu sehen; es wird mehr Vertrauen haben auf den Rath eines selbst durch die Schule des Familienlebens erzogenen Mannes als zu jenen eingebildeten Herrn und Herrchen, die ihre präsumptiösen Machtsprüche doch nur aus scholastischen und casuistischen, von Papst und Bischöfen im Interesse der Beherrschung der Laien approbirten, Compendien schöpfen. Für die Restitution seiner vom römischen Papstthum ihm listig entzogenen Menschenrechte wird vor Allem der niedere Clerus, der viel besser ist als man glaubt, dem Staate dankbar sein, und es wird sich bewahrheiten, was ein neuerer französischer Schriftsteller den Regierungen zuruft: **mariez les prêtres, et l'utopie théocratique s'evanouit comme un songe!**[1]

[1] L. Aimé Martin in seinem von der Academie gekrönten Werke: Education des mères de famille. 6. ed. Paris 1857, II, 339.

Man vergesse nicht, daß Gregor VII., der die ganze gesellschaftliche Ordnung auf den Kopf stellte, zugleich dem, zum Familienleben aus der mönchischen Träumerei zurückgekehrten, Clerus das Joch des Cölibates aufs Neue auf den Nacken gesetzt hat, und man beherzige die Bemerkung Warnkönig's, es sei der vom Tridentinum für die Nothwendigkeit des clericalen Cölibates geltend gemachte Grund, daß der katholische Geistliche um so besser seinem Berufe leben könne, längst durch die Geschichte der protestantischen Kirchengesetzgebung und ihrer Wirkungen widerlegt, dagegen seien „gerade die rein katholischen Länder Europa's und Amerika's auch der beständig lobernde Herd der Revolutionen".[1] Wie könnte es auch anders sein, so lange in den öffentlichen Kirchengebeten wie im priesterlichen Breviere ein Gregor VII. als Muster und Vorbild in Bekämpfung der Staatsgewalt vorgestellt und um seine Fürbitte angerufen wird, wie es heute noch allgemein zu geschehen hat!

Katholische Bischöfe wie Dupauloup von Orleans versichern zwar selbst, es habe „namentlich das Evangelium die intellectuelle und moralische Würde der Frauen gehoben und die so erhabene Stellung ihnen verschafft, welche sie in der menschlichen Gesellschaft einnehmen."[2] Sollen sie denn gleichwohl immer noch der Hand katholischer Priester unwürdig sein? Aber diese, entgegnet man, haben ja schon eine andere, höhere Ehe mit der Kirche geschlossen, und neben dieser Gemahlin wäre jede andere eine Ehebrecherin. Unläugbar eine ganz ideale und schöne Theorie, aber auch nichts als dieses. Warum soll man denn nicht mit gleichem Rechte sagen können, der Beamte

---

[1] In seinem Artikel „Ehelosigkeit" im Staatslexicon von Rotteck. 3. Aufl. Leipzig 1860, IV, 704.
[2] Frauenbildung. Autorisirte Ausgabe. Münster 1868. S. 13.

müsse Cölibatär sein, weil er mit dem Staate vermählt ist? Oder soll dem Staat mehr an Steuerzahlern liegen als Christo an Theilhabenden an seinem Erlösungswerke? Oder sollen gerade die Priester unwürdig sein, das Ihrige hiezu beizutragen? Was man Ehe mit der Kirche nennt, der ja doch wahrlich auch der verheirathete Clerus anderer Kirchen dient, ist im Grunde nur ein schöner Name für das Joch des Papstthums, und die Erfahrung gibt dem Grafen Gasparin Recht, daß „nur die ächten Ehen das Privilegium besitzen, Freiheiten zu entwickeln und zu schützen".[1] Dagegen ist es vollkommen richtig, was der Amerikaner Lea in seiner Geschichte des priesterlichen Cölibates (1867) bemerkt, daß das Papstthum an dem Cölibat der Geistlichen ein Hauptmittel für seine Macht besitzt, das es niemals aus den Händen lassen wird, und daß das Cölibatsgesetz nur mit der Herrschaft des Papstthums selbst über ein Volk oder auch über eine einzelne Persönlichkeit im Clerus beseitigt werden kann. Dieß ist aber auch darum vor Allem von dem deutschen Volke zu erwarten, weil, wie man längst mit allem Rechte bemerkt hat, der sittliche Vorzug des deutschen Nordens vor dem romanischen Süden auf die höhere Werthschätzung der Familie sich gründet.[2]

---

[1] La liberté morale. Paris 1868, II, 353. Vgl. I, 403.

[2] Schön, wenn auch etwas gar zu poetisch, hat dieß Bogumil Golz dargestellt (Des Menschen Dasein in seinen weltewigen Zügen und Zeichen. Frankf. 1850, I, 255). Hiezu das Geständniß Balzacs bezüglich Frankreichs: nos maris à la honte des moeurs se conduisent presque tous comme des célibataires et font gloire in petto de leurs aventures secrètes (Physiologie du mariage. Paris 1862, p. 40). Hieraus mag man sehen, was von der Behauptung zu halten sei, daß der Cölibat der Priester das festeste Bollwerk der ehelichen Treue sei, und daß die Aufhebung jenes Zwangsgesetzes den „onanisme conjugale" zur Folge haben würde,

Wie oft ist nicht leider die Frage berechtigt, welche Tissot den Staatsregierungen zuruft: „Was gewinnt ihr denn dadurch, daß ihr dem Priester die Ehe verbietet? Ihr macht einen sacrilegischen Verführer, einen tagtäglichen Uebertreter des Gesetzes aus demjenigen, den ihr an das Heiligthum kettet, und der durch die Ehe ein guter Familienvater hätte werden können!"[1] Oder sind nicht alle geistlichen Correctionshäuser mit Sündern gegen die Keuschheit angefüllt, mit solchen wirklich schlechten Geistlichen, welche, wie Tissot bemerkt, „einen Theil der Annehmlichkeiten der ehelichen Gemeinschaft ohne deren Lasten wollen". Ist dieß keine Entehrung der sittlichen Würde des Vaterlandes?

Man erklärt die Geistlichen zwar für Wesen, die über die Engel erhaben seien; behandelt sie aber wie Teufel, die man an Ketten legen müsse. Man macht ihnen glauben, sie erhielten durch die Weihe einen unaustilgbaren übernatürlichen Character; nimmt ihnen aber dafür ihre natürliche Menschenwürde und beraubt sie nach Möglichkeit der Mittel zu ihrer geistigen Selbstständigkeit und gründlichen Durchbildung. Man sagt ihnen, sie hätten die besondere Gabe der Enthaltsamkeit, widerlegt aber selbst schon seit Jahrhunderten diese Behauptung durch die ganze Gesetzgebung zur Aufrechterhaltung des Cölibats oder vielmehr seines Scheines. Man sollte im Hinblick auf diese Gesetzgebung

---

daß die Familien dem Staate nur noch diejenigen Kinder liefern würden, „que la débauche n'aura pas encore dévorés." (Dufieux, Nature et virginité. Paris 1854. p. 480 sq.). Von einem Franzosen sollte man eine derartige Behauptung doch am allerwenigsten erwarten, wenn er die Familienverhältnisse der deutsch-protestantischen Länder, wo der Clerus verheirathet ist, mit denen des katholischen Frankreichs vergleichen wollte.

[1] Tissot, Le mariage. Paris 1868, p. 328.

gerade umgekehrt glauben, es gebe gar keine lüsterneren und brünstigeren Menschen als die katholischen Geistlichen, und als wären Papst und Bischöfe selbst überzeugt, daß die Weihe zum Priester wie ein zauberischer Liebestrank auf den Geweihten wirke. Die allerjüngsten Verordnungen der deutschen Provinzialsynoden und andere bischöfliche Erlasse liefern hiezu wieder recht evidente Belege. Ist es denn nicht gerade als ob man sagte: dieser oder jener Mensch hat eine ganz besondere Gabe der Ehrlichkeit; aber ihr dürft schlechterdings nichts was auch nur einigen Werth hat und nicht völlig abgenutzt ist, vor ihm liegen lassen. Denn Alles was er sieht, reizt ihn alsbald, es zu stehlen? Oder ist es nicht gerade, als ob man von einem Manne rühmen wollte, er sei ein ganz unvergleichlicher, ausgezeichneter Reiter; aber man dürfe ihm ja kein junges, muthiges Pferd geben, dessen bloßer Anblick oder Nähe ihn schon beben mache, sondern dürfe ihn nur auf eine ganz alte Mähre setzen?

Man möchte blutige Thränen weinen, wenn man, wie der Verfasser, Fälle kennen gelernt hat, daß die fleißigsten und strebsamsten jungen Männer, die in den Seminarien Muster gewesen sind, wenige Jahre nach der Priesterweihe bei dem niederdrückenden Gefühle, daß das Familienglück ihnen für alle Zeit versperrt sei, zu den unsittlichsten Ausschweifungen sich fortreißen ließen, — ja zu Kindesmördern geworden sind! Die Bischöfe, bayerische Bischöfe, wissen Solches und schweigen. Statt ihrer Pflicht gemäß auf Milderung des Cölibatszwanges Anträge zu stellen, glauben sie nur durch verschärfte Maßregeln dem Uebel begegnen zu können, während in Wirklichkeit dadurch doch nur die Heuchelei vermehrt und die Sittlichkeit noch mehr verschlimmert wird. In letzter Zeit hat mancher Bischof es vorgezogen, die clericalen Sünder gegen die Keuschheit nicht mehr öffentlich zu bestrafen, weil das Skandal gar zu groß würde, und dieselben nur auf einige Wochen in ein Kloster zu schicken, um geistliche Exercitien zu machen. Aber nicht das Kloster, sondern nur das Familienleben vermag hier wirksame Hilfe zu schaffen, und dazu ist der christliche Staat berechtigt und verpflichtet, was auch einzelne Theoretiker vorbringen mögen. Oder soll es denn immer so bleiben, daß die Regierungen zu Gewaltmaßregeln gegen den Clerus leichter sich entschließen als zu soliber, im Interesse der allgemeinen Bildung geforderter Reform der so tief in das Staatsleben eingreifenden Gesetze über das clericale Cölibat? Scheint es nicht, als ob Regierungen, welche trotz aller schlimmen Erfahrungen, die sie bezüglich der allseitigen Wirkungen jenes vom Papstthum den Geistlichen auferlegten Joches seit Jahrhunderten gemacht, zur Aufhebung dieses Gesetzes nicht den Muth haben und sich nicht für competent halten, sich selbst ein Zeugniß von unwürdiger, das Vaterland entehrender Schwäche gegenüber dem Ultramontanismus ausstellten?

Nur auf Eines will ich noch kurz hinweisen, daß nämlich die Tridentinische Lehre auch in diesem Punkte eine ungemein tief gehende Verfälschung der Religion sich hat zu Schulden kommen lassen, welche von aller Erfahrung und aller Wissenschaft als solche an das Licht gestellt wird. Das Tridentinum oder, wie jüngst der angesehenste der heutigen katholischen Canonisten, Schulte, mit vollkommener Zustimmung gleich an der Spitze einer Schrift sich ausdrückt: „die katholische Kirche hat in formellster Weise den Grundsatz als Dogma ausgesprochen, daß der Stand des Cölibates dem ehelichen vorzuziehen sei".[1] Nach dieser Auf-

---

[1] Die Stifte der alten Orden in Oesterreich. Gießen 1869. S. 1.

faſſung handelt die katholiſche Kirche auch überall, und anſtatt daher die natürliche Ordnung Gottes zu ehren und, wo kein augenfälliger Nutzen des Cölibates, dagegen die Möglichkeit zur Gründung und Erhaltung einer Familie ohne jede Gefahr der Benachtheiligung höherer Zwecke beſteht, die Ehe zu geſtatten, iſt ſie allenthalben für Erſchwerung der Verehelichung thätig, wie denn auch der katholiſche Clerus das Veto der Gemeinden eifrigſt unterſtützt hat. Jene Tridentiniſche Auffaſſung des Cölibates zerſtört aber das Weſen der chriſtlichen Ehe, und damit die Grundlage des Staates, und wird daher auch von den gemäßigten proteſtantiſchen Theologen, wie Wuttke, mit vollem Rechte geradezu als unchriſtlich zurückgewieſen.[1] **Jeder Staat, der ein chriſtlicher ſein will, ſollte das Gleiche thun.** Aufgabe des Staates iſt es, für wahrhaft edle Menſchenbildung in Bezug auf alle ſeine Unterthanen zu ſorgen. Eine ſolche wird aber, wie erſt unlängſt einem ſogenannten liberalen katholiſchen Theologen gegenüber ſehr richtig bemerkt worden iſt, dem katholiſchen Clerus in ſeiner Geſammtheit „ſo lange nicht möglich werden als ihm die Ehe verſagt iſt".[2] Und in welchem Lichte erſcheint nicht das cölibatäre Mönchthum ſelbſt bei dem „gläubigen" Janus in jeder Beziehung! Die größten und mächtigſten Orden, wie die Clugnyacenſer und Ciſterzienſer, die Dominicaner und Franziscaner, wie nachher der

---

[1] Handbuch der chriſtlichen Sittenlehre. Berlin 1862, Bd. II. 461.

[2] Allg. Ztg. Nr. 281, am 8. Octbr. 1869. Sehr richtig fügt der Verfaſſer dieſes Artikels noch bei: „Nur in einem geordneten Familienleben kann der Clerus ſich vor ſo beſchämenden Demüthigungen bewahren, welchen er neulich wieder durch das Verbot des Wirthshausbeſuches in der Erzbiöceſe Bamberg ausgeſetzt worden iſt."

Jesuitenorden, waren nur die Werkzeuge des päpstlichen Absolutismus und der Fanatisirung der Menschen, gleichwie sie in ihrem eigenen Schooße alle ächte Humanität bis auf den Begriff derselben erstickten, und statt der soliden Bildung vielmehr der Barbarei, statt der Entwicklung und Veredlung der Natur vielmehr der Zerstörung derselben und der Unnatur bis zur Abstumpfung alles Wahrheits- und Gerechtigkeitsgefühls dienstbar wurden.[1]

---

[1] Siehe besonders S. 166. Vgl. S. 160, 302, 308.

III.

Die immer größere Dimensionen annehmende indifferente Gesinnung ist das beste Zeichen, daß wir der kirchlichen Einigung rasch entgegen gehen. Die Indifferenz bezieht sich weit weniger auf die sittliche Würdigung der Handlungen, als vielmehr auf die Zudringlichkeit der Vertreter der Theokratie.[1] Die Wächter der Orthodoxie hüben und drüben sind es, welche sich über Indifferentismus beklagen, weil sie bemerken, daß die polemische Waare, womit ihre Lager angefüllt sind und worauf sie sich hauptsächlich verlegt haben, ein Artikel ist, der nicht mehr geht, weder in dieser, noch in jener Farbe. Dieser Banquerott thut wehe, und namentlich Solchen, die einst viel damit verdienten und noch viel mehr damit zu verdienen hofften. Es geht diesen „gläubigen" Theologen wie den Kaufleuten mit veralteten, aus der Mode gekommenen Stoffen. Die Menschen wollen ihren Versicherungen und Anpreisungen nicht mehr „glauben". Aber wie soll man dieß, wenn man alle Tage die Erfahrung macht, daß gerade die gelehrtesten Theologen, sowohl bei Protestanten als Katholiken, oft nach einem

---

[1] Dieser Gegenstand ist sehr trefflich behandelt worden von zwei Männern von so religiösem Ernste und so hoher wissenschaftlicher Bedeutung wie Bluntschli und Rothe in ihren Reden auf dem ersten Protestantentag zu Eisenach 1865. (S. 18, 26.)

lebenslangen Forschen, die Unhaltbarkeit von Kirchendog=
men, die sie Decennien lang vertheidigt und gelehrt haben,
einzugestehen und preiszugeben sich genöthigt sehen? Dabei
ist nur das Aergerliche, daß die Leute deshalb doch nicht nackt
gehen, sondern im Gegentheil viel hübscher und geschmack=
voller, und bei all dem ungleich billiger sich kleiden. Es ist
eben mit Einem Worte das Princip der Gewerbefreiheit
auch auf die Religion übergegangen; jeder Mensch will mehr
und mehr eine eigene religiöse Ueberzeugung haben und
der Unfehlbarkeit keines Anderen mehr blind vertrauen,
selbst bei dem besten Verdienst. Manche „Meister" werden
darüber wüthend böse, denn ihr „Geschäft" leidet großen
Schaden; sie sehen die Indifferenz in schauerlicher Weise
zunehmen. Aber die Hauptsache ist, daß die Religion nicht
schwächer wird, wenn sie auch kein Handelsartikel mehr ist,
mit dem man Monopol treiben kann; daß das sittliche Bewußtsein sich reinigt, daß die allgemeine Volksbildung und
die socialen Interessen, welche die Zunft des orthodoxen
Clerus allwärts in sträflichster Weise und vielfach im eigenen
Herrschaftsinteresse vernachlässigt hat, sich überall mächtig zu
heben anfangen. Das allgemeine Wehrgesetz, nebenher gesagt, enthält mehr sittlichende und veredelnde Kraft für das
deutsche Volk, als das ganze römische Concil mit dem Dogma
von der Unfehlbarkeit des Papstes zu erzeugen vermögen
wird. Also es lebe die Indifferenz gegen alle Prätension
menschlicher Unfehlbarkeit, der fruchtbaren Mutter aller
Revolutionen, wie der Ultramontanismus eine solche eben
jetzt uns auf den Hals wünscht, weil er gar gut weiß, daß
darauf eine reactionäre Despotie zu folgen pflegt, die seiner
Herrschaft überaus günstig ist.

 Sobald man die gefärbte Brille der Unfehlbarkeit, welche
Alles in einem falschen Lichte darstellt, ablegt, und der Wirk-

lichkeit mit freiem Auge gerade ins Gesicht blickt, erkennt man mehr und mehr die Illusionen, welche den ganzen römisch-katholischen Kirchenbegriff in seiner Exclusivität erfüllen, und welche allen andern Kirchen die Verpflichtung auferlegen, vor dessen aggressivem Wesen stets auf der Hut zu sein. Denn wie der Dichter sagt: „Das Schrecklichste der Schrecken ist der Mensch in seinem Wahn". Die Wahrheit dieser Worte hat die Welt an dem orthodoxen Kirchenthum und seinen Vertretern schon zu oft erfahren. Darum ist es nöthig, die Katholiken auf die Illusionen des Kirchenbegriffes, welcher sie zur Verdammung aller andern Christen auffordert und bei diesem Concil dringender als je auffordern wird, recht nachdrucksam hinzuweisen.

Nur die römisch-katholische Kirche, versichern alle Katechismen und theologischen Lehrbücher, alle Hirtenbriefe und Predigten, alle Gebet- und Erbauungsbücher, hat die Merkmale der Einheit, Heiligkeit, Katholicität, Apostolicität, Sichtbarkeit und Unfehlbarkeit, wie die wahre Kirche sie nothwendig haben muß. Untersuchen wir diese Prätension etwas näher. Der Katholicismus gleicht zwar dem verschleierten Bild der Göttin von Saïs, aber wir müssen uns dennoch erlauben, den Schleier zu lüften.

Sehen wir uns die Einheit der römisch-katholischen Kirche an. Auch hier nichts als reiner Humbug. Von Einheit kann man nur in dem Maße reden als bei der betreffenden Kirche Freiheit herrscht. Wo Zwangsmittel und Schreckensapparate aller Art in Anwendung gebracht werden müssen, um Uneinigkeit zu verhindern, da ist die Einheit so wenig ein Wunder als auf dem Gottesacker. Eine Kirche, welche den Clerus durch die gewaltsamste Losreißung von dem Volke und der Familie beim ersten Zeichen eines freien Sinnes an das Hungertuch weist, dagegen dem servilen, vor ihr in Anbetung niederfallenden Geistlichen wie der Satan in der Versuchung des Herrn Ehre und Wohlstand in Aussicht stellt ohne alle Rücksicht auf die innere Befähigung und Würdigkeit, wie es seit dem Beginne des Mittelalters mehr und mehr der Fall war; eine Kirche, welche alle Leidenschaften und schwachen Seiten, alle Vorurtheile und natürlichen Verkehrtheiten des Volkes in ihr Interesse zieht, welche systematisch die geistige Trägheit und den pharisäischen Dünkel, den Hang zur Aeußerlichkeit und zum unsoliden Scheine nährt; eine Kirche, welche zur Zeit ihrer Macht Kaiser und Fürsten zur Verfolgung und Ausrottung aller Andersdenkenden ohne Unterschied des Standes und der Einsicht aufforderte; eine Kirche, welche die Freiheit des Gewissens und damit die eigene persönliche Ueberzeugung für Wahnsinn erklärt; eine Kirche, welche die Kenntnißnahme von den Gründen ihrer Gegner bei Strafe des Bannes selbst dem Clerus, dem Lehrer des Volkes verbietet: eine solche Kirche hat gut einig sein, und sie wird es bleiben bis auf den letzten Mann, da ja alle Widersprechenden sofort hinausgestoßen werden. Sobald aber irgendwo jene Zwangsgesetze nicht mehr anerkannt und als unsittliche Hemmung der wissenschaftlichen Forschung erkannt werden, wie es gegenwärtig in Deutschland bei der kleinen Partei der liberalen katholischen Theologen der Fall ist, treten sofort auch die tiefgehendsten Differenzen hervor und hat es mit der gerühmten Einheit ein Ende.

„Heilig ist die römisch-katholische Kirche, und nur sie allein; denn keine andere hat Heilige aufzuweisen." Was müssen sich doch die Katholiken von ihrem Papste und Episcopate aufbinden lassen, mit welch kindischem Puppenspiele werden sie unterhalten! „Nur die katholische Kirche hat Heilige aufzuweisen," lehrt heute noch einmüthig die ganze kirchlich theologische Literatur, lehrt man die Kinder in der Schule wie die Erwachsenen von der Kanzel und die geistlichen Candidaten vom academischen Lehrstuhle. Wie meint ihr das? würde vielleicht ein unbefangener Weiser aus China oder Indien, der den ganzen Westen und die Länder der verschiedenen christlichen Confessionen durchreist hätte, einen etwa mit ihm in einem Eisenbahncoupé zusammentreffenden katholischen Theologen fragen. Ich habe, würde er vielleicht beifügen, mitunter gerade im Orient selbst und auch in protestantischen Gegenden eine weit solidere Tugend angetroffen als in römisch-katholischen Reichen. Vielleicht möglich, würde der Katholik entgegnen, wenn auch nur ausnahmsweise.[1] Aber wenn es auch die Regel wäre, so bewiese dieses doch nur, daß jene scheinbar akatholischen frommen Leute eigentlich römisch-katholisch sind, und daß andererseits die schlechten Katholiken im Grunde Schismatiker und Häretiker[2] sind, wenigstens zur Zeit ihrer schlechten

---

[1] Mit dreistester Lügenhaftigkeit behauptete der „Katholik" im J. 1849 (S. 302): „Die kirchlichen Thaten der Liebe werden und können sich im Protestantismus nie einstellen." „Der Protestantismus als solcher hat immer im Grundsatz einen entschiedenen Horror vor den guten Werken eines lebendigen Glaubens gehabt."

[2] Der Bischof Martin, um nur Einen Beleg statt vieler anzuführen, sagt geradezu: „Der gute Katholik ist gut, weil er ein consequenter Katholik ist; der gute Protestant aber ist gut durch eine glückliche Inconsequenz. Der beste katholische Christ ist immer noch nicht so gut, daß er gemäß dem katholischen System nicht noch besser werden müßte; der gute protestantische Christ aber ist immer besser als das protestantische System." Zweites bischöfliches Wort, Paderborn 1866, S. 201. — Die Wahrheit ist genau das Gegentheil. Ein ganz consequenter Katholik, vor Allem ein seinem Eide ganz getreuer Bischof, der zur möglichsten Verfolgung aller Nichtkatholiken sich verpflichtet, wäre ein reißendes Thier, das man in jedem civilisirten Staate stets an Ketten legen oder ver-

Handlungen. Allerdings, würde er etwa weiter bemerken, wenn das Gespräch zwischen Passau und München vorfiele, wird in dieser Gegend, wo man durch und durch katholisch ist, so ziemlich jeden Feiertag Jemand todtgestochen oder ausgeraubt, aber Sie werden in ganz Deutschland nicht so viele Geistliche finden, und berechnen Sie nur, wie viel das Messen gibt; nirgends wird so viel gebeichtet, communicirt, gewallfahrtet, kurz, ich käme an kein Ende, wenn ich Ihnen alle die Heiligungsmittel aufzählen sollte, die es hier gibt und von denen Sie bei den schismatischen Orientalen nicht viel und bei den heutigen Ketzern im Occident, besonders in Deutschland, beinahe gar nichts mehr finden. Reicher noch an solchen Heiligungsmitteln als bei uns in Deutschland, würde er beisetzen, ist man aber in Italien, Frankreich und Spanien, wie die zahlreichen Männer und Frauen jener Länder beweisen, welche von den Päpsten noch bis in die allerjüngste Zeit heilig gesprochen worden sind, während bei uns in Deutschland schon das kältere

---

bannen müßte. Aehnliche Consequenzen ergeben sich aus dem Unfehlbarkeitsprincip für alle Lebensverhältnisse. Was den Punkt der Heiligkeit speciell betrifft, so sagt ja der Jesuit Secondo Franco in einem von der Civiltà cattolica überaus belobten, aus dem Italienischen in das Französische und Deutsche übersetzten, für das größere Publicum bestimmten Werke ganz allgemein: „Der Katholicismus ist gut, wenn auch das Leben der Katholiken noch so sündhaft wäre; während der Protestantismus schlecht ist, wenn auch das Leben der Protestanten noch so sittlich wäre." — Handbuch populärer Controversen. Wien 1866. II, 368. — Wie, wenn Christus und die Apostel den Juden und Heiden gegenüber dieses Argumentes sich bedient hätten, hätte wohl die christliche Religion entstehen können? Und bei welchem Volke könnte es heute mit solchen Grundsätzen Eingang finden? Solche Apologeten richten ihre eigene Sache zu Grunde, aber sie sind consequent!

Klima, selbst in den südlichen Gegenden, einem höheren Grade von Heiligkeit, wie eine päpstliche Canonisation ihn erfordert, nicht recht günstig ist, und da es außerdem, wie es wenigstens scheint, auch von den frömmsten Katholiken bei dem besten Willen nicht zu verhüten ist, daß sie nicht manchmal eine von Norden her wehende protestantische Luft einathmen, was unserm unfehlbaren Papste natürlich nicht verborgen bleibt; und etwas Unreines kann ins Himmelreich nicht eingehen. So müssen immer die Unschuldigen mit den Schuldigen büßen, was wir deutsche Katholiken schon seit Jahrhunderten erfahren. Ohne Zweifel würde ein Chinese bei dieser, übrigens durchaus richtigen Erklärung des römisch-katholischen Heiligkeitsbegriffes sich selbst oder auch dem Katholiken sagen, es sei hienach die buddhistische Religion ihm weit lieber als die katholische. Und in der That hat jene vor dieser, mit welcher ihr die äußere Werkheiligkeit gemein ist, noch den Vorzug größter Toleranz.[1]

Man begreift in der That vollkommen, warum Papst, Bischöfe und Jesuiten so sehr auf das Dogma der päpstlichen Unfehlbarkeit bringen, wenn man bedenkt, daß der ganze Heiligkeitsbegriff, also das Grundwesen der Religion, sich im römischen Katholicismus seit acht Jahrhunderten auf die päpstlichen Canonisationen gründet, da die Canonisirten sofort zur Nachahmung und als Muster der Frömmigkeit auf die Altäre gestellt, und die Gläubigen ohne Weiteres angeleitet werden, Gott für die Gnade zu danken, daß er seine Kirche mit einem neuen Heiligen geschmückt, und diesen um seine Fürbitte anzurufen. Man muß den Widerspruch und die große Gefahr

---

[1] Vergl. Barthélemy Saint-Hilaire, La religion de Buddhe. Paris 1862. p. 119.

für das ganze römische Kirchenwesen einsehen, die darin lägen, wenn man für die Canonisationen, nachdem man ihnen doch eine derartige praktische Folge gibt, gleichwohl, wie es auch von Benedict XIV. geschehen und auch heute noch von den sogenannten liberalen katholischen Theologen geschieht, das Prärogativ der Unfehlbarkeit nicht in Anspruch zu nehmen wagen würde. Man muß es dem Jesuitismus lassen, daß er in seiner scholastischen Logik jedes Loch im System balb durchschaut und zuzuflicken beflissen ist; um die thatsächliche geschichtliche Wirklichkeit kümmert er sich freilich nicht. Papstthum und Jesuitismus haben ferner das Gefühl, daß die alten christlichen Märtyrer doch im Grunde nicht als specifisch römisch-katholische Heilige gelten können, und man wagte es doch nicht recht, namentlich der orientalischen Kirche das Recht des Mitanspruches auf deren Gemeinschaft abzustreiten. So blieb nichts Anderes übrig als neue, specifisch römisch-katholische Heilige, d. h. Vertheidiger des Papstthums, Werkzeuge der Inquisition und eifrige Pfleger der specifisch päpstlichen Institutionen zu creiren und zu schmieden. Und dieses Gepräge, diesen Stempel tragen denn auch diese päpstlichen Kalender-Heiligen; die Wenigsten sind nach dem Modell der vom christlichen Volke der ersten Jahrhunderte als Muster von Tugend und Heiligkeit betrachteten Persönlichkeiten geformt; ja gar Manche sind das directe Gegenbild derselben. Diese irreligiöse Corruption und Irreleitung des religiösen Sinnes dauert noch immer fort, ja ist gerade in jüngster Zeit wieder recht frech hervorgetreten. Wie lange wird das katholische Volk Deutschlands, dem sie seit drei Jahrhunderten vor Allem gilt, dieselbe noch ertragen? Wie lange werden die katholischen Theologen Deutschlands noch brauchen, bis sie diesen Cardinalpunkt im Zusammenhange mit dem ganzen System des römischen Katholicismus ins Auge fassen, statt nur über diese oder jene Canonisation ein Kopfschütteln oder Achselzucken, ganz im Geheimen natürlich, sich zu erlauben? Das ganze Institut der Canonisationen ist eine Verfälschung des Begriffes von christlicher Tugend und Heiligkeit der Kirche.

Nur eines geradezu gewissenlosen Sophisma's, dessen sich die gesammte katholisch-theologische Literatur seit Jahrhunderten sowohl der orientalischen als vor Allem der protestantischen Kirche gegenüber schuldig macht, und das recht eigentlich die Signatur diabolischer Verläumbung an sich trägt, will ich bezüglich ihrer Darstellung der Heiligkeit der Kirche noch Erwähnung thun. Der Stifter der wahren Kirche, sagt man, muß heilig sein. Dieß ist der Fall bei der römisch-katholischen Kirche, und nur bei ihr, da sie allein die Kirche Christi ist, während die orientalische den Patriarchen Photius, und die protestantischen Luther und Calvin zu Gründern haben, welche Leute alle nichts weniger als Heilige gewesen seien. Heute noch werden die gehässigsten Fabeln verbreitet, welche man diesen verdienten Männern angedichtet hat. Aber heißt es nicht, Lehrer der Ignoranz und der empörendsten Lüge sein, wenn man, statt allenfalls dem gelehrten, anspruchlosen Photius einen unwissenden Theokraten wie Papst Nicolaus I., einem Felsenmanne und einer bei all ihren menschlichen Schwächen durch und durch edlen, von reiner[1] feurigster Liebe zum Erlöser brennenden

---

[1] Selbst ein so grimmiger Feind der Reformation, wie Gams, der freilich über gar Vieles kühn hinwegspringt, um zu dem Schlusse zu gelangen, daß es „der sogenannten Reformation auch an dem Scheine der Berechtigung gefehlt", daß „blos physische Gewalt derselben zum Siege verhalf und die Würdigkeit oder Unwürdigkeit der Bischöfe darauf keinen Einfluß hatte", selbst ein solcher Kirchen-

Seele wie Luther einen die solide Tugend durch eifrigste Beförderung demoralisirender Werkheiligkeit, über die er selbst spottete, untergrabenden Schwächling Leo X., oder einem an durchdringendem Scharfsinn in Erörterung der wichtigsten kirchlichen Lehren heute noch seines Gleichen suchenden Calvin einen nur für weltliche Interessen Sinn und Verständniß beurkundenden Julius II. gegenüber zu stellen: wenn man statt solcher geschichtlicher Gerechtigkeit die Sache derart entstellt, als hätten die von Roms unchristlicher Knechtung anderer Nationalitäten sich im Namen Christi lossagenden Kirchen neue Religionen eingeführt und von der christlichen sich getrennt? Wie lange sollen diese dem Romanismus angehörigen Schandflecken von Lüge, die der deutschen Wissenschaft zur Schmach gereichen, noch in den katholischen Schulen, von den Kanzeln und Kathedern gelehrt und verkündet werden? Hic rhodus, hic salta! muß man vor Allem den liberal sein wollenden unter den katholischen Theologen, welche aber in dieser Entstellung manchmal mit den Ultramontanen um die Palme ringen, zurufen. Wann werden die deutschen Bischöfe einmal anfangen, den Candidaten des Priesterthums ein von der wahren Heiligkeit der Kirche absolut gefodertes gründliches und allseitiges Studium der Controversen aus den eigenen Schriften der Gegner zur Pflicht zu machen, statt zu Vollstreckern der Verdicte des römischen Index sich entwürdigen zu lassen, ja dieselben sogar noch zu verschärfen?

Historiker und Benedictiner von heutzutage muß bezüglich Luthers gestehen: „Irdische Interessen des Eigennutzes waren ihm ferne" (Möhler's Kirchengeschichte, herausg. von Gams. Regensb. 1868, III, 148, 70, 571). — Es waren also doch überirdische Interessen und nicht „blos physische Gewalt" im Spiele!

Auch das Merkmal der Katholicität, lehrt man allgemein, kömmt nur der römischen Kirche zu. Diese habe auch thatsächlich die größte Zahl der Bekenner und sei in steter Verbreitung begriffen. Ferner werde bei den Katholiken aller Orten und Zeiten ganz das Gleiche gelehrt, geglaubt und geübt, was Alles von keiner andern Kirche gesagt werden könne. Wenn ich an die Entstellungen der christlichen Lehre durch die orthodoxen Theologen und Geistlichen denke, und erwäge, in welch unverantwortlicher Weise das natürliche religiöse Bewußtsein der unverdorbenen Jugend durch den Clerus im Religionsunterrichte corrumpirt wird, dann will mir vor Schmerz das Herz zerreißen und ich preise dann diejenigen Länder glücklich, wo es gar keinen öffentlichen religiösen Volksunterricht gibt; vor Allem aber freue ich mich dann über all jene edlen Männer in meinem deutschen und bayerischen Vaterlande, welche die Trennung der Kirche von der Schule mit allen Kräften erstreben, ja ich möchte wünschen, daß man lieber die Sache umkehre, und die Laien zu Religionslehrern, dagegen die Geistlichen zu Elementarlehrern mache, wo sie nicht soviel schaden könnten. Was müssen doch die katholischen Kinder aus ihren, von dem Episcopat approbirten Katechismen,[1] was die Studirenden auf den Gymnasien und Lyceen, ja selbst die academischen Bürger an den theologischen Facultäten Alles auswendig lernen und sich versichern lassen! Noch mehr: was lehrt man nicht das

---

[1] Neuestens hat der Director der höheren Töchterschule zu Halberstadt, Kriebitzsch, mit allem Rechte diesen schwarzen Punkt in unserer Volksbildung, auf den auch die Volksvertretungen allzu wenig achten, hervorgehoben. (Inter folia fructus. Pädagogische Blätter für Schullehrer und Schulfreunde. Halle 1868, S. 234 fg.)

katholische Volk, besonders auch das Frauengeschlecht und die Jugend, in den Erbauungsbüchern Alles beten!¹ Was es mit den berühmten zweihundert Millionen Katholiken² für eine Bewandtniß habe, ist schon angedeutet worden. Im Orient und Occident sieht man diesen colossalen Schwindel ein. „Der Geist des Jesuitismus und der Religion des Papstthums," sagt sehr richtig Graf Tolstoi, „ist die äußere Ausdehnung. Man sieht nur auf die Zahl der Schafe ohne besondere Rücksicht auf deren Beschaffenheit."³ Mir wäre bange, wenn ich außerhalb des Clerus auch nur zwei Hundert, von den Millionen gar nicht zu reden, suchen müßte, die mit genügender Kenntniß und mit voller innerer und freier Ueberzeugung zu dem ganzen katholischen System, wie es in seiner Exclusivität gegen alle andern Kirchen von dem Papstthum und der Hierarchie geltend gemacht wird, sich bekennen. Mit der Diogenes-Laterne getraute ich sie mir nicht mehr zu finden. Dabei

---

¹ Ich habe mir noch kurz vor meiner Abreise nach Petersburg mehr als hundert, namentlich in Bayern verbreitete Gebetbücher, beinahe alle mit bischöflichen Approbationen geschmückt, durchgesehen. Da frägt man freilich auch: Wo ist des Deutschen Vaterland? Und wie lange es noch währen soll, bis man antworten kann:

Das ist des Deutschen Vaterland,
Wo Zorn vertilgt den welschen Tand!

² Die Civiltà cattolica zählte im J. 1865 in dem „vormals christlichen Europa" doch noch 208 Millionen Katholiken, während die Protestanten alle miteinander nur 66 Mill. und die Mitglieder der orientalischen Kirche 70 Mill. betragen sollen. (Civ. catt. 1865, II, 729 ss.) Wie mag doch sogar Robert v. Mohl vom Katholicismus reden als von „einer religiösen Auffassung, welche 200 Mill. Anhänger habe" (Staatsrecht, Völkerrecht und Politik. 3. Bd. Tübingen 1869. S. 110).

³ Le catholicisme romain en Russie. Paris 1864, II, 288.

will ich nicht verschweigen, daß es bezüglich der andern großen Kirchen-Complexe sich ähnlich verhalte. Die blos aus rein äußerlichen, territorialen, politischen und nationalen Verhältnissen, sowie aus unmündigen Bildungszuständnissen hervorgegangenen Kirchenthümer gleichen großen, aus einem Bergwerke ausgehauenen Marmorblöcken, die erst zerschlagen and bearbeitet werden müssen, oder Aesten und Zweigen, die aus einem gemeinsamen Stamme sich weiter entwickeln. An die Stelle der Frage: wie steht es mit der Confession dieser oder jener Person? tritt immer allgemeiner die viel tiefere und wichtigere: wie steht es mit ihrer Religiosität und Sittlichkeit? Die Förderung der letzteren war Ziel und Zweck Christi; die Kirchenthümer aber sind das Werk der Fürsten und Theologen. Sie sind Menschenwerk und werden darum vergehen; das Gottes Werk Christi aber wird fortbestehen und zu immer schönerer Blüthe reifen. Derer, welche Religion haben, werden immer Mehrere, und Derer, welche die Kirche hat, immer Wenigere werden.

Der Cours des Papstthums ist seit Jahrhunderten von den Zeit- und Bildungszuständen derartig abhängig, daß nach dem unwidersprechbaren Zeugniß der Geschichte Hausse und Baisse mit Freiheit und Despotismus, mit Aufklärung und Unwissenheit, und in Bezug auf die einzelnen Nationen wie Deutschland, mit Selbstbewußtsein und Selbsterniedrigung in geradem Verhältnisse stehen. Man könnte dieß seit dem dreizehnten Jahrhundert durch die ganze Geschichte der europäischen Civilisation durchführen und damit zugleich zeigen, wie es sich mit der Behauptung verhalte, daß „das Papstthum durch alle Jahrhunderte an der Spitze aller wahrhaft civilisatorischen Unternehmungen, namentlich unter den Völkern des Abendlandes, gestanden sei".¹ Auch in katholischen Ländern, selbst in romanischen, wie Spanien und Frankreich, war man überall da und dann am wenigsten orthodox päpstlich und gestaltete sich seinen Katholicismus nach eigenem nationalen Geschmacke, wo und wann ein Volk der Träger der Bildung war. Man behielt vom Katholicismus nur soviel bei, als man zur Rechtfertigung der Verfolgung des Protestantismus bedurfte; aber den ganzen staatsrechtlichen Theil schaffte man sich vom Leibe. In diesem, und nur in diesem Sinne, war Spanien unter Philipp II., war Frankreich unter Ludwig XIV. und Napoleon I. katholisch. Kaum war in letzterem Lande die unglückliche Restaurationsperiode abgelaufen, als Lamennais in den Schmerzensruf ausbrach: „Alles was nicht Pöbel ist, und selbst ein Theil des Pöbels, fällt in thatsächlichen Unglauben; der übrige Theil begnügt sich mit einer kalten Uebung, mehr aus Gewohnheit als aus Ueberzeugung. Noch eine oder zwei Generationen," fügte er bei, „und ich würde nicht überrascht sein, wenn es dann in Frankreich nur noch einige schwache Trümmer von Christenthum gäbe."² Eine Generation ist nun abgelaufen; und jeder weiß, wie es jetzt mit dem Christenthum in dem heute mehr als je den Deutschen gegenüber mit seinem Katholicismus um sich werfenden Protector der Katholiken in Deutschland wie in Rußland sich gerirenden Frankreich steht! Der Mißbrauch, den der Ultramontanismus mit dem Christenthum getrieben und den er vor Allem heute damit treibt, hat letzteres bei den romanischen Völkern, die keine andere kirchliche Auffassung kennen, in

---

[1] Hirtenbrief des Bischofes Martin von Paderborn. Bamberger Pastoral-Blatt 1867, Nr. 57, 6. Juli.
[2] Am 15. Novbr. 1832 an P. Ventura. Correspondance. Paris 1864, II, 256, 259.

Mißcredit gebracht. Dem Franzosen, Italiener und Spanier hat der ultramontane Clerus den Weg zur Despotie und zum Atheismus gebahnt, um ihn vor dem Protestantismus zu bewahren.[1] Nicht durch die Pflege des Orthodoxismus und Ultramontanismus, sondern nur durch eine wissenschaftliche Auffassung des Christenthums kann der Germanismus über den Romanismus siegen.

An Großmauligkeit stehen die Ultramontanen in Deutschland den romanischen nicht nach. Auch hier ist, wenn man ihnen glaubt, der römische Katholicismus in seiner steten Ausdehnung und Selbstverweisung, dagegen der Protestantismus in seiner Selbstauflösung begriffen. Wie oft mußte man seit dem Beginne der vierziger Jahre dieses hören! Mit dem Jahre 1848 namentlich schien ihnen die Epoche der nahebevorstehenden Rückkehr der Protestanten in den Schooß der römischen Kirche begonnen zu haben. Dieß ist ja überhaupt an den Häuptern des Katholicismus, vor Allem an dem Papste und den Bischöfen selbst, ein charakteristisches Merkmal, daß sie, so zu sagen, keinen Schwerpunkt haben, sondern zwischen den beiden Extremen von übertriebener Angst und sanguinischer Hoffnung hin und her vibriren, gleich einem Fieberkranken, der heute voller Trost, morgen voller Verzweiflung ist. Die ganze Literatur der päpstlichen Allocutionen und Bullen, sowie der bischöflichen Hirtenbriefe und Predigten kann diese Bemerkung

---

[1] Villemain schließt sein Buch über Chateaubriand (Paris 1858, p. 556) mit den beherzigenswerthen Worten: ce serait pour quelques hommes religieux une grande erreur de croire que l'absence du droit politique garantit mieux la foi au droit divin. Atheisme et servitude vont très-bien de compagnie, et l'Angleterre, le pays le plus libre de l'Europe, est encore aujourdhui le plus religieux.

bestätigen. An sich ist dieß ein schlechter Beweis des eigenen Vertrauens auf die Katholicität der römischen Kirche, wenn gerade die obersten Leiter derselben, die doch unfehlbar sein wollen, ohne allen Compaß sind, und ihren Passagieren heute Sturm prophezeien, der glücklicher Weise ausbleibt, und morgen Sonnenschein verkünden, der sich leider auch nicht sehen läßt. Ich kenne einen deutschen Bischof, der seit vollen dreißig Jahren beinahe in jeder Festtagspredigt das nahe Weltende androht. Natürlich wird das Publikum dagegen zuletzt ganz abgestumpft; wenn es aber weiter dächte, so müßte es längst bedenklich geworden sein, ob sein Bischof denn doch vom heiligen Geiste regiert sei. Uebrigens sind solche Prophezeiungen sehr begreiflich; denn, da die römische Kirche nicht untergehen kann und mit ihr, sollte auch in allen andern christlichen Gemeinden das christliche Leben in schönster Blüthe stehen, das Christenthum selbst zu Grunde gehen müßte, so bleibt nichts übrig, als die Fortdauer und Lebenskraft der Welt und eines Volks beständig nach der jeweiligen Macht des Katholicismus zu bemessen.

Wie oft hat man nicht nach diesem Princip in den vier ersten Decennien dieses Jahrhunderts dem deutschen Volke den nahen Untergang verkündigt! Da kam die Revolution des Jahres 1848, und siehe da: der Ultramontanismus ist völlig trunken von Siegeshoffnungen, weil er weiß, daß die orthodoxe Reaction nur ihm zu Statten kommen kann. „Wir Katholiken", hieß es in der „Ansprache an das katholische Volk Deutschlands v. 6. Octbr. 1848", die der katholische Verein an dasselbe richtete, — „wir Katholiken des Reiches deutscher Nation ergreifen die von der neuesten Zeit angebotene, aus dem alten Rechte des Volkes wiedergeholte Waffe der Einung. Wir wollen wieder aufrichten ein mäch=

tiges einiges Reich deutscher Nation, wie sie es will."[1]
„Die Fortschritte des Katholicismus jetzt noch hemmen zu wollen, versicherten zwei Jahre darauf mit gleicher Zuversicht die „Historisch-politischen Blätter", mag nur solchen Männern noch glaublich scheinen, die die Zeichen der Zeit nicht sehen ob ihres Bureaukraten-Dünkels."[2] Auch in dem folgenden Decennium erhielt sich noch diese Ueberzeugung, welche an dem österreichischen Concordat Nahrung fand, und man machte kein Hehl daraus, daß man auch katholische Politik treiben d. h. bei der ersten Gelegenheit dem Protestantismus, der schon lange den Boden des heiligen römischen Reiches entweihe und, wie man einst zur Rechtfertigung des Widerrufes des Edictes von Nantes in Frankreich sagte, ohnehin nur noch vegetire, den Garaus machen und den Gnadenstoß versetzen werde, was man von Oesterreich hoffte.

„In Oesterreich allein ist eine katholische Politik mit weiter, lebenskräftiger Mächtigkeit möglich", erklärte das Haupt der deutschen Ultramontanen unter den Laien, der Hofrath Buß in Freiburg, noch im Jahre 1862.[3] Die theologische Begründung konnten neue „Schlesische Alleinseligmacher" unter Andern bei Herrn Feßler, dem jetzigen Bischof und Secretär des römischen Concils, holen. „Die katholische Kirche," schrieb er gleichzeitig mit Buß, „im vollen Besitze der von Christus zum Heile der Menschheit geoffenbarten Wahrheit, ist durchdrungen von dem lebendigen Bewußtsein, daß es ihre heiligste Pflicht sei, diese Wahrheit ungeschmälert und unent-

---

[1] Verhandlungen des katholischen Vereins, 1848 S. 168 fg. — Letztere Worte sind hier selbst, und nicht von mir, unterstrichen.
[2] Bd. 27. S. 271.
[3] Oesterreichs Umbau im Verhältniß des Reiches zur Kirche. Wien 1862. I. 426.

stellt allen Menschen mitzutheilen."¹ Uebrigens würde diese „katholische Politik mit weiter, lebenskräftiger Mächtigkeit" an der „freien (b. h. gegen alle protestantische und alle Index-Literatur abgesperrten) katholischen Universität Deutschlands", mit der man nun schon seit mehr als 20 Jahren wie die Katze mit der Maus in ganz Deutschland herumgeht, um eine Niederlassung für sie zu suchen, die festeste Stütze geworden sein. Aber der Mensch denkt, und Gott lenkt! Einer so vollständigen Verblendung und einem so riesenhaften Dünkel, wie die ganze katholisch-theologische Literatur, auch in Deutschland, bis zum Vorabend des Tages von Königsgrätz ihn zur Schau trug, mußte, wenn Gottes Gerechtigkeit noch die Welt regiert und Christi Geist noch über seiner Kirche waltet, eine so überraschende Enttäuschung und eine so schwere Demüthigung folgen. Denn man mag sagen, was man will: seit dem Gottesgerichte von Königsgrätz ist die Herrschaft des Ultramontanismus in Deutschland gebrochen, und hat es mit seiner nach steter Ausdehnung nothwendig strebenden Katholicität bei uns ein Ende. „Seit dem letzten Kriege", sage ich in voller Uebereinstimmung mit Nippold, „ist es sicher gestellt, daß der Schwerpunkt der deutschen Entwicklung nicht mehr ultra montes verlegt werden kann."² Daß die norddeutsche wie auch die süddeutsche Politik demselben gegenüber noch sehr klug und vorsichtig ist, begreife ich vollkommen und das Drängen der Liberalen ist unverständig. Weit besser wäre es, wenn jeder von ihnen für sich selbst thäte, was er von den Regierungen verlangt, und wodurch diese sich nur Verlegenheiten und neue Gefahren schaffen würden. Genug,

---

[1] Die Protestantenfrage in Oesterreich. Wien 1861. S. 19.
[2] Handbuch der neuesten Kirchengeschichte seit 1814. Elberfeld 1867. S. 209.

wenn durch die Regierung Niemand mehr gehindert wird, auch in seinem religiösen Denken und Leben ein Deutscher zu sein; und eine Regierung, die auch nur Einen ihrer Unterthanen daran direct oder indirect hinderte, würde sich des Verrathes am Vaterlande schuldig machen.

Die allein wahre katholische Kirche muß, sagt das Dogma derselben, römisch sein. Noch am Ende des zwölften Jahrhunderts hat dieß sogar manchem Patriarchen nicht recht einleuchten wollen, und daß das Bewußtsein hierüber noch nicht sehr fest stand, könnte schon der Umstand beweisen, daß einer derselben es sogar noch wagte, den großen Papst Innocenz III. hierüber um Aufklärung zu bitten, welche dieser bereitwillig ertheilte. Der Zweifel an dieser Nothwendigkeit ist begreiflich, wenn man erwägt, daß kein einziges der alten Symbole und auch der mittelalterlichen Concilien bis zur Zeit der Albigenser trotz der Prätensionen Nicolaus' I. und Gregors VII. von diesem Prädicate etwas weiß. Darum behandelte auch Innocenz III. den Patriarchen Johann Camaterus mit größter Schonung. Er verweist auf kein Symbolum, und macht ihm durchaus keinen Vorwurf der Unwissenheit, sondern beweist selbst in seiner Auseinandersetzung noch große Unklarheit; ja, man muß geradezu sagen, die Darlegung sei nach dem späteren und besonders dem heutigen Begriffe härtisch oder mindestens sehr „übel klingend" und eine „Beleidigung für fromme Ohren", wie jetzt die Herren in Rom sie haben. Aehnlich wie mein Freund Frohschammer in München zwischen Philosophie und Philosophen strenge unterschieden wissen will, unterschied auch Papst Innocenz III. zwischen Glauben und Gläubigen, und explicirte dem Patriarchen, es sei Rom nur die Mutter der letzteren, aber nicht die des ersteren, als welche vielmehr von dem Patriarchen mit allem Rechte Jerusalem bezeichnet werde.¹ Die „mater fidelium", was im Grunde jede bischöfliche Kirche war, und als welche auch die römische auf dem vierten Lateranconcil (1215), und noch auf dem zweiten Concil zu Lyon (1274) bezeichnet wurde, hatte sich schon zu Florenz zum „pater ac doctor omnium christianorum" in dem „pontifex romanus" entwickelt, worüber hinaus ein Fortschritt in der Romanisirung der Kirche eigentlich nicht mehr möglich war. Denn nicht nur Corporationen, sondern auch einzelne Persönlichkeiten konnten der Lehre des römischen Bischofes nicht mehr, weder im Großen noch im Kleinen, widerstreben, wenn sie Christen sein wollten.

Noch herrschte aber doch in Bezug auf Cultus und Disciplin allenthalben viele nationale Eigenthümlichkeit. Um mehr und mehr auch diese zu romanisiren, begann man nun, um zugleich die Gallicaner nicht beständig zu reizen, von der „ecclesia romana" als der „mater et magistra omnium ecclesiarum" zu sprechen. Mit diesem Ausdruck, dessen sich das Tridentinum bediente, ließ sich viel besser operiren, da man Clerus und Volk in Sitten und Gebräuchen doch nicht, so zu sagen „pontificiren" konnte; aber man konnte „alle Kirchen" der römischen Kirche conformiren. Und dieß ließen sich die Congregationen angelegen sein, welche die Päpste im 16. u. 17. Jahrhundert errichteten, um Verfassung, Cult und Disciplin aller Kirchen bis ins Kleinste hinein zu regeln. Alle diese Decrete, so unbedeutend die Angelegenheiten, welche sie betrafen, an sich sein mochten, waren höchst bedeutsame Mittel zur Romanisirung der Kirche, die hieburch in einen Körper mit tausend kleinen Fesseln verwandelt ward. Was den Volksunterricht und

---

¹ S. meine Geschichte der kirchlichen Trennung. I, 299.

die theologischen Schulen betrifft, so war ja ohnehin der Jesuitenorden gerade im katholischen Deutschland im unbestrittenen Besitze. Daher kam es denn auch, daß man nirgends so gut römisch-katholisch war wie in Deutschland. Man verachtete das einheimische Gute, und importirte viel Schlechteres aus dem romanischen Auslande. Und so ist es vielfach bis auf diese Stunde. Der erbärmlichste Schund italienischer, spanischer und französischer theologischer Literatur wird rasch ins Deutsche übersetzt, mitunter von Solchen, die zu den berühmteren katholischen Theologen zählen, und schnell in mehreren Auflagen verbreitet. Die ohnehin sehr wenigen katholisch-theologischen Zeitschriften wetteifern in der Anpreisung derselben, während man die gediegensten Schriften der einheimischen deutschen Gelehrten, wenn sie der eigenen Parteirichtung nicht zusagen, im besten Falle ignorirt, in der Regel aber biscreditirt und verketzert. Daß man es selbst den gemäßigtesten und vorzüglichsten Werken protestantischer Wissenschaft ganz ebenso macht, versteht sich von selbst. Wenn einmal ein Geschichtswerk wie Ranke's „römische Päpste" auf den römischen Index gesetzt werden muß, dann ist dieß für jeden katholischen Theologen Deutschlands, der noch zugleich römisch sein will, gewiß ein genügender Fingerzeig, daß er die gesammte protestantische Literatur ignoriren solle, da selbst den gelehrtesten Werken der berühmtesten protestantischen Historiker das häretische Gift beigemischt sei!

Die noch einigermaßen deutsches Ehrgefühl besitzenden katholischen Theologen können ja doch unmöglich noch auf die Dauer einem Kirchenthume zugehören wollen, das seinerseits bei jeder Gelegenheit so offen zu verstehen gibt, daß es von ihnen nichts wissen will und auf sie kein Vertrauen hat, wie sich gerade bei der hochwichtigsten Angelegenheit des gegenwärtigen öcumenischen Concils und bei den Vorbereitungen hiezu so eclatant zeigt. Nachdem die Jesuiten mit den deutschen Romanisten Alles abgemacht hatten, steigt dieser Geist des Dünkels wie ein Deus ex machina aus der romanischen Höhe in die deutschen Niederungen herab, und fodert weiter gar nichts als von den Einen reumüthige Rückkehr, und von den Andern blinde Unterwerfung. Erstere haben sich bereits hinlänglich erklärt, was sie zu thun gesonnen sind; werden letztere noch lange mit ihrer deutschen Antwort zurückhalten?

Mit den Ultramontanen in unserm Vaterlande kann diese vernünftigere Partei ja doch schon in Rücksicht auf ihre eigene Ehre, selbst abgesehen von ihrer wissenschaftlichen Ueberzeugung, nicht mehr auf die Dauer zusammengehen. Denn nach der Versicherung jener unrettbar Verlornen ist „die Meinung", welche doch mit Franz Baader alle besonnenen und in der älteren deutschen Kirchengeschichte gehörig unterrichteten Männer theilen müssen,¹ daß sich nämlich der Romanismus von der katholischen Kirche Deutschlands ausscheiden lasse, weiter nichts als „irenischer Judenhandel, der übrigens auch nur in einigen überspannten Professoren-Köpfen spukt".² Sie bedauern, daß es „noch viele gebildete Katholiken gibt, die Alles eher als Ultramontane sein wollen".³ Es gibt aber nicht nur „noch viele", sondern es werden bald alle deutschgebildeten Katholiken sein, die von den Ultramontanen nichts mehr wissen wollen.

---

¹ „Es ist eine deutsch-katholische Nationalkirche in ihren Anfängen schon einmal dagewesen," sagt ganz richtig W. Hoffmann, Deutschland einst und jetzt. Berlin 1868, S. 455. Sie reicht sogar noch weiter herunter als er anzunehmen scheint.

² Hist. pol. Bl. 1865, I, 27.

³ Daselbst 1867. S. 562.

Und sollen nur die Theologen allein zurück bleiben und am Ende eine abgesperrte Kaste oder Republik für sich allein gründen wollen, da man sie jenseits der Alpen nicht will, und diesseits derselben ihre Stellung auch eine unhaltbare werden wird?

Vor gerade zwanzig Jahren, als der jetzt in voller Mannesreife uns gegenüberstehende moderne Ultramontanismus noch in den Kinderschuhen stand, ließ sich der gelehrteste aller katholischen Theologen, dem alle Ultramontanen miteinander die Schuhriemen aufzulösen nicht würdig sind, mein hochgeehrter Lehrer Döllinger, auf der Versammlung der katholischen Vereine zu Linz im J. 1850 wörtlich also vernehmen: „Ich kann mir wohl eine Bedeutung des Ausdruckes Ultramontanismus denken, die mich veranlassen würde, mich auf's Entschiedenste gegen denselben zu erklären. Ich verstünde nämlich unter Ultramontanismus das Bestreben, mit gänzlicher Zurücksetzung oder Vernachlässigung der Eigenthümlichkeiten des deutschen Volkes ihm Dasjenige, was eine andere Nation nach ihrer Eigenthümlichkeit in religiöser Beziehung gestaltet und entwickelt hat, aufbringen und wie einen fremden Rock dem sich sträubenden deutschen Volke anziehen zu wollen. Das würde ich," sagte Döllinger damals, „Ultramontanismus nennen, das wäre Ultramontanismus, gegen den ich als der Erste mich entschieden erklären würde. Denn wir Deutsche wollen als Mitglieder der katholischen Kirche nicht aufhören Deutsche zu sein, sondern Deutsche im wahren und vollsten Sinne des Wortes bleiben, und auch kein Jota unserer deutschen Eigenthümlichkeit aufgeben."[1]

Sollen diese goldenen Worte weiter gar nichts als

---
[1] Verhandlungen des kath. Vereins 1850. S. 198.

Seifenblasen gewesen sein? Hat doch Döllinger zehn Jahre später wiederholt ausgesprochen: „die 200 Millionen Katholiken sagen einmüthig: unser Christenthum darf und soll keinen nationalen Beigeschmack haben".[1] Gibt es wohl einen einzigen gebildeten Katholiken Deutschlands, der namentlich an dem heutigen r ö m i s c h e n Katholicismus diesen unächten Beigeschmack nicht fühlte? Oder soll unser Christenthum blos nicht deutsch, wohl aber römisch schmecken dürfen? Fern sei es von mir, auch nur einen Schein des Vorwurfes auf mich laden zu wollen, daß das Ei klüger sein wolle als die Henne; aber im Namen des ganzen deutschen Vaterlandes möchte ich vom fernen ausländischen Strande der Newa in bescheidenster Weise eines gelehrigen, vielleicht zu zaghaften Jüngers[2] bei der Gefahr des Schiffbruches der katholischen Kirche nach meiner bayerischen Heimath fragend hinüberrufen: „Ist denn dieser Ultramontanismus noch immer nicht da, der eine o f f e n e Erklärung fodert? Ist die Eigenthümlichkeit des deutschen Volkes, und ich füge mit Nachdruck bei, auch des bayerischen Volkes, noch immer nicht gefährdet? Oder sind die, von dem romanisirten Episcopate mit Hilfe eines in sklavischer Unterthänigkeit geknechteten, allen deutschen Bildungseinflüssen nach Mög-

---

[1] Kirche und Kirchen. S. 683.

[2] Ich bin mir bewußt, hiemit nur den Wunsch meines gefeierten Lehrers selbst zu erfüllen, der als Rector Magnificus in seinem und aller Professoren Namen vor zwei Jahren den Studirenden erklärte: „Wir wünschen sehnlich und all unser Trachten ist darauf gerichtet, daß im Fortgange Ihrer Studien unsere Autorität Ihnen immer entbehrlicher werde, daß Sie, fest auf eigenen Füßen stehend, unser zuerst auf Treue und Glauben angenommenes Wort nur noch als ein in eigener Prüfung und freier Zustimmung Ihnen bewährtes Zeugniß gelten lassen." (Die Universitäten sonst und jetzt. München 1867. S. 52.)

lichkeit entfremdeten Clerus irregeleiteten, unwissenden Bauern das bayerische Volk? Ich habe schon oben kurz angedeutet, worin die deutsche Eigenthümlichkeit, von der „kein Jota" preisgegeben werden dürfe, in religiös kirchlicher Hinsicht mir zu bestehen scheint: nämlich darin, daß wir das Volk der Reformation, und nicht nur der unvollkommenen und, wie der Protestantismus auch in allen seinen nennenswerthen theologischen Vertretern seit Schleiermacher selbst offen gesteht, völlig ungenügend gewordenen des 16. Jahrhunderts, sondern der stets fortgehenden, nicht nur auf das Unwesentliche und Nebensächliche, sondern auch auf die immer weitere und ernstere Vertiefung in die Grundprincipien, allem Unfehlbarkeitswahne des Romanismus gegenüber, sich beziehenden Reformation sind. „Schämt euch!" ruft Heinrich Ritter den Theologen noch aus dem Grabe zu; — „die Worte des Lebens, welche Gott seine Propheten reden ließ, sind todte Buchstaben für euch, wenn sie nicht euer Leben, euer Nachdenken dazu erwecken, dem Beispiele euerer Vorfahren zu folgen, welche die alte Offenbarung dem neuen Leben aneigneten, und die Normen und Lehren der Kirche daraus zogen nach dem Verständniß ihrer Zeit. Sie haben oft gefehlt, und ihr werdet auch fehlen; aber der Kampf mit dem Irrthum ist besser als die Trägheit. Die alte Offenbarung bedarf einer beständigen Anstrengung in ihrer Auslegung, in ihrer Anwendung. Noch Niemand hat ihren Sinn erschöpft. Der Glaube an die Ueberlieferung genügt nicht, er ist todt ohne Werke, ohne Verständniß für die Bedürfnisse unserer Zeit. Er selbst verweist uns an das Wissen, das ihn vollenden soll: laßt uns weiter forschen!"[1]

---

[1] H. Ritter, Ernst Renan über die Naturwissenschaften und die Geschichte. Gotha 1865. S. 31.

Das ist die deutsche Eigenthümlichkeit, die wir dem Romanismus gegenüber zu wahren haben, und die uns zugleich zur Erfüllung unserer erhabensten Aufgabe in Bezug auf alle andern Völker befähigt, eine Eigenthümlichkeit, um welche freigesinnte, über die Vorurtheile ihres Volkes erhabene Franzosen selbst uns beneiden, welche zugeben, daß wir sie besser kennen, als sie uns,[1] daß wir von dem Ihrigen nichts ohne Prüfung uns anzueignen vermögen, indeß sie selbst dem Scheine huldigen,[2] ja daß ihnen „der Grund unserer Ideen" fremd sei.[3] Und die Ultramontanen bekennen in ihrer Weise das Nämliche, insofern sie den Deutschen blos die Rolle von Statisten oder blinden Gläubigen zutheilen, während die handelnden Personen die Italiener und Franzosen sind. „Frankreich," sagte Lamennais, „ist das vornehmste Centrum des Gedankens, wie Rom das Centrum des Glaubens. Diese beiden Großmächte bedürfen in gleicher Weise einander."[4] Je enger Rom und Frankreich miteinander verbündet sind, um so besser steht es in der Welt. Wir haben daher alle Ursache, auf den nahen Anbruch des goldenen Zeitalters zu hoffen!

Sträuben wir deutsche Katholiken uns nicht länger, zu gestehen, daß die Verbindung mit den Protestanten auf

---

[1] Schon vor 60 Jahren hat Charles Villers dieß bemerkt, und uns zugestanden, daß wir gegen alle andern Völker zugleich die gerechtesten Beurtheiler sind. (Coup d'oeil sur les universités de l'Allemagne protestante. Cassel 1808. p. 12.)

[2] Vgl. die sehr interessanten Bemerkungen von J. Salvador, Paris, Rome, Jérusalem ou la question religieuse au 19 siècle. Paris 1860, II, 160 ss.

[3] Dieß gesteht A. Tocqueville.

[4] Des maux de l'église. Oeuvres XII, 256.

uns reinigend und erhebend gewirkt hat und noch fortwährend wirkt, und dieß in einer so evidenten Weise, daß man ganz genau die Gegenden unterscheiden kann, wo diese Mischung seit längerer Zeit vorhanden ist, und wo Katholiken und Protestanten ganz oder beinahe ungemischt leben. Sowohl die katholische als auch die protestantische Theologie und Wissenschaft beherrscht in ersteren Gegenden durchaus ein eblerer und besserer Geist als in den letzteren. Man kann dieß bis ins Kleinste nachweisen. Dabei kommen allerdings noch die besonderen territorial-geschichtlichen Verhältnisse in Betracht, aus welchen eine Zeittheologie hervorgewachsen ist; und mit der Veränderung dieser Verhältnisse ändert sich auch der Geist der Theologie. Aber auch vom Auslande gilt das Gleiche. Was die französische Theologie und Wissenschaft vor der spanischen[1] und italienischen immer noch voraus hat, das verdankt es, wenn auch nicht so ausschließlich wie die katholische Theologie Deutschlands, vor Allem auch der Einwirkung des Protestantismus.

In diesem Zugeständniß liegt für die katholische Theologie Deutschlands durchaus keine Schande und Erniebrigung, wie eine solche aber allerdings vom Romanismus ihr jeden Tag angethan wird. Der Protestantismus reicht uns die Bruderhand, während der Ultramontanismus uns verächtlich den Rücken kehrt: sollen wir da auch noch in der Wahl lange zögern? Es hat allerdings vor noch nicht sehr Langem eine Zeit im deutschen Protestantismus gegeben, wo der Eigendünkel und die innere Leerheit so

---

[1] Rousselot hat jüngst sehr richtig darauf hingewiesen, welcher Nachtheil dem spanischen Katholicismus selbst aus der unbedingten Verdammung des Protestantismus erstanden ist. (Les mystiques espagnols. Paris 1867. Introduction p. 60.)

groß waren, daß nicht nur katholische Theologen, sondern selbst protestantische Gelehrte wie Hamann und Johannes Müller bemerkten: „Lieber dem Papst den Hintern geküßt als solchen Päpstchen den Fuß." Aber diese Zeit ist vorüber. Hundeshagen hat schon vor mehr als zwanzig Jahren bekannt: „Fassen wir das einstige Verhalten zur Bewahrung der äußeren Nationaleinheit und Selbstständigkeit Deutschlands ins Auge, so thut jede Partei wohl, der andern nichts vorzuwerfen. Beide haben Buße zu thun in Sack und Asche für die gleichen Sünden am gemeinsamen Vaterland."[1] Seither ist dieses Schuldbekenntniß der Protestanten, und zwar nicht nur in Worten und Phrasen, wie so oft im Katholicismus, sondern ein in Thaten bestehendes Schuldbekenntniß, so allgemein geworden, daß für keinen, auch nicht für den gelehrtesten, katholischen Theologen irgend etwas Entehrendes darin liegt, wenn er auf die von seinem protestantischen Bruder ihm in aller Liebe vorgestellten Bedingungen der Versöhnung eingeht, ja daß er als ein beschränkter und verachtungswürdiger Egoist betrachtet werden müßte, wenn er es nicht thäte.

Es sind ja diese Bedingungen im Wesentlichen keine anderen als die zeitgemäße Umgestaltung des Kirchenbegriffes, Reinigung des Cultus, Erneuerung der Disciplin, Veränderung der Verfassung in der Weise, wie es hier in den Grundzügen angedeutet worden ist. Es geht diese Reform allerdings tiefer, viel tiefer, als bisherige derartige Vorschläge; aber sie enthält doch nichts Anderes als die gründliche Reinigung der deutschen katholischen Kirche vom Romanismus, der, wie man uns fortwährend ganz richtig

[1] Der deutsche Protestantismus, seine Vergangenheit und seine heutigen Lebensfragen. Frankfurt 1847. S. 534.

vorstellt, nicht die vermeintliche Stärke, sondern die Schwäche des Katholicismus selbst ist,[1] von dem er in seinem eigenen Interesse sich befreien soll. „Ich denke zu hoch von der katholischen Kirche," hat der Justizrath Stahl gesagt, „als daß ich den Jesuitismus für ihre Blüthe, für die beste Frucht, die sie zu erzeugen fähig, halten könnte."[2] Entehren wir uns nicht selbst, indem wir ihn doch als solche anerkennen! Legen wir einmal das, den Romanismus kennzeichnende Sykophanten- und Spionirwesen ab, welches nur immer nach den Schwächen des Gegners hascht und lauert, und die eigenen Gebrechen übersieht und vertuscht. „Solange in dem Entwicklungsproceß des Christenthums," hat vortrefflich Neander bemerkt, „der Gegensatz des Katholicismus und Protestantismus noch eine geschichtliche Nothwendigkeit hat, sollten die von dem Geiste des Christenthums erfüllten Mitglieder beider Kirchen sich nicht des Verfalles von beiden Seiten freuen, sondern nichts in dem gegenseitigen Verhältniß mehr wünschen und mit größerer Freude begrüßen als das Aufblühen von allem ächt Christlichen in den von einander getrennten und eine verschiedene Gestaltung bedingenden Kirchenformen."[3] Dieser Gedanke ist aber, wie Jeder weiß, dem Papstthum und Jesuitismus ein Gräuel; sie sehen darin nur Indifferentismus und den

---

[1] Neuestens hat dieß wieder der edle Missionsinspector Fabri hervorgehoben und zugleich auf die Unhaltbarkeit des bisherigen Standpunktes der sog. liberalen katholischen Theologen wie Michelis mit voller Wahrheit hingewiesen. (Briefe über den Materialismus. 2. Aufl. Gotha 1868. S. 156 fg.)

[2] Der Protestantismus als politisches Princip. 2. Aufl. Berlin 1853. S. 112.

[3] Deutsche Zeitschrift für christl. Wissenschaft und christliches Leben. 1850. S. 10.

geraden Weg zum Atheismus. Es ist dieß aber das einzig christliche und für Deutschland doppelt nothwendige Mittel zum Fortschreiten auf der Bahn der Civilisation, welche die Vorsehung uns angewiesen, und wenn daher die katholische Kirche Deutschlands im Ganzen zum Bruche mit dem unchristlichen, unwissenschaftlichen und undeutschen Romanismus sich nicht entschließen kann, so bleibt dem einzelnen ihrer Mitglieder nichts übrig, als diesen Bruch für sich zu vollziehen, und, wenn es ein kirchliches Bedürfniß fühlt, dem Protestantismus sich anzuschließen, da an eine gründliche Reform des Papstthums nach den Bedürfnissen der deutschen Kirche nicht zu denken ist, und der Protestantismus mehr und mehr durch Entfernung der confessionellen Schranken den Eintritt in seine Kirche jedem deutschen Christen, der aus dem leck gewordenen Schiffe, auf dem er sich bisher befunden, aus dem den Einsturz drohenden Hause sich retten will, ermöglicht.

Daß der katholischen Kirche selbst diese Entfesselung dringend Noth thäte, wird in manchem lichten Augenblicke, wo das deutsche Herz eine überwältigende Macht über den romanistisch verkehrten Verstand ausübt, sogar von den feurigsten Ultramontanen zugestanden. Wer staunt nicht, aus dem Munde eines Hofrathes Buß in einem Buche, das sonst keine Spur von christlichem Bußgeist verräth, sondern den Charakter des vollblutigen Alleinseligmachungsbewußtseins athmet, das Geständniß zu vernehmen, welches jedem ultramontanen Leser wie eine unächte Interpolation, dagegen jedem nichtultramontanen wie eine erfrischende Oase in weiter Wüste vorkommen muß: „Was steckt zuletzt hinter unserem unbegreiflichen (?) nationalen Selbstmord? Confessionelle Engherzigkeit. Ja dieses Gift ist es, welches die dreihundertjährige Wunde der Nation nicht zuheilen läßt."¹ Ober soll die „confessionelle Engherzigkeit" darin liegen, daß der Protestantismus zum Tridentinum, der magna charta des Romanismus, sich nicht bekennen will? Dann wird die Wunde der Nation wohl nie zuheilen können; denn sie müßte dann zuerst einen wirklichen Selbstmord an sich begehen, um zu genesen.

Wir haben uns bei dem römischen Charakter, den die wahre Kirche, wie man versichert, nothwendig haben müsse, etwas länger als diese Abhandlung eigentlich erlaubte, aufgehalten, da die Erörterung dieser Eigenschaft von besonderer Wichtigkeit schien, indem es uns bedünken will, als habe es auf den Protestantismus selbst noch immer seine Anwendung, was Ewald beklagt, daß die mittelalterliche Knechtung und Zerklüftung unsers Vaterlandes durch den Romanismus uns noch immer nicht zum vollen Bewußtsein unserer Freiheit und zu einträchtigem Zusammenwirken habe gelangen lassen.² Doch sind wir noch lange nicht so sehr erschlafft im geistigen Leben wie jene Völker, die sich vollständig dem Papstthum in die Arme geworfen, und die ihre Hingebung mit ihrem geistigen Tode gebüßt haben und nur durch den Bruch mit Rom zu neuem Leben erweckt werden können. Denn dieß ist das Verderbliche der ganzen päpstlichen Gesetzgebung: sie weiß durch ihre Machtsprüche wohl das geistige Leben zu ertödten, kann es aber nicht wieder geben. Es gilt von ihr genau das Gleiche, was schon Tacitus über die Tyrannei Domitians bemerkt hat: „wie die Körper langsam wachsen und rasch verfallen, so ist

---

¹ Oesterreichs Umbau im Verhältniß des Reiches zur Kirche. Wien 1862, I, 490. — Wahrhaftig, dieses Buch gehörte wegen dieser Einen Stelle auf den Inder, donec corrigatur.

² Im Vorwort zum zweiten Bande der „Dichter des alten Bundes". 2. Aufl. Leipzig 1867. Bd. VI.

es auch leichter, die Geister zu unterdrücken, als sie wieder zu beleben. Denn allmählich schleicht sich ein Behagen an der Trägheit ein, und die Thatlosigkeit, anfangs noch zuwider, wird bald liebgewonnen."[1] Nicht durch Entwicklung, sondern durch Lähmung aller gottgegebenen nationalen Kräfte, durch Erfindung immer neuer und wirksamerer Mittel zur Abstumpfung und Ertödtung derselben will Rom seit Jahrhunderten der Mahnung seines Dichters entsprechen:
Tu regere imperio populos, Romane, memento![2]
Von einem Kirchenwesen, das so sehr auf ein, von Christo und den Aposteln ganz notorisch nicht verlangtes Prädicat bringt, wie die Eigenschaft des römischen Charakters, sollte man erwarten, daß es auf die Apostolicität selbst kein sonderliches Gewicht legen würde. Im Grunde ist dieß auch der Fall, insofern es ganz offenkundig nur an dasjenige aus der Zeit der Apostel sich anklammert, was dem Erweis der Nothwendigkeit des römischen Charakters, der eigentlichen Seele, irgendwie zu dienen scheint; alles Andere läßt man links liegen, und versucht, wenn etwas dergleichen sich in den Weg stellt, dessen Umgehung oder man springt auch darüber, oder, falls dieß nicht möglich ist, man wendet alle Gewalt an, das unlieb Widersprechende mit dem aus dem Zusammenhange gerissenen Zusagenden in Einklang zu setzen. Oder wo ist denn, mag man die Principien der Lehrbildung wie so viele einzelne Dogmen, die unter Anathem eingeschärft werden, mag man die Grundlagen der Verfassung wie deren Gliederung im Einzelnen, mag man den Geist des Cultus wie auch einzelne Institutionen, die als Heiligungsmittel ausgegeben werden, ins

---

[1] Agricola c. 3.
[2] Virgil. Aen. l. VI. v. 851.

Auge faſſen, die wirkliche Apoſtolicität der römiſch-katholiſchen Kirche? Sie prahlt mit ihrer Succeſſion der Päpſte, überſieht aber nur den Umſtand, daß die ganze Kette, wenn ſie auch noch ſo lang werden ſollte, gleich dem wunderbaren Beile, das der hl. Utto geſehen, an einem Sonnenſtrahl oder doch an einem ſehr dünnen und leicht reißendem Faden hängt, ſo daß Alle, die an derſelben ziehen, mit ihr zu Boden fallen. Oder warum hat denn Chriſtus der Kirche ſeinen Geiſt geſendet, wenn dieſelbe auf Fleiſch und Blut wie das Judenthum beruhen ſollte? Oder glaubt wohl Jemand, daß die zur Begründung des römiſchen Papſtthums aus der hl. Schrift entlehnten Stellen jemals in dieſem Sinne verſtanden worden wären, wenn die politiſchen Weltverhältniſſe andere, etwa die heutigen, geweſen wären? Kann man aber eine Auffaſſung in Wahrheit apoſtoliſch nennen, die nicht im Geiſte und Sinne der Worte Chriſti und der Apoſtel nothwendig gelegen, ſondern dem von den Zeitverhältniſſen abhängigen Verſtändniß entſprungen iſt? Und weiter: Kann wohl ein Kirchenweſen als apoſtoliſch gelten, das ganz unumwunden, theils ausdrücklich, theils thatſächlich, erklärt, es bedürfe zu ſeinem Beſtande und zu ſeiner Erhaltung ſolcher Mittel, die Chriſtus und die Apoſtel geradezu von ſich gewieſen, ja die für ſie nicht Mittel zur Herrſchaft, ſondern zum Martyrium waren? Iſt es doch gerade, als ob die römiſchen Prälaten des Mittelalters wie noch der Gegenwart den Purpur nur dazu trügen, um den leidenden Jeſus und ſeine Apoſtel zu verhöhnen! Und konnte doch ein von Natur gutmüthiger Papſt durch das Syſtem, deſſen Sklave er iſt, von der chriſtlichen und apoſtoliſchen Geſinnung ſoweit abkommen, daß er den weltlichen Beſitz, welchen die Vorſehung der Kirche des Mittelalters zur Erfüllung ihres Amtes zugetheilt, für schlechthin unentbehrlich und der römischen Kirche wesentlich erklärt! Hat man doch aus der Mutter des Herrn die „Königin des Himmels", „die Herrin der Welt", „die ohne Erbsünde empfangene Jungfrau" gemacht, so daß auf Jesum selbst der schwerste Vorwurf der Impietät, auf die Apostel die Makel der gröbsten Undankbarkeit fiele, weil sie selbst die Kirche zu dieser Verehrung nicht angeleitet und sie sogar des „Kanales aller Gnaden" beraubt hätten, wobei freilich nur unerklärlich bleibt, woher die drei ersten goldenen Jahrhunderte der Kirche ihre Tugendkraft geschöpft haben, da von dem spätern Mariencult dort noch kaum einzelne Spuren zu finden sind, und wie es ferner komme, daß dieser Cult so wenig gute Früchte hervorgebracht habe? Ich könnte in diesen Vergleichen von apostolisch und römisch-katholisch noch lange fortfahren; will aber nur noch darauf aufmerksam machen, daß der heutige römische Katholicismus und seine orthodoxen Vertreter von dem apostolischen Charakter so vollständig abgefallen sind, daß sie der modernen Civilisation gegenüber ganz und gar die Stellung einnehmen, welche das Heiden- und Judenthum zur Zeit Christi und der Apostel der entstehenden christlichen Kirche und Gesittung gegenüber eingenommen haben. Das stete Prahlen des Ultramontanismus mit seiner Apostolicität macht daher ungefähr denselben Eindruck als wenn ein verkommener Abkömmling eines berühmten Geschlechtes bei jeder Gelegenheit auf die großen Thaten der Liebe und Humanität verweist, welche seine Ahnen vollbracht, während dagegen er zum Sklavenhändler oder gar zum Straßenräuber und Mordbrenner geworden wäre, und alles persönliche Recht und Eigenthum als „Wahnsinn" erklärte.

Beinahe genau umgekehrt verhält es sich mit der Sichtbarkeit, worauf die römisch-katholische Theologie dem

Protestantismus gegenüber so überaus großen Werth legt. Wenn man bezüglich der Apostolicität sagen muß, daß die Papstkirche dieses Merkmal immer mehr verloren hat, so kann man von dem Prädikat der Sichtbarkeit, freilich nur in gewissem Sinne, behaupten, daß sich dasselbe an ihr immer vollkommener ausgestaltet hat. Daß dieses Merkmal von Christus und den Aposteln in dem Sinne, in welchem die römische Kirche es versteht, verlangt worden wäre, ist allerdings nicht bekannt. Jesus selbst liebte diese Sichtbarkeit für seine eigene Person durchaus nicht, und verkehrte mit dem Volke nicht mehr als zur Erfüllung seines Berufes unbedingt nöthig war; sonderte sich dagegen am liebsten ab, um in stiller paradiesischer Sammlung des Herzens und Geistes zu seinem himmlischen Vater zu beten, auf diese Weise durch sein eigenes Beispiel zeigend was Gott schon den Psalmisten von der christlichen Kirche hatte verkündigen lassen: „Alle Herrlichkeit der Königstochter ist inwendig." Aeußerlich wollte Jesus sich in gar nichts von den Juden unterscheiden, und auch seinen Aposteln hat er keine Uniform anbefohlen. Der Meister wie die Jünger waren nur sichtbar durch ihre Werke der Liebe, in Aufklärung und Besserung der Nebenmenschen. Der Gedanke an die nachherige päpstlich-hierarchische Sichtbarkeit lag Christo so ferne, daß er allen Rangstreit unter seinen Aposteln im Keime unterdrückte, wie denn auch unter diesen, seit der Geist Gottes über sie gekommen war, nichts mehr von dergleichen Versichtbarlichungsbestrebungen zu bemerken ist. Bei der Einsetzung von Vorstehern der Gemeinden sahen sie weder auf Alter noch auf Rang, am allerwenigsten auf andere äußerliche Eigenschaften, sondern lediglich auf die innere Würdigkeit. Hätte Christus von seiner Kirche eine äußerliche Sichtbarkeit gefordert, so würde dieselbe gar nicht haben entstehen können. In Rom selbst durften ihre Bekenner sich gerade am Wenigsten sehen lassen und mußten unter der Erde sich verbergen. Wo ein muthiger Bekenner seiner christlichen Ueberzeugung aufgefunden ward, nahm man ihm das Leben. Dieß war die ächte Sichtbarkeit der alten Kirche. Einen ganz anderen, wesentlich verschiedenen Charakter erhielt dieselbe, seit Constantins Politik das Christenthum zur Staatsreligion erhoben hatte, und in noch viel höherem Grade, besonders im Occidente, seit Karl dem Großen. Nicht nur, und nicht zumeist, die Manifestation wahrhaft christlichen inneren Lebens und die Zunahme desselben war es, was die neue Kirche um so viel sichtbarer machte als ihre Mutter gewesen, sondern die Eitelkeit der Tochter und der weltliche Sinn des Mannes, dem sie sich vermählte. Der ganze Pomp des Hof- und Staatslebens zog in die vorher so stille Hütte der Kirche ein. Der Altar des Herzens ward in in einen weltlichen Herrscherthron umgewandelt, statt der gläubigen Ueberzeugung jedes Christen begannen Machtgebote von einem einzigen Centrum aus sich Anerkennung zu erzwingen, und dem allmächtig gebietenden Beherrscher fiel Alles zu Füßen, was nach Ehren, Würden und Aemtern lüstern war, und Alles erhielt eine möglichst sichtbare Uniform. Das Oberhaupt der Gemeinde, deren Stifter unter einer Dornenkrone geblutet und erklärt hatte, es sei der Jünger nicht über den Meister, schmückte sich, freilich unter dem Vorwande, den Meister vor seinen Feinden zu rächen, während er in Wahrheit dessen Freunde verfolgte, mit einer dreifachen Tiara; im Innern dieses Hauptes aber erhoben sich nichts als Weltherrschaftsträume, der eine toller als der andere. Ebenso sichtbar wie der Papst wurden die Bischöfe mit ihren himmelanstrebenden Infuln, unter welchen aber gar oft sehr leere, wenn auch noch so dicke Köpfe waren.

Den Fürsten entsprach das Cortège: der in zahlreiche Stufen abgetheilte Clerus und die unabsehbaren Schaaren von Mönchen und Nonnen — alle sichtbar und erkennbar an ihren Uniformen, von denen die eine bizarrer als die andere war.[1] Die Tiara machte den Papst, die Inful den Bischof, der Rock und Stiefel den Geistlichen, die Kutte den Mönch, der Schleier die Nonne aus: dieß war, und dieß ist noch die Sichtbarkeit der römischen Kirche, insofern sie im Alleinbesitze dieser Eigenschaft gegenüber allen anderen Kirchen zu sein behauptet. Nur ein Narr könnte ja doch versichern, es komme dem römischen Katholicismus der Alleinbesitz des ächtchristlichen Merkmales der Sichtbarkeit, nämlich der christlichen Bildung und Tugend zu. Ist ja doch die ganze Wissenschaft in allen ihren hervorragendsten Vertretern, ohne Unterschied der Confession, und gerade bezüglich der hier zunächst in Betracht kommenden Zweige der Culturgeschichte und Nationalöconomie, darin einig, daß der tridentische Katholicismus, um mit Macaulay, dem doch so maßvollen Beurtheiler, zu reden, „seit den letzten drei Jahrhunderten die Hemmung der Entwicklung des menschlichen Geistes als seine oberste Aufgabe betrachtet; daß Alles, was seither in der Christenheit an Wissenschaft, Freiheit, Wohlstand und Lebensglück errungen worden, nur trotz der römischen Kirche und überall im umgekehrten Verhältnisse zu ihrer Macht zu Stande gekommen ist."[2] Ja man kann fast von dem heutigen römischen Katholicismus sagen,

---

[1] Sie sind zu sehen in dem Catalog Coronelli's und bei Helyot.
[2] The history of England. Leipzig 1849, I, 47. Eine Sammlung anderer Zeugnisse, die sich aber gar sehr vervollständigen ließe, enthält das Werk von Roussel, Les nations catholiques et les nations protestantes comparées sous le triple rapport du bienêtre, des lumières et de la moralité. Paris 1854, 2 voll.

was man von dem Islam bemerkt hat: wo der Türke hintritt wächst kein Gras mehr. Dieß ist aber freilich auch ein Merkmal seiner Sichtbarkeit! Wann werden denn die katholischen Theologen einmal anfangen, diesem Punkte ernstlich ihre Aufmerksamkeit zuzuwenden, und wie lange wird auch noch der deutsche Clerus seine Belehrung hierüber nur aus den entstellenden Schilderungen von Spaniern, Italienern und Franzosen schöpfen wollen? Wie lange wird man in den, dem theologischen Unterrichte zu Grunde gelegten Lehrbüchern der katholischen Dogmatik noch dem längst abgenutzten Kniff begegnen und den Unsinn lesen müssen, die protestantische Kirche sei darum unsichtbar und folglich eines wesentlichen Merkmals entbehrend, weil sie vor Luther und Calvin nicht zu sehen gewesen.[1] Aber wo war denn der heutige römische Katholicismus, ich sage nicht vor Papst Nicolaus I., sondern vor Pius IX. zu sehen gewesen? Und wie sonderbar gefärbt ist die Brille, welche man schon dem jungen Candidaten des Clerus auf die Nase setzt und womit man seinen natürlichen unbefangenen Blick verfälscht! Er lernt Alles in sehr vergrößertem Maßstab, und zugleich Alles verkehrt ansehen. Bei der eigenen Kirche zeigt ihm dieselbe nur Gutes und Schönes, und kaum hie und da einen dunklen Fleck; dagegen bei allen anderen Kirchen nur Schlechtes und Häßliches, und kaum hie und da einen lichten Punkt. Dabei wird das Reglement für Tonsur, Rock und Stiefel, das zur Erziehung von unfähigen Heuchlern und Kriechern am geeignetsten ist, immer strenger und kleinlicher, und das katholische Volk angeleitet, in solcher Bedienten-Livrée, mit der die Bedienten-Gesinnung stets

---

[1] Noch der Generalvicar Liebermann bezeichnet diesen Einwand als „difficultas sane gravissima" (Institutiones theologicae. 8. ed. Mogunt. 1858, I, 281, §. 124.)

verbunden ist, den Lehrer und Apostel der evangelischen Freiheit zu erkennen! Die ächte Sichtbarkeit macht sich ganz von selbst und bedarf keiner Forcirung; im Gegentheile, wo diese nöthig ist, kann man immer überzeugt sein, daß es an innerer Wahrhaftigkeit fehlt.

Und dieß ist, wohin man immer blickt, der größte Fehler der römischen Kirche bei all ihrem Anspruch auf Un= fehlbarkeit, die ebenfalls nur ihr zukommen soll. Wir haben über diesen Punkt schon Eingangs gehandelt, und begnügen uns hier, angesichts des gegenwärtigen Concils, nur noch ein Moment desselben ins Auge zu fassen. Wie wir fortwährend bemerkten, thut der katholischen Theologie gegenwärtig nichts so noth als Klarheit und Aufrichtigkeit: Eigenschaften, welche ungemein selten selbst bei denjenigen zu finden sind, welche als Vertreter der freieren Richtung gelten wollen. Keine Frage ist jetzt so viel besprochen als die von der päpstlichen Unfehlbarkeit. Wir haben diese Prä= tension schon vor mehreren Jahren als eine ungeschichtliche Utopie bezeichnet, glaubten aber damals noch, mit den heutigen liberalen Theologen die Infallibilität des Episco= pates aufrecht erhalten zu können und zu sollen. Eine wiederholte Vertiefung in diese wichtige Principienfrage hat uns aber von der gänzlichen Unhaltbarkeit auch dieser Po= sition vollkommen überzeugt, und wir geben sie daher auf.

„Cuique suum." Nach dieser Devise, der wir allent= halben folgen, sehen wir uns zu dem rückhaltlosen Bekennt= niß genöthigt, daß, wenn es eine kirchliche Unfehlbarkeit gäbe, diese nur einen einzigen persönlichen Träger, wie den Papst, haben könnte. Unfehlbar sein ist ein wesentlich göttliches Prärogativ, und kann daher wie alles Absolute, nur Einem Wesen zukommen. Es kann von Mehreren der Eine dem Irrthum weniger unterworfen sein, als der An=

bere, aber ohne Gefahr des Irrthums und unfehlbar kann stets nur Einer sein. Zwei Unfehlbare sind ein logisches Unding, ein non-sens. Die Unfehlbarkeit ist etwas Einfaches und Untheilbares, und sie kann niemals das Ergebniß einer Discussion oder auch des Gebotes von einer Versammlung sein. Wenn nicht jedes Mitglied einer solchen schon im Voraus unfehlbar ist, dann können sie es auch alle miteinander nicht werden. Die Geschichte aller Concilien und Synoden beweist unwiderlegbar, daß denselben der Anspruch auf Unfehlbarkeit gerade so wenig zukam, als den Beschlüssen irgend einer politischen und constitutionellen Versammlung, obwohl deren Mitglieder in der Regel in noch höherem Grade als die Repräsentanten des Volkes und Staates gelten können als ein Concil die Gesammtkirche repräsentirt. Außerdem haben die Concilien schon von Anfang an auch auf dem Gebiete der Lehre durchaus nicht auf die Fixirung der bereits vorhandenen allgemeinen Ueberlieferung sich beschränkt, sondern ihr eigenes Verständniß des Christenthums der gegnerischen Auffassung als absolutes Gesetz und Dogma vorgehalten. Zur Zeit des Tridentinums war die Repräsentationstheorie bis auf die letzte Spur verschwunden, da gerade die Titularbischöfe, welche gar kein Zeugniß von dem Bewußtsein ihrer Kirchen ablegen konnten, weil sie keine solchen verwalteten, von entscheidendem Einflusse auf die Beschlüsse waren, während ganze Nationen, wie Deutschland und der Orient, gar nicht, oder so gut wie gar nicht vertreten waren. Im Interesse der Concilien selbst, um ihren Gesetzen allgemeine Anerkennung zu verschaffen, und die den einzelnen Bischöfen in ihren Diöcesen gegenüberstehenden häretischen Parteien, welche auch ihr Bewußtsein und ihre Ueberzeugung hatten, leichter zu unterdrücken, lag es daher von Anfang an, ihren

Beschlüssen durch die Bestätigung von Seite der Kaiser und der Päpste Nachdruck zu geben. Das Bewußtsein der sogenannten öcumenischen Concilien von ihrer Unfehlbarkeit ist ein sehr schwankendes und durch die seltsamsten Theorien gestützt, welche die Geschichte längst über den Haufen geworfen hat. Bis ins neunte Jahrhundert erhielt sich die Theorie von den fünf Sinnen, nämlich den fünf Patriarchen, durch welche der ganze Körper der Kirche geleitet werden müsse, obwohl sie längst gar keinen Sinn mehr hatte, weil drei dieser Sinne, die Patriarchate von Alexandrien, Antiochien und Jerusalem, für die kirchliche Entwicklung bereits erstorben waren, und die beiden andern, Alt- und Neu-Rom, die ganze Kirche durch ihre hochmüthigen Rangstreitigkeiten zerrütteten. Nach der Autorität, die Pseudo-Isidor dem Papste gegenüber allen Concilien, den allgemeinen wie den particularen, zutheilte, welche sämmtlich durch ihn berufen und bestätigt werden mußten, konnte der Gedanke an Unfehlbarkeit des Episcopates natürlich nicht aufkommen, sowenig als gegenüber der Hildebrandischen Erfindung des Vergleiches zwischen Papstthum und Kaiserthum als Sonne und Mond. Die Ausbildung der päpstlichen Herrschaft in den folgenden Jahrhunderten und der geistige Zustand des Episcopates, die auf dem Lehenswesen beruhende Weltauffassung und die von Rom thatsächlich ausgeübte Gewalt, namentlich auch gegen die Ketzer, drückten die Concilien des Mittelalters zu bloßen Rathscollegien der Päpste herab, und auch die Opposition zu Constanz und Basel hatte nur den Erfolg, daß die germanischen Völker sich mehr und mehr dem Papstthum entfremdeten und der ganze Schwerpunkt der Kirche auf die romanischen Nationalitäten sich zurückzog, zumal nachdem Frankreich auch die pragmatische Sanction geopfert hatte, wie es auf dem Tridentinum am

Schlagendſten ſich offenbarte. Seither hat es im Grunde eine deutſche Theologie im Katholicismus nicht mehr gegeben, ſondern dieſe war ganz und gar über zwei Jahrhunderte lang im Schlepptau des Romanismus, und die Verſuche, welche dieſelbe ſeit einem Jahrhundert zu ihrer Emancipation gemacht hat, mußten an ihrer inneren Halbheit nothwendig ſcheitern und konnten auf dieſe Weiſe dem Jeſuitismus nur immer neue Siege und Triumphe bereiten.

Es hilft einmal nichts, thatſächliche Verfehlungen mit logiſchen Diſtinctionen vor den Maſſen verhüllen und in der Religion, ſo zu ſagen, Verſteck ſpielen zu wollen. Bekennen wir als katholiſche Theologen vor ganz Deutſchland und vor aller Welt unſere Schuld, die übrigens zum größten Theile gar nicht uns Jetztlebenden und überhaupt nicht ſo feſt den deutſchen Gelehrten unter uns als vielmehr der Politik der katholiſchen Regierungen der Vorzeit zur Laſt fällt: Nichts, gar nichts trennt uns principiell von unſern deutſchen proteſtantiſchen Brüdern und Mitbürgern als unſere Prätenſion, zur **unfehlbaren** Kirche zu gehören, während die proteſtantiſche Kirche ſteten Veränderungen ausgeſetzt ſei. Stechen wir uns doch nicht gefliſſentlich die Augen aus, um die Berechtigungsloſigkeit unſerer Verſicherung nicht ſehen zu müſſen. Worin iſt denn das römiſch-katholiſche Kirchenthum unfehlbar und unveränderlich geweſen, und auf was bezieht ſich denn andererſeits die Veränderlichkeit im Proteſtantismus? Wollte Gott, daß wir ſchon lange etwas mehr veränderlich und etwas weniger bockbeinig geweſen wären! Unſere Unveränderlichkeit iſt die Ungelehrigkeit gegen alle Thatſachen der Geſchichte. Die Rache ſteht aber auch vor der Thüre, und wohl auch kein beſonnener katholiſcher Theologe kann ſich mehr die tragiſche Lage verbergen, in welche das Episcopat ſelbſt durch ſeine Hingabe an den

Romanismus die ganze katholische Kirche zu stürzen im Begriff steht. Wie würde gewiß manch weiter blickende katholische Theologe sich aussprechen, wenn nicht die Scham vor dem Protestantismus ihn zurückhielte. Diese peinliche Beklommenheit verräth auch die übrigens sehr aufrichtige Antwort der Münchener theologischen Facultät, der bedeutendsten Vertreterin der katholischen Theologie Deutschlands, auf die von dem Staatsministerium an sie gestellten Fragen. Ich will an derselben keine Kritik ausüben, bin aber überzeugt, daß die Verfasser derselben in ihr selbst nichts Anderes als eine rapiécetage, eine Flickarbeit, erkennen. Der Rede kurzer Sinn ist dieser: „Wir glauben zwar selbst nicht, daß der Papst unfehlbar ist, und wenn auch das ganze Episcopat und öcumenische Concil, das wir für unfehlbar halten, ihn dafür erklären, so ist er es doch nicht; aber wir werden uns gleichwohl dem Ausspruche fügen und rathen dieß auch den katholischen Staatsregierungen. Denn wir haben bereits einen Ausweg ersonnen, der einerseits das Gewissen beschwichtigt, und andererseits doch die Ehre des Katholicismus, dessen Vertheidiger wir sind, aufrecht erhält: nämlich der Papst müßte zugleich definiren, was er unter einer definitio ex cathedra versteht, die allein für unfehlbar gilt, und zu dieser Definition bedürfte er ja bereits der Unfehlbarkeit, so daß also sein Dogma im Grunde, — aber dieß muß natürlich ewig unter uns bleiben — doch keine Geltung hat; außerdem wird man in einzelnen Fällen, wo Conflicte des Staates mit dem neuen Dogma „möglicherweise" entstehen können, in Rom selbst für den Anfang, und bis man in die neue Ordnung der Verhältnisse sich gewöhnt hat, durch die Finger sehen und einzelne Dispensen, die ja das Ansehen des Papstes nur aufs Neue erhöhen und eine indirecte Anerkennung seiner Unfehlbarkeit bereits in sich schließen, gestatten. Der kirchliche Friede des Vaterlandes wird dadurch freilich kaum sonderlich gefördert werden; aber um römisch-katholisch zu bleiben, darf uns und euch kein Opfer zu groß und zu schwer sein." Dieß ist, in populäres Deutsch übersetzt, die Antwort der Münchener theologischen Facultät an das Staatsministerium. Man muß offen gestehen, daß die Antwort der Würzburger Theologen viel entschiedener ausgefallen ist. Denn diese stehen auf einem Standpunkte, der allein consequent ist, und sie können mit dem Dichter sagen: Si fractus illabatur orbis, impavidum ferient ruinae! Sie bleiben ihrer Fahne treu, zu der sie geschworen, und dieß verdient alle Anerkennung. Was sollen aber die zahlreichen, für sich allein stehenden, an Händen und Füßen gebundenen katholischen Cleriker thun, welche die Unhaltbarkeit der päpstlichen Unfehlbarkeit einsehen, wenn der Areopag ihnen mit einem solchen Beispiel von Muthlosigkeit vorangeht!

Es gewinnt mehr und mehr den Anschein, daß die Regierungen und alle Laien-Einflüsse nicht wegen angeblicher religiöser Indifferenz, die zu andern Zeiten im schlimmsten Sinne des Wortes viel größer gewesen, sondern vielmehr darum von der Theilnahme an diesem Concil ausgeschlossen wurden, weil man einerseits die wissenschaftliche Bildung der heutigen Laienwelt, vor Allem aber die Charakterfestigkeit derselben und die auf eigener Ueberzeugung begründete mannhafte Opposition gegen das, die kirchliche Spaltung verewigende und damit unsere nationale Einigung für alle Zeiten unmöglich machende, Wahngebilde der Unfehlbarkeit des Papstes, durch welche erst die Verdammung des Protestantismus vollendet wird, mit Recht fürchtet. Die wie ein Gespenst immer wiederkehrende Frage von dem Titel der Berechtigung zur Theilnahme an einem öcumenischen Concil, — ob, da keine neuen Dogmen gemacht werden sollen, nur die wirklichen Repräsentanten einer noch bestehenden Gemeinde, oder die bloße Weihe zum Bischofe hiezu berechtige, wie im Widerspruche mit der Anschauung der ganzen alten Kirche heute in Rom öffentlich gelehrt wird,[1] — und in weiterer Folge die Bekämpfung des Tridentinums als eines blos romanistischen Provinzialconcils, wie ein Leibniz dasselbe betrachtete und wie es selbst manchem unbefangenen katholischen Geistlichen erscheint,[2] verlieren dann den Boden unter den Füßen. Schon die Bannbulle Leo's X., die seiner Zeit auch von allen katholischen Patrioten so bitter beklagt wurde, ist dann, wenn irgend einer, ein unfehlbarer Ausspruch ex cathedra, und die 431 Anathemen des vollständig vom Papste beherrschten Tridentinums sind dieß ganz ebenso.

Es ist höchst bezeichnend für die sogenannten liberalen katholischen Theologen, daß man in der Erörterung der Folgen des Dogma's der päpstlichen Unfehlbarkeit nur immer die allenfallsigen Veränderungen in der Stellung der römischen Kirche zu den Staatsgewalten behandelt, und die ungleich wichtigeren Folgen für die Zunahme der con-

---

[1] So unter Andern von Tizzani, Canonicus im Lateran, Professor der römischen Universität und Erzbischof von Nisibis, in seinem Werke: Les conciles généraux. II. Paris 1869, p. 611. Das Recht zur Theilnahme mit entscheidender Stimme, sagt er, „gründet sich nicht auf die Repräsentation einer Kirche, sondern fließt aus dem bischöflichen Charakter, der dem Bischof eine allgemeine Jurisdiction über die ganze Kirche verleiht." Sogar der sonst so gefeierte Jesuit Suarez war ein Gegner dieser Ansicht.

[2] So dem gelehrten Verfasser der vortrefflichen Schrift: Das nächste allgemeine Concil und die wahren Bedürfnisse der Kirche. Wenigen-Jena 1869. S. 19.

fessionellen, vaterlandzerreißenden Zwistigkeiten ganz außer Acht läßt. Augenscheinlich ist die Rücksicht auf die eigene Herrschaft dabei mit im Spiele.

Der Theologen und Geistlichen kann Rom sicher sein; auch die liberalen unter ihnen sind nach ihrer bisherigen Haltung nicht zu fürchten. Das Gespenst des Protestantismus und die Erwägung ihrer gänzlichen Verlassenheit wird sie schon einen Modus finden lassen, der ihnen den Eintritt in das neue System ermöglicht. Aller Anfang ist schwer; hienach wird gewiß auch Rom denselben gegenüber verfahren. Wie so mancher Liberaler ist schon über Nacht zum Ultramontanen geworden, wenn man ihm eine Inful aufsetzte, denn erst nachher sieht man ein, daß die Beherrschung der Gläubigen, besonders des Clerus, bei liberalen Ansichten unmöglich ist. So wird man die Jüngeren unter den gelehrten Liberalen gewinnen, und die alten werden ohnehin in einigen Jahren aussterben. Was sollen auch die Bestreiter der päpstlichen Unfehlbarkeit in Zukunft anfangen? Sollen sie fortfahren, die kirchliche Unfehlbarkeit, von der sie um keinen Preis lassen wollen, um nicht protestantisch zu werden, dem Episcopat zuzutheilen, wenn dieser selbst feierlich auf diesen Anspruch verzichtet hat? Die katholischen Bischöfe könnten bei dem besten Willen diese Schmeichelei auf die Dauer sich nicht gefallen lassen, nachdem sie die Unfehlbarkeit des Papstes beschworen haben; sie würden sich eines verbrecherischen Complotes, ja eines Hochverrathes gegen den allein unfehlbaren Papst schuldig machen. Wie daher Döllinger[1] vor acht Jahren die ganze römische Curie noch nach Teutschland, als wo sie die aller-

---

[1] Kirche und Kirchen S. 662.

beste Aufnahme fände, eingeladen hat, so würde ich alle liberalen katholischen Theologen Deutschlands einladen, nach Rußland zu kommen, wohin sie mich vielleicht als Wegebahner vorausgeschickt haben. Ich sehe nämlich für die Vertheidiger der Unfehlbarkeit des Episcopates unter den katholischen Theologen nur Ein Mittel zur Bethätigung ihrer Ehre und zur Bethätigung ihrer Rache an dem von ihrer Sache so schmählich abgefallenen katholischen Episcopat Deutschlands, nämlich den Uebertritt zur orientalischen Kirche, welche über diese mächtige Hilfe zur Stütze der Behauptung ihrer Unfehlbarkeit alle Ursache sich zu freuen haben wird, und die übrigens gar nicht so schlecht ist als sie von den katholischen Theologen, namentlich im nämlichen Werke Döllingers, das die Curie nach Deutschland einlud, insgemein dargestellt wird.

So steht es mit der gerühmten Unfehlbarkeit des römischen Katholicismus, daß die besten seiner Theologen selbst wie in einem Hause, wo ein Brand ausgebrochen, wie verzweifelt von einer Thüre zur andern, von einem Fenster zum andern laufen, um von der immer mehr steigenden Hitze nicht versengt und von dem immer dicker werdenden Rauche nicht erstickt zu werden. „Wenn Einer Alles sein will," hat einst schon Möhler bezüglich der päpstlichen Unfehlbarkeit gesagt, „so wird die Liebe so heiß, daß sie alles Leben erstickt." Daran ist es jetzt. Die Zärtlichkeit des heiligsten Vaters für seine Kinder, besonders die Bischöfe und treuen Theologen, wovon längst alle Bullen und Breven überströmten, ist in seinen alten Tagen, wie es zu gehen pflegt, zu einer wahren Affenliebe geworden, die an ihrem Herzen Alles erdrückt. Wenn Christus einst zu allen Mühseligen sprach: „Kommt Alle zu mir, ich will euch erquicken", so sagt sein Stellvertreter: „Kommt nur Alle, ich will euch erdrücken"![1]

Damit sind wir ganz von selbst bei dem letzten Merkmal, oder eigentlich dem logischen Ergebniß aller anderen, nämlich bei der Alleinseligmachung der römischen Kirche angelangt. Auch die liberalen katholischen Theologen stellen dieselbe als etwas ganz von selbst sich Verstehendes hin. Von den Romanisten auch in Deutschland findet es Niemand befremdend, wenn sie aus dem engen Horizonte heraus, der ihre Welt begränzt, die allen anderen Erdbewohnern wie Irrsinn klingende Versicherung ertönen lassen: „Es liegt am Tage, daß keiner der von der römisch katholischen Kirche getrennten Confessionen auch nur ein einziges der vier Merkmale (nämlich der Einheit, Heiligkeit, Katholicität und Apostolicität) zukömmt."[2] In Folge dessen kann natürlich auch keine dieser Kirchen ihren Mitgliedern zur Seligkeit verhelfen, im Gegentheil, sie werden nur immer mehr im Irrthum verhärtet. „Auch die Gesammtheit der von Rom getrennten Religionsge-

---

[1] Ganz richtig sagte schon vor zehn Jahren Louis Veuillot, der aus eigener Erfahrung spricht: „Nicht einen einzigen Papst hat die katholische Welt (d. h. der Clerus) gelehriger, einmüthiger und zärtlicher als Bischof der Bischöfe, Hirt der Hirten, Haupt und Vater der ganzen Heerde Christi begrüßt." (De quelques erreurs sur la papauté. Paris 1859. p. 290.) — Ganz ebenso bemerkt Montalembert (Les moines d'Occident. 4. éd. Paris 1868, I. Introd. p. CCXLIII: „Die päpstliche Gewalt hat zwar heute weniger zahlreiche, aber unendlich gelehrigere Unterthanen. Was sie an Ausdehnung verloren, das hat sie an Intensität mehr als gewonnen." Ein schon alter Trost! Auch die Blinden haben ein feineres Gefühl.

[2] Hettinger, Apologie des Christenthums. 2. Bd. Freiburg 1867. S. 490.

nossenschaften, „sagt Bischof Feßler", kann kein Glied oder Theil der Einen katholischen Kirche genannt werden, weil ihnen die von Gott selbst eingesetzte oberste Autorität fehlt, deren Hauptaufgabe es ist, den Menschen die Glaubens- und Sittenlehre mitzutheilen und sie in Allem dem zu leiten und zu führen, was zum ewigen Heil gehört."[1] Dieß ist die allgemeine Lehre der ganzen katholischen Theologie auch in Deutschland heute noch; sie ist in allen Katechismen, in allen theologischen Lehrbüchern, in allen Gebet- und Erbauungsbüchern für das Volk enthalten, und wird Tag für Tag in der Schule wie in der Kirche, von der Kanzel wie vom Katheder gelehrt und verkündigt, und von Bischöfen überall approbirt.[2] Auch der gelehrteste Theologe einer katholischen Universität kann und wird keinen seiner protestantischen Collegen anderer Facultäten als in kirchlich religiöser Hinsicht ihm ebenbürtig und gleichgeltend, der auf Grund seiner eigenen, vielleicht sogar richtigeren, Auffassung der Religion selig werden könne, betrachten, sondern nur einen „unverschuldet Irrenden" in demselben erkennen. Es würde, wenn es nicht zu obios wäre, die Sache in ein helleres Licht setzen, wenn man Namen von katholischen Theologen und protestantischen Gelehrten einander entgegenstellen würde. Es kann dieß aber Jeder leicht für sich selbst thun. Im allergrellsten Lichte und am allerwenigsten entschuldbar erscheinen den katholischen Theologen und Geistlichen natürlich die protestantischen Theologen

---

[1] Die Protestantenfrage in Oesterreich. Wien 1861. S. 175.
[2] Vgl. unter Anderem das von drei Erzbischöfen und vier Bischöfen approbirte, vom häßlichsten Pharisäismus und Fanatismus dictirte Handbuch der christkatholischen Religion von Fr. X. Weninger, Jesuit und Missionär. Deutsche Originalausgabe Regensb. 1858. S. 86.

und Geistlichen, die vor Allem verpflichtet wären, die Merk‑
male der katholischen Kirche zu studiren, um sie doch endlich
einmal als die „Stadt auf dem Berge", als die „makellose
Braut ohne Runzel" zu erkennen, und ihren Schülern und
Gläubigen in der Bekehrung zu derselben voran zu gehen.
In Hirtenschreiben für Clerus und Volk stellt man alle
Protestanten, natürlich gerade die gelehrtesten vor Allen, als
Blödsinnige oder vom Teufel Verblendete hin, und man
denkt nicht daran, daß der eigene Verstand auch irren könnte.
Nach der Versicherung eines Hirtenbriefes des Bischofes
von Speier vom Juni 1867 stellt sich der göttliche Primat des
Papstes „jedem Unbefangenen so ausdrücklich und zweifellos
in den Worten und Handlungen des Heilandes als Grund‑
wahrheit des Glaubens dar, daß nur die offenbarste
Mißdeutung und die beklagenswertheste Verblendung sich
dagegen erklären kann."[1] Es giebt wenige Beispiele, an
denen man so klar sieht, welche Macht das Vorurtheil selbst
auf gelehrte Männer auszuüben vermag.[2] Kein protestan‑
tischer Theologe, auch nicht der orthodoxeste, nährt dem
Katholiken gegenüber diesen Dünkel, sondern was ihm
verdammungswürdig am Katholicismus erscheint, ist eben
nur die unchristliche Prätension jenes Absolutismus, der
keine andere Auffassung, auch nur bezüglich irgend eines
durch Anathemen definirten Punktes in Lehre, Verfassung,
Cultus und Disciplin der Kirche für möglich und zulässig

---

[1] Augsb. Postzeitung Nr. 146, 22. Juni 1867.

[2] Schlauer als der Bischof von Speier sagt Döllinger:
„Unter den Aposteln behauptete Petrus einen Vorrang, den zu
bestreiten keinem der Uebrigen einfiel" (Christenthum und Kirche.
2. Aufl. Regensburg 1868. S. 295). — Ganz begreiflich; denn sie
hatten keine Ursache, weil sie von keinem wußten. Diese Fassung
des Dogma's vom Primat wäre dem Concil sehr zu empfehlen.

hält. Diese Prätension macht den Katholicismus zur häßlichsten Carricatur, und giebt seiner ganzen Gesetzgebung ein pharisäisches Gepräge. Die katholischen Theologen könnten sich wahrhaftig die Mühe ersparen, den Protestanten Hinterpförtchen zu öffnen, durch welche sie allenfalls doch in das Reich Gottes hereinschlüpfen könnten. Es macht dieser, gewöhnlich sehr breit getretene Abschnitt in den apologetischen und polemischen Werken der Katholiken einen recht peinlichen Eindruck.

Um einen der allerjüngsten dieser Apologeten zu erwähnen, nämlich Bosen, so ist, wenn man sich an alle die gelehrten Männer und vor Allem auch die Theologen der protestantischen Kirche erinnert, die das römische Kirchenthum vielfach weit besser als die katholischen Theologen selbst kennen und eben darum, aus Religion und Christenthum, nicht zum Katholicismus zurücktreten, den ihrer Ueberzeugung nach unsere Väter mit Recht verlassen haben, — so ist, sage ich, das Mitleid und die Barmherzigkeit, welche ein Bosen den „gutwilligen" Protestanten, „diesen irrenden Seelen, die nicht darum gerettet werden, weil sie protestantisch, sondern darum, weil sie im Innern ihres Willens (?) in der That katholisch sind", doch wirklich überaus rührend, wenn sie nur nicht gar zu sehr den Ekel pharisäischer Verblendung und bornirtesten Vorurtheiles, die zu wirklichem Mitleid jeden religiösen und der eigenen Beschränktheit aus gründlichem Studium sich bewußt gewordenen Christen und Deutschen stimmen, erregen würden. Soviel ist gewiß, daß wenigstens die Koryphäen protestantischer Wissenschaft, die Ranke, die Schleiermacher, die Savigny, alle **gegen ihren Willen** selig werden müßten, da sie, gleich allen übrigen Mitgliedern ihrer Kirche, nicht als Katholiken, sondern als Protestanten, in den Himmel kommen wollten.

Dieß müßte daher die katholische Apologetik des Alleinseligmachungsdogma's vor Allem beweisen, daß jemand gegen seinen ausdrücklichen Willen selig werden könne. Von gänzlicher Unfähigkeit, auf den Standpunkt der andern Kirchen sich zu versetzen, zeugt es ferner, wenn Bosen behauptet, es „müssen" alle andern Kirchen den Satz von der Alleinseligmachung ihrer Kirchen „mit der nämlichen, ja wo möglich (!) mit noch größerer Schärfe für sich in Anspruch nehmen, so lange sie nicht überhaupt jedes Recht auf Existenz in der Welt sich selber absprechen wollen". Dieß ist allerdings die katholische Anschauung, aber nicht die irgend einer andern Kirche, am allerwenigsten des neueren Protestantismus, selbst nicht der strengsten Richtung. Es ist jener provocirende, auf die äußere Gewalt und die reichen Mittel zur Aufstachelung der Massen vertrauende Katholicismus, der wie ein Goliath sich geberdet und mit seiner Großsprecherei alle Andern zu reizen sucht. Es ist durchaus unwahr, daß „alle übrigen Kirchen die nämliche Prätension der Alleinseligmachung erheben, und wo sie noch nicht das Vertrauen in die Berechtigung der eigenen Sache stillschweigend aufgegeben, (welch abscheuliche Verdächtigung!), mit der rücksichtslosesten Ausschließlichkeit sie ausgesprochen und geltend gemacht haben".[1] Von einzelnen überspannten Theologen, deren es überall und zu allen Zeiten gegeben hat und geben wird, ist dergleichen allerdings geschehen; aber allgemeine, unter der Strafe der Ausschließung verpflichtende Lehre der Kirche ist jener Satz nie und nirgends gewesen, als nur in der römischen Kirche. Und wenn

---

[1] Bosen, Der Katholicismus und die Einsprache seiner Gegner. 2. Aufl. Freiburg 1869. S. 265, 269, 277.

namentlich der deutsche Protestantismus in seinen sämmtlichen Theologen ohne alle und jedwede Ausnahme — es müßte nur irgendwo ein verkümmerter, nicht zu den Theologen zählender Dorfpastor anderer Ansicht sein — jenes katholische Dogma geradezu als unchristliche, nicht nur unwissenschaftliche, Arroganz verwirft, so hat er damit das Vertrauen seiner Berechtigung so wenig stillschweigend aufgegeben, daß ihm vielmehr das Bewußtsein innewohnt, jenes Mittels zum Erschrecken der Massen ganz und gar nicht zu bedürfen und auf seine innere Wahrheit und Berechtigung vollkommen vertrauen zu können.

Es wäre weit besser, die Consequenz des katholischen Dogma's gleich ganz offen auszusprechen, statt zu allerlei albernen Erfindungen seine Zuflucht zu nehmen, wodurch die außerhalb der römisch-katholischen Kirche Stehenden nur erbittert und von Verachtung jenes Bettelstolzes erfüllt werden können. Es ist auch nur in Deutschland, daß die Apologeten des Katholicismus solche barmherzige Samaritane spielen, vor Allem natürlich im Interesse der eigenen Sache, um den gesunden Menschenverstand des nichttheologischen Publikums einiger Maaßen zu beschwichtigen. Anderswo, besonders in Italien, wo diese Rücksicht nicht besteht, macht man auch keine solchen Umschweife. So sagt Perrone: „Den Ausnahmsfall einer unüberwindlichen Unwissenheit, d. h. einer vollkommenen Unkenntniß der katholischen Kirche, so zwar, daß nicht einmal ein Zweifel über die Wahrheit der eigenen Religionsgenossenschaft entstanden ist — diesen Ausnahmsfall, der übrigens bei auch nur mittelmäßig unterrichteten und gebildeten Personen sehr selten vorkömmt, abgerechnet —, ist man keineswegs frei von Schuld, ja sogar nicht frei von schwerer

Schuld, die deshalb zur Verdammniß führt";[1] mit anderen Worten: das ganze protestantische Deutschland, vielleicht einige Bauern in Ostpreußen, Hinterpommern und Mecklenburg abgerechnet, ist mit Haut und Haar des Teufels! So lehrt man im römischen Collegium, wo die deutschen Bischöfe und Universitätsprofessoren, besonders die bayrischen, gebildet werden; und dieß ist auch allein consequent, und für die kirchliche Einigung Deutschlands am allerförderlichsten. Denn mögen auch zwei Ehegatten einander noch so sehr hassen: gegen derartige brutale Angriffe auf den einen Theil wird doch stets auch der andere Theil ihn unterstützen, und nicht selten ist dadurch schon ein zerrissenes Band der Liebe neu und enger geknüpft worden. Wie Perrone muß man sagen: „Der Protestantismus ist die Kloake aller Lumpen und Spitzbuben der ganzen Welt";[2] wie Perrone muß man versichern: „Die Häupter des Protestantismus sind Leute, die wegen ihrer Schlechtigkeit alle an den Galgen gehörten";[3] wie Perrone muß man behaupten: „Alle die bereits mit Leib und Seele des Teufels sind, alle Atheisten und Ungläubigen, die ein thierisches Leben führen, sind die kostbarste Acquisition des Protestantismus;"[4] wie Perrone muß man erklären: „Der Vater des Protestantismus ist der Satan":[5] dann, denke ich, wird doch auch dem katho-

---

[1] Der Protestantismus und die Glaubensregel. Auf besondere Veranlassung des Verfassers aus dem Italienischen übersetzt von Meier, Regensburg 1857, II, 137. Vergl. hiezu seinen catechismo ad uso del popolo. Genova 1854, p. 35.

[2] Catechismo intorno alla chiesa cattolica ad uso del popolo. Genova 1854 p. 29.

[3] Ibidem p. 14.

[4] Ibidem p. 71.

[5] Praelectiones de virtute religionis. Ratisb. 1866. p. 382 — Ganz ebenso der Abbé A. Lecanu in seiner Geschichte des Satans.

lischen Theile des deutschen Volkes, dessen größte That die Reformation ist,[1] der Gedulbfaden reißen und es wird seinen romanistischen Lehrern den Rücken wenden, und die Bruderhand seiner deutschen protestantischen Mitbürger ergreifen.

Viel besser würde man katholischer Seits in Deutschland thun, den Anspruch auf absolute und unfehlbare Geltung des römischen Kirchenthums nach allen Seiten desselben einmal recht gründlich und unbefangen zu prüfen. Man liebt es mitunter, die Sache derart zu entstellen, als ob der Protestantismus, wenn er jene Prätension zurückweist, dem Katholicismus das Recht zur Geltendmachung seiner Ueberzeugung verkümmern wollte. „Wie kömmt es, sagt man, daß bis jetzt noch keiner protestantischen Macht die Zumuthung gestellt worden ist, sie dürfe keine religiöse Ueberzeugung haben und keine confessionellen Zwecke verfolgen, sondern daß dieses Princip immer nur den katholischen Reichen zugemuthet wird?"[2] Die Antwort ist so einfach und naheliegend, daß sie denjenigen, welche jene Frage stellen, unmöglich selbst verborgen sein kann; wie es ihnen denn unzweifelhaft nur darum zu thun ist, Leuten, die nicht weiter denken, Sand in die Augen zu streuen. Denken wir uns einen schweren, etwa mit zwanzig Ochsen bespannten Fuhr-

---

Aus dem Franz. Regensb. 1863. S. 283: „der Satan stieg, durch den Protestantismus aufgerufen, aus der Hölle hervor." — Solche erbärmliche Bücher werden zum Nutzen des katholischen Clerus und Volkes in Deutschland eifrigst ins Deutsche übersetzt und viel mehr als die Werke deutscher Katholiken gekauft und gelesen.

[1] Nach der richtigen Bemerkung von (Löbell,) Historische Briefe über die seit dem Ende des 15. Jahrh. fortgehenden Verluste und Gefahren des Protestantismus. Frankfurt und Erlangen 1861. S. 30.

[2] Hist. pol. Blätter 1865, I, 242.

wagen, der auf der allgemeinen Poststraße, wo Jedermann zu fahren berechtigt ist, keinem andern Wagen ausweicht, vielmehr geflissentlich ihnen den Weg versperrt, während alle andern Fuhrwerke sich nach der bestehenden Fahrordnung richten. Ist es nicht ganz natürlich, daß Jedermann gegen jenen Lastwagen, und nur gegen diesen, sich beklagen wird, da er allein die ganze Straße für sich in Anspruch nimmt, was von keinem andern Fuhrwerke geschieht? Ganz genau so ist es mit der, dem Alleinseligmachungsdogma entspringenden Intoleranz des römischen Katholicismus gegenüber allen andern kirchlichen Genossenschaften. Was würde man denn sagen, wenn jener Fuhrmann sich beschwerte, daß gerade über ihn Alle Klage führen? Man würde über diese neue Unverschämtheit allgemein staunen, und ihn für einen Wilden oder für einen Narren erklären, und wenn er trotz aller Warnung und Bestrafung doch immer wieder über kurz oder lang sein loses Spiel aufs Neue begänne, so müßte ihm im Interesse des allgemeinen Verkehres die Straße und überhaupt das Fahren in dem ganzen Reiche verboten werden. So ist auch einer Kirche gegenüber, die keine andere duldet oder sie nur nothgedrungen so lange tolerirt, bis sie zur Vernichtung derselben sich stark genug fühlt, die Intoleranz im Interesse der allgemeinen Toleranz geboten. Es verhält sich hier gerade wie mit dem Laster des Egoismus im eigenen Herzen, dessen Ausrottung ja auch die katholische Moral für sittliche Pflicht erklärt. Aber freilich darf diese Intoleranz der übrigen Kirchen gegenüber dem römischen Absolutismus nur in der inneren, geistigen, und nicht in äußerer, gewaltthätiger Opposition sich offenbaren. Wenn es einmal so notorisch erwiesen ist, daß ächt christliche, d. h. auf Anbetung Gottes in Erforschung aller seiner Werke und auf Förderung der allseitigen Entwicklung des Menschengeschlechtes — denn das ist der Inhalt des großen Gebotes der Liebe Gottes und des Nächsten — gegründete Gesittung auch außerhalb des römischen Katholicismus möglich ist und thatsächlich besteht, dann ist die Verharrung bei der Behauptung, daß außerhalb der römischen Kirche kein Heil sei, ein platter Unsinn, und die Unterweisung des Volkes in demselben ein schändlicher Betrug.

In dieser perfiden Weise hat man nun aber das religiöse Bewußtsein des katholischen Volkes seit drei Jahrhunderten verfälscht. Von diesem Gesichtspunkte aus erscheint mir auch das Stärkste, was der christliche Orient und Occident, und namentlich die protestantische Theologie des 17. Jahrhunderts, wo dieses Dogma allenthalben in katholischen Ländern noch seine praktische Anwendung fand, einwandte, als vollkommen berechtigt. Ganz abgesehen davon, ob die Bibeltexte, auf die man sich berief, das besagten, was man in sie hineinlegte: das Papstthum handelte wirklich antichristlich, und es handelt heute noch so. Mit der Forterhaltung der Lehre von der Alleinseligmachung der römischen Kirche ist die Fortentwicklung, und damit auch der Bestand, der christlichen Religion schlechthin unvereinbar. Sage man immerhin, es sei die Welt daran, in Christen und Nichtchristen sich zu scheiden; aber wähne man ja nicht, daß dieß mit der Scheidung von Katholiken und Akatholiken gleichbedeutend sei. Dieß ist so wenig der Fall, daß ich es als meine vollste Ueberzeugung ausspreche, es sei der consequente römische Katholicismus der leibliche Bruder des Materialismus, mit dem er die principielle Läugnung des persönlichen Geistes gemein hat: beide könnten folgerichtig nur den Atheismus und die Barbarei aus sich erzeugen. Die Ausrottung dieses katholischen Dogmas, der kirchlichen

Verkörperung des lasterhaften Egoismus, ist eine Grundbedingung der Wiedergeburt des Christenthums, namentlich bei den Katholiken selbst. Solange dieses Dogma besteht, sind alle andern Kirchen im Namen des Christenthums selbst, womit „der römische Exclusivismus unverträglich ist",[1] zur Fernhaltung von Rom und zum Proteste gegen

---

[1] Nach der ganz richtigen Bemerkung des Grafen Tolstoi, Le Catholicisme romain en Russie. Paris 1864, II, 399. Vgl. p. 417: tout le système romain est basé sur l'égoisme; le sauveur et la religion restent au second plan, le pape et le clergé occupent le premier. — Es würde aber zu dem gleichen Egoismus führen, wenn der gelehrte, zur orientalischen Kirche übergetretene, Abbé Guetté sich in seiner Liebe zur ehrwürdigen alten Wiege des Christenthums so weit vergißt, daß er erklärt, es sei das Depositum fidei „blos in der orthodoxen Kirche des Orients bewahrt worden", in welche daher alle diejenigen, Katholiken wie Protestanten, zurückzukehren hätten, „welche der Sündfluth des Irrthums und des Unglaubens entkommen wollten". Guetté macht sich ganz der nämlichen, von dem doch auch orthodoxen und gelehrten Minister Tolstoi mit allem Rechte verworfenen, Exclusivität schuldig und überträgt sie nur auf die orientalische Kirche, der damit nicht gedient, sondern nur geschadet würde, wenn er ohne Weiteres bemerkt: „Es gibt also nur ein einziges Mittel für die Mitglieder der römischen Kirche, welche Christen bleiben wollen, nämlich mit der orientalischen Kirche eine einige, heilige, katholische und apostolische Kirche zu bekennen", und wenn er beifügt: „Wenn die Protestanten die Wahrheit wieder finden wollen, welche das Papstthum während des Mittelalters ihnen geraubt hat, so haben sie nur Ein Mittel: die orthodoxe orientalische Kirche zu befragen". — Union chrétienne. Paris 1868. p. 299, 260, 431. — Die orientalische Kirche hat allerdings die Grundwahrheiten der christlichen Religion bewahrt, und vielfach sogar reiner als namentlich die römische Kirche. Aber auch in letzterer sind diese Grundwahrheiten keineswegs abhanden gekommen, und auch sie ist eine wahrhaft christliche, wenn auch in mancher Hinsicht große Verfälschungen, an denen es übrigens nirgends fehlt, des religiösen Volksbewußtsein, gleichviel durch

jene Prätension der Alleinseligmachung verpflichtet. Denn es ist ganz so wie Hase sagt: „Intoleranz ist Consequenz in der katholischen, Inconsequenz in jeder andern Kirche".[1] Möchten nur die übrigen Kirchen und gerade der deutsche Protestantismus nicht auch selbst vielfach so egoistisch, beschränkt und verfolgungssüchtig sein: sie würden die noch treu am Christenthum Hängenden und von dem wahrhaft christlichen Grundcharakter jener Kirchen Ueberzeugten schaarenweise zu ihrer Gemeinschaft übergehen sehen, da ja in der Grabesluft der päpstlichen Unfehlbarkeitskirche doch kein gesunder Mensch es noch wird aushalten können, und da es doch nachgerade ein geistiges Armuthszeugniß werden wird, sich in Deutschland vor Allem noch einen Katholiken zu nennen, wenn man auch immerhin noch ein Professor der Theologie wird sein können.[2] Wenn der Consens der Christenheit eine Ansicht zum Dogma macht, so gibt es kein fester stehendes

---

wen, stattgefunden haben. Eine vom Interesse des Seelenheiles gebotene Nothwendigkeit zum Uebertritte in die orientalische Kirche besteht daher für keinen andern Christen, vielmehr könnte es Manchem scheinen, als wäre es, namentlich für Gebildete und Gelehrte, zumal Theologen, Gewissenspflicht, auf dem Posten zu bleiben, welchen die Vorsehung ihnen zugewiesen und muthig gegen die Feinde im eigenen Hause solange zu kämpfen, bis man hinausgeworfen wird. Diese Bemerkung möchte ich aber auch auf die, meistens mit so großem äußerem Popanz und so wenig innerer Klarheit erfolgenden Austritte aus der orthodoxen orientalischen Kirche angewandt haben, die in der Regel nur der allerschlechtesten Sorte von Ultramontanen Contingente liefern.

[1] Handbuch der protestant. Polemik. 2. Aufl. S. 65.

[2] Denn es gibt noch gar Viele, die mit dem bayerischen Lycealprofessor Merkle der Ansicht sind: „man sollte nicht glauben, daß ein Mensch von gesunder Vernunft anders urtheilen könne, als daß die Gewährung der Gewissensfreiheit ein deliramentum sei". (Die Toleranz nach katholischen Principien. Dillingen 1865. S. 23.)

Dogma als dieses: daß der Anspruch der römischen Kirche auf Alleinseligmachung und alleinigen vollen Besitz der Wahrheit und Heiligkeit gänzlich bodenlos ist. Da Alles was Bestand erhalten soll, in der Familie gepflanzt und erzogen werden muß, so hat auch das liebende Herz der durch den confessionellen Haber noch nicht verderbten Jugend längst diese Scheidemauer übersprungen, und es haben sich zwischen Katholiken und Protestanten, denen die christlichen Grundwahrheiten mehr galten als die confessionellen Besonderheiten, eheliche Bande geknüpft. Man kennt den wüthenden Kampf, welchen das Papstthum und seine Garde, die Theologen, in deren Herz selbst nie der Gedanke an ein solides Familienleben hat Wurzel fassen dürfen, gegen die gemischten Ehen gekämpft haben. Leider zogen, wie in solchen Fällen gewöhnlich, auch manche protestantische Theologen an dem nämlichen Strange. Um nur bei der neueren Zeit einen Moment zu verweilen, so hatte Pius VIII. in seinem Breve v. 25. März 1830 über die gemischten Ehen den rheinischen Bischöfen eingeschärft, sie möchten der Katholikin, die mit einem Protestanten sich verheirathen wolle, doch ja „jene Grundveste aller Dogmen der christlichen Religion" (firmissimum illud nostrae religionis dogma) einprägen, „daß außerhalb der wahren katholischen Kirche Niemand selig werden könne, auf daß dieselbe erkenne, sie würde gegen die Kinder, welche sie von Gott erwartet, schon von Anfang an der äußersten Grausamkeit sich schuldig machen, wenn sie eine Ehe eingange, in welcher deren Erziehung von der Willkür des protestantischen Mannes abhinge". Der Papst sprach nicht zu tauben Ohren, seine Mahnung war von nachhaltiger Wirkung — freilich nur bei Episcopat und Clerus, während das Herz der Ehestandscandidaten nach wie vorher seine eigene Wahl traf.

Im Jahre 1860 sehen wir gerade am Rhein noch die nämliche rohe Beurtheilung der gemischten Ehen aufrecht erhalten, wie Pius VIII. und seine Nachfolger sie vertraten. Das Cölner Provinzial-Concil v. J. 1860 schärfte den Geistlichen ein, sie sollten „mit aller Mühe und Anstrengung die ihnen anvertrauten Gläubigen von der Vermählung mit Akatholiken abhalten, da die heilige Mutter, die Kirche, diese Ehen stets als verabscheuungswürdig (detestabilia) verdammt und verboten habe".[1] Selbst ein katholischer Laie und ein Gelehrter wie Schulte, findet dieß ganz in der Ordnung. Denn, meint er, „die Religion, welche sich für die allein wahre hält, muß gegenüber den andern ausschließlich sein, da sich selbst für die allein wahre halten und andere zugleich anerkennen, unvereinbare Widersprüche sind."[2] Dieses Argument ist ohne Zweifel ganz logisch, und Niemand würde von einem scholastischen Canonisten mehr verlangen. Aber der Historiker, der Christ und der gerechtgesinnte Mensch weiß, daß die Weltgeschichte eben kein Syllogismus ist, sondern daß hier noch ganz andere Factoren, vor Allem die Moral, beigezogen werden müssen, weil sowohl der einzelne Mensch als auch jede aus Menschen bestehende, kirchliche oder politische, Corporation als moralisches Wesen, d. h. gut oder schlecht, und keineswegs logisch handelt. Aber, wie ich schon bemerkt habe, und wie bei jeder Gelegenheit die Vertheidiger des Katholicismus selbst offenbaren, läuft derselbe gerade wie der Materialismus auf die Läugnung des persönlichen Geistes und damit natürlich auch der Freiheit hinaus.[3] Ich muß mich mit Schulte

---

[1] Cap. 17 de matrim. mixtis. In dem Archiv von Moy 1863. S. 278.

[2] Katholisches Kirchenrecht II, 449.

[3] Proudhon macht ganz mit Unrecht diesen Vorwurf dem

noch einen Augenblick beschäftigen, um zu zeigen, wie tief das Alleinseligmachungsdogma den Katholiken im Blute sitzt, und wie schwer es selbst einem Laien wird, die, wie man meinen sollte, zumal für einen Oesterreicher doch so augenfällige, von aller Thatsächlichkeit Lügen gestrafte Unhaltbarkeit desselben einzusehen. Der Mangel dieser Einsicht und die Verblendung in jenem Dünkel hat ganz wesentlich, um dieß nebenher zu bemerken, zur Niederlage von Königgrätz beigetragen. Jede christliche Confession, führt Schulte in einer neueren Schrift aus, müsse sich der Natur der Sache nach für alleinseligmachend erklären, „falls sie sich nicht für überflüssig hält". „Die katholische Kirche," bemerkt er weiter, „kann und wird daher auf ihrem Gebiete nie den Protestantismus anerkennen, sondern sich für die Kirche Christi halten."[1] Ganz consequent erklärt er daher auch die gemischten Ehen als im Widerspruche „mit dem Begriffe der Ehe",[2] also im Grunde für Concubinate!

Ich sehe ganz gut ein, daß auch Mitglieder und Theologen anderer christlichen Kirchen, die sich nicht für alleinseligmachend erklären, gegen gemischte Ehen sein können, da dieselben im Interesse der Gleichartigkeit der Erziehung und des Unterrichtes der Kinder immerhin mit Verlegenheiten verbunden sind. Aber wer bereitet diese Verlegenheiten? Eben auch nur das bedrohte Herrschaftsinteresse des Papstthums und der Orthodoxie. Nachdem einmal in

---

Christenthum selbst, das ein Franzose freilich fast nur in der Gestalt des römisch-katholischen Kirchenthums kennt. Insofern ist seine Polemik sehr lehrreich. De la justice dans la révolution et dans l'église. 2. étude. Bruxelles 1860. p. 53. — Das ächte und reine Christenthum ist die Blüthe der menschlichen Persönlichkeit.

[1] Ueber die gemischten Ehen. Prag 1862. S. 4, 17.
[2] Handbuch des kathol. Eherechtes. Gießen 1855. S. 247.

sämmtlichen modernen Culturstaaten die gemischten Ehen als zulässig, und für die Beseitigung der verderblichen Spaltung in confessionell geradezu entzwei geschnittenen Ländern wie Deutschland als heilend und Friede vermittelnd in den meisten Fällen erkannt worden sind, kann doch auch die vollkommene Durchführung des Systems der confessionslosen Schule im protestantischen Deutschland nur eine Frage der Zeit sein, die aufs Dringendste und Baldigste ihre Lösung im national=christlichen statt im romanistisch=orthodoxen Sinne verlangt. Nur auf diesem Wege kann der Alleinseligmachungsdünkel radical vom deutschen Boden, den er mit Blut getränkt, ausgerottet, und der Tempel der deutschen Kirche auf dem soliden Fundamente der Familie und der Volksschule erbaut werden. Man hat in gewiß bestgesinnter Absicht von protestantischer Seite gesagt, daß nur bei gleicher Confession ein gleiches „sittliches" Urtheil der Lehrer und folglich auch der Schüler möglich, und daß daher „ohne gleiche Confessionalität der Erzieher der letzte und höchste Erziehungszweck nicht erreichbar sei".[1] Aber dabei dürfte doch ein wesentlicher Umstand übersehen werden. Wenn es sich blos um die Confessionen innerhalb der evangelischen Kirche selbst handeln würde, so könnte dieß vielleicht noch eher zugestanden werden, da ja keine derselben der andern gegenüber auf absolute Geltung einen Anspruch erhebt und der wissenschaftlichen Fortentwicklung sich nicht verschließt. Aber ganz anders verhält es sich in Deutschland zwischen Katholiken und Protestanten. Hier muß der Protestantismus, so zu sagen, der Geburtshelfer des sich verjüngenden Katholicismus wer-

---

[1] Scheibert, Die Confessionalität der höheren Schulen. Stettin 1869. S. 65.

ben, da er in seiner jetzigen confessionellen Beschaffenheit durch sein Alleinseligmachungsdogma gerade in der Schule, sowohl in dem niederen als in dem höheren Unterrichte, auf Lehrer und Schüler fort und fort nicht sittlich reinigend, sondern entsittlichend wirkt; es müßte denn von dem größten Theologen unter den christlichen Dichtern, von Dante, der pharisäische Dünkel mit Unrecht in den tiefsten Abgrund der Hölle versetzt worden sein. Ueberhaupt ist wohl zu beachten, daß nach dem heutigen Stande der Wissenschaft die im 16. Jahrhundert von den Theologen jener Zeit zu Stande gebrachten kirchlichen Bekenntnisse in ganz wesentlichen Punkten wenigstens nicht mehr volle Sicherheit beanspruchen, und in Folge dessen nicht nur dem wissenschaftlichen Fortschreiten als Hemmschuh dienen, sondern auch keinen wahrhaft sittlichenden Einfluß auf ein civilisirtes Volk mehr ausüben können.

Mag also der römische Katholicismus fortfahren, in seiner, um alle Geschichte und Wissenschaft unbekümmerten scholastischen Logik allmälig den babylonischen Thurm auszubauen, wie sein Alleinseligmachungsdogma es erheischt. Wie wir gesehen haben, ist es ohnehin bereits daran, daß die Leiter des Baues selbst, Episcopat und Theologie, einander nicht mehr verstehen, und in Kurzem wird jene Prätension von allen Vernünftigen ebenso verlacht werden, wie man einen durch eigene Schuld der Bedrückung und Uebervortheilung der Menschen um sein Monopol gekommenen und in Folge dessen bankerott gewordenen ehemaligen Großhändler, dem nichts als sein Dünkel geblieben wäre, mit der fortgesetzten ungestümen Aufforderung an seine früheren Kundschaften zur „Rückkehr" verhöhnen und auf die glücklich errungene Gewerbefreiheit verweisen würde, die er in seinem schmutzigen Egoismus so lange zu verhindern beflissen war. Denn man glaube es nur: Gewerbefreiheit und Gewissensfreiheit hängen viel inniger zusammen als man denkt; die Entwicklung der Menschheit erfolgt auf allen Gebieten zugleich wie es bei dem einzelnen Menschen der Fall ist.

IV.

Nach dieser kurzen Auseinandersetzung des inneren Wesens und Begriffes vom römischen Katholicismus, wie er den übrigen christlichen Kirchen sich mit dem Anspruche auf Alleinberechtigung und durch keinen Wechsel unverlierbare Geltung für alle Völker und Zeiten gegenüber stellt, mag Jedermann, der nicht in seinen Vorurtheilen vollkommen verknöchert oder für alle Religion abgestumpft ist, die Bodenlosigkeit der Behauptung erkennen, daß die heutige Welt nur durch das Papstthum von dem Abgrunde der Religions- und Sittenlosigkeit noch zu erretten sei, und daß es besonders für Deutschland kein anderes Mittel zu wahrer und dauernder Einigung gebe. Denn dieß versichern die Wortführer des Katholicismus allenthalben, und auch die sog. Liberalen seiner Theologen sind beinahe ausschließlich der nämlichen Ansicht. „Die Wegnahme des Papstthums aus Europa wäre", meint Dupanloup, „gleichbedeutend mit der Verfluchung des europäischen Bodens."[1] „Was den Protestanten noch von Christenthum geblieben ist, das haben sie dem Papstthum zu verdanken."[2] Nicht nur der Vorstand des Bonifazius-Vereins, der Bischof

---

[1] Was ist Rom, was Italien und Europa ohne das Papstthum? Mainz 1860. S. 50.
[2] S. 68.

Martin von Paderborn, erklärt, es sei „die Rückkehr des ganzen deutschen Volkes zu der Einen wahren Kirche das einzige Mittel zu der wahren Einigung Deutschlands", und hegt die Zuversicht, daß „über kurz oder lang alle noch christlichen Protestanten katholisch werden",[1] obwohl er zu gleicher Zeit beklagt, daß „seit mehreren Decennien in Deutschland die Zahl der Katholiken gegen die der Protestanten fortschreitend abgenommen habe";[2] nicht nur ein Generalvicar Gaume ruft aus: „Ist Rom gefallen, so wird der Satan wieder der Fürst dieser Welt";[3] nicht nur ein Dombechant Heinrich ruft in voller Versammlung aus: „Nur in dem Papst ist unsere Kraft. Mag er herrschen wie ein Innocenz III... immer ist er unüberwindlich, und macht uns allein unüberwindlich. Wenn wir auf einen andern Stab uns stützen, so würde derselbe wie ein Rohrstab brechen";[4] nicht nur ein Stadtpfarrer Ibach versichert unter der Beistimmung der ganzen Versammlung der katholischen Vereine Deutschlands: „Entweder kommt das Heil vom Concil, oder die Welt ist nicht mehr zu retten";[5] nicht nur ein Jesuit wie P. Roh findet, daß „das Christenthum im Papstthum verkörpert ist":[6] sondern sogar Döllinger spricht geradezu aus: „Wer erklärt: ich erkenne den Papst nicht an, ich oder die Kirche, der ich angehöre, will für sich stehen, der Papst ist für uns ein Fremder, seine Kirche

---

[1] Die Hauptpflicht des katholischen Deutschlands. Paderborn 1868. S. 53.

[2] S. 11.

[3] Die gegenwärtige Lage der Katholiken unserer Tage. Regensb. 1861. S. 13.

[4] Verhandlungen des kathol. Vereins im J. 1852. München 1852. S. 83.

[5] Verhandlungen 1868. S. 150.

[6] Die Grundirrthümer unserer Zeit. Freiburg 1865. S. 7.

ist nicht die unsrige — der erklärt eben damit: wir sagen uns los von der allgemeinen Kirche, wir wollen kein Glied mehr an diesem Leibe sein."¹ Also der ganze christliche Orient seit mehr als einem Jahrtausend, die ganze „in geistiger und in politischer Hinsicht stärkere" Hälfte unsers Vaterlandes seit drei und einem halben Jahrhundert kein Glied mehr am Leibe Christi! Aber Döllinger ist wenigstens sich selbst nicht treu; denn wie könnte er sonst kurz darauf bemerken: es sei der Staat ein christlicher, wenn er nur „das den christlichen Kirchen Gemeinsame" — was bekanntlich der Papst nicht ist — bewahre?² Dagegen erscheint ihm bald darauf aufs Neue „der päpstliche Stuhl mit dem innersten Wesen der Kirche unablösbar verwachsen".³

Wie wäre es denn auch möglich, Papstthum und Christenthum zu identificiren, und für Religion und Vaterland nur von jenem das Heil zu erwarten, wenn man die doch in der That gottverlassene Verblendung der sedes romana wie des sedens seit Jahrhunderten ins Auge faßt? Auch der tödtlichste Haß gegen den Protestantismus und den getrennten Orient⁴ muß, wenn die Vernunft noch ihr Recht behaupten soll, von dieser Hoffnung zurückkommen, und damit zugleich ganz und aufrichtig auf den Standpunkt der Thatsachen und der Wissenschaft sich stellen. Döllinger ist nicht mehr der Einzige der katholischen Theologen, der dieses vollkommen einsieht, und darum dem jünge-

---

¹ Kirche und Kirchen. S. 25.
² S. 92.
³ S. 156.
⁴ Hergenröther (Photius I, 305) meint, es sei „unstreitig etwas Wahres" an der Behauptung, daß die Verwerfung des päpstlichen Primates durch die Griechen den Islam erzeugt habe.

ren Geschlechte jenen „wissenschaftlichen Geist" anempfiehlt, der in der „schweren Kunst" besteht, „mit völliger Unbefangenheit, ja mit Selbstverläugnung, mit Fernhaltung vorgefaßter Meinungen oder Systeme oder Wünsche, die Phänomene und Thatsachen möglichst adäquat zu erkennen und darzustellen", ein Geist, den gerade im katholischen Volke Bayerns sein unsterblicher König Maximilian II. zu erwecken beflissen war.[1] Auch Schwab hat jüngst offen bemerkt: „Die Verhältnisse des katholischen Deutschlands in der Gegenwart sind durchaus nicht derart gestaltet, daß der Versuch, den Gegensatz, wie er zwischen den Anschauungen der Bildung und dem kirchlichen Vorstellungskreise sich ergeben hat, durch bloße Autorität auszugleichen, Aussicht auf Erfolg hätte", denn „die Anschauung ist nicht mehr zu verdrängen, daß nicht im Dogma und den gottesdienstlichen Handlungen, sondern in der Liebe zu Gott und den Menschen das Wesen der Religion zu sehen sei."[2] So beginnt der Geist des großen Leibniz auch in den Herzen der katholischen Theologen Gestalt zu gewinnen! Halte man diese Ueberzeugung unerschütterlich fest und schaare sich vor Allem der ganze Clerus um diese Fahne. Sie bedeutet allerdings den vollen Bruch mit Rom, aber sie ist auch der einzige Weg, der zur dauerhaften Einigung unsers Vaterlandes führt! Setzen wir das Werk da fort, wo vor einem Jahrhundert Männer von gleicher Gesinnung, die Schwab uns gerade zur rechten

---

[1] König Maximilian II. und die Wissenschaft. München 1864. S. 21. — Wenn mein eigenes Urtheil mich nicht täuscht, so hat hienach Döllinger seinen treuesten Schüler, und Bayerns König seinen besten Unterthanen unter den Theologen — an der Newa.

[2] Franz Berg. Würzburg 1869. Vorwort S. VI. und Schluß S. 512.

Stunde vorführt, es liegen lassen mußten; aber bleiben wir nicht bei ihnen stehen, sondern machen wir uns die Erfahrungen zu Nutze, die wir über die Ungelehrigkeit Roms, über dessen Gleichgültigkeit für das Wohl Deutschlands, über dessen unchristlichen Egoismus und über die Erfolglosigkeit, ja entgegengesetzte Wirkung aller halben Maßregeln längst gemacht haben. Unsere deutsche Ehrlichkeit und religiöse Ehrfurcht, die sich so gerne vorstellt, es müsse ja das gotterleuchtete Rom, wenn man ohnehin nur die Hälfte des mit Recht zu Fordernden erbitte, die andere Hälfte von freien Stücken uns geben, ist an dem Geiste des Romanismus, der die ganze Hand nimmt, wenn man ihm den Finger reicht und dem um Brod Bittenden nur Steine vorsetzt, noch immer zu Schanden geworden und hat nur zu unserer noch tieferen Demüthigung ausgeschlagen.

Womit weiß denn auch der ganze Ultramontanismus seinen Aufruf zur Rückkehr zu begründen? Warum soll denn alle Welt „jenem Winkel, wo man allein noch ganz katholisch ist", wie die Civiltà cattolica sagt, nämlich dem Kirchenstaate, gleichförmig gemacht werden? Etwa damit die Sittlichkeit gehoben werde? Aber wie soll diese durch Pflege der Trägheit, der Mutter aller Uebel, durch Nährung des Hochmuthes, des Aberglaubens und des Vertrauens auf magische Heiligungsmittel[1] gefördert werden?[2] Es ist dieß nur möglich durch die Austreibung des unreinen Geistes

---

[1] Vgl. hierüber die ganz begründeten Bemerkungen Wuttke's Der deutsche Volksaberglaube der Gegenwart. 2. Aufl. Berlin 1869. S. 262, §. 410, u. S. 139, fg. §. 207.

[2] Der Jesuit Florian Rieß gesteht zu, daß es „für das gewöhnliche Auge unbemerkbar" sei, wie „der Papst das Geschlecht zu dem höchsten übernatürlichen Ziele hinbewegt". Es ge-

der Unwahrheit und Ungerechtigkeit, des äußeren blendenden Scheines von Gediegenheit und Stärke bei aller inneren Kraft- und Haltlosigkeit. Dieser unreine Geist beherrscht nun aber gerade das gesammte römische Kirchenthum in einem so hohen Grade wie gar keine andere Kirche und Gemeinde. Es hieße also geradezu den Teufel durch Beelzebub austreiben wollen, wenn man die sittlichen Grundschäden unserer Zeit dadurch beseitigen zu können wähnte, daß man die ganze Welt in den Schooß des heutigen römischen Katholicismus zurückführte. Umgekehrt: wem die Förderung der öffentlichen Sittlichkeit wahrhaft am Herzen liegt, wer solide Tugend und Religiosität, ächte Gottes- und Nächstenliebe pflanzen, wer zur Entwicklung der dem Menschen von dem Schöpfer als Aufgaben in die Wiege gelegten Fähigkeiten zur Förderung seines persönlichen und des allgemeinen Wohles beitragen will, der muß aus allen Kräften jener Verfälschung des Tugendbegriffes entgegenarbeiten, die in der Gesetzgebung, in den Dogmen des römischen Katholicismus liegt. Möchten doch dieses auch alle jene Politiker und Staatsmänner recht beherzigen, welche da in Einem fort versichern, sie wollten in das Dogma der römischen Kirche sich nicht mischen, und nur Moral und Religiosität, nur die Rechte der Natur und des Staates, gegen die Nachlässigkeiten oder Uebergriffe der Kirche schützen. Sie müssen sich in das Dogma mischen, wenn sie ihr Ziel ernstlich ins Auge fassen; denn wer den Zweck will, der muß auch das Mittel wollen. Man kann die sittenverderbenden und staatsgefährdenden Dogmen allerdings ignoriren und bei Seite schieben; aber damit wird nie

---

schießt aber „nichts desto weniger mit Sicherheit und Stetigkeit". (Staat und Kirche. Stimmen aus Maria-Laach XII. Freiburg 1869. S. 217. — Es wird eben ein jesuitisches Auge sein müssen!)

eine radicale Verbesserung der öffentlichen Sitte und eine principielle, schon in der Schule angepflanzte, Veränderung der religiösen Weltanschauung, wie sie so noth thut, möglich sein. Jene sittenverderblichen und staatsgefährdenden Dogmen und Gesetze sind an erster Stelle die von der kirchlichen, gleichviel ob päpstlichen oder hierarchischen, Unfehlbarkeit und Alleinseligmachung des Katholicismus, welche den ganzen Schweif der Anathemen gegen alle andern Christen nach sich ziehen, sodaß die jüngst von Dorner wieder ausgesprochene,[1] auch von Rothe geltend gemachte[2] Behauptung, es sei der Protestantismus eine Weltauffassung mit höherer sittlicher Würde als der Katholicismus, über welche Behauptung die katholischen, auch die liberaleren, Theologen so empört herfielen, in ihrem vollen Rechte ist, so gewiß als das Uebermaß der Gewissenhaftigkeit in Aufstellung von Zwangsgesetzen zumal für ein reiferes Geschlecht wie das heutige offenbar dem obersten Gesetze des Christenthums weniger entgegen ist als das Uebermaß von Druck und Fesselung des Geistes, als die stete Nährung des Pharisäismus und des Hasses. Um diese verkehrten Dogmen allmälig mit der Wurzel auszurotten, braucht aber der Staat freilich ganz und gar nicht seinerseits einen Inquisitionshof gegen den katholischen Clerus zu errichten, sondern er kann ganz auf seinem Gebiete bleiben. Nicht äußere, sondern nur innere Mittel sind hier wirksam. Jeder Patriot, namentlich Eltern, vor Allem aber die Volksvertreter in den Kammern, können hiezu beitragen. In dem Grade nämlich, als die Volksschule gefördert, als der Verkehr erleichtert und damit die

---

[1] Geschichte der protestantischen Theologie. München 1867. S. 4 fg.
[2] Theologische Ethik III, 660.

Unwissenheit mit ihrer untrennbaren Tochter, der Selbstüberhebung und Intoleranz einerseits, und der Unkenntniß fremder Zustände und Verhältnisse andererseits abnimmt: in dem nämlichen Grade werden auch die Dogmen der Unfehlbarkeit und Alleinseligmachung ihre Gläubigen verlieren. Jede neu errichtete Schule, jede neu gebaute Eisenbahn, jede Beseitigung einer bisherigen Zollschranke ist ein aus hohem Himmel auf jene steinernen Dogmen fallender Tropfen, deren Menge sie allmälig aushöhlen wird. Wie Leibniz gesagt hat: je mehr ein Mensch einem Stück Holz oder Steinblock ähnlich wird, um so unfehlbarer dünkt er sich.[1] Dieß gilt auch umgekehrt: je mehr ein Mensch und ein Volk in ächter Bildung und geistiger Entwicklung fortschreitet, in dem Maße schwindet auch der etwa in der Jugend angelernte Glaube an Unfehlbarkeit. In denjenigen Gegenden, wo die allgemeine Bildung am tiefsten steht, hat der Unfehlbarkeits- und Alleinseligmachungsglaube seine festesten Bekenner. Da ist man gegen Alles abgehärtet, hier ist keine Zumuthung zu stark. Gleichwie das Dogma von der Unbefleckten Empfängniß keinen Widerstand gefunden, so darf der Papst keck noch zwei neue Dogmen in die Lauretanische Litanei einrücken lassen, wie etwa: O du unfehlbarer Papst! O du unentbehrlicher Kirchenstaat! Das katholische Volk wird auf beide Apostrophen in aller andachtsvollen Gläubigkeit respondiren: „Bitt für uns!"

Oder soll die Wissenschaft neu aufblühen, wenn man, wie Franz Berg vor hundert Jahren schon bemerkte, und was heute noch in höherem Grade seine Anwendung

---

[1] Nouveaux Essais l. I. c. i. Op. phil. ed. Erdmann. Berlini 1840. p. 213.

hat, die Gelehrten behandelt wie jene wahrsagenden heiligen Hühner bei den alten Römern, denen ein stets mit der Scheere versehener Augur von Zeit zu Zeit die Flügel beschnitt, damit sie nicht über den Zaun des Tempels flogen; oder wenn man mit ihnen verfährt wie die Hebammen bei den Aegyptiern, welche die kräftigen Knaben der Hebräer gleich bei der Geburt tödten mußten, und nur die schwächlichen Kinder am Leben lassen durften, auf daß das nach Freiheit strebende Volk in der Knechtschaft erhalten bliebe?[1]

Der Index ertödtet den wissenschaftlichen Geist selbst, wie jede Censur, sobald sie über das rein praktische Gebiet der Beschützung der guten Sitten hinausgeht. Es handelt sich gar nicht um das Verbot dieses oder jenes Werkes, um die jeweilige Beschaffenheit, die mangelhaften Kenntnisse und die Privatinteressen der Censoren, um die mehr oder minder große Strenge des jezeitigen Verfahrens, sondern um die Regeln und Gesetze des Index selbst, wie sie das Concil von Trient publiciren ließ, und wie sie von jedem Censor, möchte er auch für sich der liberalste Mann sein und möchte er auch den Zeitverhältnissen noch so sehr Rechnung tragen wollen, doch im Wesentlichen befolgt werden müssen. Diese Regeln und damit das ganze Institut des Index sind aber nichts weiter als eine nothwendige Consequenz der Tridentinischen Dogmen und Anatheme, welche auf keine andere Weise als durch solche, alle Wissenschaft knebelnde und im Keime erstickende Zwangsmaßregeln aufrecht erhalten werden können. Wer in jenen Dogmen Aussprüche des heiligen Geistes sieht, der wird nicht umhin können, auch den Indexregeln das gleiche Prärogative zuzuerkennen. Auch hier ist nur die ultramontane Theologie

---

[1] Schwab, Franz Berg. Würzburg 1869. S. 462.

consequent, welche das Institut des Index ganz ebenso wie das Tridentinum für ein Werk des heiligen Geistes und eben deshalb als verpflichtend „für die ganze Christenheit" ohne alle und jede Rücksicht auf etwaige entgegenstehende kirchliche Freiheiten in einem Lande und überhaupt auf die Staatsgewalt erklärt.[1] Freilich ist hiemit dem Staate das Recht zur Förderung und Pflege wahrhafter Wissenschaft direct abgesprochen, da er nicht berechtigt ist, das Hemmniß derselben zu beseitigen und außer Geltung zu setzen, vielmehr wenn er ein christlicher Staat sein will, dessen Decrete seinen Unterthanen einzuschärfen und auf deren Beobachtung, vor Allem bei den öffentlichen Lehrern, zu bringen hat, was katholischer Seits wenigstens bezüglich der Theologen auch stets und heute noch, selbst in Deutschland der Fall ist. Schon das katholische Dogma von kirchlicher Unfehlbarkeit macht principiell alle wirklich wissenschaftliche Thätigkeit, die nur die Denkgesetze kennt, unmöglich. Je weiter aber einerseits die Entwicklung des menschlichen Geistes und andererseits die Dogmenfabrikation fortschritt, um so greller stellte sich der Widerspruch zwischen beiden, auf Weltherrschaft Anspruch machenden Mächten heraus. Die eine ist der Tod und Untergang der andern. Hier kann man in voller Wahrheit sagen, daß Gegensätze bestehen, die einander nicht ergänzen, sondern vollkommen ausschließen wie Affirmation und Negation, wie Ja und Nein. Mehr, viel mehr Wissenschaftlichkeit war in der Zeit der Kirchenväter und im ganzen Mittelalter möglich, und in der katholischen Theologie auch wirklich vorhanden als in der nachtridentinischen; denn von dem größten Theile

---

[1] Vgl. z. B. die Ausführung des Cardinal-Erzbischofs Gousset, Exposition des principes du droit canonique. Paris 1859. p. 145 ss.

der 431 Anathemen des Tridentinums, die nun ebenso viele unübersteigliche Schranken für den katholischen Gelehrten, und namentlich den Theologen, wurden, hatten die Väter und die Scholastiker noch so wenig gewußt, wie die Mitglieder des Tridentinums selbst noch am Vorabende des Concils. Ein Katholik — und ich sage ganz das Gleiche von dem an Symbolzwang gebundenen Protestanten — kann ein sehr umfassendes Wissen haben und von Gelehrsamkeit aller Art strotzen wie nur je ein Polyhistor: ein Mann ächter Wissenschaft aber kann er als Katholik nie und nimmer sein und niemals werden. Der ganze römische Katholicismus wie die ganze protestantische Orthodoxie haben daher auch nicht einen einzigen Vertreter wahrer und selbstständiger Wissenschaft auf irgend einem Gebiete, sondern nur Sammler, Compilatoren, Apologeten und Polemiker hervorgebracht. Die Geschichte aller Wissenschaften hat nicht Einen orthodoxen Namen, es sei denn als Verfolger oder Pfuscher, zu nennen, und sobald einer es wagt, sich höher zu erheben, ist es auch regelmäßig um seine volle Rechtgläubigkeit geschehen. Dieß versteht sich ganz von selbst. Beide Mächte verhalten sich genau wie Sonne und Mond. In dem Grade als erstere über den Horizont heraufsteigt und ihr eigenes Licht leuchten läßt, muß der letztere mit seinem doch nur erborgten Lichte erblassen. Dieß gilt im Ganzen bei einer Zeit und einem Volke, wie bei einem einzelnen Menschen. Unfehlbarkeitsglaube und wissenschaftlicher Geist sind wie die zwei Balken einer Wage: je mehr man zu jenem zulegt, desto mehr überwiegt er diesen, und umgekehrt; ein Gleichgewicht ist unmöglich. Sie werden sich nie vermengen, so wenig wie Wasser und Oel, obwohl freilich in der Welt, die nun einmal im Argen liegt und den Schein der Gediegenheit vorzieht, das leichtere

Element immer obenauf sein wird. Zwischen Katholicismus und Protestantismus besteht aber auch hier wie hinsichtlich der Toleranz der wesentliche Gegensatz, daß letzterer die volle Freiheit der Wissenschaft geradeso wie die Freiheit des Gewissens unbeschadet seiner christlichen Principien anerkennen kann, ja muß, wenn er nicht seine Geburt verfluchen will, während der Katholicismus in seiner orthodoxen Gestalt durch solche Anerkennung sich selbst vernichtet. Nichts ist daher auch natürlicher als daß selbst katholische Staatsregierungen für wissenschaftliche Anstalten Protestanten den Katholiken vorziehen. Ja, sie müssen dieß im Grunde gerade nach ultramontanen und orthodox römisch-katholischen Grundsätzen, da sie keinen, der sich zu dem Tridentinum bekennt, zur Verläugnung seines Glaubens verleiten dürfen, was offenbar geschähe, wenn sie ihn zur Pflege wahrer Wissenschaft verpflichteten. Man sehe nur den Dingen recht ernsthaft ins Gesicht, dann wird man finden, daß es sich genau so verhält. Und wer weiteren Stoff zum Nachdenken haben will, dem könnte ich nur rathen, das Tridentinum zur Hand zu nehmen und bei jedem unter Anathem eingeschärften Satze sich zu fragen, ob derjenige ein Vertreter ächter Wissenschaft sein könne, der, wie jeder Katholik es thun muß, an denselben die Grenze und Correctiv seiner Forschung und Untersuchung anerkennt.

Oder soll Industrie und Volkswirthschaft von „dem am elendesten regierten Staat der Christenheit"[1] aus über die ganze Welt verbreitet werden?

Welch verkehrte Begriffe von den Grundbedingungen der Industrie und Staatswirthschaft, wie Luxus, Kapital,

---

[1] S. Sugenheim, Geschichte der Aufhebung der Leibeigenschaft und Hörigkeit in Europa. St. Petersburg 1861. S. 242.

Recht auf freie Arbeit, Eigenthum und todte Hand, Erwerb und Bettel, Ehe und Cölibat, Steuerpflicht und Immunität, hat nicht das Papstthum und Episcopat Jahrhunderte lang und theilweise bis auf die neueste Zeit gehegt und festgehalten und wie Glaubens- und Sittenlehren im religiösen und theologischen Unterrichte eingeschärft! Nichts ist so falsch als die Ausrede der heutigen Ultramontanen, es habe sich die Kirche niemals in dieses Gebiet der Nationalöconomie mit ihrer Gesetzgebung eingemischt, und niemals für allenfallsige hierauf bezügliche Grundsätze und Anschauungen eine Unfehlbarkeit und in Folge dessen strenge Darnachachtung in Anspruch genommen und gefodert. Das Papstthum hat bieß immer gethan und thut es heute noch. Es macht im Princip jeden socialen, auf Freiheit basirten, Fortschritt unmöglich. Wie hätte sonst jemals das Zinsennehmen als unchristlich verboten werden können, wie es selbst von allgemeinen Concilien geschehen ist. Wie hätte jemals das Mönchthum und Cölibat als ein Stand höherer Vollkommenheit erklärt und das Familienleben so tief erniedrigt werden können, daß es nur noch als Mittel für die Unenthaltsamen zur Vermeidung von regelloser Befriedigung fleischlicher Triebe erschien. Wie hätten jemals über den Luxus solche Ansichten herrschend werden können, wie man ihnen heute noch in Compendien der katholischen Moraltheologie begegnet. Wie hätte man den Bettel durch große Orden heiligen, dagegen den Erwerb möglichst durch Privilegien und Monopole von Seite der Kirche selbst erschweren können. Wie hätte man den ausgedehntesten Grundbesitz durch den ärgsten Mißbrauch der Religion beim Staate entreißen und in die todte Hand bringen; wie endlich für den ganzen zahlreichen Stand des Clerus ein göttliches Recht der Immunität, eigener Gerichtsbarkeit auch für rein weltliche Angelegenheiten und noch gar vieles Andere dieser Art in Anspruch nehmen können? Weit entfernt, daß das Papstthum in das Gebiet der Volkswirthschaft sich nie gemischt und ihre Gesetzgebung auf dasselbe nicht ausgedehnt hätte, hat sie dieses vielmehr vollständig beherrscht und zwar in der nur denkbar verderblichsten Weise. Heute noch thut es das Gleiche soviel ihm nur möglich ist. Blos an die im Syllabus enthaltenen Sätze gegen die religiöse Toleranz, welche von so weittragendem nationalöconomischen Einflusse sind und deren Durchführung ganze Länder volkswirthschaftlich ruiniren würde, möge erinnert sein. Durch jene gänzliche Unfähigkeit zum Verständniß natonalöconomischer Fragen beweist aber das Papstthum zugleich, daß ihm das Verständniß für das ächte Christenthum fehlt. Denn wie einer der ersten Nationalöconomen, der Staatsrath Hermann, schon vor mehr als dreißig Jahren bemerkt hat: „In der politischen Oeconomie ist erst das eigentliche christliche Fundament der bürgerlichen Gesellschaft aufgedeckt und zum Bewußtsein gebracht."[1] Das Princip des Katholicismus ist, wie der Cardinal Consalvi öffentlich ausgesprochen hat und wie die Ultramontanen alle Tage es versichern, — die Intoleranz; aller volks- und nationalwirthschaftliche Fortschritt beruht aber wesentlich auf der immer weiteren Ausbildung der persönlichen Freiheit und Toleranz.

Oder soll endlich gar der Patriotismus der Gläubigen von einer Seite her entflammt werden, wo man auf die wenn auch mißleiteten Patrioten des eigenen Vaterlandes mit der grausamsten Waffe, die nur der verthierte Sinn eines Menschen gebraucht, schießen läßt?

[1] In den Berliner Jahrbüchern für wissenschaftliche Kritik 1835. S. 324.

Ist nicht noch jedes Reich und jedes Land, das dem Papstthum sich blindgläubig unterworfen hat, geistig und sittlich, wie politisch und gesellschaftlich zu Grunde gerichtet worden? Arbeitet nicht Rom ohne Unterlaß an der Schwächung und Zersplitterung aller Nationen, und läßt es sich nicht überall die Zerstörung und Vernichtung solcher Institutionen am meisten angelegen sein, welche zur Kräftigung des eigenthümlich nationalen Charakters dienen? Verfolgt es nicht gerade diejenigen Männer am bittersten, welche für die Hebung der wissenschaftlichen und sittlichen Bildung ihrer Nation am thätigsten sind, während die Beförderer des Aberglaubens und der Verdummung des Volkes am meisten seiner Gewogenheit sich erfreuen? Hat es uns auch nur einen einzigen Patrioten erzogen, dagegen nicht schon Millionen edler deutscher Jünglinge in der listigsten Weise zu Werkzeugen seiner Herrschsucht, und statt zu Pflegern ächt nationaler Bildung, vielmehr zu blinden Eiferern für die Zwecke des romanischen Auslandes gemacht? Sehen wir nicht den alten Ruhm der gallicanischen Kirche durch seine beharrlich verfolgten Ränke vor unsern Augen zu Grunde gehen, und damit auch die Größe der französischen Nationalität zu Grabe getragen werden? Wird nicht jede, auch die maßvollste Kundgebung ächt nationaler Gesinnung namentlich von Seite eines katholischen Theologen, und wäre es auch der gelehrteste von ganz Europa und dabei noch der gläubigste Mann, sofort mit dem giftigsten Hasse und dem verbissensten Ingrimm oder mit höhnischem Spotte behandelt, ja erklärt nicht der Ultramontanismus der nationalen Partei der Katholiken, schon ehe sie noch recht zum Leben gekommen, ganz offen den Krieg, wie erst vor wenigen Wochen das päpstliche Organ, die Civiltà cattolica, den Deutschen es direct ins Gesicht gesagt hat: „Nicht nur ein Uebereinkommen zwischen dem Katholicismus und Liberalismus ist unmöglich, sondern der Krieg ist unvermeidlich",[1] das heißt: eher soll ganz Europa, und vor Allem ganz Deutschland, in blutigen Bürgerkriegen sich aufzehren, ehe Rom und seine Diener auch nur ein Jota von dem gesammten Papalsystem und seinen Ansprüchen auf Weltherrschaft aufzugeben gedenkt, die es vielmehr dann erst wieder zur Geltung und Anerkennung zu bringen vermögen würde. Der wahre deutsche Patriot kann daher nur all seine Kraft, nicht zur Reform, denn das ist ein völlig eitles Unternehmen, sondern zum Sturze des Ultramontanismus anwenden, und er soll den Augenblick herbeisehnen, wo er wie ein Achilleus dem Hektor zurufen könnte:

Ἀλλὰ φίλος, θάνε καὶ σύ· τίη ὀλοφύρεαι οὕτως;
Κάτθανε καὶ Πάτροκλος, ὅπερ σεο πόλλον ἀμείνων.[2]

Nein, nicht nur nichts gewinnen, sondern auch noch verlieren würden wir das, was wir an soliden Gütern aller Art durch den Schweiß der Edelsten unserer Nation uns bereits errungen, wenn wir der Sirenenstimme der Romanisten Gehör leihen wollten. Die erste Wirkung würde sein, daß der Fanatismus der Confessionen aufs Neue entflammt würde, um einen Theil der Nation gegen den andern zu hetzen; ein Beginnen, von dem W. Menzel bei Besprechung eines in diesem Geiste gehaltenen Hirten-

---

[1] Heft vom 2. October 1869. p. 7: nè solo è impossibile l' accordo tra il cattolicismo e il liberalismo, ma è inevitabile la guerra.

[2] „Traun, mein Lieber, verend' auch du; was stöhnest du also?
Sühn des Patroclus Tod, der ungleich besser als du war!
Ich verstehe unter Patroclus alle um das deutsche Vaterland verdienten Männer, die bis auf die neueste Zeit von dem Ultramontanismus Verfolgungen zu erleiden hatten.

briefes des Erzbischofes von München mit allem Rechte bemerkte, daß dessen Führer „nicht mehr verdienten, deutsche Patrioten, sondern eher Verräther genannt zu werden".[1] Ja schon die Einstimmung in die päpstliche Aufforderung an unsere deutschen Mitbürger, denen wir den weitaus größten Theil unserer nationalen Ehre zu danken haben, schließt für einen deutschen Katholiken Vaterlandsverrath in sich. Denn was anders soll damit gesagt sein als daß wir seit mehr als dreihundert Jahren nicht nur etwa geschlafen, sondern daß wir unablässig auf der Straße des Verderbens den Pfad des verlornen Sohnes gewandelt seien, während in Wahrheit die Sache sich gerade so verhält, wie bei einem Sklaventreiber, der auf dem Wege ermüdet zurückbliebe, indeß die Sklaven das Weite suchen, bis jener sie fast aus den Augen verliert und nun aus seinem Schlafe erwachend ihnen so kräftig als möglich nachruft, daß sie zurückkehren möchten. Nein, um den Preis des Verlustes dessen, was wir seit der Reformation an geistiger Freiheit uns errungen, möchten wir selbst unsere politische Einheit uns nicht erkaufen. Das heilige römisch-deutsche Reich mit dem Kaiser von Papstes Gnaden, mit seinem äußeren Glanze und seiner inneren Barbarei wollen wir nicht mehr. Insofern ist es ganz richtig, was ein österreichischer Staatsmann bemerkt hat: „Das Kaiserthum deutscher Nation wird seinem inneren Wesen nach nie wieder kommen".[2] Und es soll auch nimmer kommen; der Goethe, die um dasselbe keine Thräne weinen, sind heute schon viel mehrere.

---

[1] Literaturblatt 1867. Nr. 42, 25. Mai.
[2] Wydenbrugk, Die deutsche Nation und das Kaiserreich. München 1862. S. 211, 222.

Ein unbefangener deutscher Katholik, welcher die bis in die jüngsten Tage fortdauernden Versicherungen und Hoffnungen einzelner liberaler katholischer Theologen erwägt, denkt dabei unwillkürlich an das Wort Lucan's: praesentis invidia posteriora prosequimur: aus Haß gegen den Protestantismus, dessen patriotische und friedliche Gesinnung wir in den besten seiner Anhänger mit Augen sehen, erwarten wir das Heil von daher, wo nur stets die Uneinigkeit und die Entwürdigung unsers Vaterlandes ihre Quelle gehabt haben. Wie viele Metamorphosen müßte doch Rom, wenn es gleich in diesem Momente in solchen Entwicklungsproceß einzutreten begänne, durchlaufen, um in derjenigen Gestalt sich zu entfalten, in welcher ein Deutscher es als Fleisch von seinem Fleisch, mit dem er in voller ungetheilter Treue und Hingebung einen dauernden Liebesbund schließen könnte, zu erkennen vermöchte! Man kann unbedingt sagen, daß die Kluft, welche die orthodoxen Papisten und, wenn ich so sagen soll, die orthodoxen Deutschen scheidet, unausfüllbar und unüberbrückbar ist. Wenn der ächte Protestantismus, der ja ein deutsches Gewächs ist, dem deutschen Katholiken ein leiblicher aus dem rechtmäßigen Ehebette entstammender Bruder ist, so muß er den ächten Papismus als ein im Ehebruche erzeugtes untergeschobenes, ihm aufgedrungenes und seine Rechte beeinträchtigendes Geschwister betrachten. Der Protestantismus ist bereit, uns zu geben was wir deutsche Katholiken brauchen, und entlehnt von uns, wessen er zu bedürfen sich bewußt ist. Der Papismus nimmt uns was wir nicht entbehren können und gibt uns dafür, was wir uns nicht assimiliren können und was unserer Gesundheit höchst schädlich ist. Es war eine ungesunde Amme, an deren Brust wir statt reiner Muttermilch vielmehr auszehrendes Wasser gesogen haben.

das für andere Naturen weniger schädlich sein mag, für die unsere aber Gift ist.

Wie man sich auch die Dinge anschauen mag, so muß man immer sagen: die Teutschen könnten, wenn auch eine tyrannische Gewalt das ganze Volk wieder römisch-katholisch machen wollte, dabei nur unendlich viel verlieren. Selbst nach der politischen Seite könnte eine solche allgemeine Rückkehr — denn auch die gebildeten deutschen Katholiken sind dem größten Theile nach nicht mehr römisch — nur etwa unter der Voraussetzung zur Einigung führen, wenn die ganze Sache sich derart umkehrte, daß statt der Teutschen in Zukunft etwa die Franzosen das Volk der kirchlichen Reformation würden und in Folge dessen in zwei große Hälften sich spalteten. Aber dazu hat es kaum jemals so sehr an Baumaterial gefehlt; zum Niederreißen freilich wären der Hände genug vorhanden. Aber was wäre auch das für eine Einigung, die nur durch die Zerreißung des Nachbars zu Stande käme, und von der steten Nährung des Unfriedens in seinem Hause in ihrer Dauer abhinge, und die Fabel vom Wolf und vom Lamme neuerdings zur geschichtlichen Thatsächlichkeit machte? Welche Ehre und welcher Fortschritt für die deutsche Nation sollte darin liegen, wenn dieselbe, nachdem sie seit Langem in ganz Europa den Samen der religiösen Toleranz ausgestreut hat und so gewissermaßen die Mutter der ganzen modernen Civilisation geworden ist, nun umgekehrt gleich dem Saturn ihre eigenen Kinder verschlingen und zuletzt wie ein verzweifelnder Oedipus sich selbst blenden wollte? Nicht so werden wir handeln; sondern lieber wie eine von dem übermüthigen Römer entehrte Lucretia wollten wir selbst uns tödten, und einer Arria gleich soll jedes deutsche katholische Herz, und vor Allem jeder Theologe und Geistliche, wenn er seine Pflicht erkennt, bereit sein, dem Romanismus, der schon vor mehr als drei Jahrhunderten zu Trient mit 431 Flüchen das Todesurtheil über die theure, von dem Himmel uns angetraute Ehehälfte ausgesprochen und, unvermögend, es zu vollziehen, nochmal es zu erneuern und die Katholiken selbst zur Mitwirkung aufzufordern wagte, sich muthig entgegenzustellen, indem es die dem andern Theile angethane Schmach als ihm selbst zugefügt erklärt und, freiwillig zuerst an sich selbst das nämliche Urtheil der Verdammung vollziehend, dem geliebten Gatten, statt zur „Rückkehr" ihn zu ermahnen, vielmehr den aus der eigenen durchbohrten Brust gezogenen Dolch hinreicht mit dem patriotischen Zuspruche: „Nimm ihn, Pätus, es thut nicht wehe!"

Was also die katholische Kirche Deutschlands zu ihrer segensreichen Fortentwicklung braucht, das kann sie von dem römischen Papstthum nie und nimmer erwarten. Sie würde durch dieses auf eine Culturstufe herabgedrückt werden, welche der Orient und Rußland bereits überwunden haben. Kein gebildeter Russe und Grieche bekennt sich heute noch zu jener Verdammung des gesammten Protestantismus und Katholicismus, wie die orientalischen Synoden des 17. Jahrhunderts sie ausgesprochen haben.

Nicht in dem Papstthum, dessen göttliche Einsetzung selbst unbefangenen katholischen Theologen, welche auf die gegnerische Bestreitung ohne Vorurtheil eingehen, mindestens nicht mehr mit absoluter Sicherheit, wie freilich das hierarchische Interesse und die unwissenschaftliche Oberflächlichkeit Tag für Tag solche in Anspruch nehmen und damit alle gelehrten und gewissenhaften akatholischen Männer geradezu als Verrückte oder vom Teufel Verblendete erklären, erweisbar erscheint, sondern in der Nationalität und Persönlichkeit, deren wahrhaft göttlicher Institution jeder Mensch mit unzweifelhafter Gewißheit in seiner eigenen Brust sich bewußt ist, liegt das unentreißbare Palladium unsers nationalen und persönlichen Wohles. Dieses Charisma haben wir als das vorzüglichste zu betrachten und daher nach der Weisung des Apostels allen anderen vorzuziehen. Was das Papstthum vom Christenthum sich noch bewahrt hat, das wollen wir nicht verachten, aber das Christenthum selbst, das doch wahrlich auf sichererer Basis beruhen muß, können wir im römischen Kirchenthum im Namen der Religion selbst nicht aufgehen lassen.

Wir verhehlen uns nicht die gewichtigen Gründe, welche das Papstthum für sich dazu habe, sich für unfehlbar zu erklären, und wir begreifen von diesem Gesichtspunkte aus auch vollkommen die Bereitwilligkeit des Episcopates, gerade auch des deutschen, dem Papste allein dieses Prärogative zuzusprechen, indem ja dasselbe damit von einer ungeheuer schweren Verantwortung bezüglich der ganzen Vergangenheit der römisch-katholischen Gesetzgebung losgesprochen wird. Ehre unserm Vaterlande, wenn an aller romanischen Knechtung desselben nur das Ausland allein Schuld gewesen ist. Aber auch „Rückkehr", Bekehrung und schleunigste Sinnesänderung des deutschen Episcopates! „Noth bricht Eisen", möchte man von der, jedem Nicht-Ultramontanen wie ein im Delirium erzeugtes Phantasiegebilde erscheinenden Idee der Möglichkeit einer dogmatischen Definition der päpstlichen Unfehlbarkeit sagen. Wie viele Millionen Menschen hätte man aber ohne Grund durch die Inquisition physisch und geistig vernichtet, wenn die moderne Civilisation Recht hätte! Müßte es nicht den Päpsten und ihren Theologen scheinen, daß jenes Wehe, das der Erlöser über diejenigen aussprach, welche die Organe des, freilich zur Erprobung der Tugendhaften nothwendigen, Aergernisses sein würden, ganz und gar ihnen gegolten habe? In welchem entsetzlichen Lichte als wirkliche Cannibalen erschienen die Päpste! Das Papstthum muß also unfehlbar sein! So argumentirt der Jesuitismus in seiner Logik ganz richtig. Der Culturmensch aber erwiedert: Wir haben die Wahl, entweder die für ihre wissenschaftliche und sittliche Ueberzeugung Mißhandelten und Hingerichteten der Menschheit zur Ehre zu rechnen, oder aber die Selbstapologie der Barbarei unter dem Titel der päpstlichen Infallibilität anzunehmen, freilich auf die Gefahr hin, daß die letzten Dinge noch ärger werden als die ersten gewesen. Man kann auf den Gegensatz zwischen den Liberalen und den Ultramontanen anwenden, was der bekannte französische Straßenprediger Napoleon Roussel von dem Unterschiede unter den Menschen überhaupt bemerkt: derselbe liege nicht darin, daß die Einen Gutes und die Andern Böses gethan, sondern vielmehr darin, daß die Einen das Böse, welches sie verübt, eingestehen, die Andern aber es läugnen.[1]

Diesen Gegensatz stellt namentlich der deutsche Protestantismus dem Papstthum und seinen Werkzeugen gegenüber heute so grell wie noch nie vorher dar. Es ist ganz merkwürdig: während der Jesuitismus doch fortwährend auf Reinigung und Läuterung, und das Papstthum ununterbrochen auf Rückkehr dringt, sehen sie oder vielmehr wollen sie gar nicht sehen, daß ja gerade der Protestantismus mehr als jede andere Kirche in dem Proceß dieser Reinigung und Läuterung, in dieser steten Rückkehr zu den

---

[1] Die Redensarten des Volkes und was der Herr Jesus darauf antwortet. Aus dem Französischen. Autorisirte Ausgabe. Basel 1867. S. 22.

Quellen des Christenthums und der Religion selbst aufs
Eifrigste begriffen ist, indeß Papstthum und Jesuitismus
in ihrer Verstocktheit und Unbußfertigkeit verharren. Statt
über jene ernste Geistesarbeit sich zu freuen und an derselben ein Beispiel zur eigenen Nachahmung sich zu nehmen,
schreien sie ohne Unterlaß nur von fortschreitendem Abfall
— und von ihrem Tridentinischen Standpunkt aus allerdings mit Recht, da von diesem die ganze Bewegung im
Protestantismus bei allen Parteien sich immer mehr entfernt und entfernen muß, wenn sie eine Bewegung zur
Civilisation sein soll.

Der ächte Protestantismus, insofern er in dem Bruche
mit dem Absolutismus des Papstthums gipfelt, ist Gotteswerk, und der Tridentinische Katholicismus, dessen Wesen
eben in jenem Absolutismus liegt, ist Menschenwerk: dieß
stellt sich für jeden unbefangenen Beobachter mit jedem
Tage deutlicher heraus. Die christliche Kirche der drei
ersten Jahrhunderte ist nicht wüthender verfolgt worden,
und hat von äußeren wie inneren Feinden nicht mehr, ja
vielleicht nicht so viel zu leiden gehabt als das dem Schooße
der deutschen Nation entsprungene protestantische Christenthum. Wie oft haben sich bis in die jüngsten Tage die beschränktesten Satzungsmenschen unter den katholischen
Ultramontanen mit den extremsten Rationalisten unter den
protestantischen Gelehrten selbst zum Bruderbund vereinigt,
um den offenbarungsgläubigen christlichen Protestantismus
zu vernichten! Was hat nicht Spanien auf der Höhe seiner
Macht, was das Haus Habsburg und Wittelsbach, — ich
muß es leider sagen, — was Frankreich zur Zeit seines
weltbeherrschenden Einflusses, was hat auch Polen in der
Periode seines Glanzes zur Ausrottung des Protestantismus versucht! Und alle diese Versuche, namentlich der ge-

fährlichste und andauerndste von allen, der von Frankreich
ausgehende, wurden gerade in Zeiten unternommen, wo
im eigenen Hause Religion und Sittlichkeit am tiefsten
standen, ja in dem Grade tiefer als der Fanatismus gegen
die Andersgläubigen größer war.¹ Und dieß ist auch ganz
natürlich, und gereicht dem Protestantismus zu aller Ehre..
Welches andere Kirchenthum hat je mit einem Gegner von
solcher Organisation und Entschlossenheit, von solchen
äußeren und inneren Mitteln und Kräften, wie der Jesuitismus, drei Jahrhunderte lang unausgesetzt zu kämpfen
gehabt? Gegen welchen Feind hat man je eine so unerzwing-
bare Festung gebaut, und einen so hohen Wall aufgeworfen
als das Papstthum mit seinem Tridentinum, seinem die
Massen bethörenden Culte, seinen tyrannischen Gesetzen
gegen alles dem Protestantismus Entstammende gethan
hat? Wenn dieser längst untergegangen wäre, so würde
dieß nur natürlich sein; daß er aber noch besteht, und in
vollerer Kraft als je besteht, verleiht ihm einen übernatürlichen Charakter. Was ist aber aus den Gegnern geworden? Die Deutschen selbst sind seit geraumer Zeit, anfangs
aus äußerer Nothwendigkeit, und mehr und mehr aus innerer Ueberzeugung, von der Verfolgung ihrer Brüder ab-
gestanden und haben einsehen gelernt, daß es nicht bloß
politisch klüger, sondern auch christlicher sei, den Haß in
Liebe zu verwandeln. In Spanien² wie in Italien ist der

---

¹ Vgl. die guten Bemerkungen Puaux' (Histoire de la ré-
formation française. V. Paris 1861, p. 336) über Ludwigs XIV.
sittlichen Stumpfsinn, der ihn für die Insinuationen der Fanatiker
so zugänglich machte.

² Hierüber sind lehrreich die Mittheilungen Gustav Kör-
ner's, der von 1862 bis 1864 Gesandter der Vereinigten Staaten zu Madrid war (Aus Spanien. Frankf. 1867). S. 327.

Ultramontanismus ohnmächtig, der Papst in Rom grollt und flucht, Napoleon in Paris darf seinem Clerus wenigstens noch nicht die Zügel schießen lassen.

Längst hat an diesem Hasse und Dünkel des romanischen Auslandes gegen den Protestantismus auch die patriotisch gesinnte Partei unter den Katholiken Deutschlands mit zu leiden gehabt. Bei der bevorstehenden Scheidung der Geister wird diese Partei, welche die Bruderhand der Protestanten der Sklavenkette der Romanisten vorzieht, ja welche jenen Bruderbund längst in ihrem Herzen vollzogen und diese Sklavenfesseln längst abgeworfen hat, sich noch um Vieles zahlreicher herausstellen als man bei dem jetzigen Zustand der Unklarheit glauben möchte, und als die katholischen Bischöfe versichern. Es wird sich dann zeigen, ob, wie der Bischof Feßler behauptet, „die Bewohner der altkatholischen Länder (also vor Allem Oesterreich und Bayern) heute noch so gut katholisch sind wie vor hundert Jahren", weil ja „ein Massenabfall nicht vorgekommen ist".[1] Es wird sich offenbaren, ob nicht, wenn auch die unwissenden, vom Clerus mißleiteten Massen, katholisch geblieben sind, ganz so gut und so schlecht wie es bekanntlich gerade vor hundert Jahren in der letzten Zeit der Jesuitenherrschaft in jenen beiden Ländern der Fall war, — ob nicht, sage ich, die große Mehrzahl der Gebildeten abgefallen ist? Ich möchte sogar annehmen, daß dieß auch von den gebildeten Katholiken der romanischen Länder gelte; daß auch Spanien, Frankreich und Italien nicht mehr, wie deutsche Theologen behaupten, „entschieden in der alten Kirche aufgehen", und daß daher „das katholische Princip, wie es alle Anschauung in Kunst, Wissenschaft und Leben

---

[1] Das letzte und nächste allgemeine Concil. Freiburg 1869. S. 180.

durchbringt, sich noch nicht überlebt habe".[1] Es dürfte zu Tage kommen, daß die Vertreter der Kunst, der Wissenschaft und des öffentlichen Lebens auch in jenen Ländern nicht von dem „katholischen Princip", d. h. von dem absoluten Autoritätsglauben, geleitet werden, sondern daß es sich mit dem römischen Katholicismus in, wie außer Deutschland ungefähr wie mit dem orthodoxen Judenthum verhalte, von welchem nach der Berechnung israelitischer Gelehrter selbst wenigstens 999/1000 seiner noch äußerlichen Kirchenmitglieder den Talmud heute nicht mehr kennen.[2] Beides gereicht der Civilisation zum Nutzen und den Abgefallenen zur Ehre; denn das römisch-katholische Princip ist ebenso exclusiv und darum der Entwicklung der Bildung ebenso hinderlich wie das des rechtgläubigen Judenthums.

Kein wahrer Freund des ächten Christenthums als der Religion, welche, wie keine andere dieß vermag, die Menschheit zur höchsten Blüthe allseitiger Entwicklung zu erheben bestimmt ist, hat irgend einen Grund zur Angst bei dem Anblicke dieser Erscheinung. Es ist eine Verläumbung und die Offenbarung der Verblendung durch angelernte Vorurtheile, wenn man glauben machen will, es sei nur Irreligiosität und Immoralität die Ursache jenes Abfalles von der kirchlichen Rechtgläubigkeit. Noch mit größerem Rechte als dieß genau vor 70 Jahren von Schleiermacher in einer weit ungünstigeren Zeit geschehen ist, wage ich zu erklären: „Ich stimme nicht ein in das Hilferufen der Meisten über den Untergang der Religion, weil ich nicht wüßte, daß irgend ein Zeitalter sie besser aufge-

---

[1] J. Grimm, Die Einheit der vier Evangelien. Regensb. 1868. S. 8.
[2] E. Grünebaum, Die Sittenlehre des Judenthums. Mannheim 1867. S. 203.

nommen hätte als das gegenwärtige, und ich habe nichts zu schaffen mit den altgläubigen und barbarischen Wehklagen, wodurch sie die eingestürzten Mauern ihres jüdischen Zions und seine gothischen Pfeiler wieder empor schreien möchten."[1] Sind es ja, wie ich im Schlußworte meiner Theologie des Leibniz an einigen Aeußerungen hervorragender Gelehrter, die ich sehr vermehren könnte, gezeigt habe, gerade die Zierden der Wissenschaft und die verdientesten Männer, welche den Absolutismus der menschlichen Kirchensatzungen als größtes Hemmniß der Civilisation erklären. Um den dort angeführten Celebritäten deutscher Wissenschaft und Bildung nur noch Einen Koryphäen anzureihen, so wird uns auch von dem großen Ethnographen Carl Ritter bezeugt, daß er aller orthodoxen Exclusivität durchaus abgeneigt und stets bereit war, Alles anzuerkennen, was ihm von tieferem Leben entgegentrat, wo und in welcher Gestalt es auch sein mochte.[2] Wie so Manche, auf welche der Vulgus der rechtgläubigen Gottesgelehrten aller Kirchen und Länder nur mit mitleidigem Bedauern ihrer vermeintlichen Verkehrtheit hinzublicken pflegt, werden in Gottes Augen, wo nur die Geradheit der Gesinnung gilt und allein gefodert wird, ungleich höher stehen als der ganze Haufe von orthodoxen Theologen mit all seinem gigantischen Dünkel! „Laß sein!" möchte ich auch hier mit den Worten, welche der 24jährige Schleiermacher in einer seiner frühesten Predigten sprach, ausrufen, — „laß sein, daß sich die menschliche Vernunft oft geirrt hat, ja daß sie oft bei dem reinsten Streben nach Wahrheit auf nichts als auf Irrthümer gestoßen ist: es schadet uns nichts. Laß sein,

---

[1] Erste Rede. Eingang. Werke zur Theologie. I. Abth. I. Bd. S. 144.
[2] Kramer, Carl Ritter. Halle 1864. Bd. I. S. 362.

daß es bisweilen schwer ist, sich aus den Labyrinthen herauszufinden, in welche sie uns verwickelt: es schadet uns nichts."[1] Ganz richtig sagt Arnold Ruge: „Die Wissenschaft wird nicht durch Unverschämtheit und Unwissenheit wegbecretirt. Wer sie nicht versteht, der bleibt von ihrer Halle ausgeschlossen, und wäre er auch rector magnificus oder gar rector sacrificulus!"[2] Sind es ja doch in allen europäischen Staaten, und namentlich auch in Deutschland, gerade die Edelgesinntesten der Volksvertreter, und Katholiken im ächten Sinne, welche der Haß und Geifer der Ultramontanen am meisten verfolgt, und welche von Bischöfen und Clerus als Feinde des christlichen Glaubens den ungebildeten Massen verdächtigt werden. Freilich, das Christenthum der orthodoxen Schultheologen ist nicht ganz das ihrige, sondern es entquillt dem Leben, das sie mit freierem, und darum mit richtigerem Blicke betrachten. „Man würde mich wohl nicht als einen antichristlichen Menschen behandeln," schrieb am 14. März 1829 der bekannte Beranger an den früheren Erzbischof de Prabt von Mecheln, „wenn man nicht das Christenthum zu einem Werkzeug der Politik mißbrauchte."[3] Nicht minder klagte er über den Mißbrauch des Christenthums durch das herrschsüchtige Priesterthum. Aber weder das Eine noch das Andere konnte ihn abhalten, dem ächten christlichen Glauben treu zu bleiben. „Halten Sie", schrieb er noch am 19. April 1854 an Lefrançois, „halten Sie zum Trotze der Herren vom Clerus an dem

---

[1] Schleiermachers Predigten. 2. Abth. 7. Bd. Berlin 1836. S. 108.

[2] Reden über die Religion an die Gebildeten unter ihren Verehrern. 2. Aufl. Berlin 1869. S. 115.

[3] Correspondance de Béranger par Boiteau. Paris 1860, I, 363.

Evangelium fest, das höheren Werth hat als Voltaire und alle Kirchenväter."[1] Die hervorragendsten Katholiken der Münchener und Wiener Abgeordneten-Kammer haben sich in jüngster Zeit bei verschiedenen Gelegenheiten ganz ebenso erklärt. „Es erfüllt denjenigen, welcher gerne im Frieden mit seiner Kirche leben möchte, der mit allen Fasern des Herzens und allen Erinnerungen seiner Kindheit an ihr hängt, mit tiefem Schmerze, wenn er sehen muß, daß solche Dinge (wie die heutigen ultramontanen Volksaufwiegelungen) geschehen... Sorge man erst dafür, daß eine andere Richtung in der Kirche herrsche als jene, welche im großen Ganzen nicht die unserer deutschen Cleriker ist, daß die importirte ultramontane Richtung wieder exportirt werde. Dann werden wir wieder Friede mit der Kirche halten; mit dieser Richtung aber kann man ihn nicht haben" — sprach der Advocat Völk im Februar 1869 in der Münchener Deputirten-Kammer. „Wenn man in Rom Alles verläugnet, was deutscher Geist und deutsche Wissenschaft Großes und Herrliches geschaffen haben; wenn man dort zurückgehen will auf die mittelalterliche Scholastik; wenn Alles was eine spätere Zeit hervorgebracht hat, nichts sein soll als Ausbund von Irreligiosität; wenn man alle Principien unsers gesellschaftlichen und socialen Lebens und alle Grundsätze, auf denen der moderne Staat ruht, verneint und also alle Grundlagen des modernen Lebens wegnimmt: so kann man uns nicht verübeln, wenn wir da auch zu keinem Waffenstillstand geneigt sind. Nur wenn man von Rom aus sich Mühe geben wollte, das deutsche Wesen besser kennen zu lernen, könnte wieder ein besseres Ver-

---

[1] L. c. IV, 264: en dépit des messieurs du clergé tenez-vous en à l'évangile; il vaut mieux que Voltaire et tous les pères de l'église!

hältniß eintreten" — sprach in der nämlichen Debatte ein anderer katholischer Redner, Marquard Barth. „Ich habe auch von einem Priester den ersten Unterricht in der Religion erhalten; aber das war noch ein ganz anderer als er heute gegeben wird. Auch von den Kanzeln ertönte damals eine ganz andere Predigt. Ueber den Dogmen vergessen die heutigen Prediger gar oft den lieben Gott," — bemerkte Schindler am 22. April in der Wiener Abgeordneten-Kammer. Das sind Stimmen von unabhängigen Volksmännern, denen Niemand Leichtsinn oder Mangel an Erfahrung vorwerfen kann.

Was kann hindern, Männer von solcher Gesinnung, zu denen weitaus der größte Theil der mit dem orthodoxen Kirchenwesen zerfallenen Gelehrten und Gebildeten unserer Tage, besonders in dem noch ernster gesinnten Deutschland, gehört, als Christen anzuerkennen, gleichviel ob die Rechtgläubigkeit der Theologen einer Kirche sie für die Ihrigen erkennt? Glücklicher Weise hat Christus nicht einmal zu seinen Aposteln gesagt: „Wer euch bekennt", sondern hat vielmehr, sie selbst mit einschließend, mit allem Nachdruck erklärt: „Jedweder, der mich bekennt vor den Menschen, den wird auch der Menschensohn vor den Engeln des Himmels bekennen."[1] Möge also einer immerhin wenig Aussicht haben, durch den Papst oder einen Oberconsistorialpräsidenten beim Weltgerichte vorgestellt zu werden, so braucht er deshalb noch immer nicht zu verzweifeln. Der gute Hirt sagt ja: „Ich kenne meine Schafe, und die Meinen kennen mich".[2]

---

[1] Luc. 12, 8.
[2] Joh. 10, 4.

V.

Die Religion also ist nicht in Gefahr; aber allerdings die auf dem nicht gerade religiösen Bruderbunde des politisch=dynastischen und kirchlich=hierarchischen Particularismus aufgebauten orthodoxen Kirchenthümer. Die Menschen der Gegenwart, besonders das deutsche Volk, wollen, daß man ihnen endlich einmal erlaube, auch für sich eine Religion zu haben, da, wie ihnen mehr und mehr klar zu werden beginnt, bisher nur die Fürsten und der Papst im Besitze dieses Privilegiums gewesen sind, während doch das Wesen der christlichen Religion gerade darin besteht, daß es auf diesem Gebiete keine Privilegien und Monopole, sondern volle persönliche Freiheit geben solle. Auch seit dem westphälischen Frieden mußte ja der Deutsche nicht blos zahlen, was der Landesherr vorschrieb, sondern, wenn er nicht das Vaterland verlassen wollte, auch glauben was der Fürst seines Landes oder Ländchens glaubte oder, denn meistens wußten die Herrn dieses selbst nicht, zu glauben glaubte. Sagen wir es gerade heraus: die Fürsten mit ihren theologischen Räthen sind nicht daran Ursache, wenn es auf deutschem Boden noch ein Christenthum gibt. Sie haben alle zur Zerstörung desselben durch den verwerflichsten Mißbrauch zu egoistischen Zwecken redlich das Ihrige beigetragen, und sie dürften alle miteinander

in Sack und Asche Buße thun — nicht zwar wie ihr Ahn=
herr Heinrich IV. im Hofe des Vaticans, der in seinem
sündhaften Mißbrauch der christlichen Religion und des
religiösen Sinnes des deutschen Volkes noch tiefer ergraut
ist, aber vor dem Kreuze des Erlösers. Wenn, wie ein
berühmter Südamerikaner bemerkt, „alle Verbrechen in der
Welt, die Fälle der Narrheit ausgenommen, dem Egoismus
der politischen und religiösen Fanatiker, über die der Herr
sein Wehe gerufen", zuzuschreiben sind,[1] dann wird einst
ein großer Theil auch von den in Deutschland verübten
Verbrechen auf die politischen und kirchlichen Gesetzgeber
selbst zurückfallen! Doch diese schlimme Zeit naht mählich
ihrem Ende; aber zur Gewissenserforschung ist die Erin=
nerung an dieselbe immer noch heilsam, und es wäre sehr
gut, wenn Fürsten und Minister, auch Bischöfe und Theologen hie und da eine freie Stunde dazu verwendeten, die
Gesetzgebung des Landes über die Ketzer etwas durchzusehen
und die gänzliche Erfolglosigkeit derselben zu überdenken,
um vor künftigen Niederlagen sich zu bewahren. Es wäre
dieß das beste Mittel zum Studium der Geschichtsphilosophie
und zur Verdemüthigung vor jener Macht des die Mensch=
heit im Großen und Kleinen regierenden Weltgesetzes und
Weltgeistes, vor welchem alle Despotie auch der Gewaltig-
sten der Erde stets früher oder später zu Schanden wird,
und nur die Förderer der Freiheit und Humanität mit
Ehren bestehen.

So kann denn auch die Hoffnung für die Zukunft, vor
Allem die kirchliche, sowohl anderwärts wie in Deutschland
zunächst nicht auf das, stets mehr oder minder der Gefahr

---

[1] Der Brasilianer J. G. de Magalhanis, Faits de l'esprit humain, traduit du portugais par Chansselle. Paris 1860. p. 384.

egoistischen Mißbrauchs der Religion ausgesetzte, Staats- und Kirchen-Regiment, sondern nur auf den Kern des deutschen Volkes, das auch die von jenen Gewalten nachher zur Carricatur entstellte Reformation des 16. Jahrhunderts aus sich geboren hat, gegründet sein. Auch hierüber thut gegenwärtig ganz besonders volle Klarheit bringend Noth. In den Kabinetten von ganz Deutschland sind nicht gar viele Männer, welche die wahren Ursachen des religiösen Zwiespaltes erkennen, und mehr als Einer denkt heute noch viel weniger an eine, dem geistigen und sittlichen Interesse entsprechende Heilung, als vielmehr an egoistische Ausnützung desselben. Was dieses egoistische Interesse, dem nun allerdings durch die Volksvertretungen, welche aber der servile Clerus an der Bethätigung ihres guten Einflusses möglichst hindert, gesteuert wird, zu erheischen scheint, das ist in kürzester Frist auf irgend einem geraden oder krummen Wege zu Stande gebracht; aber um die Macht in den Dienst des gesammtdeutschen National- und Volksinteresses durch gesetzliche Beseitigung einer Reihe von Ursachen des am Marke der Nation zehrenden Religionszwistes zu stellen, wozu man durch das Natur- und Staatsrecht vollkommen berechtigt, ja verpflichtet wäre, dazu hat es immer keine Eile, um diesen Gegenstand geht man beständig herum, so zu sagen, wie die Katze um den Brei, aus dieser klaffenden Wunde kann man das Volk fort und fort sein bestes Herzblut vergießen sehen! Mehr als einmal seit einem Jahrhundert haben sich Männer aus dem Volke, ja selbst aus dem katholischen Clerus, mit Bitten und Anträgen solchen Betreffes an deutsche Regierungen gewandt; aber stets wurden dieselben entweder, wie in Bayern, kurzweg zurückgewiesen oder man schob sie auf die lange Bank, auf der sie auch liegen blieben. Es kann nicht ausbleiben, daß eine gleiche

Erhebung aus dem Volke, wenn auch jetzt — und dieß dürfte gut sein — nicht mehr aus dem katholischen Clerus, dessen Muth geknickt ist, in kurzer Zeit wieder kommen wird: welches Schicksal sie haben werde, das muß die Zeit lehren. Um aber vorläufig das Ehrgefühl der süddeutschen Regierungen und Volksvertretungen rege zu machen, will ich nebenher an ein sehr schmeichelhaftes Wort von Gervinus verweisen, der es als „feststehende Thatsache" erklärt, daß die geistige Hegemonie in Deutschland wie zu allen Zeiten so auch jetzt noch bei den kleinen deutschen Staaten sei.[1] Als ein großes Glück wird es auch zu betrachten sein, daß die Regierungen von dem gegenwärtigen Concil ganz ausgeschlossen worden sind, so daß sie wohl auch keinen Beruf in sich fühlen werden, irgend Jemanden zur Annahme der Beschlüsse desselben zu zwingen.

Noch viel weniger aber als von den Regierungen ist von dem katholischen Episcopate zu erwarten. Ich sage: von dem Episcopate; denn der niedere Clerus ist ja gegenwärtig überall, in Oesterreich und Bayern, in Hessen und Baden nicht minder wie in Belgien, Frankreich und Italien, durch die Seminarbildung zu dessen Sklaven erniedrigt worden.

An keinem Symptome ist die Degenerirung des römischen Katholicismus so sehr in die Augen springend als an dem degenerirten Zustand des Episcopates. Hier vor Allem kömmt es zum Vorschein, welch großen Rückschritt namentlich die katholische Kirche Deutschlands seit fünfzig Jahren, d. h. seit der Wiederherstellung des Jesuitenordens, gemacht hat. Es ist das sicherste Zeichen, daß ein Baum abgestorben, wenn der Gipfel zu verdorren anfängt. Gerade

---

[1] Geschichte des 19. Jahrh. Bd. 8. Leipzig 1866. S. 728.

nach der Lehre der katholischen Kirche ist nun aber das Episcopat der alleinige Spender des Weihesacramentes und also die Quelle des Priesterthums, durch das es seinen Lebenssaft wie durch Aeste und Zweige über den ganzen Körper der Gläubigen verbreiten soll, um ihn zu stetem Wachsthum und zu steter Fruchtbarkeit zu befähigen. Diese Theorie hat man sogar noch weiter entwickelt und abgerundet oder, wenn man will, zugespitzt: nämlich in der Weise, daß der priesterliche Charakter nur eine Vorstufe zu dem bischöflichen ist, der die Eigenschaft eines wahren und eigentlichen Sacramentes besitzt. Man sollte zwar hienach glauben, daß damit die jesuitische Doctrin von der bischöflichen Autorität als Emanation der päpstlichen Machtfülle, ähnlich dem Pleroma der Gnostiker, eliminirt wäre. Dieß ist aber durchaus nicht der Fall, sondern schon durch die päpstliche Confirmation erhält der Bischof die vollständige Jurisdiction über seine Kirche, und damit also offenbar auch die innere Befähigung, so daß die möglicher Weise erst mehrere Jahre später nachfolgende sacramentale Consecrationsgnabe höchstens die Bedeutung einer Ergänzung oder Steigerung der Papstgnade haben kann.[1]

So weit ist es bereits gekommen, daß selbst die noch gemäßigteren unter den katholischen Theologen Deutschlands die Lehre vom Episcopat, wie sie über ein Jahrtausend allgemein auch im lateinischen Occident bestanden hat, verläugnen und daß die theologischen Facultäten blinde Werk-

---

[1] In ihrer ganzen widerspruchsvollen Nacktheit ist dieser Gegenstand in einer Schrift behandelt, auf welche hin deren Verfasser Doctor der Theologie an der Universität München, und kurz nachher selbst Professor der Theologie in Freising geworden ist, nämlich von E. Furtner, Das Verhältniß der Bischofsweihe zum heiligen Sacrament des Ordo. München 1861. S. 109 ff.

zeuge der Bischöfe geworden sind. Bezüglich der Sorbonne in Frankreich, die einst von Päpsten und Bischöfen als der Areopag der kirchlichen Wissenschaft anerkannt wurde, ist dies bekanntlich längst der Fall. Daß aber, wie Döllinger vor der Münchener Gelehrten-Versammlung rühmte, „in unsern Tagen der Leuchter der theologischen Wissenschaft von seinen früheren Stellen weggerückt, und endlich an die deutsche Nation gekommen sei",[1] wird nicht eher Glauben finden, als man nicht den Geist des kirchlichen Alterthums, der einen Cyprian und Augustin, ja noch einen Hincmar von Rheims und einen Willigis von Mainz beseelte, in die deutsche Theologie zurückgekehrt sehen wird. Dicke Bücher haben auch die Scholastiker geschrieben; aber auch hier gilt das Wort: daß nur der Geist lebendig macht. Dieser Geist hatte sich wieder am Anfang des 15. und gegen das Ende des 18. Jahrhunderts in der deutschen Kirche, in der Theologie und im Episcopate, mächtig geregt. Wäre er das erstere Mal nicht erlahmt, so hätten wir keine kirchliche Spaltung in unserm Vaterlande zu beklagen, und wäre er das letztere Mal nicht geknickt worden, so würden wir schon lange besitzen, was wir noch immer suchen: eine deutsche Nationalkirche.

Welche Schmach für alle Zeiten wird es bleiben, daß die Theologen dieser Nation, auf welche „der Leuchter der theologischen Wissenschaft in unsern Tagen übergegangen", dieses Licht sogleich wieder, ehe es noch recht angezündet worden, unter den Scheffel zu stellen bereit waren, weil ein päpstliches Breve, gleich dem Allgäuer unter den sieben Schwaben, drohte, ihnen das Lebenslicht auszublasen, wenn sie nicht augenblicklich Ruhe gäben und den Bischöfen auch

---

[1] Die Vergangenheit und Gegenwart der katholischen Theologie Regensburg 1863. S. 21.

mit ihrer Theologie sich unterordnen würden; und daß die Bischöfe selbst darauf bringen und die deutschen Theologen — sich unterwürfigst fügen! Die Buchbinder dürfen sich versammeln, aber die katholischen Theologen nicht, weil der Papst in Rom und seine Vicare in Deutschland es nicht haben wollen! Aus so gebrechlichem Material kann die deutsche Kirche nicht gebaut werden; man braucht hiezu festeres Zeug, wenn das Werk von Dauer sein soll. Wenn auf diesem Leuchter, der „in unsern Tagen auf die deutsche Nation gekommen", kein anderes Licht brennen darf als welches der Papst und die Bischöfe aufstecken, dann wird es wohl noch lange finster bleiben und niemals sehr helle werden! Ich wollte mir solche Unterwürfigkeit gefallen lassen, wenn unsere Bischöfe noch wie in der ersten Zeit der Kirche die Repräsentanten der Wissenschaft wären. Da aber dieß sich so gänzlich umgekehrt hat, daß die Bischöfe sich vielmehr an den Wagen, an welchem vorne die Theologen ziehen, hinten anspannen, um das Fuhrwerk wenigstens nicht von der Stelle gelangen zu lassen, und die beiderseitigen Kräfte lieber unnütz aufzureiben, so ist nicht abzusehen, was denn die katholische Theologie bestimmen kann, die Macht der Hierarchen durch schwache Nachgiebigkeit, die weit schlechter ist als gar kein Anlauf, noch verstärken zu helfen. Dieß ist aber ganz allgemein der Fall. Die meisten Theologen legen sich vor den ungelehrten Bischöfen, so zu sagen, auf den Bauch, wogegen man unter gewissen Bedingungen nichts einzuwenden haben könnte, wenn sie dann wieder unbekümmert ihren Weg fortgingen, wie der Begriff der Wissenschaft ihnen solches zur Pflicht machen würde. Wenn, wie nicht zu zweifeln ist, alles Tridentinische wieder hergestellt werden soll, so würden die Bischöfe auch wieder die Universitäts-Kanzler, und nur die

Theologen, ober höchstens ein Cölibatär unter den Laien, könnte, wie es noch lange auch in Ingolstadt, und in Oesterreich bis auf die jüngste Zeit der Fall gewesen, rector magnificus werden. Daß das katholische Episcopat der Wissenschaft von freien Stücken ihr natürliches Recht einräumen werde, daran ist nicht zu denken. Denn es müßte ja von diesem Rechte erst überzeugt sein, und diese Einsicht wird notorisch bei der Weihe zum Bischofe, obwohl sie die Fülle der sacramentalen Gnade und des heiligen Geistes in sich enthalten soll, nicht eingegossen. So wird es denn zuletzt doch zu einem Bruche kommen müssen, gerade wie im 16. Jahrhundert, wo ja die Häupter der Reformatoren, Luther und Melanchthon, durch den gleichen Gegensatz, der zwischen den Erfodernissen der Cultur des deutschen Volkes und den egoistischen Interessen Roms und des Episcopates immer schärfer hervortrat, zu ihrem größten Schmerze denselben zu vollziehen sich genöthigt sahen.

Von welch wehmüthiger Stimmung wird man nicht ergriffen, wenn man z. B. das schöne Buch durchliest, welches der gleichfalls einem romanistischen Bischofe zum Opfer gewordene gelehrte Professor Schwab über Franz Berg und die Zustände des katholischen Deutschlands im Zeitalter der Aufklärung uns jüngst geliefert hat! Welch viel versprechende Blüthen hatte da der Genius unseres Volkes auch in den katholischen Gegenden zu treiben begonnen, welche der Mehlthau des Jesuitismus alsbald wieder zerstörte! In dem heutigen Bayern wie in den österreichischen Ländern, von Regensburg, Bamberg und Würzburg bis nach Wien, Salzburg, Görz und Laibach, von Mainz, Trier und Cöln bis Constanz, war, so zu sagen, ein ganzer Cordon von patriotisch gesinnten Männern des Episcopats gezogen, denen katholische Theologen von umfassender und gründlicher Bildung wie Franz Berg, Franz Oberthür, Rautenstrauch, Riegger, Ign. Weich. Schmidt, Werkmeister, zur Seite standen. Wie sieht es heute aus? Man versichert seine gläubige Heerde schon beim Amtsantritte, man sei von einem „höheren Geiste" gesetzt,¹ fast als wollte man, daß an den eigenen natürlichen Verstand keine zu hohen Anforderungen gestellt, aber gleichwohl alle Knechtung des niederen Clerus, alle Herabwürdigung der Gebildeten und alle Maßregelung der theologischen Wissenschaft gerechtfertigt erscheinen sollte. Daß doch die Bischöfe wüßten, welch beinahe lächerlichen Eindruck das Bewußtsein der vermeintlichen Omnipotenz hervorbringt, von welchem die meisten Hirtenschreiben Zeugniß geben. Und bei all diesem Großmachtsdünkel fühlen sie gar nicht die Entwürdigung, in welche Rom sie herabgedrückt hat. „Die Bischöfe leiden nicht im Geringsten unter der Obergewalt des Papstes", versichert Feßler."² Dieß konnte ein deutscher Bischof in einem Augenblicke schreiben, wo jedes patriotische Herz von Empörung erfüllt war über die Behandlung, welche seine zwei ältesten Collegen in ganz Deutschland, die verdienten Bischöfe von Rottenburg und Passau, Seitens der römischen Curie erfahren hatten!

Die Emser Punctation v. 12. Oct. 1785 hatte in ihrem 20. Artikel die Einführung einer neuen „sowohl dem päpstlichen Primate als den bischöflichen Rechten angemessenen" Eidesformel der Bischöfe, resp. eine zeitgemäße Abänderung der für unsere heutigen deutschen Zustände

---

¹ Hirtenbrief des Bischofs Ignaz von Regensburg am Tage seiner feierlichen Consecration, den 2. Mai 1858, S. 5.
² Das letzte und nächste allgemeine Concil. Freiburg 1869. S. 177.

wahrhaft monströsen Formel, die übrigens jetzt noch im Gebrauch ist, verlangt. Soweit die Broschüren, welche von bischöflichen Autoren über das Concil vorliegen, ein Urtheil gestatten, ist man gegenwärtig himmelweit von jedem solchen Begehren entfernt, und theilt eher mit dem Papste die in der Beibehaltung dieses Eides offenbar indirekt eingeschlossene Hoffnung auf Wiederkehr der Zeit Gregors VII. Pius IX. hat es vor Kurzem in einem Briefe an den Erzbischof Darboy von Paris gesagt, es werde jeder Bischof „von dem Augenblicke an ein Spielball seiner Gegner, wo er weniger fest an den unbeweglichen Felsen Petri sich anklammere".[1] Wie weit dieser Grundsatz ausgedehnt wird, nämlich bis zu einem Anschmieden des Prometheus an den Felsen des Kaukasus, ist allgemein bekannt. „Der Papst repräsentirt" ja, wie sein Organ, die Civiltà cattolica erst im Mai 1869 versicherte, „beinahe allein in der Welt die Wahrheit, die Gerechtigkeit und den gesunden Sinn." Eine Unterscheidung zwischen wesentlichen und unwesentlichen Rechten des Papstes ist ganz unstatthaft, und heißt, wie der Jesuit Schneemann sagt, gerade so viel als den Ochsen die Hörner abschlagen oder sich selbst die Zähne ausziehen, weil sie nicht vom ersten Anfang an vorhanden gewesen.[2] Dabei ist nur übersehen, daß die Zähne im Alter auszufallen pflegen und hohl werden, und so könnte es auch dem Papstthum mit der Zeit gehen, und ob die Ochsenhörner des Jesuitismus nicht auch bald abgestoßen sein werden, ist auch noch nicht außer dem Bereiche aller Möglichkeit.

---

[1] Abgedr. in der Union chrétienne 1869, Avril, p. 179.

[2] Der Papst, das Oberhaupt der Gesammtkirche. Freiburg 1867. S. 9.

Und wo sind unter den heutigen katholischen Theologen die Männer, welche man an patriotischem Freimuthe den obengenannten des vorigen Jahrhunderts an die Seite setzen könnte? Von Leuten, wie Sebastian Brunner, der in seinem Buche „Ueber die theologische Dienerschaft am Hofe Josephs II." alle jene edlen Männer des deutschen Episcopates und der theologischen Wissenschaft mit Koth bewirft, der denselben ihre deutsche Gesinnung als Knechtsinn zum Verbrechen macht, indeß er in der schmählichsten Sklaverei des Romanismus die wahre Freiheit erblickt, will ich gar nicht weiter reden. Ein solches erbärmliches Gebahren richtet sich selbst.[1] Döllinger hat öffentlich versichert, daß es gegenwärtig „innerhalb der katholischen Welt keine Feinde der geistlichen Gewalt des Papstes" — natürlich in ihren heutigen Prätensionen, denn sonst ist sie illusorisch, und jeder Katholik fingirt sich dann seinen eigenen Papst — „oder nur solche gebe, welche zugleich Feinde der christlichen Religion überhaupt sind". Er behauptet, es sei das Papstthum der „Alles haltende und tragende Schlußstein", welcher „das einzige Vorrecht und die Kraft besitzt, die Nationen zu einem höheren Ganzen zu vereinigen, ohne doch die Nationalitäten zu beschädigen".[2] Die genannten katholischen Theologen und Bischöfe

---

[1] Weit gerechter urtheilt Albert Jäger (Kaiser Joseph II. und Leopold II. Wien 1869. S. 299). „Vieles von dem", sagt er sehr wahr, „was Joseph II. anstrebte, hätte als Samenkorn in die Erde gesenkt und dessen Entwicklung und Gedeihen der Zeit überlassen werden sollen." Und nicht minder richtig ist, was Jäger an einem andern Orte bemerkt (S. 104): „Der Widerspruch zwischen der Anerkennung der katholischen Religion als der alleinseligmachenden und der zum Abfalle beinahe auffodernden Leichtigkeit (im Toleranzedict) war zu auffallend".

[2] Kirche und Kirchen. S. 681.

unsers Vaterlandes, die doch wahrlich auch keine Feinde der christlichen Religion waren, nahmen alle an der concreten, freilich nicht an einer abstracten, geistlichen Gewalt des Papstes Anstoß, und wollten die altkirchliche bischöfliche Verfassung mit ihren Rechten wieder hergestellt wissen. Einen, jenen patriotischen Männern näher verwandten Geist athmet dagegen der Janus. An den gelehrtesten Kirchenhistoriker reihe ich füglich den gelehrtesten der heutigen katholischen Kirchenrechtslehrer. Schulte versichert, daß nicht nur die Kraft der öcumenischen Concilien, sondern auch „die Gesetzeskraft der Provinzialconcilien" durch die Approbation des Papstes bedingt sei. Und diese Nothwendigkeit der päpstlichen Bestätigung auch der letzteren liege, sagt Schulte, „in der Natur der Sache", weil sonst der folgende Bischof wieder von den Beschlüssen seiner Vorfahren abgehen könnte.[1] So überliefert man das allerwichtigste Bollwerk kirchlicher Nationalität dem Romanismus und untergräbt den Boden unter den Füßen! Als ob es nicht in der Natur von solchen Beschlüssen läge, daß sie der Veränderung unterworfen sind, ja sein müssen, um den Zeitbedürfnissen zu entsprechen; und als ob nicht Episcopat und Clerus des eigenen Landes am besten die Bedürfnisse solcher Veränderung kennen würden; als ob nicht gerade Uebergriffe der römischen Curie durch die Provinzial- und Nationalsynoden zurückgewiesen werden sollten, wozu natürlich die päpstliche Autorisation nie ertheilt werden wird.

Um gleich den zweitbedeutendsten, jüngst im Herrn selig entschlafenen, katholischen Canonisten, den Frh. von Moy, zu erwähnen, so findet auch dieser als in der Natur der Sache

---

[1] Lehrbuch des kathol. Kirchenrechtes. 2. Aufl. Gießen 1868. S. 350, 307.

begründet, was andern Menschenkindern bei der Anstrengung all ihres Verstandes noch nicht recht einleuchten will. Jesuitismus oder deutsches Episcopat — das ist, glaube ich, die Alternative, an welche der Fortbestand oder der Untergang der katholischen Kirche Deutschlands geknüpft ist. Beide Mächte neben einander können in dem Vollzuge ihrer gesetzlichen Verpflichtungen nicht bestehen, und haben niemals und nirgends nebeneinander bestanden. Wo der Jesuitismus herrscht, da wird das Episcopat erdrückt; und ein von dem Bewußtsein seiner Stellung durchdrungener thatkräftiger Episcopat kann mit dem Jesuitismus nicht lange auf gutem Fuße leben. Nach der geistreichen Erfindung des Frh. von Moy ist nun aber der Jesuitenorden etwas der katholischen Kirche durchaus Wesentliches. „Der Orden", machte er gegen Dove geltend, „hat vom Papste nicht nur Genehmigung, sondern auch Auftrag und Sendung, und von ihm gilt daher auch der Ausspruch: Wer euch verwirft, der verwirft mich, und wer mich verwirft, der verwirft auch den, der mich gesandt hat. Oder", frägt Moy weiter, „darf man auch den Papst nicht mit der katholischen Kirche identificiren? Und wie etwa", fährt er in gesteigerter Begeisterung fort, „wenn im katholischen Ordensleben eine natürliche, organische Entwicklung Statt fände, und in dieser Entwicklung der Jesuitenorden eine nothwendige Fortgangsstufe bildete?"[1] Hienach ist denn allerdings der römische Katholicismus im herrlichsten, ja fast sich überstürzenden Fortschreiten begriffen; denn nach dem Ausweise des neuesten Kataloges ist die Zahl der Jesuiten in den letzten dreißig Jahren, von 1838 bis zum 1. Januar 1869, von 3067 auf 8584 gestiegen und eine verhältnißmäßige

---

[1] Archiv für kath. Kirchenrecht 1863. S. 338.

Zunahme trifft auch auf Deutschland. Auf eine deutsche Nationalkirche, oder auch nur auf einen leiblichen deutschen Kirchenzustand, müssen wir dann freilich für immer verzichten; denn der Jesuitismus verdankt dem Hasse gegen den deutschen Protestantismus seinen Ursprung, sein Wachsthum und seinen Bestand; das die nationale Einigung knüpfende Band aber ist gerade das Gegentheil, die Liebe zwischen den Angehörigen der beiden Kirchen.

Nicht der Jesuitismus, nicht der Romanismus und seine Diener, sondern nur ein ächt und ganz deutsch gesinntes Episcopat kann zur Lösung „der schwierigen, großgedachten Aufgabe", in welcher nach R. Gneist's treffender Bemerkung die eigenthümliche Stellung der deutschen Staatsbildung in der uns umgebenden europäischen Welt besteht, nämlich „die sittlich religiöse Erziehung der Jugend selbst im Kampfe mit der Trägheit und Verführung durch Eltern und kirchliche Parteien", beitragen.[1] Die Jesuiten und die romanistisch gesinnten Bischöfe mit dem von ihnen erzogenen Clerus und dem durch diesen mißleiteten katholischen Volke, haben ja gerade am meisten Jahrhunderte lang die Trägheit genährt, die Verführung veranlaßt und den Parteihaß in dem niederen wie höheren Unterrichte geschürt, und thun es noch alle Tage. Für deutsch gesinnte Bischöfe haben, wie jetzt die Dinge noch liegen, die deutschen Fürsten vor Allem zu sorgen. Leider muß man sagen, daß die landesherrliche Ernennung kein hinlänglich fester Damm gegen den Jesuitismus ist, der sich durch tausend kleine, unwissenschaftliche und unkirchliche Mittel den Weg in die Herzen der Fürsten zu bahnen weiß, was um so schlimmer ist, als

---

[1] Die confessionelle Schule. Berlin 1869. S. 22.

nicht immer auch geistesstarke Männer auf den Thronen sitzen, ja in den katholischen Staaten Deutschlands besonders dieß ganz seltene Ausnahmen sind. Die Fürsten sollten daher wenigstens den Staatsrath über eine so wichtige Angelegenheit befragen, bis mehr und mehr das Volk wieder in seine alten Rechte der Theilnahme an den Bischofswahlen durch geeignete Vertreter wird eingesetzt sein. Der gewählte deutsch gesinnte Mann — und wäre ich König von Bayern, so würde als der allernächste Prof. J. B. Schwab, selbst wenn er schon auf dem Index wäre, an die Reihe kommen, — sollte um jeden Preis durchgesetzt werden. Und sollte der Papst ihn nicht bestätigen und auch keine genügende Begründung für seine Zurückweisung angeben, sondern einen Romanisten, wie jüngst bei der Rottenburger Angelegenheit,[1] in Vorschlag bringen, so würde ich die Kammern berufen und das durch die sträfliche Nachgiebigkeit der Fürsten des Mittelalters dem Papste eingeräumte Confirmationsrecht als Regent des modernen Staates für mein Land wieder aufheben, da es notorisch nur mißbraucht und also genau dem seiner Concession entgegengesetzten Zwecke dienstbar gemacht wird. Nur erst dann wird Christus wieder über den Papst zu stehen kommen, und damit auch eine ächt christliche Bildung an die Stelle der jesuitischen treten, während jetzt die Rücksicht darauf, was zu Rom gefällt, jede andere überwiegt. Hatte ja doch, wie der Jesuit Ribadeneira in seiner Biographie des Ignatius erzählt, Christus selbst mit dem Kreuze diesem versichert, er werde bei

---

[1] Der bekannte ultramontane Streithengst Prof. Haffner wurde von Rom selbst als genehmer Coadjutor des Bischofs von Rottenburg bezeichnet (Beilage der Augsb. Allg. Ztg. v. 5. April 1869 Nr. 97.)

dem Papste für ihn und die Seinigen Fürbitter sein.[1] Diese bizarre Vorstellung hatten die Jesuiten von Anfang an vom Papste in seinem Verhältnisse zu Christus. Es war ihnen und ist ihnen heute noch Religion, die Völker immer päpstlicher zu machen in dem vorgefaßten Wahne, sie müßten damit ganz naturgemäß auch immer christlicher werden. In diesem dogmatischen Vorurtheil liegt die Grundursache der verderblichen Richtung des Jesuitismus und seiner Wirksamkeit. Wie aber das deutsche Volk selbst in den Gegenden, wo, wie besonders im katholischen Oesterreich und Altbayern, die Bildung noch am weitesten zurück ist, und Pfuscher und Betrüger noch den größten Spielraum haben, immer mehr zu der Einsicht gelangt, es sei viel klüger, gleich zum Doctor statt zum Quacksalber, zum Schmied statt zum Schmiedel, wo Alles viel theurer und schlechter ist, zu gehen, so wird man auch bald einsehen lernen, daß es vernünftiger gehandelt sei, direct an Christus statt an seinen angeblichen Stellvertreter sich zu wenden, und namentlich die Grundsätze für das ganze Erziehungs- und Bildungswesen nicht aus den Satzungen der Päpste, sondern aus den allgemein zugänglichen und allgemein verständlichen Principien der Evangelien für sich und die Seinigen zu schöpfen. Väter und Mütter müssen selbst zu prüfen anfangen; sie sollen die Katechismen in die Hand nehmen, welche ihre Kinder auswendig zu lernen haben, und sich fragen, ob denn all das auch wirklich wahr und erwiesen, und mithin religiös, sittlich und christlich sei, was Papst und Jesuiten, Bischöfe und Clerus dafür ausgeben? Gerade in Bezug auf die heiligsten Angelegenheiten ihrer Kinder sind selbst gebildete, ja gelehrte Väter,

---

[1] „Ego vobis Romae propitius ero", soll er gesagt haben.

besonders bei den Katholiken auch in Deutschland, wo diese Controle am allernöthigsten wäre, noch allenthalben die Sklaven des Clerus. Hier in der Volksschule ist der Ort, wo jeder Vater, jede Mutter, an das Werk des Aufbaues einer soliden ächt christlichen Nationalkirche Hand anzulegen berechtigt und verpflichtet ist. Denn eine Volkskirche im wahren Sinne, wo die Laien nicht blos wie im Mittelalter Hörige und Leibeigene, sondern, wie die christliche Religion und unser urgermanischer Charakter es verlangen, freie Männer sind, soll es ja werden. Wie jeder freie Teutsche zum Tragen der materiellen Waffe berechtigt und ein Wehrmann war, so soll jeder moderne Teutsche dem Geiste unserer Zeit gemäß das Recht zum Tragen der geistigen Waffe und ein geistiger Wehrmann zu sein, von Papstthum und Episcopat, die ihn bisher in Unmündigkeit zu erhalten bemüht gewesen, zurückfodern oder sich selber nehmen.

Wie hat doch der Ultramontanismus in allen seinen Vertretern das Entgegenkommen und die Nachgiebigkeit belohnt, deren die deutschen Regierungen, sowohl die protestantischen wie die katholischen, namentlich seit dem Jahre 1848, gewissermaßen um die Wette sich beflissen hatten! Man glaubte damit die Elemente der Revolution auszurotten; statt dessen aber hat man, wie jeder Tag klarer zeigt, andere viel gefährlichere und unter sich einigere Revolutionäre, die gegen alles ächt Nationale in Religion, Wissenschaft und Sitte ihre blinde Wuth richten, welche die nicht durch dick und dünn ihnen folgenden Fürsten und Regierungen, die wohlgesinntesten und verdientesten Männer des Staates wie Buben beschimpfen, sich herangezogen. Es ist ganz richtig was Nippold bemerkt hat: „Eine schroffere Stellung als der Katholicismus auch in Deutschland dem

Staate, dem Protestantismus und der Wissenschaft gegenüber seit dem Jahr 1848 eingenommen hat, ist gar nicht denkbar".[1] Und wer sind die Führer und Häuptlinge dieser Bande? Wer anders als Papst und Bischöfe, als Jesuiten und Geistliche selbst. Die in den 20ger und 30ger Jahren gegebenen Gesetze über Abhängigkeit der katholischen Kirche vom Staate wurden in den folgenden zehn Jahren von 1848 bis 1858 überall gemildert. So in Hannover (1848), Preußen (1850), Bayern (1852), Baden (1853), Oesterreich (1855), Würtemberg (1857). War aber das Episcopat dafür dankbar? Oder kam ein versöhnlicherer Geist in die katholische Controverse? Gerade das Gegentheil trat ein. „In Mitte der närrischen Bestrebungen zur Herstellung deutscher Einheit", sagt triumphirend der Abbé Margotti, „knüpfte sich das deutsche Episcopat fester als je an den Mittelpunkt der katholischen Einheit".[2] Man verband sich mit Rom, um die Staatsgewalt in ihren von den Zeitverhältnissen unbedingt geforderten Rechten zu schwächen. Die Foderungen stiegen immer höher, die Polemik wurde immer roher und abscheulicher; und jetzt scheint Beides auf dem Höhepunkt, über den man unmöglich noch wird hinaus können, angekommen zu sein. Kein Land in Europa und in Deutschand leistet aber in beider Hinsicht so Großes und Erstaunliches wie — ich muß es leider sagen — mein bayerisches Vaterland. Hier hält und unterstützt der katholische Clerus Tagesblätter von einer wahren Isabellenfarbe, von einer Gemeinheit und Niedrigkeit, einem im schlimmsten Sinne revolutionären und antinationalen Charakter, wie

---

[1] Handbuch der neuesten Kirchengeschichte. Elberfeld 1867. S. 208.

[2] Le vittorie della chiesa nel primo decennio del pontificato di Pio IX. Milano 1857. p. 193.

die ganze europäische Presse kein zweites Beispiel aufzuweisen hat, gegen welche der französische Monde und Univers noch ganz anständige, gelehrte und patriotische Blätter sind.

Wie es sich auch immer mit der Frage von dem Ultramontanismus des bayerischen Clerus verhalten mag, gewiß wird der Zweifel berechtigt sein, ob es nicht doch ultramontan sei, die deutschen Staatsregierungen, und gerade auch die bayerische, sammt und sonders wegen ihrer Förderung allgemeiner Gewissensfreiheit und, in Folge dessen, wegen ihrer Opposition gegen die praktische Bethätigung des römischen Alleinseligmachungsdogma's und Unfehlbarkeitswahnes Tag für Tag in Broschüren und Zeitschriften, die auch nur zunächst für den Clerus bestimmt sind, des Abfalles vom Christenthum, ja von aller Religion, zu beschuldigen. Selbst in der clericalen Abresse an den König gegen das Schulgesetz, die in allen Kirchen, auch in der Hofkirche, zur Unterzeichnung auflag, war diese lügnerische Anklage enthalten. Oder ist es nicht ultramontan und revolutionär, wenn man sagt: „Es könnte in unsern Tagen das nackte Antichristenthum nicht solche Triumphe feiern, wenn nicht unsere Regierungen insgesammt, vielleicht nur die Eine, den Pabischah in Stambul, ausgenommen, falls nicht geradezu dessen Verbündete, doch sicher seine blinden, willenlosen Werkzeuge wären." So äußerte sich öffentlich vor einer großen Versammlung ein Münchener Theologe, der noch gar nicht zu den extremsten gehört.[1] Und ist es nicht, um statt vieler nur noch Einen Beleg anzuführen, eine ganz offene Kriegserklärung an den Staat, wenn die Münchener

---

[1] Strobl, Ueber Concordate. Drei Vorträge im kath. Casino. Schaffhausen 1868. S. 7.

Historisch-politischen Blätter ausrufen: „Die Kirche will nicht länger von der Gnade eines Staates leben, dem sie um seiner durch und durch antichristlichen Principien und volksverderblichen Tendenzen willen feindlich gegenüber stehen muß!"[1] — gar nichts zu sagen davon, daß sie in der ganzen Bewegung gegen das Concordat in Oesterreich nur „einen verhüllten Krieg gegen das Christenthum, einen Kampf des Antichristenthums gegen die Kirche" erblicken[2] und damit Hunderten und Tausenden der edelsten Katholiken Deutschlands die abscheulichste Insulte ins Gesicht schleudern. Kann es ein gröbere ultramontane Verläumbung geben, als die Behauptung: „Der Abfall der Staaten von der Kirche und der übernatürlichen Weltordnung überhaupt gehört bereits zu den vollendeten Thatsachen".[3] Natürlich werden auch alle Gegner dieses Concils als „Feinde Christi und des christlichen Namens" erklärt. Und hat nicht die Adresse des bayerischen Episcopates selbst gegen den so unschuldigen und zahmen Schulgesetzentwurf, daß man gerade deshalb und in der Hoffnung auf etwas Entschiedeneres dessen Fall nicht sehr beklagen kann, den nämlichen Vorwurf im Angesicht des Clerus und Volkes ausgesprochen? Welche Stellung der österreichische Episcopat Gesetzen gegenüber, die man in Norddeutschland schon längst ohne alle Opposition der protestantischen Theologie und ohne alle Beschädigung der sittlichen Zustände, vielmehr nur zur Förderung der Gesittung und namentlich zur Beseitigung des confessionellen, unsittlichen Parteigeistes, durchgeführt, einnehme, ist allge-

---

[1] Jahrg. 1867. Bd. 2 S. 969.
[2] Daselbst S. 707.
[3] Das öcumenische Concil v. J. 1869. Periodische Blätter. Regensb. 1869. Bd., I, Heft I. S. 1. 3.

mein bekannt. Es ist vollkommen richtig, was ein gelehrter protestantischer Kirchenrechtshistoriker bemerkt, daß die im Mittelalter allmälig entwickelte Lehre von dem priesterlichen Ordo als Sacrament und von dem unaustilgbaren Charakter die eigentliche Ursache der gänzlich verkehrten Stellung des Clerus zum Staate geworden ist. Dazu kam dann noch die Theorie von der Transsubstantiationsgewalt des Priesters als eines den Verhältnissen und Gesetzen des Irdischen entrückten Wesens.[1]

---

[1] D. Friedberg, Der Mißbrauch der geistlichen Amtsgewalt. In Dove's Zeitschrift für Kirchenrecht 1863. S. 71.

VI.

So bereiten sich denn die Dinge mehr und mehr zu einem totalen Bruche der deutschen Regierungen mit dem römischen Katholicismus vor. Das „Oho", womit Ultramontane wie Jörg Döllinger's gelegentliche, von den Meisten unbeachtet gelassene Bemerkung in der Münchner Gelehrten-Versammlung, die zur Hervorbringung dieser Ueberzeugung ganz geeignet war, nämlich die wehmüthige Bemerkung: „Wir stehen am Vorabende einer neuen Spaltung", empfingen, wird in vielleicht sehr kurzer Zeit sich bewahrheiten. Weitaus die Mehrzahl der Gebildeten und so gut wie alle Gelehrten unter den Katholiken selbst — gewiß auch eine kleine Zahl von Theologen mit eingerechnet — werden auf Seite des Staates stehen. Es wird auf kirchlichem Gebiete nicht anders gehen als auf dem politischen. „Wo der Fortschritt der Cultur es erfodert, sagen wir mit Adolph Schmidt, da haben Papst und Kaiser ihr Recht verloren".[1] Altes Unrecht wird nie zum Rechte. Jede Generation, jedes Volk hat das Recht, das Gefäß von Rechtszuständen, in dem es aufgewachsen, wenn dasselbe für die

---

[1] Preußens deutsche Politik. 3. Aufl. Leipzig 1867. S. 282.

zunehmende Geistes-, Lebens- und Spannkraft gerade der Gebildeten und Befähigteren zu enge geworden, und doch nicht nachgeben kann oder will, — dieses Gefäß zu zersprengen. Dieß hat seine volle Anwendung auf das canonische Recht und das römisch-katholische Dogma der hierarchischen oder päpstlichen Infallibilität. Es ist dieser Bruch gerade so eine Foderung der Wissenschaft wie der Sittlichkeit, der Volkswirthschaft wie des gesellschaftlichen Lebens in Deutschland. Nicht nur der einzelne Mensch, sondern auch ein Volk ist verpflichtet, von Zeit zu Zeit eine ernste eingehende Gewissenserforschung über seinen Zustand anzustellen, oder wie ein solider Geschäftsmann eine Revision seiner Einnahmen und Ausgaben vorzunehmen, und wenn er merkt, daß es rückwärts geht, mit verkehrten Grundsätzen oder Systemen zu brechen. Auf geistig-sittlichem Gebiete gibt es noch viel weniger eine Verjährung oder Legitimität als auf andern Gebieten, sonst hätte der Teufel schon lange heilig gesprochen werden müssen. Leider ist die katholische Kirchengeschichte selbst bei den gelehrtesten Theologen Deutschlands noch immer nicht viel mehr als eine Glorification der faits accomplis d. h. des jetzigen Bestandes des römischen Kirchenthums, auf dessen geschichtliche Entstehungsursachen kaum ein Einziger gründlich einzugehen wagt. Und doch sollte gerade von dieser Seite die Gewissenserforschung ausgehen.

Wahr ist es, daß das katholische Oesterreich und Bayern in einer tragischen Lage sich befinden. Aber wer ist Schuld daran? Der republikanische Minister Carnot legte in dem Memoire, das er im Juli 1814 Ludwig XVIII. überreichte, diesem ans Herz: „er möge nie vergessen, daß Napoleon nicht so hoch herabgefallen wäre, wenn er hätte erlauben wollen, daß man ihm und der französischen Nation die Wahrheit sage".[1] Dieß gilt, wenn auch in ungleichem Grade, sowohl von Oesterreich als von Bayern. Wem verdankt zuletzt Preußen seine jüngsten Erfolge als der, wenn auch mit Unterbrechungen, doch im Ganzen stetig fortgeführten Gesetzgebung im Geiste voller wissenschaftlicher und kirchlicher Freiheit.[2] Es ist thatsächlich vollkommen richtig, daß das katholische Volk Süddeutschlands nichts so sehr als den preußischen Liberalismus fürchtet, von welchem sein Clerus schon seit einem halben Jahrhundert ein so schreckhaftes Bild ihm vormalt. Und war es denn nicht gerade diese freiheitliche Gesetzgebung, welche bis auf die jüngste Zeit der Gegenstand des Hohnes und Spottes der gesammten süddeutschen katholischen Presse war? Seit man angefangen, in liberalen Anläufen sich, besonders in Oesterreich, zu überstürzen, um über Nacht zu Stande zu bringen, was man in Jahrzehnten versäumt hat, spottet man aufs Neue über das mit Recht vorsichtigere Norddeutschland. Was hat denn die Wissenschaft, namentlich die theologische, in Oesterreich so sehr zurückgeworfen hinter die protestantische als die Censur, als die Begünstigung des Jesuitismus? „Von 1827 bis 1847 war die theologische und staatswissenschaftliche Untersuchung über die Jesuitenfrage von der Censur schlechtweg unzulässig gemacht, und gefodert, es solle das Publikum in dieser Sache gar kein Urtheil haben,"[3]

---

[1] Abgedruckt bei Buchez et Roux-Lavergne, Histoire parlementaire de la révolution française. Paris 1838, t. 40, p. 418. Vergl. auch die treffende Charakteristik von Lanfrey, Histoire de Napoléon I. Deux éd. Paris 1868, III, 372.
[2] Die Ausländer sagen uns selbst dieses. So z. B. Laboulaye, Etudes contemporaines sur l'Allemagne. 3. éd. Paris 1868. p. 244.
[3] Vgl. Oesterreichs innere Politik. Stuttgart 1847. S. 160.

sagt ein österreichischer Staatsmann selbst.¹ „Die geistigen Zustände Oesterreichs vor 1848," bemerkt sehr richtig auch Schwab, „sind eine Frucht der aus politischen Rücksichten allerhöchst geschützten Orthodoxie."² Da man unter dem Druck der Censur das Denken verlernt hatte, so konnte auch „das kennzeichnende Merkmal dessen, was sich im Jahre 1848 im Mittelpunkte des österreichischen Kaiserstaates abspielte, nichts Anderes sein als Gedankenlosigkeit",³ und auch die heilsamen Wirkungen mußten bald wieder verloren gehen. Von jener Vermehrung der Talente in dem österreichischen Clerus, welche Ign. Beidtel gleich nach der Revolution in Aussicht stellte, ist bis jetzt wenig sichtbar geworden und die Hoffnung, daß „in der nächsten Zukunft" die Zahl der „umsichtigen und eifrigen Bischöfe in den österreichischen Staaten steigen werde",⁴ hat sich nur in ihrem letzten Theile erfüllt. Die Zahl der eifrigen d. h. auf ihre Rechte und deren möglichste Erweiterung bedachten Bischöfe ist allerdings gestiegen; aber keineswegs die Zahl der umsichtigen d. h. derjenigen, welche eine tüchtige Bildung des niedern Clerus und eben darum eine Verbesserung seiner

---

¹ Es ist für einen Oesterreicher noch allzu früh und zu sanguinisch, wenn Fr. Giehne versichert, er müsse „immer innerlich lächeln, wenn er einen großen Liberalen sich fürchten sieht vor den Jesuiten" (Zwei Jahre österreichischer Politik. Schaffhausen 1868, II, 408); oder wenn Adam Wolf ausruft: „Wer gedenkt noch jener wüsten Vergangenheit mit ihrem Glaubensdruck?" (Fürst Wenzel Lobkowitz. Wien 1869. S. 448.) Es möchte gut sein, noch immer daran zu denken.
² Franz Berg. Würzb. 1869. S. 255.
³ Geschichte Oesterreichs vom Ausgange des Wiener Oktober-Aufstandes 1848 von G. v. S—n. Leipzig 1869, I, 1.
⁴ Untersuchung über die kirchlichen Zustände in den kais. österreichischen Staaten. Wien 1849. S. 255 fg.

ganzen äußeren Lage sich ernstlich hätten angelegen sein lassen. Die durch das Concordat ihnen eingeräumten Befugnisse voller Unabhängigkeit vom Staate wurden nicht, wie selbst Ultramontane gehofft hatten, zur zeitgemäßen geistigen und sittlichen Hebung, sondern nur zur völligen Knechtung und Zertretung desselben benutzt, wovon nichts Anderes als die immer allgemeiner werdende Verachtung der ganzen Kirche von Seite der Gebildeten wie der Nichtgebildeten die Folge sein kann, so daß man „überall da, wo es sich um das Schaffen oder Fördern neuer Einrichtungen in Staat und Gemeinde handelt, wo man Vertreter dieser Beiden sucht, oder bei Aufsicht und Leitung des Schulwesens, den warnenden Ruf vorausschickt: Nur keinen Geistlichen".[1] Ganz natürlich und mit vollem Rechte; denn nachdem das Episcopat sich selbst seiner Rechte und Pflichten aus Haß gegen den deutschen Culturstaat und im Interesse der Aufrechterhaltung seiner Herrschaft begeben und mit dem Papstthum gegen die Interessen der Civilisation gemeinsame Sache gemacht, und den niedern Clerus gewaltsam in dieses Complot hineingezerrt hat, kann das österreichische Volk, seit es von den Fesseln des alten verderblichen Systems losgeworden, zu dem bei demselben stehen oder angeschmiedet gebliebenen Clerus und Episcopat kein Vertrauen mehr haben, und der bessere Theil des letzteren selbst kann nur von der Regierung seine Befreiung erwarten. Und dieß ist nur möglich durch einen Bruch des Staates mit Rom. Erfolgt dieser nicht gesetzlich, so wird die Revolution ihn vollziehen. Wer immer wie G. Ressel das österreichische Volk ermahnt, doch einmal „jene falsche Gefühlsamkeit fallen zu lassen,

---

[1] Ueber die Zustände des niederen Clerus in Oesterreich. Von einem kath. Geistlichen. Wien 1863. S. 35.

die für alle Völker der Erde und deren Interessen Sympathien hat, nur für das eigene nicht, und man möge vor Allem deutsch sein, **deutsches Selbstgefühl** nach allen Seiten hin ausbreiten und kräftigen":[1] der fodert zum Bruche mit Rom auf, mag er es glauben und wollen oder nicht.

Die Zustände Bayerns haben seit vierzig Jahren einen Verlauf genommen, der zu dem nämlichen Ziele mit innerer Nothwendigkeit hinzutreiben scheint. Die gleich nach der Julirevolution eingeschlagene liberale Richtung kam durch das Ungestüm der damaligen Abgeordneten und die conservative Zähigkeit der Reichsraths-Kammer gar bald ins Stocken, und der anfänglich dieser Richtung mit ganzer Seele ergeben gewesene König Ludwig ward von einer Verbitterung eingenommen, die seine ganze folgende Regierungszeit andauerte und ihn kaum noch als die nämliche Person, die er in jener früheren Periode gewesen, erkennen ließ.[2] Bayern wurde so recht der Tummelplatz, ja das gelobte Land des Ultramontanismus, und auch die gelehrtesten Werke aus dieser Zeit, namentlich auf kirchlichem Gebiete, athmen einen Geist so grober Intoleranz, sind so voller Gift und Geifer, daß die Folgen der Epidemie, die über das ganze Land sich verbreitete, und besonders den Clerus, dem dieses Gift noch dazu in den Seminarien eingeimpft wurde, ergriff, heute noch vor Aller Augen sichtbar sind.[3]

---

[1] Handbuch der Universalgeschichte. Wien 1853, VIII, 274.

[2] Vgl. K. H. Hermes, Geschichte der letzten fünfundzwanzig Jahre. 3. Aufl. Braunschweig 1845, II, 507 fg.

[3] Ich will blos auf die nur zu wahre Schilderung verweisen, welche L. Steub von diesen Zuständen entworfen hat in seinen „Altbayerischen Culturbildern". Leipzig 1869. S. 3 ff.

Eine gründliche Bekehrung, ein Umschwung der Gesinnung ist bis zur Stunde nicht erfolgt. Unter dem mild gesinnten König Maximilian II. mußte man namentlich in der Residenzstadt etwas sanfter auftreten und hie und da eine liberale Phrase fallen lassen. Im Wesentlichen ist man aber noch gerade so unfehlbar, und darum dem Protestantismus gegenüber gerade so ungerecht wie ehemals. Die Regierung wird gut thun, auch jenen Theologen nicht zu viel zu trauen, welche die Unfehlbarkeit der Kirche, die sie dem Papst im Interesse ihrer wissenschaftlichen Ehre nicht zu vindiciren vermögen, und auf welche die Bischöfe selbst verzichten, dann ohne Zweifel für sich werden in Anspruch nehmen, da sie gewiß dem Staate sie nicht zusprechen, und sie also sonst keinen andern Träger mehr hätte als denjenigen, welchen der Protestantismus, dessen Bekämpfung nach wie vor ihre Hauptaufgabe sein wird, dafür hält, nämlich: die ganze christliche Gemeinde, nicht in ihrem jeweiligen Bestande, sondern als in steter Entwicklung begriffenes organisches Ganze, welchem allein die Verheißung des steten Beistandes des Herrn verheißen worden ist. Die beiden Gegensätze der Ultramontanen und Liberalen stehen sich in so schroffer Weise und klar ausgeprägter Form wie noch niemals vorher in den beiden Kammern selbst gegenüber. Der gesammte Clerus ohne Ausnahme, soweit er hier zur Sprache kommen kann, gehört zur ersteren Partei; die gegenwärtige Regierung aber zu der letzteren. Ein nicht geringer Theil von im Herzen durchaus und ganz deutsch gesinnten Geistlichen und Theologen folgt mit Spannung der Entwicklung des Dramas und hegt nur den Wunsch, daß dasselbe mit einer aufrichtigen Vermählung der Streitenden und nicht mit einem gegenseitigen Brudermorde enden möchte.

Dieser Bruch, den ich für die weitere Entwicklung des deutschen Geisteslebens und für den neuen Aufschwung desselben, wie ein solcher nach dem Beispiele der Geschichte aller Völker auf die politische Erhebung und Größe stets zu folgen pflegt, als unausbleiblich ansehe, wird aber im Interesse der Gesammtentwicklung der nationalen Kraft auch in kirchlicher Hinsicht keineswegs mit einer bloßen Capitulation an den protestantischen Norden gleichbedeutend sein. Nicht ein einziger gelehrter und gebildeter Protestant denkt daran, und jeder derselben würde es eher für ein Unglück als für ein Glück halten. Nicht nach einem Zustand der absoluten Ruhe, nach einem Schlaraffenleben sind wir lüstern, und wir wissen Alle, daß es einen solchen Zustand in der Welt nicht geben kann, sondern daß heute noch das Wort Heraklit's gilt: $\pi\acute{o}\lambda\varepsilon\mu o\varsigma\ \pi\alpha\tau\acute{\eta}\rho\ \pi\acute{\alpha}\nu\tau\omega\nu.$[1] Es muß immer politische und kirchliche Despotie-Gelüste geben, auf daß die edlen Kämpfer für Freiheit einen Wirkungskreis und ein Feld für ihre Thätigkeit haben. In diesem Sinne hat Christus gesagt, daß Aergernisse nöthig seien zur Erprobung und Uebung der Tugendhaften. Was wir zumeist anstreben, das ist nur ein solides Kriegsrecht Der Protestant kann und will nicht in die wissenschaftliche Arena treten mit einem Gegner, der, wenn die eigene Kraft ihm auszugehen beginnt, zur Unfehlbarkeit, und auf Grund derselben zu Bann, Inder und Inquisition seine Zuflucht nimmt wie einst schon Joh. Eck gegen Luther, und so ist es seither geblieben. Aber auch der deutsche Katholik fühlt sich durch diese von Rom ihm aufgedrungene und ganz ohne seine Anregung erfolgende, und seit drei Jahrhunderten bereits gesetzlich bestehende, unwissenschaftliche Unterstützung

---

[1] „Kampf ist der Vater von Allem."

entehrt, und weist dieselbe mit Erbitterung zurück, da sie ihm niemals einen soliden Sieg erringen läßt, den er durch seine eigene Kraft in gar manchen Fällen viel leichter hoffen könnte. So aber gleicht der Katholik immer einem Knaben, der einen andern, den er selbst angepackt, und der über ihn Herr zu werden im Begriff ist, mit der Drohung: „Ich sage es dem Vater oder der Mutter!" sich vom Leibe schafft. Dieß wird namentlich jetzt, wenn der heilige Vater unfehlbar erklärt ist, in noch höherem Grade eintreten, aber ich meinerseits würde für eine solche Hilfe mich schönstens bedanken.

Noch nie seit dem Beginne der Reformation war der katholischen Kirche Deutschlands eine so schöne Gelegenheit geboten, den, nicht uns Heutigen, sondern unsern in ganz andern Verhältnissen und Vorurtheilen lebenden und befangenen Vorfahren zur Last fallenden Fehler des Zurückbleibens — denn dieß ist es nun einmal — hinter der reformatorischen Bewegung und Emancipation vom romanischen Joche mit allen Ehren und ohne Selbsterniedrigung gut zu machen, und gemeinsam mit unsern protestantischen Brüdern die Entwicklung des nationalen Lebens in voller aufrichtiger und ungetheilter gegenseitiger Achtung und Anerkennung der beiderseitigen eigenthümlichen Kräfte und Eigenschaften fortzusetzen, statt dem Auslande immer aufs Neue das uns so sehr entehrende Schauspiel unserer Selbstzerfleischung zu geben.

Die protestantische Orthodoxie — aber darum keineswegs der Protestantismus — ist zerfallen, und eine vom Staate ihm zu Theil werdende Stütze oder Krücke könnte nur mit jedem Tage mehr ihre innere Kraftlosigkeit zur Unehre jener protegirenden Macht selbst offenbaren. Ich gehe nicht so weit wie die von Parteileidenschaft bei aller übrigen Tüchtigkeit zu wenig freien theologischen Häupter des Protestantenvereins Schenkel oder Carl Schwarz, der in seiner Verbitterung, welche der eigenen Sache nur schaden kann, die achttausend Geistlichen der preußischen Landeskirche sammt und sonders als "in ihrer Bildung dem untersten Volke angehörig" erklärt.[1] Solche Verläumdungen, die offenbar nur einer augenblicklichen Regung des odium theologicum entspringen, sollte man doch nicht drucken lassen und, wenn sich etwas Menschliches dergleichen eingeschlichen, es in der Correctur noch streichen, selbst wenn man einen Thaler Entschädigung zahlen müßte, was das vortreffliche Buch von Schwarz in seinen vier Auflagen ja doch schon erlauben könnte, da solche Wuthausbrüche weder ein Buch noch einen Autor zieren, und obendrein vollkommen nicht nur bei den Betreffenden, sondern auch bei allen Lesern ihren Zweck verfehlen. Andererseits sind gerade diese strengsten Richter der eigenen protestantischen Brüder auch nicht selten zugleich die allerungerechtesten Beurtheiler selbst des Berechtigten am Katholicismus. Sowohl Schenkel in seinem "Wesen des Protestantismus" und in manch anderer Schrift als Schwarz in seinen "Predigten" haben sich grobe Entstellungen zu Schulden kommen lassen. Was soll bei dieser Ungerechtigkeit nach beiden Seiten für die solide kirchliche Einigung Deutschlands herauskommen? Die Resultate der modernen Kritik des Lebens Jesu, wie milde man auch urtheilen mag, sind ja doch zum Mindesten noch nicht von solcher Sicherheit, daß man sie auch nur als Grundpfeiler des Neubaues betrachten dürfte, der das bisherige Wohngebäude bald überflüssig machen oder gar den Abbruch desselben nothwendig erscheinen lassen könnte, um jenem nicht

---

[1] Zur neuesten Theologie. 4. Aufl. Leipzig 1869. S. 559.

länger Luft und Licht zu rauben. Niederreißen ist viel leichter als aufbauen. „Mach's besser, bemerkt Schelling, sagt man mit Recht demjenigen, der nur tadelt!" Wenn der Protestantenverein nichts Anderes anstrebt als, wie Schwarz versichert, „das ursprüngliche Bild des geschichtlichen Christus, welches durch die dogmatischen Uebermalungen fast verloren gegangen, wieder herzustellen",[1] dann hat er sich eine unendlich dankbare und herrliche Aufgabe gesetzt; soll aber ja, um das Werk der Renovation und Restauration nicht selbst zu beschädigen, den Kasten und die Hülle nicht eher entfernen als bis es fertig ist. Auch Schenkel hat ganz Recht, daß „die alten Bekenntnißkirchen nur trennend und spaltend wirken", und daß „ohne allen Zweifel nur die freie protestantische Kirche das Unionswerk zwischen den verschiedenen Confessionen wirklich zur Ausführung bringen und eine aufrichtige Annäherung unter den gegenwärtig so gespannten Parteien bewirken könne".[2] Er bemerkt vortrefflich, daß „die Befreiung des protestantischen Volkes von der Klerocratie und Theologenherrschaft die nothwendige Vorbedingung zur Befreiung des katholischen Volkes von dem hierarchischen Geistesdruck und jesuitischen Gewissenszwang sei; und daß unter den gegenwärtigen Umständen die liberalen Katholiken den Protestanten zurufen: Was habt ihr uns in eueren Bekenntnißformeln zu bieten? Wir ziehen unsern Papst fern in Rom euren tausend Dorfpäpstchen vor!"[3] Aber diese Freiheit und Befreiung darf nicht in einer rücksichtslosen ungerechten Verurtheilung aller anderen

---

[1] A. a. O. S. 529.
[2] Christenthum und Kirche im Einklang mit der Culturentwicklung. Wiesbaden 1867. II. 391.
[3] Der deutsche Protestantenverein und seine Bedeutung in der Gegenwart. Wiesbaden 1868. S. 97.

Parteien bestehen, sonst würden nicht nur die Katholiken ihren Papst in Rom, sondern auch die Protestanten ihre tausend Dorfpäpstchen einem Heidelberger- oder Coburger-Papst noch weit vorziehen.

Ich möchte nicht sagen, daß gerade die freie „protestantische" Kirche das Unionswerk zur Ausführung bringen könne, sondern lieber, daß dieß nur der „freien" Kirche, gleichviel ob es die katholische oder die protestantische sei, gelingen werde. Und wenn ich der Ansicht Schenkel's so eben beistimmte, so werde ich hiezu durch den Umstand bewogen, daß die protestantische Kirche auf dem Wege der Freiheit doch unläugbar schon bedeutend weiter fortgeschritten ist als die römisch-katholische, auch in Deutschland; daß sie ferner auch für die Fortentwickelung der religiösen und geistigen Freiheit mehr innere Bürgschaften besitze, und mit wenigeren äußeren Hindernissen zu kämpfen habe; daß ihr endlich der schwer wiegende Factor, die Kirche der politischen Vormacht Deutschlands zu sein, in deren eigenem Interesse das Werk der religiösen Einigung zumeist gelegen sein muß, zu Statten komme, während von dem im politischen Wettkampfe so gänzlich zur höchsten Ueberraschung aller Katholiken unterlegenen Oesterreich, von dem auch das katholische Bayern sich bethören ließ, auch für die kirchliche Neugestaltung selbst von tiefer blickenden und die eigenen trostlosen Zustände der österreichischen Kirche ins Auge fassenden, Katholiken keine Initiative gehofft werden kann, gleichwie es auch den hervorragendsten der bayerischen Theologen noch immer an der gehörigen Klarheit, und mehr noch an Energie und Selbstaufopferung fehlt.

Von zwei Dingen muß aber der deutsche Protestantismus selbst erst frei werden, ehe er Anderen die Freiheit bringen kann. Zuerst von dem Wahne, dem man allseits, weit weniger bei gelehrten Laien, als bei den Theologen, vom größten bis zum kleinsten, begegnet, daß sie schon von Natur aus durch ihren Antheil am gemeinsamen Welt- und Menschenverstand den Katholiken unendlich überlegen seien. Nur selten läßt so ein Herr einen Brosamen der Anerkennung katholischer Leistungen von seinem Tische fallen; meistens werden sie geflissentlich ignorirt. Und doch macht man gar häufig die Bemerkung, daß die Unkenntniß katholischer Lehren und Einrichtungen auch bei hervorragenden protestantischen Theologen und bei hochgestellten Würdenträgern eine sehr große ist; ja noch mehr, daß sie die Geschichte ihres eigenen Kirchenthums und die Schriften ihrer Gelehrten, nicht nur etwa des 16. und 17., sondern auch des 18. und 19. Jahrhunderts, viel weniger kennen als einzelne katholische Theologen mit denselben vertraut sind. Ich habe in meiner Geschichte der kirchlichen Trennung zwischen Orient und Occident bemerkt, es sei die Unkenntniß des ersteren über den letzteren und überhaupt die Unwissenheit die Hauptschuld der Fortdauer der Spaltung. Die Art und Weise und die Mittel zur Erhaltung dieser Unkenntniß und Unwissenheit, sowie deren Zweck und Tendenz kommt hiebei nicht in Frage. Man hat mir jene meine Behauptung mehrfach auch von protestantischer Seite[1] übel genommen und sie als ganz unrichtig hingestellt. Ich halte aber heute noch, und heute mehr als früher, daran fest. Die nämliche Behauptung möchte ich aber sogar auf den Gegensatz der katholischen und protestantischen Kirche in Deutschland selbst anwenden. Auch hier ist die Unkenntniß, die beiderseitige Entstellung, eine

---

[1] So neuestens Kraus, Das byzantinische Staatsleben. Leipzig 1869. S. 462.

Haupturſache der Fortbauer der Trennung. Ich habe nach meinem Grundſatze, zuerſt vor der eigenen Thüre zu kehren, ſchon öfter, und jüngſt beſonders im Schlußworte zur „Theologie des Leibniz", mit allem Nachdrucke auf die groben und unchriſtlichen Entſtellungen und Carricaturenartigen Schilderungen des Proteſtantismus durch katholiſche Theologen hingewieſen. Aber auf proteſtantiſcher Seite iſt auch noch an Bethätigung des Wahrheits- und ſtrengen Gerechtigkeitsſinnes bezüglich der Darſtellung des Katholicismus ſehr viel zu wünſchen übrig. Nur die Wahrheit, nur die Gerechtigkeit ihrer Theologen wird die proteſtantiſche Kirche im ächten Sinne frei machen und zur Ausführung des Unionswerkes zwiſchen den verſchiedenen Confeſſionen befähigen. Es hilft nichts, daß die Liberaleren unter ihnen blos an keine Inſpiration der Concilien und Päpſte und der bibliſchen Autoren ſelbſt auf Grund der Ergebniſſe der wiſſenſchaftlichen Kritik mehr glauben, wenn ſie nicht zu gleicher Zeit der Verſuchung, ihren eigenen Geiſt für unfehlbar, oder wenigſtens für unfehlbarer als den der Katholiken zu halten, ernſtlich widerſtehen. Der Inſpirationswahn iſt die Grundurſache der Spaltung der Chriſtenheit. Das römiſch-katholiſche und griechiſch-orientaliſche Episcopat will jedes in ſeiner Bibelerklärung unfehlbar ſein, und im ſiebzehnten Jahrhundert machte auch jeder lutheriſche Theologe, ja jeder Lutheraner, den gleichen Anſpruch für ſeine Auffaſſung. Alſo Inſpiration gegen Inſpiration; Unfehlbarkeit gegen Unfehlbarkeit! So lange die Parteien ſich ſo gegenüber ſtanden, mußten ſie bei jedem Zuſammentreffen einander die Schädel einſchlagen. Dieß haben ſie ſo oft gethan, bis die Denkgeſetze in denſelben endlich erwacht ſind. Jeder Deutſche wenigſtens ſoll jetzt aus der Geſchichte ſeines Volkes ſo viel wiſſen, daß aller

Inspirationsglaube trennend, und nur die Vernunft, die strenge Anwendung der Denkgesetze, versöhnend und einigend wirke. Möchten doch die Protestanten den großen Vorsprung, welchen sie vor den Katholiken, die immer noch von Papst und Bischöfen die Erlaubniß, ihren Menschenverstand gebrauchen zu dürfen, förmlich sich erraufen müssen, bereits haben, sich recht zu Nutzen machen durch völlig unparteiische Beurtheilung des katholischen — ich sage nicht mehr Gegners, sondern Bruders. Möchten sie als entehrenden Hurenlohn jede Anerkennung zurückweisen, die sich nur, wie leider bei katholischen Theologen solch schimpflicher Erwerb noch alle Tage verdient wird, auf recht abscheuliche Entstellung der andern Kirche gründet; denn auch protestantischer Seits kömmt derlei leider noch oft genug vor. Bei den katholischen Theologen ist die Schüchternheit in der offenen Kundgabe der erkannten Wahrheit oder die Irreführung seines Urtheiles noch entschuldbarer, wenn man die Hindernisse erwägt, welche einer ganz unparteiischen Prüfung entgegenstehen, und die Maßregeln in Betracht zieht, welche den Freimüthigen treffen. Wie der Verfasser aus Erfahrung weiß, hat schon gar mancher junge Mann des katholischen Clerus in seinem noch unverderbten, ganz an der Sache hängenden, Wahrheits- und Gerechtigkeitssinne eine recht gute wissenschaftliche Arbeit über irgend einen Papst oder irgend einen wichtigen Punkt des römischen Kirchenthums oder auch der Geschichte des Protestantismus mit allem Fleiße gefertigt, die er aber nachher entweder, damit ihm nicht ein holder Amtsbruder oder gar ein Bischof bei einer Visitation darüber komme, verbrannte oder doch ganz sicher in sein Pult verschloß; und warum? weil sie zu unparteiisch war, und dem Autor statt Anerkennung nur Zurücksetzung, vielleicht gar, wie es in jüngster Zeit vorkommt, Verbannung aus dem Vaterland eingebracht hätte. Von jüngeren Theologen, deren Herz und Sinn noch nicht durch Vorurtheile und bittere persönliche Erfahrungen irregeleitet, sondern für die Aufnahme des rein Thatsächlichen noch wie Wachs empfänglich sind, soll ja vor Allem dieses Werk wahrer innerer Regeneration des Katholicismus ausgehen. Statt dessen aber präparirt man erst das Gefäß durch tausend künstliche Mittel und verfälscht so den natürlichen Wahrheitssinn, lehrt die Geistlichen und Theologen so lügen, daß sie selbst an ihre Lügen glauben, gewöhnt ihr Auge, das Schwarze für Weiß, und das Weiße für Schwarz anzusehen. Mögen z. B. die gebildeten Laien unter den Katholiken immerhin sich lustig machen über den römischen Index; er ist gleichwohl für den ganzen Clerus, für sämmtliche, auch die gelehrtesten und berühmtesten, katholischen Theologen eine furchtbare Macht, und ist dies heute mehr als je. Ich kann aus bitterer Erfahrung reden. Acht Jahre lang war ich Privatdocent an der Münchener theologischen Facultät, und erfreute mich in einem Grade, wie wohl nie in einem höheren ein Anderer, des Wohlwollens des gelehrtesten aller Theologen Europa's, der meinen Fleiß und mein redliches Streben schätzte. Ohne mich zu rühmen, darf ich sagen, daß ich wissenschaftliche Leistungen aufweisen konnte wie kein einziger meiner clericalen katholischen Altersgenossen zu der Zeit, als ich zum ersten Male auf den römischen Index kam. Und was war der Lohn? Da ich jeder Insinuation einer Rehabilitation durch Abfassung einer dem Romanismus zusagenden Schrift auswich, da ich zur Unterzeichnung einer von dem Erzbischofe mir vorgelegten Formel der Unterwerfung mich um so weniger verstehen konnte als mich schon die Uebergabe einer in bester Absicht von meinem hohen Lehrer Döllinger mir in die Feder dictirten, von dem Ordinariate für ungenügend erfundenen, Unterwerfungsformel nach kurzer Zeit, als ich dem römischen Index ein genaueres Studium gewidmet hatte, gereute, so wurde ich bei Anstellung von Professoren der Theologie, wobei der Erzbischof ein entscheidendes Votum abzugeben hat, mehrmal übergangen; und ganz natürlich, da die bayerischen Bischöfe ihren an der Universität studirenden Candidaten den Besuch meiner Vorlesungen nach erfolgtem Indexurtheil über mein Buch verboten hatten. Meine Bitte, mich nicht zur Auswanderung zu zwingen, hatte keinen Erfolg, und der Minister bedauerte, daß ihm die Hände gebunden seien. Dieß Alles war zu einer Zeit, wo an meiner Tridentinischen Rechtgläubigkeit, an der ich freilich seither Schiffbruch gelitten, keine Seele, ja meine eigene, noch nicht zweifelte; zu einer Zeit, wo ich noch mit aller Aufrichtigkeit versichern konnte, daß ich „für jede katholische Lehre, vor Allem für die göttliche Institution des Papstthums, mit der Gnade Gottes zu sterben bereit sei",[1] während katholische und gründlich theologisch gebildete Männer, wie der verstorbene Professor Kunstmann, mir offen gestanden, daß sie dieß nicht könnten, wie denn auch bei mir die Hilfe Gottes nach einer ganz andern Richtung wirksam geworden ist.

Diese kurze Abschweifung wird in der Sache selbst, von der vorliegende Schrift handelt, ihre hinreichende Begründung haben. Man sieht hieraus die furchtbare Macht, welche der römische Index für den ganzen katholischen Clerus und die katholische Theologie auch in dem freisinnigsten

---

[1] An meine Kritiker. München 1865. S. 31.

Theile des Katholicismus in Deutschland ist. So lange diese Zustände bestehen, ist von Seite der katholischen Theologen für das Unionswerk niemals etwas zu erwarten. Denn hier läßt sich nicht Versteck spielen, hier kann man nicht wie ein Chamäleon die Farbe wechseln, auch mit anonymen und pseudonymen Broschüren ist wenig gedient, sondern man muß vor Allem gegen die Feinde im eigenen Hause Stich halten, und mit offenem Visir kämpfen. Wenn man aber den ohnehin nicht üppigen Nachwuchs junger Kräfte des Clerus und der Theologen über die Gränze spedirt, und so für alle Anderen ein recht abschreckendes Exempel statuirt, dann weiß ich nicht, was man von dem Geschrei gegen den Ultramontanismus eigentlich halten soll, wenn man da, wo es darauf ankäme, ihm zu trotzen, vielmehr ihn befestigt.[1]

Ich habe oben als einen wesentlichen Zug im Charakter des Ultramontanismus die geradezu unverschämte Behauptung von gänzlichem Abfall der Staatsregierungen der Gegenwart, besonders der deutschen, von Christenthum und Religion, von Gott und allem Uebernatürlichen, und also eigentlich den Verfall in einen gar nicht mehr menschlichen, sondern thierischen Zustand hervorgehoben. Als Ultramontanismus muß ich jene verbrecherische Lüge darum bezeichnen, weil sie direct der römischen Doctrin entstammt, nach welcher es außer dem Papstthum kein Christenthum, keine Religion, keine wahre Tugend giebt. Hier haben wir die Consequenz des Ultramontanismus nach der einen Seite: nämlich die dogmatistische Verblendung, welche in Allem, was gerade in Deutschland für wahrhaft humane Gesittung, für Volks-

---

[1] Seit der kurzen Zeit meines Hierseins haben sich bereits vier der tüchtigsten jüngeren Männer des bayerischen Clerus an mich gewendet, ob ich ihnen nicht zu einer entsprechenden Stellung in Rußland verhilflich sein könnte.

bildung und höheren Unterricht, für Kunst und Wissenschaft in allen Zweigen geschehen ist und vor unsern Augen beständig geschieht, blos weil es nicht durch sie geschieht, und vielmehr eine stete Anklage der systematischen Vernachlässigung und Unterdrückung aller nationalen Entwicklung durch Papstthum und Jesuitismus trotz all ihrer umfassenden Mittel, wie sie in so hohem Grade dem Staate gar nicht zu Gebote stehen, — welche, sage ich, in der gesammten, auf wahrhaftiger Anerkennung des persönlichen Menschengeistes und seiner Lebensgesetze, also auf ächter Religion, beruhenden Cultur nur Teufelswerk erblickt, und nur im mittelalterlichen Pfaffenregiment ihr Ideal erkennt, gerade als wenn ein verdorbener Kerzen-Fabrikant den Vorschlag machte, die Sonne aus dem Himmel zu nehmen, weil sie einen zu großen Schatten wirft, und dafür die Welt mit seinen Unschlittkerzen zu beleuchten, oder als ob ein herabgekommener Holzhändler die Wiedererrichtung von Scheiterhaufen zur Verbrennung von Ketzern betreiben wollte. Aber schon K. Fr. Burdach hat gesagt: „Der zum vernunftgemäßen Zustand herangereifte Staat erkennt die Freiheit der religiösen Ueberzeugung als ein heiliges Recht des Menschen an, und achtet daher jede Form, in welcher diese Ueberzeugung auftritt. Nur im Zeitalter der Unreife konnte die Despotie das Pfaffenthum zu Hilfe nehmen und in ihm neben der Leibgarde noch eine Seelenwache aufstellen, um sich eine unbedingte Unterwürfigkeit zu sichern."[1]

Die andere Seite des Ultramontanismus, den man mit allen möglichen seltsamen Begriffsbestimmungen zu

---

[1] Blicke ins Leben. 3. Bd. Leipzig 1844. S. 263.

beschönigen sucht, ist die völlige Impotenz zur Erkenntniß der verderblichen Einwirkungen des römischen Papstthums auf die verschiedenen Nationalitäten, vor Allem die deutsche, und zur Anerkennung des Guten und Verdienstlichen, was wir dem Protestantismus verdanken. In den drei letzten Decennien des vorigen und in den vier Decennien dieses Jahrhunderts war man vielfach auf dem besten Wege zu solcher Erkenntniß und Anerkennung, worauf ich später noch zurückkommen werde. Aber besonders seit dem Jahre 1838 ist eine ganz entgegengesetzte Bahn eingeschlagen, und namentlich seit 1848 beharrlich verfolgt worden. Ich will meinen wiederholten Hinweis auf diese so überaus traurige Erscheinung doch mit einigen Zeugnissen begründen. Es handelt sich dabei gerade nicht um die wissenschaftliche Bedeutung eines Autors, sondern um den Einfluß seiner Aeußerungen auf das katholische Publicum, dem ja gerade auch seit dieser Zeit die gediegensten Männer seiner eigenen Kirche verdächtigt werden, sobald sie einen unparteiischen Wahrheits- und Gerechtigkeitssinn in der Prüfung dieser Fragen beurkunden.

Es ist nie ein wahreres Wort gesprochen worden, als das von Döllinger auf der Conferenz der bayerischen Bischöfe zu Regensburg im Jahre 1849: „In Deutschland wenigstens führt die Mißhandlung der einen Kirche in einem natürlichen Processe zur Mißhandlung der andern".[1] Dieß hat aber seine Geltung nicht blos von einer Mißhandlung durch äußere Gewaltmittel, sondern noch viel mehr, namentlich in unserer Zeit, wo das lesende Publicum ein ungleich größeres ist als früher, von der Mißhandlung in der Literatur und Polemik. Ein Torquemada

---

[1] Die Freiheit der Kirche. Regensburg 1849. S. 24.

und Pedro Arbues sind heutzutage nicht mehr so gefährlich als ein gewandter, aber gewissenloser Controversist, der das Gift des confessionellen Fanatismus dem Volke in vergoldeten Pillen beibringt. Und solche gewissenlose Polemiker sind seit dem Jahre 1848 wie Pilze über Nacht aus dem Boden aufgeschossen. Ohne auch nur an sich selbst die Gewissensfrage zu stellen, ob sie denn den Gegenstand, von welchem sie öffentlich sprachen und handelten, auch gehörig untersucht hätten, betraten sie Rednerbühnen und schrieben ein Buch nach dem andern, eine Broschüre nach der andern, um als die Wächter Zions zu erscheinen. Welch ein Wust von Unsinn und Lüge findet sich nicht in den Reden der seit dem Jahr 1848 die öffentliche Meinung des katholischen Volkes in Deutschland vor Allem bestimmenden, weil von dem Papste und von dem gesammten deutschen Episcopate gesegneten, also einen offiziell kirchlichen Charakter tragenden General-Versamlungen der katholischen Vereine Deutschlands! — Unsinn und Lüge, welche den leitenden Organen selbst offenbar als Wahrheit erscheinen, da man ja sonst derlei Expectorationen überhitzter Phantasie und geschwächter Verstandesthätigkeit doch nicht öffentlich drucken lassen könnte. Ich gebe nur ein paar Proben von Aeußerungen besonders solcher Männer, die auf Gestaltung der Anschauungen des katholischen Clerus von großem Einflusse sind. Auf der zweiten Generalversammlung (1849) erklärte der bekannte Redacteur des, von deutschen Bischöfen durch besondere Rundschreiben ihren Geistlichen als vortrefflichste kirchliche Zeitschrift empfohlenen, neuestens nur durch die vom Papste selbst autorisirte Civiltà cattolica noch etwas übertroffenen, Mainzer „Katholiken", nämlich der Mainzer Dombechant Heinrich: „Wir Katholiken müssen einverstanden sein, daß es kein anderes Christenthum giebt, als das katholische!"¹ Damit war nicht nur den sämmtlichen Griechen, Russen und Orientalen, sondern auch dem ganzen Protestantismus, und also der Hälfte der deutschen Mitbürger, von der kirchlichen Tribüne einer vom heiligen römischen Stuhl gesegneten, zum größten Theil aus Priestern bestehenden, Versammlung auf deutschem Boden der christliche Charakter rundweg abgesprochen. Nicht Eine Stimme erhob sich gegen diese bübische Beschimpfung der ganzen nichtpäpstlichen Christenheit!

Wen kann es da Wunder nehmen, daß auch auf den Kirchentagen der Protestanten in der Opposition gegen den Katholicismus mitunter das Maaß überschritten wurde, wie es namentlich im J. 1852 zu Bremen der Fall war. Aber gegen solche Ueberschreitungen erhoben sich jederzeit aus der Mitte der Protestanten selbst besonnene Männer, welche zur Mäßigung mahnten. Der Bremer Kirchentag fand eine scharfe Rüge nicht nur im Halle'schen Volksblatte von H. Leo, sondern auch auf der Leipziger Conferenz des folgenden Jahres. „Gleich im Voraus", begann der Superintendent Münchmeyer seine Rede über die römische Frage, „sei hier erklärt: Wir unterschreiben nicht, desavouiren vielmehr bestimmt solche Urtheile, wie sie auf dem vorigjährigen Kirchentage zu Bremen laut geworden, aber doch auch da schon von anderer Seite zurückgewiesen wurden." — „Auch nach der Reformation", bemerkte er weiter, „hat die römische Kirche rechte Christen, und noch in diesen letzten Tagen ihre Sailer, ihre Diepenbrock hervorgebracht, von denen sich nicht wird beweisen lassen, daß sie ihr geistliches Leben an den Brüsten

---

[1] Verhandlungen der zweiten Versammlung des katholischen Vereins Deutschlands. Amtlicher Bericht. Breslau 1849. S. 13.

der protestantischen Kirche gesogen hätten." — „Auch das", fügte der evangelische Redner bei, „ist ihr (der römischen Kirche) sogar zuzugestehen, daß sie ihre besondere Gabe habe, namentlich auf dem Gebiete des Cultes und der Disciplin, der Verfassung und des Regiments. Da brauchen wir uns nicht zu schämen, von ihr zu lernen."[1] Und Prof. Kahnis als Vorsitzender sagte geradezu in Bezug auf eine andere Anklage: „Ich erkläre es für eine grün protestantische Anmaßung, römisch-katholischen Theologen der alten und neuen Zeit Tiefe und Gründlichkeit der Wissenschaft abzusprechen."[2]. Gegen die zurechtsetzenden Erklärungen dieser Männer erfolgte von keiner Seite eine Einsprache.[3] Auch von der, aus 1243 Mitgliedern bestehenden, evangelischen Allianz zu Berlin im J. 1857 kann man nicht sagen, daß sie der katholischen Generalversammlung Gleiches mit Gleichem bezahlt hätte. Was Prof. Heppe über die Abhängigkeit der ganzen katholischen Laienwelt, ja auch des Clerus selbst, von der Willkür der Ausspender eines Sacramentes nach der Doctrin von der Intention bemerkte, ist ganz und gar richtig, und die Unterscheidung, welche Schenkel hinsichtlich der

---

[1] Die Leipziger Conferenz am 31. Aug. und 1. Sept. 1853. Leipzig 1853. S. 45, 50.

[2] S. 36.

[3] Von dieser Correction, welche die Ueberhitzung von ein paar Rednern des Bremer Kirchentages durch viel bedeutendere protestantische Theologen und Gelehrte sofort erhalten, hätte doch Döllinger, der demselben so große Wichtigkeit zur neuen Anfachung „des Hasses gegen die Kirche" beilegte, Erwähnung thun sollen. Außerdem kann man doch im Hinblick auf den Geist, der schon die ersten katholischen General-Versammlungen beseelte, wahrhaftig nicht sagen, daß „eine besondere Veranlassung von katholischer Seite nicht vorangegangen war, und die Gelegenheit zu solchen Ergüssen wie vom Zaune gebrochen schien" (Kirche und Kirchen S. 488).

Möglichkeit für den Protestantismus zur Erhaltung des Friedens und zur Bewahrung der Liebe zwischen Katholiken und Katholicismus machte, ist nicht minder vollkommen begründet. Denn Niemand kann sich doch ganz ruhig von einem Andern aufzehren und umbringen lassen, noch viel weniger kann er den Gewaltthätigen lieben. Dagegen fügte Schenkel im Geiste christlicher Liebe bei: „Wir halten es für ein eben so großes Unglück als Unrecht, die zwischen den Mitgliedern beider christlichen Haupt-Confessionen bestehende Kluft ohne Noth über Gebühr und Bedürfniß zu erweitern."[1]

Dieß geschah aber, man möchte in der That glauben, ganz geflissentlich auf jeder katholischen Generalversammlung. Nicht nur keinen christlichen Glauben, sondern auch keinen wissenschaftlichen Fortschritt, keine Werke der Tugend sollte es nach der Versicherung der feurigsten Sprecher auf denselben im Protestantismus geben. Nachdem schon auf der Versammlung des Jahres 1852 zu Münster Prof. Clemens von Bonn die notorische Unwahrheit ausgesprochen hatte, es „stelle sich, wenn man aus den drei letzten Jahrhunderten die Namen der ausgezeichneten Männer in jedem Zweige des Wissens aufzähle, und nach der Confession derselben frage, ein sehr großer Vortheil zu Gunsten der Katholiken heraus",[2] erklärte Prof. Michelis auf der Versammlung zu Linz im J. 1856 geradezu: „Ohne den katholischen Standpunkt können wir (!) auch in der Naturwissenschaft keinen Schritt vorwärts kommen."[3] Zum Ver-

---

[1] Verhandlungen der Versammlung evangelischer Christen Deutschlands und anderer Länder v. 9. bis 17. Sept. 1857 zu Berlin. Herausg. von Reineck. Berlin 1857. S. 275.
[2] Verhandlungen S. 224.
[3] Neuestens beklagt Herr Prof. Schulte, daß man trotz des katholischen Standpunktes nicht vorwärts kommt, und daß der

ſtändniß der von Herrn Michelis, welcher nun ſammt ſeinem katholiſchen Standpunkt doch mit mir und Andern auf dem Index ſteht, beigebrachten Begründung iſt mein Verſtand oder mein Glaube ſchon etwas zu ſchwach; ich will ſie aber doch zur Belehrung für Andere mittheilen, weil dasjenige, was in einer ſo frommen Verſammlung geſprochen wird, doch nothwendig einen Sinn haben muß. „Im katholiſchen Standpunkt ſind wir eben", meint der ſchlaue Michelis, „berechtigt, die Möglichkeit einer Entwicklung, eines weiteren Fortſchreitens, der menſchlichen Erkenntniß in natürlichen Dingen anzunehmen." Dieß ſcheint alſo ein Privilegium des Katholiken im Gegenſatze zu allen andern Menſchen ſein zu ſollen, daß er die „Möglichkeit" eines Fortſchreitens der menſchlichen Erkenntniß in natürlichen Dingen annehmen kann? Da ein Philoſoph wie Michelis gewiß zugeſtehen wird, daß es keine Wirklichkeit ohne Möglichkeit geben kann, ſo wäre alſo hiemit aller Fortſchritt der menſchlichen Erkenntniß in natürlichen Dingen, d. h. alle Wiſſenſchaft und Kunſt bis auf die Theologie, von der es ſich aber von ſelbſt verſteht, nur dem Katholicismus zuzueignen. „Nach dem katholiſchen Standpunkt", fügt Michelis der größern Gründlichkeit halber bei, „ſind wir nicht an den Buchſtaben der hl. Schrift, ſondern an den, von dem unfehlbaren Lehramt erklärten, Buchſtaben der hl. Bücher gewieſen, und wo uns dieſes Lehramt es möglich macht, den Buch-

---

katholiſche Clerus zum großen Theile ſelbſt Schuld ſei, wenn die Naturwiſſenſchaft vom poſitiven Chriſtenthum ſich abwende, weil ſeine Widerlegungen doch gar zu oberflächlich und dilettantenmäßig ſeien. (Die Stifte der alten Orden in Oeſterreich. Gießen 1869. S. 68.) — Wenn man erſt um den Standpunkt ſucht, ſo müſſen ja die Naturforſcher, weil vom Clerus verlaſſen, zu völligen Antichriſten werden.

staben richtig zu erklären, da wäre es ja Thorheit (ganz gewiß!), nicht Gebrauch machen zu wollen von unserm katholischen Vorrechte."[1] Weil also der Katholik nicht blos an die Bibel, sondern auch noch an die von Päpsten und Concilien gegebene Erklärung der Bibel gebunden ist, und eine doppelt so enge Fußschelle zu schleppen hat als selbst der orthodoxeste Protestant des 17. Jahrhunderts, darum ist bei jenem der Fortschritt in der Wissenschaft nicht nur leichter, sondern auch allein möglich! Ist das nicht Unsinn, und zwar so großer Unsinn, wie er „nur vom katholischen Standpunkt" des Herrn Michelis möglich erscheint? Aber die ganze Versammlung war erbaut von dieser Erhebung der katholischen Wissenschaft, und man konnte den Zeitpunkt für gekommen betrachten, wo endlich auch eine lang ersehnte „katholische Philosophie" möglich sein würde; denn der katholische Philosoph stand in der Person des Michelis leibhaftig vor Augen, und sein Standpunkt war der der ganzen katholischen Versammlung. Eine protestantische Wissenschaft hatte es hienach niemals noch gegeben, und würde es in alle Zukunft nicht geben können, da es ja an der allerersten Voraussetzung, dem katholischen Standpunkt, fehlt.

Noch näheren Aufschluß, wie allerdings ein solcher wenigstens sehr nützlich erscheinen konnte, ward auf einer späteren Versammlung von dem schon erwähnten Dombechant Heinrich über die Bedingungen des Fortschrittes in den Wissenschaften ertheilt. Er verlangte die Heiligkeit der Gelehrten, und für solche heilige Gelehrte nahm er geradezu die Irrthumslosigkeit und Unfehlbarkeit in Anspruch. „O gebt uns Gelehrte, die wahrhaft, die heilig sind, und sie

---

[1] Verhandlungen der achten G.-V. zu Linz 1856. S. 57.

sind auch auf den kühnsten Wegen ihrer Forschungen vor jedem Fehltritt sicher!" rief derselbe der 14. General-Versammlung zu Aachen in seinem heiligen Eifer zu.[1] Da es im Protestantismus nach katholischer Lehre bekanntlich keine Heiligen gibt, so finden sich und können sich in alle Ewigkeit auch keine wahrhaften Gelehrten bei ihm finden. Der weise Heinrich dachte dabei wohl daran, daß auch in der katholischen Kirche Deutschlands schon seit acht Jahrhunderten, seit Benno, dem treuen Freunde Gregor's VII., die Quelle der Heiligkeit vertrocknet ist, und daß sie nur noch in den romanischen Ländern üppig sprudelt, und es sollten daher jene Worte gewiß nur eine Insinuation immer vollständigerer Entnationalisirung und Romanisirung der Wissenschaft sein. Die „Kühnheit" jener Heiligen ist nicht zu fürchten, und die unfehlbare Sicherheit derselben besteht eben darin, daß sie alle ihre „Forschungen", wenn es auch nur einige aufgefundene alte Hymnen sind, zu den Füßen des Papstes als „des unfehlbaren Richters der Dogmen" niederlegen.[2] Ganz in gleichem, dem Protestantismus alles und jedes Verdienst für Cultur, und jede Befähigung zur Förderung derselben absprechend, ja nur die Zerstörung der Civilisation ihr imputirend, erklärte der Professor Hettinger zwei Jahre darauf auf der 16. General-Versammlung zu Würzburg: „Meine Herren, ein Fortschritt außer der (katholischen) Kirche das ist nicht Fortschritt, das ist Rückschritt." Die Versammlung rief „Bravo". Der Redner fuhr fort: „Dort (außer der katholischen Kirche) sind die eigentlichen Reactionäre." Und kurz darauf frägt er: „Wer lindert die

---

[1] Verhandlungen S. 128.
[2] So z. B. der Cardinal Pitra seine Hymnographie de l'église grecque. Rome 1867. Préface.

Armuth? Die Kirche allein; unsere Kirche."[1] Es klingt wie Hohn, wenn gleich nachher ein anderer Redner bemerkte: „Ich wünschte, daß die andern Confessionen zu uns kämen in unsere Versammlungen und sähen, wie Alles was wir wollen, nur Liebe ist, wie die Waffen, mit denen wir kämpfen, nur die Waffen der Liebe sind." Aber der nämliche Redner schrieb in seiner unmittelbar darauf folgenden Ausführung über die Verdienste des Christenthums um die Civilisation Alles was seit der ältesten christlichen Zeit geschehen, nur der katholischen Kirche zu, und er ließ sich gar nicht einfallen, daß bei solchen Erörterungen nur von den Wirkungen der christlichen Religion im Gegensatze zum Heiden- und Judenthum, aber nicht vom römischen Katholicismus gegenüber den andern christlichen Confessionen gesprochen werden könne.[2]

Diese empörende Ungerechtigkeit ist übrigens in der heutigen katholisch-theologischen Literatur ganz allgemein, nicht nur in Italien, Spanien und Frankreich, sondern auch in Deutschland. Nicht nur die Civiltà cattolica erklärt unter der Eingebung ihres höheren Lichtes bezüglich der Reformation: „Die pestilenzialische Finsterniß begann von

---

[1] Verhandlungen S. 59, 61. — Ebenso heißt es in der Schrift: Verhältniß der katholischen zur evangelischen Confession in Bezug auf die in den letztverflossenen Jahren vor den Schwurgerichten des preußischen Staates verhandelten Verbrechen. Münster 1857. S. 32. hinsichtlich frommer Stiftungen, Vereine und Anstalten: „Das Thermometer protestantischen Einflusses steht auf dem Gefrierpunkt, das des katholischen auf dem Siedepunkt christlicher Liebe und Barmherzigkeit."
[2] Auch das Central-Comité zur Gründung einer freien katholischen Universität bezeichnete im Gegensatz zum Protestantismus die katholische Kirche als „die Mutter aller deutschen Cultur". — Sammlung von Aktenstücken. Mainz 1865. S. 3.

ben Nebeln des Nordens auch über die andern Gegenden Europa's sich zu verbreiten und drohte alles Licht des Verstandes, alle Liebe des Herzens zu zerstören";[1] nicht nur Balmes ist der Ansicht, es seien „die seit der Reformation gemachten Fortschritte nicht durch, sondern trotz des Protestantismus gemacht worden";[2] nicht nur der Graf Montalembert meint: „hie und da finde man im protestantischen Deutschland eine Handvoll anständiger und guter Leute, denen es nicht an gutem Willen fehle, die Consequenzen ihres Princips zu bekämpfen";[3] auch der Weihbischof Baudri von Köln sprach es erst auf der General-Versammlung der katholischen Vereine Deutschlands im Jahre 1868 offen aus: seit der Spaltung des 16. Jahrhunderts sei unser Vaterland im Verfall stetig fortgeschritten, „bis wir in der letzten Zeit so weit gekommen seien, daß wir nur mit Sorgen in die Zukunft blicken können und daß es heiße: es halte jeder, wo er nur halten kann, damit der gewaltige Bau (des römischen Katholicismus?) nicht über uns zusammenstürze."[4] Wenn noch heute Nachts die Welt unterginge, so wäre daran Nie-

---

[1] Civ. catt. 1853, I, 406: la pestilente tenebria dalle nebbie settentrionali cominciava a distendersi sulle altre regioni d'Europa minacciando di pervertire ogni lume della mente, ogni affetto del cuore.

[2] Protestantismus und Katholicismus in ihren Beziehungen zur europäischen Civilisation. Aus dem Spanischen von Hahn. Regensburg 1861. II, 454. Die franz. Uebersetzung von Blanche-Raffin erschien schon im Jahre 1852 in dritter Auflage.

[3] Des intérêts catholiques au 19. siècle. Paris 1852. p. 58: çà et là il reste une poignée d'hommes honnêtes et pieux, à qui ne manque pas la bonne volonté de combattre les conséquences de leur principe.

[4] Verhandlungen der 19. General-Versammlung zu Bamberg 1868. S. 272.

mand, gar Niemand, als der Protestantismus Schuld; denn dieser „hat von Anfang an", sagt Baudri, „den Wurm des Unglaubens in sich gehegt und genährt, durch den die ganze Gesellschaft zu Grunde gehen müßte".[1]

Daß der Protestantismus die Mutter aller Revolutionen sei, dieß ist ein förmliches Dogma der gesammten katholischen Polemik, und deshalb so unfehlbar richtig, daß auch der klarste Augenschein, die unwidersprechbarste gegentheilige Erfahrung, daß nämlich die gewaltthätige Hemmung der Reformation zur Revolution führe,[2] es nicht zu erschüttern vermag. Auch auf den übrigen General-Versammlungen der katholischen Vereine Deutschlands bildet dieser Vorwurf einen stehenden Artikel. „Zwei Schlachtreihen," behauptete unter Anderem Professor Kreuser aus Köln auf der Versammlung des Jahres 1859, „stehen sich einander gegenüber: Gehorsam, Unterordnung, Katholicismus; und seine Gegenpartei: Ungehorsam, Aufruhr, Nichtkatholicismus."[3] Jedes weitere Wort hierüber wäre unnütze Verschwendung. Mit Kindern und Narren, sagt das deutsche Sprichwort, läßt sich nicht streiten. Und confessionelle Fanatiker sind noch viel bornirter und für jede Vorstellung unempfänglicher als jene. Es versteht sich, daß dieser moderne Katholicismus auch nur eine katholische Politik kennt, und, wie wir schon erwähnt haben, sind bis auf die jüngste Zeit die Hoffnungen auf Oesterreich gerichtet gewesen, welche auch Bayern noch realisiren helfen zu müssen

---

[1] Daselbst S. 277.

[2] Insofern sagt Kahnis (Ueber die Principien des Protestantismus. Leipzig 1865. S. 35) ganz richtig: „Nicht Revolution, sondern das alleinige Mittel, die Revolution zu verhindern, war und ist die Reformation."

[3] Verhandlungen S. 238.

glaubte. Jetzt freilich ist man, so lange die Erinnerung an die erlittene Züchtigung noch juckt, etwas kleinlauter und bemüthiger geworden, wenigstens die Vernünftigeren, welche von dem Haufen der Fanatiker sich halb gegen ihre Ueberzeugung hatten fortreißen lassen. Schon die zweite General-Versammlung hatte sich, wie der amtliche Bericht versicherte, „nur dem Lichtgedanken der katholischen Politik zugewendet", und man scheint durch dieses überaus helle Licht ganz erblindet zu sein.

Natürlich ist die ganze Geschichte und Entwicklung des deutschen Protestantismus nach der Lehre der katholischen General-Versammlungen nichts als lauter Betrug und lauter Lüge. „Vor dreihundert Jahren, sprach Moufang, der Schreckliche, auf der 15. Versammlung 1863, hat man angefangen, gegen uns zu lügen, alsdann hat man fortgefahren gegen uns zu lügen durch Wort und Schrift, in Büchern aller Art, und so treibt man es fort, Jahr aus Jahr ein".[1] Aber, Dank den ultramontanen Theologen, die mit vereinten Kräften und weit nachdrucksameren Mitteln das Werk der Entstellung alles Nicht-Ultramontanen schon so lange, und in den letzten dreißig Jahren emsiger als je sich haben angelegen sein lassen, Dank diesen frommen Bemühungen um Aufhellung der Wahrheit, ist es, sagt Moufangs ebenbürtiger College Haffner, „nicht mehr möglich, daß man das Volk um seinen katholischen Glauben betrüge, wie es die Fürsten des 16. Jahrhunderts gethan haben".[2] Bis in die Niederungen der Schlachthäuser und Fleischbuden ist diese Weisheit schon gedrungen. Einer

---

[1] Verhandlungen der 15. Gen.-Vers. zu Frankfurt a. M. 1863. S. 176.
[2] Daselbst S. 325.

der gefeiertſten Redner der katholiſchen General-Verſammlungen, gewiſſermaaßen der Repräſentant der Laienwelt, iſt ja der Metzgermeiſter Falk, natürlich aus Mainz, der dieſelbe nach ſeihem eigenen Geſtändniß wie ein Theages an der Seite des Socrates, aus dem vertraulichen Verkehre mit Moufang und Heinrich, „bei denen Niemand zwei Tage ſein kann, ohne ſie liebzugewinnen" (Stürmiſcher Beifall!), geſchöpft hat. Als wenn er ein Stück Vieh vor ſich hätte, macht er aus der ganzen Welt zunächſt zwei Hälften: die Katholiken und die Nichtkatholiken. Letztere zerhaut er dann weiter in vier Viertel, je nachdem ſie der katholiſchen Kirche widerſtreben: aus Unwiſſenheit, deren aber, wie er bemerkt, nur „eine kleine Zahl" iſt, oder aus Haß, oder aus Stolz, oder aber aus Feigheit.[1] —

Die katholiſchen General-Verſammlungen werden in ihrer ſteten Nährung des Bruderzwiſtes aufs Beſte unterſtützt durch die Päpſte und das ganze romaniſche Ausland, namentlich auch durch das benachbarte Belgien. So ſandte, um nur Einen Beleg beizubringen, der im Auguſt 1864 gehaltene Katholiken-Congreß zu Mecheln an die General-Verſammlung der deutſchen Katholiken-Vereine des nämlichen Jahres zu Würzburg eine Adreſſe, welche der Ehrenpräſident Ducpetiaux vorlas, und die von der Verſammlung mit „lebhaften Bravo's" aufgenommen wurde, worin es hieß: „Die Zeit der Sekten iſt vorbei, der Proteſtantismus löſt ſich auf. Die Häreſie, welche euch ſpaltete, hinterläßt alſo bei ihrem Tode das Terrain dem Katholicismus und der Gottloſigkeit (au catholicisme et à l'impiété). Unter dieſen zwei Gegenſätzen, der Wahrheit und dem Irrthum, dem Lichte und der Finſterniß, dem Leben und dem Tod,

---

[1] Verh. der 17. Gen.-Verſ. zu Trier 1865. S. 134.

gilt es zu wählen".¹ Dabei können sich nun freilich die Häupter dieser Versammlungen selbst nicht verbergen, daß es mit dem Christenthum auf katholischer Seite selbst nicht gar glänzend aussehe. Und da sie außer ihres eignen Kreises nun einmal nichts Christliches anerkennen dürfen, so bleibt nichts übrig, als daß man ganz Europa als entchristlicht erkläre, was z. B. der Frh. von Andlaw auf der 14. General-Versammlung zu Aachen im Jahre 1862 ganz offen gethan hat, indem er von dem „vormals christlichen Europa" sprach.² Die Ultramontanen sind nämlich wie gewisse Aerzte, die für alle Krankheiten nur Ein Mittel haben, nämlich den Papst. So fragen sie auch sich und Andere immer nur, wie es mit der Anerkennung der Prätensionen des Papstes bestellt ist. Ist hier Alles in guter Ordnung, dann — aber auch nur dann — ist die Krankheit jedenfalls nicht zum Tode; hat sich aber in dieser Beziehung etwas verschoben, dann ist das Christenthum in großer Gefahr, und nichts als eine Dosis päpstlicher Mixtur kann helfen.

So hatte unter dem Eindrucke aller der Concessionen, welche die deutschen Regierungen, namentlich Oesterreich und Preußen, seit dem Jahre 1848 in den Concordaten dem Papstthum gemacht hatten, der Bischof Ketteler, nachdem er schon in seinem auf die Bonifaziusfeier bezüglichen Hirtenbriefe den ganzen Protestantismus für Heidenthum erklärt hatte, auf der 15. General-Versammlung zu Frankfurt a. M., deren Präsident er war, versichert: „Wir leben in einer eigenthümlichen Zeit, nicht in einer schlechten, viel-

---

¹ Verhandlungen S. 42 fg. — Auch die Histor.-pol. Blätter erklären (Jahrg. 1867, Bd. 2, S. 965, 969) alle Nicht-Ultramontanen geradezu als Kinder Belials.
² Verhandlungen S. 94.

mehr nach meiner Ansicht in einer sehr guten Zeit."[1] Auch dazu rief die Versammlung ihr „Bravo". Aber gleich nach dem letzten Kriege, der die auf den bevorstehenden Untergang des Protestantismus Hoffenden, und allenthalben Gott bereits dafür Dankenden so furchtbar enttäuschte, lautete die Sprache des Bischofs Ketteler ganz anders: „Die deutsche Nation", rief er jetzt in einem Pastoralschreiben klagend aus, „die sonst an der Spitze aller Völker das Schwert für die Kirche Gottes trug, steht jetzt unter allen Völkern, welche die Sache Gottes vertheidigen, und seiner Kirche zu Hilfe eilen, fast an der letzten Stelle".[2] Dieß war der Dank für alle die Summen, welche das deutsche Volk, sogar das protestantische, zur Stütze des, durch die Unfähigkeit und Ungelehrigkeit seiner eigenen Regenten zu Grunde gerichteten Kirchenstaates seit einem Decennium nach Rom geschickt hatte! Ein noch größerer Lohn steht uns von Seite des Papstes und seines Concils selbst in allernächster Zeit bevor — Alles geradeso wie am Anfange des sechzehnten Jahrhunderts.

---

[1] Verhandlungen S. 28.
[2] Die gegenwärtige Lage des heiligen Vaters. Ein Hirtenbrief. Mainz 1867. S. 17.

VII.

Was ich im Obigen aus den Reden auf den General-Versammlungen der katholischen Vereine Deutschlands, denen Döllinger bei ihrer Entstehung die schöne Aufgabe gestellt hatte, „den Argwohn, die feindselige Stimmung unter den Confessionen, welche das größte Hinderniß der Verwirklichung der deutschen Einheit sei, zu heben oder wenigstens zu mildern",[1] als Beispiele dafür, in welch gewissenloser Weise das ganze Reformationswerk und der gesammte Protestantismus nach Personen und Sachen entstellt wird, ausgehoben habe, ist so wenig in Bezug auf irgend einen Punkt als vollständig oder als das Aergste zu betrachten, daß ich mich anheischig mache, schon im Hinblick auf die mir aus meinen noch in München gefertigten Auszügen zu Gebote stehenden Aeußerungen jede Stelle mit wenigstens zehn andern, die gleiche oder wo möglich noch größere Ungerechtigkeit und Unwahrheit enthaltenden, zu vermehren. Es war mir hier nur darum zu thun, jedem gebildeten Katholiken Deutschlands die Frage an das Herz zu legen, ob denn ein Kirchenthum, das sich in seiner vornehmsten Gesammt-Repräsentation in Mitte unsers Vaterlandes fort und fort so abscheulicher Verläumbungen gegen unsere protestan-

---

[1] Die Freiheit der Kirche. Regensburg 1849. S. 29.

tischen Mitbürger schuldig macht, das die Oriflamme des Fanatismus von einem Ende zum andern trägt, darauf Anspruch machen könne, unser religiöses Bedürfniß zu befriedigen? Unser Herz sucht in der Religion unverfälschte Wahrheit: der Ultramontanismus zeigt uns die unverschämteste Lügenhaftigkeit; unser Herz sucht in der Religion strengste Gerechtigkeit in Anerkennung alles Guten und im Bekenntniß des eigenen Bösen: der Ultramontanismus kann nur bestehen durch Aufrechterhaltung der offenkundigsten Ungerechtigkeit nach beiden Seiten; unser Herz sucht in der Religion die Nahrung aufrichtiger Bruderliebe: der Ultramontanismus schürt nach Kräften das Feuer der Zwietracht. Und ich wiederhole es mit allem nur immer möglichen Nachdrucke: es handelt sich nicht um blos einzelne übertriebene und in überhitzter Leidenschaftlichkeit gethane Aeußerungen, sondern die ganze heutige katholisch-theologische Literatur, die päpstlichen Bullen und bischöflichen Hirtenbriefe voran, trägt diesen Charakter. Welcher katholische Vater, welche Mutter, die eben so christlich wie deutsch fühlen und empfinden, sollen nicht nach allen Kräften beitragen, ihre Kinder der Gefahr der Verführung durch solchen unchristlichen und undeutschen Fanatismus zu entziehen? Und dieß können sie durch Unterstützung, nicht der selbst verführten ultramontanen Partei des Clerus, sondern der ächt christlichen und patriotischen Bestrebungen zur Theilnahme der katholischen Laien am gesammten Unterrichts- und Kirchenwesen.

Es ist mir sehr wohl bekannt, daß auch der Protestantismus sich großer Entstellung katholischer Lehren, Einrichtungen und Personen schuldig gemacht hat, und vielfach heute noch schuldig macht. Ich war schon vor ein paar Jahren daran, dieß in einer besondern Schrift darzulegen, und ich könnte demselben ein langes Sündenregister vorhalten. Ich werde aber Solches ohne besondere Veranlassung nicht thun, und zwar darum nicht, weil ich für's Erste meine Ehre darein setze, wo die übrigen katholischen Theologen fast alle miteinander sie nicht suchen: recht sauber vor der Thüre des eigenen Hauses zu kehren, und weil für's Zweite der deutsche Protestantismus im direkten Gegensatze zum Katholicismus auf dem Wege der ernstlichen Selbstbesserung, Reinigung und Entwicklung begriffen ist, so daß die Verfehlungen Einzelner dem Ganzen gegenüber nicht mehr in so hohen Betracht kommen, und größtentheils aus den verschiedenen äußeren, geographischen, politischen und socialen Zuständen, welche auf die Auffassung der kirchlichen Controversen von viel größerem Einflusse sind als man anzunehmen gewohnt ist, sich erklären. Die meisten dieser zu strengen und ungerechten Polemiker sind in solchen protestantischen Gegenden, wo man weniger Gelegenheit hat, die Katholiken aus persönlichem Umgange, sondern mehr nur aus der fanatischen Literatur ihrer Theologen zu erkennen. Außerdem ist auch ein anderer Umstand noch von Belange. Was manche Lutheraner betrifft, deren Grobheit protestantische Theologen selbst beklagen [1] und mitunter kaum erklärlich finden, [2] so ist nicht zu übersehen, daß diese Schärfe bei ihnen

---

[1] So z. B. Auberlen, Schleiermacher. Ein Charakterbild. Basel 1859. S. 92.

[2] So unter Andern Barmann in der Deutschen Zeitschrift für christliche Wissenschaft und christliches Leben. Berlin 1861. S. 417. Er meint, es komme ihre Grobheit „zumeist wohl daher, daß auch unter den Gnesio-Lutheranern nicht ausgemacht ist, was lutherisch sei". Einen schlimmeren Grund gaben die Göttinger Theologen an in ihrer „Denkschrift über die gegenwärtige Krisis des kirchlichen Lebens". (Göttingen 1854. S. 8. „Wo Mangel an eigenem wahren Lebensgehalte sich findet", sagten sie, „da läßt sich

als den ächten Nachkommen des „groben Walbrechers" wie Luther sich dem milderen Melanchthon gegenüber nannte, nun einmal eingeführte Sitte ist, während von den katholischen Ultramontanen dieß durchaus nicht gesagt werden kann, sondern dieselben ebenso verächtliche Schmeichler und vortreffliche Schönfärber als rohe Lästerer und geschickte Verschwärzer sind.

Die Versündigung der lutherischen Orthodoxie kann man nicht strenger rügen, als schon der Prälat Ullmann es gethan hat. „Die beschränkte protestantische Partei", sagte er, „zum Theil veranlaßt durch Männer der Reformation selbst, aber durch deren Beispiel keineswegs gerechtfertigt, da wir ihren, auf Leben und Tod kämpfenden, Eifer wohl sittlich bewundern, aber nicht zum Muster für die Geschichtsbetrachtung machen dürfen, verkennt das Naturgemäße und relativ Nothwendige in der Entwicklung des Papstthums, sowie seine geschichtliche Bedeutung, sie sieht in der Hierarchie nur Verderbniß, in der Kirche des Mittelalters nur Finsterniß, in der Reformation dagegen nur Licht, Freiheit und Vollkommenheit, und gleichwie sie jene

das Gefühl einer inneren Leere nie unterdrücken, und die darbende innere Unruhe sucht gerne das Gefühl des Lebens und der Kraft in der Vergleichung mit Anderen in dem Bewußtsein der Ueberlegenheit und Erhabenheit über Andere. Sie kann ihres eigenen Lebens nicht froh und gewiß werden außer durch Gegner, die sie herabsetzen und niederkämpfen kann; daher ist sie unfriedfertig, streitsüchtig." — Ich habe diese Stelle nicht wegen der Lutheraner, sondern deshalb mitgetheilt, weil eine solche, von einer ganzen theologischen Facultät gegebene Erklärung über die eigentliche Ursache der Grobheit der Polemik mir von ganz besonderem Werthe zu sein scheint für alle Parteien, und weil ein solches Selbstbekenntniß meines Wissens noch gar nie und nirgends bei Theologen vorgekommen ist.

und deren Repräsentanten nicht schwarz und schlimm genug, so kann sie diese und ihre Vorkämpfer nicht hell und glänzend genug schildern."¹ Wo wäre heutzutage der katholische Theologe auch in Deutschland, der bezüglich der noch weit ärgeren Entstellungen des Protestantismus und seiner ganzen Geschichte durch den Romanismus zu gleichem aufrichtigem Schuldbekenntnisse sich zu erheben vermöchte, ja der Solches auch nur durch die kirchlichen Oberbehörden ungeahndet wagen dürfte? Der Graf Montalembert hat kürzlich darauf hingewiesen, daß protestantische Gelehrte und besonders deutsche Historiker wie Johannes Müller, Ranke, Heinrich Leo, Menzel, Voigt u. A. es gewesen sind, welche das katholische Mittelalter gegen die absolute Verdammung von Seite eines Voltaire und der andern, aus der Opposition gegen die fanatische Theologie des Jesuitismus consequent hervorgewachsenen Freigeister in Schutz genommen haben.² Was haben denn dafür die katholischen Historiker Deutschlands und Oesterreichs gethan? Lassen sich die Stolberg, Gfrörer, Hurter, Höfler, Philipps, Koch u. s. w. in Bezug auf Unparteilichkeit in der Darstellung nichtkatholischer Zustände mit den oben genannten protestantischen Gelehrten bezüglich der katholischen Verhältnisse vergleichen? Und ist der nämliche Gegensatz nicht auch bei den beiderseitigen Kirchenhistorikern vorhanden? Kann man den Neander, Gieseler, Ullmann, Hase die Döllinger, Hefele, Werner, Riffel in Bezug auf Gerechtigkeitssinn wirklich ebenbürtig an die Seite setzen? Haben nicht alle Werke der letzteren den widerlichen Beigeschmack von dem

---

[1] Die Reformatoren vor der Reformation. 2. Aufl. Gotha 1866. Vorrede S. XVII.
[2] Les moines de l'Occident. 4. éd. Paris 1868. t. I. Indroduction p. CCXVIII.

Unfehlbarkeits- und Alleinseligmachungsdogma ihrer Kirche, die sie zu vertheidigen sich die undankbare Mühe geben? — undankbar, weil gerade die unbefangensten unter ihnen doch am Abende ihres arbeitvollen Lebens sich gestehen müssen, nur einen Sisyphusstein gewälzt zu haben, der immer wieder auf sie selbst herunter rollt.

„Die gesammte Betrachtung des römischen Katholicismus und seiner geschichtlichen Koryphäen", sagt Hundeshagen, „hat in neuerer Zeit auf protestantischer Seite eine Aenderung erfahren. Wer wollte es läugnen, daß sie leidenschaftsloser, unbefangener, vielseitiger geworden ist."[1] Mag daher auch immerhin, wie Wolfg. Menzel versichert, „der gemeine Philister im protestantischen Norddeutschland heute noch vom Katholicismus denken und sprechen ungefähr wie Nicolai vor hundert Jahren:[2] genug wenn nur einmal auch die öffentlichen Bildner und Erzieher des protestantischen Clerus und der Lehrer des Volkes einsehen und auch auf den Kampf des Protestantismus gegen den Katholicismus anwenden, was Julius Müller so treffend

---

[1] Beiträge zur Kirchenverfassungsgeschichte und Kirchenpolitik. Wiesbaden 1864. Bd. I. 527. Aber Theologen, die sich selbst so grober Entstellung des Katholicismus schuldig machen wie der Dorpater Professor M. v. Engelhardt in seiner Abhandlung: Katholisch und Evangelisch (Dorpater Zeitschrift Bd. 8 Jahrg. 1866) haben kein Recht zu sagen: „Der Entstellung des Katholicismus zu polemischen Zwecken wird heutzutage Niemand so leicht einen protestantischen Theologen beschuldigen. Die Leidenschaft des Kampfes ist längst einer ruhigen und sachlichen Erwägung gewichen." Mir ist in der gesammten neueren Literatur des Protestantismus keine Schrift bekannt, die größere Unwahrheiten über den Katholicismus enthielte. Dagegen hat Herr v. Engelhardt vollkommen Recht, daß „die unparteiische Würdigung des Gegners die erfolgreichste Waffe sei". (S 3.)

[2] Geschichte der letzten 120 Jahre. Stuttgart 1860, I, 304.

zunächst von der lutherischen Orthodoxie bemerkt: „es sei der Fluch, der auf einem principiellen Kampfe gegen eine verwandte, auf demselben göttlichen Lebensgrunde ruhende religiöse Gesinnung und theologische Denkweise fast unabwendbar lastet, daß man gezwungen ist, sie zur Carricatur zu machen, um eine solche Art ihrer Bestreitung zu rechtfertigen."[1] „Dem ächten Protestantismus bleibt", „wie Nitzsch ganz richtig bemerkt hat, „immer der Vorzug, daß er darin ein göttliches Ziel erkennen darf, wenn die gespaltenen Theile genöthigt würden, sich in der höheren Einheit der christlichen Kirche zu erkennen, und daß er gegen weitere Prüfung, Ergänzung und Vervollkommnung seiner Zustände sich nicht verstockt."[2] Denn für jeden Protestanten ist es ja, wie jüngst der für so strenggläubig erklärte gegenwärtige Unterrichtsminister Preußens in einem Schreiben an den Generalsuperintendenten von Cassel bemerkt hat, „wohl außer Zweifel, daß keine aus menschlicher Machtvollkommenheit hervorgegangene Ordnung als unwandelbar vollkommen und einer Fortentwicklung weder bedürftig noch zugänglich anzusehen sei".[3]

Vor Allem darauf muß sich, scheint es mir, die Hoffnung aller, auf christlicher Grundlage stehen bleiben wollenden, Deutschen gründen. Und in der Ueberzeugung von der Unmöglichkeit, daß das römische Papstthum, selbst wenn es wollte, in der Verbindung zwischen den verschiedenen christlichen Confessionen, zunächst der Katholiken und Protestanten Deutschlands, zu einer höheren Einheit der christlichen

---

[1] In der deutschen Zeitschrift 1855. S. 108.
[2] In einem Vortrage auf der Pastoralconferenz zu Berlin am 19. Juni 1851: Ueber die Ursachen der sich mehrenden Uebertritte zur römischen Kirche. Deutsche Zeitschrift 1851. S. 229.
[3] Allg. Ztg., 17. Sept. 1869. Nr. 260.

Kirche, nämlich durch reinere und tiefere, unserem Culturstandpunkte gemäße, Erfassung des Christenthums, ein göttliches Ziel erkennen dürfe, liegt der Grund zu meiner Ansicht von der unumgänglichen Nothwendigkeit des Bruches mit Rom. Es kann nicht stark genug betont und nicht oft genug wiederholt werden, daß bei der bisherigen, rein juridischen, nicht wissenschaftlichen und ethischen, Auffassung der Trennung von Seite der Katholiken, wornach die Protestanten nur immer als Angeklagte oder vielmehr als bereits schuldig Erklärte und Verurtheilte erscheinen, denen nichts als die reumüthige „Rückkehr" übrig bleibe: daß, sage ich, auf diesem Standpunkte jede wahre Verständigung und schon die Einleitung hiezu eine pure Unmöglichkeit ist. Denn es handelt sich nicht um einen criminalen, sondern um einen physischen Proceß, wo jeder in die Entwicklung eintretende Bestandtheil ungebunden und frei sein muß, um auf den andern wirken zu können. Döllinger hat vor neun Jahren gesagt, es sei „für jetzt" eine Vereinigung nicht möglich, weil es protestantischer Seits an bevollmächtigten Vertretern zu Unterhandlungen fehle, und nur die katholische Kirche vermöge ihres Organismus solche zu stellen vermöge; weil es ferner auf protestantischer Seite „keine gemeinschaftliche Grundlage, keinen Ausgangspunkt jetzt mehr gebe", weil endlich „jeder Beschluß, jede dogmatische Feststellung, principiell dem Veto jedes Einzelnen, sowie ganzer Schulen und Parteien unterläge".[1] Ich kann mich nicht zu dieser trüben, jede Hoffnung auf einstige Verständigung in unabsehbare Entfernung hinausrückenden, ja wie jetzt die Dinge liegen, den Untergang des deutschen Volkes bedeutenden, Anschauung bekennen. Denn dieselbe

---

[1] Kirche und Kirchen. Vorwort S. XXII, §. 4.

schließt nichts Geringeres als die Erwartung der Rückkehr des deutschen Protestantismus, entweder geradehin zum Tridentinum oder doch zur Concordienformel in sich. Beides wäre der Ruin unserer Nation. Ich neige vielmehr zu der viel erfreulicheren Ansicht, daß die Hoffnung auf Verständigung noch nie so groß gewesen wie jetzt, und zwar gerade aus dem entgegengesetzten Grunde, weil man nämlich auch auf katholischer Seite immer allgemeiner zu erkennen anfängt, daß jene hierarchischen Vertreter nicht die Kirche selbst wahrhaft repräsentiren, daß ferner die Union nicht durch Aufstellung neuer Dogmen, sondern durch Aufgeben einer ganzen Reihe von alten Kirchenlehren zu erreichen sei, und daß endlich eben Dieß nur auf der Grundlage Dessen geschehen könne, was Allen, die Christen sein, d. h. ihr Leben und Denken nach den klaren Lehren, Geboten und Beispielen Christi regeln wollen, gemeinsam ist. Denn die zukünftige Kirche Deutschlands soll nicht aus geistlichen Herren und hörigen Gläubigen, sondern aus lauter gleichgestellten Christenmenschen bestehen; wenigstens muß sie sich dieses Ideal zum letzten Ziele setzen.

Die Zumuthung zur „Rückkehr" d. h. die Waffen zu strecken und unter das Joch zu gehen, welche Rom an unsere deutschen protestantischen Brüder in der Einladungsbulle zum Concil vor aller Welt gestellt hat, ist geradezu eine Impertinenz, eine Abscheulichkeit. Doppelt impertinent und abscheulich aber wäre die Einstimmung in diese Aufforderung für jeden deutschen Katholiken, der das Herz auf dem rechten Flecke hat. Wir schulden unsern protestantischen Mitbürgern noch die Genugthuung für jene Insulte. Wir sind keine blinden Bewunderer ihrer Leistungen und Thaten auf keinem Gebiete; aber wir verkennen doch auch nicht all das zahlreiche Gute, was wir ihnen verdanken, und wir weisen mit Entrüstung jene Auffoderung des romanischen Auslandes zurück, ja wir erklären uns selbst durch die Zumuthung tief entehrt: uns Katholiken als den gerechten Pharisäer und die Protestanten als den schuldvollen Zöllner betrachten zu sollen. Wenn ich diesem Gefühle der Entrüstung vom fernen ausländischen Strande der Newa Worte leihe, so geschieht es in dem Bewußtsein, daß Millionen Katholiken in meinem deutschen Vaterlande dasselbe mit mir theilen.

Aber bei all dieser patriotischen Entrüstung sind wir weit entfernt, dem Ultramontanismus Gleiches mit Gleichem zu vergelten. Mit den Gröninger Theologen in ihrem Briefe vom 1. Dec. 1868 sagen wir dem Papste: „Wir ehren in der Kirche, deren Haupt du bist, viele wahrhaft christliche Elemente, und weisen daher auch deiner Kirche einen hervorragenden Platz in der christlichen Gesammtgemeine an; aber als rein von Irrthum können wir sie nicht erkennen". Ja noch mehr: Wir Deutsche, auch wir Katholiken, könnten wir allenfalls dem Papste als Antwort auf seine Bulle sagen, sind der Meinung, daß das Christenthum bei euch Römern schon aus ganz natürlichen Ursachen gar nicht einen sehr hohen Grad der Entwicklung in der Menschheit, für die es ja doch bestimmt ist, erreichen kann. Die christliche Religion wendet sich ja doch vor Allem an den Verstand, und fodert zu ihrer Selbstrechtfertigung und Verherrlichung die allerstrengste, rücksichtsloseste Kritik geradezu heraus. Sie will nicht an die Barmherzigkeit und Nachsicht der Menschen appelliren, die sie vielmehr auf das vollkommenste beherrschen zu wollen erklärt hat. Diese ihre Weltherrschaft, deren Erreichung sie als ihr Ziel erklärt, ist aber keine politische Despotie gleich dem alten heidnischen Römerreich, welchem das Papstthum nachgebildet ist, sonbern es ist ein Reich der vollsten persönlichen und nationalen Freiheit. Und zum Ausbau dieses Reiches Gottes glauben wir Deutsche von dem Schöpfer, dessen Sohn der Stifter des Christenthums zu sein versicherte, mit eigenthümlichen Gaben und Talenten ausgestattet worden zu sein, die ihr Romanen nicht, oder doch bei Weitem nicht in so vorzüglichem Grade besitzet, deren Anwendung aber wir nicht nur als Recht, sondern auch als Pflicht erachten. Wir erkühnen uns jetzt schon, zu behaupten, es sei „Alles was von lebendiger christlicher Theologie vorhanden ist, deutscher Gründung",[1] und gedenken in Zukunft diese stolze Behauptung noch besser zu rechtfertigen. Denn wir sind fest entschlossen, um euere Anathemen unbekümmert, mit unsern protestantischen Brüdern von nun an einträchtig zusammenzuwirken, und der Blick auf dasjenige, was wir schon bisher, obwohl wir, weil die Rücksicht auf euere Verfluchungen unserer Brüder uns so hinderlich gewesen, nur mit halbem Athem arbeiten konnten, zu Staube gebracht, läßt uns zuversichtlich erwarten, daß unsere nunmehrige vereinte, ungehinderte, Thätigkeit noch viel glänzendere Erfolge erzielen werde. Die Anklage der Uneinigkeit, welche von Dir und den Deinigen beständig uns entgegengehalten wird, macht uns nicht irre. Wir Deutsche, glaubt es uns nur, verstehen uns doch bei all dieser Uneinigkeit und Veränderlichkeit ungleich besser und leichter als ihr euch selbst, geschweige erst uns. Wahr ist es, wie abermals jüngst einer der Unsrigen recht gut bemerkt hat: „Nichts ist schwieriger als das Verständniß deutschen Lebens. Wenn man bereits ein halbes Jahr-

---

[1] H. Leo, Das Christenthum und das deutsche Volk. In der evang. Kirchenzeitung von Hengstenberg 1847. S. 497.

hundert daran gesetzt hat, es begreifen zu lernen, so findet man sich doch alle Tage davon überrascht. **Für den Ausländer aber ist es vollends unfaßbar**".[1] Unsere Uneinigkeit hat ihre letzte Ursache in dem geistigen Reichthum unsers Nationalcharacters. Wir sind keine blöden Ja-Sager, wir können auch Nein sagen, und haben dieß schon öfter sogar Päpsten gegenüber bewiesen, wie unser Luther in Worms, der nun von Meisterhand verewigt unter uns steht, und dessen deutschen Mannes Wort in unsern Ohren noch lange nicht verklungen ist, bezeugen kann. Wie unser deutscher Nationalcharakter einem von Bildungs-Embryonen stets wimmelnden Strome gleicht, so ist ja auch das Christenthum einem Senfkorn, einem Sauerteige, gleich, und also nichts Mechanisches, das wie ein Edelstein in einem Conservatorium, dessen Hüter ihr zu sein vorgebt, aufbewahrt werden könnte, sondern etwas Organisches, das in steter Entwicklung begriffen ist und gleichzeitig seine Wurzeln immer tiefer in den Boden eingräbt und immer weiter über denselben sich erhebt. Jahrhunderte habt ihr diese naturgemäße Entwicklung des göttlichen Senfkornes nach allen Kräften zu verhindern gesucht, und dasselbe gleich der Henne in der Fabel zu ertödten euch beflissen, um alle goldenen Eier auf einmal zu erhalten; aber es gelang euch nicht. Unsere deutsche Uneinigkeit und Veränderlichkeit zerstörte euere Einheit. Wir, d. h. zunächst die eine Hälfte von uns, besann sich auf die alte Würde und Aufgabe unserer Nation, und die andere Hälfte ist daran, das Gleiche zu thun. Dieß ist unsere Veränderlichkeit, bei welcher wir uns viel besser befinden und ein weit ruhigeres

---

[1] Pecht, Kunst und Politik. In der Beilage der A. Allg. Ztg. 1868. Nr. 247, 3. Sept.

Gewissen haben als, wie es scheint, bei euerer Unveränderlichkeit dieß der Fall ist. Wenn ihr Römer sagt, es sei die Welt daran, in Katholiken und Atheisten sich zu spalten, so können wir dieß, wenn auch nicht zugeben, doch begreiflich finden. Denn ihr habt ja nie ein anderes Christenthum als das römisch-katholische anerkennen wollen, und gewährt heute noch solche Duldung nur gezwungen; ihr Päpste nehmt kein einziges von eueren intoleranten Gesetzen zurück, sondern vermehrt und verschärft sie noch alle Tage. Aber wir Deutsche kennen schon seit viertehalb Jahrhunderten auch noch ein anderes Christenthum, von dem wir auch bei dem besten Willen nicht sagen können, daß es schlechter wäre als dasjenige, was wir euch verdanken, so daß ihr uns ganz und gar entbehrlich geworden seid".

So ungefähr, denke ich, sollte die Antwort jedes deutschen Katholiken auf die Einladung der protestantischen deutschen Brüder zur Rückkehr in den römischen Schafstall lauten.

Die Katholiken, vor Allem die Theologen und der Clerus, sind es, wie ich schon angedeutet habe, vor Allem ihrem Amte als Diener der christlichen, auf strengster Wahrheits- und Gerechtigkeitsliebe gegen den Nächsten gegründeten, Religion des von den offiziellen Vertretern jüdischen Unfehlbarkeits- und Alleinseligmachungsglaubens ans beschimpfende Holz des Kreuzes zur Erlösung der Welt von jenem Wahne menschlicher Infallibilität geschlagenen Heilandes, sie sind es ferner ihrem Berufe als Lehrer des christlichen, aus dem Dogmatismus des Heiden- und Judenthums zur Freiheit der Kinder Gottes erhobenen Volkes, sie sind es namentlich auch der Wissenschaft, deren Repräsentanten und Priester sie sein wollen, und die jeden Glauben an menschliche Träger des wesentlich göttlichen

Prärogatives der Unfehlbarkeit gänzlich ausschließt, sie sind es sodann dem Vaterlande, das nur durch streng wissenschaftliche, und nie und nimmer durch dogmatische Ausgleichung der Gegensätze aus seiner confessionellen Zerrissenheit errettet werden kann, sie sind es endlich ihrem eigenen persönlichen Interesse und ihrer Ehre schuldig, mit dem ganzen System des Tridentinischen Katholicismus zu brechen; denn alles Nivelliren und Balanciren wird fernerhin unmöglich sein. Die bisherige und heutige Haltung der liberalen Katholiken, vor Allem der Theologen, kann unmöglich zu etwas Gutem führen, sondern die Verwirrung nur steigern.

So hat, um bei dem bekanntesten Factum, das Laien und Clerus gleichmäßig interessirt, und an welchem die obersten Vertreter beider Stände Theil hatten, der katholische Staatsminister des königlichen Hauses in Bayern, Fürst von Hohenlohe, an die theologischen und juridischen Facultäten die Aufforderung gestellt, ihr Gutachten darüber abzugeben, welche „Veränderungen" denn in der Lehre von den Beziehungen zwischen Staat und Kirche, „wie sie bisher in Deutschland praktisch und theoretisch gehandhabt wird", durch die Dogmatisirung des Syllabus und der Unfehlbarkeit des Papstes herbeigeführt würden? In dieser ersten Frage des katholischen und liberalen Ministers liegt bereits ein Zugeständniß an den Ultramontanismus, wie demselben ein größeres gar nicht gemacht werden konnte. Einem wirklich liberalen Theologen sind in der Beantwortung dieser Frage bereits die Hände derart gebunden, daß er nur eine ultramontane Antwort geben kann, und ein ultramontaner Theologe wird damit das allerleichteste Spiel haben. Kann denn das Verhältniß zwischen Kirche und Staat noch mehr verschoben werden, als es „bisher", namentlich seit dem J. 1848, „praktisch" besonders „in Deutschland" bereits der Fall war? Denn es handelt sich ja um die „Handhabung der Lehre", also um die Stellung, welche Papst und Bischöfe gegenüber dem, freilich gar häufig jener Lehre nothgedrungen entgegenhandelnden, Staate bisher, vor Allem also in der letzten Zeit, eingenommen haben. Und in der Lehre von diesem Verhältniß, die in dem bis auf die neueste Zeit energisch und so weit nur immer möglich aufrechterhaltenen Protest gegen den westphälischen Frieden, welchen auch das deutsche Episcopat heute noch als kirchliches Recht anerkennt, gipfelt, besorgt man durch die Dogmatisirung des Syllabus eine „Veränderung"? Man erklärt sich also mit der „bisherigen" Lehre wenigstens indirect ganz einverstanden, und fürchtet nur deren Aenderung? Da kann auch der allerextremste Ultramontane die beruhigende Antwort geben: Die Regierung mag sich vollkommen versichert halten, daß Alles beim Alten bleiben wird, und daß kaum eine Veränderung auch nur „möglich" ist, wie die liberale Partei der Münchener sehr weise bemerkt hat. Man hätte ja, wenn man auf gründliche Verbesserung der kirchlichen Zustände dächte, die nur von der Aenderung oder dem Aufgeben der Lehrbestimmungen des Tridentinums kommen kann, vielmehr, wie uns scheint, fragen müssen, ob es denn immer so „bleiben" soll? Ob denn nicht doch die Theologen und Juristen im Interesse der Aufgaben des modernen Culturstaates auch eine Veränderung der bisherigen Lehre über das Verhältniß der katholischen Kirche zum Staate, welcher gerade in neuerer Zeit bei jeder Geltendmachung seiner unveräußerlichsten, von Religion, Sittlichkeit, Wissenschaft und socialer Wohlfahrt geforderten Rechte von Papst, Bischöfen und Clerus als Feind der Kirche, als Atheist und Verführer des katholischen Volkes ganz offen erklärt wird, ein öffentliches Aufgeben des, nicht zunächst gegen die Säcularisation der Kirchengüter, wofür eine Reihe besonderer Proteste erlassen wurden, sondern nach dem ganz klaren Wortlaute gegen die bürgerliche Gleichberechtigung von Akatholiken mit Katholiken gerichteten Protestes Innocenz' X. für unbedingt nöthig zu erachten sei? Schon von Anfang an war die allgemeine Aufregung gegen den Syllabus nicht darin begründet, daß hiemit eine neue Lehre über das Verhältniß der katholischen Kirche zum Staate aufgestellt sei, — wie denn auch dieß in der That gar nicht der Fall ist, und die achtzig Sätze blos aus Bullen und Breven Pius' IX. entlehnt sind, und also auf die bisher von der Kirche gehandhabte Lehre über das Verhältniß zum Staate sich beziehen, — sondern das Erstaunen und die Entrüstung des gebildeten Europa's war vielmehr darin begründet, daß man sah, es habe das Papstthum bei allen Gräueln der Religionskriege nichts gelernt und nichts vergessen, es habe, so zu sagen, in seiner erträumten Göttlichkeit völlig den Menschen ausgezogen und sei in der ausschließlichen Rücksicht auf sein Privatinteresse gegen den Ruin alles Geisteslebens zu so gänzlicher Gefühllosigkeit abgestumpft worden wie etwa der Schlächter eines Stückes Vieh. Man sah hier alle, längst mit ähnlichen Staatsgesetzen früherer Zeit im Schooße der traurigen Vergangenheit begraben geglaubten, intoleranten Satzungen wieder neu aus dem Grabe erstehen, und dieß alles zu einer Zeit, wo die inneren wie die äußeren Zustände des römischen Katholicismus so bedenklich als nur möglich sind; zu einer Zeit, wo gerade die protestantischen Staaten die glänzendsten Beispiele der Versöhnung gegeben hatten. Darin lag schon bei der ersten Veröffentlichung des Syllabus am 8. Decbr. 1864 der Grund der Entrüstung über denselben, bei der Wahrnehmung, daß in der „bisherigen Lehre von dem Verhältniß zwischen Kirche und Staate, wie sie (von den kirchlichen Häuptern soweit als nur möglich) in Deutschland praktisch und theoretisch gehandhabt worden", ke in e Veränderung eingetreten war. Ich könnte in gleicher Weise die übrigen, von dem bayerischen Ministerium an die theologischen und juridischen Facultäten gerichteten Fragen durchgehen. Aber der Kürze halber muß ich mich auf die Bemerkung beschränken, daß auch die weitere Frage, ob die Lehrer der Dogmatik und des Kirchenrechtes „sofort sich für verpflichtet erachten würden, die Lehre, daß die persönlichen und realen Immunitäten des Clerus juris divini seien, als auch zum Gebiete der Glaubenslehre gehörig in ihre Vorträge und Schriften aufzunehmen", daß auch diese Frage längst für jeden katholischen Theologen dogmatisch entschieden ist. Die Münchener Liberalen haben dem Minister zu wenig bestimmt die Wahrheit gesagt mit der Erklärung: „es sei dieß ohnehin die constante Lehre des canonischen Rechts von Gratian bis ins 17. Jahrhundert gewesen, und es würden also die Lehrer der Dogmatik und des Kirchenrechtes, ihrerseits fortlehrend, was nach den kirchlichen Rechtsquellen allzeit (?)¹

---

¹ Geht denn das kirchliche Recht erst bei Gratian an? Ist für die katholische Kirche die Lehre Christi keine Rechtsquelle, und muß nicht vielmehr alles menschliche Satzungswesen nach dieser regulirt werden? Wo ist im ganzen Neuen Testamente eine Spur von derartigem göttlichem Rechte der clericalen Immunitäten enthalten? Welcher Kirchenvater weiß von ihnen etwas? Solon hat einst zu Crösus gesagt: Wenn man zu Königen kommt, muß man ihnen die Wahrheit sagen. Und Christus selbst hat gesagt, ohne die Theologen auszunehmen:„Niemand kann zwei Herren dienen." Diesen Eindruck macht aber die ganze Antwort der liberaleren Münchener Theologen. So scheint es mir wenigstens aus der Ferne, wo man bekanntlich in der Regel derlei Dinge richtiger beurtheilt.

gelehrt worden ist, zugleich wohl (?)¹ behaupten, daß der Papst die praktische Nichtanwendung einzelner Immunitäten mit Rücksicht auf die Zeitumstände gestatten oder nachlassen könne!" Welch ein Löwenmuth! Also die liberalen Theologen wissen dem katholischen Staate nur zu rathen, den Bettelstab in die Hand zu nehmen, um sich von der Gnade des Papstes in Rom zu erflehen, was ihm als unveräußerliches Majestätsrecht nach der auch constanten Doctrin aller neueren Staatsrechtslehrer von Grotius bis Mohl und Bluntschli zusteht! „Wer nicht mit mir ist, der ist wider mich", so ruft von der einen Seite und in der Mitte des Vaterlandes der moderne Culturstaat, und von der andern Seite, von jenseits der Berge, der römische Papst. „Non possumus!" erschallt es von hier, wie von dort. „Non possumus!" sagt der Staat: wir können nicht betteln, ohne unsere Ehre und unsere Rechte preiszugeben. „Non possumus!" sagt der Papst: wir können nicht abgehen von der Lehre göttlicher Institution der Immunität des Clerus, da sie ja das Concil von Trient unter Anathem eingeschärft hat. Wenn die katholischen Staatsminister das Tridentinum zur Hand nehmen, so werden sie sehen, daß sie schon lange alle miteinander, und mit ihnen der Kaiser von Oesterreich und der König von Bayern, die beiden Kammern in Wien und die der Abgeordneten, wenigstens die frühere, mit einem Theile der Reichsräthe in München, im Kirchenbanne sind, den man nur nicht ausspricht, damit das Haus nicht gar zu leer wird und am Ende die Uebrigbleibenden vor Scham es auch noch verlassen.

---

¹ Das heißt, wenn der liebe Gott einem die wirksame Gnade dazu verleiht.

Diese Bemerkungen sollen durchaus keine anmaßende Bekrittelung sein, sondern lediglich eine wissenschaftliche Erörterung, zu der mich außerdem noch meine Eigenschaft als bayerischer Unterthan berechtigt, wenn nicht verpflichtet. Es scheint mir nämlich, daß die Verhältnisse ernst genug seien, um die Ansicht eines jeden bayerischen Gelehrten mit oder ohne acabemischen Katheder, der über die obschwebenden Fragen gründlichere Studien gemacht hat, wenigstens ungestraft passiren zu lassen, und das Bewußtsein ihm zu gönnen, das Seinige für alle Fälle gethan zu haben.

So hat denn bisher der Norddeutsche Bundeskanzler noch immer Recht, daß der protestantische Norden dem katholischen Süden Deutschlands allzu liberal ist. Denn der ächte Liberalismus ist gleichbedeutend mit Patriotismus, und der deutsche Protestantismus muß sich vor Allem bethätigen in entschiedener Abweisung des Romanismus und Ultramontanismus. Freilich die Lage des katholischen Bayerns ist auch in dieser Hinsicht peinlich, und es ist nicht zu läugnen, daß die protestantische Regierung Preußens ihm ganz in derselben Weise wie zur Zeit des Kaisers Joseph's II. Oesterreich gegenüber, absichtliche Verlegenheiten bereitet. So rächen sich die Versäumnisse und Versündigungen der Väter bis ins zehnte Geschlecht. Wäre Bayern unter seinem „frommen" Wilhelm nicht hinter der, die ganze germanische Nationalität durchziehenden reformatorischen Bewegung zurückgeblieben; hätte es unter seinem „katholischen" Maximilian lieber gegen Frankreich als im Vereine mit diesem gegen die deutschen Protestanten gekämpft; würde es beim Beginne dieses Jahrhunderts nicht aufs Neue das romanische Joch dem deutschen Bruderbunde vorgezogen und bald darauf sogar neuem Großmachtskitzel sich hingegeben haben: so würden heute die Dinge in Deutschland, und namentlich in Bayern, ganz anders stehen. Aber das Vergangene ist nicht mehr zu ändern. Preußens überaus günstige Lage beruht nun wesentlich darin, daß für sein Volk die Emancipation vom Romanismus längst vollzogen und damit die absolute Bedingung zur Bewerkstelligung deutscher Einigung gegeben ist. An die Wiedergewinnung eines beherrschenden Einflusses für den Romanismus ist dort nie mehr zu denken. Die Regierung wird sich davor ebenso gut zu beschützen wissen, als das Volk einen solchen nicht aufkommen ließe. Mögen immerhin einige Mönche und Nonnen auch dort beten und Werke der christlichen Liebe verrichten: das schadet nichts, und ist doch nur ein Kuchen für den Cerberus des Romanismus. Allerdings aber ist diese kluge Politik eine Verlegenheit für Bayern, dessen Ultramontane unablässig auf Preußens freundschaftliche Behandlung der katholischen Kirche verweisen, obgleich sie im Grunde sehr gut wissen, wie durchaus verschieden die beiderseitige Lage ist: daß nämlich der Ultramontanismus in Bayern die H e r r s c h a f t beansprucht, während die, noch dazu im Ganzen gebildeteren, preußischen Katholiken nichts als freie Ausübung ihrer religiösen Pflichten von der Regierung verlangen, und die ultramontanen Kundgebungen der ultramontanen Bischöfe, da sie doch nicht von gefährlicher Wirkung sind, am Besten ignorirt werden, statt Oel ins Feuer zu gießen. Oder was haben all die aufreizenden Broschüren und Hirtenbriefe des Bischofs Martin von Paderborn geschadet? Ein zu gelegentlicher Zeit fallen gelassenes beschwichtigendes Wort des Königs ist für einen preußischen Unterthan weit wirksamer als ein salbungsvoller Hirtenbrief eines Bischofes mit all seinen fanatischen Tiraden. Mag immerhin auf preußischem Boden sogar eine zahlreiche ultramontane Versammlung wie jüngst zu Düsseldorf die General-Versammlung der katholischen Vereine abgehalten und allen Nichtkatholiken und Nicht-Ultramontanen der deutsche Charakter geradezu abgesprochen werden, wie es hier von dem Herrn Baron von Loë geschehen ist.[1] Hat ja der Vater Arndt den Staatsmännern und Regierungen längst zugerufen: "Laßt gewähren, laßt strömen und stürmen! Wasser und Wind will seinen Lauf haben. Wie kann man so Dünnes und Ungreifbares hemmen, wie so Unsichtbares fassen!"[2] Und außerdem sind ja die Allerwüthendsten und die hitzigsten Brausköpfe meistens süddeutsche Ultramontane, welche glauben, es müsse die Welt untergehen, weil ihre Herrschaft dem Ende naht. Auch den zum Tode Verurtheilten gewährt man eine Gnadenfrist, wo er thun kann was er will. Mancher schämt sich nachher vor sich selbst über den Unsinn, den er geschwätzt hat, und er tröstet sich mit dem Gedanken, daß seine Rede durch den noch größeren Unsinn eines folgenden Redners vielleicht, wenn auch nicht, da sie leider gedruckt wird, in Vergessenheit kommen, doch noch etwas verständiger erscheinen wird.

Aber damit ist es freilich nicht abgethan. Ein ernstgesinnter Katholik, und vor Allem ein Theologe, hat noch Anderes zu erwägen. Was unsere Ahnen gesündigt, das haben wir nicht zu verantworten, wenn wir auch die Folgen davon tragen müssen nach den bestehenden Weltgesetzen des Zusammenhanges aller Dinge. Aber das haben wir zu verantworten, was wir selbst zur Förderung der Wohlfahrt unseres Vaterlandes zu thun unterlassen würden, oder was gar zum Verderben desselben von uns geschehen sollte. Da

---

[1] A. Allg. Ztg., 14. Sept. 1869. Nr. 257.
[2] Versuch einer vergleichenden Völkergeschichte. Leipzig 1843. S. 418.

unter sämmtlichen specifisch römisch-katholischen Dogmen auch nicht ein einziges wird aufgewiesen werden können, welches, um mich so auszudrücken, mehr gesunden Nahrungsstoff nach dem Zeugnisse der Culturgeschichte und aller Wissenschaften in sich schlösse, so müssen die katholischen Theologen, welche gleich Papst und Bischöfen darauf bestehen, daß für alle andern Christen die Rückkehr oder eine gewisse indirekte Zugehörigkeit zur römischen Kirche absolute Heilsbedingung sei, jedem Gebildeten als Charlatane erscheinen, die zur Unterweisung in solider Wissenschaft und Tugend wahrlich nicht geeignet sind. Sie selbst müssen sich wie jene Haruspices vorkommen, von denen Cicero gesagt, es sei unmöglich, daß nicht einer den andern auslache, wenn sie sich begegneten. Wer Gelegenheit hat, manchen klareren Kopf, wie solche nicht selten unter den niederen Geistlichen, und häufiger als unter den, in ihre Collegienhefte verliebten Professoren der Theologie, sich finden, sich aufrichtig äußern zu hören, der kann die offene Ueberzeugung aussprechen hören, es gleiche das ganze römisch-katholische System einem Adamsapfel, der von Außen sehr schön, aber inwendig faul ist; oder auch die Bemerkung: sie zögen an einem Karren, der gründlich verschoben sei.

Der katholische Clerus Süddeutschlands steht dem protestantischen in Norddeutschland an geistiger Befähigung durchaus nicht nach. Es ist gar nicht so, wie Hegel gemeint hat, daß die unvollkommnere Naturanlage das süddeutsche Volk im Romanismus zurückhielte;[1] es kann ebensowenig der von Marheinecke gebrauchte[2] Vergleich von

---

[1] Glauben und Wissen. Werk I, 5.
[2] Ueber das wahre Verhältniß zwischen Katholicismus und Protestantismus. In den Studien von Daub und Kreuzer 1809. S. 261.

Mann und Weib als richtig anerkannt werden, obwohl ihm nach einer andern Seite etwas Wahres zu Grunde liegt: sondern die eigentliche Ursache der, von dem Haupte der süddeutschen katholischen Theologen öffentlich ausgesprochenen geistigen Inferiorität der Katholiken Deutschlands, und besonders des Clerus, ist das Kirchensystem, an welches sie gebunden sind. Was einst der Freiherr von Stein in einem Gespräch mit Fey bemerkte: „Wir Protestanten sind Soldaten, die im Frieden mit schwerem Gepäck ihre Uebungen machen, und haben also besser geübten Athem für den Krieg; ihr Katholiken habt dagegen in euern Heiligen die Menge Diener und Troßbuben, die euch das Gepäck abnehmen und ein gutes Stück Weges tragen helfen. Ihr habt aber nur halben Athem für die Arbeit des vollen Kampfes"[1] — das gilt nicht allein von den canonisirten Heiligen, sondern von allen orthodoxen Katholiken, besonders den Geistlichen und Theologen, deren jeder in seinem Herzen einen solchen Troßbuben hat, ja haben muß, auf den er wenigstens die halbe Arbeit des Kampfes abladet: nämlich den bequemen Glauben an die unfehlbare Kirche und ihre Dogmen. Ueber diesem Glauben vergißt er, daß ihm das schönste Recht des Menschen, welches in unserer Zeit in immer weiterer Entwicklung begriffen ist, das Recht der freien Arbeit, entzogen wird.

Der katholische Theologe ist nichts als der Geselle des Papstes in Rom, und er steht an Würde unter dem niedrigsten freien Arbeiter des Volkes. Nichts ist daher auch erklärlicher als die Geringschätzung, mit welcher der seiner eigenen Kraft und Würde sich immer mehr bewußt werdende

---

[1] Arndt, Wanderungen und Wandelungen mit dem Reichs-Freiherrn vom Stein. Berlin 1858. S. 283.

Stand der Arbeiter auf den katholischen Clerus blickt. Der katholische Theologe gleicht sein Leben lang einem Lehrjungen, der von der Laune und Bosheit, sowie von dem Interesse eines Meisters oder Vorarbeiters abhängt, und welcher ihn, um ihn nicht frei erklären zu müssen, auf alle Weise chicanirt, und gerade um so mehr, je geschickter er ist. Wie so mancher katholische Theologe hat schon unter bitteren Thränen noch am Abende seines Lebens seine ganze Arbeit, all sein Schaffen und Thun, von dem Papste für alle Gläubigen verbieten sehen müssen, nicht weil die Arbeit zu schlecht, sondern weil sie zu gut war und den Meister oder einen seiner Stellvertreter, die Bischöfe, in Schatten stellte! Es gibt keinen Stand der Welt, wo tüchtige Arbeit so wenig geachtet und so gering geschätzt, ja nicht selten verachtet und mit Strafe bedroht wäre als im katholischen Clerus. Nichts ist daher auch natürlicher als daß derselbe hinter der Bildung der Zeit so weit zurückgeblieben ist, wie es von allen Gutgesinnten unter den katholischen Laien selbst beklagt wird. Ueberall eher bringt redliches Streben und angestrengter Fleiß mit Tüchtigkeit Lohn und Anerkennung, Hoffnung auf eine baldige schöne Lebensstellung und Achtung von Seite der Amts-Collegen wie der Mitbürger ein; bei dem selbstständigen Arbeiter unter den katholischen Geistlichen und Theologen aber ist von all Dem das Gegentheil der Fall, wie die ganze Geschichte des römischen Katholicismus bis auf die neueste Zeit lehrt. Schon in den Seminaren wird dieß bei jeder Gelegenheit recht empfindlich zu verstehen gegeben. Nicht die Fleißigsten und Befähigtesten, sondern meistens geistige Fehlgeburten und Schwächlinge sind die Schooßkinder der Vorstände und werden als geistige Eunuchen zu Aufsehern über die Anderen auserkoren. Ich spreche aus einer zwölfjährigen Erfahrung. Und in der Seelsorge geht es wieder ebenso. Wo man irgend einen aufgeweckten Mann als Pfarrer weiß, da stellt man ihm gewiß bald irgend einen beschränkten Mucker als „Spitzel" an die Seite. Und wenn ein Professor der katholischen Theologie, nicht etwa unchristliche und unsittliche Lehren, sondern Ergebnisse jahrelanger wissenschaftlicher Arbeit, die mit irgend einem der 431 Anathemen des Tridentinums nicht recht harmoniren, seinen Schülern vortrüge, so würde er abgesetzt oder auf sonst eine feinere Art vom Lehramt entfernt, und wäre er noch ein Jüngerer, der ein wirkliches Lehramt noch nicht besäße, so dürfte er sich sein Leben lang nicht mehr von einem solchen träumen lassen, sondern, wenn er nicht etwa einen „Revers" unterschriebe, in Zukunft ganz streng Tridentinisch zu lehren, so bliebe ihm nichts übrig als nach Paris zu gehen, und ein Stiefelputzer oder Wasserträger zu werden, was ja bekanntlich mancher von seinem Bischof suspendirte Abbé ist, oder sonstwohin auszuwandern oder sich zu erhenken; denn in dem katholischen Süddeutschland wäre für einen solchen Judas unter den Aposteln und ihren Nachfolgern kein Platz mehr.

Hier ist die Quelle der geistigen Inferiorität des katholischen Clerus und auch des katholischen Volkes in Süddeutschland. Ich sage mit Nachdruck: auch des Volkes. Denn ein mündiges Volk leidet auf die Dauer keinen unmündigen, fanatischen Clerus, und es wird sich wenigstens stets auf das Wirksamste der Mißhandelten annehmen, statt, wie es dort in der Regel der Fall ist, dieselben auch noch zu verhöhnen und so die despotische Macht des Ultramontanismus zu befestigen. Die ganze Art und Weise, wie der süddeutsche Liberalismus in der Tagespresse dem katholischen Clerus gegenüber sich beinahe ausschließlich, und gerade in dem allerliberalsten Theile derselben, benimmt, ist nicht die richtige, welche zu einem guten Ziele, zur Hebung des Clerus und Volkes, führen könnte. Auch diese Form der liberalen Behandlung des Clerus durch die angeblichen Aufklärer des Volkes trägt die nämliche Signatur des Mangels an ächter Bildung. Es ist unsittliche Schadenfreude, nicht sittlicher Ernst, es ist Unterstützung der destructiven Umsturz-Tendenzen, nicht Mitwirkung zur Hebung der Civilisation, es ist grausame Verspottung und Zurückstoßung der die Befreiung von unwürdigen Fesseln mit Mühe Versuchenden, nicht christliches Mitleid und patriotische Hilfe. Es ist gerade als wenn man einen ins Wasser Geworfenen, den man noch den Kopf oder einen Arm emporhalten sieht, geflissentlich ganz untertauchen wollte. Von wem soll denn bei solcher Sachlage der bessere Theil des mundtodten Clerus die Herstellung seines Menschenrechtes, des Rechtes freier Arbeit des Geistes, zu der nach der Erklärung der Bibel der Mensch wie der Vogel zum Fluge geboren ist, hoffen?

Es ist ein bekanntes Gesetz der Physiologie, daß bei starker Thätigkeit der Muskeln auch die Zufuhr von Nahrung stark sein muß; daß aber gerade die Raschheit dieses Stoffwechsels die Muskeln verstärkt und das ganze körperliche Leben frisch und freudig macht. Diese nöthige Zufuhr von Nahrung, und in weiterer Folge der ganze Wohlstand des körperlichen Lebens ist aber bedingt von entsprechender Höhe des Arbeitslohnes. Darum steht auch nach Roscher's Bemerkung „ein dauernd hoher Arbeitslohn bei cultivirten Nationen als Ursache und Wirkung im engsten Zusammenhange mit einem blühenden Zustande des ganzen Volkslebens". Dagegen „gehört der niedere Werth, der auf die Kraft der Arbeiter gelegt wird, zu den traurigsten Sympkommen eines allgemein sinkenden Zustandes eines Volkes".[1] Das sicherste Zeichen von Verkommenheit ist es, wenn auf irgend einem Gebiete nicht mehr die Tüchtigkeit der Arbeiter entscheidet, sondern wenn ganz andere Mittel, wie Bettel, Protection durch Leute, die selbst nichts verstehen, oder gar Betrug, List und Verläumdung sicherer zum erwünschten Ziele führen. Wenn wir diesen Grundsatz auf den römischen Katholicismus überhaupt und den Werth, welcher von Papstthum und Episcopat auf die geistige Arbeitskraft, nicht etwa auf liturgische Akribie oder auch auf Betschwesterei und Frömmelei des Clerus gelegt wird, anwenden und den heutigen Zustand mit dem der ersten Zeit der Kirche vergleichen, dann müssen wir offenbar sagen, daß der ganze Katholicismus im Zustande tiefen inneren Verfalles sich befindet. Und wenn wir speciell die katholische Kirche Deutschlands ins Auge fassen, und unsern Blick, ich will gar nicht sagen hundert, sondern nur dreißig bis vierzig Jahre rückwärts kehren, so werden wir nicht minder, ganz besonders für Bayern und Baden — denn Oesterreich lag damals völlig in den Banden der Censur — das betrübende Bekenntniß ablegen müssen, daß der gegenwärtige Zustand ein unvergleichlich schlechterer ist. Und er ist Solches vor Allem in Bayern auch durch die Schuld der Regierung, die sich den Ultramontanismus, mit dem sie jetzt verzweiflungsvoll ringt, ganz selbst herangezogen hat.

Der Bischof Ketteler hat vor ein paar Jahren eine Schrift veröffentlicht, in der er seines Jammers und Mitleides darüber kein Ende weiß, daß die Arbeit durch die moderne freiheitliche Gesetzgebung immer mehr ihren Werth

---

[1] Die Grundlagen der Nationalöconomie. Stuttgart 1854. I, 310. § 173, 174.

verliere und ein furchtbar zahlreiches Proletariat und Mas=
sen-Elend die unvermeidliche Folge sein müsse. Ich habe
über den Grund oder Ungrund dieses Jammers hier nicht
zu handeln; aber die Frage an den Herrn Bischof dürfte
wohl am Platze sein, ob er denn gar nicht an das Prole=
tariat des Clerus gedacht habe, das die unausbleibliche
Folge sein muß, wenn man die Arbeit der Wissenschaft nicht
mehr achtet? Wir sehen die Früchte dieses Zustandes bereits
an dem Episcopat selbst. Kläglichere und erbärmlichere,
alles wissenschaftlichen Geistes durchaus bare, auf Düpi=
rung der Unwissenden angelegte Machwerke und Elaborate,
wie die über die wichtigste kirchliche Angelegenheit der Ge=
genwart, über das allgemeine Concil, von deutschen Bi=
schöfen veröffentlichten, lassen sich in der That kaum mehr
denken. Parturiunt montes, nascetur ridiculus mus.
Die Riesenkraft eines Döllinger erscheint solchen Pygmäen
entbehrlich! Wenn der Geist, der diese Broschüren beherrscht
— der Geist der Unwahrheit und Ungerechtigkeit, der Geist
des Pharisäismus und Fanatismus — dem Clerus zum
Muster dienen soll, dann ist das schlechteste aller möglichen
Proletariate fertig — das Proletariat eines herrschsüch=
tigen, mit Unfehlbarkeit und Alleinseligmachung wie ein
Berauschter um sich werfenden Clerus. Eine Ahnung von
dieser Verbindung der Ideen scheint Ketteler bei der Ab=
fassung jener Schrift sogar aufgestiegen zu sein. Er spricht
von der Schwierigkeit, ja Unmöglichkeit, die beiden Ent=
wicklungsmächte der Welt, Autorität und Freiheit, bestimmt
abzugränzen. Doch besinnt er sich gleich wieder, daß er
Bischof ist, und macht die Note, es gelte dieß nicht von den
„Aussprüchen der Kirche". Und was „Kirche" ist, das weiß
natürlich nur wieder der Bischof. „Die Menschen", meint
Ketteler, „sind eben keine bloßen Zahlen von ganz gleichem

Werthe".[1] O wie mancher strebsame katholische Geistliche möchte wahrhaft wünschen, doch die Natur einer solchen Zahl zu haben, der einerseits nicht die unwiderstehliche Nothwendigkeit geistiger Entwicklung, selbst über die „Aussprüche der Kirche" hinaus, innewohnt, und die man doch auch bei dem besten Willen und bei aller despotischen Willkür unter ihren Nennwerth nicht herabsetzen kann, sowenig als dann die Nullen eine Hoffnung auf Beförderung hätten, da sie, um einen Werth zu bekommen, doch immer nachstehen müßten, während sie im katholischen Clerus sehr häufig voranstehen.

Angesichts dieser Verhältnisse Süddeutschlands, die jetzt auch, mit der Herrschaft der Orthodoxie, in Norddeutschland bestehen, begreife ich vollkommen, wie am Ende des vorigen Jahrhunderts, am Vorabende und bei den ersten Symptomen der französischen Revolution, die besten und edelsten jungen Männer des Vaterlandes, unter den Theologen ein Schleiermacher voran,[2] diese, leider sich so bald überstürzende, Bewegung so frohlockend begrüßen konnten. Ist ja doch auch sonst im Leben jeder Wanderer froh, wenn er des Sumpfes, in dem er sich schon so lange müde gegangen, ein nahes Ende sieht, sollte er auch immer erst einen Berg zu ersteigen haben, um in seine Heimath zu kommen. Leider ist die Klage nicht ungerecht, daß auch die katholischen Regierungen sich leichter zur Nachsicht mit insultirender Schmähung des Clerus durch manche Preßerzeugnisse, ja zu eigener compromittirender Maßregelung durch die weltlichen Behörden, ja sogar, wie es scheint, zum gänzlichen

---

[1] Die Arbeiterfrage und das Christenthum. 3. Aufl. Mainz 1864. S. 24, 35.

[2] S. seinen Brief v. 14. Febr. 1793 an seinen Vater. — Aus Schleiermachers Leben I, 114.

Ausschlusse des Clerus, der doch auch so viele tüchtige Mitglieder zählt, von dem Volksunterrichte entschließen würden, als sie auf wissenschaftliche Unterstützung und geistige Emancipation desselben bedacht sind, als ob nicht die Duldung, wenn nicht Förderung, der Sklaverei des Clerus für den betreffenden Staat selbst eine Schande wäre! Um einen strebsamen katholischen Priester und Sohn des Landes mit einer Kleinigkeit zu unterstützen, haben, wie man allenthalben hört, die katholischen Unterrichtsminister in Deutschland immer kein Geld, während für andere, nicht gleich wichtige Zwecke weit größere Summen aufzutreiben sind. Aber diese Unterstützung wäre noch bei Weitem nicht so nöthig als eine andere, viel fruchtbringendere: nämlich eine Verordnung, daß es keinem Bischof gestattet sein solle, einen Studirenden der Theologie von dem Besuche der Universität gewaltsam zurückzuhalten. Welche Verdächtigungen der ausgezeichnetsten Gelehrten habe ich nicht selbst von Bischöfen in meine Ohren gehört! Und in jüngster Zeit ist es z. B. in München dahin gekommen, daß man mehr und mehr auch noch jene Functionen, durch deren zeitweilige Ausübung ein junger Geistlicher die Mittel fand, seine Studien an der Universität zu vollenden, bischöflicher Seits an geistliche Orden übertragen hat, so unter Anderm auch die Stelle, welche mir mehrere Jahre lang die Fortsetzung meiner Studien an der Universität allein ermöglicht hatte; vielleicht gerade wegen der schlimmen Folgen, welche die Fortsetzung des Studiums bei mir hervorgebracht hat, und um so mehr als bereits ein anderer junger Priester zu gleichem Zwecke um Uebertragung derselben gebeten hatte. Aus Nichts kann aber nun einmal auch bei dem katholischen Clerus trotz all seiner Weihekräfte nichts wissenschaftlich Gediegenes werden; wenigstens ist unter den Millionen von Wundern der katholischen Kirche bis jetzt dieses nicht vorgekommen. Wenn man aber dem katholischen Clerus Süddeutschlands die nöthige Freiheit und Unterstützung für wissenschaftliche Thätigkeit und namentlich auch die Aussicht auf dereinstiges solides Familienleben verschaffen wollte, so würde er, dessen bin ich überzeugt, hinter dem protestantischen Clerus Norddeutschlands in keiner Weise zurückstehen. Hierin liegt nicht die geringste Herabsetzung oder Schmälerung der wissenschaftlichen Verdienste des letzteren. Es ist vielmehr meine volle Ueberzeugung, daß dieser selbst nichts so sehr wünschen würde als eine solche von ihm für nothwendig erkannte Ergänzung der Einseitigkeit des Charakters seines Stammes. Aber Verdammung, Aufforderung zur Rückkehr, ist keine Ergänzung, sondern kann bei den Einen nur Erbitterung, bei den Andern aber verdiente Verachtung erzeugen. Als Mensch wie als Deutscher und als Christ wäre daher der katholische Clerus, und vor Allem die gelehrten Theologen, es sich selbst schuldig, mit dem Romanismus und seinem Unfehlbarkeitsdogma zu brechen.

Noch aus andern Gründen sind wir die Vollziehung dieses Bruches uns selbst schuldig. Es läßt sich kein unsittlicherer Zwang denken, als auf fremdes Geheiß denjenigen nicht lieben, sondern vielmehr hassen und wie einen Aussätzigen fliehen zu müssen, welchen man nach seiner eigenen Ueberzeugung nicht des Hasses, sondern der Liebe würdig, ja als uns selbst zur Ergänzung unsers ganzen Wesens durchaus unentbehrlich erkennt!

In dieser Lage befinden sich die deutschen Katholiken gegenüber den Protestanten, und, wie ich anzunehmen allen Grund habe, selbst nicht wenige katholische Geistliche und Theologen. Das doch mit jedem Tage in seiner Unerweisbarkeit und ungerechtfertigten Arroganz der soliden Prüfung und unbefangenen Untersuchung mit größerer Evidenz sich offenbarende Unfehlbarkeits- und Alleinseligmachungsdogma des Mittelalters, von welchem unsere deutschen Brüder längst sich vollständig losgesagt haben, hat uns Katholiken der südlichen Länder Europa's, die doch von Natur aus ihrem Himmel entsprechend gemüthvoller und liebreicher sind, zu barbarischen Unmenschen gemacht. Der Baron Fr. Melch. Grimm schrieb schon vor mehr als hundert Jahren (1758) an Voltaire: „Die Franzosen würden das erste und liebenswürdigste Volk Europa's sein, wenn es ihrem großen König Heinrich IV. gelungen wäre, das Reich zu bekehren",[1] nämlich die Reformation einzuführen. Und ohne allen Zweifel wird die Nachwelt sich dahin entscheiden, daß derjenige, welcher einem Ludwig XIV. den vollen Bruch mit Rom gerathen und darüber ihn als den „heilbringenden Erretter der in blindem Ungestüm in ihr sicheres Verderben Rennenden", nämlich der französischen Katholiken, gepriesen hätte, wie sogar der gelehrte Rollin wegen seiner grausamen, den französischen Nationalcharakter ewig schändenden, Unthat des Widerrufes des Edictes von Nantes denselben nannte,[2] daß, sage ich, jener Erstere heute schon bei allen besonnenen Franzosen die Anerkennung eines viel richtigeren Blickes ernten würde. Denn, mag immerhin der unwissende Clerus und ein Schöngeist wie Dupanloup, oder auch ein ultramontaner Laie wie Emil Keller, die es ja überall den Geistlichen noch zuvorzuthun bemüht sind,

---

[1] Correspondance inédite de Grimm et de Diderot. Paris 1829. XVI. 125.
[2] In einer Rede im Collège de France 1868. Oeuvres de Rollin. Paris 1807, t. LX, 21: coeco impetu ruentes in certam perniciem salutari dextrâ sustinuit.

ausrufen: „Völker, sehet da (in Pius IX.) den Repräsentanten und die Schutzwehr aller Freiheiten, die Quelle, das Modell und die Rettung aller Autorität!"[1] — diejenigen Franzosen, welche in der Geschichte ihres eigenen Vaterlandes besser unterrichtet sind und die Zeichen der Zeit richtiger zu deuten verstehen, sind ganz anderer Meinung. Sie fühlen alle die Schmach und kennen alle den Schaden, welchen das, der modernen Weltentwicklung Hohn sprechende Princip des Papstthums, die religiöse und geistige Intoleranz, ihrer stolzen Nationalität zugefügt hat. Sie werden von Scham ergriffen, wenn sie einen Blick auf die ganze Gesetzgebung zur Knebelung der Gewissen und der Geister seit mehr als drei Jahrhunderten werfen, und die gänzliche Erfolglosigkeit dieser selbstmörderischen Thätigkeit, dieser Anstrengung zur Abschlachtung der Menschheit in Erwägung ziehen. Nicht etwa blos ein französischer Israelite wie Salvador, der übrigens an Scharfblick und Gelehrsamkeit den ganzen ultramontanen Clerus übertrifft, ist der Ueberzeugung, daß wenn Frankreich regenerirt werden soll, erst der Ultramontanismus, „den Gottesstreich, den providentiellen Schlag, welchen er seit Langem mit aller Geschicklichkeit zu pariren bemüht ist, empfangen muß";[2] nicht nur ein Republikaner wie Larroque, dessen religiösen Ernst ich aber hundertmal dem Fanatismus eines Veuillot vorziehe, ist der Ansicht, daß der Atheismus, der jetzt an dem Marke der französischen Nation nagt, aus der religiösen Intoleranz entstanden ist;[3] nicht nur ein Protestant wie Dupont-Withe weist darauf hin, daß die französische Regierung durch

---

[1] L'encyclique de 8. Dec. 1864 et le principes de 1789. Deuxième édit. Paris 1866. p. 393.
[2] Paris, Rome, Jérusalem. Paris 1860. II, 19.
[3] Rénovation religieuse. Paris 1860. p. 199.

die Adoption der ultramontanen Geistesknechtung den Geist so tief herabdrückt, daß er selbst von dem ihm noch gelassenen Reste von Freiheit keinen Gebrauch mehr macht:[1] sondern selbst ganz gläubige Katholiken drohen dem Papstthum geradezu mit dem Abfalle der Gebildeten, wenn „diese stolze Metropole" sich nicht sehr bald entschließen wolle, „dem souveränen Geiste der Zukunft ihre Thore zu öffnen";[2] ja sogar ein Mönch wie der Carmeliter und gefeierte Kanzelredner P. Hyacinth erklärt selbst seinem Ordensgeneral gegenüber: es sei seine innigste Ueberzeugung, daß, wenn Frankreich insbesondere, und die lateinischen Racen überhaupt, der socialen, sittlichen und religiösen Anarchie zur Beute werden sollten, der Hauptgrund davon zwar gewiß nicht in dem Katholicismus selbst,[3] aber in der Art und und Weise liege, wie derselbe seit Langem verstanden und geübt werde.[4]

Das katholische Frankreich würde also hienach den entschiedenen Bruch mit dem Ultramontanismus und Jesuitismus, ja mit dem Papstthum selbst, von dem eben der Katholicismus in dieser verkehrten und verderbenbringenden Weise „seit Langem (seit einem Jahrtausend) verstanden und geübt wird", seiner Selbsterhaltung schuldig sein. Nicht minder als in Frankreich sind hervorragende Männer in Italien längst der Ueberzeugung, daß das Papstthum „die nationale Calamität" sei, und daß die Beseitigung

---

[1] La liberté politique. Paris 1864. p. 353.
[2] Ch. Laurent, Pourquoi la France est restée catholique? Paris 1861. p. 203.
[3] Nämlich in seiner individuellen Auffassung desselben, die aber bekanntlich nicht der Katholicismus des Papstes und der großen Majorität der Bischöfe ist.
[4] In seinem bekannten Briefe v. 20. Sept. 1869.

„dieſer Monarchie, die ſich zur Degradation der Menſchheit in ihren Sitten, in der Familie, in dem Gewiſſen, in dem Denken, in der Würde, in der Freiheit, göttliche Berechtigung zuſchreibe", ſeine Wiedergeburt bedinge.[1] Es iſt eine wirkliche Beſchämung der auf ihren tieferen Blick ſich manchmal ſo viel einbildenden und über die Italiener ſo wegwerfend urtheilenden Liberalen unter den katholiſchen Theologen Deutſchlands, daß in Italien ſelbſt ſogar Laien einſehen, es ſei die Intoleranz und Inquiſition eben etwas dem Papſtthum zur Aufrechterhaltung ſeiner, ihre Erhaltungskraft nicht in der eigenen inneren Wahrheit tragenden, ſondern in dem herrſchſüchtigen Trotze gegen die übrigen chriſtlichen Kirchen begründeten, Dogmen durchaus Weſentliches, und es liege der Fehler im Princip, nicht blos in der falſchen Anwendung deſſelben. Man erklärt ſich mit Abſcheu gegen alle äußere Zwangsmittel in der Religion; möchte aber doch kein Jota vom katholiſchen Credo preisgegeben wiſſen: man will alſo den Zweck, aber nicht das allein denſelben ermöglichende Mittel. Man vergißt, daß der ganze römiſche Katholicismus als Syſtem, und nicht etwa irgend eine einzelne eigenthümliche Lehrmeinung oder Einrichtung, ſondern als ſpecifiſch römiſches, den übrigen Kirchen verdammend ſich entgegenſtellendes Kirchenthum, nicht nur gleichzeitig mit der Inquiſition entſtanden iſt, ſondern daß auch beides, die Dogmenfabrication und die Geſetzgebung der Inquiſition wie des Index als eines Zweiges derſelben, ſich gemeinſam und gleichheitlich fortentwickelt haben. Es iſt in der That höchſte Zeit, dieſen Zuſammenhang einzuſehen, wenn wir nicht einer neuen,

---

[1] Petruccelli della Gattina, Histoire diplomatique des conclaves. Paris 1864. II, 367 sq.

entsetzlichen Barbarei den Weg bereiten wollen. Sehr richtig hat schon der Ritter Cibrario bemerkt: „Niemals ist der Mensch so verrucht und so grausam als wann er von einem falschen Princip regiert wird und die äußersten Consequenzen desselben rechtfertigen will. Sowohl in Politik wie in Religion," fügt er bei, „fürchte ich weit mehr einen Fanatiker, der nach Principien handelt, als einen Straßenräuber, der einen Mord begeht".[1] Wie viel Unheil würde vor Allem dem schönen Italien erspart geblieben sein, wenn die Päpste, seit drei Jahrhunderten schon lauter Italiener, so vernünftige Grundsätze gehabt hätten! Wie viel Elend, zeitliches und ewiges, würde Pius IX. verhütet haben, wenn er nicht so schnell sein patriotisches Herz durch die ersten Erfahrungen von Undank sich hätte verbittern lassen, und wenn er lieber seine liberalen Ideen bis in die letzten Consequenzen hätte verfolgen wollen, statt zu dem alten verderblichen System zurückzukehren und dessen geschwornen Vertheidigern, den Jesuiten, sich ganz in die Arme zu werfen! Hätte Pio Nono wie sein Minister und Freund Rossi z. B. die Bulle Unigenitus, von welcher die letzte, jetzt ihrem ganz folgerichtigen Abschlusse zueilende Periode der Abkehr des Papstthums und römischen Katholicismus vom ächten Christenthum und dessen Geiste eigentlich datirt, hätte Pio Nono, sage ich, diese verhängnißvolle Bulle gleich Rossi als „träumerische Extravaganz",[2] oder sogar noch als etwas mehr betrachtet, dann würde er freilich jetzt kein allgemeines Concil um sich versammelt sehen; aber auch nicht mit der sicheren Ueberzeugung sterben müssen, die Kirche, deren Haupt er länger als jemals einer seiner Vor-

---

[1] Della economia politica nel medio evo. Torino 1847. II, 25. Leçon 49.

[2] Cours de droit constitutionel ed. M. Porée p. 409.

fahren gewesen, dem unaufhaltsamen Untergange zugeführt und deren rasch sich vollziehenden Zersetzungsproceß eingeleitet zu haben. Die fortdauernde Beherrschung des kirchlichen Erziehungs- und Bildungswesens durch die Jesuiten würde, wie Marini glaubt, "den blutigen Untergang des Katholicismus zur Folge haben".[1] Und allerdings sind die Doctrinen des Syllabus die offene Aufforderung zur Revolution gegen den gesammten modernen Culturstaat.

So urtheilen Franzosen und Italiener, und doch sehen sie immer noch der Sache zu wenig auf den Grund und fassen die Einwirkung der religiösen Intoleranz auf ihren Nationalcharakter nicht gehörig ins Auge. Dieß sollte man aber noch mehr von den deutschen Katholiken erwarten. Was ist doch der Oesterreicher und Bayer im gesellschaftlichen Leben für ein gemüthlicher Mensch! Bei Weitem nicht so eckig und so steif wie der Norddeutsche. Aber zu welchem Unmenschen hat er sich nicht schon so oft und bis auf die neueste Zeit durch einen unwissenden und fanatischen Clerus, der die Tridentinischen Anatheme dem Evangelium nicht nur beiordnet, sondern sogar noch überordnet und als dessen unfehlbaren Commentar betrachtet, ja nach römisch-katholischer Doctrin betrachten muß, verzerren lassen! Wenn es ein sträfliches Verbrechen ist, irgend ein Glied des menschlichen Körpers zu verstümmeln oder sich freiwillig verstümmeln zu lassen, so ist gewiß die Irreleitung des Herzens, die Verkehrung der Gemüthsrichtung ein noch weit größeres und schwereres Vergehen. Die Bayern haben sich einst, und mit allem Rechte, über Friedrich Nicolai beklagt, der sie mit den Böotiern verglichen hatte. Aber dieß waren

---

[1] Des principes de la stabilité sociale. Paris 1851. p. 232: l'éducation par les jésuites produira, si elle dure, la ruine sanglante du catholicisme.

doch immer auch noch Menschen, während die Jesuiten, über die sie sich nicht beklagten, sondern die sie wie Schooßkinder hegten, sie in reißende Bestien verwandelten und heute noch dieß sich angelegen sein lassen. Man könnte es kaum glauben, daß es ernst gemeint sei, wenn man es blos hörte, und nicht auch noch gedruckt sähe, daß in Deutschland selbst gelehrte katholische Geistliche und angesehene katholische Laien unter dem Beifall einer zahlreichen Versammlung erklären, es könnte für unser Vaterland kein besseres Heil geben als die Rückkehr ins 13. Jahrhundert, das einst schon unser großer Leibniz als das schlechteste in der ganzen Weltgeschichte bezeichnet hat. „Wer hätte sie nicht miterleben mögen" — natürlich vorausgesetzt, daß die Inquisition ihn nicht umgebracht hätte! — „die herrliche Zeit des 13. Jahrhunderts, die glänzendste der Christenheit!" rief Hülskamp, der Redacteur des bei dem katholischen Clerus Deutschlands am Weitesten verbreiteten theologischen „Handweisers" auf der 19. General-Versammlung der katholischen Vereine zu Bamberg im Jahre 1868 aus.[1] Und der Präsident selbst, Frh. v. Loe, klagte mit Seufzen: „Sie ist dahin jene Zeit, auf die wir mit Stolz zurückblicken, jene glorreiche Zeit des heiligen römischen Reiches deutscher Nation; sie ist dahin jene glorreiche Zeit der christlichen Staaten, und an die Stelle des christlichen Staates drängt sich der Staat ohne Glaube, ohne Religion!"[2] Und als wäre des Jammers noch nicht genug, verstärkte dieses Seufzen noch eine andere schmerzhafte Freitags-Stimme,[3] die sich wie dumpfes Grabgeläute also vernehmen ließ: „Deutschland war zu jener

---

[1] Verhandlungen S 337.
[2] Daselbst S. 91.
[3] Nämlich der Advocat Freitag, gegenwärtiger Abgeordneter meines Heimaths-Bezirkes bei dem bayerischen Landtag.

Zeit groß, wo sämmtliche Herren des deutschen Reiches ultramontan waren (Bravo!),[1] und wollte Gott, es wäre wieder so! Wir Alle," fügte der ultramontane Teufelsadvocat mahnend bei, "wollen unsern Schwerpunkt in Rom suchen, unsern geistigen sowohl als unsern religiösen, und es wird ein ganz anderes Deutschland existiren als es jetzt ist!"[2] Die Versammlung rief auch zu diesen Worten, die den Untergang unsers Vaterlandes in sich schließen würden, ihr "Bravo!"

Es ist kein Zweifel, daß die Herren, welche mit solchen Phrasen ihre gläubige Gesinnung documentiren wollen, gar nicht wissen, und jedenfalls nicht erwägen, was sie sagen. Denn im Grunde ist ja dieß ein Hymnus auf die abscheulichste Intoleranz, welche sogar die bürgerliche Gewissensfreiheit, mit der doch selbst nach der Versicherung der allerextremsten unter den ultramontanen Bischöfen Deutschlands, wie des Erzbischofes von München, "die katholische Kirche immerhin bestehen kann",[3] für völlig unzulässig und dem Geiste wie der Lehre des Evangeliums durchaus widersprechend hielt. Es ist eben auch hier selbst im ultramontanen Credo unter dem unwiderstehlichen Einflusse der Zeit, über welchen doch auch noch jene Klasse von Menschenkindern nicht ganz erhaben ist, eine sehr wesentliche, materielle Aenderung vor sich gegangen, der sie sich gar nicht bewußt sind. Dieser ultramontanen Partei wird denn freilich Niemand die Ueberzeugung beizubringen vermögen, daß der Bruch mit dem gegenwärtigen römischen Papstthum von der Rücksicht auf die eigene, persönliche und nationale Ehre und Würde gefordert sei. Sie besitzt eben

---

[1] So rief die Versammlung.
[2] Verhandlungen S. 100.
[3] Hirtenbrief am 30. September 1865. S. 6.

kein solches Ehrgefühl, und hat daher in dieser Beziehung auch nichts zu verlieren. Im Gegentheile: das Ansehen bei den Parteigenossen und den verführten Massen der Ungebildeten ist von den schroffsten theokratischen Prätensionen Roms bedingt, und ein Nachgeben der Curie wäre diesen Leuten höchst unerwünscht, da ihr einträgliches Geschäft als maulfertige Colporteure dieser Waare damit zu Ende ginge. Denn der Ultramontanismus wäre schon längst, gleich so manchem andern, unsere Nationalität entehrenden exotischen Laster ausgerottet, wenn nicht so viele Leute davon leben würden, die daher für die Erhaltung desselben wie pro aris et focis kämpfen. Oder welches Interesse haben denn ⁹⁹/₁₀₀ der Mitglieder der General-Versammlung der katholischen Vereine an der Freiheit der Wissenschaft? Dagegen wie überaus nutzbringend ist ihnen die Knechtung derselben und die Mißhandlung ihrer Vertreter? Wie viele dieser Herren wären überhaupt nur zum Gebrauche dieser Freiheit, welche die schwerste, aber freilich auch die edelste Last dem Menschengeiste auferlegt, befähigt! In dem Gefühle dieser ihrer Unfähigkeit, durch freies selbstständiges Schaffen sich Ehre und Geltung erringen zu können, vertheidigen sie die Sklaverei, für deren unmoralischen Zustand sie sich am Besten geeignschaftet erkennen, bei dessen Aufrechterhaltung ihre Dienstleistungen als Schergen und Denuncianten der die Bande der Knechtschaft zu brechen, die Mauern des Zuchthauses zu überklettern Versuchenden ganz unersetzlich und unentbehrlich sind. So ist es auch bei der ultramontanen Partei das Interesse der Selbsterhaltung, was sie an dem System des Romanismus so zäh festhalten heißt. Man werfe nur einen Blick auf die Leithammel dieser Heerde, so wird sich die Wahrheit meiner Behauptung ganz evident herausstellen.

Papst, Bischöfe und Clerus, dazu einige Aristokraten und Gutsbesitzer, fürchten, nicht etwa die Abnahme des Glaubens an das Christenthum, sondern vielmehr eine Zunahme des Unterthanen-Verstandes und in Folge davon ein Sinken ihrer Herrschaft; es liegt ihnen notorisch gar wenig an der Pflanzung von solider Tugend und Frömmigkeit, wahrer Gottes- und Nächstenliebe, sondern weit mehr an der etwaigen Einbuße in ihren eigenen, natürlich noch viel frömmeren und geheiligteren, Kassen und Börsen. Diesem Charakter der Coterie und des gemeinsamen Interesses entsprechend sind daher auf jenen katholischen Versammlungen immer auch alle diejenigen Laien gehörig vertreten, und thun sich meistens durch ihre Reden vor Allen hervor, welche dem Clerus und besonders einem hochwürdigsten Episcopate hieburch beweisen wollen, daß die Aufsätze und Artikel, welche in den von ihnen redigirten Journalen stehen, die Schriften und Ladenhüter, welche sie in ihrem Verlage haben, die Reden, welche sie zur Vertheidigung eines etwa wegen Uebertretung der Staats- und Sittengesetze angeklagten Geistlichen halten wollten, ja sogar die Stiefel und Röcke, welche sie machen und das Fleisch und Brod, Wein und namentlich auch Bier,[1] das sie verkaufen — daß dieß Alles gut katholisch, wenn nicht inspirirt, sei, und daher auch dem katholischen Volke aufs Beste empfohlen werden könne.

---

[1] Der Domcapitular und Professor Haffner hat zwar auf der 19. General-Versammlung zu Bamberg 1868 in einer Rede über die schlechte Presse bemerkt: „Ich meine, die schlechten Blätter müßten das Bier sauer machen" (Verhandlungen S. 296). Es scheint, daß wenigstens die Münchener Ultramontanen deshalb in ihren Clubs überall recht starkes Hofbräuhausbier haben; denn ein weniger starkes Bier würde neben so schlechten Blättern wie die ultramontanen ganz untrinkbar sein.

Würde solches Privatinteresse, das in dieser irdischen Welt sein gutes Recht hat, nicht zum Nachtheile des höheren und allgemeinen Wohles, zur größten Beschädigung der edelsten persönlichen und nationalen Güter, zur Nährung der confessionellen Zwietracht und zur Aufreizung und Verführung des Volkes geltend gemacht werden, so könnte man darüber hinweg gehen. Da aber, wie wir an gewiß genügenden Beispielen gezeigt haben, gerade das Gegentheil der Fall ist, so kann das Verwerfungsurtheil über das Gebahren dieses vornehmsten Centrums ultramontaner Thätigkeit in Deutschland seit 1848 gar nicht streng genug ausfallen. Im Hinblick auf diese Partei, die nun leider das Scepter führt und, da sie Papst und Bischöfe mit dem gesammten Clerus bis auf eine fast verschwindende, mundtodte, Minorität auf ihrer Seite hat, als allein orthodox vor den Augen des Volkes erscheint, begreife ich ganz und gar die Hoffnungslosigkeit, von welcher so mancher protestantische Gelehrte und Theologe bei der Betrachtung der Zustände des katholischen Deutschlands erfüllt wird. „Die katholische Kirche", meint Erdmann, „fürchtet mit Recht jeden nationalen Aufschwung; die Patrioten aller Länder sind gegen Rom von jeher gewesen. Und daß es", fügt er sehr richtig bei, „mit dem Katholicismus der Agitatoren für die polnische Nationalität nicht weit her ist, wird mit jedem Tage deutlicher."[1] „Die päpstliche Kirche", meint H. Ewald, „schließt die tiefste Gefahr und schwerste Zerstörung alles ächten und ersprießlichen Christenthums, und daher auch aller unserer edelsten Bildung und unserer nothwendigsten und lautersten Bestrebungen in sich; sie ist unverbesserlich geworden."[2] „Die Jesuiten und Jesuiten-

---
[1] Das Nationalitätsprincip. Ein Vortrag. Bremen 1862. S. 20.
[2] Ueber die heutigen Jesuiten. Göttingen 1862. S. 7.

freunde", bemerkt er nur zu richtig, „vermögen in Sachen des Christenthums an kein ächtes gesundes Ganze zu denken."[1] Ja W. Gaß hat kürzlich sogar sich dahin ausgesprochen, es seien Katholiken und Protestanten „von dem wechselseitigen Verständniß, der wechselseitigen Anerkennung und dem daraus folgenden wechselseitigen Bedürfniß der Ergänzung: von dieser Vorbedingung einer inneren Einigung der getrennten Hälften im Interesse eines höheren Ganzen weiter als je entfernt".[2]

[1] Daselbst S. 5. Vgl. dazu seine jüngste Schrift: Die drei Uebel in Europa. Leipzig 1869. S. 13 fg.
[2] Zur Säcularfeier Schleiermachers. Beilage der A. Allg. Ztg. Nr. 303, am 29. Oct. 1868.

VIII.

Es ist ganz erklärlich, daß die hervorragendsten Lehrer des Staatsrechtes mit wahrer Bangigkeit in die nächste Zukunft blicken und, zumal bei dem kaum gerechtfertigten Vertrauen der Regierungen, besonders der katholischen, auf ihre Macht und ihren Einfluß zur Bändigung des Ultramontanismus, den Rückfall in eine Art von Barbarei besorgen. „Wir sind," sagt Robert v. Mohl, „schon jetzt von einem Rückfalle in Gesittigungszustände bedroht, welche man zum Theil seit Generationen überwunden zu haben glauben konnte, und es kann überdieß nicht dem mindesten Zweifel unterliegen, daß die Erlangung des jetzt Gefoderten nur der Ausganspunkt noch viel weiter gehender Foderungen wäre. Denn nichts, es muß dieß immer wiederholt werden, ist aufgegeben von den schroffsten Foderungen des mittelalterlichen Kirchenthums, sondern blos das jetzt noch nicht als ausführbar Erscheinende ist vor der Hand stillschweigend zurückgestellt."[1] Wenn aber derselbe Staatsrechtslehrer ein anderes Mal bemerkt: „Der Staat kann im Kampfe mit der Kirche nicht nachgeben, ohne sich selbst zu vernichten, und ohne seine katholische Bevölkerung der Gefahr preiszugeben, um Jahrhun-

---

[1] Staatsrecht, Völkerrecht und Politik. 3. Bd. Tübingen 1869. S. 667.

berte zurückgeworfen zu werden";[1] so ist es, wie die Dinge gegenwärtig noch liegen, mehr als zweifelhaft, ob die deutschen Staatsregierungen, sowohl die protestantischen als die katholischen, nicht dieser Rücksicht auf die „katholische Bevölkerung" sich entschlagen zu sollen glauben werden in der Erwägung, daß sie Solches ihrer eigenen Selbsterhaltung schuldig seien, da sie der Macht des Ultramontanismus, so verderblich derselbe auch für die ganze Gesittung der Nation ist, vielleicht noch nicht gewachsen seien, sondern mit diesem Todfeinde noch gar sehr zu rechnen hätten. Principiell freilich wird der Staat seine Stellung nicht aufgeben, ebensowenig aber der Ultramontanismus die seinige. Und so mag denn immerhin, wie Bluntschli jüngst bemerkt hat, für die nächste Zukunft nur erst wieder ein Schaukelsystem und allerlei Abfindungsversuche von Seite der eben am Ruder stehenden, nur selten auch die nöthige moralische Kraft, Opferfähigkeit und genauere Sachkenntniß besitzenden, und daher dem ultramontanen Gegner nicht gewachsenen, ja ihm sogar grobe Blößen gebenden, Persönlichkeiten als das Zweckdienlichste erachtet werden. Von Dauer wird ein solcher Zustand freilich nicht sein, vielmehr gerade dem Kerne der Nation unter allen Stämmen und Ständen mit jedem Tage unerträglicher werden, und früher oder später, aber unausbleiblich, wird es zu einem nochmaligen „großen Weltkampfe der modernen Cultur mit der ultramontanen Partei und der katholischen Hierarchie" kommen müssen.[2]

Noch wäre es Zeit, diesen Kampf, wenn auch nicht abzuwenden, doch weniger schwierig und desto fruchtbarer

---

[1] Daselbst S. 83.
[2] Bluntschli, Charakter und Geist der politischen Parteien, Nördlingen 1869. S. 47.

an guten Wirkungen zu machen. Dem katholischen Volke Süddeutschlands, und ganz besonders dem gelehrteren und besonneren Theile der Theologen, welche gegen die Hierarchie geschützt sind, obläge die Pflicht, unser Vaterland vor unsäglichem Unheil zu bewahren und zur inneren wie äußeren Einigung desselben ein großes Stück beizutragen. Vor Allem Bayern sollte hier mit dem Beispiele vorangehen und dieses hohen Verdienstes sich theilhaft machen. In Oesterreich fehlt es noch allzu sehr an soliden Vorbedingungen, und in dem Ausschluß desselben von Deutschland sehe ich die Beseitigung des allergrößten Hindernisses kirchlicher Verständigung. Es wäre auch aufs Dringendste zu wünschen, daß, wenn vielleicht in naher Zeit die kirchliche Frage auf gemeinsamen, aus Katholiken und Protestanten bestehenden Versammlungen zur freien Erörterung kommen sollte, die Oesterreicher vor der Hand ganz ferngehalten würden. Nur dann würde es möglich sein, die religiöse Frage von der politischen zu trennen, und vor Allem Bayern würde nicht auf's Neue in die gleiche Allianz unwillkürlich hineingerissen werden, die es auf politischem Gebiete erst so theuer gebüßt hat. Oesterreich soll dabei nach Giehne's Wunsch „das volle Recht bleiben, ganz und in seiner eigenen Art und nach seiner eigenen Auffassung katholisch zu sein",[1] aber den andern deutschen Stämmen soll ebenfalls dasselbe Recht eignen. Es wird dann einen bayerischen und österreichischen Katholicismus geben, wie auch die bayerische Politik und so manches Andere nicht mehr so österreichisch ist wie ehemals. Nur bei dieser Scheidung halte ich es für möglich, daß das bisher noch ganz allgemeine Feldgeschrei der katholischen Theologen: „Rückkehr zur römischen

---

[1] Zwei Jahre österreichischer Politik. Schaffh. 1868, I, 387.

Kirche" mehr und mehr in seiner Blödsinnigkeit und abscheulichen Infamie erkannt werde, und daß dasselbe vertauscht werde mit einem andern, das jeden Katholiken selbst ehrt und allein auf freundschaftlichen Widerhall hoffen kann, wie etwa: „gemeinsamer Fortschritt zu einer deutschen Nationalkirche!" Die katholischen Theologen werden damit nicht blos zur Heilung jener Wunde der Spaltung unsers Vaterlandes, an deren Erweiterung ihre Vorfahren so überaus fleißig gearbeitet haben, nach ihrer Schuldigkeit beitragen, sondern zugleich nach Kräften mitwirken, die deutsche Nation zur Erfüllung jener erhabenen Sendung für die geistige und religiöse Civilisation der Völker zu befähigen, die ihr von der Vorsehung zugetheilt ist.

Die absolute Bedingung zur wirksamen Theilnahme an diesem erhabenen Werke ist aber für Jeden der entschiedene Bruch mit Rom, von dem nach der unwidersprechbarsten Erfahrung für unsere Nation für die Zukunft nur noch Unheil, aber kein Heil mehr zu erwarten ist. „Die deutsche Nation", bemerkt Bluntschli mit unbestreitbarer Wahrheit, „war und ist weltgeschichtlich berufen, die Welt von der absoluten Herrschaft Roms zu befreien, und der persönlichen Freiheit der Einzelnen wie der Freiheit der Völker, welche von Rom früher staatlich, später kirchlich niedergedrückt ward, Luft und Licht zu ihrem Wachsthum zu verschaffen. Dieser Lebensaufgabe der deutschen Nation arbeitet die ultramontane Partei in blindem Eifer entgegen. Ihre Sünde ist die Sünde gegen den heiligen Geist, der die Menschheit bewegt."[1] Wer immer also dieser unvergeblichen Sünde sich nicht theilhaft machen will, der muß auf-

---

[1] Charakter und Geist der politischen Parteien. Nördlingen 1869. S. 38.

richtig und offen dem Bunde mit jenen verhärteten Sündern entsagen; denn auf beiden Achseln kann man hier nicht tragen: kalt und warm aus Einem Munde kann man hier nicht blasen. „Wer nicht mit mir ist", sagt auch der Genius des Vaterlandes, „der ist wider mich!"

Es wiederholt sich bei den Theologen fortwährend, was man sonst im Leben bemerkt, daß nämlich schlechte Gesellschaft gute Sitten verdirbt. Ein und derselbe Mann ist ein ganz anderer unter protestantischen Gelehrten oder auch im kleinen Kreise einiger liberal gesinnter Katholiken, und unter Romanisten und Ultramontanen. Da man sich doch hüten muß, ohne Weiteres solchen Wechsel der Aeußerungen, wie er in diesem Falle einzutreten pflegt, einer Charakterlosigkeit zuzuschreiben, so bleibt nur die Annahme übrig, daß eine Art Ideosyncrasie nicht nur bei dem einzelnen Menschen, sondern auch zwischen Mehreren, die versammelt sind, bestehe, und daß auch in dem durch äußere Einflüsse irregeleiteten deutschen Romanisten durch enge geistige Berührung mit einem edlen Patrioten das, zwar wegen seiner gewohnten Hinwendung nach dem ausländischen Rom und damit seiner Wegwendung von dem heimathlichen Herde schon etwas erkaltete, aber doch nicht ganz erstarrte Herz aufs Neue sich zu erwärmen und für die gemeinsamen Interessen des Vaterlandes zu schlagen beginne. Je mehr ich über diesen Punkt nachdenke, um so verfehlter und ungerechtfertigter erscheint mir die Haltung der liberalen katholischen Theologen Deutschlands, und um so mehr befestige ich mich in der, früher von mir, wie ich mich wohl erinnere, abgewiesenen Ansicht, daß die Ultramontanen unserem Vaterlande von weit größerem Nutzen seien, während man von jenen Protensnaturen, die nur immer zuerst und zuletzt auf sich selbst bedacht sind, nichts Gutes hoffen kann, da sie bereit sind, jeden Tag den Mantel nach dem Wind zu drehen, und so zu sagen nach den telegraphischen Depeschen ihre Erklärungen modeln.

Auf solcher Diplomatie ruht kein Segen, und am allerwenigsten kann durch dieselbe das Christenthum gefördert werden. Man sollte kaum glauben, daß es möglich wäre, daß sonst sehr gescheidte und gelehrte Männer sich hierüber täuschen könnten, wenn man nicht die gewaltige Macht kennen würde, welche ein falsches Ehrgefühl nicht selten gerade auf die größten Gelehrten auszuüben vermag. Was man vom Papstthum selbst sagt: „Rome ne recule pas", das gilt auch von dessen Vertheidigern. Es hängt eben mit dem Papstthum das ganze katholische Kirchenwesen so innig zusammen, daß die ganze Welt- und Lebensauffassung eines katholischen Theologen davon bedingt ist. Und mögen daher auch unter der Einwirkung der wechselnden Zeitumstände noch so viele Bedenken über den angeblich göttlichen Charakter dieses Institutes bei Manchem sich erheben: es schlägt sie doch die Erwägung, daß damit das ganze Gebäude, in dem man nun einmal Wohnung genommen, zusammenstürzte, und daß unter dessen Trümmern auch die eigene, vielleicht gesammte Lebensarbeit begraben würde, immer wieder nieder. Inzwischen treten wieder andere, dem Papstthum günstigere Verhältnisse ein, und der katholische Theologe sieht darin sofort eine Fügung des über den päpstlichen Stuhl wachenden höheren Geistes. Das eigene Interesse verlangt, daß man die erste Gelegenheit wieder ergreife, um irgend einen Angriff eines Gegners des Papstthums mit aller Energie abzuwehren, und gar bald erscheinen die vielleicht noch kurz vorher im Stillen oder in vertrautem Freundeskreise bitter beklagten Uebelstände wieder in einem viel rosigeren Lichte. So kommt es niemals zu

einer ächten und ganzen patriotischen That. Was man an
den eigenen Zuständen zu tadeln hat, geschieht immer nur
im Verborgenen, man macht die Faust im Sack, man schreibt
darüber gelegentlich einen Artikel oder eine Broschüre, aber
natürlich anonym oder pseudonym; denn man würde sich
ja, und sogar, wie man Leichtgläubigen glauben macht, der
liberalen und patriotischen Sache selbst den größten Schaden
zufügen, wenn die Welt, vor Allem die Ultramontanen,
ohne welche nun einmal nichts zu Stande kommen kann,
erfahren sollten, daß ein Mann, den sie bisher doch noch
halb zu den Ihrigen gerechnet, und dem sie die Schlangen=
klugheit zutrauten, daß auch sein Liberalismus nur eine
Leimruthe für gar viele mit ihrer eigenen Kirche unzufrie=
dene Protestanten sei, und am Ende doch nur ihnen selbst zu
Nutzen komme, ganz und gar ihre Fahne verlassen habe.
Auch mit den Angriffen der Ultramontanen selbst auf solche
liberale katholische Theologen hat es im Grunde nicht viel
auf sich, mögen auch letztere selbst sich hierüber noch so sehr
beklagen. Nur selten eine liebende Mutter, und die römische
Kirche ist ja die zärtlichste von allen, thut einem Kinde sehr
wehe, das sich über eines seiner Geschwister beklagt, zumal
wenn das verklagte selbst schon viele Beweise seiner Treue
und Anhänglichkeit abgelegt hat und der Fehler von keiner
gar großen Bedeutung ist, da außerdem bei sonst guten
Kindern Milde viel leichter und eher bessert als Strenge.
Nur wenn Rom zu der Unklugheit sich verleiten ließe,
wovor es sich aber nach der Einschärfung des gewandten,
auch so oft für liberal ausgegebenen Papstes Benedict XIV.
sorgfältig zu hüten hat, nämlich einen sehr berühmten katho=
lischen Theologen noch bei seinen Lebzeiten auf den Index
zu setzen und ihn also zu compromittiren, dann allerdings
würde das Interesse auf die eigene Ehre einen solchen noch

halb nach rückwärts blickenden Janus zum vollen, geradeaus nach vorwärts strebenden Allemanns machen. Wie berechtigt der Rath Benedict XIV. sei, hat Rom in neuerer Zeit namentlich in Bezug auf Lamennais zur Genüge erfahren; aber freilich bei den weniger heißblütigen Deutschen braucht Rom, wie sich bei Hirscher und Günther gezeigt hat, weniger vorsichtig zu sein.

Die christliche Religion beruht von Anfang an auf dem Princip der allerumfassendsten, bloß die tollkühne Verwegenheit ausschließenden, Oeffentlichkeit. Darauf beruht sowohl ihre erste Gründung wie ihr Fortbestand. Sie ist die Kirche des Gekreuzigten. Wer nicht den Muth besitzt, für seine Ueberzeugung zum Märtyrer zu werden, der ist kein wahres Glied, am allerwenigsten ein ächter Priester und Gottesgelehrter in der christlichen Kirche, geschweige in derjenigen, welche sich allen andern gegenüber die alleinseligmachende nennt. Die katholischen Theologen, welche dieses Dogma und überhaupt die alleinige Wahrheit ihrer Kirche vertheidigen, müssen den Beweis dieser Wahrheit vor Allem durch die Offenbarung ihres christlichen Muthes zu liefern bemüht sein. An diesem so wesentlichen Charakterzuge müssen sie sich als die alleinigen Besitzer und Bewahrer, als die Lehrer und Verkündiger des Geistes Christi erweisen. Wenn sie dieß nicht können, wenn sie hierin etwa gar den Theologen aller andern Kirchen nachstehen, dann sieht es mit ihren übrigen Beweisen gar windig aus. Der Verfall der Kirche datirt überhaupt von der Zeit, wo diese Mannhaftigkeit der Theologen, und gerade auch der Bischöfe, abgenommen, und an deren Stelle die Fügsamkeit in das Staatskirchenthum Roms und Constantinopels getreten ist. In den Ländern, wo die Wiege des Christenthums einst gestanden und wo der christliche Geist sich am reinsten erhalten hatte, konnte das römische Papstthum mit seinem Weltgeiste niemals feste Wurzeln fassen. Das Christenthum, welches unsere deutschen Ahnen von Rom, dessen politische Macht sie gebrochen, als Lohn erhielten, war gar bald durch den Knechtssinn und die Verweltlichung des Clerus und Episcopates aus einem Mittel der Civilisation zu einem Hemmschuh für alle freiheitliche Entwicklung geworden, und nur der offen sich bethätigende christliche Muth einiger deutscher Männer rettete das Christenthum, soweit Menschen hiezu beitragen konnten, und damit das Culturprincip der Menschheit, vom Untergange, zu welchem es die sklavische Gesinnung der scholastischen Theologen im Bunde mit der Unwissenheit des allergrößten Theiles des Episcopates, hingetrieben hatte. Heute gibt dieß freilich kein katholischer Theologe mehr zu; aber Möhler hat es in seiner früheren Periode (1831) noch bekannt. „Der religiöse, lebendig gläubige Sinn", bemerkte er von der letzten Zeit des Mittelalters, „war so abgeschwächt, daß er ohne die, durch die Reformation eingetretene, Gegenbewegung nachgerade ganz würde verschwunden sein".[1] Und wem verdankt denn die Welt die Wiederbelebung des Christenthums und seines Geistes der Freiheit? An erster Stelle dem beharrlichen Muthe, der offenen Kriegs-Erklärung Luthers und seiner Genossen gegen den Papst und seinen Anhang. Es ist weit weniger die Wissenschaft und Gelehrsamkeit, worin der schüchterne, blos über die Mißbräuche in der Kirche spottende, und hie und da einen plumpen Romanisten, der seine Ehre antastete, gehörig derb abfertigende, im Uebrigen keiner männlichen That gegen das Papstthum, an dessen göttlicher

---

[1] Betrachtungen über den Zustand der Kirche im 15. und zu Anfang des 16. Jahrhunderts. (Gesammelte Schriften und Aufsätze, herausg. von Döllinger. Regensb. 1840, II, 13.)

Einsetzung er doch zweifelte, fähige, eher durch seine Halbheit das Reformwerk beschädigende Erasmus Luthern und alle Reformatoren übertraf, als vielmehr der uneigennützige christliche Muth der letzteren, welchem die Erhaltung der christlichen Civilisation, wozu die Reformation so wesentlich beigetragen hat, zu verdanken ist. Und ist es in den letzten drei Jahrhunderten etwa anders gewesen? Wohin hatte denn der Jesuitismus als geschworner Vertheidiger der Papst-Herrschaft nach mehr als zwei Jahrhunderten die Völker gebracht? Wie sah es denn in geistlicher und sittlicher Hinsicht vor Allem in dem katholischen Oesterreich und Bayern aus? Ist etwa, um mich der Worte des gelehrten Erzbischofes de Pradt von Mecheln zu bedienen, „irgend eine der neun Musen über deren Hingang in Trauer versetzt worden?"[1] Aber der ganze wissenschaftliche und sittliche Verfall ist noch keine so schlimme Frucht des Jesuitismus gewesen als die Ertödtung des moralischen Muthes in dem katholischen Clerus Deutschlands. Jenem Uebel konnte weit leichter begegnet und abgeholfen werden als diesem, wie denn auch in Wirklichkeit gar Vieles durch die moderne Gesetzgebung in ersterer Hinsicht sich wieder zum Bessern gewendet hat, während wir aber das Abhandenkommen des christlichen Muthes bei den katholischen Theologen heute noch beklagen und gegründeter Zweifel vorhanden ist, ob er überhaupt noch jemals aus dem Grabe erstehen werde. Hier ist der Sieg des Jesuitismus ein vollständiger. Die katholische Kirche Deutschlands hat Gelehrte gleich Erasmus, aber keinen jungen Mann von so feurigem christlichem Muthe wie Luther. Darum ist ihr auch kaum

---

[1] „Sur les neuf Muses quelle est celle, que leur trépas ait mise en deuil?" Du jésuitisme p. 196.

noch eine Zukunft zu versprechen, so wenig als der gelehrte Römer Varro oder der ältere Plinius das Heidenthum zu regeneriren vermochten.

Wie sind doch die Koryphäen der katholischen Theologie Deutschlands zusammengestanden und öffentlich mit ihren Namen eingetreten für den ultramontanen Schwachkopf und bigotten Zeloten[1] Droste-Vischering von Cöln, gegen den die preußische Regierung im Grunde nur gethan, was jeder Staat, der nicht zur Creatur des ultramontanen Episcopates herabsinken will, sich selbst schuldig ist. Man hätte glauben mögen, es handle sich um ein Attentat auf das Christenthum durch einen zweiten Julian Apostata. Was thut man aber heute der ultramontanen Partei gegenüber, von welcher doch der gesammten modernen Civilisation eine ganz andere Gefahr droht? Wenn es gilt, einem gelehrten Collegen gegenüber, der irgendwie ihre Bundesgenossenschaft in Anspruch zu nehmen scheint, auch nur die eigene Meinungsverschiedenheit zu offenbaren, so sind solche Herren gleich zu einer ganz entschiedenen Erklärung mit ihren berühmten Namen vor aller Welt bereit, man thut auch noch das Möglichste, um bei allen Katholiken des In- und Auslandes durch erborgte Hilfe einen solchen Mann zu verdächtigen und sich selbst von aller Gemeinschaft mit einem bei den Jesuiten anrüchig gewordenen, wenn auch noch so tüchtigen, vielleicht sogar überlegenen Denker und Mitglied der eigenen Kirche loszusagen; man vermeidet sorgfältig jeden persönlichen Umgang und Verkehr mit einem vom Index Proscribirten als wäre er vom Aussatze behaftet, oder geht doch höchstens nur auf abgelegenen Wegen und im Halbdunkel mit ihm um, ja

---

[1] Dieß ist das Urtheil des Frh. vom Stein über denselben bei Pertz, Das Leben des Ministers vom Stein. Berlin 1854, I, 244.

würdigt ihn, der Weisung des Apostels Johannes bezüglich eines Ketzers eingedenk, kaum auch nur eines Grußes oder Blickes. Auch die wissenschaftlich bedeutendsten Werke katholischer Autoren, welche mit dem Papstthum brechen zu müssen für nöthig hielten, werden im besten Falle ignorirt, in der Regel aber dem katholischen Clerus als gefährliches Gift bezeichnet, wovor sie sich zu hüten haben. Für ein auf dem römischen Index stehendes Buch unterschreibt mancher Professor der Theologie an deutschen Universitäten den Studirenden gar keinen Recognitionsschein!

Wenn Friedrich Thiersch am 1. Jänner 1856 an Rudolph Wagner in Göttingen schrieb: „Es ist ein Glück für Bayern und unsern Monarchen, daß das Geschlecht, welches hinter ihnen kommt, an Geistesfrische, Unbefangenheit, Ernst und Wissenschaftlichkeit wie an vaterländischer Gesinnung stark genug ist, das Widerstrebende zu absorbiren, und geeignet, die neue Zeit, welche nicht in den Extremen ist, herbeizuführen oder mit dem Guten der alten zu vermitteln",[1] so hatte er unter den nachkommenden bayerischen Theologen nur einen einzigen, nämlich Frohschammer, nennen können, der aber längst diesem Kreise für immer Lebewohl zu sagen sich genöthigt fand, und der von Papst, Episcopat und Theologen — bald hätte ich auch noch etwas beigefügt — dem bayerischen Clerus als abschreckendes Exempel theologischen Freimuthes und ernst wissenschaftlicher Bekämpfung der römischen Geistesknechtung hingestellt wurde, und zwar mit bestem Erfolge. Das Veto, welches die bayerische Regierung für die Besetzung der theologischen Lehrämter an den Landes-Universitäten den betreffenden Bischöfen, für die Universität München dem Erzbischofe, eingeräumt hat,

---

[1] Leben, von H. Thiersch. Leipzig 1866, II, 628.

ist natürlich die beste Bürgschaft für den Nachwuchs „geistes=
frischer, unbefangener und „wissenschaftlicher" Theologen.
Man hat ja den Bock zum Gärtner gemacht; es muß bald
blühender werden. Ob man aber die geharnischten Män=
ner, welche „stark genug sind, das Widerstrebende zu ab=
sorbiren, und geeignet, die neue Zeit herbeizuführen", wenn
man sie doch einmal brauchen sollte, mit dem Corporalstock
oder mit dem Säbel aus dem Boden wird hervorklopfen
können, das muß die Zukunft lehren.

Ich fühle wohl, daß in diesen ernsten, auf traurigen
Thatsachen beruhenden Andeutungen eine Abschwächung
der Erwartung liege, welche ich vorhin bezüglich der süd=
deutschen Theologen für ein aufrichtiges Zusammenwirken
mit den protestantischen Theologen zu einer gemeinsamen
Verständigung über die Beseitigung der kirchlichen
Trennung geäußert habe. Aber so gering diese Hoffnung
auch sein mag, sie ist doch größer als bezüglich der immer
noch vom Jesuitismus ganz beherrschten österreichischen Theo=
logie. Von den Darmstädtischen ist freilich nichts, und von
den Badischen sehr wenig zu erwarten. Der gelehrteste
unter ihnen, Alzog, urtheilt über die Reformation sehr
oberflächlich, vornehm absprechend und wegwerfend wie nur
irgend ein Ultramontaner. Auf den Dogmatiker Wörter
ist jedenfalls Staudenmaier's milder und versöhnlicher
Geist nicht übergegangen, und das Vollmaaß seiner To=
leranz beschränkt sich auf den Rath, doch den todten Hirscher
in Ruhe zu lassen.[1] Daß Alban Stolz seinen Stolz in
die grellste Ausmalung protestantischer Gebrechen setze und

---

[1] In seiner Schrift gegen Schätzler. (Ich habe sie in München
gelesen, aber hier nicht zur Hand, wie auch so manche andere, woraus
man die unbestimmteren Citate sich erklären möge, die hie und da
vorkommen).

für die guten Seiten und Vorzüge der Schwesterkirche völlig blind sei, hat er erst vor Kurzem in seiner Darstellung der Civilehe aufs Neue bewiesen. Ueber Schätzler ist kein Wort zu verlieren. Unter den Tübinger Theologen hat in neuerer Zeit Hefele, der jetzige Bischof von Rottenburg, eine Richtung eingeschlagen, die nicht zur zeitgemäßen Erweiterung, sondern nur zur Verengerung des Begriffes von Kirche im streng orthodoxen Sinne führen würde. Ob die bischöfliche Weihe ihn weitherziger machen werde, muß noch dahin gestellt bleiben, ist aber aller Erfahrung zufolge nicht sehr wahrscheinlich. Immerhin ist aber Hefele die Zierde des ganzen deutschen Episcopates, was ich für ihn nur deshalb bedauere, weil es zu leicht und deshalb zu wenig rühmlich ist, abgesehen davon, daß unter den heutigen Verhältnissen ein geistesfreier Gelehrter sich beinahe selbst ein nachtheiliges Zeugniß ausstellt, wenn er zur Ablegung des intoleranten und knechtischen bischöflichen Eides sich versteht. Doch dieß nebenher. Im Uebrigen sind die Tübinger Theologen, Kuhn voran, die gemäßigtesten in ganz Deutschland. Sie haben sich auf allen Gebieten ausgezeichnet, ausgenommen durch leidenschaftliche, lieblose Controverse. Unter den Würzburger Theologen ist keiner so sehr zu bedauern als der gelehrte Hergenröther, der sein umfassendes Wissen und seine staunenswerthe Arbeitskraft in den Dienst einer so verfahrenen Sache wie die des heutigen römischen Papstthums gestellt hat. Eine solche rege Thätigkeit wäre einer besseren, der wahrhaft christlichen und nationalen, Sache würdig. Ich glaube auch nimmermehr, daß Hergenröther, wenn er noch lange lebt, als Ultramontaner sterben werde; dazu hat er bis jetzt noch zu wenig gesündigt, um an eine solche gottverlassene Verhärtung bei ihm glauben zu können. Dagegen dürfte Denzinger bereits verloren sein; und bezüglich Hettinger's ist ohnehin kein Zweifel mehr. Was die Münchener Theologen betrifft, so maße ich mir über deren zweifellos größten selbstverständlich so wenig wie über deren kleinsten, wenn dieser überhaupt ausfindig zu machen ist, irgend ein Urtheil an; kann aber hinsichtlich des Punktes der strengen Wahrheits- und Gerechtigkeitsliebe gegenüber den andern christlichen Kirchen, besonders den Protestanten, nicht umhin, zu bekennen, daß meiner Ansicht nach der im Ganzen jetzt noch die Facultät beherrschende Geist nicht ein gar christlicher ist. Wenn Döllinger sein Werk über die Reformation, seinen Artikel über Luther und sein Buch über Kirche und Kirchen nicht geschrieben hätte, so würde man ihn als Gelehrten um nichts weniger hoch halten, aber seiner Leistungen für christlich-nationale Bildung viel ungetheilter sich freuen können, während der durch jene zwei Werke, auf die sich der ganze Ultramontanismus im In- und Auslande alle Tage beruft, ausgestreute Same der confessionellen Leidenschaft noch für lange Zeit seine giftigen Früchte hervorbringen wird. Mit dieser Schärfe nach der einen Seite contrastirt nicht wenig die rücksichtsvolle Schonung nach der andern Seite. Hier ist aber die Achillesferse der katholischen Theologie überhaupt. Der Papst bereitet den katholischen Theologen unablässig die schlimmste Gewissensfolter. Je gläubiger ein Theologe ist, desto unbedingter muß er dem Papst anhangen und desto größere Vorsicht scheint ihm geboten im Verkehre mit andern Collegen, die er auf Grund ihrer Schriften im Verdacht hat, nicht durch und durch päpstlich zu sein. Schon um des lieben häuslichen Friedens halber glaubt sich dann auch wieder der unbefangene College genöthigt, seine reifere Erkenntniß über so manchen sehr wichtigen Punkt zu verschweigen, wenn er auch sieht, daß eine von ihm früher aufgestellte unrichtige Behauptung Jahr aus Jahr ein von den Studirenden angeeignet und in der theologischen Literatur darauf sich berufen wird. Dazu kommen noch die strenggläubigen Freunde und alten Kameraden, auch die Verehrerinnen, deren ein berühmter katholischer Theologe auch nicht gerne entbehrt und die gar schwer zu liberaleren Ideen zu bekehren sind. So macht der Papst die Mode in der Theologie, und auch die größten der heutigen katholischen Theologen müssen sie mitmachen. Ist das keine Sclaverei? Und bin ich also nicht berechtigt zu sagen, daß die katholischen Theologen Deutschlands den Bruch mit Rom sich selbst schuldig sind, um dieselbe Freiheit und das gleiche Recht zur offenen, ja pflichtgemäßen Aussprache der Wahrheit zu erlangen, welches jede wirkliche Wissenschaft für sich in Anspruch nehmen muß, und ohne welche die Lehrer und Vertreter der Religion unter den letzten Arbeiter, der gegen keinen Fortschritt sich verschließt, herabsinken und zu blinden Werkzeugen unchristlicher Herrschsucht und Despotie werden, deren endlicher Sturz auch den des ganzen Gebäudes der orthodoxen Theologie zur gewissen Folge haben wird?

IX.

Die absolute Vorbedingung zu einem aufrichtigen Zusammenwirken der katholischen Theologen mit den protestantischen ist der gänzliche Verzicht auf den Gedanken, die Mitglieder der einen Kirche oder Confession zum Uebertritte in die andere zu bewegen. Die theologische Arbeit der Zukunft kann sich überhaupt nicht mehr auf kirchliche Acquisitionen, sondern nur auf religiöse Errungenschaften beziehen wollen. Beides fällt aber ganz und gar nicht zusammen, und schon die, übrigens sehr leicht zu erwerbende, Ueberzeugung, daß dieses nicht der Fall sei, ist in jener absoluten Vorbedingung mit eingeschlossen. Wer sich hiezu nicht sollte entschließen können, von einem solchen, wie gelehrt und fromm er auch immer sein möchte, ist für die Förderung wahrhaft solider und christlicher Civilisation nichts zu erwarten. Denn diese beruht wesentlich auf der vollen Anerkennung der Persönlichkeit jedes einzelnen Menschen und daher in der Entwicklung und Erziehung zu selbstständigem Denken und Wollen, in der Befähigung zum eigenen freien Wählen und Erkennen des Wahren, Guten und Rechten. Je mehr Menschen es in der Welt überhaupt und in irgend einem Lande, bei einem Volke oder in einem kleineren Gemeinwesen gibt, die in solcher selbstständiger Weise nach eigenen Grundsätzen und nach selbsterworbener Ueberzeugung leben und handeln, um so höher steht die Civilisation, und umgekehrt. Je wenigere Menschen ein eigenes Urtheil besitzen oder auch nur zu erringen bestrebt

sind, je mehr Alles nur in blinder Unterwürfigkeit nach
dem Commando Anderer auch in Bezug auf Angelegenheiten,
die sich ihrer Natur nach nicht anbefehlen lassen, sich richtet
und auf persönliche Ueberzeugung verzichtet oder zu solcher
Verzichtleistung genöthigt oder wenigstens an der Kundgebung seiner Ueberzeugung gehindert wird, auf einer um so
tieferen Bildungsstufe steht eine solche Zeit und ein solches
Volk. Nach keiner andern Seite gilt dieß aber in so hohem
Grade als bezüglich der religiösen. Eine Person, und wäre
sie die höchstgestellte in der Welt, welche zu der Kirche und
Confession, welcher sie angehört, nicht aus Religion,
sondern aus irgend welchen anderen Gründen, wie Politik,
äußeres Ansehen, oder auch einer hohen Würde und Stellung
zu Liebe, oder selbst nur ein natürliches Recht wie etwa das
der Verehelichung nach seiner freien Wahl, sich bekännte,
oder gar blos aus solchem Grunde von der Kirche, in der sie
geboren, zu der andern übergetreten wäre, eine solche Person,
möchte sie sonst noch so weltläufig routinirt und gewandt
sein, stünde doch an solider, wahrhaft humaner und christlicher Bildung weit unter dem allereinfachsten Menschen in
der Gesellschaft, der aus voller innerer Ueberzeugung, und
nun also lediglich aus Religion, zu seiner Partei, sei sie
groß oder klein, gelte sie für ketzerisch oder schismatisch,
hielte, oder auch für sich ganz allein stehen sollte, wie es ja
bei Jesus, dem Gründer der erhabensten Religion der
Menschheit, Anfangs der Fall gewesen ist. Glaubt eine
Kirche dieses Princip der freien Ueberzeugung nicht mit
ihrem Bestande vereinbaren zu können, und hält sie sich
durch die Anerkennung desselben für gefährdet, dann
soll sie auch den christlichen Namen ablegen und irgend eine
andere entsprechendere Bezeichnung sich wählen. Nicht der
von einer für unfehlbar sich hinstellenden Hierarchie oder gar

von einem Einzelnen wie dem römischen Papste für einen Häretiker oder Schismatiker oder Sektirer Erklärte ist der menschlichen Gesellschaft und einem Staatswesen, das nicht particularistische, sondern allgemeine Interessen verfolgt, und das Volk nicht als Werkzeug dynastischer oder aristokratischer Herrschaft betrachtet, sondern wo vielmehr die Regierenden des Volkes wegen da zu sein sich bewußt sind — nicht der Heterodoxe ist für die Interessen der Civilisation gefährlich und ihr hinderlich, sondern der Charakterlose und der Fanatiker, welchen Beiden der Mangel an eigener Ueberzeugung, die auch zur Anerkennung jeder fremden sich genöthigt sieht, gemeinsam ist. Das wahre Hinderniß der Civilisation ist auch gar nicht der päpstliche Syllabus, von dessen achtzig Sätzen jeder zu eigenem Urtheil Befähigte weiß was er davon zu halten hat, sondern vielmehr das, durch die dynastischen Interessen aller Orten gestützte, seit Constantin dem Großen in der Welt mehr und mehr ausgebildete, mit dem Zerfalle des Römerreiches durch das Papstthum in Rom und Byzanz, und in der Folge auch in den modernen Staaten adoptirte System hierarchischer Bevormundung der Völker. Die modernen Fürsten und Regierungen haben die Wahl zwischen Hierarchie und Volk. Entscheiden sie sich für erstere, im Bunde mit welcher sie bei dem einstigen rohen Zustand der Unterthanen allerdings bis zu einem gewissen Grade bändigend und sittigend gewirkt haben, so werden die heutigen, für die weitere Entwicklung ihrer Kräfte nicht mehr des pädagogischen Zwanges, sondern der Freiheit bedürftigen Menschen, und gerade die besten am meisten, den Bestrebungen des Staates nach Kräften entgegenarbeiten und so eine sociale Revolution schließlich in ganz Europa herbeiführen, deren zerstörende

Gewalt keine Hierarchie und kein fürstliches Militär aufzuhalten vermögen wird. Entziehen dagegen die Fürsten der Hierarchie und dem Papstthum ihre Unterstützung zur gewaltthätigen Geltendmachung ihrer Prätensionen auf Unfehlbarkeit und überlassen sie den Austrag dieser Controverse der Wissenschaft und der freien Prüfung des einzelnen Unterthanen, mit andern Worten: beschränken sie sich auf das moralische Gebiet und gewähren sie volle und unverkümmerte Gewissensfreiheit bezüglich des dogmatischen: dann, aber auch nur dann, wird die Welt und wird ein Volk in der Civilisation naturgemäß fortzuschreiten vermögen. Aber jede Begünstigung hierarchischer Unfehlbarkeitsträume und orthodoxer Vergewaltigung des Geistes kann allwärts, im Süden wie im Norden, im Osten wie im Westen, nur zur schwersten Schädigung wahrer und christlicher Bildung und Gesittung dienen.

Wenden wir nun diese kaum zu bestreitende Behauptung auf die Theologie an, so stellt sich uns als oberste Aufgabe derselben das engste Bündniß mit dem modernen Culturstaate und die vollste Lossagung von dem Dienste der heutigen Prätensionen von Hierarchie und Papstthum dar. Nicht Kirchenthum und Menschensatzung, sondern Religiosität und Ueberzeugung, sollen von den Theologen aller Länder gepflegt werden. Die Dogmen und confessionellen Feststellungen vergangener Jahrhunderte können ihnen unmöglich als Schranke, sondern nur als Ausgangspunkt ihrer Untersuchungen gelten. Je beschränkter oder herrschsüchtiger ein Mensch oder ein Stand ist, um so mehr ist er für Aufstellung von Dogmen eingenommen, und umgekehrt. Vor dem sonnenhaften und durchdringenden Blicke eines Leibniz zerflossen gar viele Kirchendogmen, die den Vertretern der Orthodoxie für absolute Wahrheit gelten, wie

Nebel.¹ Ihr Ziel kann nicht auf Definition neuer Dogmen, sondern auf Entbehrlichmachung dieser ganzen Thätigkeit durch Anleitung zu selbstständiger Prüfung der Religionslehre gerichtet sein. Die Aufgabe der katholischen Theologen ist hier noch eine schwierigere als die der protestantischen, da es ersteren noch viel mehr an mächtigen Bundesgenossen bei den Laien fehlt, und andererseits die Macht und der Einfluß von Papstthum und Hierarchie bei ihnen noch viel größer ist. Der weitaus größte Theil der katholischen Laien auch in Deutschland betrachtet immer noch die Anhänglichkeit an die von Hierarchie und Papstthum aufgestellte Confession, obwohl er davon nur eine sehr unklare und nebelhafte Idee besitzt, als mit der Religion selbst gleichbedeutend. Erst kürzlich war in einer sehr verständig geschriebenen Correspondenz der „Augsb. Allg. Ztg."² aus Steiermark über die Katholiken in Deutschland und Oesterreich zu lesen: es zerfalle die österreichische Laienwelt in zwei äußerste Hälften, in blinde Gläubige und vollständige Indifferentisten, ja hie und da finde sich sogar Haß gegen alles Religiöse. Beide Parteien seien jeder Reform abgeneigt,

¹ Schon Justus Möser hat daher gemeint, es dürfe die Unfehlbarkeit der Kirche kein Hinderniß der Verständigung sein. „Der hl. Geist," bemerkte er, „redet anders mit Kindern als mit Männern. Die Empfänglichkeit eines Leibniz verträgt höhere Ideen als die des gemeinen Mannes, und die Kirche fehlt nicht, wenn sie so lange bis alle Bauern Mathematiker sind, die Sonne am Zeiger Ahas sich verweilen läßt." Schreiben über die künftige Vereinigung der evangelischen und katholischen Kirche vom J. 1779. Abgedr. in der Berliner Monatsschrift 1786, I., 495. — In diesem pädagogischen Sinne meint aber eben der Katholicismus sein Dogma von der Unfehlbarkeit der Kirche nicht, sondern die Sonne soll hiernach am Zeiger Ahas immer verweilen, selbst wenn längst alle Bauern Mathematiker sollten geworden sein.

² Nr. 167 am 16. Juni 1869.

und die Besorgniß sei nicht ungegründet, daß die aller Cultur den Krieg erklärenden Bestrebungen des nächsten Concils in Oesterreich einen geeigneteren Boden finden werden als Viele heute noch glauben, ungeachtet der vorwiegenden Anzahl verneinender Geister. — Aber selbst wenn es mit dem österreichischen und auch mit dem bayerischen Liberalismus so bestellt sein sollte, könnte man den Ultramontanen nicht Recht geben, daß „Oesterreich um so schwächer nach Außen und unhaltbarer nach Innen sein werde, je liberaler es wäre",[1] und daß „heute noch die Ultramontanen die einzige Stütze der bayerischen Nationalität seien".[2] Denn mag auch ein noch so unvollkommenes Kirchenthum wie das der ungebildetsten Zeit des Mittelalters angehörige mit all seinem Aberglauben und seiner Geistesknechtung für die große Mehrzahl eines Volkes weit besser sein, als der Zustand völligen Indifferentismus, der auch seinerseits nur zu einer andern, noch schlimmeren Sklaverei und zu einem noch viel schlechteren Papstthum führen muß, so kann dieß doch nur von der betreffenden Zeit selbst, aber nicht von einem entwickelteren Zustande der Volksbildung gelten. Auf einer höheren Culturstufe hat der religiöse Indifferentismus einen ganz anderen Charakter als bei noch rohen Völkern. Bei letzterem ist ein kirchlich indifferenter Mensch auch ganz gewiß ein unmoralisches und staatsgefährliches Individuum, während der Aberglaube ihn von vielem Bösen zurückhält. Umgekehrt verhält es sich bei mehr gebildeten und an eigenes Denken gewöhnten Personen. Hier hält der formelle Unglaube nie lange an und führt, gleichwie er dem Hasse des Aberglaubens und des eigennützigen Mißbrauches

---

[1] Hist. pol. Blätter 1868. S. 640.
[2] Le monde, 20 Juin 1869, No. 166.

der Religion durch die Herrscher in Kirche und Staat entstammt, nothwendig zur Selbstrechtfertigung des Abwendens vom offiziellen Kirchenthum, und damit zur eigenen Prüfung der Quellen des religiösen Glaubens, der dadurch gereinigt und geläutert wird. Es hat auch noch nie ein ungläubiges Volk gegeben, aber wohl solche, die im unsinnigsten Aberglauben Jahrhunderte und Jahrtausende lang stecken geblieben sind. Die Zunahme des letzteren Indifferentismus, welche zugleich von der Zunahme allgemeiner Bildung begleitet ist, versteht sich bei einem Volke ganz von selbst und ist kein schlechtes, sondern ein gutes Zeichen dafür, daß auch die religiöse Entwicklung im Fortschreiten begriffen ist. Diese Erscheinung tritt uns gegenwärtig besonders im katholischen Süddeutschland entgegen. Werden wohl die Theologen allein von dieser Bewegung zurückbleiben? Werden sie immer die Wächter und Vertheidiger der Unfehlbarkeit der Orakelsprüche des Papstes und Episcopates sein wollen und damit für die wirksame Bekämpfung des Aberglaubens und der Verkümmerung der Bedingungen alles socialen Fortschrittes sich die Hände binden lassen?

Wenn sie den Bischöfen folgen wollen, müssen sie allerdings auf ein ernst wissenschaftliches Zusammenwirken mit den Protestanten und auf rückhaltlose Anerkennung der fremden religiösen Ueberzeugung als durchaus gleichberechtigten, wenn auch nach ihrem eigenen, aber möglicher Weise irrigen, Urtheil nicht gleich richtigen, vollkommen verzichten, ja werden sich von nun an sogar noch als viel eifrigere Soldaten, als bessere Wechsler, zu bewähren haben. Wenn der Bischof Martin von Paderborn den Katholiken zuruft: „Ja bekennen wir nur unsere Schuld! Wir Katholiken thun viel zu viel, um die Protestanten gleichsam mit Hand und Fuß von uns wegzustoßen, und wir thun zu wenig, um sie zu gewinnen;" und wenn er weiter beklagt, daß man „das warme Interesse der Christen für einander auch bei unsern heutigen Katholiken vielfach vergebens sucht, und eher die auf Wiedervereinigung der Getrennten gerichteten Bestrebungen noch obendrein verdächtigt, bekritelt und verhöhnt findet[1]:" so hat diese Klage in seinem Munde keinen andern Sinn, als daß namentlich die katholischen Theologen an der Zurückführung der Protestanten zur römischen Kirche, von welcher manche nicht mehr fern seien, viel energischer, wenn auch mit aller Klugheit und „Liebe", und mit Vermeidung des nicht mehr zeitgemäßen „polternden Eifers" arbeiten, d. h. die Geschichte des Papstthums recht weiß waschen und den ganzen Protestantismus recht schwarz färben sollten, woran es in letzterer Zeit hie und da ein katholischer Theologe allerdings etwas fehlen ließ. An ein Zurückgehen auf die gemeinsamen religiösen Grundwahrheiten, über welche man ja schon längst in der Dogmenbildung weit hinausgekommen ist, an ein Aufgeben oder vielmehr Freigeben alles Dessen in Lehre, Verfassung, Cultus und Disciplin, was sich nicht für jeden, zum Gebrauch seines Verstandes bereits gereiften, Menschen als Lehre, Gebot und Anordnung Christi selbst klar erkennen läßt: an eine solche principielle Unterscheidung des Wesentlichen in der christlichen Religion vom Unwesentlichen, von welcher strengen Sonderung die Möglichkeit einer Verständigung der kirchlichen Parteien und die Reinigung des Christenthums von den unächten, gleichfalls für göttliche Wahrheiten und Anordnungen fälschlich von Päpsten, Bischöfen und Theologen ausgegebenen menschlichen Beimischungen und Zusätzen abhängt, kann dann so wenig die Rede sein

---

[1] Zweites bischöfliches Wort. Paderborn 1865. S. 203, 205.

wie von der Geltendmachung der eigenthümlichen natio=
nalen Vorzüge gegenüber der Gesetzgebung der Romanen.
Ich weiß gar wohl, womit die katholischen Theologen
sich über ihre exclusive Haltung gegenüber den Protestan=
ten zu rechtfertigen pflegen. Sie weisen auf die großen
Vortheile hin, welche das unfehlbare Lehramt der Kirche
ihnen, und nur ihnen, gewähre. Döllinger hat es vor der
Münchener Gelehrten=Versammlung im J. 1863 ausge=
sprochen, es fühle der katholische Theologe sich frei, weil er
sich „einmal für immer der Führung und Lehrautorität der
Kirche überlassen hat. In der Kirche und durch sie ist
er erst frei geworden; denn sie hat ihn befreit von der Knecht=
schaft quälender Ungewißheit, von der peinigenden Willkür
der Gedanken und des Gewissens, von dem nagenden
Zweifel, von dem Gefühl der Unsicherheit selbst in den
Grundlagen und Ausgangspunkten seines Forschens.
Er weiß sich nun erlöst von der niederschlagenden Aussicht,
daß er nach zehn oder zwanzig Jahren Das als Täuschung
erkennen und wegzuwerfen gezwungen sein werde, was ihm
jetzt so sicher und gewiß erscheint. Denn er hat sich gleich=
sam mit der Autorität vermählt, und sein gesammtes geisti=
ges Leben und Forschen ist nun ein Einswerden mit
ihr in stets wachsender Innigkeit, so daß, wenn sie
auch für ihn verschwände oder stumm würde, er doch nicht
anders glaubte, erkennete, lehrte als sie."[1] Damit ist gegen
die gesammte protestantische Theologie, deren wohlthätige
Einwirkung auf die katholische doch in der nämlichen Rede
hervorgehoben ward, der schwere und bittere Vorwurf der
„Zuchtlosigkeit" geschleudert. Möge mein verehrter Lehrer

---

[1] Die Gegenwart und Vergangenheit der katholischen Theologie.
Regensburg 1863. S. 31.

es mir im Interesse der hochwichtigen Sache nicht übel nehmen, wenn ich mir erlaube, eine Bemerkung daran zu knüpfen. Wenn Döllinger auf seine fünfundvierzigjährige theologisch-literarische Thätigkeit zurückblickt, so glaube ich nicht, daß er jene Zuversicht als gerechtfertigt erkennen wird. Ich bitte meinen verehrten Lehrer wiederholt um Entschuldigung meines Freimuthes, ja meiner Keckheit; aber es handelt sich um die ganze Lebensrichtung gerade der strebsamsten Männer im katholischen Clerus. Wer Döllingers Schriften aus den jüngsten Jahren mit seinen früheren vergleicht, der kann unmöglich der Ansicht sich erwehren, es müsse die eigene Ueberzeugung Döllingers sein, er hätte tausendmal besser gethan, sich den Horizont seines reichen Geistes nie einen Augenblick durch das, was er als die befreiende Lehrautorität der Kirche hinstellt, einengen zu lassen, statt auch jetzt noch am Abende seines Lebens, das nichts weniger als eine Apologie für den Nutzen der kirchlichen Unfehlbarkeit ist, die nachfolgende jüngere Generation der Theologen in den gefährlichen Schlummer der verderblichsten Selbsttäuschung, der für die weitaus größte Zahl schwacher Geister nur zu leicht zu einem geistigen Todesschlafe wird, einzuwiegen. Vielleicht wird Döllinger selbst zugeben, daß die meisten seiner Schriften und größeren Werke in einem ganz anderen Geiste abgefaßt wären, wenn ihm niemals die hierarchischen und päpstlichen Satzungen als Norm und Schranke der wissenschaftlichen Untersuchung gegolten hätten. Und welch ganz anderes Geschlecht von katholischen Geistlichen und Theologen würden wir besonders in Bayern und Oesterreich vor uns sehen, wenn man in dem wissenschaftlichen und ehrlichen Sinne des Janus, der ja gar nicht auf neuen Entdeckungen beruht, sondern

vor Allem, wie es scheint, in dem für den Verfasser in keiner
Weise bestehenden Interesse des Vertuschens und Schön-
färbens und nebenbei in dem stark erschütterten Unfehlbarkeitsglauben, obwohl dieß nicht gestanden wird, seinen Ursprung hat, von den theologischen Cathedern wie in der Literatur hätte wirken und thätig sein wollen! Ich will nur
an einen der allerwichtigsten Punkte, nämlich den von Döllinger schon in seinem „Lehrbuch" und noch in der zweiten
Auflage seines Werkes „Christenthum und Kirche" geführten
Beweis aus Bibel und Tradition für den päpstlichen Primat erinnern. Als unbefangener Forscher und Kritiker
wäre Döllinger nimmermehr dazu gekommen, in den bekannten Aeußerungen von Irenäus, Tertullian und Cyprian über die römische Kirche einen Primatbeweis zu finden;
der Unfehlbarkeitsglaube verführte ihn hiezu wie noch zu
gar vielem Andern. Selbst Hefele bemerkte in seiner Recension des Döllinger'schen Lehrbuches, der Verfasser scheine
in Beweisen für die alte Vollgewalt des Papstes allzu
productiv gewesen zu sein.[1] Und Gengler sagte ganz richtig: „Will man unbefangen urtheilen, so muß man bekennen,
daß man Alles, was Tertullian und Irenäus gesagt, sagen
könne, ohne auch nur eine Idee vom Primate des römischen Bischofes im Sinne des katholischen Dogma's zu haben."
Ebenso verhalte es sich mit Cyprian.[2] Namentlich Döllingers Lehrbuch ist es zuzuschreiben, daß die durchaus unhaltbare Erklärung jener Stellen seither so allgemein geworden ist, daß man geradezu, wie dem Verfasser selbst
begegnet ist, verketzert wird, wenn man von derselben in wissenschaftlicher Unbefangenheit abzuweichen sich genöthigt

---

[1] Tübinger Quartalschrift 1837. S. 144.
[2] Daselbst 1835. S. 117.

sieht.¹ Von dem Döllinger'schen Schriftbeweis für den Primat, den der „gläubige" Janus auf seinen wahren Werth reducirt, wird noch im Folgenden die Rede sein. Und welcher Punkt ist für die ganze Kirchenverfassungs= lehre wichtiger als die Pseudo=Isidorischen Decretalen und die richtige Ansicht über deren Wirkungen? Auch hierüber hat besonders Döllinger, von dem Interesse der Vertheidigung der Kirche und ihrer Unfehlbarkeit geleitet, eine gänzlich falsche Anschauung in der ganzen heutigen katholisch=theologischen Literatur zur Geltung gebracht, die auf völlig ungenügender Kenntniß der Decretalen beruht, wie der Janus ihm mit Recht vorwirft, die er aber bis auf den heutigen Tag nicht öffentlich zurückgenommen hat, obwohl jetzt noch, wie ihm bekannt ist, jeder Candidat der Theologie in München und auch anderwärts an dieses in mancher Beziehung vortreff= liche Lehrbuch sich hält. Und was sonst als das Gefühl jener gepriesenen „Freiheit" unter den Fittigen der unfehl= baren Anathemen konnte Döllinger sein liebeloses und ein= seitiges Werk über die „Reformation" dictiren, auf welches die ganze ultramontane Presse des In= und Auslandes heute noch als auf eines der festesten Bollwerke gegen den Protestantismus sich beruft? Und war es nicht die nämliche „Freiheit", welche zur ungerechten carricatur=artigen Dar=

¹ So hat jüngst wieder Prof. Fehr (Staat und Kirche im fränkischen Reiche. Wien 1869. S. 272) alle diejenigen, welche in der bekannten Stelle des Irenäus keinen Beweis für den päpstlichen Primat finden, wozu nun jetzt freilich auch der Janus gehört, ohne Weiteres als „Feinde des heiligen Stuhles" erklärt. An erster Stelle beruft er sich für seine Auslegung auf Döllingers Lehrbuch, dann auf den Jesuiten Schneemann, der mich wegen meiner Auf= fassung geradezu verketzert, und fügt dann bei: „Damit dürfte die Streitfrage für den Unbefangenen als erledigt betrachtet werden."

stellung des Protestantismus und dabei zu den grellsten Widersprüchen in „Kirche und Kirchen" den Muth und die Zuversicht eingeflößt hat und die Veranlassung geworden ist? Wie steht es dagegen mit der wahren und wissenschaftlichen Freiheit zum offenen Bekenntnisse der eigenen Fehler und der Uebelstände des eigenen Kirchenthums?[1]
Was es mit dem Troste und der freudigen Zuversicht der katholischen Lehrautorität, welche durch ein aufrichtiges, rein wissenschaftliches, Zusammenwirken mit den Protestanten verloren ginge, für eine Bewandtniß habe, das sagt uns ausdrücklich ein anderer, zwar viel kleinerer, aber doch auch liberaler katholischer Theologe und sogar Philosoph, nämlich der schon erwähnte Michelis. In der Schrift, die er vor einigen Jahren gegen die Knechtung und Bevormundung der Wissenschaft, zunächst der Theologie, durch die ultramontane Partei und die derselben dienenden Bischöfe Deutschlands gelegentlich des päpstlichen Breve's gegen die Münchner Gelehrten-Versammlung veröffentlicht hat, spricht der liberale Mann — wer sollte es nur für möglich halten! — die Drohung aus, es möchte Rom und das deutsche Episcopat nur nicht „zu viel auf die deutsche Gutmüthigkeit speculiren", auf daß es nicht „den Grundfonds ächter kirchlicher Gesinnung in der deutschen katholischen Wissenschaft", von dessen Vorhandensein „die Unter-

---

[1] Diese Bemerkungen scheinen mir über meines hochverehrten Lehrers öffentliche Anpreisung der Unfehlbarkeit der hierarchischen Satzungen als Anker der wissenschaftlichen Freiheit gegenüber der „Zuchtlosigkeit" aller andern Kirchen von dem hohen Ernste der Sache geboten und durch denselben gerechtfertigt zu sein. Ich würde sie sicher unterlassen haben, wenn ich nicht die Ueberzeugung hätte, daß sie mir nicht als Impietät ausgelegt, sondern so aufgefaßt werden, wie sie in der That gemeint sind.

werfung von Männern wie Hirscher und Günther unter die kirchliche Autorität (d. h. den römischen Index) Zeugniß gegeben, dem heillosen Spiel einer Partei hingebe".[1] Also mit andern Worten: Papst und Episcopat sollen der katholischen Wissenschaft und Theologie nicht zu nahe treten, damit keiner ihrer Vertreter sich dadurch abhalten lasse, den Index als die Autorität der Kirche anzuerkennen und in ächt kirchlicher Gesinnung sich demselben zu unterwerfen. In der That ein kluger Rath für Rom; aber ein Verrath an der Wissenschaft. Der liberale Michelis sieht also offenbar in dem römischen Index durchaus keine Beschädigung der Wissenschaft; denn sonst könnte die Anerkennung dieses Institutes, wie sie in der Unterwerfung unter die Censuren desselben ausgesprochen ist, nicht ein Beweis „ächt kirchlicher", sondern müßte vielmehr ein Zeugniß von sehr geschwächter christlicher Gesinnung sein. Wer kann sich da wundern, daß die ultramontanste aller theologischen Zeitschriften in Deutschland, der Mainzer Katholik, in Bezug auf die Verdammung Günther's bemerkte: „Wollte Gott, es hätte die deutsche Wissenschaft sich immer bannen lassen! Das Gute und Tiefe, was sie zu Tage gefördert, hätte sie auch unter dem Drucke der römischen Censuren mit Gottes Hilfe gewonnen. Man fasse die Censuren der römischen Curie auch nur als das Gutachten einer privaten Congregation; es wird immerhin an Gewicht mindestens mit dem Ausspruche der besten philosophischen oder theologischen Facultät in Deutschland sich messen können."[2] Und es war hienach ganz in der Ord-

---

[1] Kirche oder Partei. Ein offenes und freies (?) Sendschreiben an den deutschen Episcopat. Münster 1865. S. 41.
[2] Jahrgang 1857. Band I, 201.

mung, wenn das nämliche Organ des Ultramontanismus schon acht Jahre vorher Hirschern den Vorwurf gemacht hatte, er verfolge mit seinen Reformvorschlägen, die er in der trefflichen Schrift: „Zustände der Gegenwart" so maßvoll und gründlich auseinandergesetzt hatte, eine „geradezu schismatische und häretische Richtung"; es enthalte seine Schrift auf wenig Seiten „so viele gefährliche, irrige und unkirchliche Grundsätze als seit Jahren nichts auf dem Gebiete der katholischen Literatur erschienen sei".[1] Auch der „Protest" der dritten General-Versammlung der katholischen Vereine zu Regensburg v. J. 1849, welche sich „feierlich gegen den Geist eines durch subjektive Ueberzeugung bedingten Gehorsams verwahrte", und ein solches rationabile obsequium als „unkirchlich und unkatholisch" auf's Entschiedenste zurückwies:[2] auch dieser unchristliche Protest ist dann in seinem vollen Rechte. Blos die abgezwungene, durch die beharrlich fortgesetzten ultramontanen Angriffe endlich erreichte Unterwerfung Hirscher's, welche der Erzbischof Vicari in einem eigenen Hirtenschreiben dem katholischen Clerus und Volke mittheilte, und die den Sieg der ultramontanen Partei in Deutschland für die folgenden zwei Decennien bedeutete: blos diese, aus gänzlichem Mangel an Unterstützung durch deutschgesinnte Männer erfolgte, Selbstvernichtung war dann das Zeugniß „ächt kirchlicher Gesinnung"!

So verhält es sich mit dem angeblichen Vortheile, den der katholische Theologe aus der Lehrautorität seiner Kirche zieht. Um von einem solchen Vortheile, im Gegensatze zum

---

[1] Jahrg. 1849. S. 348, am 22. Juli.
[2] Verhandlungen S. 214.

Protestantismus, mit Grund und mit voller Ueberzeugung sprechen zu können, müßte wenigstens über Subjekt und Objekt, über Träger und Gegenstand, dieser Autorität zweifellose Sicherheit und allgemeine Uebereinstimmung unter allen Katholiken, besonders unter sämmtlichen katholischen Theologen, herrschen. Dieß ist nun aber bekanntlich gar niemals der Fall gewesen, sondern die größten Differenzen haben seit mehr als tausend Jahren zwischen den römischen Päpsten mit ihrer blind ergebenen Miliz und gerade den hervorragendsten Theologen und Gelehrten bestanden. In der primitiven Kirche wußte man von einer solchen tröstlichen Lehrautorität, die im Episcopate ihren Sitz habe, gleichsam als die Seele des Körpers, so viel wie gar nichts. Christus hatte seinen heiligen Geist der ganzen Gemeinde seiner Gläubigen in den Aposteln verheißen und gesendet, und nicht einem einzelnen Stande oder einer einzelnen Person. Der Heiland sah schon an den von ihm selbst gewählten Aposteln hinlänglich die gänzliche Natur-Unfähigkeit der Menschen für die Gabe der Unfehlbarkeit und nicht minder sah er die Verkehrung seines Reiches durch die Herrschsucht der Päpste und Bischöfe, sowie den einstigen geistigen Verfall des Priesterstandes voraus. Auf dem ersten allgemeinen Concil zu Nicäa dachte kein einziges Mitglied daran, daß es durch die bischöfliche Weihe gleichsam magisch zum Träger einer außerordentlichen unfehlbaren Lehrautorität auserkoren und befähigt worden sei. Alle wußten sich lediglich als Repräsentanten des Bewußtseins ihrer betreffenden Gemeinden, und sonst als weiter nichts. Wenn die alte Kirche schon zu der Höhe der Einsicht durchgedrungen gewesen wäre, wie die heutigen Bischöfe, daß nämlich „die Unfehlbarkeit des Papstes, wenn er die Gesammtkirche in Glaubenssachen belehre, eine in der christlichen Offenbarung klar begründete Wahrheit sei",[1] dann würde das mit so großen Schwierigkeiten verbundene Institut der allgemeinen Kirchenversammlungen ohne allen Zweifel gar nicht entstanden, und die Verhandlungen und Discussionen, wie sie in derselben mit so großer Leidenschaft und Erhitzung gepflogen wurden, würden alle rein überflüssig, ja geradezu unstatthaft gewesen sein.

Diejenigen katholischen Theologen, welche dem Protestantismus seine Verwerfung einer unfehlbaren kirchlichen Lehrautorität als Bruch mit der Continuität der Kirche zum Vorwurf machen und damit die Unmöglichkeit einer kirchlichen Verständigung mit demselben begründen, schlagen sich selbst mit ihren eigenen Waffen. Es gibt eine zweifache Continuität. Auch der Teufel hat eine solche, und die der hierarchischen und päpstlichen Herrschsucht ist ihr innig verwandt. Ganz anders als mit der äußeren und autoritativen verhält es sich mit der inneren und wissenschaftlichen Continuität. Wenn man einfach zählen, und nicht wägen will, dann ist der Träger der kirchlichen Unfehlbarkeit ohne alle Widerrede der Papst allein. Schon der Jesuitenorden allein wiegt dann alle andern Theologen und Gelehrten hin. Wenn man aber nach der Continuität mit der Lehre Christi und mit den Ergebnissen der Wissenschaft auf allen Gebieten frägt, dann gewinnt die Sache eine ganz andere Gestalt, und jene falsche Zuversicht löst sich wie Nebel vor der Sonne auf. So ist es aber mit dem ganzen Katholicismus in seiner Exclusivität und Rechthaberei gegenüber den andern christlichen Kirchen. Ein Vertreter wahrer Wissenschaft kann denselben unmöglich noch vertheidigen,

---

[1] Dieß versichert unter Andern der Erzbischof von Mecheln, Dechamps, Die Unfehlbarkeit des Papstes und das allgemeine Concil. Mainz 1869. S. 55.

sondern Alles was er versuchen kann, besteht darin, die Zulässigkeit eigenthümlicher Lehren und Einrichtungen desselben darzuthun und sie gegen den Vorwurf inneren Widerspruches zu schützen. Aber mit dem Glauben an die tröstliche Lehrautorität, die den Gelehrten von Geistes- und Gewissensqual und von der Gefahr der Retractation früherer Ansichten befreie, hat es für immer ein Ende; er wird nachgerade komisch und lächerlich.

Zwei Dinge, scheint es mir, stehen heute auch für jeden katholischen Theologen, der für wissenschaftliche und geschichtliche Ergebnisse noch Sinn und Verständniß besitzt, klarer als je vor dem Auge: die Ueberzeugung von der allein verlässigen, göttlichen Autorität und Wahrheit der Lehre Christi, und die Ueberzeugung von der Unzuverlässigkeit und menschlichen Beschränktheit aller und jeder kirchlichen Satzung und Feststellung. Wie die erstere Ueberzeugung ein Ergebniß der zahlreichen unhaltbaren Versuche jüngster Zeit zur Bestreitung der göttlichen Autorität und Sendung Christi ist, so ist die letztere Ueberzeugung nicht minder ein Produkt der ebenso unhaltbaren Anstrengungen der Gegenwart zum Erweise der päpstlichen Unfehlbarkeit, womit die Lehrautorität des Episcopates ohnehin aufgegeben ist. So leitet der Geist Gottes, welcher unsichtbar die Christenheit und die Welt regiert, und nur durch die Wirkungen Sich offenbart und in die sichtbare Erscheinung tritt, Alles zum Besten, und auch verfehlte Unternehmungen dienen indirekt zur Aufhellung der Wahrheit. Nur vor dem Absolutismus oder vor der Prätension, auf viel sichererer Basis zu stehen als der Gegner, soll der katholische Theologe sich hüten. Auf diesem Wahne ruht nur Unsegen, der sich selbst rächt.

Wie schon Herder richtig bemerkt hat, kann nur die Wahrheit uns vereinigen, und diese ist nur durch streng objektive Wahrhaftigkeit zu finden, nicht aber durch irgend eine Vergewaltigung der Quellen des Christenthums. „Jede Tendenzkritik", sagt sehr richtig Hagenbach, „die sich von vorne herein in den Dienst irgend eines Systems stellt, sei es eines orthodoxen oder heterodoxen, wird schwinden müssen, je strenger die unerbittliche Wissenschaft ihr Gericht übt. Ein solches Gericht vermag mehr als alle Glaubens=gerichte. Nur durch wissenschaftliche Gründe kann das Grundlose unwissenschaftlicher Behauptungen, auch wo sie mit wissenschaftlicher Prätension auftreten, besiegt; nur durch wissenschaftliche Besonnenheit der kritische Muthwille in Schranken gehalten werden. Das hilft mehr als alles Jammern und Wehklagen, als alles Poltern und Schmähen eines blinden Eifers."[1]

Auch hier ist aber auf katholischer Seite zur Zeit noch weniger eine ernstliche Besserung zu hoffen als auf pro=testantischer. Denn zum Grundwesen des römischen Ka=tholicismus gehört es ja, die hierarchischen oder gar auch die päpstlichen Kirchensatzungen der Bibel nicht nur gleich=zustellen, sondern sie geradezu als Criterien für das Ver=ständniß derselben zu betrachten. Den Protestantismus aber kann nichts hindern, das reformatorische Princip fest=zuhalten, und ohne alle andere Voraussetzung die biblischen Urkunden rein wissenschaftlich zu erklären. Nur dieser Weg ist der allein solide und natürliche, der allmälig zum Ziele führen muß, während der Weg der äußeren Autori=täten und unerwiesenen Voraussetzungen ein unsolider und unnatürlicher ist, der uns nur immer weiter von einander entfernen könnte.

---

[1] Ueber Ziel= und Richtpunkte der heutigen Theologie. Zürich 1867. S. 27.

Die kirchliche Lehrautorität ist also kein so edles und werthvolles Kleinod, das der katholische Theologe um jeden Preis festzuhalten und zu vertheidigen hätte. Sie ist kein Freibrief, sondern ein Todesurtheil, sie ist kein ehrendes Diplom für Priester freier Wissenschaft, sondern eine entehrende Fessel für Werkzeuge des päpstlichen und hierarchischen Absolutismus, sie dient nicht zur Förderung von Liebe, sondern zur Nährung des Hasses. Die katholische Theologie Deutschlands muß, wie ich schon bemerkt habe, wieder anknüpfen an die Richtung, welche in den drei ersten Decennien unsers Jahrhunderts sehr angesehene Vertreter und in mehr als Einer theologischen Zeitschrift sehr freimüthige periodische Organe hatte, während es heutzutage an Beiden fast gänzlich fehlt. Wie lange soll die jesuitische Clique noch die Ehre genießen, das Scepter im katholischen Deutschland zu führen? Werden nicht doch die gelehrteren katholischen Theologen dieser Bevormundung sich bald schämen? Werden sie nicht doch bald mit mehr Muth und größerer Consequenz das Interesse der Wissenschaft, der Religion und des Vaterlandes, um die mögliche Verdächtigung und Censurirung von Seite jener Partei unbekümmert, und ihr vielmehr zu trotzen entschlossen, zu vertreten beginnen, als es heute noch auch in dem verhältnißmäßig freisinnigsten Bonner Literatur-Blatt geschieht, von dessen Mitarbeitern nur wenige auch nur auf die doch immer noch sehr bescheidene Höhe christlichen und wissenschaftlichen Freimuthes der ehrenwerthen Redaction selbst sich zu erheben wagen, und nur gar zu viele von mehr als unwissenschaftlichen Rücksichten sich leiten lassen. Welch ganz andern Geist athmen nicht die ersten Jahrgänge der Tübinger Quartalschrift! Aber freilich, damals waren auch die clericalen Abonnenten noch Kinder eines andern Geistes, und so verdient immerhin schon das Wenige, um welches der Romanismus jenes bedeutendsten katholisch-theologischen Organes magerer ist als der des Mainzer Katholiken, der deutschen Pastoral-Blätter und anderer Zeitschriften, alle Anerkennung, da es dem deutschen Magen doch weniger widersteht und gesünder ist.

Um die heutigen, besonders die jüngeren, katholischen Theologen Deutschlands an ihre weit unthätigeren Väter, die vor vierzig bis fünfzig Jahren gelebt, zu erinnern, möchte ich doch auf diese Zeit einen Blick zurückwerfen und namentlich auch einige Stellen aus den ersten Jahrgängen der erwähnten, von Männern wie Drey, Möhler, Hirscher redigirten, Tübinger Quartalschrift, die man in Rom trotzdem nicht zu verbieten wagte, ins Gedächtniß rufen. Von Anfang an hatte sie sich die Vertretung der deutschen Sache Wessenbergs gegen den restaurirten Jesuitenorden zur Aufgabe gemacht und, wie ihr sogar Werner nachzurühmen wagt, „eine würdige, ächt wissenschaftliche Haltung eingenommen".[1] Schon in ihrem ersten Jahrgange (1819) bemerkte

---

[1] Geschichte der katholischen Theologie in Deutschland. München 1866. S. 472. Wenn aber Werner beifügt: es habe dieselbe „nach Abstreifung einiger, aus der Wessenbergischen Epoche nachwirkenden Reminiscenzen auch vollkommen in den Bahnen correcter Kirchlichkeit sich bewegt", so enthält dieses Urtheil einen inneren Widerspruch, da ächt wissenschaftliche Haltung und correcte Kirchlichkeit unversöhnliche Gegensätze sind. An allen Koryphäen der katholischen Tübinger Schule kam dieß zum Vorschein. Die Einen, wie Möhler, brachten die erstere der letzteren gar bald zum Opfer; Andere, wie Hirscher, wurden censurirt und in jeder Weise wegen „unkirchlicher Gesinnung" verfolgt, oder sie wurden doch, wie Drey, Hug, Staudenmaier, trotz ihres Einlenkens nach Kräften verdächtigt, und die ganze Richtung ward schließlich vernichtet und kaum noch ein Bote blieb übrig, um von denselben uns Kunde zu hinterbringen.

sie mit vollkommener Wahrheit und geschichtlicher Begründung über den Jesuitenorden, welcher fünf Jahre vorher von dem, die Revolution, deren Fanatismus er an sich so bitter erfahren, mit dem berechtigten Liberalismus verwechselnden und so das Kind mit dem Bade ausschüttenden, Papste Pius VII. wiederhergestellt worden war, und worüber unter Andern schon in Bayern der gelehrte Westenrieder seine berechtigte Besorgniß kundgegeben hatte: „Was diesem Orden vor Allem entgegen steht, das ist der Factionsgeist, der demselben ganz eigenthümlich ist und der sich auch bei keinem andern Orden je so sehr geäußert hat. Wenn die Freunde des Guten für unsere Zeit ein Institut nöthig finden, das der erschlafften Religiosität aufhelfen könnte, so sollte man sein Augenmerk wenigstens nicht auf ein solches werfen, das in der öffentlichen Meinung untergegangen ist."[1] Wie viel Unehre wäre der katholischen Theologie Deutschlands, und wie viel Unheil dem ganzen Vaterlande erspart geblieben, wenn diese Ueberzeugung sich bei den Katholiken lebendig erhalten hätte! Ehe noch dreißig Jahre vergingen, hatten die Jesuiten bereits wieder die Hegemonie in der Kirche errungen, die sie schon nach weiteren zwanzig Jahren durch ihre Herrschsucht, für welche sie Pius IX. noch zugänglicher und kurzsichtiger fanden als ihr Wiederhersteller Pius VII. gewesen, an den Rand des Abgrundes gebracht haben!

Und nicht nur die Theologie, sondern auch das deutsche Episcopat, der katholische Clerus und die Laienwelt, würden heute eine würdigere Haltung einnehmen, wenn der Geist, der damals die deutsche Kirche beseelte, erhalten geblieben wäre. Mit allem Nachdrucke hatte die Quartalschrift im

---

[1] S. 447.

Jahre 1822 auf das Entwürdigende hingewiesen, das für die Bischöfe in dem, aus der Zeit Gregor's VII. stammenden, Vasalleneide liege, welchen sie heute noch zu leisten haben. Sie betonte die Nothwendigkeit, daß der mittelalterliche Absolutismus von Papstthum und Hierarchie gebrochen werde, und dem niederen Clerus wie auch den Gemeinden das Recht zur Betheiligung an den Bischofswahlen wieder eingeräumt werden sollte.[1] Gerade diese Maßregel würde eines der besten Mittel zur Verständigung und Vereinigung der Katholiken und Protestanten auf Grund der altkirchlichen Verfassung geworden sein, und sowohl die Knechtung und damit den geistigen Verfall des Clerus als die Sklaverei des Episcopates und das Versinken der Laien in Indifferentismus am wirksamsten verhindert haben. Daß Alles ganz anders kam, ist freilich auch die Schuld der Fürsten und Regierungen in Deutschland, welchen ihre dynastischen Privatinteressen und Eifersüchteleien mehr galten als das Gemeinwohl der Nation, das von einer würdigen und vom Auslande unabhängigen Stellung der Kirche und ihrer Organe unzertrennlich ist.

Wenn der Janus, welcher ausdrücklich versichert, daß er sich zu der liberalen Ansicht von der katholischen Kirche bekenne, den Begriff dieses Liberalismus näher dahin erörtert, daß er der Gesinnungsgenosse derjenigen sei, welche überzeugt sind, daß die katholische Kirche „zu den Principien der politischen, intellectuellen und religiösen Freiheit und Selbstentscheidung, soweit diese Principien im christlichen Sinne verstanden werden, ja gerade aus dem Geiste und Buchstaben des Evangeliums geschöpft sind, sich nicht feindlich und abwehrend verhalten dürfe, vielmehr

---
[1] S. 425.

positiv auf dieselben eingehen und auf deren stete Verwirklichung reinigend und veredelnd einwirken solle":[1] so
kömmt Alles darauf an, was er selbst unter den Ausdrücken:
„im christlichen Sinne" und „aus dem Evangelium
schöpfen" versteht. Auch der Ultramontanismus betheuert
aufs Heiligste, daß er nur im Namen des Christenthums
und des Evangeliums der ganzen modernen Civilisation
sich widersetze, weil sie nämlich nicht christlich und nicht aus
dem Evangelium geschöpft sei. Wenn der Janus mit dem
rein wissenschaftlichen Standpunkt nicht Ernst macht,
so zieht er dem Ultramontanismus gegenüber den Kürzeren.
Ein rein wissenschaftliches Verfahren kann man es aber
ganz entschieden nicht nennen, wenn das Urtheil, und das
unfehlbare Urtheil, darüber was ächt christlich ist oder nicht,
nur den römisch=katholischen Bischöfen auf ihren General-
Versammlungen zustehen soll, wie der Janus dabei stehen
bleibt, nur darüber der Wissenschaft die Kritik überlassend,
ob eine solche Versammlung von päpstlicher Beherrschung
und Knechtung frei gewesen sei. Hiermit wird Alles un-
sicher gemacht, und dem gefährlichsten Skepticismus Thür
und Thor geöffnet. Denn es wird sich weiter darum handeln, wer denn die viel schwierigere Frage über die volle
Freiheit eines Concils mit unfehlbarer Sicherheit lösen und
überhaupt nur bestimmen solle, was denn Alles zu dieser
Freiheit gehöre? Der Janus kömmt daher über den Ultramontanismus nicht hinaus, sondern gibt ihm nur Waffen
in die Hände, da er principiell auf dem nämlichen Boden
steht und die Nothwendigkeit einer unfehlbaren Interpre-
tationsbehörde der Bibel anerkennt, aber als solche etwas
betrachtet, das viel weniger seinen Zweck erfüllt, als die

---

[1] Vorwort S. V.

päpstliche Unfehlbarkeit des Ultramontanismus. Wie soll es sich denn mit der „intellectuellen Freiheit und Selbstentscheidung", d. h. mit der Freiheit der Wissenschaft, gegen welche die katholische Kirche sich „nicht feindlich und abwehrend" verhalten dürfe, sondern auf deren „stete Verwirklichung" sie einwirken solle, verhalten, wenn der Janus selbst Jeden aus der katholischen Kirche für ausgeschlossen erklärt und Keinen als seinen Gesinnungsgenossen anerkennt, der z. B. den Primat des Papstes auf Grund wissenschaftlicher Untersuchung für keine göttliche Institution und ebensowenig das Episcopat als unfehlbares Magisterium der christlichen Kirche zu erkennen vermag? Die Freiheit der Wissenschaft würde von dem Janus nicht viel mehr zu erwarten haben als von dem Papst; das liberalste aller öcumenischen Concilien, das von Constanz, hat ja einen deutschen Universitätsprofessor der Theologie und streng religiösen Mann zum Scheiterhaufen verurtheilt!

Es war das Zeugniß einer ächt christlichen Gesinnung, wie man dergleichen jetzt beinahe gänzlich vermißt, die sich in einem vortrefflichen Aufsatze: „Ueber einige Störungen in dem richtigen Verhältnisse des Kirchenthums zu dem Zwecke des Christenthums" in dem Jahrgang 1823 der Tübinger Quartalschrift kundgab. Der Verfasser — ohne Zweifel Hirscher — hob mit lebendiger Begeisterung die Nothwendigkeit eines ganz voraussetzungslosen, von allen Kirchendogmen unabhängigen Studiums der heiligen Schriften hervor und zeigte die Verkehrtheit und Verderblichkeit der ungebührlichen Herabsetzung derselben durch die katholische Polemik im Interesse der Erhebung der traditionellen Satzungen gegenüber dem Protestantismus. In Bezug auf die Lehre, führte er aus, unterscheide man in der katholischen Theologie nicht gehörig zwischen den wesentlichen

Grundideen und den Nebendingen, zwischen dem Geiste und dem Buchstaben, ja sogar rein scholastische Meinungen würden dem Worte Gottes übergeordnet. Die nämliche Ueberspannung des Kirchenthums trete allenthalben im katholischen Cultus hervor und in der Verwaltung der Sacramente. Auch hier werde im polemischen Interesse gegen den Protestantismus die Wirksamkeit ex opere operato so ausschließlich betont, daß der Glaube des Menschen fast gar nicht in Betracht komme; es werde ferner bezüglich des Empfanges der zwei Sacramente der Beichte und des Abendmahles weit mehr und ernstlicher auf das multa als auf das multum, auf das saepe als auf das bene gedrungen. „Auch noch in unsern Tagen", gestand klagend der gelehrte und freimüthige Verfasser, „ist der wahre Sinn der sacramentalen Wirksamkeit ex opere operato wenigstens im Volke keineswegs hinreichend bekannt." Durch die unmittelbare Verbindung der Sacramentalien mit den Sacramenten als Vorbereitung zu denselben und ausschmückendes Beiwerk, sowie durch die vollkommene äußere Aehnlichkeit gewöhne sich das Volk, beide zu verwechseln und auch ersteren eine innere Kraft zuzuschreiben. Die Ueberladung in Ceremonien und Riten sei sehr gefährlich. Es liege ohnehin in der unvollkommenen und schwachen Natur des Menschen tief begründet, die äußere Formel mit dem Geiste und der Sache selbst zu verwechseln und in einem äußeren Sühnungsmittel Heilung für innere Schäden zu suchen, oder auch mit Geld und dergleichen Opfergaben an die Kirche und den Clerus sich mit Gott und seinem beschwerten Gewissen abzufinden. Dieser verkehrte Hang der sündigen Natur sollte nicht auch noch durch die Kirche selbst genährt werden, wie es aber leider durch den katholischen Cultus nur zu sehr geschehe. Die religiösen Uebungen trügen den Charakter eines Frohndienstes, wo derjenige der Beste sei, der das Meiste leiste. Die Lehre von dem „Schatze der Kirche" sei eine durchaus unhaltbare und verderbliche; auch das Fasten solle jedem Christen freigestellt bleiben, da sonst bei solchem Gebote, welches seiner Natur nach sehr oft übertreten werde und in die individuellen Zustände der Menschen zu tief eingreife, das Aergerniß weit zahlreicher sei als die Erbauung, das Schlimme weit mehr als das Gute.

Dieß nenne ich mir die Sprache eines wahrhaft christ= lichen Theologen. Zehn solche Männer gleich dem be= sonnenen Odysseus wären mir lieber und wären der Kirche wie dem Vaterlande weit nützlicher als hundert polemische Heißsporne gleich dem reizbaren Ajax. Aber wo sind heute die ersteren, indeß es an Leuten von der letzteren Art allenthalben wimmelt? Statt das Volk zur soliden Frömmig= keit und Tugend zu erziehen, ködert man es mit äußerem Tand, von dessen zweifelhaftem Werthe nicht wenige hellere Köpfe unter den katholischen Geistlichen und Theologen selbst überzeugt sind, und trägt damit nach Kräften bei zur Erzeugung des Gegensatzes von Abergläubigen und Un= gläubigen, deren beiderseitiger Fanatismus schließlich alle Bande der gesellschaftlichen Ordnung zerreißt, wenn ihm nicht zur rechten Zeit noch gesteuert wird.

Auch über einen der wichtigsten Punkte der kirchlichen Verfassung und Disciplin, und über eines der wesentlichsten Hindernisse kirchlicher Vereinigung in Deutschland, nämlich über den Cölibatszwang des Clerus, durfte damals eine katholisch=theologische Zeitschrift mit allem Freimuthe sich äußern. Schon im Jahre 1820 trat die Tübinger Quartal= schrift für die vom sittlichen wie vom wissenschaftlichen und rechtlichen Gesichtspunkte aus in gleicher Weise geforderte Beseitigung dieses mittelalterlichen Statutes entschieden in die Schranken. Sie wies darauf hin, daß „die Candidaten der katholischen Theologie an den Universitäten sich am meisten den fleischlichen Ausschweifungen ergeben, um doch noch möglichst viel in kurzer Zeit zu genießen".[1] War es ja doch schon auf den mittelalterlichen Universitäten ganz ebenso gewesen, wie die Annalen derselben überall uns berichten.[2] „Die große Masse der Geistlichen, hieß es hier weiter, „ist zur Virginität nicht berufen und ohne moralischen Segen schleppt sie am Joche des Cölibates... Es ist ein gewaltiger Unterschied zwischen einem Cölibatär und einem guten Menschen... In unsern Tagen wird bei Weitem für die Mehrzahl die Ehe als sittlich zuträglich betrachtet werden müssen."[3] Und drei Jahre später (1823) erklärte sie abermals das Cölibatsgesetz für einen ganzen Stand als die „schreiendste Rechtsverletzung".[4]

[1] S. 643. — Diesem Uebel suchte man in neuerer Zeit, seit den vierziger Jahren, durch die Errichtung der Knabenseminarien in Deutschland abzuhelfen, zur größten Beschädigung, ja zum Ruin des freien wissenschaftlichen Geistes. Und was in sittlicher Hinsicht damit gewonnen wurde, ist zu bekannt, als daß man mehr darüber zu sagen brauchte. Das, Geist und Körper entnervende Laster der Selbstbefleckung ist das Hausübel aller geistlichen Seminarien. Und ganz natürlich: wenn die höheren, edleren Kräfte in der Entwicklung gebunden werden, so werden die niederen Begierlichkeiten gelöst und in ihrer Abscheulichkeit und entwürdigenden Natur um so weniger erkannt. Die deutschen Bischöfe kennen alle diese Pest; aber sie vertuschen sie so viel als nur immer möglich.
[2] Vergl. Bulaeus, Hist. Univ. Paris. II. 687.
[3] S. 652, 654.
[4] S. 236. Da man mich bereits, und zwar im liberalen Bonner Literaturblatt Nr. 22 (1869), so abscheulich verdächtigt hat wegen der in meiner „Theologie des Leibniz" ausgesprochenen Behauptung, daß der dem ganzen Stande auferlegte Cölibatszwang das Recht der Freiheit beeinträchtige, weil der junge Seminarist zur Zeit, wo er jenes Versprechen ablegt, wie ein im Käfig aufgezogener Vogel

Heutzutage muß freilich ein katholischer Theologe, der im Namen von Sittlichkeit, Wissenschaft und Recht gegen ist, der bei seiner Freilassung kein Gelübde ablegen kann, niemals den Zaun zu überfliegen, weil er sich gar nicht kennt, so will ich doch zu obiger Stelle auch noch ein Geständniß von einem sonst so begeisterten Vertheidiger des clericalen Cölibates, wie Schulte, anführen. In seiner jüngsten, wiederholt citirten Schrift: Die Stifte der alten Orden in Oesterreich. Gießen 1869, S. 35, bemerkt er von den geistlichen Candidaten: „Das läßt sich gewiß sagen: ein junger Mensch von 19 bis 20 Jahren, dem Alter, in welchem die Meisten die Universität betreten, ist sich in den seltensten Fällen dessen bewußt, was nöthig wäre, um nur aus idealem Berufe sich dem geistlichen Stande zu widmen. Man wendet sich eben der Theologie zu wie andern Berufszweigen, wenn eine Entscheidung nöthig ist. Auf die Wahl selbst wirken noch viele andere Gründe ein als Beruf oder Neigung." Als solchen Hauptgrund gibt Schulte selbst (S. 34) die geringen wissenschaftlichen Anforderungen an, welche an den katholischen Geistlichen gestellt werden. „Mancher", sagt er, „zieht es vor, lieber Theologe zu werden als sich zu plagen, um nur seinen Unterhalt zu fristen." Solche Tag=diebe und Taugenichtse, welche überall sonst durchgefallen und da=vongejagt worden wären, oder wirklich geworden, sind die besten Cölibatäre; denn jedenfalls hätten sie die moralische Kraft nicht, deren so mancher Beamter als christlicher Familienvater bedarf. Das ist christliche Vollkommenheit im Katholicismus! Dennoch glaubt auch Schulte (S. 42), daß an eine Aenderung des Cölibats=gesetzes „nach menschlichem Ermessen wohl auf lange Zeit hin nicht zu denken ist". Wohl niemals, wenn das sittliche Bewußtsein des Clerus selbst sich nicht hebt, und der Staat den Papst walten läßt, unbekümmert um die Anforderungen der modernen Civilisation und menschlichen Cultur. „Man kann nicht in Abrede stellen", sagt Schulte, „daß auf dem Lande, auf welches der größte Theil des Clerus angewiesen ist, meistens eine für ihn passende Gesellschaft nicht vorhanden ist, da auch das Bauernwirthshaus keinen Ersatz bietet" (S. 36). Ich dächte, hier wäre doch die Familie am Platze! Statt dessen sinnt man auf alle möglichen künstlichen und unna=türlichen Mittel, nur nicht auf die von Gott selbst in die Natur den Cölibatszwang sich erklärt, der gemeinsten Verdächtigung gewärtig sein. Ohne alle Rücksicht auf die so laut schreienden zahllosen Thatsachen der ganzen Geschichte, deren eine einzige, nur durch jenen Zwang verursachte, schon vollkommen zur Verwerfung der Auflegung solchen im Evangelium nirgends gebotenen oder auch nur insinuirgelegten und ausdrücklich verordneten, und wer auf die Anwendung derselben und auf die allseitigen schlimmen Folgen des Cölibatszwanges verweist, der wird von den Vertretern der alleinseligmachenden Kirche als „Fanatiker", „Lügner", „Wahnwitziger" und weiß Gott was noch) erklärt. Alles dieß hat mich Hr. Hayd, dessen brutale Recension, wie es scheint, in erzbischöfl. Auftrag verfaßt ist, genannt. Und wie unwissend ist doch dieser Mann! Er kennt nicht einmal die Canonen des Tridentinums, das er doch schon wenigstens viermal beschworen hat! Ich muß ein „wahnwitziger, scandalöser, fanatischer Lügner" sein, daß ich sage, es behaupte die römische Theologie einen absoluten Vorzug des cölibatären vor dem ehelichen Leben; und das Tridentinum (Sess. 24 c. 10) belegt doch jeden mit dem Anathem, der behauptet: „non esse melius ac beatius manere in virginitate aut coelibatu quam jungi matrimonio." Müßte etwa nicht die Welt nach einer Generation aussterben, wenn Alle nach diesem „Dogma der katholischen Kirche", wofür auch Schulte es erklärt, leben würden? Und wenn ich weiter gesagt habe, es kenne der Jesuitismus überhaupt keine andere Auffassung der Ehe denn als coitus carnalis, so will ich diese Behauptung auf Verlangen mit einer sehr großen Zahl von Beweisen begründen; das „Scandalöse" ist nicht meine Schuld, sondern die derjenigen, welche mich herausfordern. Uebrigens anerkenne ich die Vorstellung anderer Herren Recensenten für begründet, daß ich in meiner „Theologie des Leibniz" auf solche Ignoranten und Sycophanten, zu denen der Hr. Hayd gehört, wohl zu viel Rücksicht genommen habe; denn, wie Platen sagt: „man beschmutzt sich nur mit dergleichen Leuten". Was Hrn. Hayd betrifft, so hat er mir ja schon in München persönlich betheuert, er vermöge ganz unbeschadet seiner Philosophie alle achtzig Sätze des Syllabus zu beschwören. Warum sollte ein solcher Held nicht auch eine Recension in gleichem Geiste schreiben können!

ten, als unerträglich erwiesenen Joches, wie Christi Lehre nach seiner eigenen Versicherung keines enthalten soll, genügen würde, erklärt man aus reinem Pharisäismus gegen die andern christlichen Kirchen, deren Clerus in der Ehe lebt, es sei „die göttliche Braut Christi namentlich bei der Anordnung dieses Institutes vom heiligen Geiste geleitet gewesen",[1] während es doch eher eine schwere Versündigung gegen den heiligen Geist ist, weil damit ein vermessentliches Vertrauen auf Gottes Gnade verbunden ist. Und statt anzuerkennen, was doch alle Erfahrung lehrt, daß der katholische Geistliche der gleichen Gebrechlichkeit und denselben Naturgesetzen wie alle andern Menschen unterworfen ist, und daß die ganze Gesetzgebung der Kirche die Theorie über die Exemtion der Geistlichen von den Trieben der andern Menschenkinder oder von einer außerordentlichen Kraft zu deren Besiegung Lügen straft, daß vielmehr sogar bei den heiligsten Handlungen, wo man doch bei andern Menschen nichts dergleichen befürchtet, die leidige, durch kirchliche Gesetze selbst in ihrer Berechtigung bestätigte, Besorgniß bezüglich der cölibatären Geistlichen nicht grundlos ist, sie möchten selbst das Heiligste, ja gerade die Spendung des Sacramentes der Buße, zur Befriedigung ihrer Begierlichkeit mißbrauchen — statt sich zu schämen über die betreffenden kirchlichen Gesetze der Sollicitation, will man die Dinge so verdrehen, als ob nur zur Abwehr des Argwohnes der „Welt", die am „spiritus fornicationis überaus krank sei, und in ihrer concupiscentia carnis die vollkommene Bewahrung der Keuschheit (nämlich für den gesammten, aus so mancherlei Personen gemischten Stand des katholischen Clerus) als etwas die menschliche Kraft

---

[1] Dieß wird neuestens behauptet von Louis de Rougemont, Traité de la virginité. Paris 1869. p. 439.

Uebersteigendes erkläre, und daher, um diese, zu ihrer eigenen Rechtfertigung erfundene (?), Behauptung zu stützen, mit Luchsaugen auf den Wandel der Priester lauere und spüre, darin einen Anhalt zu finden, der ihrer eigenen Verkommenheit zur Entschuldigung dienen könnte"[1] — als ob, sage ich, nur zu diesem Behufe, und nicht für die Geistlichen selbst, jene entehrenden Bestimmungen und Strafgesetze nöthig wären! So sehr mangelt es auch in diesem Punkte heutzutage selbst etwas freier gesinnten und nicht ungelehrten katholischen Priestern an Wahrheits- und Gerechtigkeitssinn! So weit sind wir hinter jene bessere Zeit, von der hier gehandelt wird, zurückgesunken! Hat doch sogar Werner von den so gerechtfertigten Bestrebungen jener Zeit zur Aufhebung des unsittlichen Cölibatszwanges die Bemerkung gemacht, es sei jene liberale deutsch-kirchliche Bewegung zuletzt in ein „dem allergewöhnlichsten Ehr- und Anstandsgefühl derogirendes Begehren nach Priesterfrauen ausgelaufen".[2] Ich bin mit dem gerechtgesinnten Canonisten Richter der Ansicht, daß das Bemühen für Restitution eines von Gott selbst gegebenen, und von herrschsüchtigen Menschen einem ganzen zahlreichen Stande willkürlich entrissenen, Rechtes, das gerade nach katholischer Lehre sogar sacramentale Würde und Gnade in sich schließt, dem Ehr- und Anstandsgefühl nichts derogire, sondern von dem Dogma der katholischen Kirche selbst gefodert werde;[3] glaube aber, daß dieß allerdings bezüglich des Concubinates,

---

[1] So wird von Ignaz Schöpf (Die kirchlichen Zustände in Oesterreich und das allgemeine Concil in Rom. Innsbruck 1869, S. 50) die Sache dargestellt, obwohl derselbe doch so schlimme Dinge zu berichten hat. S. 72.
[2] Geschichte der katholischen Theologie. München 1866. S. 343.
[3] Lehrbuch des Kirchenrechtes. 2. Aufl. Leipzig 1843. S. 193.

in welchem Werner mit der ganzen katholischen Theologie für einen Geistlichen eine geringere Versündigung als in der Verehelichung erkennt, der Fall sei. Wessen Ehr- und Anstandsgefühl so sehr irregeleitet ist, daß er die Verwerflichkeit und Unsittlichkeit dieser Theorie, die übrigens in allen Compendien enthalten ist, nicht einsieht, mit dem ist auch nicht viel zu streiten. Die heutige katholische Lehre ist hier gerade so logisch wie in andern Punkten. Es ist nur gut, daß Gott bei der Erschaffung des Menschen nicht auch einen Papst oder anderen katholischen Theologen unserer Zeit zu Rathe zog. Sonst hätte er wohl aus Ehr- und Anstandsgefühl niemals das Licht der Welt erblicken dürfen. Dagegen ist wohl sicher anzunehmen, daß es nicht im Plane des Schöpfers lag, daß aus dem nackten Adam ein ultramontaner Theologe sich entwickle, der ohne Schamröthe an seinen Ursprung nicht denken kann. Auch keine liberale Stimme aus theologischem Lager hat es bis jetzt gewagt, diesen Punkt der Aufhebung des Cölibates unter die Bedürfnisse der Kirche zu zählen; allen mit einander scheint ganz offenbar geradeso wie den Ultramontanen nur um ihre Ehre und ihre Herrschaft zu thun zu sein. Der Janus behauptet, es gebe heutzutage Länder, wo der Clerus „selbst von dem Verdachte der Unenthaltsamkeit der großen Mehrzahl nach frei sei." Leider hat er für diese Behauptung gar keinen Beweis angegeben.

Es war also den hervorragendsten Vertretern der katholischen Theologie jener Zeit klar, daß Christus der Herr, der sein Leben lang gegen hohes Priesterthum und Hierarchie zu kämpfen gehabt hatte, wohl unmöglich seine Kirche einem neuen hohen Priesterthum und einer neuen Hierarchie anvertraut haben könne, die durch ihre Herrschsucht auch sein Werk gewiß ebenso dem Untergange zuführen würden, wie sie es mit dem Alten Bunde gethan hatten; daß er im Gegentheile für nöthig gehalten habe, der Gemeinde seiner Gläubigen den heiligen Geist zu senden, auf daß er sie auch mitten im Verfalle der Hierarchie im Glauben an sie aufrecht erhalte und sie befähige, stets von Innen heraus sich selbst zu regeneriren. In einem solchen inneren Regenerationsproceß sehen wir eben jetzt die Kirchen aller Orten, vor Allem in Deutschland, begriffen: es ist ein Kampf für ächtes Christenthum gegen die hierarchische Entstellung und Verkehrung desselben. Aus diesem, sowohl in der protestantischen wie in der katholischen, ja theilweise sogar schon in der orientalischen Kirche eingeleiteten Reinigungsprocesse wird die Vereinigung der durch die hierarchischen Satzungen gespaltenen Christenheit von selbst sich ergeben. Diese Ueberzeugung lebte, oder dämmerte wenigstens bereits auch in den besten und edelsten der katholischen Theologen Deutschlands in den ersten drei bis vier Decennien dieses Jahrhunderts. Daß, wie die gelehrtesten katholischen Theologen unserer Zeit wieder sagen, „die wahrhafte Christlichkeit ihren wahrhaften und einzig zulässigen Ausdruck im katholischen Dogma (also in den Abmachungen der Hierarchen und Päpste) habe", und daß „alle Abirrungen der Protestanten von demselben ebenso viele Abirrungen von der wahrhaften Christlichkeit und gesunden Religiosität seien":[1] das glaubte man in jener Zeit ganz und gar nicht.

---

[1] Werner, Geschichte der katholischen Theologie in Deutschland seit dem Trienter Concil. München 1866. S. 484. — Dieses Werk ist schon insofern von Interesse, als man sieht, daß die heutige „katholische" Theologie eben da ihren Anfangspunkt erkennt, wo die „Theologie" als Wissenschaft völlig aufhört, nämlich bei dem Trienter Concil und dem römischen Index. Die Geschichte der

Die Tübinger Quartalschrift enthielt im Jahre 1822 einen ausgezeichneten Aufsatz über die Stellung, die der katholische Theologe dem Protestantismus gegenüber einzunehmen habe, aus dem wir zur Spiegelung für unsere heutigen Theologen einige Stellen mittheilen wollen. „Man rechnet da und dort", heißt es hier, „sichtlich genug auf eine nicht so ferne liegende Wiedervereinigung der Confessionen, während man doch nicht nur nichts thut, was eine solche wirklich befördern kann, sondern vielmehr das thut, was uns das Unglück unserer Trennung immer auf's Neue schmerzlich fühlbar machen muß. In Tagen, wo man katholischer Seits in Erwartung ist, ob es gelingen werde, die theologische Cultur zu einem Zustande zurückzubringen, in dem sie vor fünfzig oder sechzig Jahren war, und wo es sich darum handelt, der römischen Curie den Einfluß des Mittelalters, und dem Kirchenwesen überhaupt die Meisterschaft über die Religion wieder einzuräumen; in Tagen, wo man protestantischer Seits selbst das kirchliche Symbolum aufgegeben und jeden an sein Privat-Symbolum angewiesen hat; wo es unentschieden ist, ob der Supernaturalismus oder der, allen Symbolen gleich fremde, Naturalismus in dieser Gemeinde siegen werde; in Tagen, wo man sich von beiden Seiten hitziger und beleidigender befehdet als dieß seit Langem der Fall war, und wo das wechselseitige Mißtrauen durch allerlei

---

Theologie, zumal speciell die in Deutschland, müßte ja doch bei einem bedeutenden deutschen Theologen anfangen und nicht bei dem romanischen, unser Vaterland so schwer beschädigenden und so grob beschimpfenden Concil von Trient! Wenn man doch lieber von irgend einem Hirtenbriefe eines deutschen Bischofes angefangen hätte, da ja die jüngsten theologischen Erzeugnisse auch wieder vor Allem nur etwas ausgedehnte Hirtenbriefe sind.

einzelne Vorfälle nicht wenig verstärkt worden ist: in solchen Tagen sollte eine Vereinigung der getrennten Confessionen Statt finden? — Unsere Zeit, bemerkte der Verfasser weiter, ist also die Zeit der Confessionsvereinigung nicht, und wenn bei der gegenwärtigen politischen Constellation (nämlich bei dem Ueberwiegen der katholischen Staaten) eine solche Statt haben sollte, so würde sie nur durch Zwang, und zwar völlig auf Kosten des Protestantismus bewirkt werden, was aber ein unendlich größeres Uebel wäre als die Trennung selbst."[1]

Daß der Katholicismus eines Mannes und einer Zeitschrift, die über Berechtigung und Nutzen, ja Nothwendigkeit des Protestantismus öffentlich in solcher Weise sich äußerten, daß sie die, von Päpsten und Jesuiten in Gemeinschaft mit den von ihnen bethörten katholischen Fürsten so beharrlich angestrebte Ausrottung der Häresie geradezu für ein „unendlich größeres Uebel" erklärten als die Trennung selbst": daß, sage ich, dieser Katholicismus mit dem Tridentinischen ganz und gar nichts gemein hatte, ist wohl Jedem klar. Obige Erklärung beruht ja umgekehrt auf der Ueberzeugung von der inneren Mangelhaftigkeit des gesammten katholischen Kirchenthums, das zu seiner Entwicklung und Reinigung des wissenschaftlichen Gegensatzes, wie er im Protestantismus zur Erscheinung gekommen ist, bedürfe. Dieser Ansicht war man aber zu Trient so wenig gewesen, daß man vielmehr die ganze kirchlich theologische Literatur der Protestanten unter den schwersten Strafen verbot. Ja die Väter des Concils selbst hatten nur durch eine specielle päpstliche Dispense, die sie sich mit gänzlicher Verläugnung ihrer natürlichen und amtlichen Rechte

---

[1] S. 301 ff.

gefallen ließen,[1] die Erlaubniß erhalten, während des Concils mit den Schriften der Reformatoren, über die sie ja zu Gerichte saßen, sich etwas zu beschäftigen; eine Dispense, an deren Nothwendigkeit und Zulässigkeit freilich bei den Concilien der ersten acht Jahrhunderte wie bei denen des Mittelalters Niemand, weder Papst noch Bischöfe, gedacht hatten. Die zahlreichen Anatheme des Tridentinums hatten dann natürlich auch für jeden katholischen Theologen das Studium der protestantischen Literatur völlig überflüssig gemacht, und es galt nur noch, für die Ausrottung des Protestantismus zu wirken. So war es geblieben, so lange der Jesuitenorden bestanden hatte; und so ward es wieder seit seiner Restauration. Die kleine Schaar der wissenschaftlichen und patriotischen Männer vermochte dem Strome auf die Dauer sich nicht zu widersetzen.

Die ganze polemische Literatur der Gegenwart ist das Kind eines ganz anderen Geistes als derjenige, von welchem jene Männer beseelt waren. „Unsere Zeit", bemerkte der nämliche Autor, „soll anbahnen und vorbereiten. Wir meinen damit, daß von beiden Seiten ehrlich und angelegentlich darauf hingewirkt werde, daß man sich wechselseitig achte und einander aufrichtig wohlwolle. Dahin gehört, daß man die gegnerische Confession, und zwar nach der Darstellung der besten und aufgeklärtesten[2] Lehrer dersel-

---

[1] Vgl. hierüber die guten Bemerkungen des katholischen Professors der Kirchengeschichte in Würzburg, Franz Berg (von Schwab. Würzburg 1869. S. 192.)

[2] Das heißt, vor Allem nach Männern wie Semler, Michaelis, Schleiermacher u. A.; nicht, wie man es gewöhnlich thut, nach den beschränktesten Orthodoxen oder auch blos nach den Reformatoren, die in einer viel unreiferen Zeit lebten.

ben prüfe und würdige; daß man Mängel zwar nicht bedecke, aber auch nicht vergrößere, dagegen aber das Gute an derselben mit Vergnügen bemerke und anerkenne; daß man ferner die eigenen Confessions-Verwandten mit der gegnerischen Confession, wie diese von ihren besten Lehrern dargestellt wird, bekannt mache, und die irrigen Meinungen über dieselbe berichtige. Wir wären in der That", fügt der Autor bei, „weit vorwärts gekommen, wenn wir es nur einmal über uns selbst vermöchten, die gegnerische Confession nicht als eine Gegnerin, der man etwas anhaben, vor der man sich schützen, der man sich entgegenstellen müsse, anzusehen, sondern sie als Confession für sich zu behandeln und zu fragen, wie vollkommen oder mangelhaft sich die Eine christliche Religion in Symbol, Cult und Verfassung derselben auspräge und kirchlich darstelle. Und noch weiter", bemerkt dieser edle katholische Theologe, „wären wir gekommen, wenn wir Solches mit dem Bewußtsein thäten, daß wir uns gerade so aufrichtig darüber freuen, wo wir Christum und sein Evangelium in der gegnerischen Kirche finden, als es bei der eigenen der Fall ist. Und wenn", schließt er seine Paränese, „die Geistlichen, diese Störer alles religiösen Friedens von jeher, es vollends über sich vermöchten, die eigentliche reine Lehre der gegnerischen Kirche in ihren Katechesen u. dgl. vorzutragen, die betreffenden, lang genährten Volksirrthümer zu berichtigen, und irenisch statt polemisch zu verfahren, so geschähe Alles, was man von einer Zeit wie die gegenwärtige ist, hoffen darf, und es geschähe wohl damit zugleich das Beste, was überhaupt in dieser Sache geschehen kann. Wollten sich die Menschen nur verstehen, freuten sie sich nur über das Gute ihres Nächsten, und nicht über das Böse! Wenn wir redlich auf wechselseitige Achtung und gemeinsames Wohlwollen der getrennten Confessionsglieder gegen einander hinarbeiten, wenn wir wechselseitig Vertrauen zu einander fassen und überzeugt sind, daß wir dies- und jenseits nicht uns, sondern Christum und Förderung der Liebe aus ungeheucheltem Glauben suchen, so werden wir — namentlich in Deutschland — die Einheit unserer Interessen nicht nur erkennen, sondern auch in wahrer Eintracht befördern. Man wird in bürgerlicher Hinsicht den Unterschied nicht kennen, und die Feinde des Vaterlandes werden denselben nie wieder zu dessen Unterdrückung zu mißbrauchen im Stande sein."[1]

Als kurz darauf die bekannte Schrift des Abtes Prechtl gegen Tzschirner erschien, in welcher der Letztere nur immer der Verläumdung beschuldigt ward, bemerkte ein Recensent in der katholischen Quartal-Schrift: Dieß ist von jeher das Feldgeschrei unter dem Troß der Polemiker; aber ein Mann, der sich und sein Publikum ehrt, soll sich nicht dem Troß gleichstellen. O wie viel Besseres, wie viel Dringlicheres, rief er aus, gäbe es zu thun für Männer, die für religiöse Wahrheit und Bildung in ihrer Kirche einen reinen und aufgeklärten Eifer haben! Neben jenen polemischen Klopffechtern, bemerkte er weiter, haben in der letzteren Zeit andere, sowohl Protestanten als Katholiken, für zweckmäßiger gehalten, statt eitlen Rühmens und Prahlens mit der eigenen Vollkommenheit und statt der Heruntersetzung Anderer lieber die Gebrechen aufzudecken, an welchen das innere kirchlich-religiöse Leben kränkelt. Könnten sich die Theologen der verschiedenen Kirchen entschließen, hier die Hand an den Pflug und die Sense an die reife Saat zu legen, so

---

[1] S. 310.

würden sie keine Muße mehr finden, diese Instrumente sich einander an den Kopf zu schlagen, es würde der christliche Sinn allwärts gedeihen, statt daß jetzt durch polemische Bacchanten die Leidenschaften auf heidnische Art aufgeregt werden, und Lieblosigkeit und Neigung zur Verfolgungs- sucht gesät wird von Solchen, die vermöge ihres Berufes das Gebot des großen Meisters am Besten kennen sollten. Freilich, fügte er bei, kann auch das Salz dumm werden; aber wenn es dumm geworden ist, womit soll man salzen?"[1]

Mit welcher tiefen Beschämung lesen wir nicht heute, nach noch nicht fünfzig Jahren, diese freimüthigen und so durch und durch wahren Worte! Dank der Bemühung Jener, welche das ganze katholische Kirchenwesen wieder auf die unfehlbare Lehrautorität des Episcopates zurück- schrauben halfen, weil dieß die sicherste Basis zur Polemik gegen den, seit Schleiermacher mit den Symbolen des 16. Jahrhunderts zerfallenen Protestantismus war, begann aber schon seit Mitte der dreißiger Jahre der Geist der Wissenschaft und christlich- nationalen Gerechtigkeit mehr und mehr zu schwinden und war gar bald durch erneute eifrige Thätigkeit des Index gänzlich ertödtet. Möhler verdiente die Rüge vollkommen, welche seine Symbolik von Seite des Württembergischen Unterrichtsministers ihm zuzog, daß er nämlich den nahezu erstorbenen confessionellen Haß aufs Neue anfache."[2] Selbst Staudenmaier beklagte öffentlich die verbitterte Stimmung des kränklichen Mannes, die namentlich auch seinem tüch- tigsten Gegner, Chr. Baur, gegenüber sich offenbarte. „Es wäre freilich zu wünschen", bemerkte er, „daß Möhler nie ein

---

[1] Jahrgang 1823. S. 448.
[2] Bei Gams, Möhler. Regensburg 1866. S. 27.

Wort gesprochen, das zu verletzen im Stande war, und manchen Witz unterdrückt hätte, der die gleiche Wirkung haben konnte."[1] Aber der Grundfehler der Möhler'schen Polemik lag noch bedeutend tiefer, nämlich in der Repristination des beinahe schon aufgegeben gewesenen Princips der unfehlbaren Lehrautorität der Hierarchie. Religiosität und nationaler Friede haben aus Möhler's Symbolik so wenig wie nachher aus Döllinger's „Reformation" gewonnen. Aber die Hierarchie erhob nun neu ihr Haupt und die Theologen verloren bald ganz ihre wissenschaftliche Freiheit und Würde; der Fanatismus ward dagegen belohnt und gehätschelt auf jede Weise.

Schon mit dem Jahre 1832, wo jeder Artikel von seinem Verfasser bekannt und selbst unterzeichnet ward, sehen wir auch den Muth der Tübinger Quartalschrift im Sinken begriffen. „Der Katholik", erklärte im nämlichen Jahre bereits Gengler, „kann nicht in die Erwartung mit einstimmen, daß ein Lehrbegriff, der von der unfehlbaren Autorität des Episcopates durch alle Jahrhunderte festgehalten worden, am Ende in seiner Unwahrheit erkannt und in einer erst zu findenden höheren Wahrheit seine Berichtigung erhalten solle."[2] Und Möhler wetteiferte mit dem schroffsten Ultramontanen durch die Bemerkung: „Die Protestanten sind Alles was sie sein können, wenn sie allen gemeinsamen Glauben vernichten und alles Kirchenthum zerstören. Je schwächer der kirchliche Sinn ist im Protestanten, je stärker im Katholiken, desto mehr ist jener, desto

---

[1] Jahrbücher für Theologie und Philosophie. Franff. Jahrg. 1834. Bd. 3. S. 145.
[2] S. 228.

mehr ist dieser in seinem Elemente."[1] Schon hier sehen wir wieder Kirche und Episcopat vollkommen identificirt, und den Protestanten den kirchlichen Charakter rundweg abgeläugnet. Auf diesem Standpunkt war an eine Reform des Katholicismus und an eine wissenschaftliche Verständigung mit dem Protestantismus nicht mehr zu denken; nur von Rückkehr und unbedingter Unterwerfung unter die unfehlbaren Lehrnormen, wie die Concilien sie festgestellt, konnte noch die Rede sein. Das im J. 1835 erschienene „Leben Jesu" von Strauß und die kurz nachher erfolgte Wegführung des Erzbischofs von Cöln gab vollends der ultramontanen Partei das Uebergewicht und jede protestantenfreundliche oder wie immer sonst freimüthige Aeußerung ward immer gefährlicher und darum immer seltener. Auch in Tübingen und Freiburg gab die Lampe des Liberalismus nur noch einen matten Schein, und nur bei der Vertheidigung Hirschers flackerte sie noch einige Mal etwas heller auf. Alzog wagte es noch im Jahre 1843, seinen Lehrer, den er jetzt verläugnet, als „den nunmehrigen Lehrer und Führer des katholischen Deutschlands" zu bezeichnen,[2] und Prof. Schleyer erklärte im Namen der Freiburger Facultät in Bezug auf die Romanisten: „Die religiöse Polemik unserer Tage kann nun und nimmer das Gute befördern, weil es ihr an aller Liebe fehlt; sie überzeugt und bekehrt nicht, sondern erbittert nur. Ihre Vertreter erscheinen als die gefährlichsten Feinde der katholischen Kirche, weil sie den Gegnern des Katholicismus die Waffen in die

---

[1] Beleuchtung der Denkschrift für die Aufhebung des Cölibats (Schriften und Aufsätze), herausg. von Döllinger. Bd. I, 259.
[2] Zeitschrift für Theologie. Freiburg 1839 ff. Jahrg. 1843. S. 424.

Hand geben."[1] Die Häupter des Ultramontanismus waren aber die Theologen und Historiker der Universität München. Diese vernichteten und zerstörten in ihrem Fanatismus Alles was die Tübinger Schule gebaut und gesät hatte, und was sie immer noch so viel als möglich zu erhalten und zu retten bemüht war.

Heute noch sind die Wunden nicht vernarbt, welche jene Partei vor Allem dem bayerischen, und dem ganzen deutschen Vaterlande geschlagen hat. Wenigstens zwei Generationen des katholischen Clerus und der katholischen Theologen sind durch sie verdorben worden. Die heutigen Mainzer Ultramontanen sind nur in ihre Schuhe getreten und vermögen bei ihrer geistigen Bedeutungslosigkeit bei Weitem keinen so großen Schaden anzurichten. Wie froh würde heute Döllinger sein, wenn der Geist der Tübinger noch allgemein herrschte! Aber vor Allem auch seine Schuld ist es, daß dieß nicht mehr der Fall ist, und das Wiederherstellen ist auch hier viel schwieriger als das Zerstören. Jedenfalls aber würden die Liberalen der Gegenwart nichts Besseres thun können, als daß sie durch eifriges Zusammenwirken das im blinden Eifer Zerstörte mit nüchterner Ruhe und gleichem Muthe wieder herzustellen und weiter zu führen sich bemühten. Nicht mehr in der hochmüthigen Weise von Görres dürften sie den hervorragendsten protestantischen Gelehrten erklären: „Die katholische Kirche tritt mit keiner der Confessionen, die sich von ihr ausgeschieden, auf die gleiche Linie. Sie steht über ihnen, nur sui generis, und keine ist ihr ebenbürtig";[2] nicht mehr in

---

[1] Daselbst S. 447.
[2] Die Triarier. Regensburg 1838. S. 34.

dem pharisäischen Tone wie der gefeierte Klee sollten sie ihren Schülern vom academischen Catheder herab versichern: „Der Protestantismus ist der verlorne Sohn, der nach Verschleuderung des mitgenommenen Theiles in der Fremde verkümmert"; und daß „nichts wahrer sei als daß es zwischen Katholicismus und Atheismus keine Mitte gebe";[1] nicht mehr auf dem rein juridischen Standpunkte der verknöcherten hierarchischen Satzungen könnten sie stehen bleiben und mit Philipps lehren: „Einen Frieden auf dem Gebiete des Dogmas kann die Kirche mit dem Protestantismus nicht eingehen; hier kennt sie keinen Vertrag, sondern nur Unterwerfung";[2] nicht mehr für eine vom Katholicismus ganz verschiedene „Religion", deren „Stifter" Luther und Melanchthon seien, dürfte der Protestantismus in polemischer Erhitzung ausgegeben werden, wie von Döllinger schon bei der bekannten Kniebeugungsfrage geschah,[3] deren Pointe überhaupt darin lag, daß den Protestanten die demüthigende Zumuthung gemacht wurde, das Knie vor etwas zu beugen, was einen wesentlichen Differenzpunkt der beiden Confessionen bildete und noch bildet, während doch sonst der Katholicismus das Verbot der mixtio in sacris auf's Weiteste ausdehnt;[4] namentlich aber müßte der katholische Clerus und das Volk von aller fanatischen

---

[1] Dogmatik I, 329. Dieses Lieblingsthema wurde auch damals schon von den Münchner Hist.-pol. Blättern bei jeder Gelegenheit behandelt, so im J. 1843, Bd. 11, S. 176, und im J. 1845, Bd. 16, S. 255.

[2] Kirchenrecht III, I, 539.

[3] Der Protestantismus und die Kniebeugung. Regensburg 1843. S. 11.

[4] Dieß wurde damals gut hervorgehoben von der Evangel. Kirch.-Ztg. 1844. S. 570.

und entstellenden Controvers-Literatur, die besonders in meinem geliebten Vaterlande Bayern so unendlich reichhaltig ist und mit jedem Tage mehr zu einem verheerenden Lavastrome anwächst, nachdrücklichst gewarnt und derselben thatkräftig entgegengearbeitet werden, statt etwa gar dieselbe auch selbst noch zu fördern durch eigene Beiträge und Empfehlung anderer derartiger Erzeugnisse, wie es damals bezüglich des schmachvollen, von Lügen und Schmähungen gegen den Protestantismus strotzenden Controvers-Katechismus des Jesuiten Scheffmacher geschah, welchen das von der Münchner theologischen Facultät herausgegebene „Archiv für theologische Literatur" mit den Worten empfahl: „Dieser Controvers-Katechismus ist ein Meisterwerk einer populären Symbolik, und wir möchten ihn nicht blos in den Händen aller weniger gebildeten katholischen Christen wissen, sondern wünschten, daß ihn Alle, die vom Protestantismus je etwas gehört und gesehen haben, auswendig wüßten. Die Seelsorger werden nicht versäumen, ihn bei ihrem Religionsunterrichte nebenher zu benützen und zu erklären."[1] Wie sehr der frühere Geist der Gerechtigkeit auch den Tübingern bereits entschwunden war, zeigt unter Anderem die Apologetik von Drey, wo es geradezu hieß: „Der Protestantismus erscheint als ein **außer allem Zusammenhang mit der christlichen Urkirche und ihrer historischen Entwickelung stehender Versuch**, eine Kirche **rein nach eigenem Ermessen und subjectiven Ansichten** zu gründen."[2] Später sagten auch andere Größen der Tü-

---

[1] Jahrg. 1842, Heft 9. — Dieses Urtheil wurde natürlich von dem Verleger bei jeder Anzeige jenes Katechismus beigefügt.
[2] Die Apologetik. 2. Aufl. Mainz 1847, III, 329.

binger Schule, Staudenmaier[1] und Hefele[2] diese enorme Unwahrheit gläubig nach.

An dieß Wenige glaubte ich nur zu heilsamer Gewissenserforschung bei der gegenwärtigen wichtigen Epoche erinnern zu sollen. Gerade in Bayern (und Oesterreich) hätten Theologen und Clerus eine ganz andere Aufgabe, als die Schürung des Fanatismus und die Nährung des Pharisäismus. Die kluge, aber entschiedene Ausrottung des Wahnes von einer unfehlbaren hierarchischen Autorität und die Einschärfung der christlichen Pflicht des Selbstdenkens und Prüfens, auf deren Erfüllung der jedem Gläubigen verheißene Segen des Geistes der Wahrheit ruht, der dem blinden Glauben und der Trägheit nicht zu Theil wird, wäre das beste Mittel zur Beseitigung der „gränzenlosen Unwissenheit, die über die Religion im katholischen Volke verbreitet ist", wie der Bischof Ketteler in der fünften General-Versammlung der katholischen Vereine Deutschlands (1851) öffentlich sie beklagte,[3] statt daß man, wie vor Allem die Bischöfe selbst thun, diese Unwissenheit geflissentlich nährt, um dem Volke desto leichter Sand in die Augen zu streuen und sowohl über die kritische Lage der eigenen Kirche wie über die Zustände der Schwesterkirche in einer Blindheit zu erhalten, die es zuletzt mit seinem Blute büßen muß, wie es schon so oft der Fall gewesen ist.

---

[1] Dogmatik. Freiburg 1844, I, 420: „Das Princip der protestantischen Dogmatik ist Willkür und Gesetzlosigkeit."

[2] Der Protestantismus und das Urchristenthum. In der Tübinger Q.-Schr. 1845 S. 190: „Der Protestantismus muß zerrissen sein, weil er das Princip der Autorität verworfen und sein ganzes Gebäude von Anfang an auf Subjektivität gegründet hat."

[3] Verhandlungen S. 33.

Wie ungerechtfertigt jene abscheuliche Polemik gegen den Protestantismus besonders in dem Cölner Streit gewesen, davon überzeugte sich der Heftigste von Allen, Döllinger selbst, in dem Frankfurter Parlament (1848). Er war natürlich mit dem, theilweise in seinem bösen Gewissen begründeten, Gedanken dahin gekommen, daß die Katholiken, und vor Allem er selbst, von den Protestanten, die seit einem Decennium Tag für Tag als Heiden und Ungläubige verlästert worden waren, in ihrem Zorne völlig verschlungen werden würden. Zu seiner größten Verwunderung fand er aber Alles ganz anders, wie er gleich darauf in der ersten Versammlung der katholischen Vereine Deutschlands zu Mainz offen bekannte: „Wir" (die Katholiken), theilte er der Versammlung mit, „waren vielfach durch Anträge und Reden der Protestanten unterstützt, und dieselben sprachen oft die billigsten und mildesten Ansichten aus. Es drängte sich uns," versicherte er weiter, „die willkommene Ueberzeugung auf, daß wir namentlich bei positiven Protestanten auf ein freundliches Entgegenkommen zählen und ihnen unserer Seits die Hand bieten können. Der Hauptwiderspruch," bemerkte er noch, „kam von Seite angeblicher Mitglieder der katholischen Kirche selbst."[1]

Lag in diesem Bekenntniß nicht die vollkommenste Rechtfertigung des Geistes der Tübinger Schule, welcher in Männern wie Diepenbrock sich noch auf kurze Zeit fortpflanzte, dagegen gerade in Bayern keinen Eingang, sondern nur Widerstand fand? Je vollständiger auch heutzutage noch trotz aller Liberalthuerei Einzelner jener gute Geist namentlich den Geistlichen und Theologen meines geliebten bayerischen Vaterlandes fehlt, desto nützlicher wird es

---

[1] Verhandlungen S. 48.

sein, auch noch einige Offenbarungen jenes Geistes aus den vierziger Jahren dem heutigen Geschlechte, das nur immer auf die Orakel Roms vertraut, vorzuführen, um es zum Einlenken in eine bessere Bahn zu bestimmen. Wo in ganz Deutschland wäre jetzt ein Dignitär der katholischen Kirche, welcher, allem Dogmatismus und aller kirchlichen Unfehlbarkeitstheorie entgegen, wie der damalige Domdechant Diepenbrock von Regensburg von der Kanzel dem katholischen Volke zuriefe: „Ihr Christen insgesammt, die ihr in unseliger Spaltung und Zerrissenheit einander anfeindet und lästert, bedenket, daß **die Liebe der Brüder das höchste Gesetz und seine Erfüllung das alleinige Zeichen des wahren Jüngers Christi ist.** Um der Sünden euerer Väter willen hat Gott die unselige Trennung zugelassen; um e u e r e r Sünden willen dauert sie fort. Tilgt daher unter euch alles Böse, allen Habergeist, alle Feindseligkeit, alles Aergerniß, und wähnet nicht, daß die Rechtgläubigkeit oder vermeinte Reinheit eueres Bekenntnisses euch retten werde am Tage des Zornes, wenn euer Wandel euer Bekenntniß Lügen straft. Schaffet hinweg aus eurer Mitte allen Sauerteig des Pharisäismus und des Sabducäismus, dessen faule Gährung den Himmel mit Qualm und Dunst bedeckt. Dann erst dürft ihr hoffen, daß euch die Sonne des ersehnten schönen Tages scheine, wo Ein Hirte sein wird und Eine Heerde."[1] Wie ganz anders würde es im katholischen Süddeutschland, und in Altbayern vor Allem, aussehen, wenn die seit zwanzig Jahren unablässig das Land durchziehenden Missionsprediger eine solche Sprache führten, wie einst der edle Dom-

---

[1] Diepenbrock, Gesammelte Predigten. Regensburg 1841. S. 115. „Die Zeichen der Zeit", am Sylvesterabend 1840.

dechant Diepenbrock von Regensburg, dem heutigen Hauptsitze des Fanatismus und der Werkstätte des Aberglaubens!

Daß Diepenbrock wirklich das Aufgeben des Dogmas von der hierarchischen Unfehlbarkeit für unerläßlich hielt, zeigt ein Brief aus dem nämlichen Jahre, vom 23. April 1840, an Passavant, der ihm seine Gedanken über die Nothwendigkeit einer Lehrentwicklung auseinandergesetzt hatte. „Nur auf solchem Wege," antwortete Diepenbrock, „kann Heil kommen für die Gesammtheit. Freilich," fügte er mit Bezug auf die erwähnte damalige Münchner Partei bei, „hofft die kirchliche Ultrapartei auf dem entgegengesetzten Wege (nämlich mit steifer Festhaltung der hierarchischen Unfehlbarkeit) zum Ziele zu kommen; aber ein solcher Rückschritt[1] ist doch wohl eine Unmöglichkeit. Das Mittelalter liegt einmal hinter uns, und nur eine fata morgana kann es der lebhaften Phantasie eines * (Görres) und Genossen als eine neue Zukunft vorspiegeln. In allen unbefangen denkenden Menschen dämmert die Ahnung von der Nothwendigkeit einer Neugestaltung der Kirche."[2] „Die Hitze der Parteikämpfe," klagte er schon zwei Jahre darauf, „hat Alles in die Extreme hinausgetrieben, man will keine Vermittlung und Verständigung, man will Krieg und Sieg, und wer sich diesen schroffen Richtungen nicht anschließt, der wird verdächtigt und dadurch um die Möglichkeit eines reinen Wirkens gebracht. Dieß gilt von unserer Seite ebenso sehr, und vielleicht noch mehr, als von der gegenüberstehenden."[3]

---

[1] Denn dieß war es in Hinblick auf die der Symbolik Möhlers vorhergegangene Richtung.

[2] Briefe von Sailer, Passavant und Diepenbrock. Frankf. 1860. S. 87.

[3] Daselbst S. 30.

In dem Wahne, es sei bezüglich der Lehrentwicklung durch die unfehlbare Autorität des Episcopates, der bei den immer mäßiger werdenden Ansprüchen an einen Bischof gewiß niemals aussterben werde, ohnehin für alle Zeiten vollständig gesorgt, und in der weiteren Erwägung, „daß das oberste und wesentlichste Princip des Protestantismus sei, eine entscheidende und richterliche Autorität in Glaubenssachen durchaus nicht anzuerkennen":[1] in dieser Ueberzeugung, daß im eigenen Hause der Hauptsache nach Alles sicher sei, während das des Nachbars in vollen Flammen stehe, schien nichts übrig zu bleiben als für diese Unglücklichen zu beten. So wurde namentlich in Bayern, wo ja das eigene katholische Leben in der schönsten Blüthe stand, in der Tagespresse zu einem großen Gebetsverein aufgefordert, der unter dem Protectorate des heiligen Bonifazius, des Apostels der Deutschen, die Protestanten zur reumüthigen Rückkehr in den Schooß der alleinseligmachenden römischen Kirche mehr und mehr bereiten sollte.[2] Dagegen meinten nun freilich die Freiburger Theologen, es käme vielmehr darauf an, daß die Katholiken den Protestanten durch größere und reinere Sittlichkeit imponirten. „So lange dieses Ziel nicht erreicht ist,"[3] bemerkten sie, „dürfen

---

[1] Döllinger, Der Protestantismus und die Kniebeugung. Regensb. 1843. S. 56.

[2] In einer zu diesem Zwecke verfaßten Litanei hieß es: „Daß du die Bekehrung unserer unseligen Brüder beschleunigen wollest!" (Beste Weise für Katholiken, christliche Liebe ihren protestantischen Brüdern im deutschen Vaterlande zu erweisen. Amberg 1843. S. 9.)

[3] Und daß dieß trotz des gegenwärtigen schlimmen Zustandes in norddeutschen Städten noch immer nicht der Fall ist, zeigt die neueste Statistik. Im Jahre 1868 waren in Berlin 14,8 pCt. uneheliche Kinder geboren, aber im nämlichen Jahre betrug sowohl

wir wohl dem Protestantismus seine historische Berechtigung nicht absprechen, sondern es kommt darauf an, dessen Bedeutung für den Katholicismus selbst zu erkennen und zu benützen."[1] Während man pharisäisch für die Bekehrung der Protestanten betete, ward dagegen zu gleicher Zeit der weit christlichere Gustav-Adolph-Verein in Bayern verboten und die bereits eingesandten Gelder sollten zurückgeschickt werden, was auch geschah. Auch hierüber bemerkte die theologische Freiburger Zeitschrift: „Wir müssen offen bekennen, daß wir das bayerische Verbot bedauern, weil es von einer katholischen Regierung ausgegangen ist, und wir die für dasselbe beigebrachten Gründe einstweilen noch nicht ganz zwingend finden."[2]

Mit dem Jahre 1849 mußte wegen fortgesetzter Agi-

in München als in Wien die Zahl der unehelichen Geburten mehr als 50 pCt. S. die Schrift: Die öffentliche Sittenlosigkeit mit besonderer Beziehung auf Berlin, Hamburg und die andern großen Städte des nördlichen und mittleren Deutschlands. Petition und Denkschrift des Centralausschusses für die innere Mission der deutschen evangelischen Kirche, überreicht dem Reichstage des Norddeutschen Bundes. Berlin 1869. S. 18. — Es ist charakteristisch, wie der ultramontane Münchner Volksbote seinen clericalen Lesern diese wichtige Thatsache entstellte. Er lieferte einen anscheinend wörtlichen Auszug aus jener Schrift mit Uebergehung einiger unwichtiger Stellen. Zuletzt führte er jene auf Berlin sich beziehende Statistik der unehelichen Geburten an, ließ aber den zweiten Theil, welcher von der **mehr als dreimal so großen** Unsittlichkeit in München und Wien handelt, ganz weg, und fügte bei: „So ihr Bettelpreußen . . ." Aus hunderten von Geistlichen, die ihren Volksboten lesen, hat gewiß nicht Einer die betreffende Schrift selbst gesehen; aber ohne Zweifel hat jeder das gänzlich falsche Vorurtheil eingesogen, daß im katholischen Deutschland viel größere Sittlichkeit herrsche, als im protestantischen.

[1] Jahrgang 1844. S. 227.
[2] Daselbst S. 234.

tation der ultramontanen Partei, namentlich gegen Hirscher, auch die Freiburger Zeitschrift eingehen. Ihr Schwanenlied war: „Wir wollen eine so vollständige Reformation innerhalb der (katholischen) Kirche, wie wir überzeugt sind, daß sie von ihrem Princip, dem Geiste Christi selbst, verlangt werde." Auch gab sie noch ihre „ganze Zustimmung" zu der Erklärung Häusle's: „Es ist eine anerkannte Nothwendigkeit, daß die **volle und freie Wissenschaft** in Verbindung mit ächt kirchlicher Gesinnung von nun an in den theologischen Hörsälen walte, und **daß der neuen Zeit ein neuer Clerus gegenüber treten muß."**[1] Was nach beiden Richtungen seit den letzten zwanzig Jahren geschehen ist, wissen wir. Wir sehen Alles was nicht da ist, sowohl die vollständige innere Reform als den der neuen Zeit gewachsenen neuen Clerus! Die Früchte der seither gehaltenen zwanzig General-Versammlungen und der **allein völlig freien** ultramontanen kirchlichen und theologischen Blätter konnten nicht ausbleiben und werden sich wohl bald noch in reichlicherem Maße zeigen.

„Vor etwa 24 Jahren," sagt auch der „Janus", „hat die nunmehr zu einem mächtigen Strom angeschwollene rückläufige Bewegung in der katholischen Kirche sich bemerkbar zu machen angefangen, und schickt sich, wie eine steigende Fluth, jetzt an, mittelst des Concils Besitz zu nehmen von der ganzen Kirche und jeder ihrer Lebenskräfte."[2]

---

[1] Ein freimüthiges Wort für die Reform der theologischen Studien in Oesterreich. Wien 1849. (Die Seite ist mir entfallen, und die Schrift selbst habe ich hier leider nicht zur Hand.)
[2] Vorwort S. IV.

X.

Die Alternative für die Gegenwart ist: ächt christliche Volkskirche oder Rückkehr zum päpstlichen und politischen Absolutismus. Die Geschichte der letzten zwanzig Jahre hat uns sattsam gelehrt, was die moderne gebildete Welt von der neu aufgerichteten Macht der bischöflichen Hierarchie und von dem neu eingeschärften Glauben an die Unfehlbarkeit ihrer Lehr= und Sitten=Decrete zu erwarten habe. Ich denke, es steht heute die Ueberzeugung bei allen, durch theologische und clericale Standesvorurtheile und Privat= interessen nicht irregeleiteten, Gebildeten und Gelehrten der Gegenwart fest, daß der Glaube an solche Unfehlbarkeit, sei es der Bischöfe oder des Papstes, uns nicht nur gar nichts nützt und in keiner Hinsicht, weder in religiöser und sittlicher noch in wissenschaftlicher und socialer, zum Segen und zur Förderung, sondern überall nur zum Schaden und zur Hemmung dient. Nur die kleine Partei der liberalen ka= tholischen Theologen hat ein Interesse an der Erhaltung jenes Glaubens an die Unfehlbarkeit des Episcopates als Lehrers und Leiters der Christenheit. Denn sie kann einer= seits die Unfehlbarkeit des Papstes nicht annehmen im In= teresse ihres wissenschaftlichen Ehrgefühles, und anderer= seits das unfehlbare Lehramt des Episcopates nicht fallen lassen, weil ihre ganze Polemik gegen die übrigen Kirchen, besonders die Protestanten, und ihre Zerstörung der in den ersten Decennien dieses Jahrhunderts in der Emancipation von jenem athembeengenden, dem unreifen Mittelalter angehörigen Unfehlbarkeitsglauben begriffen gewesenen Richtung der katholischen Theologie darauf beruht. Aber auch dieser kleinen Schaar wenn auch noch so vortrefflicher Männer muß die gebildete Christenwelt, muß besonders das deutsche Publikum ein ganz entschiedenes: non possumus, ein „wir können euch nicht helfen!" zurufen. Die Folgen ihrer Wirksamkeit im Sinne jener Unfehlbarkeit sind doch nicht so gewinnreich für unser Vaterland gewesen, daß man ihrer Ehre zu Liebe im Glauben an die Unfehlbarkeit der Bischöfe, auf welche diese selbst verzichten, verharren sollte.

Und wie sollte man dieß auch angehen? Das deutsche Sprichwort sagt: Der Hund, den man auf die Jagd tragen muß, jagt nicht. Ebenso würde es wohl auch mit den Hierarchen und ihrer Unfehlbarkeit sein. Der heilige Geist würde ihnen nichts eingeben, oder einzugeben scheinen, weil sie selbst sich nicht mehr als die Träger der Unfehlbarkeit **glauben**; denn auf diesem Glauben, auf dieser **Einbildung** beruhte ja schon bisher die kirchliche Unfehlbarkeit. Erst seit die Bischöfe selbst als die Organe, und als die alleinigen Organe, des heiligen Geistes sich zu betrachten anfingen, verlangten sie auch von allen andern Menschen diesen Glauben. Man müßte daher nur jene liberalen Theologen selbst sämmtlich zu Bischöfen machen, damit sie die Unfehlbarkeit des Episcopates fortpflanzten. Dieß würde aber, da sie nicht dem Papst allein jenes Prärogativ zuerkennen wollten, nothwendig zu einem Schisma führen, und einen derartigen Versuch würde, wie Döllinger schon vor acht Jahren gesagt hat, „die allgemeine Gesinnung aller Religiösen in allen katholischen Nationen mit Abscheu von sich weisen".¹ Die Apostel selbst und ihre Nachfolger noch lange nachher glaubten weder sich selbst unfehlbar, noch mutheten sie Anderen diesen Glauben zu. Die Häupter der Apostel, Petrus, Paulus und Jacobus, glaubten ja gar nicht einmal, daß sie auch nur zwei Nachfolger haben würden, und daß also das Reich Christi für die Nachwelt berechnet sei; sie glaubten alle an die nächstbevorstehende Wiederkunft des Herrn zum Gericht.

Noch immer wird auf diesen so überaus wichtigen Punkt so wenig Rücksicht genommen. „Das Ende aller Dinge hat sich genaht", sagt Petrus, „seid vorsichtig und wachsam im Gebete."² Paulus ward durch den Glauben, selbst noch diese Wiederkunft des Herrn zu erleben,³ wesentlich bei seinem Missionseifer getrieben. Und Jacobus tröstet die Gläubigen, „weil die Wiederkunft des Herrn nahe ist", und er warnt sie vor Unrechtthun, damit sie nicht gerichtet würden. „Sehet", sagt er, „der Richter steht vor der Thüre!"⁴ Diese feste Ueberzeugung, daß Christus nur für die damalige Generation, oder höchstens noch für die nächst folgende, gewirkt habe, und daß die Versicherung seines Beistandes „bis ans Ende der Welt" in wenigen Jahren seine Erfüllung gefunden haben werde, schließt doch jede Spur eines Glaubens der Apostel an die Einsetzung eines unfehlbaren, aus Papst und Bischöfen gebildeten Gerichtshofes in der Menschheit gänzlich aus, und es ist ein Zeugniß großer Unkenntniß der heiligen Schriften, wenn jüngst die zu Fulda versammelten deutschen Bischöfe in ihrer Ansprache der Welt mit aller Dreistigkeit und allem

---

¹ Kirche und Kirchen S. 646.
² I. Petr. 4, 7.
³ Phil. 3, 9 sq.
⁴ Jac. 5, 8, 9.

üblichen Bombast steif und fest versicherten, es sei „nach der, von Christus (!) in seiner göttlichen Weisheit getroffenen Einrichtung die Vereinigung der Nachfolger der Apostel um den Nachfolger des heiligen Petrus in einer allgemeinen Kirchenversammlung[1] das vorzüglichste Mittel, um die beseligende Wahrheit des Christenthums in ein helleres Licht zu setzen und sein heiliges Gesetz wirksamer ins Leben einzuführen". Ich glaube, es käme wohl jeder der Herren Bischöfe in die größte Verlegenheit, wenn ein gelehrter Laie ihn ersuchen würde, doch die betreffende Stelle in der Bibel ihm zu zeigen. Wir haben hier nur wieder einen neuen eclatanten Beweis von der groben Unzartheit und äußersten Gewaltthätigkeit gegenüber den Worten Christi, was consequent zur größten Beschädigung des Christenthums selbst führen muß. Schon darum kann von der kirchlichen Lehrautorität für die Belebung der Religion und guten Sitte, die von strenger Wahrheitsliebe bedingt ist, nichts erwartet werden. Gegen die Wahrheit versündigt sich nicht nur derjenige, welcher geradezu lügt, sondern auch jener, der einen Andern irgend etwas, und wäre es auch das Beste, ohne genügenden Beweis versichern oder anordnen läßt, namentlich wenn, wie hier, Cicero pro domo spricht. Was soll ein Institut, wie das der allgemeinen Bischofs-Versammlungen, der Welt für ein Heil bringen können, wenn schon sein Ursprung, den es beansprucht, auf einer Unwahrheit beruht, wie jeder, der die Bibel zur Hand nimmt, sich davon überzeugen muß? Dergleichen, auf Düpirung berechnete Behauptungen mag

---

[1] Also Christus selbst hat die allgemeinen Kirchenversammlungen eingesetzt und auch die Form bestimmt: nämlich den Vorsitz des Papstes! Gleich auf dem Apostelconcil ist aber von einer Vereinigung der übrigen Apostel „um Petrus" nichts zu sehen.

man sich Kindern gegenüber erlauben, aber nicht gebildeten Menschen. Leider hat sogar der Verfasser der „Conciliengeschichte" selbst, v. Hefele, jene lügenhafte und auch sonst noch für die Gedankenlosigkeit der Menschen berechnete, Ansprache unterschrieben. Denn wer zweifelt wohl, daß Männer wie die Bischöfe Martin und Ketteler, der die Ansprache entworfen hat, ganz und gar für die Unfehlbarkeit des Papstes stimmen; und doch versicherten sie, es könne und werde gewiß nichts Neues gelehrt werden. Freilich nichts Neues nach dem Begriff, den unser Episcopat vom Alten hat. Der Cardinal Rauscher hat ja auch in seinem Hirtenschreiben vom 25. Jänner 1865 versichert: „Das päpstliche Rundschreiben (Encyclica und Syllabus) enthält nichts als die Darlegung von Grundsätzen, welche die Kirche stets vertreten hat".[1]

Ich führe eine so rückhaltlose Sprache, weil wir in der That in einer Zeit leben, wo es Noth thut, die Farben etwas greller aufzutragen, nachdem sattsam bewiesen ist, daß Schüchternheit hier zu keinem Ziele führt. Je einflußreicher ein Beschädiger der höchsten Güter der Menschheit und des Vaterlandes ist, desto lauter muß man gegen denselben schreien und desto rücksichtsloser seine List oder Verblendung aufdecken, Gott allein alle Folgen überlassend. Die ganze katholische Theologie muß eine durchaus andere Richtung erhalten als es bisher noch der Fall ist. Nicht mehr darnach darf der wahrhaft christliche und wissenschaftliche Theologe fragen, ob diese oder jene Ansicht mit einem Anathem des Tridentinums, d. h. mit den angeblich unfehlbaren Aussprüchen der kirchlichen Lehrautorität übereinstimmt oder nicht, sondern ob sie innerlich wahr ist.

---

[1] Der Staat ohne Gott. Wien 1865. S. 1.

Und wenn es um einen Punkt der Lehre, der Verfassung, des Cultus oder der Disciplin sich handelt, in Betreff dessen bei den verschiedenen kirchlichen Parteien verschiedene Auffassungen und Einrichtungen bestehen, hat er aufs Strengste zu prüfen, ob denn wirklich eine zwingende innere Nothwendigkeit des betreffenden Textes der heiligen Schrift vorhanden sei, denselben gerade im katholischen Sinne zu nehmen, und ob nicht auch eine andere Auffassung möglich und zulässig sei. Denn, wie sogar die entschiedensten Vertheidiger der unfehlbaren kirchlichen Lehrautorität, freilich mit einem offenbaren vitiösen Cirkel, versichern, muß ja doch jede Lehre der Kirche in der Bibel selbst, und nicht blos in der Ueberlieferung, begründet sein. „Wir müssen", sagt Döllinger, „behaupten, daß es, wie die Väter und Zeugen der alten Kirche so oft ausgesprochen haben, keinen Punkt des christlichen Lehrbegriffes gebe, der nicht in den apostolischen Schriften bezeugt und niedergelegt wäre. Die Kirche kann und darf nie eine Lehre aufnehmen, die sich nicht biblisch rechtfertigen ließe;[1] die nicht in mehr oder minder entwickelter Gestalt, mindestens andeutungsweise,[2] oder in den Vordersätzen, aus denen sie als logische Schlußfolge sich ergiebt, irgendwo im Neuen Testament enthalten wäre, und daher auch als Glied harmonisch (!) in den Organismus der christlichen Doctrin sich

---

[1] Hier beginnt schon wieder der Rückzug des tribentinischen Katholiken. Denn was hat nicht das Tribentinum Alles aus der hl. Schrift zu rechtfertigen gewußt! Das ganze Concil von Anfang bis zu Ende ist im hohen Grade unbiblisch.

[2] Wer entscheidet über das Vorhandensein dieser Andeutung? Wieder das Concil. Also ist der ganze Bibelbeweis rein illusorisch, und die Menschensatzung tritt an die Stelle von Gottes Wort.

einfügte."[1] Wo immer der katholische Theologe die innere Möglichkeit einer anderen Auffassung erkennt, da darf er nicht nur nicht verdammen, sondern muß die Verdammung selbst, welche das angeblich unfehlbare Lehramt der katholischen Kirche ausgesprochen hat, als ungerechtfertigt erklären und, wenn er öffentlicher Lehrer ist, Solches öffentlich vor seinen Schülern thun. **Nur auf diesem Wege strenger Wahrheitsliebe ist Förderung von Religiosität und von solider, dauernder Vereinigung der Christen möglich.** Jeder andere Weg führt nicht zum Ziele. Ein Theologe, der zu solchem Freimuthe sich nicht ermannen kann, nenne sich was er will, er erkläre sich für Gott selbst oder einen Erzengel; aber nur verzichte er auf den Titel eines Vertreters und Förderers ächter Wissenschaft und Tugend. Weit entfernt daß, wenn es auch sogar ein berühmter katholischer Philosoph sagt, „die Lehre der Kirche die einzige Quelle ist, aus der wir untrügliche Wahrheit schöpfen können",[2] kehren wir den Satz vielmehr um, und sagen geradezu: die wissenschaftliche Prüfung ist das einzige Mittel, durch das wir erkennen, ob und in welchem Grade die Lehre einer Kirche und damit die Kirche selbst wahr oder falsch ist. Zu dieser Prüfung der wahren Kirche sind aber wir Heutige, sind vor Allem die gelehrten Nicht-Bischöfe und Nicht-Bisthumsaspiranten, weit befähigter als das Mittelalter und selbst die patristische, mit Heiden- und Judenthum noch sich abringende Zeit es gewesen. Auch aus diesem Grunde ist es mit der Continuität gar nicht

---

[1] Christenthum und Kirche. 2. Aufl. Regensb. 1868. S. 157, § 19. Zwischen dem „bezeugt sein" in der Bibel und dem „Harmoniren" mit dem Papstthum, ist aber ein großer Unterschied.

[2] Deutinger, Das Reich Gottes nach dem Apostel Johannes. Freiburg 1862, I, 397.

so weit her. Denn wir sind immer noch mit dem Beweise beschäftigt, was Christus gelehrt und angeordnet oder nicht gelehrt und nicht angeordnet habe, während die römische Kirche darüber schon längst hinaus ist und bereits über tausend Jahre ihrer Unverbesserlichkeit zählen kann; denn ich gehe noch um zwei Jahrhunderte weiter hinauf als der Janus, welcher behauptet, daß „seit dem elften Jahrhundert in der ganzen Kirchengeschichte sich kein Zeitraum mehr entdecken läßt, bei welchem der Blick des gläubigen Forschers mit reinem Wohlgefallen verweilen könnte".[1] Mit allem Unfehlbarkeitsglauben muß aufgeräumt werden, wenn die katholische Theologie zur Wiederbelebung des Christenthums, wie unsere Zeit dasselbe auffassen muß, beitragen will. Sie muß, mit Einem Worte, Wissenschaft werden, was sie in Wirklichkeit noch nicht ist. Sehr richtig sagt Prof. Sepp, ein streng kirchlicher Katholik: „Katholisch ist in der Wissenschaft — also auch in der Theologie — nur jener, welcher alle scientifischen Gebiete möglichst beherrscht, und die zahlreichen Quellen der Wahrheit in den Garten der Kirche Gottes zu leiten vermag. Die Häresie charakterisirt es, einen Bruchtheil für das Ganze zu nehmen, sich im engen Kreise zu bewegen, und das Auge für die höhere und allgemeine Erkenntniß zu verschließen".[2] Diesen Charakter der Häresie trägt heute noch kein Gebiet des Wissens

---

[1] Der Papst und das Concil von Janus. Leipzig 1869. Vorwort S. IX. — Soll denn der Blick bei Nicolaus I., „der alle seine Vorfahrer an Kühnheit des Strebens übertraf" (S. 104), bei der Zeit, wo die gröbsten Fälschungen entstanden sind, und bei den Ungeheuern, die schon im zehnten Jahrhundert auf dem römischen Stuhle saßen, noch mit reinem Wohlgefallen verharren können?

[2] Die Theologie der Zukunft. Als Vorrede der zweiten Auflage seiner Geschichte der Apostel. Schaffhausen 1866. S. LIV.

und Erkennens in so hohem Grade wie die katholische Theologie, und die unfehlbare Lehrautorität der Kirche, die man doch für die einzige Quelle aller untrüglichen Wahrheit erklärt, will es so haben und macht durch ihre strengsten Gesetze jede wahrhaft katholische Wissenschaft unmöglich. „Inder und Inquisition", hat schon vor einem Jahrhundert, wo der Nachtheil noch nicht einmal so sehr empfunden wurde, der katholische Kirchenhistoriker Franz Berg bemerkt, „konnten den Menschen zur Ehre Gottes und zum Frommen der Kirche dümmer machen. Wenn der selbstsüchtigste Despot den Menschen so um das erste seiner unveräußerlichen Rechte bringt, indem er ihn dem Vieh näher rückt und blendet, um ihn folgsamer zu machen, so überrechnet er aber seinen Vortheil nur für jetzt, und nicht in die weite Zukunft. Seine Nachfahren, wenn sein Egoismus noch für diese sorgt, werden mit der Verdummung der Nation, zu der sie gehören, auch dümmer, sowie sie mit der Verarmung derselben auch ärmer werden."[1] Macht nicht die ganze bischöfliche, jesuitische und ultramontane Literatur über das Concil, sowohl die Broschüren wie die größeren Werke, auf jeden Gelehrten von etwas umfassenderer Bildung den Eindruck solcher Verarmung? Sind es nicht sämmtlich Erzeugnisse von Proletariern in der Wissenschaft? Und von wie vielen andern theologischen Produkten der neueren Zeit muß man nicht das Gleiche sagen? Auch in Deutschland ist die Zahl der wahrhaft wissenschaftlichen Theologen verschwindend klein, und, — was noch viel trauriger ist — ihr Einfluß auf den Haufen der Geistlichen ist noch geringer; das Proletariat führt die Herrschaft! Gelehrte Werke katholischer Theologen werden von den katholischen Geistlichen

---

[1] Schwab, Franz Berg. Würzburg 1869. S. 192.

selbst am allerwenigsten gelesen, es ist ihr Magen schon zu schwach dafür; aber die dürftigsten Machwerke der Ultramontanen des In= und Auslandes werden förmlich verschlungen, und ganz natürlich, weil sie so leicht verdaulich sind, und dem verwöhnten Magen so sehr zusagen.

Würde man bei der Beurtheilung des Zustandes der Theologie einer Zeit nur auf die Zahl der Bücher und Schriften zu sehen haben, so müßte der Zustand der heutigen katholischen Theologie für ganz vortrefflich gelten. Sieht man aber diese Produkte näher an, so bemerkt man, daß es nicht reife Früchte sind, die man von einem Baume schüttelt, sondern falbe und dürre Blätter, wie sie im Herbste, wenn der Lebenssaft vertrocknet ist, von selbst herabfallen. Ich verkenne ganz und gar nicht, daß in einzelnen Zweigen, besonders in Geschichte und Exegese, auch im canonischen Rechte, in neuerer Zeit vielfach eine große Regsamkeit zu bemerken ist. Aber was der gesammten katholisch-theologischen Literatur der Gegenwart in hohem Grade abgeht, das ist die ächte Geistesweihe. Ihr Krebsübel ist das eiserne Joch eines verkehrten Traditionsbegriffes, an welchem sie zieht. Sehr gut hat jüngst ein Ultramontaner gesagt: „Die Tradition ist der geistige Hauch, der eine jegliche Genossenschaft von ihrem Urheber an umweht und umgiebt".[1] Der Mann hat gewiß nicht daran gedacht, welches Bekenntniß der Demüthigung in diesen Worten für den ganzen heutigen Katholicismus und namentlich auch für die Theologie liege. Nicht der sanfte Hauch des Geistes Christi, sondern das stürmische Aufbrausen der römischen Päpste seit tausend Jahren ist der Charakter des römischen Kirchenthums und

---

[1] Der evangelische Oberkirchenrath in Berlin und das Concil. Freiburg 1869. S. 57.

seiner Theologie, wie sie im Tridentinum ihren klarsten lehrhaften Ausdruck gefunden haben.

Um abermals einen Augenblick bei dem Janus zu verweilen, so sieht man auf den ersten Blick, daß derselbe nach allen hier abgelegten Bekenntnissen, die überhaupt für Keinen, der mit der neuen geschichtlichen Literatur trotz des Index sich beschäftigt hat, wesentlich neue Aufschlüsse sind, wenn auch katholische Theologen diese Thatsachen leider allzu lange verschwiegen haben, schon seit Jahren sowohl bezüglich der göttlichen Institution des päpstlichen Primates, als der unfehlbaren Lehrautorität des ganz unfreien und sklavischgesinnten Concils von Trient, den beiden Scheidemauern der Christenheit, mindestens große Zweifel gehegt habe. Dennoch erklärt er gleich von vorne herein, mit Keinem eine kirchliche Gemeinschaft haben zu wollen, der von der „höheren Anordnung" des Primates nicht überzeugt sei.[1] Der Autor vorliegender Schrift, welcher diese Ueberzeugung nicht mehr theilen kann, und gerade auch durch den „Janus" in seiner entgegengesetzten Ueberzeugung von der Unhaltbarkeit jener Lehre und Lehrautorität nur befestigt worden ist, sieht sich — und mit ihm sehr viele — also auch von der, sich selbst als die liberale Partei der katholischen Theologen bezeichnenden Minorität, zurückgestoßen. Trotz des gründlichen Nachweises dafür, daß die ganze alte Kirche von einem Papstthum als göttlichem Amte nichts gewußt; daß von bestimmten, demselben wesentlich und unveräußerlich zustehenden Rechten nichts bekannt gewesen; daß die betreffenden Bibelstellen nur mit größter Befangenheit und Gewaltthätigkeit auf den Primat bezogen worden seien; daß „von allen Vätern, welche die evangelischen

---

[1] Vorwort S. XI.

Stellen von der dem Petrus übertragenen Gewalt (Matth. 16, 18 und Joh. 21, 18) exegetisch erklärt haben, nicht ein einziger die Anwendung davon auf die römischen Bischöfe als Nachfolger Petri gemacht"; daß, wie viele der Väter auch mit diesen Stellen sich beschäftigten, keiner "auch nur mit einer Silbe auf den Primat Roms als die Consequenz der dem Petrus gegebenen Aufträge und Verheißungen hingedeutet"; daß "nicht Einer unter ihnen den Felsen oder das Fundament, auf welches Christus seine Kirche bauen will, als ein dem Petrus übertragenes und von ihm aus sich vererbendes Amt verstanden habe"; daß "auf den ersten Blick Jedem einleuchte", es könne die Uebergabe der Schlüsselgewalt keinen Vorzug des Petr— beweisen,[1] so wenig als die auf seine Verläugnung sich beziehenden Worte des Herrn, welche "offenbar" nur ... Petrus persönlich galten;[2] daß "kein einziger der alten Kirchenlehrer bis zu Ende des siebenten Jahrhunderts" das Gebet des Herrn für Petrus von einer höheren Lehrbefähigung ver-

---

[1] S. 97 fg. — Wie es hier auch in einer Note bemerkt wird, hat Döllinger auch noch in der zweiten "verbesserten" Auflage seines Buches: "Christenthum und Kirche", die erst im J. 1868 erschien, in dem Symbol der Schlüssel gefunden, daß Petrus hiedurch "befähigt ward, die Vorrathsräume des Hauses zu eröffnen, die geistigen Vorräthe und Schätze der Kirche, Lehre und Heilmittel, zu bewahren und auszutheilen" (S. 31). Dieß wird von Döllinger, wie überhaupt der ganze Bibelbeweis für den Primat, mit so großer Zuversicht namentlich dem katholischen Clerus, der hierin das Volk zu unterrichten hat, ans Herz gelegt, als ob es "auf den ersten Blick Jedem einleuchtete!"

[2] Auch hier steht Döllinger mit Janus in Widerspruch, denn jener sieht auch in diesen Worten einen Primatbeweis (S. 32). Und was wußte nicht einst Görres (Die Triarier, S. 100) in diesen Worten Jesu an Petrus Alles zu finden!

standen habe;[1] obwohl ausdrücklich erklärt wird, daß „aus dem ersten Jahrtausend der Kirche nicht ein einziges, an die ganze Kirche gerichtetes Decret eines Papstes bekannt ist";[2] ungeachtet das überaus wichtige Geständniß abgelegt wird, es sei „schon das stete Streben der Päpste nach der Erweiterung ihrer bereits übergroßen Macht, wie es Jahrhunderte lang angehalten, ein Beweis, daß die Nothwendigkeit der Selbstbeschränkung in der Regel nicht empfunden wurde", während doch „das Bewußtsein der Berechtigung dieser Macht, wie der mit derselben gegebenen Verpflichtung auf gewissenhafte, wahrhaft religiöse Männer beängstigend, ja erdrückend hätte wirken müssen";[3] obgleich ferner geradezu als Thatsache erklärt wird, daß „das ganze Hexenwesen, wie es vom dreizehnten bis ins siebzehnte Jahrhundert bestand, theils unmittelbar theils mittelbar ein Erzeugniß des Glaubens an die unwidersprechliche Autorität des Papstes sei";[4] daß „nur das Machtwort der Päpste und der Wahn, sie seien auch in allen, durch die Grundsätze der evangelischen Moral zu entscheidenden, Fragen unfehlbar, bewirkt habe, daß sich die christliche Welt schweigend ohne Reclamation (also durch consensus communis!), den Gesetzescodex der Inquisition aufdrängen ließ, welcher den einfachsten Regeln christlicher Gerech-

---

[1] Uebrigens hat doch schon Chrysostomus (Opp. IX, 31 D) dieses Gebet nicht auf die „bloße Wiederbefestigung des Glaubens Petri an die Messiaswürde", wie der Janus irrig behauptet, bezogen. Vgl. meine Geschichte der kirchl. Trennung I, 123. Die von mir hier gesammelten und geprüften Stellen dürften überhaupt für die Leser des Janus von Interesse sein.
[2] S. 430.
[3] S. 199.
[4] S. 269.

tigkeit und Nächstenliebe widersprach und in der alten Kirche mit allgemeinem Abscheu aufgenommen worden wäre"; daß „von 1200 bis 1500 die lange Reihe der an Härte und Grausamkeit immer zunehmenden päpstlichen Verordnungen über die Inquisition ohne Unterbrechung fortläuft" und „nicht einmal der eine oder andere Papst wieder einlenkte", sodaß „im Namen und aus Auftrag der Päpste von jener Zeit an (1188)[1] vielleicht mehr Hinrichtungen Statt fanden als im Namen irgend eines weltlichen Herrschers"[2] — trotz dieser Erklärungen und ungeachtet der geschilderten verderblichen Wirksamkeit des kurz nach seinem Entstehen zur offenbaren Strafe Gottes so tief verfallenden, der Augenlust, Fleischeslust und Hoffart des Lebens im höchsten Grade sich hingebenden und die ganze Kirche in sein Verderben zu ziehen bemühten Papstthums soll dennoch Keiner ein gläubiger Katholik sein können, der nicht von einer höheren Anordnung dieses Instituts überzeugt sei; dennoch soll man diese Institution „lieben und ehren",[3] obgleich sie seit Jahrhunderten die oberste Ursache der Spaltung der Christenheit, der tiefsten Schädigung wahrer Gottes- und Nächstenliebe ist, wie alle unbefangenen Menschen im Orient und Occident einverstanden sind; dennoch soll der Vorwurf des Schisma's und der Häresie wegen Verweigerung der Annahme des päpstlichen Primates berechtigt sein!

Es scheint mir, als begegnete dem Janus etwas Aehnliches wie er dergleichen von den „frommen Männern" der Kirche des Mittelalters bemerkt. Je mehr die Weltherrschaftsbestrebungen des Papstthums die Kirche zerrütteten

---

[1] S. 256 fg.
[2] S. 264. Vgl. S. 281.
[3] Vorrede S. IX.

und je despotischer die Päpste alle fremden Rechte mit Füßen traten und den allgemeinen Verfall förderten, desto mehr, sagt Janus, „fühlten fromme Männer sich geneigt, sich vor ihren eigenen Zweifeln und Bedenken in das Asyl der päpstlichen Unfehlbarkeit zu flüchten. Nach dem **einfach christlichen Gefühle**", bemerkt Janus weiter, „hätten sie dieß und vieles Andere als Mißbrauch, als schwere Versündigung an der Kirche tadeln müssen. Dagegen sträubte sich aber wieder die ihnen von Jugend an beigebrachte Vorstellung, daß der Papst der Herr und Gebieter der Kirche sei, dem Niemand einreden, den Niemand zur Rechenschaft ziehen dürfe."[1] Ganz das Nämliche sehen wir heutzutage. Während das „einfach christliche Gefühl" jedem, der die äußere und innere Geschichte des Papstthums mit seinen allseitigen Wirkungen kennt, sagen muß, es könne ein solches Institut unmöglich göttlicher Anordnung sein, da ja der Gottesbegriff selbst hiebei verfälscht werden würde, erwarten nicht nur die Ultramontanen mehr als je alles Heil der Welt von Rom und erklären den Papst zu diesem Zwecke für unfehlbar, was er allerdings sein müßte, wenn er die in ihn gesetzten Hoffnungen rechtfertigen sollte, sondern auch die liberale Partei vermag sich nicht über die von Jugend auf eingesogenen und eingelebten Vorurtheile von der göttlichen Einsetzung des Papstthums zu erheben, obwohl sie selbst das Gegentheil so klar beweist, daß dem „einfachen christlichen Gefühle" nicht der geringste Zweifel darüber noch übrig bleiben kann.

Indem der Janus das ganze Lügengewebe der Fälschungen und Erdichtungen, in welches das Papstthum wie eine giftige Kreuzspinne sich eingewoben, zerreißt, scheint er

---

[1] S. 313 fg.

gar nicht zu bedenken, daß, wie man ihm von anderer Seite bereits ganz richtig bemerkt hat,[1] dieser Lug und Trug wohl größtentheils auf Rechnung des Vorurtheils von der Göttlichkeit der Institution des Papstthums, in dessen Vertheidigung wie im Kriege auch List gestattet sei, gesetzt werben müsse, ja daß man dergleichen Verletzungen der **natürlichen** Wahrheit und Gerechtigkeit im Dienste eines vermeintlichen **übernatürlichen** Rechtes sogar als fromme und tugendhafte Handlungen, ja als Heldenthaten ansah.

An diesem Beispiele sieht man am Deutlichsten, mit welch ungeheueren Schwierigkeiten eine durchgreifende kirchliche Reform der katholischen Kirche verbunden ist, und es möchte Manchem scheinen, als wären die liberaleren Mitglieder noch ein größeres Hinderniß derselben als die excessiven Ultramontanen, und als würde durch erstere das Christenthum bei den Gebildeten unserer Zeit noch weit mehr in Mißcredit gebracht als durch letztere. Denn während die Uebertreibungen Diesen auf Rechnung ihrer Unwissenheit und Beschränktheit zu setzen sind, könnte man versucht sein, alle die massenhaften und continuirlichen Verletzungen der Wahrheit und Gerechtigkeit durch Papstthum und Hierarchie, die ja auch nach Versicherung jener liberalen katholischen Theologen göttlicher Einsetzung sein sollen, den Geist der Lüge, Heuchelei und hochmüthigen Verblendung, dem Christenthum selbst Schuld zu geben und zur Last zu legen, und die einfache Naturreligion, den so verschrieenen Rationalismus, ihm entschieden vorzuziehen, da hier Vernunft und Verstand der übrigen Menschen auch nicht weniger gelten als die des Papstes und der Bischöfe.

---

[1] **Frohschammer**, Zur Würdigung der Unfehlbarkeit des Papstes und der Kirche. München 1869. S. 28.

Schon dieß Eine Beispiel könnte vollkommen genügen für meine Behauptung, daß der **Geist** der heutigen katholischen Theologie, auch der liberalen Richtung, nicht der rechte ist. Der Janus hat kein Wort der Entrüstung über die unsern christlichen Mitbrüdern durch die päpstliche Aufforderung zu blinder reuiger Rückkehr, also zum Bruche mit ihrer ganzen Tradition, angethane Beschimpfung. Er steht vielmehr auf dem nämlichen Standpunkte, da er ja die Unterwerfung unter die Concilien verlangt, und nur diesen zu Liebe und um sie in ihrer Vollkraft zu erhalten, gegen die, der Christenheit indirect viel größeren Nutzen bringende, Definition der päpstlichen Unfehlbarkeit eifert, weil damit dem Protestantismus, wie er ausdrücklich sagt, „eine furchtbare Waffe" in die Hand gegeben würde.[1] Ich kann es Keinem verdenken, wenn dieses unchristliche Versteckspiel mit den heiligsten Interessen der Menschheit und der höchstwichtigen Angelegenheit des Vaterlandes von Seite gelehrter Theologen ihn empört. Es ist jetzt allerdings Zeit zum reden für Jeden, dem sein Bewußtsein das Zeugniß gibt, etwas gelernt zu haben. Aber wichtiger als die Gelehrsamkeit ist vor Allem in so kritischen Momenten, wo es um die Religion selbst sich handelt, der rechte Geist.

Vom päpstlichen Stuhle selbst wird solche Gewissenlosigkeit und Unchristlichkeit genährt. Die Autoren der erbärmlichsten und oberflächlichsten Schriften, wenn sie nur das Papalsystem vertheidigen, werden mit päpstlichen Schreiben beehrt und dadurch ihre Machwerke selbst allen Gläubigen bestens empfohlen, während die gründlichsten Arbeiten, wenn sie, was ganz unvermeidlich ist, dem päpstlichen Herrschaftsinteresse entgegen sind, nur Verdammung,

---

[1] S. 403.

und deren Verfasser Verdächtigung und, soweit nur immer möglich, auch persönliche Schädigung und Mißhandlung erwartet. Läßt sich wohl ein kritikloseres, parteiischeres und vom Gesichtspunkt der heutigen Wissenschaft aus betrachtet, schmachvolleres Buch schreiben als z. B. der Commentarius de unitate romana des Jesuiten Schrader ist? Und doch zeichnete ihn der Papst mit einem Breve aus (vom 13. Dezember 1862), worin er die „acies ingenii" rühmt, mit welcher er die Autorität des apostolischen Stuhles „ab impiis osorum ejus conatibus" zu vertheidigen verstehe. Es gehört in der That eine nicht gewöhnliche acies ingenii dazu, um z. B. mit Schrader die „facies admirabilis" der römisch-katholischen Kirche und die Stellung des Papstes in derselben als „semper sibi similis" und schon zur Zeit des Irenäus ganz als die nämliche wie sie heute vor uns steht, zu erkennen.[1] Ob wohl dem Janus, der freilich eine solche „acies ingenii" nicht besitzt und schon bei der Betrachtung einer Zeit, wo man noch lange nicht bei den heutigen Prätensionen angekommen war, ausruft, es sei „in der That die Kluft zwischen der Stellung und den Befugnissen eines Gregor I. und den Ansprüchen und der Machtfülle eines Gregor IX., oder zwischen 600 und 1230, fast so breit und tief als der Abstand von Petrus zu Christus",[2] — ob wohl, sage ich, auch der unparteiische, Wahrheits- und Gerechtigkeits-liebende Janus von dem Stellvertreter Christi in Rom, dessen unfehlbares Auge ja gewiß noch bebeutend schärfer als das des P. Schrader sein wird, einer Belobung sich zu erfreuen haben werde, oder aber ob er dessen Buch gar seinem Begriff von Christenthum und

---

[1] Friburgi 1862, I, 185. Das päpstliche Schreiben ist dem zweiten, im J. 1866 zu Wien erschienenen Bande vorgedruckt.
[2] S. 174.

Chriſtenpflicht widerſprechend erkennen und, wie die Jeſuiten bereits gethan haben, es als unchriſtlich und unkirchlich wie ſchon ſo viele ähnliche Produkte ſtrenger Wahrheits= und Gerechtigkeitsliebe verbieten und verdammen wird? Und wie viele Anpreiſer des extremſten, die Ehre Gottes auf das Schwerſte beeinträchtigenden, Mariencultes ſind nicht in den letzten Jahren von Pius IX. ebenfalls mit päpſtlichen Schreiben und mit Verleihung ſeines Segens bedacht worden, indeß die beſonnenen Abmahner von einer ſolchen Beleidigung des eifernden Gottes verketzert und verflucht werden!

Was ſoll man von der Wiſſenſchaftlichkeit einer Theo= logie denken und erwarten, welche in allen ihren Anſichten und in all ihren Studien von einer Autorität ſich leiten läßt wie der des Papſtthums und der aufs Gewaltthä= tigſte der Kirche aufgezwungenen Concilien, deren Unfehl= barkeit von ſo zweifelhafter Natur iſt? „Es iſt der Fort= ſchritt der Ideen, was ſchließlich den Fortſchritt der Welt beſtimmt", ſagt ſehr richtig Buckle.[1] Zu dieſem Fortſchritte können die katholiſchen Theologen ſo lange nichts beitragen, als ſie alle, angefangen von den Univerſitätsprofeſſoren, den Eid auf die Satzungen der Concilien, vor Allem auf das Tridentinum, zu leiſten haben, wie heute noch jeder Doctor der Theologie bei ſeiner Promotion es thun muß. **Dieſer Eid muß zu allererſt abgeſchafft werden.**[2]

---

[1] History of the civilisation of England. London 1861, II, 567: it is the progress of ideas wich ultimately determines the progress of the world.

[2] Gerade vor hundert Jahren hat J. D. Michaelis für die deutſch-proteſtantiſchen Univerſitäten den Vorſchlag gemacht, man ſolle in Zukunft die Theologen nicht mehr auf die ſymboliſchen Bücher beeidigen, welchen Eid ſie ohne Anſtand leiſteten, weil die

Nach der Theorie des Janus[1] sollen die Bischöfe auf den Concilien blos „bezeugen", was „logische Consequenz" eines schon bestehenden Dogma's ist, und auf diese Zeugenschaft soll sich die hierarchische Dogmenfabrication stützen. Und „die Kirche" soll dann „in letzter Instanz entscheiden, ob dieses Zeugniß richtig abgelegt worden sei, ob Freiheit und unbefangene Wahrhaftigkeit unter den Bischöfen der Synode geherrscht habe". Und so ruhe also „die Gewißheit und Unfehlbarkeit ganz auf

---

Meisten jene Schriften gar nicht genauer geprüft hätten, sondern man solle sie vielmehr schwören lassen, daß sie die symbolischen Bücher auch gelesen hätten, und diesen Eid sollte man jedes Jahr aufs Neue abfodern (Räsonnement über die protestantischen Universitäten Deutschlands. Frankf. u. Leipzig 1770, II, 467). Den ganz gleichen Rath möchte ich bezüglich des Tridentinums geben. Jeder öffentliche Lehrer der katholischen Theologie soll in Gegenwart aller, namentlich auch der protestantischen, Professoren schwören müssen, daß er die 431 Anathemen gelesen und dieselben für ganz gerecht halte. Ich glaube, daß die Meisten doch das christliche und wissenschaftliche Ehr= und Schamgefühl abhielte, dieß zu thun. Wie Viele mögen wohl gehörig kennen, was sie beschwören? Der Wievielte wird wohl die Geschichte des Concils etwas genauer studirt haben? Erst im Juli 1869 sagt uns der gläubige Janus, daß das Tridentinum, welches er doch wahrscheinlich selbst schon öfter als öcumenisches und folglich als freies beschworen hat, ein unfreies und folglich kein öcumenisches Concil gewesen ist! Zwei Tage vor meiner Abreise von München, im Mai 1869, erhielt ich aus der kgl. Hof= und Staatsbibliothek eine für die Geschichte des Concils sehr wichtige Quelle, die Acta concilii Tridentini des Cardinals Palleotti, welche bereits im J. 1842 Mendham herausgegeben, schon halb von Staub verzehrt und — noch vollständig unaufgeschnitten! Und doch hat München gegen 200 Geistliche und darunter gelehrte Theologen in Ueberfluß!

[1] S. 434.

dem festen Boden der Thatsachen". Aber was meint denn der Janus mit der „Kirche", die in letzter Instanz über die Freiheit und Unbefangenheit der Bischöfe entscheidet bei der Erklärung von logischen Consequenzen als Dogmen? Meint er blos die römischen Katholiken, und zwar die durchaus „gläubigen"? Aber ein Gläubiger muß ja in einem Ausspruch des Concils das Wort des heiligen Geistes, der selbstverständlich wahrhaftig ist, erkennen. Und wer die Oecumenicität eines Concils aus was immer für Gründen bestreitet, der hört auf, Katholik zu sein, wenn man auch mit manchen Staaten wie Frankreich lange Geduld hatte. Sind es ferner blos die Geistlichen, oder auch die Laien, welche diesen obersten Gerichtshof der letzten Instanz bilden? oder ist dieß eine rein dynastische und politische Frage? Nach orthodoxer Doctrin ruht ja, wie dem Janus gewiß vollkommen bekannt ist, die Unfehlbarkeit nur bei dem Magisterium, von dem der ganze niedere Clerus und die gesammte Laienwelt, auch die Staatsregierungen, ausgeschlossen sind. Und welche weitere Instanz würde denn über die Befähigung und Unbefangenheit jedes einzelnen Mitgliedes der Kirche wieder entscheiden? Oder sind vielleicht die Herren Decane in Bezug auf den Clerus, und die Gemeindevorsteher und Magistratsräthe in Bezug auf die Laien die Organe der Unfehlbarkeit der „Kirche", welche über das Concil entscheidet? Wie viele und welche Personen nach Geschlecht, Alter, Beruf u. s. w. sind stimmberechtigt? Und nun denke man sich nur einen Moment in die barbarische Zeit der Völkerwanderung und des Mittelalters zurück und frage sich, wo denn da diese verlässige Controle war? Endlich wäre noch zu erklären, warum denn das Concil von Trient der Inquisition und des Index sich bediente, um allen Widerspruch der „Kirche" gegen seine

Anathemen zu ertödten. Auf diesen Thatsachen ruht die Unfehlbarkeit! Wenn man in Bezug auf die alte Zeit mit vielem Rechte bemerkt hat, es sei „Europa darum auf den hohen Punkt der Bildung und Erkenntniß gekommen, weil es mit der Theologie begonnen hat, und weil alle Wissenschaften, auf diesen göttlichen Stamm gepfropft, aus dem Schatze des göttlichen Nahrungssaftes zusehends gediehen sind":[1] so kann man dieß von der orthodoxen Theologie, sowohl der protestantischen als der katholischen, in Bezug auf die Fortentwickelung der europäischen Civilisation, auch in Deutschland, nicht mehr sagen. Ja man muß eher umgekehrt bekennen, daß jedes Land im modernen Europa in dem Grade an allgemeiner Bildung und Aufklärung zurückgeblieben ist, als die Theologie dort über die übrigen Wissensgebiete ihre alte Herrschaft behauptete. Und wer hat die Schuld an diesem Verfalle der Theologie? Vor Allem die Staatsregierungen und Fürsten selbst, welche den Einfluß der Theologen und Geistlichen auf das Volk in ihren dynastischen und politischen Interessen ausbeuteten, und um die damit verbundene Knechtung der geistigen Freiheit, als der Mutter aller ächten Gesittung, sich nicht kümmerten. Dieß ist eine centnerschwere Schuld, welche die Fürsten und Regierungen heute noch nicht auch nur einiger Maßen genügend gutgemacht haben.

Die heutige katholische Theologie — denn nur auf diese will ich mich beschränken — steht noch durchweg in dem knechtischen Dienste frembartiger Interessen. In Deutschland hat zwar der Mißbrauch von Seite der Re-

---

[1] Windischmann, Ueber Etwas, was der Heilkunst noth thut. Leipzig 1823. S. 141.

gierung bedeutend abgenommen, aber dafür ist die Theologie um so tiefer in die Sklaverei des romanisirten Episcopats gesunken, und daß dieß so vollkommen geschehen konnte, daran haben allerdings auch manche Regierungen, welche hiezu direct und indirect mitwirkten und noch mitwirken, ihre sehr bedeutende Mitschuld. Sie betrachteten seit Langem die Theologie kaum mehr als einen Bestandtheil der allgemeinen Bildung gleich den übrigen Wissenschaften, und thaten nichts von Dem, was sie nach modernen Rechtsprincipien thun könnten und sollten, um zur Erhebung und Befreiung der Theologie vom Joche des, das ganze Staatswesen schändenden und ansteckenden, Romanismus thatkräftig beizutragen. Ja sie schienen mitunter sogar eine Schadenfreude über die Discreditirung der Theologen und des Clerus zu haben. Aber dieß ist der andere, nicht minder gefährliche Abweg, der ebenfalls zu dem nämlichen Ziele der Entchristlichung und Irreligiosität führt; denn die Theologie ist nun einmal „die Wissenschaft vom religiösen Leben", [1] und von der richtigen oder falschen Stellung, die man den Vertretern derselben gegenüber einnimmt, ist nothwendig auch die Beschaffenheit und der Zustand des letzteren abhängig. Nicht also, wie die Bischöfe und Ultramontanen, wegen ihrer Weigerung, den vaterlandzerreißenden Romanismus und den Aberglauben zu unterstützen und wegen Gewährung der Gewissensfreiheit, mache ich der Regierung den Vorwurf, daß sie die Irreligiosität förderte oder nicht nach Pflicht verhinderte; wohl aber scheint mir diese Anklage wegen ihrer großen Nachlässigkeit in der Unterstützung der, dem Joche des Ro-

---

[1] Dieß ist die ganz richtige Definition, welche jüngst Marpurg (Das Wissen und der religiöse Glaube. Leipzig 1869. S. 199) von ihr gegeben hat.

manismus zu entkommen bemühten, Theologen und Geistlichen und wegen des gar nicht seltenen straflosen Verhöhnenlassens oder gar des Zurückstoßens derselben durch directe Verweigerung von Hilfe der Fall zu sein. Bei den Einzelnen muß man hier anfangen.

„Die heutige Theologie," klagt der eben angeführte Gelehrte, „schließt sich nur zu sehr mit der Offenbarung ab und ein."[1] „Da Gott," bemerkt er sehr treffend weiter, „in der Weltgeschichte, in der Natur und in der Persönlichkeit des Menschen lebt, so sollte sie auch auf diese großen Gebiete nicht bloß nebenher, sondern recht ernstlich Rücksicht nehmen." Aber wie wäre diese Rücksichtnahme möglich, so lange Papst und Bischöfe mit ihren Dogmen und Decreten, und nicht bloß die Offenbarung, der Theologie die Gesetze vorschreiben; so lange die Censur des Index, mit welcher bis vor wenigen Jahren auch noch die des Staates in Erdrückung jedes Funkens von selbstständigem Denken wetteiferte, aufrecht besteht, und die ganze protestantische Wissenschaft als häretisch verworfen oder doch verdächtigt ist; so lange der Staat selbst sich für unvermögend erklärt, einen durch jene Congregation mißhandelten gelehrten Unterthanen in Schutz zu nehmen, obwohl es sich ganz allein um die Wissenschaft, und nicht um den Glauben handelt, und obwohl in solcher Nachgiebigkeit sogar eine indirecte Anerkennung der Unfehlbarkeit jener römischen Behörde auch von Seite der Staatsregierung liegt? Gerade der bayerische Ultramontanismus sucht ja dem ganzen Clerus sogar die Ueberzeugung beizubringen, daß ein auf den Index gesetztes Buch wirklich glaubenswidrig ist, und daß die Wissenschaft selbst von jener Censur gar nichts

---

[1] S. 202.

zu besorgen habe; daß überhaupt verbotene Werke ohne wissenschaftlichen Werth seien. „Die kirchlichen Censurbehörden," sagten in dem nämlichen Jahre, wo mein größeres Geschichtswerk über die kirchliche Trennung, das mich nach Rußland geführt, verboten wurde, die Münchener Historisch-politischen Blätter, — „haben jetzt mit den Werken, welche mit dem Glauben in **offenbarem** Widerspruche stehen, schon allzuviel zu thun, als daß sie sich auch noch auf jene einlassen könnten, deren Widerspruch mit dem Glauben **problematisch** ist." Und weiter versicherten sie: „Der katholische Gelehrte, dessen Grundsatz es ist, **vor Allem katholisch** (d. h. tridentinisch) **zu sein,** fürchtet die Censurbehörden weder für sich, **noch für die Wissenschaft.** Wer dagegen das Bewußtsein hat, daß er sich in Widerspruch mit der „Kirche" befindet, den verfolgt das Gespenst der Censurbehörden überall hin, und es gibt für ihn kein Mittel, sich von dem drückenden Gedanken, daß die Wissenschaft in Gefahr sei, zu befreien, so lange er nicht mit der „Kirche" (d. h. mit dem Index) zu denken sich entschließt."[1]

Es läßt sich allerdings hie und da auch aus bischöflichem Munde eine Stimme über die Wichtigkeit der Wissenschaft für den Clerus vernehmen. Aber dabei darf man ja nicht glauben, daß wirkliche Wissenschaft und selbstständiges Streben gemeint sei, sondern man beklagt nur — denn auch hiezu ist noch Grund genug vorhanden — die Unkenntniß der päpstlichen Decrete und Breven, der Canonen der Con-

---

[1] Jahrg. 1865, II, 438. — Prof. Clemens von Bonn hatte schon auf der General-Versammlung der kath. Vereine zu Münster im J. 1852 mit breister Stirne erklärt: „Die den Gelehrten von Seite der römischen Inquisition zugefügten Unbilden sind nur gehässige Erfindungen der Unwissenheit oder der Bosheit." (Verhandl. 223.)

cilien und Synoden, der bischöflichen Erlasse u. s. f. In diesem Sinne, und nur in diesem, kann es z. B. zu nehmen sein, wenn der gegenwärtige Münchener Erzbischof Gregor, der seit Jahren alle und jede wissenschaftliche Freiheit aufs Bitterste verfolgt, haßt und verdammt: wenn auch, sage ich, ein solcher Verächter der wissenschaftlichen Bildung des Clerus, namentlich in Bayern, in einem Hirtenbriefe vom 23. Febr. 1859 in die Klage ausbricht, welche etwa für einen Augustin oder Hincmar von Rheims oder auch für einen Ludwig von Erthal oder für Sailer gepaßt hätte, während sie bei dem Erzbischof von München wie sarkastische Ironie klingt: „Man kann mit Recht behaupten, daß die grausamsten und blutigsten Verfolgungen der Kirche Gottes keine so tiefen und schmerzlichen Wunden geschlagen haben als die Sorglosigkeit in der Bildung und Mission ihrer Priester."

Mit diesen Worten forderte der Erzbischof das Volk zu Beiträgen für das Knabenseminar in Scheyern auf. Soweit diese Anstalten als Pflanzstätten des künftigen Mannes der Wissenschaft in Betracht kommen, müssen sie in ihrer heutigen Einrichtung und Leitung durchaus verworfen werden. Denn von der Erziehung zur Freiheit ist hier keine Rede, so wenig als von der Anleitung zu wahrhafter Anerkennung der übrigen christlichen Kirchen. Der junge Mensch wächst auf dem Boden der geistlichen Seminarien in einen im höchsten Grade seelengefährlichen Dünkel hinein, den er in der Regel sein ganzes Leben lang mit sich herum trägt, der ihn wie ein böser Dämon überall hin begleitet, sowohl in die Volksschule, als auf die Kanzel, an den Altar wie an das Krankenbett, der ihn geradezu von jeder soliden Gesellschaft des bürgerlichen Lebens auszuschließen nöthig macht. Es ist noch nicht genug, daß die

Katechismen und theologischen Compendien jenen unchristlichen Dünkel nähren, er muß auch noch, um recht in Fleisch und Blut überzugehen, so zu sagen das Salz und die Würze bei Tische sein und gleich mit dem Löffel eingenommen werden. Ich habe schon anderswo eine Stelle aus dem Werke angeführt, das in bayerischen Knabenseminarien als Tischlectüre eingeführt ist, nämlich das Buch des spanischen Jesuiten Alphons Rodriguez von der „Uebung der Vollkommenheit". Ich muß hier noch ein paar weitere anführen. „Alle Tage," heißt es dort bezüglich der Protestanten, „sehen wir unsere Brüder an dem Abgrunde, von dem sie in die Tiefe der Hölle stürzen."[1] Der Jesuitenorden wird direct als eine Institution „des heiligen Geistes" erklärt, als ein Werk „der erhabensten Vorsehung und ganz besonderen Erbarmung Gottes". Im nämlichen Jahre, wird bemerkt, habe Gott dem Ignatius das Bein zerschmettert, in welchem Luther, „dieses Ungeheuer aus der Hölle", seine Maske abwarf.[2] So wird der Seminarist zum Bewunderer jenes Institutes erzogen, das unser Vaterland, namentlich Bayern, so unendlich schwer geschädigt hat, das seiner ganzen Verfassung nach für wahre Wissenschaftlichkeit gar keinen Raum hat, sondern die blinde Hingebung an das Papstthum als das Vollmaß von Tugend und Heiligkeit betrachtet.[3]

Der angesehene deutsche Jesuit P. Roh gibt zu, daß der Jesuitenorden „in der Gegenwart keine Größen ersten

---

[1] Uebung der Vollkommenheit, übers. von Jocham, Prof. der Moral in Freising. Mit Approbation des Bischofs Ignatius von Regensburg. 1862, III, 4.

[2] S. 3, 5.

[3] Vgl. über das völlig Unzulängliche der in den Seminarien dem Clerus ertheilten Bildung die Bemerkungen Schulte's (Reform der römischen Kirche an Haupt und Gliedern. Leipzig 1869. S. 162 fg.).

Ranges aufzuweisen habe". „Aber," fügt er bei, „einerseits kann nur Gott große Genies erschaffen, und er hat dem ganzen neunzehnten Jahrhundert nur wenige gegeben. Kein Wunder also, wenn unter der Handvoll (?) Jesuiten sich gerade keines vorfinden sollte. Andererseits," meint er, „gehören auch äußere Umstände dazu, um wahrhaft große Talente auch als solche erscheinen zu lassen."[1]. Ich sollte glauben, es habe für den Jesuitenorden noch nie eine so günstige Zeit für bedeutende wissenschaftliche Leistungen gegeben als in den letzten zwanzig Jahren; aber wie überaus kläglich und alles wissenschaftlichen Geistes gänzlich baar sind ihre Erzeugnisse! Soviel auch der Säcularclerus zu wünschen übrig läßt: er hat in seiner Mitte doch eine bedeutende Zahl der tüchtigsten Gelehrten ersten Ranges, und ist im Allgemeinen in Deutschland, wenigstens in dem außerösterreichischen, den heutigen Jesuiten an Bildung überlegen. Und er würde es noch in viel höherem Grade sein, wenn er nicht schon in den Knabenseminarien ganz jesuitisch d. h. in knechtischer und sklavischer Gesinnung erzogen würde. Man kann auf die Jesuiten in Deutschland anwenden, was der Graf Montalembert von den Mönchsorden überhaupt in ihrem Verhältniß zum Säcularclerus bemerkt: wenn erstere von dem letzteren an Tüchtigkeit sich übertreffen lassen, und diesem also nicht mehr zur Unterstützung, sondern vielmehr zur Hemmung in seinem Berufe dienen, dann haben sie, und hat ein solcher Orden sich selbst das Todesurtheil unterzeichnet und das Recht auf weiteren Bestand verloren.[2]

---

[1] Schreiben v. 26. März 1865 aus Maria=Laach an die Redaction der Historisch=polit. Blätter 1865, I, 680.

[2] Les moines de l'Occident. 4 éd. Paris 1868, I. Introd. p. CLXXIII.

Statt die strebsamen jungen Leute zu einem umfassenden Studium und zur Beschäftigung mit allen Zweigen des Wissens, namentlich mit Philosophie, Naturwissenschaft, Geschichte und Nationalöconomie, zu ermahnen, lassen die deutschen Bischöfe es sich vielmehr angelegen sein, die Candidaten des geistlichen Standes vor den Profanwissenschaften in einer Weise zu warnen, die bei den Allermeisten den Eindruck hervorbringen muß, es sei jedenfalls das Sicherste, sich überhaupt ganz vor jenem gefährlichen Baume der Erkenntniß zu hüten. Nur zur Widerlegung von Irrthümern bezüglich des Papstthums und der Alleinseligmachung und Unfehlbarkeit der katholischen Kirche, meinte das Cölner Provinzial-Concil v. J. 1860, könne die Beschäftigung mit den Profanwissenschaften auch einem Geistlichen von Nutzen sein, oder auch, wenn einer sonst gar nichts Besseres zu thun wisse, um nicht ganz zu faullenzen, da ja „jede literarische Beschäftigung dieses Gute mit sich bringe, daß sie dem Müssiggange, dem Ursprung aller Uebel, den Zugang versperre."[1] Selbst bezüglich der theologischen Disciplinen wird mit keinem Worte der wichtigsten von allen[2], der Kirchengeschichte, gedacht, und jede unbefangene Prüfung der kirchlichen Controversen wird geradezu unmöglich gemacht durch die Einschärfung des Verbotes, die Schriften der Gegenpartei zu lesen. Im Interesse der scholastischen Terminologie sollen auch alle „profanen Neue-

---

[1] Acta c. 36.
[2] Diese Wichtigkeit dürfte am besten die Schrift: „Der Papst und das Concil von Janus" beweisen. Namentlich die Lehre über den päpstlichen Primat S. 82 ff., welche seit halb vierzig Jahren — denn vorher war es allerdings schon geschehen — auch in Deutschland von keinem katholisch theologischen Lehrstuhl und in keinem Lehrbuch mit solcher Wahrhaftigkeit mehr vorgetragen worden ist.

rungen in den Ausdrücken" vermieden werden. Vor Allem wird den Bischöfen selbst an's Herz gelegt, mit ihrem Beispiele voranzugehen. Und daran lassen sie es denn auch nicht fehlen. „Schaut mich an!" sagt etwa ein Erzbischof, „ich habe nie eine Schrift Luthers gelesen und von den griechischen Schismatikern könnte ich ohnehin keine lesen, und bin doch vom hl. Geist erwählt worden, die Kirche Gottes zu regieren, und ich werde gewiß auch noch die Krone der Gerechtigkeit erlangen, weil ich ja den Glauben bewahrt habe; dagegen blicket hin auf einen Döllinger, den sein Studium der ketzerischen Literatur mehr und mehr selbst zum Ketzer macht, und mit jedem Tage tiefer in den Abgrund zieht; denn ich möchte fast glauben, er habe das halbe, wenn nicht das ganze heidnische Buch über „Papst und Concil von Janus" verfaßt!" Die Kirchengeschichte ist eben für einen katholischen Geistlichen ein sehr gefährliches Ding, voller Stacheln wie ein Igel. Es ist besser, sich damit gar nicht, wenigstens nicht mit dem Quellenstudium, abzugeben. Und als Beispiel, wie man es zu machen hat, um bei nothgedrungener Erwähnung ganz notorischer Thatsachen vor dem katholischen Volk die Pietät nicht zu verletzen, und lieber seine Kenntniß in ein sehr nachtheiliges Licht zu stellen, könnte unter Anderem wieder ein Hirtenbrief des Erzbischofs von München dienen, vom 28. Oct. 1859, worin es bezüglich der Wirthschaft im Kirchenstaat heißt: „Es sollen, sagt man, Mißstände vorhanden sein in der weltlichen Regierung des heiligen Vaters." Natürlich sagt die schlechte Welt dem heiligen Vater alles Böse nach, das aber kein guter Katholik glauben darf.

Die deutsche Philosophie ist ohnehin schon längst im Banne. Sie ist ja ganz protestantisch, und der Papst hat in dem Breve v. 21. Dec. 1863 an den Erzbischof von Mün=

chen über die katholische Gelehrten-Versammlung nur von „phylosophia, phylosophos und phylosophari", also von der Weisheit der deutschen Sippschaft, gesprochen.[1] Nach der Behauptung des Jesuiten Kleutgen ist „zu allen Zeiten und in allen katholischen Ländern" nur jene Philosophie als die „eigentlich kirchliche" betrachtet, gelehrt und vertheidigt worden, welche „ihre Form von Aristoteles, ihre Ideen von Augustin und ihre Ausbildung von Thomas von Aquin erhalten hat". Dagegen ist die ganze neuere Philosophie wesentlich irreligiös. Ihr Stammvater Kant ist „ein Protestant oder vielmehr ein durch und durch ungläubiger und das Christenthum, ja alle Religion, insofern sie etwas mehr als Rechtschaffenheit ist, mit allen Waffen bekämpfender Mensch".[2] Der Ultramontanismus ist allerdings „etwas mehr als Rechtschaffenheit"! Ich sollte glauben, es sei die höchste praktische Aufgabe der Philosophie, strenge Rechtschaffenheit zu lehren; denn damit muß sie zugleich das Christenthum fördern, oder es wäre dieses nicht die Religion der Rechtschaffenheit. Die ultramontane Theologie kann sich und dem römischen Kirchenthum kaum ein schlimmeres Zeugniß ausstellen, als daß ihr die „Rechtschaffenheit" so verhaßt ist, und daß sie von keinen bestimmten Begriffen in der Moral etwas wissen will. Im Trüben

---

[1] So theilte das Archiv für kath. Kirchenrecht von May 1864 Bd. V, 424, 426 den Text mit. Es können doch unmöglich lauter Druckfehler sein, und außerdem sind im nämlichen Bande die betreffenden Worte sonst überall anders geschrieben.

[2] Ueber die alten und die neuen Schulen. 2. Aufl. Münster 1869. S. 193. Auch der Civiltà cattolica 1853, Bd. 3, S. 240 ist Kant nur „il sofista da Koenigsberg", und seine ganze Philosophie ist „noioso et tenebroso nulla". Die Jesuiten bedauern tief die Unbekanntschaft der italienischen Philosophie in Deutschland. (Jahrg. 1859, Bd. 2, S. 22.)

ist gut fischen. Die Casuisten sind allerdings ganz andere Helden und Förderer des Papstthums und des Unfehlbarkeitsglaubens als die neueren deutschen Philosophen. Der Fürstbischof und Cardinal Rauscher erklärte in seinem „Der Staat ohne Gott" überschriebenen, eingänglichen Hirtenbriefe vom 25. Jänner 1865 zur Vertheidigung des Syllabus: „Die Philosophie des deutschen Protestantismus begann ihre Bahn mit dem sehr einseitigen Kant" (S. 17). Leibniz scheint ihm noch ein katholischer Philosoph zu sein. „Gar manche wohlmeinende Katholiken," sagt er weiter (S. 52), „bezeigten gegen die philosophischen Systeme, welche von Kant bis Hegel einander nachfolgten, eine sehr überflüssige Ehrfurcht." Die ganze protestantische Wissenschaft seit Lessing wird als unchristlich verworfen. Mit wahrhaft himmelschreiender Ungerechtigkeit, die mit bodenloser Ignoranz gepaart ist, versichert der erste Prälat der ganzen österreichischen Kirche: „Seit der Niederlage des Hauptpastors Göze behandelt der Protestantismus das Christenthum und die Leugnung desselben als ebenbürtig." Wie muß es da mit der Kenntniß auch nur der theologischen Literatur des Protestantismus aussehen![1] Auf welche Empfehlung könnte da ein untergeordneter Geistlicher für ernstes wissenschaftliches Studium bei seinem kirchlichen Oberhirten rechnen! Dieß ist aber der fast ausnahmslose

---

[1] In Bezug auf die Gnade, in der Göze bei dem Cardinal steht, möchte man sagen: „Schöne Seelen finden sich." Denn Göze war ein so grimmiger Feind der Katholiken, denen er allen christlichen Charakter absprach, deren Gebete er öffentlich von der Kanzel für unerhörbar erklärte, und namentlich ein so wilder Gegner des Papstes, gegen den er sich „die Backen wund blies" (vgl. Boden, Lessing und Göze. Leipzig und Heidelberg 1862, S. 57 fg.), daß vielleicht nur der Haß des Cardinals Rauscher gegen Kant und die Protestanten ihm hierin gleicht.

Zustand im heutigen katholischen Deutschland. In den Händen der Bischöfe liegt überall die Besetzung der einflußreichsten Lehrämter, und auch für die theologischen Facultäten ist ihr Einfluß maßgebend. Wenn unbefangener Wahrheits- und Gerechtigkeitssinn, umfassende Bildung und Kenntnisse den Oberhäuptern der Kirche so sehr abhanden gekommen sind: was soll dann von den hilfe- und mittellosen unterworfenen Priestern, die, um mich mit Shakespeare auszudrücken, wie ein Bissen zwischen den Zähnen ihrer Herren sich befinden, verlangt werden? Muß man sich nicht vielmehr schon über dasjenige wundern, was noch trotzdem geschieht? Besonders eine ernste wissenschaftliche Beschäftigung auf philosophischem Gebiete ist für einen Geistlichen gegenwärtig in dem Grade gefährlicher, als er von seinem Bischofe abhängt.[1] Es ist daher an sich sehr vernünftig, wenn Schulte den viel selbstständigeren Ordens-Stiften dringend an's Herz legt, es möchten doch sie die Philosophie cultiviren, damit dieselbe der Kirche nicht ganz fremd werde. „Mag auch," sagt er, „das kann man nicht verkennen, die Pflege der Philosophie für die Theologen, gegenüber dem Wirken der Index-Congregation, sofern es sich nicht um die fast canonische des Thomas von Aquin handelt, ihr Mißliches in der Jetztzeit haben; mag auch die Erfahrung der letzten Decennien nicht gerade für die Theologen lockend sein: so folgt daraus nicht, daß man die Philosophie bei

---

[1] Ich kenne selbst mehrere Fälle, wo in jüngster Zeit tüchtige junge Priester, gerade in Bayern, daran waren, recht ernstlich philosophischen Studien sich zu widmen, die aber alle durch die Maßregelung und Einschüchterungen ihrer Bischöfe gar bald wieder die Flügel sinken ließen, ja mitunter sogar nun, um sich wieder in Gunst zu setzen, zu oberflächlichen Recensoren philosophischer Arbeiten von anderen Männern wurden.

Seite liegen lassen solle. Ist nicht gerade der Ordens‍mann in jeder Hinsicht (?) am besten gestellt, um sich dieser rein geistigen Beschäftigung zu widmen?"[1] Aber die Philosophie eines Ordensmannes enthält doch selten eine unbefangene Lebensanschauung und Weltauffassung, sondern riecht mehr oder minder nach der Kutte. Man denke nur an die Extravaganzen der Scholastiker des Mit‍telalters. In der Philosophie liegt das schwächste Verdienst der Orden. Außerdem soll auch nach Schulte der katholische Philosoph der Apologet der Kirchendogmen und der päpst‍lichen Aussprüche ex cathedra sein. Da: adieu philo‍sophie!

Man sieht es mancher, wenn auch gar nicht philoso‍phischen Schrift von katholischen Geistlichen an, unter wel‍chem Alp sie seufzen. Nur Ein Beispiel statt vieler, die ich anführen könnte. Vor vier Jahren (1866) erschien von einem gewissen Mathias Thorz, Weltpriester der Diöcese Olmütz, eine Schrift über die hl. Maria Magdalena, worin die bekannte Controverse über die Identität oder Verschie‍denheit der drei biblischen Frauen, nämlich der Büßerin, der Schwester der Martha und jenem Weibe aus Magdala, aus dem Jesus sieben böse Geister ausgetrieben, erörtert wird. Der Verfasser dieser Schrift glaubt sich nach dem Vorgang von Faber d'Etables, Estius, Tillemont, Launoy u. A. aus wissenschaftlichen Gründen gegen die vom sie‍benten bis sechzehnten Jahrhundert in der ganzen abend‍ländischen Kirche allgemein angenommene, in die öffentlichen Kirchenbücher, wie das Missale und Brevier, übergegangene, auch von den Bollandisten noch sehr eifrig vertheidigte

---

[1] Die Stifte der alten Orden in Oesterreich. Gießen 1869. S. 67.

Identität entscheiden zu sollen. Aber er ist sich bewußt, hiemit einer im öffentlichen Cultus durch alle Päpste seit Gregor den Großen autorisirten und trotz aller gelehrten Widerlegungen heute noch im offiziellen Dienste der Kirche beibehaltenen, also einer mehr als zwölfhundertjährigen kirchlichen Tradition zu widersprechen. Wie leicht, muß er denken, wäre es möglich, daß ein eifriger Brevier-Beter unter meinen priesterlichen Collegen mich dem Bischof denuncirte, und was wäre dann der Lohn meiner Arbeit? Er will sich also gleich selbst vorbauen, indem er seine ganze wissenschaftliche Untersuchung nur wie ein Spiel, das er zum Zeitvertreib gemacht, hinstellt und das nichts weniger beabsichtige als jener alten, wenn auch unrichtigen, Tradition irgend etwas derogiren zu wollen, ja so wenig, daß er vor derselben sich ehrfurchtsvoll nach wie vor beugen zu wollen erklärt. Er schließt sein Buch mit den Worten: „Wie gewichtig die traditionellen und exegetischen Momente gegen die Identität der Marien auch sein mögen, so bestimmt uns doch die Autorität der Kirche, die in kirchlichen (d. h. theologischen) Fragen immer die höchste bleiben wird, daß wir der, von der Kirche angenommenen und in der Oration zum 22. Juli ausgedrückten Meinung derselben über die Identität ehrerbietigst huldigen." Und kann man es dem Manne so stark verübeln, wenn er wegen der Magdalena nicht zum Märtyrer werden will? Er hat wahrscheinlich beim Beginn seiner Arbeit noch gar nicht gewußt, für welche Ansicht er sich zu entscheiden haben wird, ja ohne Zweifel wollte er nur die recipirte kirchliche Meinung neu befestigen. Da aber die wissenschaftliche Prüfung ihn zu einem entgegengesetzten Ergebniß führte, so blieb dem Armen nichts übrig, als seiner Schrift jene Bemerkung anzuhängen, um das so strafbare scandalum pusillorum, zu welchen Kleinen heutzutage in wissenschaftlichen Dingen vor Allem die Bischöfe gehören, zu vermeiden. Es ist doch noch immer besser, wenn ein Geistlicher noch irgend etwas arbeitet, als daß er durch jene Furcht sich völlig lahm legen läßt. Der billige Beurtheiler wird nicht den Sklaven, sondern den Tyrannen verdammen. Sieht ja der niedere Geistliche, in welcher Weise die angesehensten und gefeiertsten katholischen Theologen vor den Bischöfen sich fürchten, wie sie sich verschanzen und verstecken, wenn sie irgend etwas Unhaltbares oder Tadelnswerthes anzugreifen haben; wie keine Stimme, auch nicht der liberaleren Richtung, mit Freimuth eines mißhandelten jüngeren Collegen sich anzunehmen wagt, sondern wie ein solcher sich schon glücklich schätzen muß, wenn man ihn nur ignorirt, und wie die ersten Zierden der katholischen Theologie nur den Rath zu blinder Unterwerfung geben.

Es scheint überhaupt gar nicht, daß, wie doch sonst bekanntlich der Clerus für die Wahrung seiner Privilegien und Immunitäten so mannhaft gegen alle Angriffe auf dieselben dem Staate gegenüber zusammenstand, auch das Recht auf geistige und wissenschaftliche Immunität dem Papstthum und der Hierarchie gegenüber im Schooße der Geistlichkeit und der Theologen selbst eine gemeinsame Vertretung und Vertheidigung finden werde. Bis jetzt wenigstens deutet noch nichts darauf hin, daß auch nur die hervorragendsten Männer dem jüngeren Clerus diesen natürlichen Dienst älterer Brüder zu erweisen gedächten. Après moi le déluge, scheinen sie sich zu sagen. Auf die gebildeten Laien scheint der Clerus auch für seine geistige Emancipation hoffen zu müssen; denn sie werden auf die Dauer solche Knechtschaft ihrer Priester nicht ertragen, und sie sind großentheils billig genug, um einzusehen, daß die allermeisten Geistlichen an jenem Sklavenjoche keine Schuld haben, ja daß nicht Wenige es mit größtem Unwillen tragen. Auch in Oesterreich haben in den letzten Jahren gar häufig solche Stimmen von Laien sich erhoben, welche den Wunsch äußerten, es möchte der Clerus von dem auf ihm lastenden demoralisirenden Geisteszwange entbunden werden, „um in der öffentlichen Meinung zu einer höheren Bedeutung zu gelangen".[1] Jüngst erst hat ein steiermärkischer Gelehrter bemerkt: „Selbst in den deutschen Ländern Oesterreichs ist der Bildungsgrad des Clerus niedriger als in Deutschland. Die Erziehung in den Seminarien," fügt er bei, „hat viel Aehnlichkeit mit der in einer Kaserne; der theologische Unterricht ist ein äußerst mangelhafter, theils weil die geeigneten Kräfte absichtlich ferngehalten werden, theils weil die wenigen Besseren ihr Wissen unter dem Druck des seit zwanzig Jahren herrschenden Belagerungszustandes nicht verwerthen können."[2]

Verweilen wir bei der Erwägung der eigentlichen Ursache dieser geistigen Knechtschaft, welcher selbst die berühmtesten katholischen Theologen sich unterwerfen, noch einen Augenblick. Es scheint mir, daß dieß ein Punkt ist, von welchem aus man so recht in den Abgrund der Schlechtigkeit der Welt hineinsieht. In letzter Instanz liegt ja die eigentliche Ursache sowohl der Knechtschaft selbst als der Unterwerfung unter dieselbe in der Solidarität der verwerflichsten egoistischen Interessen. Es gilt dieß nicht nur von den katholischen Ländern, sondern ganz ebenso von allen übrigen, wo eine verknöcherte Orthodoxie die Herrschaft hatte. Jahrhunderte lang haben die weltlichen und kirchlichen

---

[1] So ein angesehener Staatsmann in der Schrift: Oesterreichs innere Politik. Stuttgart 1847. S. 266. Vgl. S. 131.

[2] Augsb. Allg. Ztg. Nr. 167 am 16. Juni 1869.

Autoritäten überall die Diener der Religion in Unwissenheit erhalten, auf daß sie sowohl für sich selbst in den Dünkel vermeintlicher alleiniger Rechtgläubigkeit hineinwuchsen, als auch die Völker mit demselben erfüllten, um an ihnen Werkzeuge der hierarchischen und dynastischen Herrschaftsinteressen zu haben; unter dem Vorwande der Religion wurde der confessionelle Hader geflissentlich wach erhalten und dem Clerus aller Orten das alleinige Mittel zur Friedensstiftung, eine freie wissenschaftliche Untersuchung der Gegensätze, nicht nur von seinen Oberen nicht geboten, sondern durch die weltliche und kirchliche Censur direkt zur Unmöglichkeit gemacht. Hier stehen wir vor einer Thatsache der Geschichte, vor welcher der Freund und Verehrer von Religion und Wissenschaft, auch wenn er ein Deutscher, doch was sage ich? auch wenn er ein Bayer, Oesterreicher, Preuße ist — denn Deutsche zu sein haben wir auch in der Religion noch kaum angefangen — das Antlitz in Scham verhüllen muß. Wie lange wird es auch in Ländern deutscher Zunge noch so bleiben? Wann wird die gerühmte deutsche Ehrlichkeit und Treue auch bei dem Clerus und bei der Theologie sich offenbaren? Schon zeigen sich einige, wenn auch noch schüchterne Anfänge zum Bessern. Mancher, und gerade der Edelste, beginnt einzusehen, daß er sein Leben lang in arger Selbsttäuschung befangen gewesen und dadurch sowohl sich selbst als Tausende Andere um die Wahrheit betrogen hat.

Ein österreichischer Gelehrter hat vor einigen Jahren die Bemerkung gemacht: „Das ganze Geheimniß des Bestehens und der Fortdauer des Protestantismus ist die Bequemlichkeit ihres Glaubens".[1] Was den beiderseitigen

---

[1] Geschichte des Protestantismus in der Steiermark von Prof. Dr. M. Robitsch. Mit kirchl. Approbation. Graz 1859. S. 14.

Clerus und die Theologen, und die an dieselben sowohl von den kirchlichen Autoritäten als von dem Volk gestellten wissenschaftlichen Anforderungen betrifft, möchte ich doch wahrhaftig glauben, es könne keinen bequemeren Glauben geben als den katholischen. Ist denn nicht die Unfehlbarkeit der Kirche der Ruhepolster, das Faulbett für den allergrößten Theil der katholischen Geistlichen und Theologen? Haben nicht schon gar manche Convertiten, selbst die gelehrtesten, wie Stolberg, Haller, Friedrich Schlegel, und in neuester Zeit Neumann, ausdrücklich gestanden, es habe sie das Verlangen, bei der katholischen Unfehlbarkeit Ruhe in ihren Zweifeln zu finden, zum Uebertritte bewogen? Aber wie so Mancher fand sich gar bald getäuscht und legte, wie eben Neumann, das Geständniß ab, er sei durch seine Conversion um nichts besser geworden! Wie so mancher katholische Theologe muß sich nicht mit Betrübniß gestehen, daß jene falsche Sicherheit und jenes Vorurtheil, dessen Festhaltung ihm so lange als Tugend und als Leuchte des Forschens erschien, ihn die längste Zeit zu unchristlicher Mißhandlung der Brüder und zur Anhänglichkeit an die gefährlichsten Irrthümer veranlaßt hat.

Die Religion Christi würde nicht die des Kreuzes sein, oder mit andern Worten: die Katholiken würden keine ächten Christen sein, wenn die Wahrheit so leicht ankäme, wie es nicht nur nach der jesuitisch-ultramontanen Theorie der Fall ist, wornach der Gehorsam, welchen alle Glieder der Kirche, vor Allem die Priester und Theologen, dem Papste leisten, „ohne den festen Glauben an dessen Unfehlbarkeit nicht zu denken ist",[1] so daß also das bloße Bewußtsein, ein Katholit

---

[1] So meint unter Andern der ultramontane P. Rubis, Petra Romana oder die Lehre von der Unfehlbarkeit des Papstes. Regensburg 1869. S. 371.

zu sein, über alle Fragen der Religion vollste Beruhigung gewährt, sondern wie es auch der liberaleren Ansicht zu Folge, wornach man nur immer eine Taschenausgabe des letztvorhergegangenen allgemeinen Concils bei sich zu tragen braucht, um bei jedem aufsteigenden Zweifel die unfehlbare Entscheidung zur Hand zu haben, sich verhält. Oder was kann man sich Bequemeres denken als die Lage eines katholischen Theologen, der mit bestem Gewissen die gesammte akatholische Literatur völlig ignoriren kann, und jedenfalls aus derselben nichts Positives lernen zu können, sondern sie blos der etwaigen, im Voraus für unfehlbar unrichtig erkannten Angriffe auf die katholische Kirche halber berücksichtigen zu dürfen überzeugt sein muß? In dieser bequemen Lage befindet sich aber heute noch die ganze katholische Theologie, und in diesem Sinne ist ihre ganze Benützung der akatholischen Literatur beschaffen.

Es haben sich wohl zu Zeiten Stimmen erhoben, welche auf den Nachtheil hinwiesen, der aus der Bequemlichkeit des katholischen Clerus für das Ansehen der betreffenden Kirche namentlich in Deutschland erstehe; aber den wahren Nachtheil wagt auch nicht ein Einziger der katholischen Theologen hervorzuheben. „Was uns deutschen Katholiken den Protestanten gegenüber schon ungemeinen Nachtheil gebracht hat," bemerkte schon vor mehr als zwanzig Jahren der jetzige Bischof Hefele, „das ist die geringe literarische Rührigkeit, welche bei uns und unserm Clerus leider so gar häufig angetroffen wird, während sich die Protestanten allgemach nahezu den Alleinbesitz der theologischen Literatur verschafft haben."[1] Aber, Herr Professor, könnten die geistlichen Candidaten sagen, was kümmert es denn uns Katholiken, wer

---

[1] Tübinger Quartal-Schrift. 1847. S. 333.

im Alleinbesitz der theologischen Literatur ist, da ja doch nur wir, wie Sie uns immerfort versichern, im Alleinbesitz der Wahrheit sind? Ist es denn nicht ganz natürlich, daß Jene sich mit tausend eitlen Anstrengungen quälen, Das zu suchen und zu erwerben, was wir schon von Haus aus haben? Ist es denn nicht viel klüger, wenn wir uns auf die Tugend, namentlich auf das Beten für die Bekehrung jener armen Verirrten verlegen, damit sie nicht einmal mitten in ihrer ganzen theologischen Literatur von den Flammen des höllischen Feuers verzehrt werden? Es ist daher ohne alle Frage viel katholischer, wenn ein Münchener Hofprediger ein Werk von drei dicken Bänden des Jesuiten Rogacci aus dem Italienischen übersetzt, um den in letzter Zeit wie es scheint allzu eifrig werden wollenden bayerischen Clerus ermahnen zu lassen, doch nicht zu viel zu studiren, sondern dafür mehr zu lieben, weil ja „in Gottes Wage eine Drachme Liebe mehr wiegt als hunderttausend Pfund menschlicher Wissenschaft",[1] und weil es der Nachfolge Christi besser entspricht, mit einem Weibe, wäre es auch nur eine Samariterin am Brunnen Jacobs, sich zu unterhalten als „mit dem ganzen Geiste in Bücher und Forschungen sich zu vertiefen".[2] Namentlich ist es unstatthaft, daß ein nach Vollkommenheit strebender Mensch „allzuviel mit dem Studium profaner Wissenschaften sich beschäftige, die zur innigeren Vereinigung mit Gott wenig beitragen", oder daß einer „mit überspanntem Eifer auf die Erwerbung neuer Kenntnisse sich verlege". „Das Essen, das Schlafen, das Erwärmen im Winter, das Einathmen frischer Luft im

---

[1] Lierheimer, Von dem Einen Nothwendigen. Regensburg 1859, III, 405.
[2] Ebendaselbst III, 397.

Sommer, das Waschen des Gesichtes und der Hände sind lauter Akte der Liebe zu Gott." Dagegen „entsteht aus der Gedankenfreiheit in der Seele eine solche Menge von tausenderlei eitlen, unpassenden und überflüssigen Vorstellungen, daß es ihr äußerst schwer wird, sich in Gott zu sammeln, und ganz unmöglich längere Zeit gesammelt zu bleiben."[1] Was kann es also Bequemeres geben als das Leben eines gläubigen Katholiken, besonders eines guten Priesters und Theologen: im Winter hinter dem Ofen sitzen bleiben, im Sommer sich die Sonne recht heiß auf den Bauch brennen lassen, um die heilige Sammlung zu bewahren und die Liebe nicht erkalten zu lassen, da ja die Bischöfe nach ihrer eigenen Versicherung „keine gelehrten, sondern nur fromme Priester brauchen".[2]

In diesem Geiste wird auf den katholischen Clerus von allen Seiten eingewirkt, und ist namentlich die ganze Seminarbildung gehalten. Besonders sind die Bischöfe besorgt, es möchte die wichtige Tugend der Demuth durch zu viel Studium bei den untergeordneten Geistlichen Schaden nehmen. Der gelehrte Benedictiner Mabillon war freilich anderer Meinung. „Selten," bemerkte er, „kommt es vor, daß ein gehörig unterrichteter Mensch in jene Fehler der Eitelkeit verfällt, in welche wir häufig die wenig oder

---

[1] Ebendaselbst III, 285, 394, 395.

[2] Auch Schulte versichert, daß nichtösterreichische (ohne Zweifel bayerische) Bischöfe ihm gegenüber dieß ausgesprochen haben (Die Stifte der alten Orden in Oesterreich. Gießen 1869. S. 25). Wie mir selbst der verstorbene gelehrte Prof. Kunstmann erzählte, that ihm gegenüber die nämliche Aeußerung der Erzbischof Gregor in München. Kunstmann entgegnete ihm unter Bezug auf die gelehrten Geistlichen: „Trösten Sie Sich, Excellenz, diese Race ist ohnehin am Aussterben!"

nichts Wissenden gerathen sehen. Die Unwissenheit hat, wie schon Trithemius gesagt, mehr Stolze als Demüthige."[1] Diese, mit dünnem Schulsack, aber großem Dünkel ausgestattenen Herren Kapläne und Pfarrer, wohl auch Professoren und Bischöfe, poltern dann gegen die „freie Forschung", und haben gar keinen Begriff von der Arbeit der Forschung; denn sonst würden sie diese Freiheit sicher nicht verurtheilen, da sie ja nur die gewissenlose Verdammung Desjenigen, was man gar nicht gehörig geprüft hat, ausschließt.

Der weitaus größte Theil der streng wissenschaftlichen Literatur in allen Zweigen, namentlich auch in den der Theologie verwandtesten Gebieten der Philosophie und Geschichte, ist für den katholischen Theologen gar nicht vorhanden, und soll nach seinen Grundsätzen in der Welt überhaupt gar nicht bestehen. Man citire einem katholischen Orthodoxen die größten Denker und die bedeutendsten Gelehrten gegen die vermeintliche Unfehlbarkeit seines Systems; er wird in den allermeisten Fällen ganz kurz erwiedern: ja das ist ein Protestant, ein Freidenker, ein Rationalist u. s. f. Selbst einen bedeutenden Theil der katholischen Literatur wird er einfach mit der Bemerkung los: dieß und jenes Buch steht ja auf dem Index. Dagegen widmen die allermeisten katholischen Theologen ihr ganzes Leben dem Studium von scholastischen Compendien und der für einen gesunden Magen völlig ungenießbaren Apologetik des Papalsystems, seiner Alleinseligmachung und Unfehlbarkeit, sowie

---

[1] Tractatus de studiis monasticis. Venet. 1745. P. I. cap. 13: raro evenit, hominem sufficienti lumine praeditum in eos lapsare vanitatis excessus, quibus multoties parum aut nihil scientes subjici experimur. Ignorantia plures habet superbos quam humiles.

der oberflächlichsten und leidenschaftlichsten Polemik gegen alle andern Kirchen. Nirgends als in der Theologie, und hier noch in weit höherem Grade und viel allgemeiner in der katholischen als in der protestantischen, fehlt es so sehr an der gegenwärtig von allen Gelehrten und Gebildeten anzustrebenden „geistigen Gewandtheit, Orientirungskraft und an dem Vermögen, allen Sätteln gerecht zu denken".[1] Bei dem katholischen Unfehlbarkeitswahne ist die Erlangung dieses Vermögens eine reine Unmöglichkeit. Der geschichtliche wie philosophische Beweis der Verkehrtheit jenes Wahnes sollte jedem wahrhaft liberalen katholischen Theologen als wichtigste und höchste Aufgabe nach allen Seiten erscheinen. Gerade dieser Unfehlbarkeitsglaube hindert den katholischen Clerus, an der Bildung des Volkes seinem Berufe gemäß thätig zu sein. Es ist eine sehr beherzigenswerthe Bemerkung, die jüngst Schulte gemacht hat: „Wer darauf verzichtet," sagt er, „durch die Literatur zu wirken, der hat sich des größten und wichtigsten modernen Bildungsmittels begeben. Offen gestanden," fügt er bei, „wirkt der Clerus gerade auf diesem Gebiete so wenig, weil er sich einerseits zu wenig darauf bewegt, andererseits noch zu wenig mit sich ins Klare gekommen ist, welchen Bestrebungen er unterstützend zur Seite stehen, welchen dagegen feindlich entgegentreten soll."[2] Was ist denn die Ursache an dieser Unklarheit und Unfähigkeit, für die Bedürfnisse des Volkes zu wirken?

---

[1] Von deutschen Hochschulen. Allerlei was da ist und was da sein sollte. Von einem deutschen Professor. Berlin 1869. S. 195.

[2] Die Stifte der alten Orden in Oesterreich. Gießen 1869. S. 64.

Es ist an erster Stelle der künstlich angelernte Wahn von der Unfehlbarkeit der römischen Kirchen-Satzungen und die Angst, über diese vermeintlich heilige Schranke hinauszukommen, was den allergrößten Theil des Clerus zur Unthätigkeit auf literarischem Gebiete verdammt. Und wenn daher Schulte weiter klagend ausruft: „Ist nicht der sociale Einfluß der Kirche, man kann das nicht oft genug wiederholen, in der Jetztzeit deshalb so gering, weil viele Geistliche sich in eine schnurgerade Opposition mit den modernen Ideen gesetzt haben, nicht mit den falschen allein, sondern auch mit den richtigen"?[1] so ist daran wieder nichts als der Glaube an die Unfehlbarkeit des Papstes und der Bischöfe Schuld, welche ja offen allen modernen Ideen in Bausch und Bogen den Krieg erklärt haben.[2]

Nicht durch nebelhafte Unfehlbarkeitstheorien kann dem Materialismus begegnet werden, der die Gesellschaft so tief inficirt hat, sondern nur durch gewissenhafteste Anerkennung der Würde und Bedeutung des Natürlichen, Stofflichen, Thatsächlichen und Geschichtlichen. L. Büchner ist den Unfehlbarkeitsmenschen gegenüber in vollem Rechte zu sagen: „Die Zeiten sind vorüber, in denen eine von der Phantasie trüglich vorgespiegelte Welt den Menschen mehr

---

[1] S. 65.
[2] Der so völlig unbestimmte Begriff einer Entscheidung ex cathedra macht es einem ängstlichen Gewissen im katholischen Clerus kaum mehr möglich, auch nur über rein volkswirthschaftliche Fragen, wie etwa über Kapital und Zins, eine unbefangen wissenschaftliche Ueberzeugung sich zu verschaffen. Vgl. gerade über diesen Punkt die gute Schrift von F. H. Funk, Zins und Wucher. Eine moraltheologische Abhandlung. Tübingen 1868. S. 93 fg., S. 135 fg., S. 212 fg.

galt als die wirkliche".[1] Die heutigen phantastischen Bestrebungen des Ultramontanismus discreditiren alles Uebernatürliche und führen die Menschen massenhaft dem Materialismus, der in der That auch mehr Realität und Solidität, wenn auch nur einseitig, enthält, in die Arme. Ja man muß zugeben, daß die hervorragendsten Materialisten der Menschheit weniger schaden als die „Apostel der Confusion".[2] Man würde tausendmal mehr für die Religion gewinnen, wenn man das dem einseitigen Spiritualismus gegenüber theilweise Berechtigte an dem Materialismus in Folge ernster wissenschaftlicher Beschäftigung mit demselben anerkennen wollte, statt eitlen Unfehlbarkeitsträumereien sich hinzugeben. Will die Theologie den Materialismus überwinden, so darf sie nicht ihrerseits der gleichen Einseitigkeit und der nämlichen Unkenntniß des gegnerischen Standpunktes sich schuldig machen.

Es fehlt nicht an katholischen Theologen, welche die Verkehrtheit der Grundsätze, von denen das heutige Episcopat bei der Bildung des Clerus und bei der Behandlung der Theologie sich leiten läßt, sehr wohl einsehen. Aber da sie sämmtlich an der Unfehlbarkeit der kirchlichen Autorität, sei es nun des Papstes oder der Concilien, festhalten und am Tridentinum ihre Schranke erkennen, so vermögen sie sich von dem verkehrten und engherzigen Kirchenbegriff des Katholicismus nicht zu reinigen und ihre Wünsche laufen zuletzt auf bloße Phrasen hinaus. „Keine Religion der Welt," sagt Deutinger, der die Quelle aller untrüglichen Wahrheit nur allein in der unfehlbaren Lehrautorität der Concilien sieht — „keine Religion der Welt fodert den

---

[1] Kraft und Stoff. 8. Aufl. Leipzig 1864. S. 28.
[2] Friedrich Alb. Lange, Geschichte des Materialismus. Iserlohn 1866. S. 555.

Menschen so sehr zur eigenen Thätigkeit, zum geistigen und sittlichen Fortschritt auf als das Christenthum."[1] Und als wollte er es mit allen Liberalen aufnehmen, bemerkt er ferner: „Des Menschen Natur ist nun einmal für den Fortschritt bestimmt und befähigt. Wer die Hand an den Pflug legt und umsieht (etwa nach Trient?), der ist, sagt der Herr, meiner nicht werth. Aber allerwenigsten," erklärt Deutinger, „darf die Religion diese Parole „Fortschritt" ignoriren. Aus religiösen Gründen dem Fortschritt sich entgegenstellen, heißt das Wesen der Religion verleugnen und diese selbst der Verachtung und dem Haß preisgeben. Die Religion, welche dem Menschen als Hemmschuh des geistigen Fortschritts erscheint, hört auf Religion zu sein". Und von der Theologie bemerkt Deutinger noch insbesondere: „Die Religionswissenschaft ist ihrer Natur nach an die Spitze aller übrigen Wissenschaften gestellt. Sie soll nie von andern Wissenschaften überflügelt werden, und darf gar nicht in den Verdacht kommen, daß dieser Fall auch nur möglich sei".[2]

Leider ist dieser Fall längst nicht mehr eine bloße Möglichkeit und er droht mit jedem Tage, wenn auch nur Ein Mann, der die Ehre des Hauses noch rettet, die Augen schließt, eine traurigere Wirklichkeit zu werden. Freilich steht es im Protestantismus auch übel genug; aber das ist für uns kein Trost. „Ein anderer Geist, der Geist des Clemens von Alexandrien, des Origenes, des Abälard, muß in die theologischen Lehranstalten kommen, damit die so dringend nöthige wissenschaftliche Hebung des Clerus

---

[1] Renan und das Wunder. München 1864. S. 7.
[2] Daselbst S. 27, 33.

ermöglicht werde."¹ Auf daß ein ächt wissenschaftliches Leben und Streben in der katholischen Theologie herrschend werde, muß man nicht blos, wie noch ganz allgemein geschieht, an die Tridentinische Rechtgläubigkeit des Clerus appelliren und Allarm schlagen über die Gefahr, welche von der gegenwärtigen Weltbewegung der „Kirche" droht, womit man auch das Christenthum identificirt.² Noch weniger kann man etwas Gutes erwarten, wenn, wie dieß die Allergläubigsten thun, das Ansehen und die Würde der katholischen Theologie auf Kosten aller andern Wissenschaften erhoben und die katholischen Theologen selbst nahezu zu Gottmenschen gestempelt werden. Ich kann es mir nicht versagen, eine solche Auffassung mitzutheilen. „Als Tochter der natürlichen Vernunft", macht Prof. Scheeben geltend, „verläugnet die Theologie zwar nicht ihre irdische Empfängniß und Geburt, und sie ist daher immer auch eine wahrhaft menschliche Wissenschaft, weil Christus wahrer Mensch ist. Wie aber der Sohn Mariens ein Gottmensch ist, so ist auch die Theologie keine rein menschliche, sondern eine **gottmenschliche** Weisheit und Wissenschaft, die, wie eine himmlische Königin, alle bloßen Vernunftwissenschaften überragt. Ueberhaupt", bemerkt Herr Scheeben weiter, „besteht zwischen der **Theologie** als der in den Menschen ausgegossenen und in ihm gleichsam menschliche Gestalt annehmenden göttlichen Weisheit, und der **incarnirten persönlichen Weisheit Gottes** in Christus die über-

---

[1] So der Verfasser der Schrift: Das nächste allgemeine Concil und die wahren Bedürfnisse der Kirche. Wenigen=Jena 1869. S. 49.

[2] In dieser Weise fodert unter Andern auch Hergenröther den katholischen Clerus „zu erhöhter Thätigkeit und Umsicht" auf. (Ueber die Betheiligung des Clerus an politischen Fragen. Im Archiv von Moy 1866. Bd. 9. S. 79.)

raschendste Analogie und Verwandtschaft."[1] Man sieht, daß noch viel Stoff für neue Dogmen vorhanden ist. Sobald der Papst unfehlbar erklärt sein wird, wird es sich um die hochwichtige Frage des Verhältnisses der ultramontanen Theologen zu dem Gottmenschen und ihrer Weisheit zur göttlichen, zwischen welchen beiden bereits die überraschendste Analogie besteht, handeln. Da wird es denn Noth thun, daß die „freie katholische Universität" in Deutschland bald zu Stande komme, da die katholischen Theologen an den übrigen Universitäten mit den andern Professoren als gewöhnlichen und einfachen Menschensöhnen doch nicht mehr auf die Dauer zusammenleben können, ohne sich selbst und ihre göttliche Weisheit zu erniedrigen, zumal da, wie der Cardinal-Erzbischof Förster von Breslau in seinem Gutachten über die Errichtung einer solchen Universität beklagt hat, „der Teufel des Hochmuthes in unsern Tagen zwar überall, am ärgsten aber im Gebiete der sogenannten deutschen Wissenschaft handthieret", während an der freien katholischen Universität „der Lehrkörper ausgezeichnet sein muß vom reinsten katholischen Klange",[2] und die Theologie vor Allem, wie uns Herr Scheeben noch näher erklärt, mit der incarnirten persönlichen Weisheit Gottes die engste Verwandtschaft haben muß, indeß nach der Versicherung des Central-Comité's der „freien katholischen Universität" an den jetzigen Hochschulen in der Regel eine Theologie studirt werde, „welche das christliche Dogma in Zweifel zieht oder verachtet".[3]

---

[1] Die Mysterien des Christenthums. Mit oberhirtlicher Approbation. Freiburg 1865. S. 768.

[2] Sammlung von Aktenstücken, herausg. vom Central-Comité. Mainz 1865. S. 22.

[3] Daselbst S. 81. Im Aufruf an die katholischen Frauen.

Der katholische Theologe, welcher eine lebendige Ueberzeugung von der Unsterblichkeit seiner Seele hat und die ihm von Gott verliehenen Kräfte zu seiner eigenen wahren Bildung des Geistes und zur Veredlung seines Herzens wie zur Aufklärung und zum ewigen Heile seiner Nebenmenschen anwenden will, darf sich schlechterdings durch gar keine als unfehlbar sich ihm hinstellende menschliche Autorität bei seiner Prüfung und Forschung leiten und bestimmen lassen, sondern muß sich ausschließlich an die Sache selbst halten. Wie Hagenbach jüngst bemerkt hat: „Statt sich einem Extreme in die Arme zu werfen oder die Vermittlung der Extreme durch eine Formel sich aufzwängen zu lassen, soll der Theologe vielmehr diese Vermittlung selber suchen."[1] Jede menschliche Autorität in der Wissenschaft, heiße sie wie sie wolle, wirkt entsittlichend und geistverwirrend. Ich verweise nochmal auf den Janus, weil er ein gläubiger Katholik sein will. Seit mehr als drei Jahrhunderten steht das Concil von Trient mit seinen Anathemen als absolute Norm für alle katholische Wissenschaft da. Man konnte über den Sinn seiner Canonen streiten, aber unter keiner Bedingung über die gotteingegebene Wahrheit des wirklichen Inhaltes derselben. Hunderte von gelehrten Männern haben bis auf die Gegenwart ihr ganzes Leben auf die Vertheidigung jenes Concils verwendet und den Protestantismus wie die Pest geflohen; ja der Gegensatz beider Kirchen, soweit er die Nothwendigkeit einer Trennung und des Getrenntseins in sich schließt, gründet sich ausschließlich auf den Glauben der Katholiken an die absolute Verbindlichkeit jener Canonen für alle Menschen, welche

---

[1] Encyclopädie und Methodologie der theologischen Wissenschaften. 2. Aufl. Leipzig 1869. Vorrede.

wahre Glieder der Kirche sein wollen. Sämmtliche Geistliche und Theologen werden heute noch auf dieses Concil beeidigt. Was sagt uns nun im Sommer 1869 ein so gelehrter katholischer Theologe der Gegenwart, als welchen der Janus sich jedem gründlicheren Kenner der betreffenden Fragen documentirt? Das Concil von Trient kann durchaus keine Verbindlichkeit beanspruchen, sowenig als das jetzt in Rom versammelte; denn es mangelt auch jenem jene volle Freiheit, ohne welche nach der Erklärung der Theologen und Kirchenrechtslehrer die Beschlüsse eines Concils nicht verbindlich sind, sondern dasselbe nur eine Pseudo-Synode ist. So lautet die ganz offene und unumwundene Erklärung des Janus,[1] der gleichwohl ein gläubiger Katholik zu sein behauptet, der vielleicht schon manch anderes Buch zur Bekämpfung des Protestantismus und zur Vertheidigung des Tridentinums mit seinem Namen veröffentlicht hat, der aber hier, wo es sich darum handelt, der Wahrheit Zeugniß zu geben und einen ganz neuen Geist in die gesammte katholische Theologie zu bringen, denselben leider zu verschweigen sich genöthigt sieht, so daß kein Geistlicher und minder gelehrter Theologe weiß, ob er dieser oder jener weittragenden Behauptung, namentlich auch der hochwichtigen Erklärung über die Nichtverbindlichkeit des Tridentinums eine Bedeutung beilegen solle! Und dieses Bekenntniß über die Unfreiheit und darum Nichtverbindlichkeit des Tridentinums beruht nicht etwa auf dem Bekanntwerden neuer Quellen, sondern einzig und allein auf dem Flüssigwerden der wichtigsten aller Quellen für einen Historiker, nämlich des natürlichen Wahrheits-

---

[1] Ich habe hier einige Sätze zusammengezogen. S. 444—448.

sinnes. Wir sehen hieraus wieder, welchen Nutzen der Glaube an eine unfehlbare Autorität der Kirche uns bringt. Wäre es nicht tausendmal besser gewesen, wäre nicht unsägliches Unheil vermieden worden, an welchem der Glaube an die Unfehlbarkeit des Tridentinums Schuld ist, wenn kein katholischer Theologe eine unfehlbare Glaubensnorm in den Concilien sähe? Aber auch jetzt wird erst ein noch schüchterner Zweifel, und zwar blos an die Oecumenicität des Tridentinums mit ausdrücklichem Festhalten an den übrigen Concilien erhoben, und auch dieß geschieht erst von Janus!

Hier sitzt der Wurm! Mag es noch so wehe thun, es muß hineingeschnitten werden, und ich bin mir bewußt, eine Pflicht der christlichen Wahrheit und Liebe erfüllt zu haben, die keine fremdartige Rücksicht kennen darf, wenn es gilt, ihr zu folgen und anzuhangen. So lange die katholischen Theologen sich hiezu nicht entschließen können, ist keine radicale Reform des Katholicismus, die jeder bei sich selbst anfangen muß, zu hoffen, und für die kirchliche Vereinigung nichts zu erwarten. Denn bei dem offiziellen katholischen System „muß", wie man von protestantischer Seite ganz richtig bemerkt, „jede selbstständige Richtung, so maßvoll und aufrichtig gläubig sie auch sein mag, schließlich innerhalb des Katholicismus verurtheilt werden".[1] Man könnte der ganzen ultramontanen Theologie das Wappen geben, welches der Dominicaner-Orden, durch seinen Thomas von Aquin seit sechs Jahrhunderten der Beherrscher der theologischen Welt, sich selbst gewählt hat, nämlich einen Hund, der die brennende Fackel der Wahrheit wie einen gestohle-

---

[1] A. Mücke, Die Dogmatik des 19. Jahrhunderts. Gotha 1867. S. 145.

nen Knochen davonträgt, um ihn zu verscharren. So leidet auch die katholische Kirche keine Controle, keine Prüfung, beneidet wie ein Hund alle andern Kirchen um den Besitz der Wahrheit, ja läugnet ihnen direct denselben ab und eignet ihn ganz ausschließlich sich selbst zu.

Der Ultramontanismus wäre aber nie so frech und so keck geworden, die ungeschichtliche Prätension der päpstlichen Unfehlbarkeit wäre nie in solcher Weise geltend gemacht worden, wenn nicht die gelehrtesten katholischen Theologen gerade in Deutschland eine so knechtische Gesinnung bethätigt, und so auch die Gelehrten unter den katholischen Laien eingeschläfert hätten. Ich erinnere nur an die unverantwortliche Haltung, welche die ganze Theologie zu dem im J. 1854 blos in päpstlicher Vollmacht aufgestellten Dogma von der Unbefleckten Empfängniß Mariens bewiesen hat — ein Schritt, von welchem das was eben jetzt geschieht, weiter gar nichts als die natürliche Consequenz ist. Damals schon hätten die Kirchenhistoriker wie die Dogmatiker protestiren sollen als gegen eine der ganzen alten Kirche völlig unbekannte Neuerung. Damals erfuhr Rom und der Jesuitismus, was sie Alles wagen dürften. In die ganze theologische und kirchliche populäre Literatur, in den öffentlichen Cultus wie in die theologischen Lehrbücher und Katechismen für die Jugend ist dieses Dogma ohne allen Widerspruch aufgenommen worden. Die ganz vereinzelten Stimmen aus dem Clerus, wie der Abbé Laborde in Frankreich und der bayerische Priester Thomas Braun, blieben gänzlich unbeachtet und fanden bei den berühmten Theologen nicht die geringste Unterstützung. Gerade letzterer Priester wurde durch seinen Bischof, Heinrich von Passau, mit polizeilicher Hilfe aus seinem Aufenthaltsorte ausgewiesen, er appellirte vergeblich zu wiederholten Ma=

len an den Landtag und den deutschen Bundestag. Dagegen habe ich selbst mit meinen Ohren gehört, daß der gelehrteste Kirchenhistoriker vom Katheder herab versicherte, es mangle seiner Ueberzeugung nach jener römischen Versammlung von Bischöfen, die sich doch selbst nur als Assistenten des Papstes erklärten, dem allein die Definition zukomme,[1] durchaus nichts, um als ächtes öcumenisches Concil zu gelten. Und ein angesehener, nun verstorbener Dogmatiker, der Universitätsprofessor Stablbaur in München, betheuerte noch wenige Tage vor dem 8. Dezbr. 1854 öffentlich vor seinen Zuhörern, unter denen auch ich war, es werde stets unmöglich sein, jene Meinung zu einem Dogma zu machen. Als es aber doch geschehen war, schwieg auch der sonst von Natur aus bekanntlich nicht sehr schweigsame und nachgiebige Prof. Stablbaur! Noch mehr; einige Jahre darauf betrieb gerade er die bekannte ehrenrettende Erklärung der Münchner Theologen gegen ihren Collegen Frohschammer, worin sie feierlich sich gegen den Verdacht verwahrten, als wäre auch nach ihrer Meinung eine materielle Entwicklung in der katholischen Dogmenbildung möglich. Und noch im J. 1865, als das gründliche Buch von E. Preuß über „die römische Lehre von der Unbefleckten Empfängniß" erschien, wurde dasselbe von der ganzen katholisch-theologischen Presse und von hervorragenden Universitätsprofessoren mit verächtlichem Hohne, wie namentlich von Prof. Hettinger, zurückgewiesen, statt daß man es aufs Wärmste dem Clerus hätte empfehlen sollen. Denn das Buch enthält nichts, was nicht von Janus noch viel schärfer ausgedrückt worden wäre. „Durch welche Mit-

---

[1] Malou, L'immaculée conception considerée comme dogme de foi. Bruxelles 1857, II, 369 sq.

tel," frägt Preuß zum Schlusse, „ist die neue Einstimmigkeit, worauf Passaglia so stolz ist, gewonnen worden? Die Einfältigen hat man durch falsche Texte getäuscht, die Gimpel hat man an den Leimruthen der Wunder gefangen, den Leuten von hellem Auge aber haben sie das Reden verboten."[1] Seither sind nun fünfzehn Jahre verflossen, und Papst und Jesuiten können denjenigen liberalen Theologen, welche jetzt erst gegen die päpstliche Unfehlbarkeit sich ereifern, mit allem Rechte sagen: „Warum denn so spät? Habt ihr denn nicht Zeit genug gehabt, euch schon früher zu erklären? Was wir jetzt thun werden, ist ja in der That gar nichts Neues. Offenbar seid ihr nur beleidigt, weil wir eueres Rathes für die Vorbereitungen dieses Concils nicht zu bedürfen glaubten, da wir euerer nachfolgenden Zustimmung ja doch gewiß sind, indem ihr ja sonst zwischen zwei Stühle zu sitzen kämet, was sich mit euerem Ehrgefühl sicher nicht verträgt." Es ist auch in der That kein Zweifel, daß alle die Männer, welche in anonymen und pseudonymen Broschüren jetzt Zeter und Mordio schreien, einen Modus zur Anerkennung des Dogmas der päpstlichen Unfehlbarkeit gefunden haben würden, wenn man sie durch solche öffentliche Zurücksetzung hinter die Ultramontanen nicht tief verletzt hätte. Selbst von dem Janus möchte ich dieß bestimmt annehmen. Hat ja selbst Döllinger noch im J. 1863 seine Erörterung der Controverse über Honorius, den er von Häresie nicht freisprechen kann, mit der rückhaltigen Bemerkung geschlossen: „Wenn der Begriff einer Entscheidung ex cathedra gehörig (?) erweitert und nur diejenige dogmatische Erklärung dahin gerechnet wird,

---

[1] Preuß, Die römische Lehre von der unbefleckten Empfängniß, aus den Quellen dargestellt und aus Gottes Wort widerlegt. Berlin 1865. S. 244.

welche ein Papst nicht in seinem Namen und für sich, sondern im Namen der Kirche, mit dem sicheren Bewußtsein der in der Kirche herrschenden Lehre, also nach vorausgegangener Umfrage (bei wem?) oder conciliarischer Erörterung (?) erläßt, dann — aber auch nur dann — läßt sich sagen, daß Honorius nicht ex cathedra geurtheilt habe",[1] und daß also die Lehre von der Unfehlbarkeit des Papstes auch mit diesem allerfatalsten Factum bestehen könne. Innerhalb des Rahmens dieser Definition von einem Ausspruche ex cathedra wäre für die Rettung der päpstlichen Unfehlbarkeit noch Raum genug gelassen, zumal wenn man ein starkes Interesse hätte, sie unterzubringen. Auch dießmal kann man nicht sagen, daß der Papst gegen diese Vorschrift gehandelt hat; vielleicht hat er nach dem Rathe der Jesuiten eigens darauf Rücksicht genommen. Wenn man sich einmal auf die Forderung der „Umfrage" beschränkt, hat man den wissenschaftlichen Weg bereits verlassen. Es gibt ja stets auch in der katholischen Kirche Parteien, von denen die eine den Papstrechten mehr, die andere weniger günstig gesinnt ist. Wie viele und welche Personen soll denn der Papst fragen? Auch die Theologen oder nur die Bischöfe? Selbst nach der liberalen Partei offenbar nur die letzteren: nun, das ist ja auch dießmal vollständig geschehen; und sogar noch viel mehr, indem man selbst eine große Zahl berühmter Theologen, natürlich solche, die der Curie geneigt waren, zu Rathe zog. „Im Namen der Kirche", kann daher der Papst jener Definition Döllingers zufolge mit allem Rechte sagen, erkläre er seine Unfehlbarkeit für einen Glaubensartikel, an den Alle Andern um so leichter glauben werden, wenn er sie

---

[1] Die Papstfabeln des Mittelalters. München 1863. S. 150.

verfichere, daß er selbst daran glaube, was doch ungleich schwerer sein muß! Ganz anders und weit richtiger wird die Frage über den Sinn einer Lehrentscheidung des Papstes ex cathedra von Janus dargestellt. Hier ist von der Nothwendigkeit einer „gehörigen Erweiterung" dieses Begriffes keine Rede, und eine solche als ganz unzulässig, ja als lediglich „individueller theologischer Einfall, wie solche, blos um den aus dem System sich ergebenden Verlegenheiten abzuhelfen, ersonnen zu werden pflegen", erklärt und jener Ausdruck ganz einfach so definirt: „Wenn ein Papst sich aus eigenem Antriebe oder auf gestellte Anfragen öffentlich über einen Lehrpunkt ausspricht, so hat er ex cathedra gesprochen."[1]

Obgleich nun aber das Dogma von der Unbefleckten Empfängniß schon vor fünfzehn Jahren feierlich in der ganzen katholischen Welt verkündigt wurde, so zeigt sich jetzt doch, daß das beinahe allgemeine Schweigen dazu keineswegs als bewußte Zustimmung gedeutet werden dürfe, sondern theils auf Rechnung der Feigheit, theils des völligen Indifferentismus, namentlich bei den gebildeten Laien, gesetzt werden müsse. Sobald irgend einer über die Sache näher nachzudenken anfängt, wird er zum Ketzer. Dieß begegnet z. B. einem der strengsten Katholiken und schon hoch bejahrten Manne, welchen der Verfasser als eine höchst achtbare Persönlichkeit zu kennen die Ehre hat, wie es scheint, ohne daß er es selbst weiß, nämlich dem Spanier Herrn A. v. Liaño, der unlängst in einer Broschüre über das Concil sich über die Unbefleckte Empfängniß also geäußert hat: „Die theologische Schulmeinung der Immaculata Conceptio B. V. M., welche, ohne an das Aerger-

---

[1] S. 427.

niß Gebende, keusche Ohren Verletzende zu streifen, nicht einmal deutlich gemacht und besprochen werden kann, wenn mit dem Anspruch, als Dogma anerkannt zu werden, vorgetragen, gefährdet nicht nur, sondern schädigt den Begriff und die Motivirung der Erbsünde . . . Es verwirrt den Unterricht, wie wir denn selbst zu unserm Entsetzen von der Kanzel (o des Schmerzes!) hören mußten, daß man **blasphemischer** Weise diese theologische Spitzfindigkeit als nothwendig für die absolute Sündelosigkeit des Herrn hinzustellen sich herausnahm u. s. f."[1] Als „Blasphemie" bezeichnet also ein ganz strenggläubiger Katholik eine Ansicht, die der Papst schon lange als Dogma erklärt hat und die jedem römischen Katholiken als solches gelten muß! Es wäre hohe Zeit, daß alle gebildeten Laien unter den Katholiken **thatsächlich durch Fernbleiben von der Kirche an dergleichen Festtagen** in diesem Sinne sich erklärten; denn auch dieß wäre Gottesdienst, und ein besserer als ein im Indifferentismus und bloßer Gewohnheit beruhender Kirchendienst.

Wo man in der katholisch-theologischen Literatur immer hinblicken mag, treten die schlimmen Wirkungen dieses Autoritäts-Princips in der Verkümmerung des reinen Wahrheits- und Gerechtigkeitssinnes allenthalben dem Beobachter entgegen, und es ist dieß in um so höherem

---

[1] Dogma und Schulmeinung von A. v. Liaño. München 1869. S. 24 fg. — Wie begegnet die liberal sein wollende katholische Partei der Theologen diesem ehrwürdigen gelehrten Laien? Sie erkennet ihn gar nicht als einen der Ihrigen. Prof. Dieringer z. B. bemerkt in der Besprechung obiger Schrift im liberalen Bonner Literaturblatt Nr. 22. S. 829: „Wir bedauern, daß er (Liaño) sich auf unsern Standpunkt, den katholisch vertrauensvollen, nicht hat erheben können". — Wie viel Grund zum Mißtrauen auf jenen Standpunkt man habe, zeigt uns der Janus!

Grabe der Fall, je mehr man in irgend einem Werke auf die Wahrung des „kirchlichen" Charakters Bedacht nimmt. Der Geist des frommen und gelehrten Tillemont, welcher unerschrocken erklärte: „Es ist die Wahrheit, die unser Weg und unser Leben ist, und nicht die Irrthümer der Menschen, noch die Fictionen der Fälscher",[1] ist sowenig bei der neueren und neuesten katholischen Kirchengeschichte, daß man diese Worte vielmehr gegen dieselbe, als von ihr gesagt betrachten möchte.

Ich verweise beispielshalber nur auf das „Kirchenlexicon", welches im Verlauf der letzten zwanzig Jahre bei Herder in Freiburg in zwei Auflagen erschienen ist und, weil es besonders als Handbibliothek für die Geistlichen dienen soll, einer streng kirchlichen Haltung sich befleißigen mußte. Wie steht es in diesem zwölf-bändigen Werke mit dem streng geschichtlichen Wahrheits- und Gerechtigkeitssinne? Um nur ganz im Allgemeinen an Weniges zu erinnern. Welches Zerrbild wird auch in diesem Werke, an dem die bedeutendsten katholischen Theologen Deutschlands sich betheiligt haben, von den Reformatoren und allem auf die Geschichte des Protestantismus Bezüglichen, sowohl Personen als Sachen, entworfen! Unterscheidet es sich irgendwie zum Vortheil von den französischen theologischen Dictionären eines Migne, Glaire u. A.? Mit welcher sogenannten Pietät werden dagegen die Päpste behandelt; wie Vieles, was jeder Theologe wissen soll, wird geflissentlich ganz übergangen und verschwiegen! Kann man es ein treues Bild nennen, wo die Tugenden und Fehler, die Ver-

---

[1] Mémoires pour servir à l'histoire ecclésiastique. Bruxelles 1706, t. I. Avertissement p. XXI: c'est la vérité, qui est notre voie et notre vie, et non pas les erreurs des hommes ni les fictions des imposteurs.

dienste und Mängel gleichmäßig hervorgehoben wären, was Döllinger in seinem Artikel „Luther" entworfen und gezeichnet hat? Und von welch großem Einfluß auf die Gestaltung der Anschauungen des ganzen katholischen Clerus in Deutschland sind doch solche Artikel! Hat nicht Hefele sogar dem großen Fleury, dessen ausgezeichnete Discours — um dieß nebenher zu sagen — uns recht deutlich ersehen lassen, welch großen Rückschritt die katholische Theologie an wissenschaftlichem Ernste und Freimuthe gemacht hat, es vorwerfen zu sollen geglaubt, daß er „von Gallicanismus nicht ganz frei sei"? Ueberhaupt wird in allen einschlägigen Artikeln dem Ultramontanismus gegen den Gallicanismus das Wort geredet, und letzterer bald mehr bald minder scharf verworfen. Von Bossuet wird völlig irrig behauptet, er habe seine Defensio declarationis nur mit größtem inneren Kampfe geschrieben, und sie sei ohne seinen Willen in die Oeffentlichkeit getreten, wie sich denn „auch der übrige französische Clerus allmälig von der Verderblichkeit der gallicanischen Freiheiten habe überzeugen können".[1] Dem gelehrten L. E. Dupin wird es gleichfalls zum Vorwurf gemacht, daß er sich jener Partei angeschlossen, „welche für die Freiheit der gallicanischen Kirche einzustehen vorgab".[2] Mit welcher Ehrfurcht und Lobpreisung wird dagegen sowohl von dem ganzen Jesuitenorden, an dem „vielleicht das 19. Jahrhundert Gerechtigkeit üben werde", als von gar manchen sehr unbedeutenden, aber sehr fanatischen Mitgliedern desselben gesprochen! Wie werden überhaupt die oberflächlichsten und rohesten Polemiker und Bekämpfer des Protestantismus erhoben und herausgestrichen! Das aller-

---

[1] Artikel „Gallicanismus". Bd. 4. S. 294.
[2] Artikel „Dupin". Bd. 3. S. 343.

extremste Papalsystem wird allenthalben in dieser Hand=
bibliothek des Clerus gelehrt. Der Primat des Papstes,
obwohl in Bibel und kirchlichem Alterthum so schlecht be=
gründet, wird als „das gesammte Fundament der Kirchen=
gewalt" erklärt,[1] die Unterscheidung zwischen wesentlichen
und zufälligen Rechten des Primates wird als „unzulässig"
abgewiesen;[2] die eigentliche Legitimität des öcumenischen
Concils beruht allein auf der Anerkennung durch die
höchste kirchliche Autorität und auf der Gemeinschaft mit
ihr;[3] alle Beschlüsse der Concilien bedürfen der Bestätigung
des Papstes, dagegen keiner Reception durch die Kirche; und
die Bischöfe, auch jene, welche auf dem Concil nicht erschie=
nen waren, sind zur Publication in ihren Diöcesen ver=
pflichtet;[4] das Concil kann ohne den Papst keine unfehlbare
Entscheidung in Glaubenssachen abgeben, dagegen erscheint
der Papst auch ohne das Concil als das vollständig ge=
nügende Organ der kirchlichen Unfehlbarkeit und „auf
seiner Infallibilität beruht die des Concils".[5]
Und doch ist die ganze Lehre von der päpstlichen Allgewalt
und Unfehlbarkeit auf Erdichtungen und Fälschungen be=
ruhend, und auf solcher Basis mit der Lehre vom Papste
überhaupt erst von Thomas von Aquin in die Dogmatik
eingeführt worden, „ein Schritt, dessen Wichtigkeit und voll=
ständiger Erfolg, wie der Janus bemerkt, kaum überschätzt
werden kann".[6] Wo ist in den überaus zahlreichen Hei=
ligen=Legenden und Fabeln, wie z. B. bei der Erzählung

---

[1] Artikel „Hontheim" von Philipps. Bd. V, 325.
[2] Artikel „Papst" von demselben. Bd. VIII, 98.
[3] Artikel „Synode" von demselben. Bd. X, 605.
[4] Daselbst S. 606.
[5] Artikel „Papst". Bd. VIII, 96.
[6] S. 287.

von der Entstehung des Festes Maria Schnee,[1] oder von der Uebertragung des Zimmers der Mutter Gottes nach Loretto, oder in dem Artikel über das Scapulier, welchen der Verfasser offenbar selbst zu unterzeichnen sich schämte, irgend eine wissenschaftliche Kritik geübt? Ist in dem ausführlichen Artikel über das Concil von Trient auch nur mit einer Silbe des Parteigeistes gedacht, der dasselbe durch und durch beherrschte, oder der völligen Knechtschaft, in welcher es den Päpsten gegenüber sich befand? Und dann klagt man, daß der Ultramontanismus in den letzten zwanzig Jahren so mächtig geworden sei! Wer hat ihn denn groß gezogen, wenn nicht die deutschen Theologen selbst, und darunter die allerberühmtesten obenan? Haben nicht gerade diese um seine Gunst gebuhlt und verdanken sie nicht demselben ihre Aemter und Würden? Heißt es nicht in die Quelle spucken, aus der sie selbst getrunken, wenn sie über denselben sich jetzt beklagen, weil er ihnen entbehrlich und unbequem geworden ist?

Wird ja doch den Entscheidungen des römischen Index geradezu Unfehlbarkeit zugesprochen und erklärt, daß, wenn diese auch gegenwärtig noch kein definirtes Dogma sei, „doch die gewichtigsten katholischen Autoren immer zahlreicher und entschiedener für deren Bejahung sich aussprechen", und daß daher „die Gläubigen aus Pflicht gegen die Wahrheit in ihrem Gewissen verbunden seien, die Gefahr und die Berührung mit dem Irrthum zu vermeiden, sobald die Verurtheilung einer Schrift und deren Verweisung in den Index zu ihrer Kenntniß gelangt ist, ohne erst fragen zu dürfen, ob diese Entscheidung auch wirklich in ihrer Diöcese besonders publicirt oder gar mit der landes-

---

[1] Artikel „Marienfeste". Bd. 6. S. 448.

herrlichen Genehmigung bekleidet sei". Die Behauptung des gelehrtesten deutschen Canonisten, Richter, daß der Index in Deutschland nicht verpflichte, wird ausdrücklich als „ungegründet", und ihre Befolgung als „Mißbrauch" zurückgewiesen.[1]

Auf der Münchner Gelehrten-Versammlung im Jahre 1863 wurde von dem Kirchenhistoriker Alzog der Antrag gestellt, es sollte sich ein Verein bilden, der sich die Widerlegung der Irrthümer und Entstellungen des Katholicismus in der Realencyclopädie der protestantischen Theologie von Herzog zur Aufgabe machte. Wie viel besser hätte der Antragsteller gethan, der hohen Versammlung den Vorschlag zu machen, doch dem katholischen Clerus ohne Weiteres dieses ausgezeichnete Werk, mit dem die Herder'sche Encyclopädie nicht im Entferntesten den Vergleich aushält, zu empfehlen, auf daß er den Protestantismus aus der Darstellung der protestantischen Gelehrten selbst kennen lerne, und nicht blos aus den kläglichen und höchst parteiischen Schilderungen in den katholischen Kirchengeschichts-Compendien eines Riffel, Ritter, Alzog selbst, und aus andern apologetischen Schriften. Heute noch vertheidigt man in diesen Lehrbüchern mitunter die abscheulichsten Grausamkeiten gegen die Protestanten, während man des Lobes ihrer Gegner kein Ziel kennt. So heißt es in der sechsten Auflage des „Handbuches der Kirchengeschichte" von dem Prof. und Domdechant Ritter in Breslau über die Vertreibung der Protestanten aus dem Fürstbisthum Salzburg, welche Gewaltthat vor einigen Jahren auch in dem bekannten Convertiten Volk (Ludwig Clarus) einen beredten Apologeten gefunden hat: „Sie (die Protestanten) hatten es auch durch

---

[1] v. Moy, Artikel „Index libr. prohib. Bd. 5. S. 615 ff.

ihren unruhigen und empörerischen Geist verdient".[1] Dagegen wird von dem Jesuitenorden den Candidaten der Theologie gesagt: „Der einzelne Sonnenstrahl vermag wenig zu leuchten, wenig zu erwärmen. Werden aber viele durch das Brennglas auf einen Punkt zusammengebracht, so offenbaren sie eine große Kraft zu zünden. In diesem Grundsatze der Naturlehre liegt vornehmlich das Geheimniß der großen Wirksamkeit des Jesuitenordens".[2] Sie war und ist freilich in hohem Grade eine „zündende"; aber nicht das Feuer der Liebe, sondern die Flamme des Hasses wird durch sie unterhalten. Was wußten nicht noch Hefele und Kober zur Vertheidigung und Rechtfertigung der Inquisition, welches Institut nach dem aufrichtigen Bekenntniß des Janus „sowohl der Initiative als folgerichtigen Durchführung nach den Päpsten allein zuzuschreiben ist,[3] dessen Gesetze nur von der souveränen Herrschaft, welche der Papst über Leben und Tod aller Christen zu besitzen behauptet, ihre verbindende Kraft hatten,[4] sodaß nie ein Mensch anders als im Namen des Papstes und aus dessen allgemeinem oder speciellem Auftrage zur Folterbank geführt und auf den Scheiterhaufen gestellt worden ist",[5] eines Institutes, das „im Laufe seiner Entwicklung immer weiter von allen Principien der Gerechtigkeit und Billigkeit sich entfernt hat",[6] — Alles vorzubringen, und wie hat sich nicht Hefele angestrengt, zu beweisen, „daß die Inquisition das schändliche Ungeheuer nicht war, wozu es Par-

---

[1] Herausg. von L. Ennen. Bonn 1862, II, 406.
[2] Daselbst S. 276.
[3] S. 255. Vgl. dagegen Kober, Deposition. Tüb. 1867. S. 744.
[4] S. 260.
[5] S. 264.
[6] S. 261.

teileidenschaft und Unwissenheit häufig stempeln wollten"![1] Hätten die katholischen Theologen, auch nur in Deutschland, in der kritischen und freimüthigen Weise des Janus, wie man es noch in den ersten drei Decennien dieses Jahrhunderts that, die Kirchengeschichte dargestellt und ihren Schülern vorgetragen, so würden die Jesuiten der öffentlichen Meinung gegenüber es gar nicht haben wagen können, gleich dem Verführer im Paradiese dem Papste den unseligen Rath zu geben, sich gottgleich, d. h. für unfehlbar zu erklären, — eine Erklärung, welcher sicher die Frage vom Himmel entsprechen wird: Wer ist wie Gott unfehlbar? Statt dessen hat der größte Theil der katholischen Theologen, namentlich der Kirchenhistoriker, sich in der polemischen Verblendung gegenüber dem Protestantismus auf das Verläugnen und Vertuschen der Fehler des Papstthums verlegt; und da nun doch ein Historiker gleich einem Recensenten, um nicht als bloßer Lobhudler oder Compilator zu erscheinen, auch etwas tadeln soll, so hat man wacker auf die Gegner der Päpste, selbst der anspruchvollsten, losgeschlagen, aber bezüglich der Handlungen der Ersteren, wenn eine Belobung derselben nicht möglich schien, sich auf einfaches Referiren mit gelegentlichen Seitenhieben auf die Kaiser und die Häretiker beschränkt. So ist unter Andern Hefele in seiner Conciliengeschichte, besonders in den letzten Bänden,

---

[1] Artikel „Inquisition" im Freiburger Kirchenlexicon V, 657. — Die angesehensten katholischen Laien sagen dieß natürlich nach. „Die Inquisition war nicht das, wozu eine phantastische und böswillige Geschichtsschreibung sie gemacht; und was sie war, das war sie nicht durch die Kirche", versichert z. B. der k. k. geheime Rath Graf Clemens Brandis, Der Staat auf christlicher Grundlage. Regensburg 1860. S. 73.

verfahren. Kaum eine Spur einer Kritik der mittelalterlichen Päpste, ihrer Uebergriffe auf das politische Gebiet, ihrer Weltherrschaftsbestrebungen, ihrer Knechtung der Concilien, ihrer Herabsetzung der Bischöfe, ihrer Verkehrung des ganzen Christenthums in ein Reich von dieser Welt im schlimmsten Sinne dieses letzteren Wortes, ist bei ihm anzutreffen. All Das wäre überaus gefährlich gewesen, und als kritischer Kirchenhistoriker in der Weise des doch immer noch zahmen Janus wäre Hefele gewiß niemals der Brüderschaft des heutigen Episcopates gewürdigt worden; denn wo der Geist wissenschaftlicher Kritik ist, da kann, scheint es, der heilige Geist, der die Bischöfe setzt, schon lange nicht mehr wirksam sein, und jedenfalls muß ersterer zuvor ausgetrieben werden, ehe der bischöfliche von einem Manne ruhigen Besitz nehmen kann. Die Weſſenberg, Leopold Schmid, Hirscher und andere ächt christlich-katholische Theologen waren, wie Rom ausdrücklich erklärte, für jene Geistesweihe unempfänglich, sie rochen allzu sehr nach Kritikern, die dem unfehlbaren Papst ein Gräuel sind, und für die auch in der That schon der von einem Bischofe dem Papste zu leistende Eid die größte Seelengefahr eines Meineides in sich schließt. Die von dem Heiden Cicero als Lehrerin der Wahrheit gepriesene Geschichtschreibung wird von den strenggläubigen katholischen Theologen, und am allermeisten von Bischöfen und deren geistlichen Räthen, was leider vielfach auch Professoren sind, zur Lehrerin der Lüge, namentlich wo es sich um die Behandlung der Reformationsgeschichte handelt. Die ganze betreffende Literatur wimmelt von Entstellungen.

Hier nur noch ein einziges solches Beispiel. Was ist notorischer als der Unfug, welcher unmittelbar vor Luthers Auftreten mit den Abläſſen getrieben wurde? „Am Anfange des 16. Jahrhunderts", sagt Janus, „war es doch die allgemeine Ueberzeugung: so arg, so ganz offen und schamlos, wie es jetzt vor aller Welt Augen getrieben werde, könne es doch früher nicht geschehen sein; die Kunst, Alles in der Religion und Kirche in Geld umzusetzen, sei noch nie so durchgebildet gewesen."[1] Wer solche geschichtliche Thatsachen bekennt, darf seinen Namen nicht nennen. Dagegen bringt es Ruhm und Ehre ein, dem katholischen Publicum mit dreister Stirne in lügenhaftester, wahrhaft unverschämter Abläugnung zu sagen: "Man wollte glauben machen, mit dem Ablaß sei schändlicher Mißbrauch getrieben worden. Aber das ist Alles erlogen und reiner Schwindel." Oder in pharisäischem Hohne zu bemerken: "Es muß Vieles faul gewesen sein, sonst hätte die Kirche nicht so viele faule Glieder verlieren können." So erklärt sich ein sehr bekannter, bei den gläubigen Katholiken in hohem Ansehen stehender Mann, der geistliche Rath des über die sämmtlichen deutschen Universitäten und die katholisch-theologischen Facultäten an denselben, wie wir erwähnt haben, so überaus streng urtheilenden Fürstbischofes von Breslau, der Stadtpfarrer J. Wick, in einem Buch, das er betitelt hat: "Sieg der Wahrheit über alte und neue Irrthümer. Briefe zur Vertheidigung der katholischen Religion. Mit Approbation des Ordinariates Regensburg."[2] Herr Wick hat alle Aussicht auf eine Inful oder gar auf den rothen Hut. Denn der jetzige Bischof Feßler hat ebenfalls schon im Jahre 1850 über den nämlichen Gegenstand erklärt: "Man hört wohl auch die Klage, daß das Unwesen mit dem Ablaßkram die Reformation herbeigeführt habe. Aber Luther hat nur die Gelegenheit vom Zaun

---

[1] S. 372.
[2] Regensburg 1858. S. 172, 179.

gebrochen und zwar in höchst muthwilliger Weise."[1]

Da ich eben von der Behandlung der Kirchengeschichte spreche, so will ich gleich noch auf einen wichtigen Punkt hinweisen, der sich auf den ganzen Geist derselben bezieht. Es ist eine nothwendige Folge des katholischen Dogmas von der Unfehlbarkeit der Concilien, daß der ganze lehr-historische Theil wesentlich Ketzergeschichte ist. So bekommt der Katholik, besonders der Candidat des geistlichen Standes, nur fortwährend zu hören, in welch große und gefährliche Irrthümer gerade die gelehrtesten Forscher in jedem Jahrhundert gefallen sind, und wie die Wahrheit nur durch die Bischöfe und Päpste, trotz ihres Mangels an wissenschaftlicher Bildung, wunderbar gerettet worden ist. Sie erfahren, wie die Heiligkeit beinahe immer das Privilegium ungelehrter Personen war, indeß die Gelehrten schon in diesem Leben der Inquisition und dem Index verfallen sind, und im jenseitigen Leben gewiß zu den Höllenqualen verdammt werden. Ein etwas weiter über die Wirksamkeit der Concilien und über die fortgesetzte Verurtheilung und gewaltsame Ausstoßung der von der Orthodoxie Abweichenden Nachdenkender müßte freilich zu einem ganz andern Resultate kommen, nämlich: daß sich die katholische Kirche hiemit selbst der Möglichkeit beraube, als die vom Geiste Gottes beschützte sich zu erweisen, da es ja doch kein Wunder ist, wenn einer nicht ertrinkt, der nicht ins Wasser geht, oder daß eine mit den grausamsten Waffen versehene Mannschaft von einigen wehrlosen Leuten nicht überwältigt wird. Die katholische Kirchengeschichte ist nach der Weise, wie sie

---

[1] Ueber den Ablaß. In der Sammlung vermischter Schriften über Kirchengeschichte und Kirchenrecht. Freiburg 1869. S. 25.

zufolge des Princips von der unfehlbaren Lehrautorität allgemein behandelt und dargestellt wird, für den Glauben an die Göttlichkeit der Religion Christi und für die Anpflanzung eines regen Forschungseifers so völlig unwirksam, daß sie vielmehr ganz geeignet ist, ersteren zu zerstören und letzteren zu ertödten.

In dem blinden Vertrauen auf die Kirche oder auf die Aussprüche der Bischöfe und des Papstes ist es begründet, daß die römischen Theologen den wichtigsten aller Zweige der Theologie, die Kritik der Bibel und der Berichte über Leben und Lehre Jesu so gut wie gänzlich vernachlässigt haben. Was in neuerer und neuester Zeit geschehen ist, war nur durch die Angriffe von Außen hervorgerufen und außerdem dürftig genug. So hat sich die alleinseligmachende Kirche mit all ihrer Unfehlbarkeit sogar die Prüfung ihrer eigenen Firma, der Aechtheit ihres Diploms, zur Unmöglichkeit gemacht. Die mühsame Evangelien-Kritik, welche sich seit einem Jahrhundert, besonders seit Eichhorn, die deutsch-protestantische Theologie eifrigst angelegen sein ließ, hat von ultramontaner Seite, ich möchte sagen wie von Gassenbuben, denen ein ernster Mann ihren Muthwillen und Leichtsinn vorhält, beinahe nur Beschimpfung und Verläsierung erfahren, und die artigsten haben sich begnügt, die Mahnung zu ignoriren. Man hat protestantischer Seits bei dem Erscheinen von Renan's Leben Jesu mit vollem Rechte bemerkt, es könnte dieser Angriff der katholischen Theologie nur sehr heilsam sein und zur Erweckung eines frischeren kritischen Geistes in derselben führen;[1] es ist aber fast nur von einer neuen Regsamkeit des römischen

---

[1] Zöckler, Die Evangelien-Kritik und das Lebensbild Christi nach der Schrift. Darmstadt 1865. S. 2.

Inder etwas zu bemerken gewesen. Man hat sich mit einigen, im hochtrabensten, wegwerfensten Tone gehaltenen Broschüren begnügt, und das vielfach Berechtigte und sehr Beherzigenswerthe bei Renan gänzlich unberücksichtigt gelassen. Wie so Manches hätte selbst Döllinger für die zweite Auflage seines Buches über „Christenthum und Kirche" sowohl aus Renan wie noch mehr aus Schenkel, Strauß und Baur, gewinnen können, wenn er diese tüchtigen Arbeiten nicht lieber einfach hätte ignoriren wollen. Und sollte es etwa nicht vollkommen richtig sein, worauf S t r a u ß so nachdrucksam alle orthodoxen Kirchenmänner aufmerksam macht und worin sein ganzes Werk gipfelt, daß man das Seelenheil der Menschen nicht von dem Glauben an Unerwiesenes und Unsicheres, dergleichen so viele Einzelheiten in den Evangelien sind, worüber die gelehrtesten Kritiker bis zur Stunde nicht ins Reine gekommen, bedingt erklären dürfe,[1] was aber von keiner Kirche so allgemein und in so umfassender Weise wie von der katholischen geschieht? Würde es nicht viel rathsamer sein, die Gläubigen viel mehr als es geschieht, mit dem G e i s t e Jesu bekannt zu machen, der aus den feststehenden Thatsachen klar genug erhellt, als durch hartnäckiges Kleben am Buchstaben und durch möglichst zähes Aufrechterhalten von Dingen, die man zuletzt doch wird fallen lassen müssen, den christlichen Glauben selbst zu gefährden?

Aber auch hier zeigt sich wieder die nachtheilige Wirkung des Tridentinums, welches seine Anatheme sogar auf Fragen ausgedehnt hat, die rein wissenschaftlicher Natur sind und nur durch die Kritik gelöst werden können; in Bezug auf welche eine Tradition ohne alle Bedeutung und

---

[1] Das Leben Jesu, für das deutsche Volk bearbeitet. Leipzig 1864. S. 624 §. 99.

ohne allen Werth ist. Schon unzähligemal hat man es geläugnet, daß dieses Concil durch seine Bestimmung über den Canon und die Vulgata der Wissenschaft in irgend einer Weise zu nahe getreten sei, und doch lehrt uns die gesammte katholische Exegese **thatsächlich** das Gegentheil. Heute noch wagt es trotz aller entgegengesetzten Ergebnisse der Kritik kein katholischer Theologe, den deuterocanonischen Büchern ein geringeres Ansehen zu vindiciren als den protocanonischen; keiner von ihnen wagt mit wissenschaftlicher Unabhängigkeit, welche die Annahme der Möglichkeit der Unächtheit und Nichtauthenticität eines Bestandtheiles der Bibel, eines Briefes oder Evangeliums, in sich schließt, an die Prüfung zu gehen, und kann dieß auch zufolge seines Glaubens an die Unfehlbarkeit der Concilien bei Gefahr seines Seelenheiles und in seinem Gewissen gar nicht wagen, sondern die ganze Thätigkeit ist auch auf diesem Gebiete eine durchaus einseitige, das heißt, blos apologetische, wo das Resultat, nämlich die Ueberzeugung von der Aechtheit und Authenticität, jedesmal schon im Voraus feststeht. Und was die Uebersetzung der Vulgata und ihre Ueberordnung über den Grundtext betrifft, so hat erst vor ein paar Jahren ein berühmter Prälat der römischen Kirche, der in dieser Frage größeres Gewicht hat als ein einfacher Theologe, wenn auch nicht gerade als apostolischer Vicar von Hamburg, aber als Hausprälat und Thronassistent des unfehlbaren Papstes, nämlich der Bischof J. Th. Laurent, in einem Werke, das selbst von dem Organ der liberalen Partei der katholischen Theologie aufs Wärmste empfohlen wurde als „ein bei den besten apologetischen Schriften in der katholischen Literatur einzureihendes Werk"[1] — aus-

---

[1] Kaulen im Bonner theologischen Literatur-Blatt 1866. Nr. 5. S. 163.

brücklich versichert: „Die Kirche (b. h. das Tribentinum) hat die Vulgata als die authentische, in allen öffentlichen Lesungen, Auslegungen und Predigten anzuwendende, Ausgabe der Bibel erklärt. Sie ist also der eigentliche katholische Bibeltext, den allein die Kirche als richtig und beweiskräftig für ihre Glaubens- und Sittenlehre verbürgt, und der folglich für diesen Hauptzweck des geschriebenen Gotteswortes alle andern Texte, auch die sogenannten, heute sehr unzuverlässigen Urtexte, übertrifft und entbehrlich macht."[1] In demselben Jahre 1866 hat der als Exegete allgemein in der katholischen Theologie hochangesehene Barnabite C. Vercellone ein Buch veröffentlicht, dessen Hauptzweck die Erörterung der Frage ist, ob es auch einem katholischen Theologen trotz des Tribentinischen Decretes über die Vulgata gestattet sei, Stellen in biblischen Schriften, die er aus zwingenden Gründen wissenschaftlicher Kritik für unächt und für spätere Zusätze halte, wie etwa den Schluß des Marcus-Evangeliums, auch wirklich als unächt anzusehen. Wenn auch von diesem Autor der Zweifel zu Gunsten der Wissenschaft entschieden wird, so ist dieß noch immer keine offizielle Lösung, auf welche der strenggläubige Katholik, und besonders der Geistliche, sich verlassen dürfte. Es kann morgen ein päpstliches Breve kommen, das den P. Vercellone für einen Ketzer erklärt und im Sinne des Bischofs Laurent entscheidet. Aber selbst wenn dieß nicht geschieht, so bleibt doch die Ungewißheit für das Recht der Wissenschaft. Und selbst den Fall gesetzt, daß eine päpstliche Entscheidung im Jahre 1870 eine ganz entschiedene Erklärung zu Gunsten der

---

[1] Hagiologische Predigten oder Lobreden auf die lieben Heiligen Gottes. Mainz 1866, I, 583.

Wissenschaft verkündigte, so bliebe immer noch die Frage übrig: was denn das, vor mehr als drei Jahrhunderten unter Anathem eingeschärfte Decret genützt hat, wenn man erst im J. 1870 die authentische Erläuterung desselben erhält — eine Erläuterung, die außerdem mit der **thatsächlichen** Handhabung jenes Canons durch die römischen Congregationen der Inquisition und des Index, deren Decrete ebenfalls durch die Päpste bestätigt worden sind, im directen Widerspruche stünde. Außerdem wurde die Tradition, ohne alle nähere Bestimmung, was Alles als solche zu betrachten sei, mit der hl. Schrift selbst in ganz gleichen Rang gestellt, wodurch, wie man jüngst wieder mit voller Wahrheit bemerkt hat, „in der römisch-katholischen Kirche alle freie Schriftforschung principiell gebunden werden mußte".[1] Niemand vermag den Schaden zu ermessen, welchen nur schon dieser Eine Canon des Tridentinums, der auf dem Glauben an die Unfehlbarkeit der Concilien, und nicht einmal des Papstes, ruht, der Wissenschaft, zunächst der Exegese, gebracht hat; von den Plaquereien und Mißhandlungen, denen so viele Gelehrte aus diesem Grunde in allen katholischen Ländern, in Spanien, Frankreich und Italien wie in Deutschland bis auf die neuere Zeit ausgesetzt waren, ganz abgesehen. Vercellone ist es übrigens mit seinem Zugeständnisse an die Wissenschaft gar nicht einmal Ernst, und er wagt es selbst nicht, dasselbe praktisch zu bethätigen, sondern bemerkte schon im folgenden Jahre, 1867,[2] es sei nicht im Entferntesten wahrscheinlich, daß die Wissenschaft jemals den Beweis der Nicht-Authenticität der an-

---

[1] L. Diestel, Geschichte des Alten Testaments in der christlichen Kirche. Jena 1869. S. 235.
[2] L'authenticité de la Vulgate: Revue du monde catholique 1867. T. 18. p. 443, 445.

gefochtenen Stellen zu liefern vermögen werde,[1] und erklärt ausdrücklich, daß er, „wenn die Kirche die Aechtheit jener Stellen definirte, ohne Bedenken die im Namen der Wissenschaft vorgebrachten Gründe für deren Unächtheit als zweifellos falsch und illusorisch bezeichnen und als solche zu erweisen sich bemühen würde",[1] obwohl, wie er in einem weiteren Aufsatz des folgenden Jahres, vielleicht auf einen erhaltenen Wink hin, geradezu erklärt, „Beweise der Wissenschaft für die Glaubenswahrheiten für uns Katholiken gar nicht nöthig sind".[2] Damit ist die wissenschaftliche Exegese und alle wissenschaftliche Theologie todtgeschlagen, und die auf solche Beschäftigung verwendete Zeit kann und soll viel besser zu praktischen Dingen benützt werden.

Man könnte in dieser Weise das ganze Concil von Trient durchgehen, und bei jedem Anathem seine Beschädigung des Fortschrittes der katholischen Theologie aufzeigen. Das Schriftverständniß und die Exegese der so unwissenden, weder den hebräischen noch den griechischen Urtext verstehenden, italienischen und spanischen Bischöfe zu Trient sollte für alle Zeiten als unumstößliche Glaubensnorm und als Criterium aller späteren Schriftforschung gelten, und jede Abweichung davon sollte von dem Katholiken als häretisch betrachtet und ausgeschlossen werden, was mit der Verwerfung der ganzen wissenschaftlichen Bibelerklärung der Gegenwart gleichbedeutend ist; denn nur noch wenige Stellen derselben vermag die heutige selbstständige Exegese im Sinne der Tridentinischen Anatheme zu verstehen. Aber nicht allein von dem Tridentinum gilt dieses, sondern von allen Concilien

---

[1] L. c. p. 467.
[2] La critique biblique en Allemagne: Revue du monde catholique 1868. T. 22. p. 48.

ohne alle und jede Ausnahme. Weder eine Reform der Kirche überhaupt noch der Theologie insbesondere ist möglich, wenn mit dem Princip der Unfehlbarkeit der Concilien nicht vollständig gebrochen wird. Wenn der Janus als Vorkämpfer der liberalen katholischen Partei erklärt, er halte „eine große und durchgreifende Reformation der Kirche für nothwendig und unvermeidlich",[1] so möge er überzeugt sein, daß durch das von ihm angegebene Mittel, nämlich strenges Festhalten an den Canonen der öcumenischen Concilien, damit dem Protestantismus gegenüber „der Vorzug der dogmatischen Unveränderlichkeit für die (katholische) Kirche nicht verloren gehe",[2] daß durch dieses egoistische Mittel eine derartige „durchgreifende" Reform, welche jedenfalls zugleich ein durchgreifendes Schuldbekenntniß sein muß, ganz und gar nicht zu erreichen ist. Ich müßte und könnte über diesen Punkt allein ein Buch schreiben, das vielleicht von vielem Nutzen wäre, wenn ich dieß im Einzelnen ausführen wollte. Es sei aber hier an der Bemerkung genug, daß gerade die katholische Dogmatik, die bereits eine wahrhafte facies Hippocratica darstellt, an jenem so hochgeschätzten „Vorzug der dogmatischen Unveränderlichkeit" die Auszehrung bekommen hat, so daß es sich für einen Mann der Wissenschaft gar kaum mehr der Mühe lohnt, eine Schrift über katholische Dogmatik zur Hand zu nehmen, und der Herr Bischof von Passau alles Lob verdient, wenn er auch den Candidaten der Theologie blos den Katechismus des Jesuiten Deharbe auswendig lernen läßt; ein Beispiel, das im Interesse von Zeitersparniß für praktische Beschäftigungen und Tugendübungen alle Nachahmung verdiente.

---

[1] Vorwort S. V.
[2] S. 403.

Döllinger hat in seiner Rede vor der Münchner Gelehrten-Versammlung gesagt: „Was uns vor Allem in der Glaubenslehre noth thut, das ist, daß wir den dogmatischen Stoff mit ächter kritisch geläuterter Geschichte und philosophischer Speculation verbinden".[1] Gleichwohl soll aber der katholische Theologe den Glauben an die Unfehlbarkeit der Entscheidungen der Concilien als das ihn auszeichnende Prärogative unverbrüchlich festhalten, z. B. alle Canonen der sechs ersten allgemeinen Concilien annehmen, in welchen ja die Lehre von der Person Christi, wie man allgemein versichert, zum definitiven Abschluß gelangt ist, obwohl jene Zeit von Substanz, Person, Natur, Relation, die seltsamsten, der neueren Philosophie fast unverständlichen Begriffe hatte, und obwohl notorisch drei Jahrhunderte lang nicht für gehörig klar biblisch begründet galt, was nachher als allein wahre Ansicht aufgestellt wurde. Denn wie hätten Fälle wie die allgemein bekannten mit dem Bischof Hosius von Cordova, und den römischen Bischöfen Julius und Liberius, deren ersterer nach der Bemerkung des Janus selbst (S. 12) den „offenbar sabellianisch lehrenden Marcellus von Ancyra auf seiner römischen Synode für rechtgläubig erklärte", vorkommen können, wenn, ich sage nicht der Papst für unfehlbar gegolten hätte, sondern wenn ein **wirklich allgemeines und klares Bewußtsein von jenen speculativen Fragen über die Person Christi in der Kirche vorhanden gewesen wäre?**

Die ganz gleiche Unklarheit des Bewußtseins der Kirche offenbarte sich in den Pelagianischen, Nestorianischen,

---

[1] Vergangenheit und Gegenwart der katholischen Theologie. Regensb. 1863. S. 34.

Monotheletiſchen Händeln, wie ſchon die ſchwankende Haltung der, gerade für die Tradition am meiſten in Betracht kommenden Biſchöfe der römiſchen Kirche, Zoſimus, Vigilius, Honorius, genügend beweiſt; und ebenſo verhält es ſich mit ſämmtlichen ſpäteren dogmatiſchen Streitigkeiten, worüber die Concilien neue Glaubensnormen aufſtellten.

Auf der einen Seite alſo ſoll von dieſen hierarchiſchen und ſtaatspolitiſchen Satzungen keinen Fingerbreit abgewichen werden, dagegen ſoll doch wieder dringend nöthig ſein, „den dogmatiſchen Stoff", welchen die Concilien geliefert haben, „mit ächter kritiſch geläuterter Geſchichte und philoſophiſcher Speculation zu verbinden". Aber wie? wenn einer glaubte, es hieße dieß ſo viel als einen neuen Fleck auf ein altes Gewand heften, an dem kein Stich mehr hält, und wovor Chriſtus ſelbſt gewarnt hat! Es iſt gerade, als ob man, um mich eines Ausdruckes Luthers zu bedienen, einem Hunde einen Biſſen Brod hinreicht; ſobald er aber darnach ſchnappt, ihn auf die Schnauze ſchlägt, daß der arme Hund zum Schaden auch noch den Schmerz haben muß.[1] Und wie ſoll denn obendrein eine „ächte kritiſch geläuterte Geſchichte" möglich ſein, wenn alle Geſchichte nur im Dienſte der unfehlbaren Kirchendogmen ſtehen darf? Es war dieß allerdings lange Zeit auch im deutſchen Proteſtantismus der Fall,[2] und noch wird von einer nicht kleinen Partei die Kirchengeſchichte in dieſer dogmatiſch-polemiſchen Weiſe behandelt. Aber es iſt dieß im Proteſtantis-

---

[1] Von den Conciliis und Kirchen 1539. Werke XXV, S. 219. Erl. Ausg.

[2] Vgl. Tittmann, Ueber die Behandlung der Kirchengeſchichte, vorzüglich auf den Univerſitäten. In der hiſtoriſchen Zeitſchrift von Jlgen 1832, Bd. I, St. 2, S. 2.

mus eine Inconsequenz, und, wie schon Tittmann bemerkt hat: „nach den Grundsätzen der protestantischen Kirche hätten diese Forschungen niemals die Richtung nehmen sollen, daß man in der Geschichte nur die eigene Meinung suchte, um sie durch das Ansehen der Kirche zu bekräftigen". Im Katholicismus ist dieß aber heute noch so, und muß so bleiben, so lange an der Unfehlbarkeit der hierarchischen Satzungen festgehalten wird. Alle Kritik und alle Speculation kann nur, wie neuestens wieder Schwane zeigt, jene Canonen unterstützen wollen. Wer in seiner Kritik und Speculation darüber hinauskömmt, der muß sich selbst des Irrthums beschuldigen und thut, wenn er ein Geistlicher und Theologe ist, am Besten, mit seiner kritischen oder speculativen Arbeit, damit sie nicht ganz umsonst ist, den Ofen zu heizen oder sich Fibibus zu machen.

Einer der gegenwärtig angesehensten Lehrer der katholischen Dogmatik in Deutschland, Dieringer, hat vor fünf Jahren gesagt: „Dermalen sind wir freilich noch wie in so vielen andern Dingen, auch in der Behandlung der theologischen Wissenschaften im Flusse einer Uebergangs= periode begriffen, nach deren Ablauf erst eine neue Zeitepoche der Blüthe eintreten kann. Der wissenschaftliche Pri= mat", fügt er sehr treffend bei, „wird alsdann Jenen zu= fallen, welche am redlichsten, angestrengtesten und opfer= willigsten darnach gerungen haben."[1] Es läßt sich gar nichts Schöneres und Wahreres sagen. Aber ob wohl Herrn Dieringer auch nur selbst recht Ernst ist mit dieser Erklärung? Was würde er wohl sagen, wenn einer seiner Schüler ihm etwa in einem Disputatorium bemerkte, es

---

[1] Lehrbuch der katholischen Dogmatik. 5. Aufl. Mainz 1865. Vorwort.

dürfte Herr **Pfleiderer** nicht so ganz Unrecht haben, daß nämlich „Manches was der Mehrzahl der Christen als zum Wesen des Christenthums selbst gehörig erscheint, nur die Form und Vorstellungsweise desselben ist, brauchbar und nothwendig für die Zeit, die sie sich geschaffen, entbehrlicher für eine spätere, hemmend sogar für eine noch spätere Zeit?"[1] Würde er nicht damit die vielgepriesene Unveränderlichkeit des Dogmas, dieses festeste Bollwerk der katholischen Kirche und Dogmatik gegenüber der protestantischen, für aufgegeben und den Gräuel der Verwüstung an heiliger Stätte gesetzt betrachten? Und doch hat Herr Pfleiderer vollkommen Recht, und ist bieß die Ueberzeugung aller nicht dogmatisch befangenen, wenn auch sonst gläubigsten, Denker.[2] Oder was würde Dieringer wohl thun, wenn, wie es bei einem redlichen Forschen nicht anders sein kann, das Dogma des päpstlichen Primates sich ihm als wenigstens nicht gehörig erweisbar und zweifelhafter Natur darstellen sollte? Würde er wohl Willens sein, dem offenen Bekenntnisse dieser Ueberzeugung alles Andere zum Opfer zu bringen? Oder würde er als Tridentinischer Katholik es gar nicht wagen, seine Prüfung auch auf solche, durch die Anathemen der Concilien bereits entschiedenen Punkte auszudehnen, wie Solches allerdings erst neulich wieder der Papst gerade

---

[1] Otto **Pfleiderer**, Die Religion. Ihr Wesen und ihre Geschichte. Leipzig 1869, II, 489.

[2] So bemerkt z. B. auch Julius **Hamberger**: „Von denen, die zwar das Christenthum festgehalten wissen wollen, es aber nur in einer ganz eng begränzten Form erfassen, und diese Form mit hartem, verbittertem Gemüthe einzig und allein geltend machen wollen, wird man behaupten müssen, daß ihre Bestrebungen ebenfalls hinter den Anfoderungen, nicht des Zeitgeistes, sondern des wahren Geistes unserer Zeit zurückbleiben." (Christenthum und moderne Cultur. Erlangen 1863. S. 258.)

in Bezug auf das Dogma des Primates, das „über das Spiel aller Disputation hinausgerückt, und zugleich der Angelpunkt sei, um welchen alle Controverse zwischen Katholiken und Akatholiken sich drehe, aus dessen Verwerfung wie aus einem Brunnen alle Irrthümer der letzteren fließen", ausdrücklich verboten hat.[1] Wenn die katholischen Dogmatiker dieser Weisung Folge leisten, dann wird eine „neue Zeitepoche der Blüthe" der Theologie niemals eintreten, und an einen „wissenschaftlichen Primat" derselben nie und nimmer gedacht werden können; sie bleibt dann, was sie seit langem war und in den letzten dreißig Jahren vollständiger als je zuvor geworden — die Sklavin der römischen Curie. Oder sollen die Unfehlbarkeit des Papstes und einige neue Dogmen, auf welche Dieringer bereits ganz gefaßt ist,[2] ihr die Freiheit bringen? Wenn, wie Universitätsprofessoren selbst jetzt schon offen erklären, kein Zweifel darüber obwaltet, daß die Kirche auch in der Eruirung des Sinnes aus den Schriften der Väter und der Concilien unfehlbar ist,[3] wie Solches auf dem Standpunkt kirchlicher Unfehlbarkeit überhaupt ganz von selbst sich verstehen muß; wenn, wie ein anderer deutscher Professor der Dogmatik versichert, „die Superiorität des römischen Bischofs über die öcumenischen Concilien nach der Lehre der heiligen Schrift und der Ueberlieferung der Kirche zum Depositum gehört":[4] dann sind, da ja die kirchliche Unfehlbarkeit

---

[1] Im Brief an den Erzbischof Manning vom 4. Sept. 1869 anläßlich der Anfrage des Dr. Cumming.

[2] Im Bonner Literatur-Blatt 1869, Nr. 16, 2. August. S. 592.

[3] Schwetz, Theologia fundamentalis. Editio 4. Vienn. 1862, p. 540: Certum est, ecclesiam in eruendo sensu ex scriptis patrum et conciliorum infallibilem esse.

[4] F. H. Reinerding, Theologiae fundamentalis tractatus duo. Monast. 1864, II, 261.

im Papste aufgeht, die katholischen Dogmatiker weiter nichts mehr als der verlängerte und erweiterte Mund des Papstes. Es wird dann nur zu wünschen sein, daß der Papst so ärgerlichen und langwierigen theologischen Streitigkeiten, wie sie über den Sinn dieser oder jener Stelle eines Kirchenvaters oder Concils, besonders des Tridentinums, seither stattgefunden, in Zukunft so rasch wie möglich ein Ende mache.

Ich sollte glauben, es müßten alle ultramontanen Dogmatiker ihr Angesicht vor Scham verhüllen, wenn sie ihre Behauptungen auf den Kathedern und in Schriften auch nur mit den Geständnissen des Janus über die Entstehung und Entwicklung des heutigen Papalsystems und des ganzen katholischen Lehrbegriffes vergleichen. Und doch hat der Janus noch lange nicht Alles gesagt und überhaupt die Deduction nur bis in die Mitte des sechzehnten Jahrhunderts geführt, während gerade erst mit dem Schlusse des Tridentinums die in der Dogmengeschichte bisher ganz außer Acht gelassene, und doch auf die ganze Geschichte des Tridentinischen Lehrbegriffes den tiefgreifendsten Einfluß ausübende Thätigkeit des römischen Index und die theologische Wirksamkeit des Jesuitenordens beginnt. Möge der Janus diesen zweiten Theil dem ersteren bald folgen lassen; denn Niemand kann unter den katholischen Theologen dieß besser als er! Freilich stehen vor dem Janus die Häupter der ultramontanen Theologie in dem nachtheiligsten Lichte da; es ist eine wahre Schandsäule, die er ihnen errichtet hat. Sie müssen jedem geradsinnigen Menschen als eine verkommene Bande von Ignoranten und Heuchlern, von Betrügern und Betrogenen, ja als Mitglieder eines verbrecherischen Geheimbundes, die zur Untergrabung und systematischen Vernichtung alles Rechts- und Wahrheitssinnes in der Menschheit sich verschworen haben, erscheinen. Aber dieß ist nun einmal nicht mehr zu ändern, und Umkehr, reuige Umkehr, ist das einzige Mittel, die verlorene Achtung wieder zu gewinnen. Aber am allerverächtlichsten erscheinen doch jene Dogmatiker, welche die aus den abscheulichsten Fälschungen und gewissenlosesten Erdichtungen stammenden Ansichten auch noch als absolute Glaubenswahrheiten der geistlichen Jugend vortragen und auf das Nachdrücklichste einzuprägen bemüht sind. Und die heutigen ultramontanen Dogmatiker sind noch viel tadelnswerther als die des Mittelalters, weil sie die reichen Mittel zur Aufklärung, welche letzteren fehlten, mit Füßen von sich stoßen und geflissentlich die Augen schließen. Schon Cicero bemerkt in einer Rede: gleichwie bei nützlichen Erfindungen den Verbreitern das zweitgrößte Verdienst gebühre, so seien dagegen diejenigen, welche aus Leichtsinn Erlogenes und Unwahres nachsagen, für noch strafbarer und thörichter anzusehen als die Erfinder jener Lügen. Ganz ebenso verhält es sich hier. Denn, zum Mindesten gesagt, nur sträflicher Leichtsinn kann bei dem gegenwärtigen Stande der Kritik und Erfahrung das ultramontane Dogmensystem noch als absolute Wahrheit ausgeben und vertheidigen wollen. Ein ordentlich organisirter Mensch, der sich nicht alle Lebensluft von seinen eigenen ultramontanen Lehrern hat auspumpen lassen, ist zu einem katholischen Dogmatiker im orthodox römischen Sinne gar nicht zu gebrauchen; es können dieß nur geistige Fehlgeburten oder verwachsene Krüppel sein.

Ganz ebenso wie mit der Exegese, Dogmatik und Kirchengeschichte verhält es sich mit der Behandlung des Kirchenrechtes. Auch hier ist eine wissenschaftliche Behandlung bei dem Wahne von der unfehlbaren Richtigkeit der auf Glauben und Sitten Bezug habenden Canonen der Concilien eine reine Unmöglichkeit. In vielen Fällen ist es ja ganz unmöglich zu bestimmen, ob eine Entscheidung dogmatischer Natur sei oder nicht. Die Concilien selbst haben sowenig wie die Päpste jemals eine solche Unterscheidung Dessen, was sie für absolut gültig und wesentlich betrachten, von Demjenigen was nur disciplinärer und veränderlicher Natur sei, gemacht, und heute noch herrscht unter den katholischen Canonisten hierüber die größte Meinungsverschiedenheit. Die ultramontanen unter ihnen, und das sind sie heute beinahe sämmtlich, läugnen geradezu, daß es z. B. gestattet sei, zwischen wesentlichen und unwesentlichen Rechten des päpstlichen Primates zu unterscheiden, und doch weiß das alte Kirchenrecht, die Canonen der abendländischen wie der morgenländischen Kirche, weder von den einen noch von den andern eine Silbe, ja der Papst hat die ersten sieben Jahrhunderte nicht einmal einen besondern Platz in der Hierarchie, sondern ist einer der fünf Patriarchen! Für eine kritische Behandlung des Kirchenrechts ist heute noch so viel wie nichts geschehen, ja man ist sogar hinter Thomassin wieder zurückgefallen. Schulte beklagte im J. 1856, daß „eine ziemlich allgemeine Unklarheit darüber herrsche, was Kirchenrecht sei".[1] Er hätte nur gleich sagen sollen, daß es seit dem Concil von Trient ein Kirchenrecht im Gegensatz und im Unterschiede von den päpstlichen Decretalen und bischöflichen Erlassen gar nicht mehr gebe. Was heute noch Recht ist, kann es morgen nicht mehr sein, nicht weil gerade die Zeit- und Weltverhältnisse andere geworden wären, sondern weil das Interesse eines Papstes oder Bischofes eine Abänderung beliebt, die übermorgen wieder anders gemodelt werden kann. Alle Berufspflichten sind zu Gna-

---

[1] Das katholische Kirchenrecht. Gießen 1856, II, Vorrede S. III.

den geworden.[1] Hierin offenbart sich ja am glänzendsten die Macht der Autorität gegenüber der Ohnmacht aller Unterthanen, besonders des niederen Clerus, und auch gegenüber der protestantischen Kirchenverfassung, wo jede neue Einrichtung mit weit größeren Schwierigkeiten verbunden ist, und namentlich auch die Laien ein entscheidendes Wort mitzureden haben, während sie im Katholicismus nichts sind als „numeri, fruges consumere nati", nämlich die fruges, welche Papst und Bischöfe ihnen darreichen.

Nichts ist daher auch natürlicher als die Vernachlässigung des Studiums der canonischen Rechtsquellen, selbst von Seite der Geistlichen und Theologen. Kein Beamter ist über die Staatsgesetze so unwissend und mit dem bürgerlichen Rechtsbuche so wenig vertraut wie der größte Theil der katholischen Priester mit dem canonischen Rechte. Ich kann mich für diese Behauptung auf einen auch von den Ultramontanen gewiß als unverdächtig anerkannten Gewährsmann, auf den Bischof Feßler, berufen. „Das kirchliche Gesetzbuch — Corpus juris canonici", ruft derselbe in einer Abhandlung über „das Studium des Kirchenrechts" im J. 1858 aus, und seither ist es nicht besser geworden — „das kirchliche Gesetzbuch: von wie Vielen ist es auch nur äußerlich gekannt? Von wie Vielen auch nur Einmal gelesen? Von wie Vielen auch nur halbweg verstanden? Was würden wir", fügt Feßler bei, „von einem Juristen denken, der nie das allgemeine bürgerliche Gesetzbuch, nie das Strafgesetzbuch, nie die allgemeine Ge-

---

[1] Ganz neulichst erklärte der Herr Erzbischof von München gegen einen Priester, den er, wie er selbst gestehen mußte, zu voreilig suspendirt hatte, und der appelliren wollte: „Was wollen Sie denn? Das Messelesen ist ja eine Gnade, die der Bischof jederzeit wieder entziehen kann".

richtsordnung, nie die Civilproceß=Ordnung gelesen hätte?"[1] Die Antwort ist freilich sehr einfach. Nach den bürgerlichen Rechts- und Gesetzbüchern wird eben auch Recht gesprochen und verfahren, aber nicht nach dem Corpus juris canonici und nach den Decreten der Concilien, sondern, wie gesagt, es gilt seit Langem, und ganz besonders in neuerer Zeit auch in der katholischen Kirche Deutschlands, nur das „sic volo, sic jubeo, stat pro ratione voluntas" als einzige Norm, die sich unmöglich im Voraus studiren läßt, die aber das Studium des kirchlichen Rechtsbuches ganz überflüssig macht. An und für sich ist es freilich nicht zu beklagen, wenn dieses „durch und durch von Trug und Irrthum durchzogene und mit Fälschungen überfüllte Werk, welches wie ein mächtiger, in die Structur der Kirche eingetriebener, Keil allmälig die ganze ältere Ordnung derselben gelöst, aus den Fugen gehoben und gesprengt hat",[2] wenn, sage ich, das Rechts- und Gesetzbuch der ganzen abendländischen Welt des Mittelalters bei den Theologen seines früheren Ansehens verlustig gegangen ist. Aber die Lehrer des Kirchenrechts sollten kein Hehl daraus machen, wie es mit der Rechts=entwicklung der römisch=katholischen Kirche seit tausend Jahren sich verhält, daß nämlich die ganze Gesetzgebung sieben Jahrhunderte lang auf den kühnsten, von Rom theils unmittelbar ausgegangenen, theils genährten Betrügereien beruhte, und daß seit Aufdeckung derselben in den letzten drei Jahrhunderten die reinste Willkür der Päpste und der vollständigste Absolutismus an die Stelle getreten sind. Sie sollten nämlich offen und entschieden erklären, daß, um mich der vollkommen richtigen Bemerkung eines gemäßigten

---

[1] Sammlung vermischter Schriften über Kirchengeschichte und Kirchenrecht von J. Feßler. Freiburg 1869. S. 109.
[2] Janus, Der Papst und das Concil. S. 163.

protestantischen Theologen zu bedienen, „die Quadratur des Zirkels oder der Stein der Weisen sich leichter finden ließe als die Versöhnung zwischen einer Kirche, die lediglich nach den Grundsätzen des canonischen Rechtes rücksichtslos lebt, und den Foderungen des modernen Staates".[1] Savigny hat einst mit Bezug auf das bürgerliche Recht bemerkt, es gehöre zu einer gründlichen Behandlung desselben „die völlige Gewöhnung, jeden Begriff und jeden Satz sogleich von seinem geschichtlichen Standpunkte aus anzusehen".[2] Und ein neuerer hervorragender Staatswissenschaftslehrer, Endemann, sagt in gleichem Sinne: „Die Befreiung von den canonistisch-scholastischen Anschauungen ist, man kann es nicht genug wiederholen, die große Aufgabe, auf deren Erfüllung die Rechtswissenschaft und Gesetzgebung ihren vollen Eifer zu richten hat."[3] Dieß ist heute die allgemeine Anschauung aller bedeutenderen Juristen, besonders der „deutschen Schule".

Einen ganz entgegengesetzten Weg sehen wir aber die katholischen Kirchenrechtslehrer gehen. Sie erkennen an den dogmatischen Satzungen ihre Schranke, wobei von einer wahrhaft wissenschaftlichen und geschichtlichen Behandlung selbstverständlich keine Rede sein kann. „Das Dogma," sagt Schulte gleich nach Kundgabe jener Klage, „bedarf keines Beweises durch historische Erörterung. Der Jurist nimmt

---

[1] Bedenken über kirchliche Neubildung. Von einem norddeutschen Theologen. In den Monatsblättern von Gelzer, Bd. 34, S. 10, Juliheft 1869.
[2] Von dem Beruf unserer Zeit für Gesetzgebung und Rechtswissenschaft. Heidelberg 1814. S. 120.
[3] Endemann, Die national-öconomischen Grundsätze der canonistischen Lehre. In Hildebrands Jahrbüchern. Jena 1863, I, 729.

dasselbe als ein Gegebenes, und construirt aus ihm oder
mit dessen Hilfe. Das," fügt er bei, „bitte ich wohl im Auge
zu behalten."[1] Es versteht sich, daß sich die innere Unwahrheit und Ungerechtigkeit katholischer Dogmen, wie z. B. dem
von der Alleinseligmachung der römischen Kirche, an welchem
Schulte mit aller Tenacität festhält, nicht zu solidem Rechte
gestalten läßt, so wenig als dieß einem rechtgläubigen Musel-
mann mit dem Koran gelingen wird. Erklärt sich doch
Schulte mit aller Heftigkeit gegen das „in neuerer Zeit bei
einigen protestantischen Schriftstellern Mode gewordene Gebahren, dem Katholiken selbst seinen, fünfzehn Jahrhunderte
vor einer Existenz Luthers geführten Beinamen „katholisch"
streitig zu machen, und blos von römisch-katholischen Christen
zu reden". Ich möchte meinen, es sei gerade vom rechts-
historischen Standpunkte letztere Benennung die einzig richtige, da gerade seit dem Tridentinum, welches die Protestanten aus der Kirche ausgestoßen hat, der Katholicismus den
specifisch römischen Charakter, welchen schon jenes Concil
trug, erhalten hat. Etwas ganz Anderes ist es freilich,
wenn man sich auf den rein dogmatischen Standpunkt stellt,
wornach die protestantische Kirche gar nicht den Charakter
einer christlichen hat, und daher auch kein Bestandtheil der
allgemeinen oder katholischen Kirche ist. Neuestens geht
Schulte, an den ich mich, als den bedeutendsten der heutigen katholischen Canonisten, besonders halte, noch über den
dogmatischen Standpunkt hinaus, und setzt das Kirchenrecht
auf das Danaidenfaß der päpstlich-hierarchischen Satzungen.
„Will man für eine, in das Leben eingreifende Disciplin
als Lehrer oder Schriftsteller anregend und nachhaltig wirken,

---

[1] Das katholische Kirchenrecht. Gießen 1856, II, Vorrede
S. XIII.

so darf man sich dem Leben nicht entfremden; man muß vielmehr das Recht (!) darstellen welches gilt" — sagt derselbe im J. 1868.[1] Ich würde nur die Worte noch beigefügt haben: „vorausgesetzt daß das eben Geltende und ins Rechtsleben der Kirche Eingeführte auch wirklich Recht ist." Denn sonst würden die Kirchenrechtslehrer doch gar zu tief herabgewürdigt werden, und sie hätten nur noch die Aufgabe, die päpstlichen Machtgebote, sie möchten nun innerlich gerecht oder ungerecht und der Religion wie dem Vaterland nützlich oder schädlich sein, zu vertheidigen und einzuschärfen, weil der Papst befiehlt, daß dieselben Rechtsgiltigkeit im Leben erhalten sollen, gerade wie gemeine Soldaten, denen die Befähigung fehlt, über Gerechtigkeit oder Ungerechtigkeit eines Krieges zu urtheilen. Noch unbedingtere Verfechter des Papalsystems sind die meisten übrigen Lehrer des katholischen Kirchenrechts auch in Deutschland. „Die Cathedra Petri," sagt Roßhirt, „ist die Höhe des Magisteriums, und eine Beschränkung dieses Rechtes wäre die Zerstörung der Einheit in der Kirche."[2] An eine Reform der Kirche ist natürlich hiebei nie zu denken; denn eine solche könnte, wie Roßhirt anderswo erklärt, „nur von der Hierarchie ausgehen und weder den katholischen noch den protestantischen Staaten steht ein jus reformandi auf die katholische Kirche zu".[3] „Unsere feste Ueberzeugung ist es", versichert A. Schöpf, „daß die Lehrautorität des Papstes infallibel sei, und daß seine Glaubensdecrete die Ueberzeugung des Katho-

---

[1] Lehrbuch des kathol. Kirchenrechts. 2. Aufl. Gießen 1868. Vorwort. Ebenso Hefele, Conc. Gesch. VII, 373. (Freiburg 1869).
[2] Canonisches Recht. Schaffhausen 1857. S. 77.
[3] Das staatsrechtliche Verhältniß zur katholischen Kirche in Deutschland seit dem Westphälischen Frieden. Schaffhausen 1859. S. 11.

lifen zu modificiren haben".¹ Die Grundsätze von Philipps, des einflußreichsten von allen Kirchenrechtslehrern, dessen „eminent kirchliche Gesinnung" erst jüngst wieder ein jüngerer Professor des canonischen Rechtes gepriesen hat,² sind ohnehin allgemein bekannt.

Wäre es nicht schon längst Aufgabe des katholischen Kirchenrechtes wie der Kirchengeschichte gewesen, offen auszusprechen und vom Katheder zu lehren, was jetzt endlich, wo es fast zu spät ist, und jetzt noch unter dem Schleier der Pseudonymität, von Janus gestanden wird, daß nämlich „in der katholischen Kirche schon seit Jahrhunderten, eigentlich schon seit den Isidorischen Decretalen, der (den Principien unserer modernen, auf religiöser, politischer und wissenschaftlicher Freiheit beruhenden, Civilisation) entgegengesetzte Weg mit beharrlicher Consequenz verfolgt worden; daß die hierarchische Verfassung sich mehr und mehr zu einem schrankenlosen, oligarchisch waltenden Absolutismus ausgebildet, und eine stetig wachsende und weiter greifende bureaukratische Centralisation allmälig das ganze kirchliche Leben in seiner harmonisch gefügten Gliederung und synodalen Selbstregierung getödtet oder nur die hohlen Formen bestehen gelassen habe";³ daß „seit Gregor VII. die Concilien zu einem Werkzeug der päpstlichen Herrschaft verkehrt und in einen Zustand von **entwürdigender Unfreiheit** versetzt wurden, welcher nur den Schatten dieser altkirchlichen Institute übrig ließ";⁴ ja daß „das Kaiserthum und die **deutsche Nationaleinheit** an der Wunde, welche die päpstliche,

---

¹ Handbuch des katholischen Kirchenrechts. 2. Aufl. Schaffh. 1855, I, 80.
² Dienborfer im Bonner Literaturblatt 1869, Nr. 18, S. 671.
³ Der Papst und das Concil von Janus. Leipzig 1869. S. 23.
⁴ Daselbst S. 207.

seit Jahrhunderten beharrlich fortgeführte, Politik beiden geschlagen hat, langsam verbluteten"?¹ Man vergleiche mit diesem Bekenntnisse, das nun endlich ein „gläubiger" katholischer Theologe ablegt, unsere ganze kirchenrechtliche und kirchenhistorische Literatur und die Werke der berühmtesten katholischen Canonisten und Kirchenhistoriker, an denen sich das ganze heutige Geschlecht des Clerus gebildet hat und noch alle Tage bildet, ob sie in diesem Geiste der Wahrhaftigkeit und der Gerechtigkeit oder aber gerade in dem entgegengesetzten der Abläugnung und Entstellung geschrieben sind? Der Janus weist selbst bezüglich eines der allerwichtigsten Punkte, nämlich der heute allgemein üblichen Darstellung der Pseudo-Isidorischen Fälschung und ihrer Wirkungen auf die ganze Gestaltung des katholischen Kirchenrechtes darauf hin; daß man vor hundert Jahren bereits viel unbefangener und richtiger darüber urtheilte als in neuester Zeit, daß Männer wie de Marca, Baluze, Coustant, Gibert, Berardi, Zallwein u. s. w. darüber einig waren, es sei die durch Pseudo-Isidor angebahnte Veränderung der Kirchenverfassung eine durchgreifende gewesen, und es sei durch ihn an die Stelle des alten Kirchenrechtes das neue getreten, während Döllinger, Walter, Philipps, Schulte, Pachmann, Roßhirt u. s. f. wieder die entgegengesetzte Behauptung aufstellten.² Wenn wir heute vor einer so traurigen Krisis stehen, so sind an erster Stelle jene katholischen Theologen, namentlich die Lehrer des Kirchenrechts und der Kirchengeschichte Schuld, welche in ihrem blinden Haß gegen alles Protestantische die Brunnen der geschichtlichen Wahrheit vergiftet haben, und von denen nun Einer erst bei dem

---

[1] Daselbst S. 315. Vgl. S. 177.
[2] S. 103.

Anblick des angestifteten Unheiles zur Beschwichtigung seines schuldbeladenen Gewissens eine pseudonyme Selbstanklage dem deutschen Volksgerichte einreicht. So muß denn die katholische Theologie, wenn sie sich auf sich selbst besinnt, gestehen, daß der Glaube an die kirchliche Unfehlbarkeit, welcher bei der allgemein herrschenden Unwissenheit und Meinungsverschiedenheit über den eigentlichen Inhaber und Träger derselben den Muth zu freier wissenschaftlicher Kritik noch mehr beklemmt und gerade den Frömmsten und Gewissenhaftesten die unbefangene Prüfung am meisten erschwert und am gefährlichsten erscheinen läßt, sowohl sie selbst als die Wissenschaft überhaupt, sowohl die Kirche als das Vaterland, nur aufs Tiefste zu schädigen geeignet ist. So rächt sich die Uebertretung der Naturgesetze, welche nirgends eine menschliche Unfehlbarkeit kennen, sondern für Alles, was Leben haben soll, den Gegensatz als absolute Bedingung der Entwicklung hinstellen. Was der Katholicismus dem Protestantismus gegenüber als seinen Vorzug betrachtet, nämlich die kirchliche Unfehlbarkeit, das ist gerade sein großer Nachtheil. Hätte die Kirche in der Weise der ersten drei Jahrhunderte den Protestantismus, der mit der weiteren Entwicklung nothwendig hervortreten mußte, in sich selbst geduldet, und nur die ganz bestimmte, jedem Christen als solche sich klar darstellende, Läugnung Christi und seiner Lehre, namentlich die in unsittlichem Leben sich offenbarende, nach dem Beispiel des Apostels Paulus verdammt, statt über unklare Meinungen und verschiedene wissenschaftliche Auffassungen zu Gerichte zu sitzen, während der sittliche Verfall weit weniger beachtet wurde: so wäre es niemals zu einer Trennung der Kirche in Kirchen mit exclusiven dogmatischen Symbolen gekommen, sondern es würden sich, wie auch in der Politik und in der Wissenschaft, nur verschiedene, einander als gleichberechtigt ansehende Parteien und Schulen gebildet haben. Und soll jemals die Spaltung der Christenheit in solider Weise gehoben und beigelegt, und also, um wieder mit dem Janus zu reden, "die theuerste Hoffnung, die kein Christ aus seiner Brust zu bannen vermag",[1] erfüllt werden, so ist die erste und unerläßlichste Bedingung, daß vor Allem die katholische Kirche, und zunächst die deutsche, das Dogma der Unfehlbarkeit der Concilien, wenigstens was man bisher unter einem Concil verstanden hat, fallen lasse, statt auch jetzt noch in jenem, von der Wissenschaft vollständig als haltlos erkannten Glaubenssatz ihr Palladium gegenüber allen andern Kirchen erblicken zu wollen.

Nicht die Staatsgewalt an erster Stelle kann Abhilfe bringen in den Uebelständen der katholischen Kirche; vor Allem die Theologen müssen Kinder eines **anderen Geistes** werden, den die äußere Gewalt nicht geben kann: nämlich des Geistes strenger Wahrheit und Gerechtigkeit, ächter Wissenschaft; und hiezu ist das Grunderforderniß das Aufgeben des grundverderblichen, geisttödtenden Vorurtheiles kirchlich-hierarchischer Unfehlbarkeit. Von einer "kirchlichen Sendung", wie bei dem Ausspender der Sacramente und bei Ausübung der Seelsorge, soll doch bei dem öffentlichen academischen Lehramte der Theologie als Wissenschaft, nicht als bloßer Katechese, bald nicht mehr gesprochen werden. Wo ist denn die "politische Sendung" für die Juristen, oder am Ende gar die "Sendung von dem Frauengeschlechte" für Aerzte, die sich auf Frauenkrankheiten verlegen, wie die Theologen mit den Krankheiten der Kirche zu thun haben? Wenn nach Döllingers öffentlicher Erklärung vor Allem

---

[1] Vorwort S. XVII.

die Aufgabe der deutschen Theologie darin besteht, „durch die öffentliche Meinung, die ähnlich dem Prophetenthum in der hebräischen Zeit, das neben dem geordneten Priesterthum stand, als außerordentliche Gewalt neben den ordentlichen Gewalten in der Kirche besteht, die ihr gebührende Macht zu üben, welcher in der Länge nichts widersteht, vor der zuletzt Alle sich beugen, auch die Häupter der Kirche und die Träger der Gewalt, weil der Theologe die Erscheinungen in der Kirche nach den Ideen beurtheilt und richtet, während der gedankenlose Haufe (zu dem leider gegenwärtig auch die Häupter der Kirche in diesem wichtigen Punkte gehören) umgekehrt verfährt; weil alle ächt reformatorische Thätigkeit zuletzt aber doch darin besteht, daß jede Einrichtung oder Uebung in der Kirche ihrer Idee entsprechend gemacht werde":[1] wenn dieß die erhabene Aufgabe der Theologie ist, dann kann die Sendung gerade der academischen Lehrer und Vertreter derselben durch die Päpste und Bischöfe, gegen deren Verkehrung der Einrichtungen und Uebungen in der Kirche in bloße, ihrer Idee durchaus fremde Mittel der Beherrschung die ächt reformatorische Thätigkeit der Theologie gerichtet sein muß, nur als das größte Hinderniß einer ächten und durchgreifenden Reform der Kirche erscheinen, und der academische Lehrer, der Theologe — ich sage nicht der praktische Seelsorger — braucht dann gleich seinen übrigen Collegen keine andere Sendung, ja darf sich gar keine andere gefallen lassen, als die der gebildeten öffentlichen Meinung, sowenig als die Propheten von den Hohenpriestern ihre Sendung empfingen. Möge

---

[1] Vergangenheit und Gegenwart der katholischen Theologie. Regensburg 1863. S. 25.

vor Allem Döllinger selbst mit seinem mächtigen Einfluß zur praktischen Ausführung seiner Ueberzeugung von der hohen Aufgabe der deutschen Theologie beitragen! Möchten alle Vertreter der liberalen und christlichen Interessen überzeugt sein, es sei eine eitle, mit jedem Tage die eigene Sache empfindlicher schädigende, Erwartung, „daß auch von Seiten der kirchlichen Gewalten die Bedeutung der theologischen Facultäten für die Förderung der **kirchlichen Wissenschaft** gewürdigt werde".[1] „Kirchliche Wissenschaft" ist nach dem heutigen römisch=katholischen Kirchenbegriffe eine contradictio in adjecto, und ist gleichbedeutend mit „unwissenschaftlicher Wissenschaft". Die katholischen Theologen können nicht mehr den beiden Herren, dem Papste mit den Bischöfen und der Wissenschaft, dienen; sie müssen sich für den einen oder für den andern, für Christus oder den Papst entscheiden. Niemand kann ihnen, und Niemand wird ihnen helfen, wenn sie nicht selbst mit männlichem Muthe für ersteren gegen letzteren sich erklären. Auch ein blos passiver Widerstand genügt hier nicht, weil der leidende Theil nur die theologische Wissenschaft selbst wäre, die durch die Feigheit ihrer Vertreter schimpflich preisgegeben würde. Kein Mann, der noch wissenschaftliches Ehr= und Schamgefühl besitzt, kann noch ultramontaner Theologe sein, gleichwie im Hinblick auf die unsinnigen Fabeln, womit Papst und Bischöfe den öffentlichen Cultus, das Meßbuch und priesterliche Brevier, statt zu reinigen, täglich noch mehr entstellen, überhaupt kein Mann, der noch religiöses und sittliches Schamgefühl hat, bald noch katholischer Priester, und kein gehörig über das römische Kirchenthum unterrichteter Mensch noch römischer Katholik wird bleiben können.

---

[1] Reusch im Bonner Literatur=Blatt 1868. Nr. 5, S. 157.

Es ist doch eine recht niederschlagende Beobachtung, die sich allwärts machen läßt, daß, während doch die Religion Christi auf persönliche Freiheit der Ueberzeugung gegründet ist, gerade diejenigen Theologen, welche mit ihrer Rechtgläubigkeit am dicksten thun, solange als nur immer die öffentliche Meinung sie nicht gänzlich der verdienten Verachtung preisgibt, eifrige Vertheidiger der Despotie sind und regelmäßig ganz gewiß die Letzten, statt die Ersten, welche mit freiheitlichen Institutionen sich aussöhnen. Gegenwärtig macht man alle Tage diese Erfahrung, namentlich in Deutschland, daß ein berühmter Theologe nach dem andern, meistens noch mit großem Bombast, ebenfalls nachträglich seine Zustimmung zu Grundsätzen erklärt, deren Berechtigung längst von allen unbefangenen Männern des Volkes vollkommen erkannt war. Wie schmachvoll ist diese Wahrnehmung!

Wie lange wird es denn noch währen, bis angesehene theologische Facultäten Deutschlands, wie z. B. die von Bonn, zu dem wissenschaftlichen Bewußtsein sich erheben, daß es eine Schändung der souveränen Würde der Wissenschaft sei, und eine doppelte Schmach für Deutschland, die Erlaubniß zur Verleihung gelehrter Grade erst von Rom immer aufs Neue sich erbetteln zu wollen, und so auch selbst noch zur Verhöhnung der deutschen Wissenschaft, wovon jedes Heft der Civiltà cattolica Zeugniß gibt, mitzuwirken. Warum nicht lieber einfach vom Staate, dem Beförderer und Pfleger der geistigen Gesittung, dieses Recht sich geben lassen, der es gewiß ohne jede Weigerung ertheilen wird? Mehr Berechtigung könnte man jener Verleihung durch den Papst zugestehen, wenn die Bestimmung des Concils von Trient strenge befolgt würde, daß sämmtliche kirchliche Würden, vor Allem die Bisthümer, nur an Graduirte verliehen werden dürfen. Nachdem aber dieses Decret niemals zur Ausführung gekommen und die kirchlichen Würdenträger der Wissenschaft sich fast durchaus feindlich entgegenstellen, können auch die Vertreter der Theologie jene Bevormundung sich nicht mehr gefallen lassen, ohne die Wissenschaft und sich selbst zu entwürdigen, und der verderblichsten, die katholische Kirche aufs Schwerste beschädigenden Sklaverei dienstbar zu werden.

Ich halte es nicht mit jener extremen Richtung, die da behauptet: „Die Theologie könnte erst nach Beseitigung aller Glaubensbekenntnisse auf den Namen einer Wissenschaft Anspruch machen."[1] Sowie eine politische Partei, so liberal sie auch immer sein möge, ein bestimmtes Programm haben muß, und gleichwie eine Partei ohne entschiedenes Programm als charakterlos gilt und machtlos ist, ganz ebenso verhält es sich auch und muß es sich mit den kirchlichen Parteien verhalten. Man pflegt wohl zu bemerken: „Wer würde noch Theologie treiben, wenn es keine Pfarreien, Bischofs- und andere Sitze mehr gäbe?"[2] Zur Ehre der Theologie muß man sagen, daß sie ihre besten Vertreter längst nicht mehr bei Denjenigen hat, die sie nur äußerer Vortheile wegen pflegen, sondern daß es nicht Wenige gibt, die sie um ihrer selbst willen lieben und betreiben. Und es wird dieß in dem Grade noch allgemeiner der Fall sein, als sie das von Päpsten und Bischöfen ihr angezogene Gewand einer willenlosen Sklavin von sich wirft und als freigeborne Tochter des Himmels sich der Hierarchie und dem Papstthum, die sie so lange als ihr Werkzeug mißbraucht haben, mit edlem Selbstbewußtsein von ihrer Würde gegenüber stellen

---

[1] Gustav Struve, Die Zeit von 1848 bis 1863. Coburg 1864. S. 57.
[2] A. a. O.

wird. Sind ja doch auch alle andern Wissenschaften, wie etwa die Jurisprudenz, längst nicht mehr blos die blindergebenen Dienerinen und Vertheidigerinen des in dem betreffenden Lande gerade herrschenden und zur Zeit bestehenden Verfassungs- und Regierungssystems. Die Nothwendigkeit einer O r d n u n g im Staate als auf dem Naturrechte beruhend darf der Jurist freilich nicht läugnen; aber darum braucht er keineswegs die Fürsten als direkt von Gottes Gnaden zu erklären, wenn die Wissenschaft ihm dieß nicht möglich macht. Ganz dieselbe Freiheit müssen auch die katholischen Theologen bezüglich des Papstes und der Bischöfe und der ganzen kirchlichen Verfassung behaupten, wenn sie Diener der Wissenschaft, und nicht bloße Knechte des Papstthums und Episcopates sein wollen. Was die Theologie in so großen Mißcredit gebracht hat, ist nichts als der Mißbrauch, den die Hierarchie in Verbindung mit der Bureaukratie und Politik mit ihr getrieben haben. Der Haß und Ekel, welchen jene egoistische Herrschaft des Priesterthums gerade bei den Besten jedes Volkes verursachten, wurde auf die mißhandelte Theologie, ja auf die mißbrauchte Religion, selbst übertragen. Nicht die Glaubensbekenntnisse schaden dem wissenschaftlichen Charakter der Theologie. Auch die größten Feinde derselben haben ihr Glaubensbekenntniß. Ich behaupte gerade umgekehrt: die wissenschaftliche Theologie steht um so höher, je entwickelter bei dem betreffenden Volke das Glaubensbekenntniß ist. Aber freilich: es muß ein wirkliches, selbsteigenes, f r e i e s, aus dem Innern des Volkes herausgewachsenes Bekenntniß sein, und nicht eine blos von der äußeren kirchlichen Gewalt, wie Papstthum und Hierarchie, den sog. „Gläubigen" gleichsam wie Flaschen in einer Wein-Niederlage aufgepappte Etiquette sein. Wie in einem absolutistischen Staatswesen die Staatswissenschaft nicht gedeihen kann, ebenso wenig kann die Theologie in einem absolutistischen Kirchenthum blühen. Das Papstthum in Rom ist niemals, weder in alter noch in neuer Zeit, die Wohnstätte der katholisch-theologischen Wissenschaft, sondern stets nur die der geistlichen Bureaukratie gewesen. Aber trotz des in Rom herrschenden unwissenschaftlichen Absolutismus, trotz der Bischöfe und ihrer geistlichen Räthe, ist doch die Theologie noch nicht am Absterben; ja ich möchte glauben, daß sie einer neuen Aera entgegengeht. Man hat ihr bisher noch allzu wenig erlaubt, ihre eigene Kraft zu entfalten, sondern hat sie in den Käfig der kirchlichen Lehrformeln eingezwängt und gehindert, wie ein Adler in freiem, kühnem Fluge in die hohen Räume des Himmels sich aufzuschwingen. Nein, die Theologie hängt nicht von den Bischöfen ab, die sich schon längst sehr wenig um sie kümmern; sie ist gewesen vor ihnen, und wird auch nach denselben fortbestehen. Was sie wünscht und verlangt zu ihrem Gedeihen, das ist nur die Befreiung und Erlösung von ihren angeblichen Beschützern und Wächtern. Die Unfehlbarkeit der Kirche ist ihr ärgster Feind, und die allgemeine Anerkennung der Unfehlbarkeit eines Einzelnen, wie des Papstes, wäre in Wahrheit ihr Tod.

Wenn man sich aber über die bedauerliche Unwissenheit der Bischöfe und der Dignitäre bezüglich der Theologie noch damit trösten könnte, daß die Wissenschaft ihre Vertreter überhaupt selten unter den Herren der Hierarchie hatte, weil schon der Name eines Hierarchen als Herrschers im Heiligthum mit dem Dienste an der Wissenschaft unverträglich ist, so sind dagegen die Folgen auf einem andern, noch viel wichtigeren Gebiete, nämlich dem der populären Erbauungs-Literatur, um so schlimmer. Es ist hier nicht meine Absicht, auf diesen Punkt näher einzugehen. Ich will nur ganz kurz darauf hinweisen, daß gerade die von Bischöfen und Ordinariaten approbirten Gebet- und Erbauungsbücher nicht selten eine völlige Verkehrung der christlichen Rechtfertigungslehre, den rohesten Anthropomorphismus und den verderblichsten Aberglauben enthalten. Durch zahlreiche Heiligen- und Marienlegenden wird aller Wust des Mittelalters und des siebzehnten Jahrhunderts seit ein paar Decennien neu in Umlauf gesetzt, eine Menge von Gebeten zu den Heiligen, vor Allem zu Maria, läuft auf eine direkte Verfälschung des Gottesbegriffes hinaus und unterscheidet sich kaum mehr von dem heidnischen Götterculte. Durch Renan, Strauß und Schenkel geschieht Christi Ehre weniger Eintrag als durch eine bedeutende Zahl katholischer, von Bischöfen approbirten und mit reichen Ablässen der Päpste versehenen Gebetbüchern. Gewöhnlich erscheint der Christengott als ein jähzorniger Tyrann, der die schwachen, sündigen Menschen auf der Stelle vernichten will, und nur durch Weiber den Arm sich zurückhalten und sich beschwichtigen läßt, aber niemals als der „Menschensohn", was Jesus sich selbst mit Vorliebe zu nennen pflegte. Gegen solche Verfälschung sind die Bischöfe und ihre geistlichen Räthe, die doch so eifrig über die Orthodoxie der Männer ächter wissenschaftlicher Forschung wachen, ganz und gar blind und abgestumpft. Es ist dieß einer der Punkte, wo die Fehlbarkeit und, was bei dem Anspruch auf Unfehlbarkeit nicht weniger ins Gewicht fällt, die allgemeine und dauernde Gleichgültigkeit gegen die Verkehrung des natürlichen Gottesbegriffs, also der Indifferentismus verwerflichster Art, auf Seite des gesammten Episcopates und sog. Magisteriums der katholischen Kirche recht augenfällig für jeden ernst religiös gesinnten Gebildeten hervortritt. Hier, wo das Interesse der Beherrschung des ungebildeten Volkes im Spiele ist, wissen Papst und Bischöfe Alles zu entschuldigen, da ist jede, auch an das Heidenthum streifende Accomodation an die sinnlichen Auffassungen der Massen als unschädlich, ja als erbaulich zu rechtfertigen, während in streng wissenschaftlichen Werken, die nur für Gelehrte oder doch gehörig Gebildete bestimmt sind, jede Abweichung von einer der Hierarchie und dem Papstthum zuträglichen Lieblingsmeinung sogleich „schlecht klingt" oder „fromme Ohren verletzt", oder „unbesonnen" oder gar „häretisch" ist. Da guckt der Bocksfuß der Unfehlbarkeit der römisch-katholischen Kirche recht sichtbar heraus! Jene Prätension hat nur den Zweck, eine unchristliche Beherrschung der Menschen zu stützen und aufrecht zu erhalten, und nicht im Entferntesten liegt ihr an der Reinerhaltung des Christenthums. Wenn der Janus zur Reform der katholischen Kirche beitragen will, so möge er noch ein weiteres, ebenso gelehrtes Buch schreiben, wo er auch alle die Thatsachen, nicht blos vorübergehende, sondern dauernde, vorführt, welche die Fehlbarkeit des Epicopates selbst bis zur vollsten Evidenz darthun. Sollte meine Mitwirkung gewünscht werden, so würde ich, weil es die Ehre Gottes und die ächte geistig-sittliche Bildung des Volkes, vor Allem auch das Wohl und die Ehre des Vaterlandes gilt, mit Vergnügen hiezu bereit sein. Die Thatsachen, welche gegen die Unfehlbarkeit des Episcopates selbst sich anführen und geltend machen lassen, sind nicht minder zahlreich und nicht minder schlagend als jene, welche von Janus gegen die Unfehlbarkeit des Papstes mit so großem Fleiße und Geschicke gesammelt und dargelegt worden sind. Nie wäre die Kirche so tief verfallen wie im Mittelalter, und längst wären wirksame Reformen erzielt worden, wenn die Regenten derselben nicht von ihrem Herrschaftsinteresse, sondern allein von dem

Geiste und der Lehre Christi sich hätten leiten laſſen wollen, nur das bindend, was der Herr selbst gebunden, alles Andere aber löſend und der perſönlichen Freiheit anheimſtellend. Statt deſſen hat die kirchliche Autorität faſt durchweg das Gegentheil gethan: ſie bindet wo Chriſtus nicht gebunden, und ſie löſt wo er gebunden wiſſen wollte; ſie knebelt diejenigen, welche bereits zum Gebrauch der Freiheit gelangt ſind, und überläßt die Unmündigen den ſeelengefährlichſten Verirrungen, ja trägt auch noch ihrerſeits durch Ermunterung und Belohnungen bei, ſie in dieſelben immer tiefer hineinzuſtürzen!

Das Geſchäft des orthodoxen, und namentlich des unfehlbarkeitsgläubigen katholiſchen Theologen iſt, recht beim Lichte betrachtet, nicht blos ein unwiſſenſchaftliches, ſondern geradezu ein unmoralisches. Und dieß in mehrfacher Hinſicht. Erſtens darf derſelbe keine eigene Ueberzeugung haben, und dieſelbe jedenfalls nicht ausſprechen. Ja noch mehr: er muß gegen ſeine Ueberzeugung glauben, daß er Unrecht hat. Das Gleiche iſt ja der Fall bei der verkehrten katholiſchen Tugendlehre. Auch hienach muß ſich einer für ſchlechter halten als er nach ſeinem inneren Bewußtſein iſt. Statt Gott zu danken für die Standhaftigkeit im Guten, ſoll der nach Vollkommenheit Strebende niemals das vollbrachte Gute als ſolches anerkennen, ſondern vielmehr ſich ſelbſt belügen und ſich für weit ſchlechter anſehen als einen Anderen, von dem er weiß, daß er viel weniger oder gar nicht der Tugend ſich befleißigt. In zahlreichen ascetiſchen Schriften wird ja dieſe Regel eingeprägt. Nun hat aber der Menſch nicht blos ein Recht auf Ueberzeugung, ſondern auch eine Pflicht, und dieſe Pflicht ſchließt die andere der ſtrengen Aufrichtigkeit und Wahrhaftigkeit auch gegen ſich ſelbſt nothwendig ein. Es iſt dem Menſchen zufolge des

Gebotes der Selbstliebe, das Christus nicht nur nicht aufgehoben, sondern neu eingeschärft hat, nicht erlaubt, sich selbst zu belügen, wer immer ihm dieß auch sollte befehlen wollen. Er darf nicht für falsch halten, was er nach gründlichster Untersuchung für wahr erkannt hat, und er darf sich nicht für schlechter ansehen, als er in Wirklichkeit ist. Ja er muß gegen jede Zumuthung, seine Ueberzeugung aufzugeben, mit seiner ganzen Persönlichkeit jedweder Autorität gegenüber einstehen, wie abermals Jesus das erhabenste Vorbild in der ganzen Weltgeschichte ist. Der Aufforderung, sich belehren zu lassen, darf er sich freilich niemals widersetzen; aber blos kategorischen, als unfehlbar sich aufbringenden, nicht solid erwiesenen, Machtsprüchen darf er in gar keinem Falle, sowenig als physischem Zwange, seine Ueberzeugung zum Opfer bringen. Das Dogma der Unfehlbarkeit der Kirche, so wie es allgemein im Katholicismus verstanden und gehandhabt wird, schließt aber die Läugnung der Persönlichkeit des Menschengeistes, und in weiterer Folge auch die Verwerfung eines persönlichen Geistes überhaupt, also den vollsten Atheismus, in sich. Man mag sich drehen und wenden wie man will: dieser Consequenz kann man nie und nimmer ausweichen. Und darum ist es das beste Zeichen von zunehmender wahrer Religiosität in der heutigen Welt, daß dieselbe mit allem unfehlbaren Kirchenthum zerfallen ist. Statt also zu erklären, was der Ultramontanismus stets mit so viel Nachdruck betont und was namentlich in den Hirtenbriefen der Bischöfe so häufig wiederkehrt, daß es zwischen Katholicismus und Atheismus nichts Drittes gibt, sollte man vielmehr sagen, daß der Katholicismus mit seinem Unfehlbarkeitsdogma, an welchem auch die liberale Partei der katholischen Theologen fest halten zu wollen versichert, consequent zum Atheismus führen müsse. Man kann dagegen nicht geltend machen, daß diese Consequenz schon längst hätte eintreten müssen. Genug, daß sie immer mehr gerade bei den helleren Köpfen in den strengst-katholischen, besonders in den romanischen Ländern, wo ein protestantisches Christenthum nicht versöhnend einwirkt, offenbar wird. Die Unfehlbarkeit der Kirche war ein pädagogisches Mittel für die rohen Völker des Mittelalters, die man wie Kinder behandeln mußte. Aber würde nicht alles Recht und alle Wahrheit zu Grunde gehen, könnte es irgend ein ernstes wissenschaftliches Streben geben, wenn man die pädagogischen Mittel, deren man sich zur Abschreckung bei Kindern bedient, auch bei den zu eigenem Denken gereiften Menschen, bei Staaten und Völkern, in Anwendung bringen wollte? So verfahren aber das römische Papstthum und die katholische Hierarchie heute noch. Sie sind selbst in den Kinderschuhen stehen geblieben, haben sich gewöhnt, die Sprache der Amme und Wärterin für die wirkliche Wahrheit zu halten, und betrachten nun alle Menschen für unbotmäßig, die ihre selbstständige Geisteskraft anwenden wollen; am allerstrafbarsten erscheinen ihnen natürlich die Diener der eigenen Kirche, die Geistlichen und Theologen, welche solche freventliche Gelüste verrathen.

Sehr treffend hat man unlängst gesagt: „Die gegenwärtige Weltanschauung will kein doppeltes Buch mehr führen, ein Werkeltagsbuch für den sittlichen Menschen und ein Sonntagsbuch für den religiösen Christen, weil sie Religiosität und Sittlichkeit ineinandersetzt. Die moderne Bildung will nur die einfache Buchhaltung des Gewissens, die der Mensch für sich selbst führt, und sie ist fest überzeugt, hiemit auf dem vom Stifter der christlichen Religion gewiesenen Wege und in seinem Sinne zu handeln." Mit der Zunahme des sittlichen Ernstes ist auch die Furcht vor dem Teufel etwas geringer oder vielmehr der Begriff von demselben ein richtigerer geworden. Der Mensch lernt einsehen, daß er den bösen Feind in sich selbst trägt und nicht außer sich zu suchen hat.[1] Wie steht es denn mit der katholischen Theologie? Führt sie nicht immer noch ein doppeltes Buch, und thun dieß nicht gerade die gelehrtesten ihrer Lehrer? Haben sie nicht auf dem Katheder ihr religiöses oder „kirchlich gläubiges" Werkeltagsbuch, aus dem sie den künftigen Priestern vorlesen, und greifen sie nicht nur hie und da an einem außerordentlichen Festtage zu dem sittlichen, das heißt, wissenschaftlichen Sonntagsbuche, und ahnen sie denn, daß der Theologen-Teufel gerade der Papst und die Bischöfe mit ihren unfehlbar sein wollenden Satzungen sind, in deren Vertheidigung sie ihre Aufgabe erblicken? Der Glaube an diesen Teufel und die Furcht vor demselben muß immer mehr abnehmen und dagegen die Ueberzeugung sich befestigen, daß jener Knechtssinn und Mangel moralischen Muthes zur offenen Aussprache der Wahrheit und zu deren Mittheilung an die christliche Jugend als die künftigen Bildner des Volkes der wahrhaftige Theologen-Teufel sei, der dem Geiste Christi direct widerstrebt und eine durchgreifende Reform der katholischen Kirche am meisten hindert. Sich selbst vor Allem ist jeder Theologe es schuldig, diesen Teufel unsittlicher Furcht aus seinem Herzen auszutreiben und die einfache Buchhaltung des Gewissens einzuführen.

Aber auch dem Nebenmenschen und jedem von ihnen ohne Unterschied des Standes und Ranges ist der Mensch, der um seine betreffende Ansicht befragt wird, das Bekenntniß seiner Ueberzeugung schuldig, selbst wenn derselbe sie

---

[1] Roskoff, Geschichte des Teufels. Leipzig 1869. II, 610.

nicht sollte hören wollen und deren Verläugnung lieber
sähe, ja sogar zu belohnen bereit wäre. Mag auch im Le=
ben noch so häufig und noch so gewöhnlich das Gegentheil
der Fall sein, und mag Solches namentlich bei den kirch=
lichen Personen auch noch für Pastoralklugheit und sonstige
außerordentliche Tugendhaftigkeit gelten: es ist unsittlich
und unchristlich und widerstreitet der ächten Liebe gegen den
Nächsten, welchem man vor Allem Wahrhaftigkeit schuldig
ist. Die Moralisten predigen dieß zwar alle Tage, ohne
aber dabei zu bedenken, daß das ganze System des Katho=
licismus mit seiner Unfehlbarkeit auf eine beständige Ver=
letzung des großen Gebotes der Nächstenliebe hinausläuft.
Oder was hat einst Huß auf dem allgemeinen Concil zu
Constanz anderes gethan als daß er dieses Gebot vor Allem
seinen Vorgesetzten gegenüber erfüllte, und nach seiner Ueber=
zeugung über die ihm vorgelegten Fragen sich aussprach?
Und diese Pflichterfüllung lohnte das allgemeine Concil
einem gelehrten Theologen mit dem Feuertode, während die
unsittlichsten Schmeichler der Päpste mit Ehren und Wür=
den überhäuft wurden!

Alle Wissenschaft wirkt sittlichend, aller Un=
fehlbarkeitswahn aber gegenüber gereiften
Menschen entsittlichend und führt zur gröbsten und
schreiendsten Pflichtverletzung gegen sich selbst und den
Nebenmenschen. Darum muß sich vor Allem die Theologie
angelegen sein lassen, eine Mutter und Hauptquelle der
Sittlichung, zunächst des Clerus selbst, zu werden, was sie
aber nur durch Aufgeben des Glaubens an kirchliche Un=
fehlbarkeit erreichen kann.

Wo man nur immer hinsieht, tritt diese entsittli=
chende Wirkung des Unfehlbarkeitsglaubens und der damit
nothwendig verbundenen Hingebung der Theologen, der

alten wie der jungen, der großen wie der kleinen, an Papst und Bischöfe, entgegen. Nur der Glaube an die Unfehlbarkeit der römischen Kirche ist die Haupturfache jenes ekelhaften Dünkels, den so häufig noch knabenhafte katholische Geistliche, die sich an irgend eine Abhandlung als specimen eruditionis machen, in ihren wegwerfenden Verdammungsurtheilen und schwersten Anschuldigungen der hervorragendsten und gewissenhaftesten protestantischen Gelehrten offenbaren. Es genügt schon, daß sie sich aus der Schule und aus ihren Compendien erinnern, es sei diese oder jene Behauptung im Widerspruche mit der Ansicht eines angesehenen ultramontanen Theologen oder sie sei gar durch ein päpstliches Breve als propositio damnata erklärt, geschweige erst durch den Canon eines Conciliums mit dem Anathem belegt, um den scharfsinnigsten Denker und gewissenhaftesten Forscher wie einen Uebelthäter und Räuber zu behandeln. Dieß bezieht sich auf alle Gebiete der katholischen Theologie, namentlich auf Kirchengeschichte, Dogmatik und Exegese. Bürschlein, die, wie man sagt, hinter den Ohren noch kaum trocken sind, setzen sich aufs hohe Roß und führen gegen die größten Gelehrten unter den Protestanten, gegen allgemein verehrte Koryphäen der Wissenschaft, eine Sprache, zu deren Charakterisirung es mir an einem entsprechenden Namen fehlt, wenn man sie nicht etwa die Lausbubokratie in der Theologie nennen will. Und solches bübisches Gebahren wird es etwa von der katholisch-theologischen Presse, selbst dem liberaleren Theile derselben, geahndet und gebührend getadelt? Hat es etwa irgend welche Benachtheiligung und Uebergehung von Seite der Wächter der Sittlichkeit, wozu wohl vor Allem die Pflicht der Bescheidenheit eines jungen Geistlichen gehören wird, zu besorgen? Ganz und gar nicht: es trägt vielmehr Lob und

Lohn ein, und umgekehrt jeder Andere, dem sein angeborner Rechts- und Wahrheitssinn solche Bethätigung der Ehrfurcht vor päpstlichen Breven nicht möglich macht, hat Rüge und Zurücksetzung zu erwarten. Von oben bis unten wird durch jenen Unfehlbarkeitsglauben der Rechts- und Wahrheitssinn ertödtet oder doch in seiner Manifestation gehemmt, dagegen die unsittlichste Selbstgefälligkeit und Ungerechtigkeit gehegt und gepflegt.

Dieser hochmüthige Dünkel, in welchen die jungen Cleriker und Theologen, meistens gewesene Bauernbuben und aus den untersten Klassen, in Folge des Unfehlbarkeitsdogmas hineinwachsen, beschränkt sich aber nicht auf die Mißachtung und Vernachlässigung der wissenschaftlichen Leistungen der Protestanten, sondern erstreckt sich auf Alles was von ihrer Seite kommt. Denn wenn es ohne Papstthum kein Christenthum, keine Kirche, gibt, dann muß im Katholicismus auch alle wahre Bildung und Gesittung vereinigt sein, und überall außerhalb seines Kreises nur Heidenthum oder Barbarei und Unbildung herrschen. So bringt jener vermeintliche Talisman der Unfehlbarkeit den orthodoxen Katholiken geradezu um den gesunden Menschenverstand, und man kann in voller Wahrheit sagen, daß jeder solide und gebildete Katholik unserer Zeit mit dem System seiner Kirche im Widerspruche lebt und daß ein durchaus consequenter Katholik in der modernen Gesellschaft, namentlich in einem confessionell gemischten Staate, gar nicht mehr denkbar ist. Es wäre höchste Zeit und heiligste Pflicht für die einflußreichsten katholischen Theologen, diesen wichtigen Punkt recht ernstlich ins Auge zu fassen und ihren Schülern, den künftigen Lehrern des Volkes, allen Unfehlbarkeitsglauben, zu dem die Trägheit und Eitelkeit der schwachen menschlichen Natur, und gerade der weitaus größten Mehrzahl der mittelmäßigen Talente des Clerus, so sehr hinneigt, mit der Wurzel aus dem Herzen zu reißen, ohne im Geringsten zu besorgen, daß damit auch die Religiosität ausgerottet werde, die vielmehr dadurch nur von dem ihr Wachsthum hindernden Unkraut gereinigt und befreit wird. Die katholischen Theologen, welche dagegen die Unfehlbarkeit lehren, fördern damit zugleich die Unbildung und Unmoralität, sie mögen es glauben oder nicht. **Alle ächte Bildung und Sittlichung ist nothwendig entkatholisirend und entkirchlichend** im heutigen offiziellen Sinne und Begriffe von Katholicismus und Kirche. Mag diese oder jene Regierung aus politischen oder dynastischen Interessen den Ultramontanismus immerhin noch lange stützen: Gewissenspflicht jedes einzelnen Menschen, und vor Allem der Lehrer von solider Tugend und wahrer Bildung, ist es, von demselben sich loszusagen und auch Andere hiezu zu bestimmen. In keinem andern Stande begegnet man einem so abscheulichen Dünkel wie bei den katholischen Geistlichen, wovon eine Hauptursache jedenfalls schon in dem Umstande liegt, daß für jeden andern Stand höhere wissenschaftliche Anforderungen gemacht werden als heutzutage für einen katholischen Geistlichen, selbst in Deutschland.[1] Die Wissenschaft macht ja bescheiden, aber der unwissende Dünkel bläht auf, wie man vor Allem

---

[1] In Bezug auf Oesterreich sagt dieß ausdrücklich Schulte (Die Stifte der alten Orden in Oesterreich. Gießen 1869. S. 33): „Jedes andere Studium," versichert er, „ist nach den österreichischen Verhältnissen schwieriger und kostspieliger als das Studium der Theologie." Anderswo ist es ebenso. „Während man," bemerkt Schulte weiter, „statistisch nachweisen kann, daß von den übrigen Studirenden über zehn Prozent nicht zum Ziele gelangen, kommt es selten vor, daß ein Theologie Studirender wegen geringer Leistungen allein von seinem Vorhaben abstehen müßte."

an vielen Bischöfen selbst sieht; die Wissenschaft führt nothwendig auch zur sittlichen Selbstprüfung und zur Aufmerksamkeit auf die Führung Gottes.

Und wie steht es denn trotz aller Unfehlbarkeit mit der Liebe und Eintracht der katholischen Theologen unter sich? Man sollte glauben, es müßte vor Allem in ihrer Mitte die Wirkung jenes Dogmas durch eine allgemeine Liebe und Gesinnungsgleichheit sich offenbaren. Wenn man sie über die Zersplitterung im Protestantismus peroriren hört, möchte man auch meinen, es herrsche in ihren Kreisen ein Leben wie auf den Gefilden der Seligen. Sobald man aber etwas näher zusieht, wird man gewahr, daß es sich ganz entgegengesetzt verhält. Wer immer, wenn auch in Folge des redlichsten wissenschaftlichen Forschens, zur Ueberzeugung von der Unhaltbarkeit der hierarchischen Infallibilität gelangt und diese Ueberzeugung pflichtgemäß kundgibt, der gilt ohnehin auch den sog. liberalen katholischen Theologen für verloren und sie sprechen über einen solchen Mann, sollte er ihnen auch als Denker und Gelehrter weit überlegen sein, nur noch gelegentlich ihr Mitleid aus; seine ganze weitere wissenschaftliche Thätigkeit ist ihnen nur noch eine Kette „bedauerlicher Verirrungen".[1] Aber auch unter den Unfehlbarkeits-Gläubigen selbst bestehen die tiefsten Gegensätze und herrscht der tödtlichste Haß. Wozu also dieser unerwiesene, und vielmehr längst durch alle Erfahrung widerlegte Glaube an Unfehlbarkeit, wenn er in gar

---

[1] So z. B. Reusch im Bonner Literaturblatt 1869, Nr. 17 v. 16. August über Prof. Frohschammer's Schrift: „Das Recht der eigenen Ueberzeugung." Die so beherzigenswerthe Broschüre von Leopold Schmid: „Ultramontan oder katholisch. Gießen 1867" wurde im nämlichen Organ mit der Bemerkung abgefertigt, sie enthalte nur „Nebelbilder"! Jahrg. 1867. S. 328.

keiner Hinsicht die Wirkung, welche alles wahrhaft Christliche hervorbringen muß, die Liebe zum Bruder und die strenge Gerechtigkeit gegen denselben, zu erzeugen vermögend ist, sondern nur einen unsittlichen Hochmuth nährt? Wer immer ein Sohn der neuen Zeit, ein wahrer Christ und ächter Deutscher ist, der soll nicht darnach fragen, ob das Wirken eines Mannes den Charakter kirchlich-orthodoxer Correctheit an sich trage, sondern ob es zur Förderung und zum Gedeihen solider, auf Wahrheit und Recht gegründeter, Religiosität, ächter Wissenschaft und des nationalen Wohles diene.

Zu allen Zeiten sind gerade die Unfehlbarkeitsmenschen die allerungerechtesten Polemiker und doch zu gleicher Zeit die am Leichtesten in das Extrem des Unglaubens verfallenden Leute gewesen. Beispiele brauche ich keinem Kenner der Geschichte der Kirche und Theologie zu nennen. Solche Männer haben keinen sittlichen Schwerpunkt, und nichts ist unter ihnen so selten zu finden als ein großer Charakter. Der ächte Theologe muß beschaffen sein wie der gegenwärtige Senior unsers Vaterlandes, der seit mehr als 50 Jahren im Dienste der Gottesgelehrtheit stehende Professor Hagenbach, der von sich das Bekenntniß ablegt, welches alle Vertheidiger der hierarchischen und päpstlichen Unfehlbarkeit mit großen Buchstaben in das Herz sich schreiben sollten: „Es ist mir nie eingefallen, Andern meine Anschauungsweise aufzubringen, so wenig als ich mich von fremder Autorität der Meinungen bestimmen lasse, und so gerne ich auch von Andern lerne und dankbar bin für Alles was mich zu neuer Durcharbeitung meiner Gedanken veranlaßt hat. So bekenne ich denn frei, daß ich den Männern des entschiedensten Glaubens so manche heilsame Anregung verdanke, die mich im eigenen Glauben befestigt und vor Verirrungen des Unglaubens bewahrt hat. Aber auch den Männern des Fortschrittes, den freisinnigen Vertretern der Wissenschaft, verdanke ich, daß sie mich nie in jenen Schlummer der Trägheit haben versinken lassen, die den Glauben zum bequemen Ruhekissen macht."[1]

Schon die eine Thatsache, daß ein Gelehrter wie der Janus es nicht wagen darf, seinen wahren Namen zu nennen, obwohl es sich in seiner Schrift gar nicht etwa um noch lebende Persönlichkeiten, sondern blos um rein geschichtliche Dinge, und dem allergrößten Theile nach des Mittelalters, handelt, während das ganze Heer von oberflächlichen und fanatischen Polemikern und Controversisten, und die Tausende von Vertheidigern des päpstlichen Absolutismus[2] seine Namen ohne alle Gefahr für Ehre und Amt nennen kann: schon diese Thatsache allein ist gar nicht genug in Erwägung zu ziehen. Bei Darstellung einfacher geschichtlicher Wahrheit muß auch der gelehrteste katholische Theologe sich mit Anonymität oder Pseudonymität schützen, da er weiß, daß gerade die einflußreichsten Männer seiner Kirche, die doch im alleinigen und ausschließlichen Besitze der Wahrheit zu sein versichert, sie nicht vertragen kann. Man sollte meinen, ein Katholik müßte umgekehrt also schließen: wenn meine Kirche, die Mutter der Wahrheit, schon mit s.. n Werken, die große Ungenauigkeiten und Ungerechtigkeiten enthalten, Geduld trägt und ihre Verfasser nicht straft, sondern ihre gute Absicht belohnt, um wie viel mehr werde ich mit meiner auf so umfassenden und gründlichen Studien beruhenden Arbeit auf Anerkennung rechnen können. Statt

---

[1] Ueber Ziel und Richtpunkte der heutigen Theologie. Zürich 1867. S. 75 fg.

[2] Ein reichhaltiges Verzeichniß derselben enthält das fünfbändige Werk des Bischofs Roscovany, Romanus pontifex.

dessen handelt der Janus, gewiß ohne sich selbst darüber gehörig Rechenschaft gegeben zu haben, als ob er wüßte, daß die katholische Kirche, der er dienen will, nicht nur nicht die Mutter der Wahrheit, sondern vielmehr der Unwahrheit und Lüge sei! So sehr haben die katholischen Theologen die Mitglieder ihrer Kirche, vor Allem den Clerus, an die Unwahrheit gewöhnt, daß sie nun selbst die Wahrheit gar nicht mehr offen sagen dürfen. Ein größeres Armuthszeugniß, eine schlagendere Widerlegung der Unfehlbarkeits- und Alleinseligmachungsdogmen, ein vollständigeres Verdammungsurtheil des ganzen Geistes der katholischen Polemik gegenüber den andern Kirchen läßt sich kaum denken.[1] Je katholischer ein Ort, wie vor Allem Rom, oder eine Persönlichkeit ist, desto sicherer kann man sein, dort und von solcher Quelle die Wahrheit nicht zu erfahren! Der Janus ist daran, dieß einzusehen; möge er auch noch, nachdem er die Mauer übersprungen, den Vorhang lüften, der ihn von der Wahrhaftigkeit trennt, welche die Wissenschaft verlangt, um so zugleich die Versicherung des französischen Auslandes, selbst der dem Ultramontanismus ganz ferne Stehenden, zu Schanden zu machen, daß nämlich „diese ganze katholisch-liberale Bewegung zu Nichts führen werde". Sie muß einen Erfolg haben, und zwar nicht nur ein Schisma mit einem Gegenpapst, wozu uns Heutigen allerdings die Religion nicht mehr ausreicht,[2] da uns schon ein Papst zu viel ist, sondern einen vollständigen Bruch mit dem Papstthum

---

[1] Soeben kommt mir die kleine treffliche Schrift Frohschammer's zu „Zur Würdigung der Unfehlbarkeit des Papstes und der Kirche. München 1869", welcher ganz die nämlichen Bemerkungen über die Pseudonymität des Janus macht (S. 6 fg.).

[2] So bemerkte jüngst in Bezug auf die Coblenzer Adresse auch Guettée, L'Union chrétienne. Paris 1869, Septembre, p. 405:

selbst. Der Standpunkt des Janus ist allerdings blos der des Schismas, weil er nur ein anderes Papstthum als das gegenwärtige will; aber die Consequenzen seiner eigenen Geständnisse machen das Institut des Papstthums, wie es seit mehr als einem Jahrtausend besteht, für die Culturerfodernisse der Gegenwart überhaupt zur Unmöglichkeit.

Denn nicht nur sich selbst und dem Nächsten, sondern auch der Wahrheit selbst ist jeder selbstständige Denker und sittlich ernste Charakter die Lossagung von dem Unfehlbarkeitsglauben schuldig. Die Wahrheit bedarf keiner menschlichen Stütze, es ist als wenn man dem Sonnenlichte mit Laternen zu Hilfe kommen wollte oder als ob man ein aus dem festesten Granit erbautes Gebäude mit morschen hölzernen Pfählen stützen wollte. Weit entfernt daß, wie Kurzsichtige behaupten, die bisherige Geschichte des Christenthums und vor Allem auch der Theologie ein Beweis gegen die Wahrheit und Göttlichkeit der Religion Jesu wäre, muß man vielmehr geradezu sagen, daß das Christenthum, seit es Staatsreligion geworden, also seit Constantin dem Großen, und seit die Concilien ihre auf Unfehlbarkeit Anspruch machende Dogmenfabrikation anfingen, namentlich seit das Papstthum die Gründung seiner Weltmonarchie begann, gar nicht mehr in der Möglichkeit freier Selbstbewährung und Selbstbethätigung sich befand, so daß nur die Wirkungen der drei ersten goldenen Jahrhunderte auf seine Rechnung kommen, dagegen die ganze Ausartung und der immer größere Dimensionen annehmende geistige und sittliche Verfall dem unfehlbar sein

---

nous savons aussi bien que le Monde, que tout ce mouvement catholique libéral n'aboutira à rien. — Il n'y a plus assez de foi dans l'église romaine pour qu'il s'y produise un schisme.

wollenden Kirchenthum zuzuschreiben ist. So ist es heute noch bezüglich der traurigen Zustände in denjenigen Ländern, wo das Christenthum von den egoistischen Interessen eines Staates oder einer angeblich unfehlbaren Hierarchie ausgebeutet und mißbraucht wird. Erst die völlige Befreiung der Kirche, d. h. des religiösen Bekenntnisses vom Staate wird der christlichen Religion wieder die Möglichkeit verschaffen, die ihr innewohnende Kraft an ihren Anhängern zur Erscheinung zu bringen, und erst dann wird die Theologie den Beweis zu liefern im Stande sein, welche unter den im Laufe der Zeit entstandenen Confessionen die beste ist; denn bisher haben ja, wie man sehr richtig bemerkt hat, nicht rationelle Gründe, sondern nur die Fäuste und die Schwerter über Wahrheit und Falschheit, Berechtigung oder Nichtberechtigung eines Bekenntnisses selbst in Deutschland entschieden,[1] und die Theologen hatten nur das auf solche Weise durch äußere Gewalt und ganz fremdartige Interessen Gewordene und Gemachte hinterher zu rechtfertigen und zu vertheidigen. Wer dieß nicht that, ward für einen gefährlichen Ketzer oder Freigeist erklärt und von der kirchlichen wie von der weltlichen Gewalt entsprechend behandelt, da er deren Privatinteressen nicht unbedingt dienstbar war, sondern vor Allem ein Priester der Religion und der Wissenschaft, dann erst der Kirche und des Staates sein wollte.[2]

---

[1] Frohschammer, Das Recht der eigenen Ueberzeugung. Leipzig 1869. S. 129.

[2] Wenn gleich mit vieler Schüchternheit deutet auch der bedeutendste der heutigen katholischen Dogmatiker, nämlich Kuhn, in seiner Katholischen Dogmatik I, 630 fg. 2. Aufl. Tübingen 1862, diese traurige Thatsache an.

XI.

Eine durchgreifende Reformation der katholischen Kirche ist also nach dem Geständniß von gläubigen Theologen selbst dringend nöthig, und von der Theologie muß sie ihren Anfang nehmen, an ihr muß sie ihren inneren und wissenschaftlichen Halt haben. Wie steht es nun mit den Chancen baldigen Erfolges oder auch nur mit der Hoffnung auf baldigen Angriff dieses so nothwendigen Werkes? Ich habe wiederholt meine Unzufriedenheit mit dem Janus bereits ausgesprochen, weil er auf halbem Wege stehen bleibt, wie auch schon von anderer, gleichfalls katholischer, Seite ihm vorgeworfen worden ist. Meine vornehmste Klage bezieht sich aber darauf, daß der hochgelehrte Verfasser seinen Namen verschwiegen und so den ultramontanen Verdächtigungen einen weit größeren Spielraum offen gelassen hat als sie sonst gehabt haben würden. Aber immerhin könnte man für den Anfang schon sehr zufrieden sein, wenn die ganze katholische Theologie Deutschlands, vor Allem Dogmatik, Kirchengeschichte und Kirchenrecht, nach dem Inhalte und besonders nach dem kritischen Geiste jenes Buches reformirt würden. Eine gänzliche Umgestaltung der gesammten katholisch-theologischen Literatur, namentlich der Compendien, müßte die Folge sein, und in den ganzen öffentlichen Unterricht, auch auf den Universitäten und

Academien, würde ein durchaus anderer, ein ächt wissen=
schaftlicher Geist kommen müssen. Die ganze Stellung des
Katholicismus zum Protestantismus würde eine durchaus
andere, viel versöhnlichere und gerechtere werden. Jedem
deutschen Gelehrten ist bekannt, daß das durch die mittel=
alterlichen Generalconcilien, besonders die im Lateran,
vom zwölften bis zum Beginne des sechzehnten Jahrhun=
derts in stetiger Fortentwicklung weiter ausgebildete und
mit der fünften Lateran=Synode (1516) zum Abschlusse ge=
langte Papalsystem die Quelle aller Entartung und aller
Mißbräuche in Lehre, Verfassung, Cultus, Disciplin,
Liturgie und Praxis geworden ist, da dieses neue System
eine Menge von Hebeln und Mitteln zu seiner Stütze und
Ausbildung bedurfte, die natürlich alle mehr oder minder
den gleichen unchristlichen Charakter hatten und dem näm=
lichen Geiste wie das mittelalterliche Papstthum selbst ent=
sprangen. Der Janus hat es, da leider eine stark pole=
mische Ader in ihm bemerkbar ist und seine Schrift über=
haupt nicht von dem Verlangen, den protestantischen Brüdern
gerecht zu werden, sondern zunächst nur von der Ueber=
zeugung, daß das neue Concil die Ehre der katholischen
Theologie gründlich gefährden und die bisher von den
Polemikern angewandten Waffen selbst zusammenbrechen
wird, dictirt ist, — er hat es, sage ich, leider unterlassen,
auf diesen wichtigen Zusammenhang der gesammten Ent=
wicklung des römischen Kirchenwesens vom neunten bis
zum sechzehnten Jahrhundert mit der deutschen Reforma=
tion, die nur eine Trennung und ein Bruch mit jenem un=
christlichen und nationalitätswidrigen System sein konnte,
hinzuweisen. Aber darum ist die Thatsache nicht minder
wahr, und wer sich von diesem Zusammenhange überzeugen
will, der nehme nur Luthers Schriften, besonders die refor=

matorischen der ersten Zeit, zur Hand, und er wird finden, daß derselbe gerade an All Dem den meisten Anstoß nahm, was nun nach vierthalbhundert Jahren auch dem gläubigen Katholiken Janus als das größte Aergerniß erscheint.

Das „Evangelium", welches Luther, wie er sich ausdrückte, wieder unter der Bank, unter welche das Papstthum es geworfen hatte, hervorziehen wollte, war nur der summarische Ausdruck, in welchem der Gegensatz zu dem auf lauter menschlicher Herrschsucht und mit lauter Unfehlbarkeitsdünkel aufgebauten Papstthum zur entsprechendsten Darstellung kam. Nicht mehr Gottes Wort, sondern Menschen Wort führte ja das Regiment, nicht mehr Christus, sondern der Papst regierte die Kirche, gab ihr Gesetze, von denen Christus nichts geboten, versprach ihr Gnaden, von denen Christus nichts verheißen, stellte Dogmen auf, von denen nichts in Christi Lehre zu finden ist, legte unerfüllbare Satzungen auf, blos um von deren Uebertretung oder nothwendig nachzusuchenden Dispense Gewinn und Nutzen an Geld und Ansehen zu haben, zerstörte alle Grundlagen des Natur- und Staatsrechtes, um auf deren Trümmern seinen Thron aufzurichten, und setzte sich, um es kurz zu sagen, wie der Antichrist in den Tempel Gottes.

Das Alles gesteht nun der gläubige Janus ganz in der nämlichen Weise wie die Reformatoren des sechzehnten Jahrhunderts und schon vor ihnen die Edelsten im deutschen Volke es beklagt hatten. Er steht ganz auf dem Standpunkte jener Männer, und es wäre sehr fraglich, ob er nicht bei gleicher Mißhandlung durch die Päpste und deren Werkzeuge, wie sie übrigens heute gar nicht mehr möglich ist, weil dem Papstthum die äußere Macht fehlt und der allerdings noch in ganz gleichem Grade vorhandene Wille allein nicht genügt: ob nicht, sage ich, der Janus in die gleiche Ueberstürzung wie einst Luther verfallen würde, während er vielleicht an lebendiger Begeisterung für Christi Sache allein hinter demselben zurückbliebe. Es hat den Anschein, daß der Janus mit der halben Stellung des Erasmus sich begnügt oder daß er wie der bedeutendste Kirchenhistoriker jener Zeit, Albert Kranz, denkt, er müsse die weitere Fortsetzung des großen Werkes jüngeren Kräften überlassen.

Aber wo wären gegenwärtig diese jüngeren Kräfte? Den Erasmus sehe ich wohl, aber nach einem jüngeren, für Christenthum und deutsches Vaterland gleich begeisterten Luther, nach einem mit der nöthigen Waffenrüstung der Wissenschaft, zumal nach den ungleich höheren Anfoderungen unserer Zeit, ausgestatteten Melanchthon, welche mit dem ganzen wilden Heere der Ultramontanen es aufzunehmen vermöchten, sehe ich mich ebenso vergeblich um als nach den mächtigen katholischen Protectoren solcher muthiger Kämpfer für die heiligsten Interessen. Ich fürchte daher sehr, daß der Janus weiter nichts als ein rasch wieder verschwindendes Meteor, nichts als eine im freien Luftraum zerplatzende Rakete sein werde wie schon so manche andere ähnliche Schrift in den ersten drei Decennien dieses Jahrhunderts; und dieß nicht nur wegen der Verdächtigung und Verketzerung der Ultramontanen, welche schon so manches ausgezeichnete Werk völlig todtgeschlagen haben, sondern namentlich deshalb, weil die so viel gepriesenen modernen Staaten, namentlich die katholischen Regierungen des Südens, Jahr aus Jahr ein den rohesten Ultramontanismus predigen, die gröbsten geschichtlichen Lügen und abscheulichsten Insulten gegen die Protestanten von Kanzeln und Kathedern lehren, den unsinnigsten Aberglauben dem Volke in Gebet- und Erbauungsbüchern vorlegen lassen, schon zufrieden, wenn nur keine hohe Persönlichkeit der Krone und Regierung, wenigstens nicht der eben herrschenden Partei, direkt angegriffen wird, mögen auch Verstand und Geist des Volkes und des Clerus mit noch so verkehrten Ideen erfüllt werden, dem Hohne der extremen Tagesblätter allein das Amt der Rüge des Clerus überlassend. So weit meine ziemlich genaue Kenntniß in diesem Punkte reicht, wird nicht ein einziger Lehrer der katholischen Theologie an den deutschen Universitäten und Lyceen auch nur im Sinne des Janus fortan seine Collegienhefte abändern, ja ich zweifle sogar, ob der Janus selbst, falls er Professor der Theologie ist, auch öffentlich vor seinen Schülern vorzutragen wagen wird, was doch seine innere wissenschaftliche Ueberzeugung ist, ob er z. B. offen zu erklären wagen wird, daß dem Tridentinum als einem unfreien, und darum nicht wahrhaft öcumenischen Concil keine Verbindlichkeit zukomme. Ein anderer hervorragender Mann, welcher auch liberal sein will, nämlich der schon wiederholt erwähnte Canonist Schulte, denkt nicht im Entferntesten daran, die Verbindlichkeit des Tridentiums zu bezweifeln, sondern versichert ausdrücklich, es habe dasselbe „die Aufgabe, welche der Papst(!) dieser Versammlung gestellt hatte, nach Zulaß der Zeitumstände genügend gelöst".[1] Das Episcopat würde ja unverweilt die Vorlesungen eines solchen Lehrers der geschichtlichen Wahrheit und Gerechtigkeit, welche ohne Zweifel mit gleichem Entgegenkommen von protestantischer Seite belohnt würden und so für das Gesammtvaterland in wissenschaft-

---

[1] Reform der römischen Kirche an Haupt und Gliedern. Leipzig 1869. S. 23. Als Autor bekennt sich Schulte auch noch selbst S. 151, Note.

licher, religiöser, politischer und bürgerlicher Hinsicht von dem reichsten Segen begleitet wären, aufs Strengste und Schärffste verbieten, und der betreffende Professor wäre von Seite der „liberalen" Regierung völlig schutzlos und nach etwa vier Wochen auch in der „liberalen" Presse vergessen.

So scheint es, da die regenerirenden Kräfte nicht beachtet werden, daß, wie einst schon Schleiermacher auf einer Reise durch Bayern und Oesterreich denselben Eindruck gewann, auch die einflußreichen Liberalen unter den Katholiken selbst der Meinung sind, man könne den Katholicismus „am vermodern nicht hindern". Daß man es aber wohl könnte, zeigt der Janus; es fehlt nur an dem sittlichen und religiösen Ernste bei den maßgebenden Persönlichkeiten, die es mitunter vorzuziehen scheinen, im Trüben zu fischen; denn die Ultramontanen sind auch für jede Kleinigkeit dankbar und sind im Hinblick auf die hinter ihnen stehenden Massen des Pöbels, den sie leiten, schon zufrieden, wenn nur auch ihre Gegner nicht unterstützt werden. Ueber kurz oder lang, wenn die bedeutendsten derselben absterben, werden sie doch wieder ohne Schwierigkeit die Oberhand gewinnen. Denn nur die ächte Wissenschaft und geschichtliche Kritik ist ihnen gefährlich, und dieser Feind darf sich noch immer, und vielleicht noch für lange Zeit, nicht öffentlich zeigen und vernehmen lassen, wenigstens nicht in der Theologie.

Man wird besonders in Bayern um so eifriger fortfahren, den Mariencult zu pflegen, worin in jüngster Zeit nicht nur kein Land in Deutschland, sondern selbst Italien und Frankreich mit Bayern sich nicht messen kann. Keines hat seit zwanzig Jahren eine so reiche Marien-Literatur erzeugt, wie mir vor Allem die Verlagsbuchhandlung J. Manz in Regensburg sicher gerne bestätigen würde.

Und vor Allem hervorragende Professoren der Theologie gehen mit dem Beispiele voran, welches jüngere Gelehrte um so lieber nachahmen, da es eine weit bessere Empfehlung ist, als etwa die Ausarbeitung eines, mit unendlich größeren Schwierigkeiten verbundenen, gelehrten Geschichtswerkes. Maria ist ja, wie der Universitätsprofessor Hettinger in Würzburg versichert, „die Mutter und Königin des neuen Bundes",[1] „ihre Theilnahme am Erlösungswerke ist eine ganz eigentliche, unmittelbare; — die übernatürliche Ordnung der Erlösung und der Gnade ruht auf Jesus und Maria".[2] Sie ist also im vollkommensten Sinne Miterlöserin; und da sie zugleich die Patronin des Bayerlandes ist, so wird sie dasselbe wohl auch von allen seinen Sünden erlösen und aus allen Gefahren erretten, weit sicherer und wirksamer als der Janus und seine Gesinnungsgenossen. Döllinger wird wahrscheinlich einst einen Hettinger als Nachfolger erhalten müssen, da er selbst in seiner Blindheit in der ganzen Bibel nicht einmal die „Mutter und Königin des neuen Bundes" gefunden hat.[3] Glücklicher ist freilich einer seiner Collegen, der seine Freundinen öffentlich auffordert, es möchten „die guten Herzen auch seiner im Herrn vor Mariens Gnadenthron gedenken".[4]

---

[1] Apologie des Christenthums. Bd. II. Freiburg 1867. S. 503.

[2] Daselbst S. 507.

[3] Er hat derselben in seinem „Christenthum und Kirche" mit keiner Silbe gedacht, und doch ist die Bibel so unendlich reich an der Einschärfung des Marienkultus, wie wenigstens hellere Augen gleich denen des Abbé Hello beweisen. Ich meine dessen Abh. „La vièrge dans l'Ecriture" in der Revue du monde catholique. 1866. t. 14. p. 244 ss.

[4] Reischl, Officium parvum. ed. 5. Monachii 1866. Vorrede. — Statt Deus, in adjutorium meum intende! heißt es in diesem

Für einen gesunden Nachwuchs auch im Clerus, der sich ja fast ausschließlich aus dem niederen Volk recrutirt, bedarf es ebenfalls keines Janus, sondern außer den Seminarien sorgt dafür am besten jenes Stück vom Gürtel Mariens, das auf dem heiligen Berg Andechs sorgfältig aufbewahrt wird und den künftigen Geistlichen und Theologen schon im Schooße seiner Mutter heiligt, wenn sie das durch so viele Wunder bekräftigte Gebet an jenen Lappen richtet.[1]

Bei dieser Sachlage muß ich nun freilich zugeben, daß die Pseudonymität des Janus vollkommen begreiflich ist und daß er immerhin ein großes Wagstück unternommen hat. Aber wenn diese weittragenden Geständnisse aus dem Munde eines der unzweifelhaft hervorragendsten katholischen Theologen für das Wohl unsers Vaterlandes nicht verloren sein sollen, so wird es kaum ein anderes Mittel geben, sie in die theologische Wissenschaft einzuführen, als daß einzelne, besonders jüngere Männer zu denselben sich offen bekennen und in diesem Geiste lehren. Es wird dann nicht daran fehlen, daß man nicht auch noch einige Schritte weiter zu gehen sich durch die unabweisbaren Consequenzen der bereits abgelegten geschichtlichen Bekenntnisse genöthigt sehen wird. Denn es kann ja gewiß auch nicht die Absicht des Janus sein, seinem Buche die Bedeutung einer kirchlichen Confessionsschrift oder gar eines Conciliumsbeschlusses im katholischen Sinne zutheilen zu wollen, und an seine

---

Officium ganz einfach von Maria: Domina, in adjutorium meum intende! Statt Domine exaudi orationem meam! blos: Domina exaudi orationem meam! (p. 108).

[1] Das Büchlein vom hl. Berg Andechs. 3. Aufl. München 1859. S. 25: „O du theuerer Gürtel, der du selbst der Unversehrtheit theilhaft geworden bist — mache uns zu Erben des ewigen Lebens!"

Leser die warnende Auffoderung zu richten: „Bis hieher und nicht weiter!" Ein Hauptpunkt, in Bezug auf welchen ich ein Hinausgehen über den Janus wünschen möchte, wäre schon die allzu große Betonung der „Gläubigkeit". Mit der Foderung, daß der wahre Katholik unbedingt „gläubig" sein müsse, wird schon zum Voraus alle wissenschaftliche Kritik in Frage gestellt. Es wird sich sogleich um die weitere Frage handeln: in welchem Grade denn der katholische Theologe im Gegensatze zu dem protestantischen die Gläubigkeit besitzen müsse? Und da es innerhalb dieser liberalen katholischen Partei gewiß auch wieder Abstufungen und Entwicklungsphasen geben wird, so reiht sich daran von selbst eine dritte Frage: ob nämlich die reformirte katholische Theologie nach stets größerer oder nach geringerer Gläubigkeit streben soll? Im ersteren Falle würde sie auf der Basis der kirchlichen Unfehlbarkeit, die sie um keinen Preis noch verlassen will, wohl früher oder später doch wieder bei dem Ultramontanismus und zuletzt bei dem Dogma von der Unfehlbarkeit des Papstes anlangen; denn daß diese Lehre das höchste Maß von Gläubigkeit voraussetzt und erfodert, ist wohl über jeden Zweifel erhaben. Auch ist ja der heutige Ultramontanismus von den Concilien ursprünglich ausgegangen, und die Bischöfe selbst sind nur in Folge der bei ihren Versammlungen gemachten Erfahrung, daß zwischen den Parteien, die sich stets zu bilden pflegen, nur ein einziger Schiedsrichter entscheiden könne, und weil sie andererseits dem niederen Clerus und dem Volke gegenüber das unfehlbare Magisterium der Kirche nicht preisgeben wollen, immer allgemeiner zur Anerkennung der Unfehlbarkeit des Papstes gekommen. Es ist eine vollkommen richtige Bemerkung Frohschammer's, daß, wenn es überhaupt eine kirchliche Unfehlbarkeit im hergebrachten

Sinne von Kirche geben soll, nur der Papst allein deren Organ und Träger sein könne.[1] Auch die Geschichte der Entstehung jener, heute im Episcopat allgemein gewordenen Meinung rechtfertigt diese Behauptung. Auf diesem Wege stets wachsender Gläubigkeit wird dann aber von einer „durchgreifenden" Reform, wie sie doch für so dringend erklärt wird, keine Rede sein können. Jene Liberalen werden vor wie nach bei jedem Blitze der Curie zusammensinken oder doch taumelig werden oder wenigstens das Kreuz machen. Bunsen's so wahres Wort, daß „der Unglaube nicht d u r c h, sondern nur m i t dem Aberglauben vertilgt werden könne,"[2] wird dann in der katholischen Theologie niemals zur Anerkennung kommen.

So würde nur der andere Weg übrig bleiben, nämlich das Streben nach steter Abnahme und Verminderung der „Gläubigkeit". Und diesen Weg halte ich i n d e r W i s s e n = s c h a f t für den einzig sicheren. Wer den Zweck will, muß auch das Mittel wollen. Wer die katholische Theologie zur Würde ächter Wissenschaftlichkeit erheben will, muß auf die Gläubigkeit derselben verzichten. Der deutsche Protestantismus sieht dieß bereits in sämmtlichen seiner wissenschaftlichen Vertreter auch unter den Theologen allgemein ein. Mag auch S c h e n k e l noch so viel Grund zu seiner Klage haben, „es seien die theologischen Facultäten meist Ableger einer erstorbenen Satzungslehre geworden, und es habe die aufstrebende Jugend, welcher das Herz sonst wärmer schlage für Wahrheit und Recht, sich großentheils unter den Bann einer Ueberlieferung gestellt, die nicht besser sei als jene, welche der Welterlöser bis aufs Blut bekämpft

---

[1] Das Recht der eigenen Ueberzeugung. Leipzig 1869. S. 79.
[2] Bibelwerk. Leipzig 1865. B. 9. S. 7.

habe; es gehe gegenwärtig ein eisiger Hauch durch die protestantische Literatur":[1] mag an dieser, gewiß allzu grellen und subjektiv gefärbten Schilderung auch noch so viel Wahrheit sein, so ist doch nicht minder richtig, daß es, wie Nippold bemerkt, „keinen einzigen wahrhaft orthodoxen Theologen in der Gegenwart mehr gebe, wenn man den Maßstab der protestantischen Theologie des sechzehnten Jahrhunderts anlege".[2] Und außerdem können die protestantischen Theologenschulen sich viel leichter von einer Lethargie erholen als die katholischen, welche, wie Schulte von den österreichischen bemerkt, und wie es sich in ganz Deutschland ganz ebenso verhält, „zu bischöflichen Lehranstalten degradirt sind".[3] Jedenfalls gibt kein bedeutender protestantischer Theologe sich mehr besondere Mühe, als rechtgläubig zu erscheinen und irgend eine wissenschaftliche Arbeit unter diesem Titel zu empfehlen, wie es der Janus mit seinem Buche noch thun zu müssen glaubte. Der Gläubige und der Mann ächter Wissenschaft sind auch im katholischen Theologen, ja in ihm noch viel weniger als im protestantischen, verträglich. Und dieß nicht erst wenn die Unfehlbarkeit des Papstes und die Sätze des Syllabus Glaubensartikel werden, sondern schon, seit man angefangen hat, kirchliche Glaubensartikel mit dem Stempel der Unfehlbarkeit zu prägen.

---

[1] Charakterbild Jesu. Wiesbaden 1864. Vorwort S. IV. Vgl. auch die gleiche bittere Klage in den Monatsblättern von Gelzer. Bd. 34. S. 77. Augustheft 1869.

[2] Handbuch der neuesten Kirchengeschichte. Elberfeld 1867. S. 328.

[3] Reform der römischen Kirche an Haupt und Gliedern. Leipzig 1869. S. 152.

Keines der orthodoxen Kirchenthümer unserer Zeit kann einem muthigen Vertreter der wahren christlichen Civilisation als Asyl gegen die Anfeindungen erscheinen, welche er von der „rechtgläubigen" Partei seiner eigenen Kirche zu erdulden hat. Die Männer der ernsten religiösen Gesinnung und freien Wissenschaft müssen vielmehr in allen orthodoxen Kirchenthümern zerstreut sein und überall als Sauerteig wirken, um vor geistiger und sittlicher Fäulniß zu bewahren, und die christliche Wahrheit gegen hierarchisch-theologischen und politischen Mißbrauch zu vertheidigen. Sie versehen ein Amt ähnlich dem der Propheten im alten Bunde; auch ihr Beruf ist eine „Last", die sie aber nicht abwerfen dürfen.

Dieß führt mich unmittelbar auf einen zweiten Punkt, in Bezug auf welchen man über Janus hinausgehen oder doch die Consequenzen aus seinen Principien ziehen müßte, wenn eine durchgreifende Reform in der katholischen Theologie zu Stande gebracht werden soll. Der Janus stellt die Oecumenicität und damit die Giltigkeit und Verbindlichkeit sämmtlicher allgemeiner Concilien, vom siebenten angefangen, mit Ausnahme, wie es scheint, der zwei von Constanz und Basel, in Abrede. Damit ist nun aber selbstverständlich die ganze Lehrbildung des Mittelalters verworfen, sie mag durch diese Concilien oder geradezu durch päpstliche Bullen oder auf Particularsynoden geschehen sein, weil ja der Papst nicht für unfehlbar anerkannt wird. Da es sich mit dem Tridentinum ebenso wie mit den mittelalterlichen Concilien verhält, daß es nämlich auf den Charakter eines wirklich öcumenischen und freien Concils keinen Anspruch erheben kann, und wie die Jesuiten nun selbst geradezu sagen, auch gar nicht machen will, indem ja eben dessen Verzicht auf alle Freiheit ein Beweis für die Anerkennung der alleinigen Unfehlbarkeit des Papstes durch dasselbe als

„der Seele und dem Leben des Concils ist"[1] ist, so müssen alle Lehren, welche vor dem Beginne jener Verpäpstlichung und Knechtung der Kirche noch nicht Glaubenssätze gewesen, auch heute noch als völlig freie Meinungen auch bei den Katholiken gelten und von der katholischen Theologie als solche erklärt werden. Hier fällt es nun gleich centnerschwer von dem Herzen jedes wahren Christen und Patrioten unter den Katholiken Deutschlands, und der Freund der Wissenschaft fühlt sich sofort von einer Menge von Fesseln und von einem Joche befreit, das ihn bisher nicht frei aufathmen ließ. Der allergrößte Theil, wenn nicht der ganze Berg von Differenzen mit den Protestanten und Orientalen ist hiemit geebnet und abgetragen, und was bisher die katholische Theologie für wesentliche Dogmen erklärte, in Bezug worauf ein Nachgeben unmöglich sei, hat sich vor unsern Augen in eine Verschiedenheit in ganz unwesentlichen Meinungen verwandelt. Denn es handelt sich nicht darum, ob eine Ansicht des heutigen Protestantismus oder Katholicismus auch die der alten Kirche gewesen, sondern ob sie für Dogma gegolten habe, von welchem eine Abweichung um keinen Preis gestattet sei. Wenn wir sehen, daß über manche Punkte noch in späterer Zeit vielfache Meinungsverschiedenheit bestand und zwar unter

---

[1] Ausführlich wurde dieß von dem Jesuiten Montrauzier im November- und Dezemberheft der Revue des sciences ecclésiastiques 1865 erörtert. Dann kürzer von Abbé de Fligny in der Revue du monde catholique 1866, t. 15. p. 196 sq.: personne n'ignore (früher läugneten die Jesuiten dieß durchaus!) le rôle prépondérant qu'ont rempli les papes dans le concile de Trente. Ils y commandent sans cesse. Il (le pontife romain) fait écarter avec soin tout ce qui pourrait rappeler les prétensions (?) des conciles de Constance et de Bâle.. Il est en réalité l'âme et la vie du concile.

Mitgliedern der katholischen Kirche selbst, ja sogar in der wegen Reinerhaltung der Tradition in den drei ersten Jahrhunderten angesehensten Kirche von Rom, so müssen wir mit dem Janus annehmen, daß über solche Punkte auch heute noch die Ansicht freistehen muß, und daß kein Theil die Meinung des andern verdammen dürfe. „Im dreizehnten und vierzehnten Jahrhundert," sagt der Janus selbst, „war im Vergleiche mit der nachtridentinischen Zeit der Umfang der in der Kirche allgemein geltenden Glaubensentscheidungen noch gering."[1]

Wenn wir nun bloß die Sacramentenlehre in's Auge fassen, so wird nach diesen Grundsätzen zugestanden werden müssen, daß die ganze katholische Polemik gegen den Protestantismus, soweit sie die verschiedenen Ansichten und Lehrmeinungen desselben geradezu als unkirchlich und häretisch verdammt und die Ausstoßung aus der Gemeinschaft der katholischen Kirche darauf gründet, als ungerechtfertigt zu betrachten sei, und daß vielmehr die Schuld der Spaltung auf die päpstliche Kirche zurückfalle. Auf die orientalische Kirche kann dabei nicht berufen werden, da, abgesehen von den sehr wesentlichen Differenzen, welche zwischen ihrer Lehre und der des Tridentinums bestehen und die auf die Giltigkeit mehrerer Sacramente, wie der Firmung, Eucharistie, letzten Oelung und theilweise sogar des Ordo, influiren, der Begriff von einem eigentlichen Sacramente in der schärferen und prägnanteren Fassung der protestantischen Theologie dort gar nie zu einer streng wissenschaftlichen Erörterung gekommen ist, und auch die im siebzehnten Jahrhundert gegen den Calvinismus gehaltenen orientalischen Synoden hierüber sich gar keine Rechenschaft gegeben,

---
[1] S. 264.

sondern den alten Sprachgebrauch einfach sanctionirt haben, wie denn überhaupt die Nothwendigkeit einer näheren und gründlicheren Auseinandersetzung mit dem Protestantismus, dessen Lehren dort bei Weitem nicht gehörig bekannt sind, noch nie in so hohem Grade und so ernstlich wie im Abendlande, besonders in Deutschland, von der griechischen Kirche empfunden worden ist. Aber ganz anders verhält es sich im Occident bezüglich der römisch-katholischen Kirche, welche seit den Trienter Anathemen den Charakter des Contra-Protestantismus trägt.

Schon bezüglich der Zahl der Sacramente ist allgemein bekannt, welche Verschiedenheit der Meinungen bis in's zwölfte Jahrhundert bestand; wie nirgends, auch nicht einmal in Schriften, die speciell die Sacramentenlehre darstellen, die Siebenzahl festgesetzt erscheint, welche in der That auch heute noch mit der Definition von Sacrament, wie sie sich in den Katechismen und theologischen Lehrbüchern findet, gar nicht übereinstimmt, und nur in der willkürlichsten und gewaltthätigsten Weise in Einklang gebracht werden kann.[1] Und wie sollte aus den von Janus noch anerkannten öcumenischen Concilien die unter Gefahr der Verdammung eingeschärfte Theorie über Wirksamkeit, Intention, über die nothwendige Beschaffenheit der Reue, über die Kindertaufe, über Nichtwiederholbarkeit der Confirmation und selbst des Ordo, über die alleinige Richtigkeit

---

[1] Allgemein wird zu einem Sacrament die Einsetzung durch Jesus Christus verlangt. Aber wo ist für die Ohrenbeichte und das Bekenntniß der einzelnen Sünden, worein das Tridentinum das Wesen der Beichte verlegt, oder für die Oelung der Beweis solcher Anordnung? Und ist etwa die Ehe durch Christus eingesetzt worden, wie es doch der Fall sein müßte, wenn sie ein specifisch christliches Institut und Gnadenmittel sein sollte?

der Transsubstantiationslehre und die Permanenz des eucharistischen Christus, über den „Schatz der Kirche", die Nützlichkeit der Ablässe u. s. f. mit stricter Evidenz, wie es zur definitiven Verwerfung entgegengesetzter Meinungen absolut nöthig wäre, erwiesen werden können? War doch in Rom selbst, wie der Janus ganz richtig hervorhebt, die Unklarheit über das zum Wesen eines Sacramentes Erforderliche noch im 15. Jahrhundert so groß, daß in dem „Glaubensbekenntnisse der römischen Kirche", das nach dem Decret Eugens IV. vom 22. November 1439 den Armeniern „als Richtschnur der Lehre und des kirchlichen Lebens" dienen sollte, sowohl für die morgenländische als für die abendländische Kirche nur noch vier Sacramente übrig geblieben wären."[1] Und „gebrach es doch dem römischen Stuhle selbst noch im zwölften Jahrhundert in einer der wichtigsten und eingreifendsten Lehren, von welcher alle Sicherheit des religiösen Bewußtseins und kirchlichen Lebens abhing, dem Dogma von der Priesterweihe, völlig an klaren und bestimmten Grundsätzen; war vielmehr die Curie in dieser Frage in ein anhaltendes Schwanken gerathen, das sich seit der Mitte des zwölften Jahrhunderts auch der Schule mittheilte",[2] und noch im fünfzehnten Jahrhundert bei unzähligen Menschen, besonders in Italien, fortbestand.[3] Ja selbst über die Lehre von dem das ganze kirchliche Christenthum beherrschenden Dogma der Erbsünde bestand sogar in der römischen Kirche noch im fünften Jahrhundert kein bestimmtes Bewußtsein. Papst Zosimus hatte, wie der Janus gesteht, „mit großen Lobeserhebungen das Be-

---

[1] S. 63 fg.
[2] S. 297 fg.
[3] S. 318.

kenntniß des der Häresie vor ihm angeklagten Cölestius gebilligt, worin dieser offen die Lehre von der Erb= sünde verwarf und machte den afrikanischen Bischöfen, von welchen die Anklage ausgegangen war, harte Vorwürfe darüber, daß sie einen so rechtgläubigen Mann des Irr= thums hätten zeihen können."[1]

Der Janus benützt alle diese Thatsachen nur zum Be= weise gegen die Unhaltbarkeit der Theorie von der päpst= lichen Unfehlbarkeit; aber sie beweisen noch weit mehr, ja viel mehr als, wie es scheint, der Janus selbst zugeben will, nämlich daß über alle diese und dergleichen Punkte und Lehren, in welchen das Charakteristische und Wesentliche des Katholicismus gegenüber dem Protestantismus liegt, im ganzen Mittelalter noch kein allgemeines und klar be= stimmtes Bewußtsein der Kirche vorhanden gewesen sei.

Ganz ebenso verhält es sich aber auch noch mit andern, zu Trient mit dem Stempel unfehlbarer Wahrheit versehenen Ansichten, unter denen nur noch an die so tiefgreifende Lehre von der Messe als wirkliches Sühnopfer, von dem Fege= feuer, von dem Cölibat als höherer Stufe der Tugend und von dem Primat des Papstes als göttlichen Rechtes hin= gewiesen sei.

Der Standpunkt des Janus erscheint mir aber ganz besonders darum als ein unhaltbarer und sogar höchst ge= fährlicher, weil er ganz direkt zu einem Schisma oder zu gar nichts führen würde. Döllinger hat vor acht Jahren, wo doch die Verhältnisse im Ganzen schon die nämlichen wie heutzutage waren, öffentlich erklärt, es seien „Spaltung und Katholicismus so ganz entgegengesetzte Dinge, daß nur eine ganz außerordentliche Verwicklung und ein Streit um

---

[1] S. 75.

Principien, um Ideen, wieder einmal eine solche herbeiführen könnte", und er sei „überzeugt, daß kein Stoff, keine Disposition zu einer solchen Krankheit gegenwärtig im ganzen Umfange der katholischen Kirche vorhanden sei"; ja daß „die allgemeine Gesinnung aller Religiösen in allen katholischen Nationen jeden derartigen Versuch mit Abscheu von sich weisen, und die Irreligiösen es höchstens zu einer zweiten Auflage der Ronge'schen Walpurgisnacht von 1846 bringen würden".[1] Der ganze Zweck des Buches von Janus ist aber der Erweis der Nothwendigkeit der Trennung von dem sich für unfehlbar erklärenden oder erklären lassenden Papst und die Aufstellung eines andern Papstes, der diese unchristliche und aller geschichtlichen Wahrheit und Gerechtigkeit Hohn sprechende Prätension nicht geltend macht, mit andern Worten: die Trennung oder das Schisma. Es handelt sich hiebei allerdings um Principien und Ideen, ja noch mehr: sogar um die Frage, ob überhaupt Principien und Ideen den kategorischen, mit dem unmotivirten Anspruch auf Unfehlbarkeit auftretenden päpstlichen Machtgeboten und Orakelsprüchen gegenüber noch irgend ein Recht haben sollen, und eine Spaltung könnte daher immerhin als gerechtfertigt erscheinen. Dennoch vermöchte ich hierin keine glückliche Lösung der Frage zu erkennen. Das Mittelalter freilich hielt in seiner gänzlichen Befangenheit und Unwissenheit einen Papst für so absolut nothwendig zur Religion, daß es auch den allerverworfensten Menschen als Papst anerkannte und die Zerstörung der Religion durch denselben immer noch für ein geringeres Uebel ansah als einen Zustand ohne Papstthum. Aber sollen denn die heutigen Ka-

---

[1] Vortrag im Odeon am 9. April 1861. Kirche und Kirchen. S. 676.

tholiken wirklich noch in dem nämlichen Stabium der Kindheit sich befinden; sollen sie noch immer nicht einsehen, daß ein Institut, welches sich seit Jahrhunderten als gänzlich irreformabel, als jedes Verständnisses für die Bedürfnisse der fortschreitenden Menschheit völlig baar erweist, welches durch die Ergebnisse allseitiger wissenschaftlicher Forschung jeden Tag als ungöttlicher und schuldbeladener, als größeres Hinderniß der religiösen, sittlichen, wissenschaftlichen, socialen und politischen Entwicklung der Nationen wie der Individuen sich darstellt; ein Institut, das alle schlechten Leidenschaften in seinen Dienst nimmt und jede solide Tugend haßt, das die nichtswürdigste Heuchelei und Sklavengesinnung belohnt und die aufrichtige Freimüthigkeit mit allen Mitteln brutaler Gewalt verfolgt: daß ein solches Institut überhaupt nicht nur keinen göttlichen Charakter beanspruchen könne, sondern als im höchsten Grade schädigend für die Culturaufgaben der Gegenwart und Zukunft erkannt und von dem in dieser Culturentwicklung bereits am weitesten fortgeschrittenen deutschen Volke gänzlich aufgegeben werden müsse? Außerdem wäre ein Schisma geradezu eine Unmöglichkeit. Ein Papst, wie der Janus einen solchen verlangt, ist noch gar nie dagewesen, und würde, wenn er ausfindig zu machen wäre, eine klägliche Rolle spielen neben dem Papste der Ultramontanen. Er würde es nicht einmal zu einem „Peniscola" wie Peter de Luna bringen und daher am Besten thun sich blos den Namen „Janus" zu geben, dem alle Liberalen ebenfalls pseudonym ihre Obedienz versicherten. Dieß wäre immerhin ein Uebergang in den Zustand völliger Papstlosigkeit nach dem Sprichworte: „Aus den Augen, aus dem Sinne". Oder traut wirklich Janus der Partei, zu der er selbst sich nicht mit seinem Namen zu bekennen wagt, so großen Einfluß zu, daß sie die künftige

Papstwahl in Rom beherrschen werde? Wohl unglaublich. So wird ihm also nichts anders übrig bleiben, da er à tout prix einen Papst haben will, als dem bisherigen, wenn auch mit der Faust im Sack und mit verbissenem Ingrimm über dessen Unverbesserlichkeit, in der Alles überwindenden Liebe des Glaubens unterthan zu bleiben, oder aber den Bruch mit dem Papstthum zu vollenden, wie die Consequenzen seiner Zugeständnisse dieß fordern. Bemerkt er doch von der Verwerfung des göttlichen Rechtes des päpstlichen Primates durch die Reformatoren geradezu: „Er (der Primat) mußte ihnen doppelt verhaßt und unerträglich sein, sowohl durch die damaligen Träger, als durch das tyrannische Element in demselben und durch die Wahrnehmung, daß gerade die Curie Quelle und Ursprung des Verderbens in der Kirche sei".[1] Könnte ein solcher Zustand auf die Dauer bei einer Institution wohl eintreten, auf welcher der ganz besondere Beistand des heiligen Geistes ruhte? Unmöglich. Nicht das Papstthum, das noch gar nicht existirte, sondern das „Blut Christi", in dessen Fußtapfen die Martyrer traten, hat die Kirche gepflanzt. Wenn ein alter Kirchenschriftsteller (um 280) ausruft: „Seht da, liebe Brüder, erst sind seit den Zeiten des Heilandes ungefähr 240 Jahre verflossen, und schon haben die Zweige dieses Weinstockes sich fast weiter ausgedehnt als das Römerreich, und selbst wilde Nationen, die keine Macht des Eisens bändigen konnte, erweicht das Blut des reinen Lammes",[2] so erwähnt er mit keiner Silbe des römischen Bischofes; klagt aber bitter, daß die Kirche bereits nicht wenige

---

[1] S. 393.
[2] De duplici martyrio c. 10. In den Opera Cypriani ed. Migne. Paris 1844. p. 887.

solche Hirten habe, welche nicht nur ihre eigenen Leiber den
Angriffen der Wölfe nicht entgegenstellen, sondern auch selbst
als Wölfe handeln, indem sie die Seelen der Einfältigen
schlachten und verderben, um ihrem Bauche, ihrer Habsucht
und ihrem Ehrgeize zu fröhnen, und das Wort Gottes so
wenig erfüllen, daß sie es vielmehr mißbrauchen und mit
gottlosen Dogmen verfälschen, ohne zu bedenken, daß jenes
Oberhaupt der Hirten in strengstem Gerichte jedes einzelne
von den Schafen, für deren Erlösung er sein Blut vergossen,
aus ihren Händen zurückfodern werde.[1] Hier schon sehen
wir den Gegensatz zwischen dem wahren Christenthum und
dem Papstthum mit der Hierarchie als zwischen dem Reiche
Gottes und dem Reiche dieser Welt. Das Papstthum hat
zum Aufbau seines Reiches der geflissentlich genährten und
erhaltenen Unwissenheit der Einfältigen und der schlechten
Leidenschaften der Prälaten sich bedient, mit denen es
nach dem gerechten Gerichte Gottes auch zu Grunde geht;
es hat mehr ächtes Christenblut vergossen als alle heidnischen
Kaiser miteinander. Wenn nur die katholischen Theologen
sich wieder einmal an ein selbstständiges Studium der alten
Väter machten, worin sie hinter den Protestanten so weit

---

[1] L. c. 11: gravissimus dolor oboritur animo meo, dilecti,
dum mecum reputo, cum adhuc recens ille Christi sanguis fer-
vere debeat in cordibus fidelium, tam multos esse, in quibus
refrixit caritas; atque hoc gravius discrucior, quod tales non
paucos pastores habeat ecclesia, qui non solum non opponunt
corpora sua adversus luporum incursus, verum etiam ipsi lupos
agunt, dum mactant ac perdunt animas simplicium, ipsi ventri
suo, quaestui et ambitioni servientes, adeoque non implent ver-
bum Dei, ut illud cauponentur potius et impiis dogmatibus
adulterent, nec cogitant, quod ille pastorum princeps severris-
simo judicio reposcet singulas oves, pro quibus redimendis
sanguinem suum fuderat, de manibus eorum.

zurückgeblieben sind, es würde dann der ungeschichtliche Traum bald schwinden, daß es ohne Papstthum kein ächtes Christenthum gebe, und statt dessen die entgegengesetzte Ueberzeugung sich unerbittlich aufdrängen, daß es mit dem Christenthum stets da und stets dann am schlimmsten stand, wann und wo die Papstherrschaft am ausgedehntesten und blühendsten war.

So ist mit dieser vortrefflichen Schrift nicht blos die Anklage des Schisma's gegen den christlichen Orient und sämmtliche unter diesem Vorwande von den Päpsten der orientalischen Christenheit zugefügte Unbilden und Gewaltthätigkeiten, sondern auch der Vorwurf der Häresie gegen die protestantischen Kirchen und alle zum Zwecke ihrer Bekehrung angewandten Schreckensapparate und Grausamkeiten als völlig ungerecht und unchristlich dargethan, und zur Trennung und gegenseitigen Befehdung und Verdammung der Kirchen kann ein rechtlicher Grund nicht mehr bestehen. Die Differenzen in Lehre und Verfassung, Cultus und Disciplin sind nirgends auf eine Verläugnung des Christenthums, sondern lediglich auf äußere Umstände, wie die Verschiedenheit der allgemeinen Bildungsstufe eines Volkes und Stammes, die nationale Eigenthümlichkeit, die politische Verfassung, das Vorherrschen des Verstandes oder der Phantasie u. s. w. zurückzuführen.

Es ist ferner blos aus dem eingewurzelten Vorurtheil von der Unfehlbarkeit der Kirche erklärbar, daß der Janus nicht den so ganz nahe liegenden Schluß macht, es habe doch offenbar die ganze römisch=katholische Kirche und das ganze Episcopat schon von dem Augenblicke an sich als fehlbar bewiesen, wo ein wegen Mangel an Freiheit nicht öcumenisch gelten könnendes Concil, wie die des Mittelalters und vor Allem das Tridentinum, dennoch von der

ganzen katholischen Kirche und dem ganzen Epis=
copat als wirklich öcumenisches und das Glau=
bens-Bewußtsein der Christenheit nothwendig
bestimmendes anerkannt worden ist. Der Janus
hat die kirchliche Unfehlbarkeit als durchaus leeres Phan=
tom und als längst widerlegt erwiesen; er mag sich
sträuben wie er will, es folgt dieß mit logischer Consequenz
aus seiner Behauptung und Beweisführung für die Un=
freiheit der nichtsdestoweniger allgemein angenommenen
Concilien des Mittelalters und des Tridentinums. Nicht
erst, wie auch Frohschammer meint, nach der Annahme
der päpstlichen Unfehlbarkeit wird die katholische Kirche dem
Janus, wenn er nicht sein Buch selbst als eine Sammlung
von Erdichtungen erklären will, als fehlbar erscheinen
müssen,[1] sondern schon, ganz abgesehen von dem neuen
Dogma, auf Grund der Thatsachen, welche derselbe über
die Stellung des Papstes zu den bisherigen Concilien an=
führt und zugibt. Nur den sogenannten Ketzern und
Schismatikern hat man es zu verdanken, daß nicht der
ganzen Christenheit, sondern blos der römischen Papstkirche
jene principielle Abirrung vom Evangelium zugeschrieben,
und die Verheißung Christi nicht Lügen gestraft werden
muß. Die Behauptung des Janus, die sich nur aus pole=
mischer Befangenheit gegen den Protestantismus erklären
läßt, es sei nämlich „eine große Gesellschaft, eine ganze Kirche
der Gefahr der Selbstüberhebung und des vermessenen
Pochens auf höhere Erleuchtung nicht ausgesetzt; es bestehe
für sie keine Versuchung, eine besondere subjektive Ansicht
oder Meinung zur Geltung zu bringen",[2] wird durch jedes

---

[1] Zur Würdigung der Unfehlbarkeit des Papstes und der Kirche. München 1869. S. 31.

[2] S. 434.

Blatt des Janus selbst, und namentlich durch seine eigenen Geständnisse über den rein italienischen Charakter des Concils von Trient, durchaus widerlegt. Es ist hiebei der hochwichtige Factor der **nationalen** Eifersucht, die gerade in kirchlichen Fragen den Blick vollständig trübt, gar nicht in Rechnung gebracht. Man vermißt überhaupt durchaus den Janus im Janus, wo immer die Vertheidigung und Rettung der Unfehlbarkeit des Katholicismus gegenüber dem Protestantismus versucht wird. Der Autor muß sich letzterem gegenüber irgend einer Schuld früherer maßloser Bekämpfung bewußt sein, die er sich aber in seiner Selbsttäuschung, der auch die größten Gelehrten ausgesetzt sind, nicht recht gestehen will, obwohl dieß nur im Interesse der großen Sache läge, die er nun vertritt.

Der Janus macht sich desselben Widerspruches schuldig, wie Luthers Aeußerungen über die Concilien, besonders auch seine Schrift „Von den Conciliis" (1539), ihn ganz offen enthielt. Auch Luther versicherte, er verlange nur, daß die ultramontane Ueberordnung des Papstes über die Concilien und deren Canonen aufgegeben werde. „Der Papst," sagte er, „ist (nach der Theorie der Romanisten) über Concilien, über Väter, über Könige, über Gott, über Engel. Laß sehen, bring' du ihn herunter, und mache die Väter und Concilien über ihn zu Meistern. **Thust du das, so will ich dir fröhlich zufallen und beistehen.**"[1] Aber diese Unterwerfung unter die Concilien ist, wie Luther sich sofort erinnert, an die absolute Bedingung geknüpft, daß die Lehren der Väter und Concilien selbst nichts gebieten oder verbieten, was aus dem klaren und sicheren Worte Gottes selbst sich nicht gehörig rechtfertigen und begründen

---

[1] Werke Bd. 25, S. 226. Erl. Ausg.

lasse. Und schon der bloße Gedanke an die Mühe dieser sorgfältigen Vergleichung und Prüfung macht ihm bange und läßt es ihm rathsamer erscheinen, gleich direkt an das Wort Gottes in den heiligen Schriften allein sich zu halten, zumal da schon das erste aller Concilien, das von Jerusalem, Verordnungen für die ganze Kirche erlassen hat, die bald als geradezu unerfüllbar sich erwiesen und, weil in Christi Lehre selbst nicht enthalten, wieder allgemein aufgegeben und außer Uebung gesetzt wurden. „Ihr zwingt uns," ruft Luther den Vertheidigern der Concilien selbst zu, „zu solcher unendlichen Mühe und Arbeit, daß wir Concilien und Väter sollen gegen die Schrift halten und nach derselben richten? Ehe das geschieht, sind wir alle todt und kommt der jüngste Tag lange zuvor."[1] Und bezüglich des Concils von Jerusalem bemerkt er: „Hilf Gott, welche geplagte Christen sollten wir über dem Concilium werden, schon allein mit den zwei Stücken, Blut und Ersticktes (nicht zu) essen! Wohlan, fange nun an, wer da will und kann, und bringe die Christenheit zum Gehorsam dieses Concils, so will ich fast gerne nachfolgen; wo nicht, so will ich des Geschreies überhoben sein: Concilia, Concilia, du hältst keine Concilia noch Väter! Oder will wiederum schreien: Du hältst selber keine Concilia noch Väter, weil du dieß höchste Concil und die höchsten Väter, die Apostel selbst, verachtest!"[2] Und doch, meint Luther, haben die Apostel den Gläubigen in der nämlichen Weise wie nachher die übrigen allgemeinen Concilien, jene Gebote mit der Versicherung eingeschärft: es habe nicht nur ihnen, sondern auch dem heiligen Geiste selbst so gefallen. Wenn man

---

[1] Daselbst S. 238.
[2] S. 239.

nicht die ganze spätere Christenheit beschuldigen wolle, daß sie dem heiligen Geiste widerstrebe, so bleibe nur übrig, jene Worte nicht in strengem Sinne von einer besondern Eingebung des heiligen Geistes, sondern von der Versicherung ihrer durch keine unreine Absicht, blos von der Rücksicht auf die eben zur Zeit vorhandenen Bedürfnisse der Kirche dictirten Beschlüsse zu verstehen. Dieß will Luther offenbar sagen mit der freilich zu starken und mißverständlichen Bemerkung, man müsse „das Wort heiliger Geist auskratzen, und jenes Statut die Apostel allein gemacht haben lassen".[1] Ganz in der nämlichen Lage befindet sich auch der Janus. Wenn er consequent ist, so muß er bekennen: Der Papst und das Concil taugen beide nicht mehr viel. Auch ihm müssen bei näherer Erwägung gar manche Anathemen selbst der älteren Concilien im Lichte der heutigen, hoch über der Reformationszeit stehenden, biblischen und geschichtlichen Kritik, wie nach den gegenwärtigen Resultaten der Natur- und Staatswissenschaften, als ungerechtfertigt erscheinen. Er wird nach dem nämlichen Princip der wissenschaftlichen Freiheit, nach welchem er die Oecumenicität der mittelalterlichen Concilien verwirft, zugestehen müssen, daß ähnliche alterirende und hemmende Einflüsse auch auf die alten Concilien, wie auf die Anschauungen der Väter, eingewirkt haben; daß die damalige Stellung der Kirche zu den Kaisern, welche jene Concilien beriefen und präsidirten und an der Verdammung der Ketzer ihr politisches Interesse hatten, daß ferner die äußeren Weltverhältnisse und der stete Glaube an den nahe bevorstehenden Untergang der Welt und die Wiederkunft des Herrn, von welcher noch Gregor der Große so fest überzeugt

---

[1] S. 242.

war, daß endlich die Lage des Christenthums gegenüber dem noch immer nicht ganz abgestorbenen Heidenthum und Judenthum, und ganz besonders der im Verhältniß zu dem unsrigen weit niedrigere Stand der allgemeinen und wissenschaftlichen Bildung: daß All Das und noch manches Andere sowohl auf die Dogmenbildung als auf die Gesetzgebung der alten Concilien von wesentlichstem Einflusse gewesen ist, und daß in der Verkennung desselben eine überaus gefährliche Vermischung des Göttlichen und Menschlichen, eine Verfälschung des Ersteren durch das Letztere liege. Diese Ueberzeugung muß für einen Mann wie den Janus, der so viele weittragende, das ganze Bewußtsein der gesammten mittelalterlichen Christenheit alterirende Fälschungen und Erdichtungen uns vorführt, weit leichter zu gewinnen sein als bei Luther und den Reformatoren, die mehr nur unter dem Eindruck der Gegenwart, welche eine große Verkehrung des Christenthums darstellte, ihren Protest erhoben und das ganze Lügengewebe, welches Janus uns zeigt, noch gar nicht kannten. Auf dieser unserer vollständigeren Kenntniß der Verfälschung und Alterirung des ächten Christenthums durch **Papstthum und Concilien** beruht die Möglichkeit, und darum auch die **Pflicht** einer durchgreifenderen Reform der Kirche als sie im sechzehnten Jahrhundert bei allen den **politischen** und anderweitigen Hindernissen, die heute nicht mehr in diesem Grade bestehen, noch möglich war. Die durch Religion, Vaterland und Wissenschaft von uns gefoderte Reform muß zugleich, nicht eine Verwerfung, aber wohl **eine Reform der Reformation des sechzehnten Jahrhunderts selbst sein.** Uns stehen ganz andere, weit tüchtigere und sicherere Waffen zu Gebote gegen den Ultramontanismus als die Reformatoren sie hatten; eben darum können und müssen wir uns aber auch viel sorgfältiger vor aller Ueberstürzung und Uebereilung und überhaupt vor Allem hüten, wodurch wir dem Gegner nur Blößen gäben und den unter allen Verhältnissen gesicherten Sieg uns selbst erschweren und verzögern würden.

Was letzteren Punkt noch insbesondere betrifft, so erklärt sich der Janus über die Beschaffenheit und den Ursprung des katholischen Bewußtseins hierüber mit einer Aufrichtigkeit, die nichts zu wünschen übrig läßt. Es ist ein Produkt der äußersten Gewaltthätigkeit, der Erdichtungen und Fälschungen, des gewissenlosesten Mißbrauches der grenzenlosen Unwissenheit und beharrlich fortgesetzter Düpirung der Einfältigen. „Die Stärke einer Gewalt wie die päpstliche," sagt der Janus, „ruht zuletzt doch ganz auf der Meinung der Menschen. Nur solange die Zeitgenossen von ihrer Rechtmäßigkeit überzeugt sind und nicht anders wissen (weil man ihnen nicht anders lehrt!) als daß ihr Gebrauch wirklich auf höherem Willen beruhe, vermag sie sich zu behaupten. Im dreizehnten und vierzehnten Jahrhundert hatte aber Niemand in Europa eine Kenntniß, Niemand auch nur eine Ahnung von dem wahren Stand der Sache... Erst mit dem Beginne des fünfzehnten Jahrhunderts und nach dem Eintritte der Kirchenspaltung begann die Vergleichung des jetzigen Zustandes und Rechtes mit den alten Concilienbeschlüssen einigen Wenigen die Augen allmälig zu öffnen. Sie sahen, daß da eine ungeheuere Umgestaltung und Verkehrung in der Mitte liegen müsse; aber wie und wann sie sich vollzogen habe, blieb ihnen verborgen."[1] So steht

---
[1] S. 253.

es also mit dem consensus communis für die wichtigsten katholischen Dogmen, welche heute noch die Scheidemauer gegen unsere protestantischen deutschen Brüder bilden: es ist die Uebereinstimmung der unwissenden Betrüger und der noch unwissenderen Betrogenen! Was jenen „ursprünglichen, schon aus der apostolischen Zeit stammenden Kern des Primates" betrifft, von welchem der „gläubige" Janus auch hier noch spricht, so haben wir aus seinen eigenen Geständnissen bereits gesehen, wie es damit sich verhält: daß nämlich die betreffenden Schrift- und Väterstellen, in die man ihn viel später erst hineinsetzte, gröblich mißdeutet wurden. Jedenfalls hätte dieser „Kern", wenn Gottes Hand selbst ihn grundgelegt und mit seinem Geiste gepflegt hätte, nicht zu einer solchen monströsen Mißgestalt, so „ungeheuer verkehrt werden können", wie der Janus vom päpstlichen Primate es gesteht; bei einem „gesunden" Kerne ist das nicht möglich und widerspricht allen Naturgesetzen. Wie mag doch ein Gelehrter gleich Janus sich noch solche Blößen geben und an einem Strohhalm sich festklammern wollen, um von der Fluth der wissenschaftlichen Gegenbeweise, die er selbst vorführt, nicht fortgerissen zu werden! Wie soll denn, um auch diesen Hauptpunkt noch zu erwähnen, die christliche Wahrheit und Sitte durch die Concilien aufrecht erhalten werden, wenn nach dem ausdrücklichen Bekenntniß des Janus die Päpste „planmäßig es dahin gebracht hatten, daß die Abhaltung der Concilien theils unmöglich, theils fruchtlos geworden war?"[1] Wo ist denn da der Schutz des heiligen Geistes, wenn eine herrschsüchtige menschliche Gewalt die Anwendung des einzigen Mittels zur Erhaltung der Kirche verhindern und

---

[1] S. 243.

dasselbe unwirksam machen kann, wenn „durch die Curie die Simonie die Gebieterin der ganzen Kirche werden und der kleine Finger der Curie schwerer auf den Kirchen lasten konnte als ehedem der Arm der Fürsten", während „Niemand ein Mittel der Heilung anzugeben wußte?"[1] Lag nicht die wahre Ursache des Uebels in dem falschen Vertrauen der Christen auf Papst und Concilien? „Der Despotismus einer Oligarchie", sagt der Janus, „pflegt noch drückender zu sein als die Herrschaft eines Einzigen."[2] Aber was sind denn die unter Anathem eingeschärften Glaubenssatzungen der Bischöfe als der allein stimmberechtigten Mitglieder der Concilien anders als die Despotie einer Oligarchie auf dem Gebiete des religiösen Glaubens und wissenschaftlichen Strebens?

Nichts liegt mir so ferne als bloße Consequenzmacherei; es scheint mir aber, daß der Janus, wenn seine Schrift wirklich, was jeder Freund der Wissenschaft, der Religion und des Vaterlandes nur aufrichtigst wünschen kann, „wie ein in den See getauchtes Netz, das reiche Beute bringt, und nicht blos wie ein ins Wasser geworfener Stein, der die Oberfläche auf einen Augenblick kräuselt und dann sogleich Alles wieder läßt wie es gewesen", wirken soll, — daß der Janus dann sich auch zu den logischen und geschichtlichen Consequenzen, welche mit innerer Nothwendigkeit aus seinem unschätzbaren Buche sich ergeben, rückhaltlos bekennen, und daß er eben darum auch öffentlich mit Nennung seines Namens hervortreten muß.

Noch einen weiteren Punkt muß ich berühren, worin die katholische Theologie über Janus hinausgehen oder doch ihn ergänzen müßte, nämlich bezüglich der Auffassung von

---

[1] S. 240.
[2] S. 229.

der eigentlichen Ursache der so entsetzlichen Entartung der mittelalterlichen Kirche und des Papstthums in ein Reich von dieser Welt. Die letzte Ursache davon ist nicht in der Herrschsucht der Päpste und der Curie, auch nicht in dem Interesse des Clerus und später besonders der großen Bettelorden zu suchen, sondern in dem tiefen Stande der allgemeinen geistigen Entwicklung von Welt und Menschen im Mittelalter. Die Völker wie die Fürsten, die Communen wie die Einzelnen, waren im Ganzen noch allzu wenig von dem Bewußtsein ihrer natürlichen und persönlichen Rechte erfüllt und durchdrungen; darum fehlte es auch bei der Geltendmachung derselben an aller Dauer und Energie. Bis ins dreizehnte Jahrhundert herab trat ein Volksstamm nach dem andern erst in den Kreis der christlichen Gesittung Europa's ein, und die vorherrschende Stimmung war für die Nothwendigkeit einer großen, imponirenden, einheitlichen Centralgewalt. Diese war bereits so gut wie vollkommen ausgebildet, als die nationale Entwicklung in England, Deutschland und Frankreich immer mächtiger fortzuschreiten begann, und nun in jener absolutistischen Universal-Gewalt das größte Hemmniß ihrer Erhebung und Kräftigung erkannte. Aber auch die Päpste waren Kinder ihrer Zeit, ebenso alles geschichtlichen und kritischen Sinnes baar wie diese. Sie mußten gar nicht, auf welche Weise und durch welche Mittel der Macht-Complex, über welchen sie geboten, sich gebildet hatte, und mußten sich daher zur ungeschmälerten Erhaltung des von ihnen verwalteten Besitzthums verpflichtet glauben. Und da, wie auch der Janus selbst sehr richtig bemerkt, „Theologie in Rom nie in größerem Maßstabe oder mit einigem Erfolge betrieben worden",[1] sondern

---

[1] S. 218.

die gelehrte Thätigkeit sich beinahe ausschließlich auf Juris=
prudenz zur Befestigung der erworbenen Machtansprüche
beschränkte, da namentlich gründliches Geschichtsstudium in
Rom niemals bis auf die Gegenwart herab eine Stätte
hatte,[1] so muß für die formelle Beurtheilung der Tenacität,
womit die römische Curie und die Päpste ihre Machtfülle
aufrecht zu erhalten bemüht sind, dieser Umstand ihrer
groben Unwissenheit, die freilich ganz und gar ihre Prä=
tensionen nicht materiell gerechter macht, und dazu das In=
teresse ihrer Existenz gehörig berücksichtigt werden.

Die gleiche Entschuldigung kann aber nicht auch den
Bischöfen, namentlich nicht den heutigen, zu Gute kommen,
die keine weltlichen Fürstenthümer mehr zu regieren haben,
und denen so reichliche Mittel zur Pflege gründlicher Wissen=
schaft geboten wären. Sie würden, wenn sie diese sich ge=
hörig zu Nutzen machen wollten, finden, daß keineswegs „der
Geist der Lüge unsere Zeit beherrscht",[2] sondern daß dieser
Geist der Lüge, des Betruges, der Fälschungen und der
Gewissenlosigkeit vielmehr das hochgelobte Mittelalter und
den ganzen Jesuitismus und Ultramontanismus, die mit
Vertheidigung jener Lügen sich angelegentlichst beschäftig=
ten, beherrscht hat, während gerade unsere Zeit mit kriti=
schem Wahrheitssinne dieselben, eine nach der andern, auf=
deckt und die weitere Verbreitung und Geltendmachung der

---

[1] Augustin Theiner, Bibliothekar der vaticanischen Biblio=
thek, beklagt den „gänzlichen Mangel deutscher Geschichtswerke in
Rom über irgend eine Zeit". (Zustände der katholischen Kirche in
Schlesien von 1740 bis 1758. Regensburg 1852, Bd. I, Vorrede
S. V. auf VI.)
[2] Mit diesem abscheulichen Vorwurf bevorwortet der Bischof
Feßler seine „Sammlung vermischter Schriften". Freiburg 1869.
S. IV.

damit verbundenen Ungerechtigkeiten zu verhindern bemüht ist. Man kann sagen, daß die ganze, von Bischöfen in dem verflossenen Jahre, besonders über das Concil, zusammengehäufte Literatur voller Lügen, und durch und durch vom Geiste der Unwahrheit und Unredlichkeit beseelt ist. Man findet nicht bloße Unwissenheit, sondern höhere Verblendung, wenn man mit unbefangen prüfendem Blicke diese salbungsvolle, oder vielmehr schmierige episcopale Flugschriften-Literatur sich etwas näher ansieht. Die Ursache liegt sehr nahe. Die Herren Bischöfe haben sich allzu sehr gewöhnt, alles Kirchliche zu beherrschen, zu überwachen und zu meistern; sie haben die Inderdecrete in Ausführung zu bringen und für genaue und rasche Befolgung derselben zu sorgen, da manchmal, wie der jetzige Bischof Feßler schon vor zwölf Jahren bemerkte, „große Gefahr auf dem Verzug haftet".[1] Wer aber in der Arena der Wissenschaft erscheinen will, der darf nicht wie ein großsprechender Goliath dahersteigen, sondern muß mit der Schleuder des demüthigen David kommen, hier gilt es für Jeden zu dienen und sich zu unterwerfen, nämlich den einfachen Thatsachen, und aller Wahn von höherer Erleuchtung und magischer Kraft ist auf diesem soliden Gebiete nackter Wahrhaftigkeit nur ein Hemmniß für richtige Erkenntniß und reine Auffassung der Dinge. Nichts ist so widerlich als die falsche Sicherheit, welche die heutigen Bischöfe auf dem literarischen Terrain offenbaren. Nirgends gibt es für sie eine Schwierigkeit, Alles ist rein und klar wie Krystall, hell und glatt wie ein Spiegel; man kann auf sie anwenden was der Freiherr von Eckstein irgendwo von solchen Schriftstellern bemerkt,

---

[1] Censur und Inder. In der Sammlung vermischter Schriften. Freiburg 1869. S. 183.

daß sie, „mit weichem Kiele auf blassem Papier in durchwässerter Tinte ihren durchsichtigen Geist aushauchen, weil sie gehört haben, es sei der Geist Gottes über den Wässern erschienen". Oder macht es nicht diesen Eindruck, wenn der Bischof Plantier von Nismes die Katholiken gegen die Angriffe auf das Tridentinum, welche ja bekanntlich in Frankreich zahlreicher und heftiger waren als in irgend einem andern Lande, mit den Worten stärkt und stählt: „Auf dem Concil von Trient handelte es sich um den Protestantismus. Derselbe hat sich zunächst das giftige Mark einer Menge früherer Irrlehren angeeignet, dann aber seine Gotteslästerung noch weiter getrieben. Mit Ausnahme von zwei oder drei wesentlichen Dogmen, die er, so gut es eben anging, gerettet hat, greift er das ganze Gebäude der Offenbarung an, um es in Staub zu zermalmen. Seine Verneinung ist ebenso ungeheuer als seine Vermessenheit. Die Kirche nimmt die Steine, welche er zu erschüttern versucht hat, einen nach dem andern, zur Hand, und befestigt sie wieder in den Mauern des Tempels mit unverwüstlichem Mörtel."[1] Plantier ist gewiß ein Freimaurer!

---

[1] Ueber die allgemeinen Kirchen-Versammlungen. Mit Bewilligung des Verfassers übersetzt von Frh. von Lamezan. Freiburg 1869. S. 97.

XII.

Wohin wir im Katholicismus immer blicken mögen, drängt sich uns die Ueberzeugung auf, daß demselben der rechte Geist entflohen ist. Er ist an sich selbst irre geworden in Folge des Glaubens an die unfehlbare Leitung, deren er, und nur er, sich rühmen könne. Es sind in dieser Verblendung verschiedene Grade und Stufen bemerkbar, ganz entsprechend der Organisation des gesammten ultramontanen Kirchenthums. Am Allerweitesten fehlt es ohne Zweifel bei dem heiligen Vater, dem Papste selbst, der nun daran ist, sich für unfehlbar erklären zu lassen, ohne sich zu fragen, ob diejenigen, welche ihm diesen Dienst erweisen, die geeigneten Gefäße zur Aufnahme des hiezu erforderlichen höheren Lichtes und ob er selbst zum Träger und Vermittler desselben befähigt sei. Dem Papste zunächst stehen sowohl an Wunsch, für unfehlbar zu gelten als in Folge dessen an Geistesschwäche die Herren von der römischen Curie und die Jesuiten.[1] Die dritte Classe bilden die Bischöfe, die vierte die ultramontanen Theologen, Geist-

---

[1] Es gränzt wohl an Verrücktheit, wenn z. B. der P. Huguet versichert: „Die Größe Roms liegt in den päpstlichen Ansprachen, in denen Alles zur rechten Zeit, mit Wahrheit und Liebe, gesagt wird." (Die Herrlichkeiten Pius' IX. und die großen Feste in Rom im J. 1867. Schaffhausen 1868. S. 389.)

lichen, eine beträchtliche Anzahl von gebildeten und halbgebildeten Laien. Alle diese sind unheilbar. In die fünfte
Classe, wo die noch Heilbaren sich befinden, gehört das blos
verführte, aber seinen gesunden Sinn noch besitzende und,
wenn auch vielleicht erst durch sehr bittere Erfahrung, doch
sicher wieder zum Vernunftgebrauch zurückkehrende schlichte
Volk, an dem sich vielleicht nochmal wie schon so oft das
Wort erwahren wird: Quidquid delirant reges,
plectuntur Achivi. Nur sind dießmal die kirchlichen
Fürsten und Führer die Anstifter des Unheiles.

Die Hoffnung für die Zukunft der Kirche ruht, wie
schon bemerkt, nicht auf dem heutigen Zustande des Episcopates und überhaupt nicht in dem monarchisch-aristokra-
tischen, sondern in dem demokratischen Elemente. Der Geist
der Kritik, den Papstthum und Bischöfe so sehr fürchten,
obwohl es nur der Geist der Wahrheit ist, welchen Christus
seinen Geist nennt, der stets bei seiner Gemeinde bleiben
werde, und der ihr auch unentbehrlich ist, dieser Geist der
Gewissenhaftigkeit beginnt sich allenthalben auch in der
Theologie Bahn zu brechen und den wahren Begriff von
der christlichen Kirche, welcher durch die Unwissenheit und
gewissenlose Herrschsucht der Hierarchie nahezu zerstört worden ist, wieder herzustellen, indeß Papst und Bischöfe Alles
thun, um jenen, auf Lüge und Unwahrheit basirten Priester-
staat mit allen Mitteln der Gewalt und der Ueberredung
zu stützen und die so nöthige Reform der Kirche zu verhindern.
Die Zeit ist da, wo es gilt, Gott mehr zu gehorchen als
den Menschen, der Wahrheit mehr Rechnung zu tragen als
der Autorität. Wenn es so weit gekommen ist, wie gegenwärtig, wenn die Leiter des Schiffes wahnsinnig geworden
sind und die Menschen doch zu festem Vertrauen in ihre
unfehlbare Führung zu ermahnen fortfahren, obgleich sie

sich völlig unvermögend erweisen, den stürmischen Wogen zu widerstehen, und vielmehr durch ihre eigene Ungeschicklichkeit und Tollkühnheit den Schiffbruch unvermeidlich machen, dann hat es mit jenem Vertrauen ein Ende, und es beginnt das Recht wie die Pflicht der Nothwehr und der Selbsterhaltung für jeden Einzelnen, die es vollständig rechtfertigen würden, wenn man auch die berauschten oder toll gewordenen Leiter des Schiffes in die See würfe, um dafür Tausende zu retten. Dieß gilt vor Allem von der christlichen Kirche, welche aller Sklaverei widerstrebt und mit der gleichen Menschenwürde auch die gleiche Verantwortlichkeit für alle ihre Angehörigen zum Gesetze macht. Jeder einzelne Katholik, und vor Allem jeder Priester und Theologe, hat darum die heilige Pflicht, in solchen Zeiten für Gott und die Wahrheit gegen menschliche Herrschsucht und Lügenhaftigkeit sich zu entscheiden. In dieser Lage befindet sich heutzutage namentlich jeder katholische Theologe gegenüber dem Episcopate, im Wesentlichen der nämlichen Lage, in welcher die Apostel und Jünger des Herrn den jüdischen Hohenpriestern und heidnischen Pontifices gegenüber sich befanden. Kein hinlänglich unterrichteter Theologe kann noch, wie die Verhältnisse bereits sich gestaltet haben, von Papst und Bischöfen eine ächte Reform der Kirche hoffen, und nur eine noch gründlichere Verkehrung der christlichen Ordnung erwarten. Eine wahre Reform müßte ja von ihnen selbst anfangen und in dem Bekenntniß begründet sein, daß ihre ganze Stellung zur Kirche eine durchaus falsche ist. Der unchristliche Geist der Herrschsucht hat die Hierarchie ganz und gar durchsäuert. Thurm und Dach sind völlig schadhaft und unbrauchbar geworden und werden aus viel besserem Material ganz neu hergestellt werden müssen. Sie sind allzu schwer und zu plump, und die heutige Kirche gleicht überhaupt einem Hause, das von unten auf vielfach ausgebessert und zeitgemäß umgestaltet worden, während am oberen Theile immer Alles beim Alten gelassen wurde. Aus dem Volke heraus muß die Kirche sich neu gestalten.

Es ist dieß aber in nicht viel geringerem Maße auch im Protestantismus der Fall, und gerade darauf, auf dem **beiderseits** nöthig gewordenen Eingreifen des Volkes in das Werk kirchlicher Regeneration, beruht die Hoffnung der Zukunft. Denn kein Theil braucht sich vor dem andern zu schämen; die Künstler, das heißt die Häupter der Rechtgläubigkeit, denen man bisher beiderseits, wenn auch in ungleichem Grade, die Oberleitung der Kirche und die Lehrbildung überlassen, haben die Kunst verdorben, und es ist höchste Zeit, sie zur Verantwortung zu ziehen, da sie ja doch des Volkes wegen, und nicht dieses ihretwegen da ist. „Das deutsche Volk", sagen wir auch in Bezug auf den katholischen Theil desselben in voller Uebereinstimmung mit M. Baumgarten, — „das deutsche Volk hat, um wahrhaft zu sich selbst zu kommen, kein bringenderes Bedürfniß als die Neubildung der Kirche; denn nur durch den sittlichen Geist der wahren Kirche wird unser Volk vor dem Verderbniß und Fluch des falschen Kirchenthums erlöst und in sein eigenes wahres Wesen eingesetzt."[1] Und wenn Baumgarten weiter bemerkt, er müsse bekennen, daß, „wenn der Protestantismus seiner gegenwärtig im Zuge begriffenen Entwicklung sich überlasse, der Auflösungsproceß mit Nothwendigkeit sich vollziehen werde",[2] so glaube ich mich berechtigt, das Gleiche bezüglich der Folgen der jetzt im vollen

---

[1] Zwölf kirchengeschichtliche Vorträge zur Beleuchtung der kirchlichen Gegenwart. Bremen 1869. S. 319.
[2] Daselbst S. 7.

Zuge begriffenen Richtung des Katholicismus zu behaupten. Aus der Auflösung des beiderseitigen dermaligen Kirchenwesens erwarte ich aber auch die beiderseitige Vereinigung des deutschen Volkes zur Neugestaltung der Kirche unsers Vaterlandes, und es scheint mir daher eine ungerechte Beschuldigung gegen die katholische Kirche Deutschlands, die doch wahrlich mit den Ultramontanen nicht identisch ist, wenn jüngst wieder Schenkel auf dem Protestantentag zu Berlin sich dahin ausgesprochen, daß von katholischer Seite für die Interessen des Protestantismus nichts zu hoffen sei. Wenn Schenkel dem Protestantismus keine andere Aufgabe setzt als die Erhebung des sittlichen Geistes und die Erlösung von der Priesterherrschaft, wie Baumgarten dieselbe erfaßt, dann erscheint es mir ausgemacht, daß weitaus der größte Theil der gebildeten und gelehrten deutschen Katholiken mit den Protestanten zur Erreichung des gemeinsamen Zieles der Herstellung einer Kirche des Geistes, und zur Zerstörung der gegenwärtigen Synagoge des Fleisches, zusammenwirken werden, und, wie sich mit jedem Tage deutlicher offenbart, wird auch die Elite des katholischen Clerus, die freilich vorerst noch sehr wenige Mitglieder zählt, zu den Mitkämpfern für christliche Freiheit gehören.

Eine gute Wirkung des bisherigen kirchlichen Gegensatzes in Deutschland wird es dann sein, daß nicht wie in den ausschließlich katholischen Ländern des romanischen Auslandes die Gebildeten einfach in Indifferentismus und Unglaube versinken, statt die alten Rechte zur Theilnahme an der kirchlichen Entwicklung in Anspruch zu nehmen, sondern daß bei den Vesten und Edelsten auf beiden Seiten ein reger Wetteifer in der Bethätigung ihrer Kräfte für die kirchliche Einigung des Vaterlandes, ohne welche die politische unmöglich ist, sich zeigen wird. Bis jetzt ist es sehr zu beklagen, daß die katholischen Laien auf kirchlichem Gebiete so wenig Energie in Zurückweisung der ultramontanen Prätensionen offenbaren, und die deutsche Frage blos von der politischen Seite ins Auge fassen, während der Clerus seinerseits in richtiger Würdigung der seiner Herrschaft drohenden Gefahr seine Aufmerksamkeit und Wirksamkeit keineswegs auf das kirchliche Gebiet beschränkt. Dieß wird sich und muß sich aber in kürzester Zeit ändern. Die gebildeten Katholiken können schon Ehren halber nicht mehr in der bisherigen Vormundschaft verharren, und die mit vollster Evidenz sich ihnen aufbringende Thatsache, daß Papstthum und Hierarchie fest entschlossen sind, sie in eine womöglich noch unwürdigere Geistes-Knechtschaft zu versetzen und ihnen Zumuthungen zu machen, die selbst das Papstthum des Mittelalters auf der Höhe seiner Weltherrschaft an die ungebildeten Massen jener Zeit nicht zu stellen wagte, wie das Dogma von der päpstlichen Unfehlbarkeit eine solche ist: diese Ueberzeugung, sage ich, muß alle ernst religiös gesinnten Männer unter den katholischen Laien zum vollständigen Bruche mit dem bisherigen Kirchenwesen und zur Mitwirkung an einer gründlichen, den Foderungen und Einsichten unserer Zeit und unserer Nationalität entsprechenden, Reform bestimmen. Der bessere Theil des katholischen Clerus selbst wird eine solche Mitwirkung nicht nur nicht zurückweisen, sondern für vollkommen berechtigt, ja unumgänglich nöthig erkennen und zwar sogar in noch höherem Grade und ausgedehnterem Maße als in der alten Zeit der Kirche, je mehr er sich bewußt ist, nicht nur nicht mehr der alleinige Träger und Pfleger der Bildung, nicht einmal der theologischen zu sein, sondern bezüglich der wichtigsten, Lehre und Leben der christlichen Kirche betreffenden Fragen von den Kenntnissen und Erfahrungen der Laien abhängig zu sein. „Der hierarchische Geist", sagt Schulte, „hat das christliche Priesterthum zum Beamtenthum in der Kirche, und die Gläubigen, die Kinder Gottes, zu Untergebenen desselben gemacht. Die geistliche Beamtenherrschaft hat den kirchlichen Gemeingeist der Laien gelähmt und vernichtet, das Band, welches Hirten und Heerde umschlingen soll, gelockert und zerrissen, und so das katholische Volk dem Verderben der religiösen Gleichgültigkeit und des halben und ganzen Unglaubens preisgegeben."[1]

Aber wer waren denn bis zur Gegenwart die gelehrten Pfleger dieses hierarchischen Geistes? Wer anders als die Theologen, vor Allem die Canonisten.

Man wird daher in diesem Punkte bedeutend weiter gehen müssen als selbst Hirscher und manch anderer katholischer Theologe der neuesten Zeit gegangen ist.[2] Es wird der Begriff von äußeren und inneren Angelegenheiten der Kirche erst ganz anders bestimmt werden müssen. Nach der bisherigen Darstellung ist die Fernhaltung der gebildeten Laien sehr begreiflich, da von einer wahren und wirklichen, erfolgreichen und entscheidenden, Mitwirkung gar nicht die Rede sein konnte, und sie als bloße Ja-Sager und Beifallklatscher dem Episcopat nur zur Verherrlichung und Verzierung hätten dienen sollen, während ihr Widerspruch auf keinen Erfolg hätte rechnen und nur in eine beschämende Niederlage für sie

---

[1] Reform der römischen Kirche an Haupt und Gliedern. Leipzig 1869. S. 144.
[2] So auch der Verfasser der Schrift: Das nächste allgemeine Concil und die wahren Bedürfnisse der Kirche. Wenigen-Jena 1869. S. 82 ff.

hätte ausschlagen können. Denn in jedem streitigen Falle würde der Bischof sich einfach nach Rom gewendet haben, wo die Entscheidung gegen die laicale Vorstellung stets im Voraus gewiß gewesen wäre. So stellt sich uns der vorhergehende Bruch mit dem absolut irreformablen Papstthum, nach allen Seiten als die schlechthinige Vorbedingung einer durchgreifenden Reform der katholischen Kirche heraus; und wenn den liberalen Theologen mit letzterer Ernst ist, so dürfen sie auch vor ersterem nicht zurückschrecken, denn sie befinden sich zwischen Hammer und Amboß, und die Entscheidung hat größte Eile.

Den katholischen Theologen besonders, welchen ihre Wissenschaft mehr als bloßes Brodstudium ist, sollte Alles daran gelegen sein, an den gelehrten und gebildeten Laien Bundesgenossen für ihre Sache zu erhalten. Von den Regierungen können sie wenig erwarten. In diesen Kreisen ist stets das dynastische und politische Interesse an erster Stelle maßgebend, und Jeder weiß, wie sehr sowohl durch den Schutz als durch den Druck der katholischen Regierungen namentlich die Theologie in ihrer normalen und stetigen Entwicklung gehemmt und gestört worden ist. Die fürstlichen und politischen Protectoren sind ihr fast noch schädlicher als ihre Bedränger, und sie hat bei einem aufmerksamen Blicke auf ihre Geschichte allen Grund zu beten, es möchte sie doch Gott vor ihren Freunden bewahren, denn vor ihren Feinden muß sie als ächte Wissenschaft sich selbst schützen und vertheidigen können. Als Wissenschaft darf die Theologie keine anderen Verbündeten suchen, ja gar nicht annehmen, wenn sich ihr auch einer anböte, als die übrigen Schwester-Wissenschaften. In ihrem Bunde wird sie auch allein stark und mächtig sein, aus dem steten Wechselverkehr mit ihnen wird sie beständig neues Leben schöpfen, während das unnatürliche Bündniß mit einer äußeren, politischen oder kirchlichen, Macht sie zur Verfolgung der, nicht dem gleichen fremdartigen Interesse sich dienstbar zeigenden, übrigen Wissenschaften verleitet, was ihr selbst die verdienteste Verachtung und den geistigen Tod einträgt. Mit einer Theologie, welche, ich sage gar nicht in dem Syllabus, sondern in irgendwelchen hierarchischen Machtsprüchen die Schranke ihrer Forschung erblickt, ist aber freilich ein wissenschaftliches Bündniß eine Unmöglichkeit.

Wem es um Förderung ächter Religiosität, wahrer Gottes- und Nächstenliebe zu thun ist, der kann auf dem Standpunkte des Janus nicht stehen bleiben, weil er alle hierarchische und theologische Prätension auf Unfehlbarkeit und Alleinseligmachung unbedingt aufgeben muß. Ich lebe hier in einer der größten Städte der Welt, wo alle christlichen Bekenntnisse und auch unchristliche ihre Kirchen und Tempel haben. Ich besuche von den ersteren bald die Kirche dieser, bald die jener Confession, und weiß mich im Wesentlichen mit allen im gleichen Geiste der Liebe vereint, weil mich nicht ihre Mängel abstoßen, sondern weil mich ihre Vorzüge, deren jede vor der andern hat, anziehen. Die Vollkommenheit oder Unvollkommenheit aller Bekenntnisse wechselt nach Zeit- und Personal-Verhältnissen; keine steht absolut über der andern; es scheint mir das Klügste, von jeder Kirche das Beste zu wählen, wie man es auch sonst im Leben macht. Weitaus die größte Mehrzahl der Angehörigen jeder Kirche denkt auch gar nicht daran, über ihre Mit-Christen sich zu erheben; denn ihr richtiger gesunder Sinn läßt sie das Wesen der Religion nicht in dogmatischen Spitzfindigkeiten suchen, von denen die Frömmsten sich gestehen müssen, nichts oder wenig zu verstehen, sondern in das praktische Leben setzen, worin sie es die Mitglieder anderer Kirchen ihnen mehr oder minder gleich thun sehen. Von den Predigern wollen sie das Wort Gottes hören, das die unveränderlichen Tugenden der Liebe und Demuth sie lehrt, und die confessionellen Verschiedenheiten und Kirchen-Dogmen als sehr untergeordneter und rein menschlicher Natur betrachten läßt.

Wer sich aber auf den Standpunkt der hierarchischen Unfehlbarkeit stellt, der hat für die Anerkennung wahrer Religiosität und Christlichkeit außerhalb des Bereiches seiner dogmatischen Gesinnungsgenossen keinen Raum, und seine ganze Wirksamkeit dient nicht der Verbreitung des Christenthums und seiner Segnungen, sondern eines herrschsüchtigen Priesterthums und seines Unsegens. Auf diesem Standpunkt steht auch noch der Janus; die „dogmatische Unveränderlichkeit" ist ihm das Höchste, über ihr vergißt er wieder alle Beschädigung der Religion durch Papstthum, Hierarchie und Theologie. Es thut noch ein Mann Noth, von dem man sagen kann: „Hier ist mehr als Janus, dieser ist nur sein Vorläufer gewesen." Und wenn ich nach diesem Manne meinen spähenden Blick aussende, so vermag derselbe nur auf dem Senior und zugleich dem Herkules der Theologen sich niederzulassen, auf Döllinger, auf dessen Herausforderung auch schon der Janus selbst es offenbar ganz besonders abgesehen hatte, und wozu auch ich das Meinige beitragen wollte. Zwar sind die scharfen Rügen, welche der Janus ihm, und gerade ihm, ertheilt, und die nicht so fast einem Mangel des Wissens als des Muthes gelten, leider nicht unverdient. Demnach wäre zu wünschen, daß Döllinger, wie schon an so manchem, auch nicht immer ungerechten, protestantischen Gegner, auch noch an Janus sich, aber in edler Weise, rächte, indem er denselben aufforderte: die Maske der Pseudonymität abzunehmen, ihm seine Inconsequenzen unnachsichtlich vorhielte und, das Banner ihm aus der Hand windend, selbst die Fahne christlichen Freimuthes dem ganzen katholischen Deutschland, vor Allem dem Clerus, vorantrüge, überzeugt, daß Unzählige, bisher sklavisch Geknechtete, unter dieselbe sich freudigst schaaren werden.

Wo und wann immer, vor Allem auf kirchlich-religiösem Gebiete, dem ernstesten von allen, eine wahrhaft reformatorische Wirkung erreicht werden soll, da ist es nach dem Zeugniß der Geschichte unbedingt erfoderlich, daß diejenigen, welche die Nothwendigkeit einer Reform erkennen und aussprechen, mit ihrer ganzen Persönlichkeit als wahre Jünger des Gekreuzigten eintreten. An dem Namen liegt hier Alles, und mit Recht. Mit pseudonymen Schriften kann man einige Zeit einen gelehrten Streit führen, aber keine Kirche reformiren. Gerade in diesem Mangel moralischen Muthes auch bei den gelehrtesten katholischen Theologen liegt das Hauptübel, gerade von hier muß die Reform ihren Anfang nehmen. Von Janus muß man sagen: das Wahre, die zusammengehäuften Sünden des Papstthums, ist nicht neu, und das Neue, nämlich daß ein Katholik jene längst bekannten Thatsachen endlich auch nachsagt und eingesteht, ist nicht wahr oder doch zweifelhaft, weil dieser Katholik seinen Namen verläugnet, und es jedem freisteht, den Verfasser für den Angehörigen einer ganz andern Kirche zu halten, wenn er auch das Gegentheil versichert, da ein pseudonymes Zeugniß ohne alle Glaubwürdigkeit ist.[1]

---

[1] Ich hörte von mehreren Personen die Meinung äußern, es scheine ein gelehrter katholischer Theologe zu dem Buche blos die Materialien geliefert, ein Nichttheologe aber sie verarbeitet und

Alles hängt für die Zukunft davon ab, daß das Confessionelle in Lehre, Verfassung, Cultus und Disciplin gegen das vom wahren Geiste der christlichen Religion und der deutschen Nationalität Geforderte in den Hintergrund gestellt werde. Wir sollen weit weniger darnach fragen, was specifisch katholisch oder protestantisch, als vielmehr was christlich und deutsch ist. Dieß wird auf beiden Seiten noch immer allzusehr aus dem Auge gelassen. Wie in den Versammlungen der Katholiken beständig den Rednern der Mund überfließt von dem Lob und Preis der Segnungen und der Herrlichkeit des Katholicismus, so ist auch in den protestantischen Vereinen und Kirchentagen kaum von etwas Anderem als von der großen Aufgabe des Protestantismus zu hören, so daß auch bei dem, in kirchlichen Fragen ohnehin großentheils ganz unwissenden Volke auf beiden Seiten der verderbliche Wahn genährt wird, es stehe der schlechteste Protestant doch immer noch hoch über dem besten Katholiken, oder umgekehrt der schlechteste Katholik noch weit über dem besten Protestanten. Sowohl die Katechismen und populären kirchlichen Schriften wie die Lehrbücher für den theologischen Unterricht des protestantischen Clerus lassen in Bezug auf Gerechtigkeitssinn und in der Darlegung der wahren Aufgabe des Protestantismus gar Manches zu zu wünschen übrig. Man versteht sehr gut, die Schattenseiten des Katholicismus hervorzuheben, aber von den mehrfachen Vorzügen desselben ist fast niemals, wenigstens in Schriften für den öffentlichen Unterricht, die Rede. Man ist hierin von den Häuptern der Reformation, Luther und Melanchthon, sowohl auf orthodoxer als auf liberaler Seite,

---

Schlüsse daraus gezogen zu haben, die wahrscheinlich jenem katholischen Theologen fremd sind. Was soll man von einem solchen Buche halten?

die bei all ihrer polemischen Schärfe das Gute und Berechtigte an der alten katholischen Kirche vielfach anerkannten, sehr abgekommen. Schon vor zwölf Jahren beklagte Gelzer eine „völlige Desorientirung in dem geschichtlichen Bildungsgange und in den höchsten Zielen des deutschen Protestantismus".[1] Er meinte damit die zunehmende Reaction nicht blos der streng positiven Richtung, sondern auch das Zurückgehen auf die Dogmatik des siebzehnten Jahrhunderts. Letztere schließt allerdings eine Verkennung des höchsten Zieles des Protestantismus in sich. Denn dieses Ziel gipfelt in der Negation der Priester- und Theologen-Herrschaft, und sucht durch allgemeine Verbreitung des Princips voller religiöser Gewissensfreiheit im Gegensatz zur dogmatischen Intoleranz die Gewissenhaftigkeit zu erhöhen, welche die Mutter des kirchlichen Friedens und der nationalen Vereinigung ist, und die Anerkennung alles Berechtigten auch im Katholicismus in sich schließen muß. Wenn der Protestantismus diesen Geist aufrichtig hegt und fördert, dann ist an einem baldigen segensreichen Erfolge der allseitigen Bemühungen zur Erreichung einer dauernden Verständigung zwischen Katholiken und Protestanten nicht zu zweifeln.

Aber soll denn dieses schöne Ziel nur von den Protestanten allein verfolgt werden, und sollen die Katholiken in der That nicht nach demselben streben? Wenn man blos die protestantischen Theologen, sowohl die sogenannten gläubigen als die liberalen, hört, namentlich wie sie bei feierlichen und öffentlichen Gelegenheiten sich aussprechen, so möchte man es wirklich glauben; aber kein Unbefangener

---

[1] Neuere deutsche National-Literatur der Deutschen. 3. Aufl. I. Vorrede S. VIII. Leipzig 1858.

kann in Abrede stellen, daß es sich in Wahrheit ganz anders verhält.

„Von Bayern und Oesterreich", ließ sich unlängst eine Stimme klagend vernehmen, „kann leider der deutsche Protestantismus nichts hoffen."[1] Aber was wird wohl der Mann, welcher diese Klage äußert, unter Protestantismus verstehen? Denn bieß ist keineswegs so klar als man annehmen sollte, und vielleicht hat er sich selbst nicht gehörig darüber Rechenschaft gegeben. Es hat ja so ziemlich jeder bedeutendere Theologe einen etwas anders nüancirten, ja oft ganz eigenthümlichen Begriff von Protestantismus. Wer hat seit mehr als dreißig Jahren die große Aufgabe des Protestantismus öfter und begeisterter hervorgehoben als Schenkel? Und nun ist er und sein ganzer Anhang in formellster Weise vor den Augen von ganz Deutschland und Europa durch die kirchliche Oberbehörde des größten protestantischen Staates in Deutschland selbst mit dem Bann belegt, während er im Jahre 1846 noch für einen Repräsentanten der „alten Orthodoxie" galt, und Gervinus gegenüber die Vorwürfe von „Bigotterie" und „hierarchischen Gelüsten" von sich abzuwehren hatte, wie er denn auch offen seine Ueberzeugung dahin ausgesprochen hatte, „daß die Staaten nur gedeihen können, wenn eine feste Sitte sie trägt, und daß es keine feste Sitte gibt ohne einen kräftigen Unterbau des Glaubens".[2] Und den Gegensatz zum Katholicismus, der doch in jener Zeit gerade in Deutschland eine so schroffe und ultramontane Richtung verfolgte, faßte Schenkel in jener Zeit ebenfalls ganz anders auf. Er nahm

---

[1] Die Zukunft der preußischen evangelischen Landeskirche. Neuwied und Leipzig 1869. S. XXIII.

[2] Der Standpunkt des positiven Christenthums und sein Gegensatz. Zürich 1846. S. 19.

für den Protestantismus noch lange nicht jene Prätensionen in Anspruch wie es in den letzten Jahren bei jeder Gelegenheit von ihm geschehen ist. „Wer darf sagen," bemerkte er damals, „die Gegensätze des Katholicismus und Protestantismus seien ewig; die beiden Flammen, die aus dem Centrallichte des christlichen Glaubens aufgelobert, werden nicht einst wieder in Einen Strahl zusammenfallen?"[1] Hier ist also der Katholicismus trotz all seiner Auswüchse und Mißbräuche noch in seiner vollen Berechtigung neben dem Protestantismus und als die nothwendige Ergänzung desselben zur Stärkung jenes Glaubens, der jedem Staate als „kräftiger Unterbau" dienen muß, anerkannt. Um wie viel müßte der Protestantismus seither besser und der Katholicismus schlechter geworden sein, wenn das Urtheil, welches Schenkel heute über das gegenseitige Verhältniß beider zu einander fällt, als gerecht anerkannt werden könnte! Schon im Jahre 1855 sehen wir ihn auf einem Standpunkte, der nahezu den Glauben an die Alleinseligmachung der protestantischen, und der absoluten Verdammungswürdigkeit der katholischen Kirche in sich schließt. „Die größte Gefahr," versicherte er, „droht uns daher, daß viele Protestanten, theilweise unbewußt und ohne Ahnung der Consequenzen, welchen sie später nicht werden widerstehen können, von dem Wesen und Princip des Protestantismus abzufallen im Begriff sind, und ihren modernen Kirchengestaltungsversuchen römisch-katholische Anschauungen zu Grunde legen."[2] Aber was ist denn dieses Wesen und Princip des Protestantismus, und wer sind diejenigen, welche von demselben abzufallen im

---

[1] Daselbst S. 45.
[2] Der Unionsberuf des evangelischen Protestantismus. Heidelberg 1855. S. 17.

Begriff sind? Oder wie soll ein Katholik es angeben, wenn er der großen Gefahr, in der er sich befindet, entrinnen und in den Protestantismus sich flüchten will? Schenkel legte darüber einige Jahre später in der vielleicht besten seiner Schriften ein sehr interessantes Geständniß ab. Es sei gar nicht zu verwundern, meint er, wenn auch die liberalen Katholiken nicht zum Protestantismus übertreten; denn „zu welcher Form desselben sollten sie übertreten, für welche Partei innerhalb desselben sich erklären? Etwa für die Concordienformel nach der neuesten Interpretation von Thomasius in Erlangen, oder für die unveränderte Augsburger Confession nach Anleitung von Stahl in Berlin, oder für die unveränderte nach den Grundsätzen Ebrard's in der Pfalz? Sollten sie Lutheraner werden nach dem Erachten von Krabbe, auf Grund der Dogmatik von Philippi, nach dem Vorbild des Schriftbeweises von Hoffmann, nach dem freien Schritt und Tritt des Kahnis; sollten sie Münchmeyer zu ihrem Wegweiser in die wahre protestantische Kirche erwählen, oder unter dem Panier Vilmar's sich in die Mysterien des Teufels einweihen lassen? Strömt die lautere Milch ächter lutherischer Denkungsart aus dem Munde des Pastors Harms in Hermannsburg, oder findet die lutherische Seele das Eine was noth thut, zu den Füßen des Pastors Löhe in Neuendettelsau? Oder würden sie besser thun, sich an die Reformirten anzuschließen? Sollten sie zum Heidelberger Katechismus greifen oder unter den Schatten der dreißig Artikel der Helvetischen Confession flüchten u. s. f.?[1]

Eine weitere Frage würde sein, ob denn der Standpunkt Schenkels selbst der ächt protestantische sei, da so viele

---

[1] Die kirchliche Frage und ihre protestantische Lösung. Elberfeld 1862. S. 179.

Theologen seiner eigenen Kirche ihn nicht als solchen aner=
kennen? Wer soll also dem Katholiken, der in die pro=
testantische Kirche überzutreten gedächte, mit Verlässigkeit
sagen, wie er es anzugehen habe, um den Weg in dieselbe
zu finden, wenn von den hervorragendsten Theologen selbst
einer dem andern vorwirft, er sei gar kein wahrer Protestant,
sondern eigentlich ein Katholik? Dies behauptet Schenkel
von dem weitaus größten Theile der gegenwärtigen pro=
testantischen Theologen, so daß am Ende nur die Ungebil=
deten und die über die kirchlichen Controversen nicht näher
Unterrichteten unter den Gebildeten als Protestanten noch
gelten können, und daß es jedenfalls bis gegen das Ende
des vorigen Jahrhunderts gar keinen Protestantismus ge=
geben hat, und auch im neunzehnten Jahrhundert die Zahl
seiner Bekenner sehr gering gewesen ist. Beides versichert
Schenkel ausdrücklich. „Mit dem größten Nachdruck," sagt
er, „wiederholen wir: die Orthodoxie als solche ist gar nicht
wesentlich protestantisch; sie ist die Reaction des Katholi=
cismus auf dem Gebiete der protestantischen Lehrbildung."[1]
Und geradezu erklärt derselbe anderswo: „Mit der kirch=
lichen Orthodoxie der Concordienformel ist der Protestan=
tismus auf den Grundlagen einer neuen Lehrform wieder
katholisch geworden."[2] Und doch, obwohl der eigentliche
und ächte Protestantismus bis auf die Gegenwart noch so
wenige Bekenner gehabt hat, und diese gar keine consolidirte
Macht bildeten, und mit den Katholiken im protestanti=
schen Gewande noch um ihre Existenz ringen müssen, ob=
wohl also mit Einem Worte der Protestantismus noch nie
bestanden und eine Herrschaft ausgeübt hat, soll man, wie

---
[1] Daselbst S. 194.
[2] Daselbst S. 185.

der nämliche Schenkel im nämlichen Jahre versichert, unter Protestantismus nichts Geringeres zu verstehen haben, als „die bewegenden Ideen, welche seit mehr als drei Jahrhunderten die Geschicke der abendländischen Völker bestimmen und bedingen bezüglich der Weltstellung, der Culturfortschritte, der politischen und socialen Machtverhältnisse der einzelnen Völker und Staaten";[1] und doch soll „der Protestantismus dem deutschen Volke blutsverwandt, Fleisch von seinem Fleische, Gebein von seinem Gebein sein, und hätte dasselbe aufgehört, sein eigenes Wesen zu verstehen, wenn es das Wesen des Protestantismus nicht mehr verstünde".[2]

Ich will hier gar nichts sagen von der notorischen Thatsache, daß die Ideen, welche die letzten drei Jahrhunderte die Geschicke der Völker, und vor Allem die des deutschen Volkes, bestimmten, bis auf die neueste Zeit in weit höherem Grade als von den protestantischen Staaten von dem katholischen Frankreich ausgegangen sind, und zwar in einer Weise, daß gerade der protestantische Theil Deutschland demselben sich völlig unterwarf bis zur gänzlichen Verläugnung der eigenen Nationalität, wie es nach dem Geständniß der vornehmsten protestantischen Historiker der Gegenwart selbst ganz besonders zur Zeit Friedrichs des Großen der Fall war, wo „das Nationalgefühl für eine Borniertheit galt";[3] aber auf die entsetzliche Ungerechtigkeit muß ich doch hinweisen, daß der Protestantismus hier geradezu als identisch mit dem deutschen Nationalcharakter

---

[1] Das Wesen des Protestantismus. 2. Aufl. Schaffhausen 1862. S. 1.
[2] Daselbst S. 2.
[3] Sybel, Die deutsche Nation und das Kaiserreich. Düsseldorf 1862. S. 110.

erklärt und damit den deutschen Katholiken die innere Berechtigung auf ihr Vaterland rundweg abgesprochen wird. Der Protestantismus kann nach Schenkel mit dem Katholiscismus so wenig auf freundschaftlichem Fuße leben, daß er vielmehr die Aufgabe hat, denselben „in sich selbst immer wieder zu überwinden und auch von den Banden seiner eigenen Tradition sich frei zu machen und im Rückgang auf sein eigenes ewiges Wesen seine ewige Kraft und weltüberwindende Wahrheit wieder zu finden".[1] Und wo glaubt nun Schenkel diesen Fund zu machen? Man würde es unmöglich glauben können, wenn er es nicht selbst so bestimmt aussprächte: nämlich diese weltüberwindende Wahrheit des Protestantismus hat seit dreihundert Jahren nicht mehr existirt, und Aufgabe des Protestantismus ist daher „die Befreiung der seit dreihundert Jahren staatlich und kirchlich bevormundeten, aber zu selbstständigem Leben aus Gott vom Herrn der Kirche berufenen Gemeinde".[2] Es scheint also, daß in dem katholischen Mittelalter die christliche Gemeinde der allseitigsten Freiheit sich erfreute, oder von welchem Jahre soll denn der Verlust derselben und ihre Sklaverei datiren?

In dieser widerspruchsvollen Weise ist die ganze Darstellung Schenkels von dem Protestantismus gehalten. Auf der einen Seite wird der gänzliche Verfall desselben beklagt oder gar erklärt, er sei bis jetzt noch gar nie vorhanden gewesen und existire immer erst noch in der Idee, und auf der andern Seite soll er doch alles Heil der Welt und allen Fortschritt seit drei Jahrhunderten bewirken. Ebenso soll einerseits alles Katholisiren ihm durchaus wider-

---

[1] Daselbst S. 778.
[2] Daselbst S. 780.

sprechen und daher völlig fremd bleiben, und andererseits soll doch wieder gerade der von allem Katholicismus purificirte Protestantismus Schenkels die einzige Pforte sein, durch welche die wahren Katholiken den Eingang in den Friedenstempel finden und als vollgültige Brüder anerkannt zu werden hoffen könnten. Unmöglich können die liberalen Katholiken glauben, daß diese Einladung ernst und aufrichtig gemeint sei, wenn sie sehen, mit welcher Verachtung und mit welchem Zorne jeder Schein auch nur äußerer Annäherung an katholische Einrichtungen bei sonst höchst achtbaren protestantischen Theologen selbst durch diese angebliche Vermittlungspartei perhorrescirt wird. „Der liberale Katholicismus," sagt Schenkel abermals im Jahre 1865, „muß sich mit den Vertretern des freien Protestantismus zu gemeinsamem Handeln verbinden."[1] Gleich darauf warnt er wieder auf das Nachdrücklichste vor allem Bündniß mit dem ersteren. „Die Partei des Rückschrittes in der protestantischen Kirche," versichert er, „ist eine wesentlich oder doch überwiegend katholische Partei; sie verficht katholische Ueberzeugungen."[2]

Hiemit ist offenbar gesagt, daß die liberalen Katholiken, welche nach der Bruderhand derjenigen Partei von Protestanten verlangten, welche Schenkel repräsentirt, aufhören müßten, Katholiken zu sein, und zwar so gänzlich und vollkommen, wie die wegen ihrer confessionellen Richtung so sehr mißhandelte Partei dieß nicht fordert. Was letztere als Bedingung zum Abschlusse eines wahren inneren Bündnisses von den Katholiken verlangt, und mit Recht verlangt, ist das Aufgeben der Prätension der Unfehlbarkeit und ab-

---

[1] Die protestantische Freiheit in ihrem gegenwärtigen Kampfe mit der kirchlichen Reaction. Wiesbaden 1865. S. 18.
[2] Daselbst S. 23.

soluter Geltung für das ganze katholische Kirchenwesen, vor Allem auch für die Lehrbildung durch Päpste und Concilien, mit einem Worte: Verzicht auf das sog. blos historische Recht in geistigen, ihrer Natur nach der Entwicklung unterworfenen Dogmen, und damit die Anerkennung der Möglichkeit und Zulässigkeit auch anderer Auffassungen, die aber auch ihrerseits keine unfehlbare und absolute Richtigkeit beanspruchen dürfen.[1] Auch die unvollkommenste Form des Protestantismus ist schon dann jedem römischen Katholicismus weit vorzuziehen, wenn sie die Prätension der Unfehlbarkeit nicht erhebt und damit die Möglichkeit der Reinigung und Vervollkommnung sich offen hält. Die Foderung der „Annäherung an die evangelische Kirche", sowie der „Rückkehr zur evangelischen Wahrheit"[2] kann und muß der verständige Katholik von Seite des Protestanten als ganz berechtigt erkennen, zumal wenn die evangelische „Kirche" in ihrer jetzigen Beschaffenheit mit der evangelischen „Wahrheit" nicht identificirt, und andererseits auch der Ultramontanismus von dem Katholicismus so bestimmt unterschieden wird, daß man sich für überzeugt erklärt, es stieße derjenige, welcher behauptete, der Katholicismus sei der Papismus,

---

[1] Dieß ist jüngst wieder sehr entschieden in Bezug auf die Augsburger Confession betont worden in den Monatsblättern von Gelzer 1869, Augustheft S. 81: „Hat das historische Recht seit 300 Jahren unverwüstliche Geltung; warum nicht auch seit 400? Wird aber das Recht der Reformation anerkannt, so ist damit über die Wandelbarkeit dieses kirchlichen Bekenntnißrechtes eo ipso entschieden." Wenn die liberale katholische Partei eine Reform will, so muß auch sie dieses Princip anerkennen und darf in dieser Foderung des Protestantismus keine ungebührliche Zumuthung sehen. Vgl. dagegen Döllinger, Kirche und Kirchen S. 490.

[2] Protestantische Antwort auf den an alle Protestanten gerichteten Brief Pius IX. Erlangen 1869. S. 294.

was nun freilich Niemand Geringerer als der Papst selbst thut, „alle wahren Katholiken aus der Kirche hinaus".[1] Aber jene gar zu starke Betonung der „höheren Stufe religiöser und sittlicher Geisteskraft",[2] welche der Protestantismus „voraussetze", und auf die ein nun einmal so zu sagen mit der Erbsünde des Katholicismus Geborner nicht leicht jemals sich wird zu erheben vermögen, obwohl doch thatsächlich von den auf jener „höheren Stufe religiöser und sittlicher Geisteskraft" erzeugten Früchten wenigstens einem, freilich eben schwächeren, katholischen Auge nicht gar viel bemerkbar ist: dieses abstoßende Selbstgefühl ist gerade auch für einen demüthigen Christen keine Einladung zum Anschluß an jene Gemeinschaft höherer Wesen, von der er nur in ehrfurchtsvoller Ferne sich halten und das aufrichtige Geständniß ablegen müßte, er sei allzu dumm und zu schwach, um Protestant werden zu können, und in Folge dessen auch, um ein vollgültiger Deutscher zu sein.

Es ist aber eine Entstellung, wenn Schenkel und seine Partei allen Andern vorwirft, sie verfälschten das Wesen

---

[1] Daselbst S. 121.
[2] Dieß ist jüngst wieder ausgeführt worden von H. Gaß in einer zu Heidelberg gehaltenen Rede. Abgedruckt in den Monatsblättern von Gelzer, Septemberheft 1869. S. 146. Auch die Behauptung ist irrig, daß „der deutsche Katholicismus einen heiteren Sinn in Oesterreich, aber einen düsteren und schroffen in Bayern zeigt". Es kann sich ja doch nur um die gelehrten und gebildeten Katholiken, besonders Theologen und Geistlichen, handeln, und da gebührt im Ganzen den Bayern vor den Oesterreichern in Bezug auf Entgegenkommen und Anerkennung, freilich nicht einer „höheren Stufe", aber der Gleichberechtigung immer noch verhältnißmäßig der Vorzug; freilich in Altbayern auf dem Lande ist der Katholicismus sehr schroff, aber in Oesterreich nicht weniger.

des Protestantismus, wenn sie für irgend eine Einrichtung der katholischen Kirche eine Sympathie bezeigen und derselben vielleicht sogar vor der in der protestantischen Kirche zur Zeit bestehenden Sitte den Vorzug geben. Namentlich im Cultus und in der Verfassung kann dieß mehrfach der Fall sein. „Bis auf den heutigen Tag," sagte vor einigen Jahren Friedrich v. Raumer, „ist das höchste Ziel der Verfassung und Verwaltung weder in der katholischen noch in der protestantischen Kirche erreicht. Wenn jene, im Vertrauen auf sich selbst," fügte er bei, „der Unduldsamkeit, dem Religionszwange, entsagte, so würde sie durch das Umfassende und Großartige ihrer, der Besserung fähigen, Einrichtungen leicht immer mehr Boden gewinnen."[1] In gleichem Sinne bemerkt L. Richter: „Nicht das Bischofthum an sich, wohl aber die (vom Katholicismus als Dogma hingestellte) Nothwendigkeit desselben, ist mit dem Princip der evangelischen Kirche unvereinbar."[2] Gestehen doch selbst Männer von so treuer protestantischer Gesinnung wie Hundeshagen: „Unter den schwachen Seiten wenigstens des Protestantismus deutscher Zunge ist das unter seinen

---

[1] Die Kirchenversammlungen von Pisa, Constanz und Basel. Vermischte Schriften. Leipzig 1823, II, 295. Er bemerkt noch bezüglich der katholischen Verfassung: „Nur in dem hievon ganz verschiedenen nordamerikanischen System voller unbedingter Freiheit kann sie einen eigenthümlichen und würdigen Gegensatz finden. Alle Versuche dagegen, innerhalb der protestantischen Kirche sich durch Symbolzwang zu reinigen und in Landeskirchen abzuschließen, führen zu keiner richtigen Mitte, und wo die Toleranz nur auf das Hinausweisen, das coge exire, hinausläuft, ist nicht mehr wahre Freiheit und christliche Liebe vorhanden als bei dem coge intrare der Gegner."

[2] Geschichte der evangelischen Kirchenverfassung in Deutschland. Leipzig 1851. S. 243.

Auspicien zu Stande gekommene Verhältniß zwischen Staat und Kirche offenbar die allerschwächste."[1] Auch Heinrich Leo hat sich gleichzeitig mit Hundeshagen dahin ausgesprochen, daß die Verständigung von einer beiderseits nöthigen richtigeren Auffassung des Verhältnisses zwischen Clerus und Laien wesentlich bedingt sei;[2] und der gleichen Ansicht ist die ganze nicht-ultramontane Partei der Katholiken selbst.

Doch möchte ich namentlich bezüglich dieses Punktes nicht dahin mißverstanden werden, als ob ich die Verfassung der katholischen Kirche dem Protestantismus als Muster vorhalten wollte. Ich glaube vielmehr, daß bei der Neubildung unserer Verhältnisse das größte Augenmerk darauf zu richten sein werde, daß die deutsche Kirche gegenüber der, nun völlig dem Papstthum und der äußeren Beherrschung dienstbar gewordenen, festen Organisation der römisch-katholischen Kirche ihr Heil nicht in der eigenen Einrichtung einer solchen streng organisirten Verfassung suchen dürfe. Der Kampf, welcher sich zwischen Romanismus und Germanismus oder in noch weiterem Sinne, zwischen dem ausgelebten Despotismus und dem modernen freiheitlichen Culturprincip vorbereitet, ist ein Kampf des Geistes gegen das Fleisch, der Ueberzeugung gegen die blinde Autorität, der inneren Kraft gegen die äußere brutale Gewalt. Wollte man daher auch auf unserer Seite eine gleich feste hierarchische Organisation einrichten, dann würde auch bei uns früher oder später ein neues päpstliches oder hierarchisches Joch die Folge sein. Hätte das Episcopat einen Sinn und ein In-

---

[1] Ueber einige Hauptmomente in der geschichtlichen Entwicklung des Verhältnisses zwischen Staat und Kirche. In Dove's Zeitschrift für Kirchenrecht. Bd. I, 445 (Berlin 1861).
[2] In der Evangel. Kirch.-Ztg. von Hengstenberg. 1861. S. 138.

teresse für geistige Freiheit, so würde es sich nicht so allgemein und so vollkommen in die Sklaverei des Papstthums gefügt haben. Die Vertreter von Wissenschaft und Freiheit in aller Welt sehen es nun, was dem Katholicismus seine so oft auch von den Außerkirchlichen gepriesene und angestaunte Organisation hilft; sie ist die Hauptursache der völligen Knechtung, und in weiterer Folge des Unterganges des ganzen römischen Kirchenthums, weil auf Stroh und Stoppeln kein solider Bau möglich ist, sondern nur auf der Basis der freien persönlichen Ueberzeugung.

Fleury schloß seinen ausgezeichneten Discours sur les libertés gallicanes mit der Bemerkung: „Wenn man beiderseits auf alle Prätensionen, die der alten Disciplin widersprechen, verzichten würde, so wäre dieß ohne Zweifel das beste Mittel, dieselbe wieder herzustellen. Wir wagen kaum," fügte er bei, „ein so großes Gut auch nur zu wünschen; aber laßt uns wenigstens nicht neue Hindernisse setzen!" Dieß ist nun leider namentlich von dem französischen Clerus, an den jene Worte zunächst gerichtet waren, in betrübendster Weise geschehen, und auch der größte Theil der katholischen Theologen Deutschlands hat sich ins Schlepptau des ultramontanen, die ganze alte Disciplin völlig vernichtenden, päpstlichen Absolutismus nehmen lassen. „Der französische Clerus," darf der Jesuit Montrouzier öffentlich und ohne irgend einen Widerspruch erklären, „ist in Zukunft ultramontan, und selbst bis zum Vergießen seines Blutes. Dem Papste ist dieß wohl bekannt, und dieser Gedanke dient ihm zum Trost mitten in seinen Trübsalen. Man mag ihn zu verneinen oder zu verführen suchen: verlorne Mühe. Sein Glaube wird allen Versuchungen widerstehen. Der Gallicanismus ist ein Cadaver, den Niemand mehr auferwecken kann, der Stein auf

seinem Grabe wird niemals mehr weggewälzt werden".¹
So hoch dünken sich die heutigen zwerghaften Epigonen über den Richer, Pithou, Bossuet, Dupin, Launoy, Fleury, Natalis Alexander! Ob sich nicht das alte Sprichwort bald wieder bewahrheiten wird: Hochmuth geht vor dem Falle?

Auf die Foderung des Fallenlassens der ultramontanen, dem deutschen Charakter durchaus widerstrebenden Unfehlbarkeits-Prätension für die eigenthümlichen Lehren und Gebräuche seiner Kirche kann der Katholik eingehen. Sehr richtig hat in dieser Hinsicht Bunsen, schon vor mehr als dreißig Jahren, in einer Denkschrift an die preußische Regierung vom November 1837 bemerkt: „Die ultramontane Partei kennt und begreift nichts von dem Wesen des deutschen Katholicismus. Ihr System findet seine Widerlegung so offenbar in den großen Weltbegebenheiten, die vor Aller Augen liegen, daß es sich kaum irgendwo unverdeckt und öffentlich in Deutschland zeigen darf. Wie sieht es," fügte er bei, „mit den Ländern und Völkern aus, welche die Seligkeit des „gläubigen" Katholicismus genossen haben? Die evangelischen Regierungen," meinte er, „müßten die größten Fehler begehen, wenn die katholische Bevölkerung Deutschlands ihr Heil bei dieser (der ultramontanen) Partei suchen und sie nicht umgekehrt mehr als alles Andere fürch-

---

[1] Le Gallicanisme et M. Emile Ollivier: Revue du monde catholique. 1868. t. 22. p. 352: le clergé français est désormais ultramontain et même usque ad effusionem sanguinis. Le pape le sait bien, et cette pensée le console au milieu de ses tribulations. On peut donc chercher à le désunir, on peut essayer de la séduire: peine perdue. La foi résistera à toutes les épreuves. Le gallicanisme est un cadavre qu'il n'est donné à personne de resusciter: la pierre de son tombeau ne sera jamais soulevée.

ten und bekämpfen sollte".[1] Diese Worte sind ganz für heute geschrieben, und nach allen ihren Theilen gegenwärtig richtiger als damals.

Es wäre vielleicht am Besten, die Partei-Benennungen Katholicismus und Protestantismus mehr und mehr ganz aufzugeben, da sie nur zu steten Zweideutigkeiten und Gehässigkeiten führen, und da ihnen außerdem sowohl im Sinne der liberalen Katholiken als der heutigen Protestanten eine innere Wahrheit gar nicht mehr zukömmt. Mit dem Aufgeben des Tridentinums allein schon und mit der Anerkennung der Möglichkeit anderer Auffassungen des Christenthums als der eigenen verliert ja die Bezeichnung Katholicismus ebenso ihren Sinn und ihre Berechtigung als dieser Richtung gegenüber noch ein Protestantismus statthaft ist; denn die Nichtübereinstimmung mit der Ansicht eines Andern, der dieselbe Niemandem aufzwingt, macht ja keinen Protest nöthig, da kein Recht beeinträchtigt wird. Wozu denn immer noch den Popanz mit dem Protestantismus und die halb tragische, halb komische Erklärung, daß derselbe leider von Bayern und Oesterreich nichts zu hoffen habe, wenn, wie gerade auch Schenkel versichert, „der gebildetste Theil der Protestanten selbst in seiner großen Mehrheit ihm so viel als den Rücken gewandt hat"?[2] Warum soll denn doch wieder gerade der Protestantismus als höchstes Ziel „die vollkommenste Offenbarung des Christenthums" anstreben? Warum soll nur er dem Christenthum den Ausdruck und die Gestalt zu geben bestimmt sein, welche „den Bedürfnissen der Zeit, den Erfodernissen einer fortgeschrittenen Wissenschaft und Bildung, der geistigen und sittlichen

---

[1] Chr. C. Josias Frh. von Bunsen, von Fr. Nippold. Leipzig 1868, I, 582.
[2] Allg. kirchl. Zeitschrift von Schenkel 1861. S. 418.

Entwicklungsstufe der christlichen Völker angemessen ist"?[1] Will denn dieß Alles nicht auch die besonnene Richtung im deutschen Katholicismus? Warum wird diese bei solchen Gelegenheiten ganz ignorirt? Vielleicht weil sie nicht ganz autoritätslos ist und von dem positiven Christenthum, soweit eine Lehre und Anordnung Christi eine wirklich positive, das heißt, eine ganz zweifellos erwiesene ist, nicht lassen will? Aber dieß will ja selbst Schenkel nicht, wie er ausdrücklich versichert. „Die Freiheit der Forschung," sagt er, „hört da auf, wo die Grundlagen des Christenthums aufgegeben werden."[2] Und was sind diese Grundlagen des Christenthums? Werden nicht eben darüber verschiedene Ansichten auch in Zukunft möglich sein, und wird diese Verschiedenheit nicht ganz von selbst in Bekenntnissen ihren Ausdruck finden, nur mit dem Unterschiede, daß sowohl von der einen als von der andern Partei aller Anspruch auf Unveränderlichkeit und absolute normirende Geltung ferngehalten wird? Warum also die leidenschaftliche Verwerfung aller Confessionen als katholisch? „Der confessionelle Protestantismus," sagt abermals Schenkel, „ist nur eine Abart des römischen Katholicismus, und confessionelle Protestanten werden daher leicht durch folgerichtige Anwendung ihrer Grundsätze in den Schooß der römischen Kirche getrieben."[3] Diese Behauptung wird sich doch durch die geschichtliche Erfahrung kaum rechtfertigen lassen. Der größte Theil der Convertiten waren keine confessionellen Protestanten, sondern Indifferentisten, oder es kam überhaupt,

---

[1] Wesen des Protestantismus. 2. Aufl. S. 4.
[2] Die protestantische Freiheit in ihrem gegenwärtigen Kampfe mit der kirchlichen Reaction. Wiesbaden 1865. S. 281.
[3] Die gegenwärtige Lage der protestantischen Kirche in Preußen und Deutschland. Mannheim 1867. S. 11.

wie bei den fürstlichen Conversionen des siebzehnten Jahrhunderts, die dogmatische Frage so viel wie gar nicht in Frage, und nur das politische und materielle Interesse, wenn man dieß natürlich in den Apologien des Uebertrittes auch mit großem Popanz läugnete und die erkannte Unhaltbarkeit der Confession allein als Ursache angab. Und außerdem haben sich ja doch die Urheber und Redacteure keines protestantischen Bekenntnisses eine unfehlbare Autorität und höhere Inspiration wie die Väter der Concilien angemaßt, sodaß, wenn auch beide Parteien strenge an ihren Confessionen hielten, dieß doch aus einem ganz verschiedenen Grunde geschah und von ihnen das Wort gilt: si duo faciunt idem, non est idem. Jüngst erst hat ein, auch gar nicht zu den Orthodoxen gehöriger, norddeutscher Theologe ganz richtig bemerkt: „Irgend ein Maß von Conformität evangelischen Glaubens, Bekennens und Predigens ist für eine größere kirchliche Gemeinschaft schlechterdings unumgänglich, mag sich unser Freiheitssinn dagegen sträuben oder nicht. Daß die zeitlich und örtlich begränzte **Berufsthätigkeit** dem Urtheile des kirchlichen Zeitbewußtseins unterstellt sei, ist natürlich und allezeit so gewesen."[1] Würde es etwa in der Kirche Schenkels anders sein? Ganz gewiß nicht, und jedenfalls wäre ein **theologischer** Terrorismus noch schlimmer als der **politische** des 17. Jahrhunderts! Auch die eifrigsten Vertheidiger des Rechtes der Wissenschaft und die größten Gegner des Uebermaßes und der Alleinherrschaft der Autorität, wie sie in neuerer Zeit in der katholischen Kirche geltend gemacht wird, erklären doch zugleich, daß auch „die ausschließliche Geltung der Freiheit, wie sie

---

[1] Bedenken über kirchliche Neubildung. In den **Monatsblättern** von Gelzer, Bd. 34, S. 83, 94. Augustheft 1869.

im Protestantismus (b. h. von der Partei Schenkel's) geltend gemacht wird, nicht nothwendig sei".[1]

Nichts ist einer Vereinigung der Getrennten und der Ueberwindung des confessionellen Gegensatzes, welche doch die „unentbehrliche Bedingung" der Einigung Deutschlands und „ein ebenso bringendes Bedürfniß wie die politische Umgestaltung" ist,[2] so hinderlich als die üblichen Parteinamen, welche beständig an alle die Unbilden erinnern, die ein Theil dem andern zugefügt hat, und welche den Feinden des kirchlichen und politischen Friedens, sowie den beschränkten Ultras im beiderseitigen Clerus stets neue Nahrung geben. Millionen von Menschen im Nord und Süd, die von den confessionellen Differenzen gar nichts verstehen, können durch das Eine Zauberwort: „Man will euch zu Protestanten, oder zu Katholiken machen!" durch clericale und politische Demagogen zur Ausführung oder Unterlassung von Handlungen bestimmt werden, wodurch sie sowohl ihr eigenes Interesse als das Wohl des ganzen Vaterlandes auf das Tiefste beschädigen. Heute noch werden sowohl katholische als protestantische Eltern in der Regel viel weniger beunruhigt, wenn sie eines ihrer Kinder in unsittliche Ausschweifungen verfallen sehen als wenn ein noch so gesitteter Sohn aus reinen Gewissensgründen zu einem andern Bekenntniß übertritt, und in dem ganzen Orte, vor Allem ganz allgemein auf dem Lande, ersteht der betreffenden Familie hieraus eine weit größere Schande als etwa aus der notorischen Lüberlichkeit eines andern Kindes.

Noch immer erstreckt sich der diesen leeren Partei-Benennungen anhaftende Haß bis in das Innerste des Ver-

---

[1] Frohschammer, Ueber die Wiedervereinigung der Katholiken und Protestanten. München 1864. S. 35.
[2] Schenkel, Allg. kirchliche Zeitschrift 1866. S. 504, 506.

kehrs- und Gesellschaftslebens. Gerade die Frommgläubigen aus dem Volke glauben den Umgang und die nähere Berührung mit Genossen der andern Confession möglichst meiden zu sollen. Die Menschen berauben sich in Folge dieser unchristlichen Vorurtheile unzähliger Güter und froher Stunden des Lebens und verbittern sich dasselbe durch ihre eigene Schuld. Doch nicht das Volk, sondern vor Allem den Clerus, und noch mehr die Theologen trifft diese Schuld. Man hört wohl auch oft sowohl katholische als protestantische Theologen der strengen Richtung sagen: mit der Zeit, wenn die Macht des Materialismus noch größer geworden sein wird, werden schon von selbst alle Christen gegen diesen gemeinsamen Feind sich verbünden. Was soll man denn dabei denken? Also darauf wollt ihr warten, ihr Gottesgelehrten, ihr Erzieher des Volkes? Vom Materialismus erwartet ihr, was euer es Amtes wäre? Erst sollen noch Millionen Menschen wegen euerer confessionellen Steckenpferde, von denen ihr nicht lassen wollt, in Unglauben versinken, bis ihr euch entschließen werdet, offen zu bekennen, daß die confessionellen Differenzen kein Grund zu gegenseitiger kirchlicher Absonderung der in allen wesentlichen Punkten übereinstimmenden Christen seien!

Es läßt sich daher kaum eine größere Verkehrtheit denken als wenn diejenigen Männer, welche die kirchliche Einigung des Vaterlandes auf ihre Fahne schreiben, sowohl in öffentlichen Reden als in populären Schriften ohne Unterlaß jener gehässigen Schlag- und Stichworte sich bedienen, und, während sie doch für den kirchlichen Frieden kämpfen wollen, gleichwohl beständig an die katholische oder die protestantische Ehre und Gesinnung ihrer Leser und Hörer appelliren. Denn auch die liberalen katholischen Theologen, nicht nur die ultramontanen, machen sich des nämlichen Fehlers schuldig. Ganz in derselben extremen und exclusiven Weise wie Schenkel in seinem „Wesen des Protestantismus" erklärte Döllinger schon im Eingange seines „Papstthums": „Die katholische Kirche ist der reichste und mannigfaltigste Organismus. Ihre Aufgabe ist keine geringere als die Lehrerin und Bildnerin der Völker zu sein... Nur das Papstthum ist im Stande, jedes Glied in seiner Sphäre zu erhalten, jede etwa eintretende Störung wieder auszugleichen."[1] Kurz darauf sinkt aber dieses katholische Bewußtsein wieder zu dem tiefsten, kaum mehr christlichen, Kleinmuthe herab, und Döllinger behauptet geradezu, es sei „die christliche Kirche thatsächlich nicht stark genug, sich selbst zu schützen, sowie Angriffe der Häresie und des Unglaubens zu überwinden".[2] Und doch sollte man meinen, sie sei gerade in ihrer ersten und besten Zeit, wo es doch noch kein Papstthum gab, dieß thatsächlich gewesen.

Die Theologen erweisen sich hier als unpraktische Menschen. Die Geschäfts- und Gewerbsleute wissen, wie viel überall auf den Namen, die Etikette, ankommt, und wie die beste Waare und das ächteste Produkt keine Anziehungskraft für die Massen besitzt, wenn die Bezeichnung irgend etwas Abstoßendes für sie hat, während weit oft Schlechteres Anklang und Abnahme findet, wenn es unter einem entsprechenden Namen ausgeboten wird. Es ist ein Beweis für den praktischen Sinn Luthers, daß er das neugestaltete Kirchenthum durchaus nicht nach sich oder mit einer andern Parteibezeichnung benannt wissen wollte. Sobald es den katholischen Gegnern gelungen war, die Evangeli-

---

[1] Kirche und Kirchen. S. 36.
[2] Daselbst S. 89. — Also Inquisition nöthig?

schen zur Annahme von solchen Titeln zu drängen, war auch schon die Hauptgefahr für weitere massenhafte Uebertritte beseitigt, und es wurden umgekehrt die jesuitischen Bekehrungsversuche hieburch nicht wenig erleichtert und unterstützt. Man sehe sich die ganze Literatur der katholischen Controvers-Flugschriften an, so wird man immer wahrnehmen, daß das erste und gewichtigste Argument die Hinweisung darauf war, daß die evangelische Kirche etwas ganz Neues, Persönliches und Particuläres sei, was ja schon ihr Name besage. Denn es batire ja dieselbe erst von Luther und Calvin, oder vom Reichstag zu Speier. Gegen jede Neuerung in der Religion hat aber das Volk in seinem richtigen Instinct eine Antipathie; denn die Gottheit ist ja nach dem Zeugniß des natürlichen religiösen Bewußtseins das Aelteste was es gibt. Jede Reform, die auf Erfolg rechnen will, muß daher schon bei der Benennung darauf bedacht sein, jeden Verdacht von Neuerung abzuwehren und als Restauration des Alten und Wahren, des Allgemeinen und Unveränderlichen zu erscheinen. Das Schlagwort Orthodoxie ist für ganz Rußland die wirksamste Waffe gegen die Secten, und das Schibolet Katholicismus ist der Talisman gegen den Protestantismus für die katholischen Massen aller Länder. Man darf ganz sicher sein, daß letzterer für seine Verbreitung keinen größeren Feind hat als seinen Namen. Protestiren heißt ja bei dem Volke rebelliren. Man weiß wohl, daß in manchen Fällen Proteste nöthig seien und auch Revolutionen eine gewisse Berechtigung haben; aber es knüpfen sich doch meist sehr unangenehme Erinnerungen daran und man will nicht gerne zur Partei der Protestirenden und Rebellirenden gehören. Vollends erst in der Religion hält das ungebildete Volk jeden Protest für einen Gräuel. Was kein Vater und keine Mutter an ihren

Kindern dulden, das wird gewiß, denken sie, auch Gott an den Menschen nicht dulden. Diese Rücksicht auf das Volk und die Accomodation an dessen Vorstellungen ist aber von größter Wichtigkeit, und hat mehr Einfluß als tausende von gelehrten Schriften und als ganze Armeen. Unter dem größten Theile der Gelehrten und Gebildeten besteht ja ohnehin keine Trennung mehr und wird die Berechtigung verschiedener Auffassungen in nicht hinlänglich erwiesenen und klaren Punkten der christlichen Religion mehr und mehr allgemein eingesehen. Das größte Hinderniß der Vereinigung sind aber die Vorurtheile der ungebildeten Massen, welchen ein beschränkter Clerus stets neue Nahrung liefert. Ganz Deutschland kann „evangelisch" oder noch besser einfach „christlich", aber nie und nimmer „katholisch" oder „protestantisch" gemacht werden; denn jenes würde dem größten Theile des protestantischen, und dieses dem größten Theile des katholischen Volkes mit Abfall von der Religion der Väter gleichbedeutend sein, und dieses letztere Vorurtheil wäre für Staat und Kirche noch verderblicher als ersteres. Ein „deutscher Verein zur Beförderung wahren Christenthums" könnte auf besseren Erfolg rechnen als ein „Protestanten-Verein" oder „Katholiken-Versammlungen". Der neue Mensch, den wir anziehen sollen, muß bei dieser Geistestaufe auch einen neuen Namen erhalten.

Eine einzige große Nationalkirche muß sich bilden. Zwei oder mehrere solche kann es nicht geben, und es wären diese nach der geschichtlichen Erfahrung der nationalen Einigung hinderlicher als eine Zersplitterung in eine Vielheit von kirchlichen Genossenschaften nach dem Muster Amerika's. Die Religion übt nothwendig auf ihre Bekenner eine Macht aus, welche für dieselben einigend und eben damit den Anhängern einer andern Kirche gegenüber mehr ober minder exclusiv und trennend wirkt. Alle bürgerlichen Toleranz-Gesetze haben für die Milderung dieses Gegensatzes wenig zu bedeuten, wie wir es heute, mehr als zweihundert Jahre nach dem Westphälischen Frieden, bei den Massen des katholischen und protestantischen Volkes noch mit Augen sehen. Der eine Theil kann sich nur ein katholisches, der andere nur ein protestantisches Deutschland denken, und keiner will ein anderes bis zu dem Grabe, daß er den bisherigen Zustand der Spaltung noch weit vorzieht. Es ist daher absolut unmöglich, ganz Deutschland nach der Foderung der Ultramontanen katholisch, oder nach der Foderung der Partei des extremen protestantischen Liberalismus protestantisch zu machen. Aber Eines kann und muß Deutschland: es soll besonders im Gegensatze zu Frankreich, das, wie vor einigen Jahren Albert Broglie mit großem Nachdruck betont hat, „noch nicht aufgehört hat, katholisch zu sein",[1] christlich werden. Die Partei-Bezeichnungen Katholicismus und Protestantismus gleichen falschen Münzen, die man beseitigen muß. Sie sind ohne Unterlaß die Denkzeichen gegenseitigen Hasses, den wir begraben wissen wollen, und menschlichen, sowohl politischen wie hierarchischen und theologischen, Mißbrauches der Religion, während die Benennung Christen nur den Gedanken der Liebe sowohl des Gründers der christlichen Religion als ihrer ächten Anhänger, besonders der ersten Jahrhunderte, uns stets gegenwärtig hält. Was jene Parteinamen relativ Gutes und geschichtlich Berechtigtes enthalten, kommt in gar keinen Betracht im Verhältniß zu dem Gehässigen und Vergiftenden, das ihnen innewohnt, und bleibt außerdem bei der Bezeichnung als einfache Christen vollständig ge-

---

[1] Etudes morales et litéraires. Paris 1853. p. 252.

wahrt. Wir nennen uns damit nur, was wir ohnehin bereits thatsächlich sind; denn orthodoxe — und andere sind im Grunde nicht möglich — Katholiken wie Protestanten giebt es unter den ächten Deutschen, selbst bei den Ungebildeten, nicht mehr. Es ist vollkommen wahr, was Broglie weiter bemerkt, daß eine „ungläubige" Nation die freiheitliche Gesetzgebung in Religion, Wissenschaft und politisch-bürgerlichem Leben nicht gebrauchen kann, und daß in dem Grade als der gesetzliche Zwang nachläßt, die moralische Kraft zunehmen müsse, daß man „nur durch Unterwerfung unter das Joch Gottes dem Joche des Menschen entkommen könne."[1] Dieses Joch Gottes, daß der Herr selbst als ein „sanftes und leichtes" bezeichnet hat, ist aber von dem Joche des katholischen Papstthums grundverschieden, und weit entfernt, daß eine Nation durch Abwerfung desselben, zumal da es sich jeden Tag mehr für jeden unbefangenen Katholiken selbst als in tiefere Entchristlichung versinkend erweist, ungläubig würde, kann sie nur dadurch wahrhaft christlich und ächt gläubig werden; denn es kommt ja nicht darauf an, ob man überhaupt, sondern was und wem man glaubt. Broglie selbst unterscheidet bereits fünf Formen des Katholicismus in Frankreich: einen liberalen, legitimistischen, democratischen, absolutistischen und seinen eigenen, der, wie er bemerkt, „vermuthlich in Frankreich und Europa auch eine gewisse Zahl von zwar nicht so lebendigen, aber aufrichtigen Vertretern der Freiheiten haben wird."

---

[1] L. c. p. 252. Sehr schön sagt Broglie: il n'y a de libertés pures que celles qui vivent sous l'aile de la religion. C'est qu'il est impossible à une nation incrédule de bien user de la liberté. C'est que si l'on veut relâcher les lois politiques, il faut resserrer les lois morales. C'est qu'il faut obéir au joug de Dieu pour se passer du joug de l'homme.

Die nützliche Anwendung der modernen politischen und socialen Freiheiten bedingt also eine Hebung und Stärkung der Moral. Und in dieser Hinsicht ist es abermals eine sehr wahre Bemerkung Broglie's, daß überall, wo es sich um Bethätigung moralischer Wirksamkeit handelt, der Mangel einer Nationalreligion sich auf das Bedauerlichste bemerkbar macht.[1] Dieß sehen wir in Bezug auf Deutschland am Schlagendsten eben in den vier letzten Jahren, wo es sich um Bethätigung solcher moralischer Kraft zur Herstellung des größten Werkes nationaler Einigung handelt. Aber auch hier offenbart sich, daß der Katholicismus am wenigsten moralische Kraft in sich enthält. Welch unverhältnißmäßig größerer Opfer, wenn auch theilweise mit schwerem Herzen, ist nicht der norddeutsche Protestant gegenüber dem süddeutschen Katholiken fähig! Der ultramontane Clerus schlägt in seinen Agitationen bei dem Volke beständig diesen Ton an, daß nämlich die politische Einigung Deutschlands allzu viele Opfer von demselben fodern würde. Sollte aber das Werk doch zu Stande kommen, dann würden die Ultramontanen an den Früchten den ersten und besten Theil haben wollen. Es zeigt sich hier das Grundverderbliche des Confessionalismus. Wie schwer auch die Geburt sein wird, durch welche Europa und zunächst das hierin schon am Weitesten fortgeschrittene Deutschland, zu dem Zustand vollständiger Gewissensfreiheit gelangen muß, es wird sich doch in der Zukunft offenbaren, daß ächtes werkthätiges und populäres Christenthum auf diesem Wege weit besser als auf dem steter Neubildung von exclusiven dogmatistischen Confessionen gefördert werden kann. Das deutsche Volk hat den unverkennbaren Beruf, hierin allen

---

[1] L. c. p. 172.

andern Völkern mit dem Beispiele voranzugehen, namentlich auch dem französischen. Mag es in allen übrigen Beziehungen seine Geltung haben, was der französische Nationalstolz sich glauben macht, daß „jedes andere Volk für sich, Frankreich aber für die Welt zu existiren scheine; daß was dieses besitze, Allen gehöre":[1] um seinen Ultramontanismus aber wollen wir Frankreich nicht nur nicht beneiden, sondern auch für jede Mittheilung von demselben im Voraus uns bestens bedanken, ja vielmehr das, was wir selbst noch davon besitzen, ihm freigebigst schenken. Daß der Ultramontanismus doch nicht die Religion der großen Mehrzahl der gebildeten Katholiken selbst, sondern nur der ultramontanen Betrüger und der betrogenen unwissenden Massen sei, verräth er selbst durch die häufige Klage, die er mitten aus dem Schooße altkatholischer Länder vernehmen läßt, es herrsche über keine Institution in der Welt so große Unwissenheit als über die katholische Kirche.[2] Wie steht es denn dann, muß man fragen, mit den 200 Millionen? Ist denn dieser beträchtliche Theil der Welt über die Religion und Confession, zu der er sich bekennt, so schlecht unterrichtet? In der That ist es so, daß der Stand der allgemeinen Bildung bei einer Zeit und bei einem Volke nach der Zahl der ultramontanen Katholiken mit ziemlicher Sicherheit bestimmt werden kann.

Die Erwartung, welche von Franzosen aller Farben

---

[1] Eugène Noël, Voltaire. Paris 1855, p. 64: chaque peuple semble exister pour soi; mais la France existe pour le monde: ce qui est à elle, est à tous.

[2] So z. B. der Abbé Ernest Hello, De l'ignorance religieuse: Revue du monde catholique 1865, t. 13, p. 237: l'église catholique est une des institutions les plus ignorées qu' il y ait au monde.

ausgesprochen wird, daß nämlich die unvermeidliche kirchliche Umgestaltung nur von Frankreich ausgehen und nach französischem Muster zugeschnitten werden könne,[1] dürfte schon darum wenig Wahrscheinlichkeit für sich haben, weil die Welt dann doch nur katholisch gemacht werden könnte, da der Katholicismus der französischen Nation doch zu tief im Blute liegt und mit ihrer ganzen Geschichte so enge und unauflöslich verknüpft ist, daß doch höchstens nur wieder eine Art Gallicanismus zum Vorschein kommen könnte, während die freiere, allem Papstthum abgekehrte Richtung dort auf unabsehbare Zeiten hinaus niemals auch nur im eigenen Lande den Sieg erringen wird. Ich möchte doch sehr bezweifeln, ob, wie jüngst Pressensé behauptet hat, die Kirche Frankreichs nicht blos die Hauptstütze des excessiven Ultramontanismus, sondern auch dessen „furchtbarste Gefahr" sei.[2] Die revolutionäre Umsturzpartei ist nach dem Zeugniß der Geschichte dem Ultramontanismus nicht nur nicht gefährlich, sondern verhilft ihm vielmehr zur Wiederaufrichtung seiner Macht. Ein nicht-katholisches Christenthum hat in Frankreich noch allzu wenig Boden, und selbst der eigentliche Gallicanismus existirt nicht mehr,

---

[1] In diesem Sinne erklären sich unter vielen Andern Larroque, Rénovation religieuse. Paris 1860, p. 8, 309. Salvador, Paris, Rome, Jérusalem. Paris 1860, II, 158. Prévost-Paradol, La France nouvelle. Paris 1868, p. 235. Proudhon, Oeuvres t. XX. Bruxelles 1868. Avant-propos p. I: car telle est la société française, tel il est écrit que soit le genre humain. Dagegen hatte de Maistre gemeint, es müßte die Vereinigung der Christenheit, wenn sie je erfolgen sollte, von England ausgehen, Considérations sur la France. Paris 1852, p. 27.

[2] De l'état du catholicisme en France à la veille du concile oecuménique de 1869. In der Revue chrétienne. Paris 1869. N. 9. Septembre. p. 540.

wie Pressensé selbst sagt. Vor Kurzem erst beklagte eine Correspondenz der Allgemeinen Zeitung aus Paris, daß es in Frankreich beinahe ganz an einer religiösen Richtung fehle, die dem Ultramontanismus sich aus Ueberzeugung widersetzen würde. „Wer von Religion", heißt es hier, „noch etwas wissen will, der glaubt nur in der römisch=katholischen Kirche das Heil zu finden. Die Intoleranz im Herzen ist arg." Die Ursache dieses Fernhaltens jeder Concession an andere Bekenntnisse findet dieser Beobachter in dem einseitig abgeschlossenen Wesen des Franzosen, der überhaupt nichts als Frankreich kennt und gelten läßt. In Deutschland, meint derselbe, ist es ganz anders und das Ziel der Reformation ist erreicht. Die gebildete Menschheit, die sich noch zum Christenthum bekennt, ist in Deutschland in der Mitte zusammen gekommen und hat das Pfaffenthum rechts und links liegen gelassen, es aus tiefstem Herzen verbannend. „Im Großen und Ganzen sind die Christen in Deutschland einig."[1] Die einflußreichsten Lehrer des katholischen Volks in Frankreich sind völlig blind über die Wirkungen, welche die Intoleranz und hochmüthige Abschließung gegen alles

---

[1] Beilage Nr. 220, am 8. August. — An ein Schisma, das Pressensé „unter dem Einflusse der bedeutungsvollen Ereignisse, die in Rom sich vorbereiten", für „unvermeidlich" in der französischen Kirche ansieht, dürfte bei der Beschaffenheit der Gegner der Ultramontanen in Frankreich noch viel weniger als in Deutschland zu denken sein. Uebrigens ist es immerhin nicht zu unterschätzen, daß, wie sogar der ultramontane Monde gestand (No. 261, 24. Sept. 1869), „zwanzig katholisch=liberale Blätter in Frankreich und Belgien dem P. Hyacinth Muth zusprachen". Der Monde selbst glaubt, es sei dieser „la victime de l'hérésie moderne, qui se pare du nom menteur de catholicisme libéral" (No. 266, 29. Sept.) — So haßt der Ultramontanismus die liberalen Katholiken noch bitterer als die Protestanten!

Protestantische auf allen Gebieten, namentlich dem religiös-sittlichen und dem wissenschaftlich-theologischen, dort erzeugt haben. „Nur die Principien des Katholicismus," ruft der Cardinal Donnet von Bordeaux ermunternd dem theologischen Hauptorgan des Ultramontanismus, der „Revue du monde catholique" zu, „können uns retten und regeneriren; alle anderen eitlen Systeme sind gegenwärtig durch ihre Früchte gerichtet."[1] „Blicket um euch", fordert der Jesuit P. Felix sein Publicum in Notre-Dame auf, „ja blicket in euch selbst hinein; sollte euch wohl diese Wiedergeburt katholischer Lebenskraft entgehen, wie sie in Mitte des den Haß Gottes schnaubenden uns umgebenden Antichristenthums ihre frischen Wurzeln ausbreitet? Ist es nicht auch für die Unachtsamsten evident, daß in dieser neuen Sündfluth von Irrthümern, in dieser neuen Ueberschwemmung des Materialismus und Atheismus, woran man ohne Bestürzung nicht denken kann, der Sauerteig des katholischen Lebens seine Thätigkeit offenbart?"[2] „Mit verschlingender Eifersucht verfolgt der Böse die katholischen Werke der (französischen) Kirche, weil er sie nicht nachahmen kann."[3] Und „das unwiderleglichste und vollgiltigste Zeugniß für ihre zukunftreiche hoffnungsvolle Jugend," versichert der begeisterte Redner seine katholischen Franzosen, „ist das öcumenische Concil, wo die Kirche in Mitte aller anderen abgelebten Religions-Doctrinen die unsterbliche Lebenskraft ihres Wortes, ihres Dogmas und ihrer Institution erschallen

---

[1] Im Briefe an die Redaction v. 18. Sept. 1862. Abgedr. vor dem II. Bd. des Jahrg. 1862.

[2] Le progrès par le christianisme. Année 1869. Le progrès par l'église. Paris 1869, p. 167.

[3] L. c. p. 80.

laſſen wird."[1] „Die **Phantome** von Chriſtenthum, welche man hier den **Proteſtantismus**, dort den **Anglicanismus**, anderswo den **Ruſſianismus** nennt, werden von ſelbſt vergehen vor dem Hauche des vollendeten Sieges der katholiſchen Kirche; keine dieſer Religionen, deren Stärke nur im ſataniſchen Haſſe gegen die Kirche, die Tochter des Himmels, beruht, wird ſich auch nur träumen laſſen, uns noch Widerſtand zu leiſten."[2] „Der wahre Fortſchritt iſt nur möglich durch den Katholicismus."[3]

So ſchürt und nährt der gefeierte Prediger von Notre-Dame nicht das Feuer der chriſtlichen Liebe, ſondern die Flamme des phariſäiſchen Dünkels ſeiner Franzoſen! Kein Wunder, wenn ſich den Deutſchen gerade auch in Frankreich, ja ſelbſt in Rom, eine ganz entgegengeſetzte Ueberzeugung

---

[1] L. c. p. 172.

[2] L. c. p. 71, 79.

[3] L. c. p. 60. Der ganze Jahrgang 1869 dieſer Reden athmet den gleichen durchaus kriegeriſchen Geiſt der Siegesgewißheit und der tiefſten Verachtung und Herabſetzung aller andern Chriſten. Und dabei verſichert P. Felix ſelbſt, daß die Kirche von Notre-Dame bei dieſen Conferenzen ſo zahlreich beſucht ſei wie ſeit Langem nicht mehr (p 168). Die lügenhafteſte, ungerechteſte und unſinnigſte Identificirung von Chriſtenthum und römiſchem Katholicismus geht durch alle dieſe Predigten. „L'église est le christianisme qui a nom catholicisme" (p. 9). Alle Wirkungen des erſteren werden ausſchließlich letzterem zugeſchrieben. „Depuis que son drapeau s'est levé sur le monde, jamais et nulle part ni un peuple ni un homme n' a pu naître à la civilisation qu' à l'ombre de ce drapeau. Toutes les civilisations, j'entends les vraies civilisations, celles qui élevent l'homme à la grandeur morale, sont sorties de son souffle". (p 59.) — Dieſe grandeur morale zeigt uns vor Allem der verblendete Phariſäismus des P. Felix, der entſetzliche Mißbrauch der Religion der Liebe und Demuth durch die leere großmaulige Phraſenmacherei eines auf der Spitze der chriſtlichen Vollkommenheit ſtehen wollenden Mönches, eines Jeſuiten!

aufdrängt, nämlich diese: daß „die religiöse Wiedergeburt und die Belebung der ganzen geistigen Welt in steigendem Maße nach wie vor namentlich vom deutschen Vaterlande ausgehen werde".¹ Der deutsche Liberalismus ist von ganz anderer Natur als der romanische. Selbst dem katholischen Clerus, und gerade dem bayerischen, hat schon Lamennais vor bald vierzig Jahren das Zeugniß gegeben, daß bei dem liberalen Theile desselben die Abneigung gegen Rom aus Bedenken des Verstandes entspringe und einen rationellen Charakter trage, während die italienische und spanische Geistlichkeit aus blöder Unwissenheit und sinnlichen Trieben liberalen Anwandlungen sich hingebe.² Möchte nur diese verständige Einsicht von der heute noch viel deutlicher jedem unbefangenen Beobachter, und zumal jedem ächt deutschen Patrioten, sich darstellenden Unhaltbarkeit des ganzen ultramontanen Kirchenwesens auch im katholischen Clerus Deutschlands immer mehr zunehmen zum Besten des Vaterlandes und der ganzen Menschheit!

Nein, von Rom wie von Frankreich haben wir nichts zu hoffen, aber Vieles zu fürchten. Wir müssen uns selbst helfen, und wir können es auch. Die Ueberzeugung von der absoluten Nothwendigkeit, daß wir Deutsche uns selbst helfen, wird durch dieses Concil auch bei allen unbefangenen Katholiken Deutschlands allgemein werden, und darum kann der Patriote über dasselbe sich nur von Herzen freuen. Denn es gräbt der Romanismus sich selbst sein Grab, und es ist billig und recht, daß auch alle seine Freunde und Verwandten in Deutschland an der Leichenfeier dieses großen

---

[1] So schreibt ein deutscher Protestant im Sept. 1868 aus Rom. (Allg. kirchl. Zeitschrift von Schenkel 1868. S. 554.)

[2] Im J. 1832, als er in München war, kam ihm die Lage sehr bedenklich vor. (Oeuvres t. XII, 126.)

Todten Theil nehmen. Aber Ehre und Glückwunsch Allen Jenen, die dazu nicht geladen worden sind; es ist dieß das beste Zeugniß für ihre deutsche Gesinnung.

Selbst der liberal gesinnte und gelehrtere Theil des italienischen Clerus ist für die Zustände und Eigenthümlichkeiten der deutschen Kirche ohne alles Verständniß. Eine gerechte Würdigung des Protestantismus, welchem doch Italien nach dem Geständniß unbefangener gelehrter Laien unter den Italienern selbst sowohl seine politische als geistige Erhebung aus dem Zustand der Erschlaffung, in welchen der eigene Verfall und der Druck der katholischen Fremdherrschaft es gestürzt hatten, ganz vorzüglich zu verdanken hat,[1] scheint ihnen eine gänzliche Unmöglichkeit zu sein. Gerade der gelehrte Papst Benedict XIV. hat sämmtliche Werke der um die ganze neuere Wissenschaft und moderne Bildung verdientesten Männer des Protestantismus, die Schriften eines Hugo Grotius, Conring, Pufendorf, Joh. Fr. Buddeus, rücksichtsloser als irgend ein früherer Papst in Bausch und Bogen durch den Index verdammt. Man brauche nur die Augen aufzumachen, hat Ganganelli, der nachherige Clemens XIV., gemeint, um zu sehen, welche von beiden Kirchen, die römisch-katholische oder die protestantische, im Rechte sei. Erstere sei die heilige Stadt auf dem Berge, und letztere nur ein Trugbild von Dunst ohne wirkliche Existenz.[2] Und in neuester Zeit wird nicht nur von einem Perrone und den Mitarbeitern der Civiltà, sondern auch von einem Gioberti und Passaglia

---

[1] Louis Ferri (Prof. zu Florenz), Essai sur l'histoire de la philosophie en Italie au 19. siècle. Paris 1869, II, 139.
[2] Lettere, bolle e discorsi di Ganganelli. Firenze 1845, p. 162.

die nämliche grobe Unkenntniß über die ganze Entwicklung und Wirksamkeit desselben zur Schau getragen.

Man sollte glauben, es könnten die deutschen katholischen Theologen ihren italienischen Brüdern keinen größeren Liebesdienst erweisen, als tüchtige deutsche Werke über Kirchengeschichte, besonders über das Mittelalter und die Reformationszeit, ins Italienische zu übersetzen. Statt dessen geschieht das Umgekehrte. Obwohl Italiener selbst über den Mangel kirchenhistorischer Arbeiten klagen und man bis 1864 nicht einmal ein vollständiges Compendium, sondern nur Tractate über einige Jahrhunderte in Form von Vorlesungen hatte, wie der Italiener Francesco Prudenzano selbst mit großem Bedauern gesteht, so ward gleich der erste, doch so überaus dürftige Leitfaden einer Storia della chiesa oder eigentlich einer Art Ketzergeschichte, den endlich der neapolitanische Dominicaner Tommaso Michele Salzano verfertigte, und der von gröbster Unkenntniß des Protestantismus, dessen Bekämpfung er sich doch zur Hauptaufgabe macht, strotzt, ins Deutsche übersetzt. Triumphirend bemerkt Prudenzano, es sei „ein Beweis des Verdienstes" dieses Buches, daß es „in dem gelehrten Deutschland übersetzt und in dieser Sprache veröffentlicht werde".[1] So bereichern die katholischen Theologen Deutschlands unser Vaterland mit dem Quark der fanatischen und unwissenden Geistlichen Italiens, statt zu deren Aufklärung durch Uebersetzung deutscher Geschichtswerke ins Italienische in ächt christlicher Liebe und im Interesse der theologischen Wissenschaft beizutragen.

Einer der hervorragendsten Gelehrten Italiens, Cäsare

---

[1] Francesco Prudenzano, Storia della letteratura italiana del secolo XIX. Napoli 1864, p. 51.

Cantù, hat diese Unwissenheit seiner Landsleute über die deutsche Reformationsgeschichte und den gesammten Protestantismus vor einigen Jahren selbst aufrichtig gestanden und beklagt; und gerade sein eigenes Buch, welches diese Klage ausspricht, ist ein Beweis mehr für die Berechtigung derselben. „Wie Viele selbst von den Gelehrten", schrieb er im Jahre 1865, „besitzen kaum einige allgemeine, unbestimmte, dunkle, auch nur etwas richtige Begriffe von den Lehrunterschieden zwischen Katholiken und Protestanten. In Italien", bemerkt er weiter, „ist die Ursache hievon leicht zu erkennen. Die Nation blieb zur Zeit der Trennung ganz katholisch und hatte folglich mit den Controversen nichts zu thun. Aber heutzutage", fährt er fort, „beschäftigen sich selbst diejenigen, deren Beruf es wäre, diese Studien zu betreiben, nicht hinlänglich weder mit der biblischen Philologie, Kritik und Hermeneutik, noch mit der Apologetik, Dogmatik, Katechetik, Pädagogik, Liturgik, mit Kunst, Recht und Moral, noch mit Archäologie und Geschichte, noch mit der Kenntniß der Symbole".[1] Man kann in der That mit voller Wahrheit sagen, daß weitaus die größte Mehrzahl der Mitglieder des gegenwärtigen Concils über die Zustände der deutschen Kirche im Ganzen noch ebenso unwissend sind wie die Väter von Trient es waren, und daher auf's Neue verdammen werden was sie gar nicht kennen, während in Deutschland Katholiken und Protestanten innerlich überzeugt sind, und nach der Hand auch die katholischen Theologen gewiß immer allgemeiner es werden, daß wir uns nicht blos aus äußerer Nothwendigkeit gegenseitige Duldung schuldig sind, und daß wir nicht nur etwa wie zwei Hunde, die sich verbissen haben, „von einander

---

[1] La réforme en Italie. Paris 1867. Préface p. VI.

nicht lassen und doch auch nicht recht mit einander leben
können",¹ daß wir uns nicht nur nicht wie „Gegensätze, deren
einer die Negation des andern ist",² verhalten, sondern daß
wir vielmehr wie der positive und negative Pol einander
anziehen und schlechthin bedürfen, daß, wie Sailer so schön
gesagt hat, „die Protestanten als Christen unsere Brüder
und als Protestanten unsere Wetzsteine sind", gleichwie diese
ihrerseits auch in ihren strenggläubigeren Mitgliedern kein
Bedenken tragen, bereitwilligst zuzugestehen, daß der vorherrschend protestantische Norden nicht minder des Südens,
als der vorherrschend katholische Süden des Nordens bedürfe, daß „insbesondere die geistige und gemüthliche Fülle
des süddeutschen Lebens zur Milderung, Bereicherung und
Vertiefung des norddeutschen Geistes von ganz unschätzbarem Werthe ist".³

Wie wenig man aber in Frankreich für die deutsche,
nicht nur von der protestantischen, sondern auch von der
katholischen Wissenschaft vertretene Auffassung des Christenthums Sinn und Verständniß hat; wie vollständig man
auch im liberalen Lager noch immer vom polemischen
Nationalwerke, der Histoire des variations Bossuet's,
geblendet ist; und wie blind man gegen die auf sittlichem
wie auf socialem Gebiete doch so augenfälligen verderblichen
Folgen des in den Dienst der absolutistischen Politik ge-
nommenen clericalen Servilismus ist in einem Lande, das
immer noch allen andern Völkern die Fackel der Civilisation

---

¹ Döllinger, Vergangenheit und Gegenwart der kath. Theologie. Regensb. 1863. S. 22.

² Döllinger, Kirche und Kirchen S. 477. — Diese beiden
Ansichten meines verehrten Lehrers vermag ich nicht zu theilen.

³ W. Hoffmann, Deutschland einst und jetzt. Berlin 1868.
S. 408.

vorantragen zu müssen erklärt, obwohl noch im Jahre 1848 fast die Hälfte der Bevölkerung, fünfzehn Millionen, nicht lesen konnte, 5000 Gemeinden ohne Schulen und über zwei Millionen Kinder von 6 bis 14 Jahren ohne Unterricht waren; wie sehr also noch immer der Katholicismus als Dogmatismus im Gegensatz zur deutschen Auffassung des Christenthums als allumfassendem Culturprincip die Nationalreligion Frankreichs ist:[1] das zeigt uns am Besten, ich sage nicht etwa ein Abbé Martinet, der allen Ernstes beweisen will, daß man, ohne römischer Katholik zu sein, gar kein Mensch sein könne,[2] sondern ein Mann von so unabhängiger Gesinnung wie Alexis Tocqueville, welcher schon das bloße Wort „catholicisme progressif" als „abscheulich" erklärt, das „einem französischen Schriftsteller nur vom Teufel eingegeben werden könne".[3] Aber was ist denn der ganze römische Katholicismus, zu dessen Vertheidigung mit Feuer und Schwert gegenüber dem Protestantismus Frankreichs „allerchristlichste" Könige sich für verpflichtet erklärten, anders, als ein „catholicisme progressif", dem altchristlichen Katholicismus völlig unbekannt; und was ist denn dem Gallicanismus gegenüber der heutige ultramontane Katholicismus, wie Frankreichs Clerus ihn vertritt und die Politik Napoleons ihn stützt, anders als abermals ein „catholicisme progressif"? Ch. Rémusat hat daher bemerkt, es komme einem vor, wenn

---

[1] Vgl. E. L. Th. Henke, Papst Pius VII. Oeffentliche Vorträge gehalten von einem Vereine academischer Lehrer zu Marburg. Stuttgart 1862. Bd. I, S. 8.

[2] Solution de grands problemes. 4. édition. Paris 1854, 4 voll.

[3] Am 31. Dez. 1853. Oeuvres et correspondance inédites. Paris 1861, II, 248.

man einen Abbé Rohrbacher und Affre mit einander vergleiche, als wenn beide gar nicht zur nämlichen Kirche gehörten.[1] So rasche und gewaltige Fortschritte macht der Katholicismus nach seiner inneren Beschaffenheit in Frankreich! Es ist so, wie der Abbé Nicod vor bald zwanzig Jahren von seinen Landsleuten gestanden hat: „Unser beschränkter Egoismus, übertüncht mit etwas religiösem Firniß, ist uns ein Zaubertrank, der uns den Kopf verrückt".[2]

Namentlich in den letzten zehn Jahren ist durch die Jesuiten und ihre Helfershelfer, vor Allem Louis Veuillot, der so vollständig wie noch Niemand vor ihm im 19. Jahrhundert den „katholischen Sinn" besitzt,[3] in dem französischen Clerus ein ganz hirnwüthiger blinder Haß gegen den Protestantismus, besonders gegen deutsches Wesen und Forschen auf dem Gebiete von Theologie und Kirche, erzeugt und durch das französische Episcopat selbst eifrigst genährt worden. Eine Reihe von ultramontanen Tagesblättern, vornean der Univers und Le Monde, die ausschließliche Geistesnahrung einer großen Zahl französischer Geistlicher, dazu die von den Jesuiten redigirten Etudes religieuses, die Revue des sciences ecclésiastiques des Abbé Bouix und besonders die wiederholt schon angeführte Revue du monde catholique, welche durch die angesehensten Prälaten empfohlen ist, sind in diesem Sinne unabläßig thätig. Nur aus letzterer Zeitschrift will ich noch ein paar Stellen mittheilen. Einem Clerus, der förmlich darauf verzichtet,

---

[1] St. Anselme de Canterbury. Paris 1853, p. 413.
[2] L'avenir prochain de la France. Paris 1850, p. 305: notre étroit égoisme, couvert d'un vernis religieux, nous est un breuvage qui fait que la tête nous tourne.
[3] Dieß versichert Leon Gautier, Etudes litéraires pour la défense de l'église. Paris 1865. p. 230.

auch nur die Sprache des Neuen Testamentes zu verstehen, und der in der Person seines ersten und gefeiertsten Vorkämpfers gegenüber einer betreffenden Anschuldigung von protestantischer Seite offen erklärt: es sei Aufgabe der Profanwissenschaft, Griechisch zu verstehen, und nicht die des Clerus;[1] einer Geistlichkeit, die über die Zustände der deutschen Kirche völlig unwissend ist und aus deren sämmtlichen Mitgliedern kaum ein Dutzend auch nur überhaupt im Stande sind, ein deutsches Buch zu lesen, die nie in ihrem Leben auch nur irgend eine der wichtigsten Schriften der hervorragendsten protestantischen Theologen Deutschlands zur Hand genommen, versichert ein Deutscher selbst ganz im Allgemeinen: das ganze Professorat der deutschen Universitäten sei ein Feind der Kirche; neun Zehntheile der Professoren wollten nichts wissen von Jesus Christus, anerkenneten in ihm nicht den Sohn Gottes und betrachteten ihn höchstens als einen Weisen aus der Klasse der griechischen Philosophen. Hätten nur, meint derselbe, die 28,000 katholischen Priester Deutschlands eine mächtige Presse nach Art der ultramontanen in Frankreich, dann würden sie von dem Professorenthum nichts zu fürchten haben.[2] Man sagt diesem Clerus, um ihn in seiner hochmüthigen Unwissenheit zu erhalten und zu keiner unbefangenen Prüfung gelangen zu lassen: es werde immer die Aufgabe der deutschen Geschichtswissenschaft sein, zu beweisen, daß die Reformation an der Spal-

---

[1] Dieß macht Louis Veuillot Herrn Scherer gegenüber geltend in seinem Aufsatze: Travaux scientifiques et litéraires du clergé français: Revue du monde catholique 1862, t. III, 16: c'est la métier de la science profane de savoir le grec, et non pas celui du clergé.

[2] J. Joris, La presse catholique en Allemagne: Revue du monde catholique 1861, t. II, 401.

tung und Zerreißung der deutschen Nation Schuld sei; daß der Protestantismus, treu seinem Namen, niemals eine schöpferische Kraft bewährt habe, sondern sich ewig im Cirkel seiner Verneinung bewege; daß er überhaupt erst von gestern stamme und nichts als ein vergehender Auswuchs an der Kirche sei.¹ Man behauptet, daß Carl V. durch seine Milde gegen die ersten Keime des Protestantismus, wie nachher Ludwig XV. durch seine Nachsicht mit den Liberalen, zur Vergießung von mehr Blut Veranlassung gegeben als alle Inquisition, die außerdem „nur schuldiges Blut vergossen habe".² Und mit einem Schlage Alles verwerfend, was die französische Nation an bedeutenden Theologen aufzuweisen hat, unterweist man die heutigen Seminaristen: es sei der Gallicanismus und Jansenismus gewesen, der in Frankreich das Werk vollendete, welches die Häresie in Deutschland begonnen hatte.³ Nicht eine richtige Erkenntniß, nicht eine nützliche Institution verdanke man dem Protestantismus; nur in der Revolution gegen die von Christus gegründete Kirche bestehe sein Wesen.⁴ Der Zustand des Glaubens und der Sitten in der katholischen Kirche müsse heutzutage Jedermann überzeugen, daß die einzig ächte Reformation die von dem Tridentinum vollbrachte gewesen sei.⁵ Die christliche Kirche ist diesen

---

¹ Breisch, Influence du protestantisme sur l'Allemagne: Revue du monde catholique 1862, t. IV, 477.
² Der Jesuit M. de Boylesve, Les précurseurs plus immédiats du protestantisme: Revue 1865, t. XI, 88.
³ Der Franziskaner Servais Dirks, La critique, ses abus, ses variations, son avenir. Revue 1868, t. XXI, 588.
⁴ Georges Romain, Une excommunication protestante: Revue 1864, t. IX, 583.
⁵ L. c. p. 587.

Herren nicht eine Gesellschaft freier und selbstständiger Menschen, sondern eine Sklavenheerde. Daß eine selbstständige Prüfung der katholischen Lehren und eine Annahme aus Ueberzeugung von deren Wahrheit, und nicht aus bloßem Glauben an die Versicherung der Päpste und Bischöfe von ihrer Richtigkeit, mit einem Katholiken unverträglich sei, ist allerdings die allgemeine Lehre der orthodoxen katholischen Theologen, wie sie bei jeder Gelegenheit den Protestanten, auch den gemäßigtesten, vorgehalten wird. „Was mangelt", fragt der Jesuit P. Ramiere, „dem Doctor Pusey, um ein Katholik zu sein? Sieh da", antwortet er, „es mangelt ihm das Wesentliche; es fehlt ihm was Leibniz fehlte als er sein Systema theologicum schrieb, es mangelt ihm, was eigentlich die Orthodoxie ausmacht, und dessen Abwesenheit uns nicht gestattet, in ihm, was er auch versichern und thun möge, etwas Anderes zu sehen als einen Protestanten: es fehlt ihm die Unterwerfung unter die Autorität der Kirche. Was er", bemerkt der berühmte, auch durch ein päpstliches Empfehlungsschreiben geehrte Jesuit, „von den Lehren der katholischen Kirche zuläßt, das nimmt er nicht an, weil die katholische Kirche es lehrt, sondern weil er, Pusey, sich selbst als Richter über die Wahrheit und zwar als Richter in letzter Instanz hinstellend, dasselbe als mit dem Evangelium und der Tradition übereinstimmend erkennt. Er nimmt das Concil von Trient an, nicht wie der zu Richtende die Sentenz des zur Entscheidung streitiger Fragen gesetzlich aufgestellten Tribunals, sondern vielmehr wie ein höherer Richter die Sentenz einer niederen Instanz anerkennt oder verwirft."[1] Dieß ist der lediglich juridische römisch-

---

[1] Le mouvement catholique dans l'anglicanisme: Revue du monde catholique 1866, t. XIV, 563.

katholische Begriff von Kirche, wie er seit einem Jahrtausend mehr und mehr entwickelt worden ist, und wie er dem Grundprincip des Christenthums, als dem Princip der Freiheit und Gleichberechtigung aller Menschen vor Gott, und in Folge dessen der Verpflichtung Aller zum Streben nach eigener Ueberzeugung in den heiligsten Angelegenheiten des Lebens diametral widerspricht. Wenn alle Gegner dieses juridischen Kirchenbegriffes Protestanten sind, dann bin ich es so vollkommen als nur irgend ein Anderer. Ich denke ganz wie der Jesuit Rampon: „Was Gott am meisten an der Welt liebt, ist die Freiheit der Kirche".¹ Darum muß er wohl das Papstthum hassen. Wenn es „absurd, inconsequent und unkatholisch", ja geradezu protestantisch ist, das von Papst und Hierarchie als Glaubenswahrheit Vorgestellte erst auch selbst prüfen, und nicht blind annehmen zu wollen,² dann bin ich überzeugt, daß in Deutschland wenigstens bald nicht mehr viele gebildete Katholiken übrig bleiben werden, und die Ultramontanen Frankreichs dürften dann gar sehr in der Erwartung sich getäuscht sehen, daß die katholische Kirche Deutschlands „im Momente wo Alles zusammenstürzt, allein und mächtiger als je seit dem fünfzehnten Jahrhundert aufrecht und kampfbereit dastehe".³ Sie ist allerdings zum Kampfe bereit, aber nicht um dem Ultramontanismus als Bundesgenosse gegen die deutschen protestantischen Brüder zu dienen und das Vaterland „zum blutigen Schauplatz der Entschei-

---

[1] Le centenaire de S. Pierre et de S. Paul: Revue du monde catholique 1867, t. 19. p. 271.

[2] Eug. de Margérie, Les protestants du catholicisme: Revue du monde catholique 1867, t. 20. p. 990.

[3] B. d'Agreval, De la situation présente de l'Allemagne: Revue du monde catholique 1867, t. 20. p. 720.

dungsschlacht gegen den aus seinem Boden entsprungenen Protestantismus"¹ zu machen, sondern vielmehr um den deutschen Boden von der Schlangenbrut des Ultramontanismus selbst zu befreien. Selbst ein für die katholische Kirche so wohlmeinender gemäßigter Mann wie Guizot muß sich von diesen Zwergen sagen lassen, daß er nur "auf die wirksamste Weise den Unglauben fördere".² Nur den Vorurtheilen seiner Erziehung sei die "aller Geschichte widersprechende" Anklage der Intoleranz gegen den Katholicismus zuzuschreiben; selbst die Protestanten in Frankreich hätten den Katholiken nichts Anderes vorzuwerfen als daß sie von Letzteren besiegt worden seien. Der Besiegte verfluche natürlich immer das Gesetz des Siegers, obwohl er ihm das Recht sich zu vertheidigen und wo möglich zu siegen, nicht bestreiten könne.³

Wenn noch der Graf Segür über Bossuet's Lobpreisung des Widerrufes des Edictes von Nantes bemerkte, es habe derselbe dadurch die Principien des göttlichen Gesetzes und der menschlichen Gerechtigkeit verletzt, indem er mit der

---

¹ L. c. p. 395: selon toute apparence l'Allemagne sera l'occasion immédiate et le théâtre sanglant de la crise qui se prépare. Il semble que la providence ait choisi le pays, où le protestantisme a pris naissance, pour y étouffer dans une lutte définitive son produit le plus achevé. So wird der ganze französische Clerus in dieser durch eine große Zahl von bischöflichen Schreiben aufs Wärmste empfohlenen Zeitschrift fanatisirt. Nicht wegen der obscuren und unwissenden Mitarbeiter, sondern wegen des großen Einflusses der Zeitschrift theilen wir derlei Aeußerungen mit.
² Du Lac, De l'unité de l'église chrétienne d'après Guizot: Revue 1861, II, 303.
³ Georges Romain, Guizot et la liberté religieuse: Revue 1868, XXII, 898: même en France ceux-ci n'ont à reprocher aux catholiques que les avoir vaincus.

Autorität seines berühmten Namens einen Act des Despotismus und gewaltthätigen Fanatismus bekräftigte;[1] wenn A. Thierry noch gestand, daß alle Entschuldigung jener intoleranten Gräuelthat nichts helfe;[2] wenn selbst der Erzbischof be Prabt bemerkte, es sei durch dieselbe Frankreich eine Wunde geschlagen worden, aus der es lange blutete:[3] so kann sich heute sogar ein Baron Barante auf Entschuldigung jenes Gewaltactes verlegen wollen,[4] und suchen Männer wie Sacy Bossuet damit weißzuwaschen, daß er nur „trop évêque" gewesen,[5] und man darf selbst in Schulbüchern lehren, daß „nur die absolute Unmöglichkeit der Ausrottung die Duldung Andersgläubiger durch die Staatsregierung entschuldigen könne".[6] Und dem ganzen Clerus sagt man in kirchlich empfohlenen, vom ganzen französischen Episcopat gelesenen Zeitschriften, es hätten sowohl Catharina von Medici, die bekannte Anstifterin des Blutbades der Bartholomäusnacht, als Ludwig XIV. nur ihre Schuldigkeit gethan „gegen die rebellischen Feinde des Staates, der zu gleicher Zeit die Religion, wie den Frieden und die Einheit der Nation zu vertheidigen und zu beschützen habe".[7] Es hat daher gar nichts Befremdendes,

---

[1] Gallérie morale et politique. Paris 1824, III, 166.

[2] Essai sur l'histoire de la formation et des progrès du tiers-état. 2. édit. Paris 1853, II, 305.

[3] La France, l'émigration et les colons. Paris 1824, II, 325.

[4] Etudes litéraires et historiques. Paris 1859, II, 91.

[5] Variétés litéraires, morales et politiques. Paris 1858, II, 51.

[6] So z. B. der Professor und Doctor der Theologie und des canonischen Rechtes Grandclaude, Breviarium philosophiae scholasticae. Paris 1866, III, 188.

[7] Georges Romain, Guizot et la liberté religieuse: Revue du monde catholique 1868, t. XXII, 890. — So wird von dem Ultramontanismus selbst in seinem Interesse das schroffste

wenn liberale Männer versichern, daß sie in Frankreich sich bald wie Ausländer vorkommen und die Sprache nicht mehr verstehen werden, welche um sie herum geführt wird; man werde in der moralischen Atmosphäre Spaniens leben.[1]

Wie wenig die deutsche Kirche auch von den heute noch übrigen wenigen Gallicanern zu erwarten habe, dieß zeigt am Besten das viel besprochene und sogar von deutschen Blättern als liberal gerühmte neueste Werk von Maret. Man muß in Bezug auf dasselbe und sein Verhältniß zu dem Ultramontanismus sagen: c'est toujours la même soupe, seulement un peu plus maigre. Ja ich muß offen gestehen, daß mir der letztere in seiner schroffsten und rohesten Gestalt noch lieber ist; denn er macht wenigstens keinen Anspruch auf Liberalismus und sagt viel offener was er will, so daß man vor ihm sich hüten kann und eine Täuschung über seine Absichten und Bestrebungen nicht möglich ist. Maret dagegen spielt den Liberalen und Gemäßigten, und ist doch geradeso unwissend in der ganzen Entwicklung der deutschen Kirchenzustände und ebenso ungerecht in seiner

---

Staatskirchenthum geprebigt und vertheidigt! Freiheit und Schutz für sich, aber Knechtung und Verfolgung gegen Alle Andere! Dem Verfasser der bekannten oberflächlichen Schriften über das Leben Luthers und Calvins, Audin, wird es von Aurevilly (Les oeuvres et les hommes. Paris 1861, II, 389) als „Jugendstreich" vorgeworfen, daß er über die Bartholomäusnacht sich tadelnd geäußert hatte.

[1] Der Herzog von Aumale schrieb im November 1867: Les ultramontains ont été longtemps comme des étrangers en France; encore quelques victoires de Mentana et ce seront les libéraux qui s'y trouveront des étrangers. Ils parleront une langue, qui autour d'eux ne sera plus comprise, nous vivrons dans l'atmosphère morale de l'Espagne. (Henri d'Orléans, Ecrits politiques. Bruxelles 1869. p. 267.

Beurtheilung aller andern Kirchen, vor Allem des Protestantismus. Des schroffen Ultramontanismus könnte ein neuer Ludwig XIV. sich als religiösen Vorwandes zu politischen Zwecken gegen Deutschland doch Anstands halber nicht so leicht mehr bedienen als des Liberalismus eines Maret. Denn dieser ist ganz ebenso fanatisch gegen den Protestantismus wie seiner Zeit Bossuet war, hinter dem er nur an Kenntnissen unendlich weit zurücksteht. Von einer Anerkennung und einem Verständniß für die deutsche Geisteseigenthümlichkeit und ihr Widerstreben gegen allen unerwiesenen Unfehlbarkeitswahn findet sich auch bei Maret nicht die leiseste Spur. Schon vor vierzehn Jahren hat er in der gesammten neueren deutschen Philosophie ganz wie die Civiltà cattolica nur „den übermüthigen Versuch der himmelstürmenden Giganten, den Herrn der Welt zu entthronen, und den Menschengeist zu absoluter Souveränität zu erheben, Gott durch den Menschen zu ersetzen, und diesem den Platz von jenem einzuräumen", zu sehen vermocht.[1] Auch seither scheint Maret noch nicht darüber nachgedacht zu haben, ob denn nicht in Wirklichkeit gerade durch Zutheilung des specifisch göttlichen Prärogatives der Unfehlbarkeit an schwache Menschen und überhaupt durch die raschbereite Inanspruchnahme göttlichen Charakters für kirchliche Einrichtungen, welche doch so vielen der gelehrtesten Forscher in Bibel, Alterthum und Geschichte nur als menschliche Institutionen erscheinen: ob nicht vielmehr hierin eine Entthronung des Herrn der Welt und der Kirche liege und ein Bestreben, Menschen zu Göttern zu machen? Da Maret in der glücklichen Lage sich befindet, eines ernsteren Studiums der protestantischen Literatur, die auf den deutschen Janus

---

[1] Philosophie et religion. Paris 1856. p. 195.

so mächtigen Einfluß geübt, als Franzose gänzlich überhoben zu sein, so besteht für ihn über das göttliche Recht des Papstthums und seiner „unvergleichlichen Majestät", ebenso für die göttliche Einsetzung der Bischöfe und der Unfehlbarkeit beider Factoren nicht der mindeste Zweifel; sein „gewissenhaftes Studium der heiligen Schriften, der Monumente der Tradition und besonders der Geschichte, sowie der Acten der allgemeinen Concilien hat ihn in den Besitz einer tiefen Ueberzeugung hierüber versetzt". Auch gegen die Unfehlbarkeit des Papstes hat er gar nichts einzuwenden, wenn nur der Begriff einer Entscheidung ex cathedra nicht in einer, die Befragung der Bischöfe, natürlich auch deren in partibus, zu denen Maret selbst gehört, ausschließenden Weise verstanden wird. Denn „auf eine absolut sichere Weise findet sich die Unfehlbarkeit nur in dem Zusammenwirken und im Einklange des Papstes mit den Bischöfen (natürlich blos den römisch-katholischen), und die, unter der Sanction der gegen die Häresie erlassenen Strafen absolut verbindliche, Regel des katholischen Glaubens liegt in diesem Zusammenwirken und Einklange der zwei Elemente der geistlichen Souveränität".[1] Der Protestantismus beruht nicht etwa blos auf einem andern Kirchenbegriff als dem mechanischen und äußerlichen des Romanismus, sondern „er läugnet die Nothwendigkeit der Kirche, sowohl der alte wie der verjüngte Protestantismus in allen seinen Formen", ja er „zerstört das Christenthum", weil er dieses „zur Bibel zurückführt".[2] Nur Papst und Bischöfe miteinander vermögen dasselbe rein und lauter

---

[1] Maret, Du concile général et de la paix religieuse. Paris 1869. P. I. Préface p. XX—XXIII.

[2] P. I, 12: il est donc vrai, que réduire le christianisme à la bible, c'est le détruire.

zu bewahren, und sie brauchen dazu gar keine Bibel, weil sie ja unfehlbar sind. „Das wahre Christenthum ist untrennbar von der katholischen Kirche".[1] „Jeder Mensch, der an Gott glaubt und auf ihn hofft, wird es suchen und finden in der katholischen Kirche".[2] In solcher Weise glaubt Maret dem „religiösen Frieden" zu dienen! Die Deutschen werden gut thun, dabei der Friedensapostel Ludwigs XIV., der Dragoner und Inquisitoren, eingedenk zu bleiben. Den alten Gallicanismus vertheidigt dieses von Napoleon, wie man versichert, inspirirte Werk nur in sehr zaghafter Weise; seine Pointe ist gegen den deutschen Protestantismus gerichtet.

Noch in einer andern Hinsicht ist das Werk des Decans der theologischen Pariser Facultät von hohem Interesse; nämlich es ist der allerbeste Maßstab zur Beurtheilung der wissenschaftlichen Höhe, auf welcher die hervorragendsten katholischen Theologen Frankreichs stehen. Wenn wir das zweibändige dicke Werk Maret's mit dem kleinen Buche des Janus in Bezug auf wissenschaftlichen Werth vergleichen, so ist der Abstand für jeden genaueren Kenner der betreffenden wichtigen Fragen ein ganz ungeheurer, und das Verhältniß ist wie 0:1, oder wie Nichts zu Etwas. Maret's dickleibiges Werk entbehrt allen wissenschaftlichen Werthes. Man sieht aus demselben, wie weit die heutige französische Theologie herabgesunken ist von ihrer früheren Höhe im Verhältniß zur deutschen, und wie entsetzlich sich der Hochmuth der französischen Kirche gegenüber dem Protestantismus auch auf diesem Gebiete gerächt hat. Für einen wissenschaftlichen deutschen Leser, Katholiken oder Protestanten, ist Maret's Buch völlig ungenießbar, und ist

---

[1] L. c. p. 22.
[2] L. c. p. 47.

dagegen der Janus ein wahrer Balsam. Wie tief steht Maret, ich sage gar nicht hinter den Größen des achtzehnten und siebenzehnten Jahrhunderts, wie Fleury, Noël, Tillemont, Dupin, Bossuet, Launoy, Marca, Dupuy, sondern auch hinter den Zierden des sechzehnten Jahrhunderts, wie Pithou, Edmund Richer, an geschichtlicher Bildung und noch mehr an wissenschaftlich kritischem Geiste zurück! Da begreift man den Triumph des Ultramontanismus vollkommen; er ist einfach das Ergebniß der Unwissenheit. Aber deutsche Katholiken von der Bildung und Einsicht eines Janus müssen sich ja doch ungleich näher verwandt ihren deutschen protestantischen Brüdern erkennen. Die Kluft zwischen Janus und Maret ist eine weit größere als etwa zwischen Janus und Ranke: letzterer Bund ist ehrenvoll, ersterer für den deutschen katholischen Gelehrten schimpflich, ja unnatürlich, fast als ob man eine Ziege und ein Pferd an den nämlichen Wagen spannen wollte. Es würde mich zu weit führen, wenn ich den Gegensatz zwischen Maret und Janus im Einzelnen auseinandersetzen wollte. Sie haben nur das Eine gemein, daß beide sich dem Protestantismus gegenüber stellen, aber mit ganz ungleicher Bewaffnung; und nach dieser Seite ist allerdings die Stellung des Janus eine viel gefährlichere, ja durchaus unhaltbare, während Maret sich keine Blöße gibt, und aus der Festung der Unfehlbarkeit, wenn sie auch aus noch so schlechtem Material gebaut ist, niemals heraustritt. Selbst die Verhöhnung der ganzen alten Kirchenverfassung durch die Päpste und die italienischen Prälaten, wie es durch die Bulle Pastor aeternus auf dem Conciliabulum im Lateran geschah, weiß Maret zu bemänteln und mit seinem Gallicanismus in Uebereinstimmung zu bringen.[1] Ueberhaupt ist ja bekannt,

---

[1] P. I, 497: nous pensons aussi, que les paroles de la bulle

daß die ultramontanen Theologen auf ihrem eigenen Boden auch die schroffsten Gegensätze mit wahrhaft bewunderungswürdigem Scharfsinn auszugleichen vermögen, um das „harmonische Ensemble der katholischen Kirche"[1] durch keinen Mißton stören zu lassen, während sie gerade umgekehrt bei allen andern Kirchen auch da unversöhnliche Widersprüche sehen, wo ein unbefangenes Auge nur rein wissenschaftliche, ohne Schwierigkeit zu beseitigende Differenzen erblickt. Auch bezüglich des bekannten Florenzer Decretes über den päpstlichen Primat, woran der Janus so ernste Bemerkungen knüpft, findet Maret, daß „der grammaticalische und historische Sinn vollkommen übereinstimmen".[2] Und was das Verhältniß des Papstes zu den Concilien, besonders auch zu dem Tridentinum, betrifft, so war „die Freiheit der Berathungen und der Abstimmungen zu Trient so unverkümmert wie auf allen Concilien".[3] Die Polemik gegen die absolute Monarchie des Papstes, womit Maret sich im zweiten Bande beschäftigt, enthält nichts was nicht schon die älteren Gallicaner viel besser und weit entschiedener geltend gemacht hätten, und Maret's Werk zeigt auch hier, sowohl materiell als formell, den großen Rückschritt der heutigen so hochmüthigen und gespreizten katholischen Theologen Frankreichs. Und seine „derniers éclaircissements", wo der Begriff einer Entscheidung ex cathedra erörtert wird, machen außerdem noch den Eindruck einer verschämten Retractation selbst der wenigen liberalen Aeußerungen des

---

peuvent se concilier avec le décret de la onzieme session du concile de Bâle. Und doch ist das Eine die Negation des Andern.

[1] L. c. p. 538.
[2] L. c. p. 488.
[3] L. c. p. 501: comme dans tous les conciles la liberté des délibérations et des votes fut entière à Trente.

Werkes. Maret weiß jenem Ausdruck einen Sinn zu geben, wornach auf keinen Papst auch nur der mindeste Verdacht von Häresie fallen kann. Der Wunsch, mit dem er schließt: es möge sein Werk „die Morgenröthe einer neuen Aera des Friedens und Glückes für die Kirche werden",[1] wird gewiß bei keinem deutschen Katholiken Wiederhall finden; mit viel größerem Rechte hätte unser Janus diese Hoffnung äußern können.

Welche Schmach wäre es, wenn die Deutschen, da sie mit dem Apostel Paulus sich rühmen können, mehr als Andere, als die Italiener, Franzosen und Spanier, gearbeitet zu haben, zuletzt doch wieder auf die unmotivirten Machtsprüche der romanischen Prälaten hören und von ihnen ihr Glaubensbekenntniß sich sollten vorschreiben lassen! Wer dieß thäte, den würde die Geschichte als einen Verräther brandmarken, und mit viel größerem Rechte als einst der fanatische Erzbischof Giovanni Casa von Benevent dem zum Protestantismus übergetretenen Bischof Vergerio zurief, er verdiene nicht mehr ein Italiener zu heißen, deren Boden er durch seinen Abfall zu den deutschen Ketzern entweiht habe,[2] würde man den Vertheidigern dieses römischen Conciliabulums zurufen: sie seien nicht mehr werth, den Namen eines Deutschen zu tragen.

Will Deutschland seinen kirchlichen Beruf, der mit dem politischen untrennbar verbunden ist, erkennen, so gilt es jetzt mehr als je, alle kleinliche Gehässigkeit abzulegen und für Wahrung des Produktes einer mehr als dreihundertjährigen Geistesarbeit gegenüber den schimpflichen Zumuthungen des romanischen Auslandes wie ein Mann zu-

---

[1] P. II, 555.
[2] J. G. Schelhorn, Apologia pro Vergerio adv. G. Casam. Ulm 1760. p. 44.

sammenzustehen. Was einer der verdientesten Männer unsers Vaterlandes im Kreise der Elite von Vertretern deutscher Ehre und Wissenschaft, Jacob Grimm, schon vor vierundzwanzig Jahren uns an das Herz gelegt: „es könne das Band, das uns als Deutsche vereint, durch die Scheidung der Katholiken und Protestanten nicht zerrissen werden; kein Glaubenszwiespalt dürfe ein großes Volk, das sich wieder fühlt und aufrecht erhalten will, verunreinigen"[1] — die Beachtung dieser Mahnung aus so ehrwürdigem Munde ist heute noch ungleich wichtiger als damals. „Deutschlands Einigung zu Einem Staatswesen", bemerkt Prévost-Paradol, „wäre der unwiderufliche Verfall der Größe Frankreichs."[2] Ich füge bei: die blos politische Einigung Deutschlands wäre noch lange keine so große Gefahr für Frankreichs Ruhm, der hier mit der Schmach unsers Vaterlandes gleichbedeutend wäre, als die kirchliche Einigung allerdings ist. Denn ohne die letztere könnte erstere doch nicht von Dauer sein, da Frankreich aufs Neue unter dem Aushängeschild, die Katholiken in Deutschland schützen zu müssen, soweit es nur immer noch möglich wäre, die Politik Ludwigs XIV. in Scene setzen würde. Steht es auch mit dem „esprit" heute nicht mehr so vortrefflich wie damals, wo man keinen Deutschen desselben für empfänglich hielt, und läuft derselbe, wie Guizot bei einer feierlichen Gelegenheit in der Academie schon vor achtzehn Jahren beklagte, „große Gefahr der Erniedrigung",[3] so ist doch noch jeder Franzose

---

[1] In seiner Rede als Vorsitzender der Germanisten-Versammlung zu Frankfurt am Main im September 1846. (Verhandlungen S. 17.)

[2] La France nouvelle. Paris 1868. p. 389.

[3] „L'esprit lui-même court aujourdhui parmi nous bien des risques d'abaissement", erklärte er in seinem bei der Einführung Montalemberts im J. 1852 gehaltenen Discours p. 20.

der Ansicht Lacombe's, daß Frankreich „die Welt aufklären oder in Brand stecken müsse".[1] Da nun aber die Rolle des Aufklärens, namentlich Deutschland gegenüber, wie es allen Anschein hat, ausgespielt ist, so bleibt nur noch das letzte Mittel der Beherrschung übrig, nämlich: daß „die erste Nation der Welt", wie Vicomte Bonald sein Vaterland nennt,[2] zum Verbrechen der Brandstiftung greife, und daß das so arglose „enfant de l'Europe", als welches kurz vor der großen Revolution Duclos das französische Volk hinstellte,[3] nochmal zur Geißel der Menschheit werde. Der heutige französische Clerus würde seiner ganzen Bildung nach mit derselben Servilität, womit seine Vorfahren vor dem Tyrannen Napoleon gekrochen sind,[4] auch vor dessen Neffen, wie dieser gar wohl weiß, wieder kriechen, wenn er ihm den Protestantismus und die deutsche Bildung zum Opfer brächte.

Angesichts dieser Sachlage erhält aber die kirchliche Frage einen unmittelbaren politischen Charakter, und der Romanismus oder Ultramontanismus mit seinem Concil ist nicht eine religiöse Partei wie alle andern kirchlichen Genossenschaften, welche auf Gewissensfreiheit Anspruch haben. Denn diesen Anspruch — man beherzige es wohl — können in einem civilisirten Staatswesen nur diejenigen Gesellschaften erheben, welche auch ihrerseits aufrichtig und principiell

---

[1] Histoire de la monarchie en Europe. Paris 1854, III, 545.
[2] „La premiere nation de l'univers." Théorie du pouvoir politique et religieux. Paris 1843, III, 352.
[3] Considérations sur les moeurs de ce siècle. 5. éd. Paris 1767. p. 26.
[4] Vgl. bes. Pressensé, L'église et la révolution française. Paris 1864, p. 441: jamais la religion ne s'est plus docilement attelée au char de l'état.

das Recht, ein eigenes Gewissen zu haben und nach demselben zu leben, für alle anderen Corporationen und Persönlichkeiten anerkennen, und die nicht bloß auf den Moment lauern, wo dieselben geschwächt oder schutzlos wären, um über sie herzufallen und mit Anwendung von äußerer Gewalt sie zu vernichten, und wenn es nöthig sein sollte, zu diesem Zwecke mit den auswärtigen Feinden des Vaterlandes sich zu verbünden. Dieß ist aber die Natur und Tendenz des Papstthums und Ultramontanismus heute noch. Die berufenen Träger und Lehrer desselben — ich spreche nicht von denjenigen, die besser sind als ihr System — würden keinen Augenblick sich besinnen, ihrem Eide gemäß Frankreichs Hilfe zur Ausrottung des Protestantismus in Deutschland aufzurufen, wenn bei irgend einer Kriegseventualität sich eine Gelegenheit hiezu bieten sollte. Der päpstliche Protest gegen den Westphälischen Frieden besteht noch in voller Geltung. Was soll man also thun? könnte einer fragen. Soll also doch der Staat sich darein mischen und vielleicht alle Ultramontanen aus Deutschland hinausjagen und selbst das Feuer anzünden? Ganz und gar nicht. Sondern man vermehre nur nicht selbst den Zündstoff, man nähre nicht selbst die listige Schlange am eigenen Busen. Man schütze und pflege dagegen jene ächt patriotische Partei, namentlich auch im katholischen Clerus, von der ich bereits früher gesprochen, die von dem Ultramontanismus innerlich bereits ebenso wie die Regierungen selbst, sich losgesagt hat, statt sie zu zwingen, dem Romanismus zu huldigen und statt die für die Bildung national-christlicher Gesinnung wichtigsten Aemter Leuten anzuvertrauen, die in ihren anerzogenen und liebgewonnenen Vorurtheilen erstarrt sind und so zu sagen, den Dolch auf dem, nur für das romanische Ausland schlagenden Herzen tragen, um bei der ersten Gelegenheit nach den Vertheidigern und Freunden des Vaterlandes ihn zu werfen, in dem Wahne, damit sogar ein sehr verdienstliches Werk zu verrichten.

Gerade in der jüngsten Zeit scheinen auch die katholischen Regierungen Deutschlands, welche hier eine große Schuld ihrer Vorfahren gut zu machen haben, ernstlicher als jemals die hochwichtige kirchliche Frage angreifen zu wollen und es ist in der That äußerste Gefahr auf jedem Verzug. Die Reform der katholischen Kirche, welche von allen gelehrten und gehörig gebildeten deutschen Katholiken als bringend nothwendig erkannt wird, ist ja **grundsätzlich** eigentlich längst fertig. Sie soll nur auch Fleisch und Blut annehmen und in die **Gesetzgebung** der Staaten eingeführt werden. Pflicht der **katholischen** Regierungen ist es, hiemit voranzugehen, da die protestantischen den Verdacht einer Gewaltthätigkeit gegen ihre andersgläubigen Unterthanen auf sich laden würden.

Ich bin am Schlusse meiner Arbeit angelangt. Als die Haupthindernisse einer durchgreifenden Reform der katholischen Kirche zunächst in Deutschland und als unbedingt aufzugebende Punkte, wenn eine solche zu Stande kommen soll, habe ich die Prätension der Göttlichkeit und absolut höherer Vollkommenheit und unbestreitbar größerer Christlichkeit einer Reihe von Lehren und Institutionen des römischen Katholicismus bezeichnet. Vor Allem das Princip der Lehrbildung und allgemeinen Gesetzgebung, die Behauptung von der Unfehlbarkeit eines Concils von Bischöfen, zumal von blos katholischen, oder gar die Unfehlbarkeit des Papstes, erscheint mir als ein solches Haupthinderniß. Ein weiteres ist die Ansicht von der unmittelbar göttlichen, und darum nothwendig von allen Christen anzuerkennenden Institution des Papstthums. Schon diese zwei Punkte allein machen jede durchgreifende Reform für alle Zeiten unmöglich. Beide Punkte schließen die, selbst von dem gläubigen Janus als absurd betrachtete Foderung und Erwartung in sich, daß „große Nationen durch ein Wunder ihre ganze Geistesrichtung und Sinnesweise ablegen sollten";[1] daß der Orient mit seiner ganzen Geschichte, und der Protestantismus mit seiner vierthalbhundertjährigen Entwicklung vollkommen breche. Nicht die gleiche Zumuthung wird dagegen dem Katholicismus gestellt. Für ihn handelt es sich nicht um die Unterwerfung unter eine ganz andere kirchliche Macht, sondern blos um die, von jedem Rechts- und Wahrheitsliebenden geforderte, nicht das geringste Entehrende in sich schließende und auf allen andern Gebieten ebenfalls vorkommende und unabweisliche Unterwerfung unter die Resultate der fortgeschrittenen modernen Wissenschaft und Erfahrung, welche in dem Papstthum nur noch ein geschichtliches, für den Katholicismus wohl noch lange, namentlich außer Deutschland, fortdauerndes, aber kein absolut göttliches, von allen Christen nothwendig als oberleitende und gesetzgebende Gewalt anzuerkennendes Institut zu erkennen vermag. Geradeso verhält es sich mit der Unfehlbarkeit der Concilien. Mögen die Katholiken auch fortan an deren Canonen sich halten, aber sie nicht als allgemein für alle Christen verbindliche Aussprüche des heiligen Geistes selbst ausgeben, da sie als solche sich im Lichte der Wissenschaft und Erfahrung nicht genügend erweisen. Die nämliche Bewandtniß hat es mit allen andern Punkten, die ich als Hindernisse einer durchgreifenden Reform bezeichnet habe. Selbst das Gute am Katholicismus wird schlecht durch den Anspruch auf absolute Geltung,

---

[1] Vorrede S. XVIII.

gerade wie auch eine tüchtige Kraft, sowohl physische oder geistige oder moralische, die mehr leisten soll oder will als sie vermag, sich selbst zerstört. Als einen der wichtigsten Punkte, der auf das ganze Kirchenwesen, nicht blos auf die Disciplin des Clerus allein, von weittragendstem Einflusse ist, betrachte ich die Beseitigung des Cölibatszwanges. Sie scheint mir geboten von Religion, Wissenschaft, Moral und Politik. Wem die Verbreitung der christlichen Religion oder auch die Vermehrung der, ohnehin in bedenklicher Abnahme begriffenen Zahl der Katholiken am Herzen liegt, der muß offenbar wünschen, daß die katholischen Geistlichen selbst Väter von christlichen Familien werden und schon geborne, mit den schönsten natürlich ererbten Anlagen zur Frömmigkeit ausgestattete Katholiken bilden, statt daß sie zu den Wilden ziehen, um dort das Reich der päpstlichen Herrschaft auszubreiten und auch selbst noch ums Leben zu kommen. Laßt uns gar nicht darnach fragen, ob wir durch Aufgeben und Beseitigen dieses oder jenes Hindernisses den Protestanten uns nähern, sondern blos allein unser Augenmerk darauf richten, ob wir der Wahrhaftigkeit und der Gerechtigkeit dienen, die nichts Unerwiesenes und Unsicheres für unfehlbar richtig und absolut verpflichtend zu erklären gestatten.

Der Feind dieser Wahrhaftigkeit und Gerechtigkeit ist das größte aller Hindernisse von Reformen, besonders auch in der Kirche, nämlich der Egoismus nach allen Seiten. Längst wäre eine fundamentale Reform alles orthodoxen Kirchenthums aller Orten zu Stande gekommen, wenn der Egoismus der maßgebenden und einflußreichen Parteien und Personen nicht an der steten Hintertreibung einer solchen sein unheiliges Interesse hätte. Päpste und Bischöfe, Fürsten, Staatsbeamte und Theologen lassen sich, ohne es sich selbst zu gestehen, von solchen rein äußeren egoistischen Interessen der Selbstsucht in ihrer Beurtheilung und Behandlung der kirchlichen Angelegenheiten beherrschen. Wenn ein mächtiger Regent in seinem dynastischen Interesse um jeden Preis eine kirchliche Reform oder Veränderung wünscht, so sind die größten Schwierigkeiten leicht und schnell zu überwinden; hat er aber ein politisches Interesse an der Erhaltung eines verrotteten, wenn auch für Sittlichkeit und Wissenschaft gleich verderblichen, kirchlichen Uebelstandes, so schlagen sich alle Reformatoren vergeblich in die Schanze und sind auch die gründlichsten Auseinandersetzungen der schlimmen Folgen eines solchen Zustandes und verkehrter Institutionen nicht viel mehr als Streiche ins Wasser. Ist es nun aber in politischer Hinsicht von größtem Vortheil für das Zustandekommen einer kirchlichen Neugestaltung, daß es in Deutschland keine rein katholischen und rein protestantischen Länder mehr gibt und daß gerade in den höchsten Beamtenkreisen, selbst auf den Thronen, die Confessionalität bedeutungslos geworden ist, so daß wohl nicht mehr — selbst in Oesterreich kaum mehr — daran zu denken ist, daß man katholische oder protestantische Politik treiben werde, so erscheint in kirchlicher Beziehung die Auflösung der Rechtgläubigkeit, welche, tausend Dank diesem Concil, nun auch im Katholicismus mit jedem Tage sichtbarer hervortritt, als ein nicht minder großes Förderungsmittel für eine umfassende Reform. Die Theologen werden sich bald nicht mehr als Katholiken und Protestanten abstoßen und fliehen, sondern als deutsche Gelehrte wie die Vertreter aller andern Wissenschaften einander anziehen und nähern, vielleicht sogar gemeinschaftlich versammeln. Ich zweifle nicht, daß die liberaleren und bedeutenderen katholischen Theologen hiezu mit Freuden bereit sein würden, um dem ganzen katholischen Volke nun auch das Beispiel der Versöhnung und Vernünftigkeit zu geben, gleichwie die ultramontanen Theologen dasselbe ohne Unterlaß mit unvernünftigem Hasse gegen seine Brüder zu erfüllen beflissen sind, und mit Vormalung von blendenden Theorien, die in der Wirklichkeit als glänzendes Elend sich darstellen, den gefährlichsten Pharisäismus nähren.

Von den Ultramontanen, die in der Wahl ihrer Mittel nicht verlegen sind, sollen auch wir lernen, diejenigen Mittel, welche zu **unserem** Zwecke dienen, zu gebrauchen. „Denn nur derjenige," hat Döllinger vor einer großen Versammlung von katholischen Theologen erklärt, „will wirklich einen Zweck, der auch die Mittel will, ohne deren Anwendung der Zweck nicht erreichbar ist, und der sein Wollen durch die That kundgibt. Die Mittel aber," wurde von dem Nestor und Mentor der katholischen Theologen weiter bemerkt, „heißen hier: **Demuth, Bruderliebe, Selbverläugnung, aufrichtige Anerkennung des Wahren und Guten, wo es sich auch findet, gründliche Einsicht in die Gebrechen, Schäden und Aergernisse unserer eigenen Zustände, und ernstlicher Wille, die Hand anzulegen zu ihrer Abstellung.**"[1] Aber möchten nur auch Männer wie Döllinger, Schulte u. A., welche ganz genau zu sagen wissen, was der katholischen Kirche fehlt, zugleich den Muth haben, die einzig erfolgreichen Mittel zu bezeichnen, ohne welche ihr reformatorisches Bestreben zu Nichts führen könnte.

So wird denn wohl die Erwartung, welche gewiß alle Freunde des Vaterlandes mit mir theilen, berechtigt sein, daß der katholische Clerus Deutschlands die Anathemen

---

[1] Vergangenheit und Gegenwart der katholischen Theologie. Regensburg 1863. S. 24.

des Tridentinums gegen die deutschen Brüder, welche dieses Concil erneuern und noch mit einigen weiteren vermehren wird, mit priesterlichen Muthe von sich weise. Die heidnische Priesterin Theano entgegnete den Athenern, welche die Verdammung des Alcibiades von ihr verlangten: „Ich bin Priesterin, um zu beten und zu segnen, aber nicht um zu verfluchen und zu verdammen." Wird ein Mann aus dem christlichen Clerus Deutschlands sich von einem Weibe, einer Heidin, beschämen lassen? Soll immer noch unsers Dichters Wort gerade von den gelehrtesten und an Kenntnissen reichsten katholischen Theologen gelten:

„Auch habt ihr Alles auf der Welt,
Doch fehlt euch eins — euch fehlt der Muth."

Der Janus hat bereits erklärt, daß er dieses Concil unter keiner Bedingung anerkennen werde; und ein so gründlicher und umfassender Gelehrter wie Janus wiegt mehr als das ganze Corps der Ultramontanen, sollte es auch 200 Millionen zählen. Aufgabe der Kirchenhistoriker ist es ja vor Allem, nach dem Rathe Friedrich v. Raumer's „versöhnend auf den Mittelpunkt des Christenthums, die Liebe, hinzuweisen, und in Dem, worüber alle Bekenntnisse übereinstimmen, das Wesentliche zu erblicken, statt durch Hervorkehrung der Gegensätze widerwärtigen Eifer zu erregen, in unduldsamer Weise für dogmatische Spitzfindigkeiten zu wirken, Haß, Feindschaft und Verketzerung zu befördern und ein Feuer zu schüren, das unser Vaterland wieder in das entsetzliche, unchristliche, unmenschliche Elend eines dreißigjährigen Krieges stürzen könnte".[1]

Auf dem soliden Boden der Wissenschaft werden die Differenzen, welche auch zwischen uns und dem Janus bestehen, so fundamental sie auch scheinen, bald auszuglei-

---

[1] Vermischte Schriften. Leipzig 1852, I. Vorrede S. VII.

chen sein; aber mit Leuten, die mit der Unfehlbarkeit kommen, wenn ihnen ihre eigenen Gründe ausgegangen, ist eine Verständigung nicht möglich, und von ihnen Allen weiß sich der Verfasser durch eine noch tiefere Kluft getrennt als der Janus dieß von sich versichert. Um die Gemeinschaft dieser Heiligen ist mir nicht leid, und sollte ich auch von der Theilnahme an ihren guten Werken ausgeschlossen werden, woran ich außerdem ganz schuldlos wäre, so würde ich Trost aus der Erwägung schöpfen, daß ich auch für alle die weit zahlreicheren schlechten Werke der Unchristlichkeit, Unwahrhaftigkeit und Ungerechtigkeit, deren sich die Unfehlbarkeitsmenschen gegen Alle Anderen ohne Unterlaß schuldig machen, vor dem wahrhaften und gerechten Gotte einst keine solidarische Verantwortung mitzutragen haben werde.[1]

Allerdings kann ich es mir nicht verhehlen, daß ich

---

[1] Das „sofortige Verlassen" der päpstlichen Kirche, da „jedes längere Verbleiben in derselben die Mitschuld an ihrer Verdorbenheit und Tyrannei erhöht", dürfte doch nicht gar so dringend sein als Herr Dr. Overbeck es hinstellt (Die rechtgläubige katholische Kirche. Ein Protest gegen die päpstliche Kirche und eine Auffoderung zur Gründung katholischer Nationalkirchen. Halle 1869. S. 5). Wohin soll man denn übertreten? Ist denn der größte Theil des Clerus der andern Kirchen nicht beinahe ebenso exclusiv? Und gehören denn die gebildeten und gelehrten Laien, die der großen Mehrzahl nach von jenem Fanatismus nirgends, auch nicht bei den Katholiken, etwas wissen wollen, wie Overbeck selbst darauf hinweist (S. 9), nicht auch zur Kirche? Eher könnte daher ein Austritt aus dem katholischen Clerus, als aus der Kirche, als geboten erscheinen. Dieß wird aber für jeden gehörig gebildeten Geistlichen, der die Beschwörung des neuen Concils zu verweigern in seinem Gewissen sich genöthigt sehen muß, ohnehin ganz von selbst geschehen. Die Aufgabe der Laien und vor Allem der Volksvertretungen in den Kammern des „modernen Staates" wird es

jenen "verderblichen Irrthum" theile, der, wie Pius IX. in seiner Allocution v. 9. Dec. 1854 beklagte, "in einigen Theilen der katholischen Welt (er meinte zunächst Deutschland) bei den meisten Katholiken Eingang gefunden habe, nämlich: auch für das ewige Heil aller Derer gute Hoffnung zu hegen, die keineswegs in der wahren christlichen Kirche (d. h. in der römischen) sich befinden";[1] auch hege ich jene Ansicht von der Nothwendigkeit der Gewissensfreiheit, welche Gregor XVI. für einen "Wahnsinn" erklärt hat, "der die ohnehin zum Bösen geneigte Natur des Menschen schnurstracks in die Pfütze des Abgrundes schleudere, aus welcher der Apostel Johannes habe Rauch aufsteigen sehen, welcher die Sonne verfinstert und ein die ganze Erde verwüstendes Heer von Heuschrecken aus sich hervorgebracht habe".[2]

Wie fühlt aber doch das Herz sich erweitert bei dem Gedanken, alle strebsamen Menschen, die guten Willens sind, wie vielfach verschieden auch ihre Auffassung einzelner Punkte der Religion und namentlich der kirchlichen Dogmatik sein mag, als Mitgenossen, Mitstreiter und Mit-

---

sein, dieser Männer der Wissenschaft sich anzunehmen, statt aus schlechter Politik die Unwissenheit und Charakterlosigkeit zu protegiren, wie es in der "guten alten Zeit" oft genug geschehen ist.

[1] Alloc. 9. Dec. 1854: errorem exitiosum aliquas catholici orbis partes occupasse non sine moerore novimus, animisque insedisse plerorumque catholicorum, qui bene sperandum de aeterna illorum omnium salute putant, qui in vera Christi ecclesia nequaquam versantur. — Die gleiche Klage wiederholte Pius IX. in der Encyclica v. 10. Aug. 1863 an den ganzen Italienischen Clerus. Auch hier bezeichnete er jene Meinung einiger Katholiken als "gravissimus error". (Abgedr. in der Civiltà cattolica 1863. Bd. VII, 724 fg.)

[2] Encyclica d. 18. Cal. Sept. 1832 adv. indifferentistas et Lamennaisium.

arbeiter im Reiche der christlichen Freiheit zu wissen, während im Kirchenthum der hierarchischen und päpstlichen Unfehlbarkeit alle Angehörigen nur als Sklaven in einem Reiche geistiger Tyrannei sich betrachten können! Uebrigens ist auch an jener unchristlichen Verdammungssucht des Ultramontanismus, in dessen Dienst der weitaus größte Theil der Mitglieder des katholischen Clerus gegenwärtig steht, weniger ein böser Wille als der Mangel an gründlicher und umfassenderer Bildung, wozu ihm an vielen Orten selbst in Deutschland die nöthigen Mittel fehlen und sogar geflissentlich vorenthalten werden, die Haupturfache und das größte Hinderniß zur Ablegung der Vorurtheile, die von ihrem Stande und der Rücksicht auf ihre Stellung unablässig neue Nahrung erhalten. Natürlich wird auch diese Unglücklichen kein wahrer Christ hassen, sondern vielmehr bemitleiden und wenn es ihm möglich ist, nach Kräften zu ihrer Belehrung beitragen; darum ist er vor Allem verpflichtet, ihnen den Wahn zu benehmen, als sähe er doch auch selbst in keiner andern Kirche Heil als in der römisch-katholischen, von welcher er daher um keinen Preis sich lossagen wollte. Schon diese Erwägung der großen Unwissenheit des größten Theiles des heutigen katholischen Clerus, des höheren wie des niederen, muß dem Glauben an die Alleinseligmachung der römischen Kirche in den Augen jedes Gebildeten den größten Eintrag thun. Denn es frägt sich ja doch bei besonderen Gegensätzen von Kirchen vor Allem auch um die geistige Beschaffenheit ihrer Prediger und Lehrer; und für die allein wahre Kirche könnte man ja doch unmöglich diejenige betrachten, welche, wie man es leider vom römischen Papstthum sagen muß, der christlichen Religion nicht einmal den niedersten Grad von Hochachtung bezeigte, der nach der Bemerkung des geistvollen Vinet darin

besteht, die gründliche Erkenntniß derselben sich angelegen
sein zu lassen und auf dieselbe vor Allem bei den Lehrern des
Volkes zu bringen, statt beide in den Schlaf angeblich un=
fehlbarer Menschensatzungen zu wiegen.[1]

In dem Grade als die Studien und eigenen Erfahrun=
gen sich ausdehnen, muß ein geradsinniger katholischer
Theologe von diesem, ihm anerzogenen und angelernten
unchristlichen und im höchsten Grade verderblichen Wahne
der Alleinseligmachung der römischen Kirche zurückkommen,
und der Verfasser glaubt es seinerseits auch öffentlich aus=
sprechen zu sollen, daß der heutige römische Katholicismus
ihm nicht nur nicht mehr als die allein wahre oder auch
nur relativ vollkommenste, sondern vielmehr als die unvoll=
kommenste von allen gegenwärtig bestehenden Formen der
christlichen Kirche und Darstellungen des Geistes Christi
erscheint. Und zwar vor Allem wegen seiner Ex=
clusivität, seines Absolutismus und seiner Ver=
dammungssucht, gegen welchen Fehler allein schon alle
seine guten Seiten und theilweisen Vorzüge sowie die Män=
gel anderer Kirchen sämmtlich aufgewogen werden, da solche
Prätension göttlicher Einsetzung und Lehre für bloß
menschliche Auffassungen und geschichtliche Einrichtungen
im Lichte unserer Zeit als Lüge gegen den heiligen Geist
und höchste Ungerechtigkeit gegen Andere erscheint. Sehr
viele Controversen zwischen den christlichen Kirchen der
Gegenwart sind so beschaffen, daß es geradezu unmöglich
ist, die Ansicht und Auffassung der einen oder der andern
Partei für die allein wahre zu erklären, weil es an ge=

---

[1] „Connaitre bien notre religion est assurément le moindre
hommage que nous lui devions, et notre religion vaut la peine
d'être connue." A. Vinet, Mélanges. Paris 1869. p. 625.

nügenden Beweisen hiefür fehlt. Ich rechne dahin z. B. die Frage von der Messe, von der Gegenwart in der Eucharistie, von der bischöflichen Verfassung u. A. Es bleibt hierüber nichts übrig als das Geständniß, daß wirklich nach dem offenkundigen Zeugniß der Geschichte über solche Punkte eine volle Klarheit nicht zu gewinnen sei, und folglich keine Auffassung auf alleinige und absolute Geltung Anspruch machen könne und dürfe. Nur dieser Anspruch ist das Trennende, und diesen Anspruch macht keine Kirche in dem Grade wie die römisch-katholische: darum ist sie die größte Feindin der christlichen Eintracht und Liebe, und in weiterer Folge der ganzen hievon bedingten Civilisation.

Und wie ich mit einem Italiener begonnen habe, so will ich auch mit einem solchen, der freilich ein Kind andern Geistes ist, schließen. Denn ich bin mit Daniele Pallaveri der Ueberzeugung, daß wie für die Einheit Italiens, so auch für die Einigung meines deutschen Vaterlandes eine der ersten Bedingungen der energische Widerstand gegen die hierarchische Beherrschung des ganzen Unterrichts der Jugend, vor Allem der Erziehung und Bildung des Clerus, im Sinne der hierarchischen und päpstlichen Unfehlbarkeit ist. Mit den Worten dieses edlen Patrioten möchte ich daher auch allen einflußreichen Männern, zunächst meines bayerischen Vaterlandes, zurufen: „Zur Freiheit und zum Muthe, männlich die Wahrheit darzulegen, muß jetzt mehr als je die Jugend erzogen werden. Die Wälle der Tyrannei und der Lüge, der übermächtigen Erniedrigung und der verkehrten Dogmen, sind erschüttert und zerstört durch die Kraft der Wahrheit. Nur dieser Macht verdankt Deutschland seine Unabhängigkeit, zu ihr muß Geist und Herz der Jugend erhoben werden. Man suche mit edlem Muthe die Wahrheit, wo sie sich auch findet, man stelle sie hin, gerade wie sie sich zeigt, und die Bildung des Volkes wird rasch und sicher ihren Lauf fortsetzen und **unfehlbar** zu ihrem Ziele gelangen!"[1]

---

[1] Il ministero della pubblica istruzione per Daniele Pallaveri. Brescia-Verona 1867. p. 11 sq.: alla franchezza e al coraggio di esporre virilmente il vero, debb' essere ora più che mai educata la gioventù italiana. I propugnacoli, che sembravano eterni, della tirannide e della menzogna, delle prepotenti viltà e delle stolte credenze furono rovesciati e infranti dall' efficacia del vero; à ciò, e non più, deve l'Italia la sua indipendenza, in ciò debb' essere allevata la mente, il cuore de' giovani. Si cerchi animosamente il vero ovunque si trovi, l'appalesi comunque si presenti, e la civiltà de' popoli continuerà rapida e sicura il suo cammino, arriverà infallibilmente al suo fine.

Inhalt.

Vorwort III—XVI.

I. Einleitung S. 1—9.

Der Stand der Dinge in Deutschland zur Zeit der Wiedereröffnung des Concils von Trient im J. 1561 verglichen mit dem heutigen zur Zeit der Eröffnung des gegenwärtigen Concils S. 1. Unwürdige Bevormundung der Deutschen durch die Romanen, deren geistige und sittliche Zustände doch noch weit schlimmer waren als die der ersteren S. 2. Das sechzehnte Jahrhundert war für eine durchgreifende Reform noch nicht reif S. 3. Die Hauptfehler, welche man beging: zu langes Festhalten an der Unfehlbarkeit der Concilien S. 4. Gleichgiltigkeit des Kaisers gegen die Knechtung des deutschen Clerus durch die römische Curie S. 5 (vgl. S. 3). Der Glaube an die göttliche Einsetzung des römischen Papstthums und Halbheit und Unklarheit in den heutigen Bestrebungen der liberalen katholischen Partei. Der Janus S. 7.

II. Zur allgemeinen Charakteristik des gegenwärtigen inneren Zustandes des Katholicismus S. 10—46.

Dem heutigen offiziellen römischen Kirchenthum ist weitaus der größte Theil der Gelehrten und Gebildeten unter den Katholiken entfremdet S. 10. Unterscheidung zwischen Ultramontanen und Katholiken. Geschichtliches hierüber S. 11. Worin der richtige Grundgedanke dieser Unterscheidung liege S. 14. Unkenntniß des römisch-katholischen Systems bei den Katholiken selbst und Nothwendigkeit ihrer Aufklärung hierüber S. 18. Noch allgemein gedankenlose Unterwerfung unter das Tridentinum S. 20. Der heutige Katholicismus ist auf den Papst sublimirt S. 21. Gerade das Papstthum ist aber der Hemmschuh moderner Culturentwicklung S. 22. Dessen Verdammung der ganzen modernen Bildung ist nothwendig in seinem Wesen und seinen Principien begründet S. 23. Alle neueren katholischen Reform-Vorschläge mußten an ihrer Halbheit scheitern S. 24. Blick auf die Entstehung und den Geist des römischen Papstthums S. 25. Die katholische Theologie sollte die gänzliche Unhaltbarkeit desselben gegenüber den Resultaten der heutigen Forschung redlich gestehen S. 26. Im eigenen

Interesse des katholischen Episcopates, des Volkes und besonders der Theologen läge dieses Geständniß S. 29. Mit der bloßen Bekämpfung der Unfehlbarkeit des Papstes ist nichts gewonnen S. 31. Die prätendirte Unfehlbarkeit des Episcopates ist nach allen Seiten in ihrer völligen Unhaltbarkeit erwiesen S. 32. Das wahre Christenthum wird in unserer Zeit durch gewaltsame Aufrecht=erhaltung jener Prätension aufs Schwerste geschädigt S. 35. Heu=tige Beschaffenheit des katholischen Cultus nach Lehre und Uebung S. 37. Nothwendiges Aufgeben der Behauptung von der alleinigen absoluten Richtigkeit der katholischen Auffassung über Opfer und Abendmahl S. 37. Bedenklicher Zustand der ganzen katholischen Erbauungs=Literatur S. 38. Die unnatürliche und falsche Stel=lung des katholischen Clerus zur bürgerlichen Gesellschaft. Würdi=gung des Cölibatszwanges S. 39. Aufgabe des christlichen Staates in dieser Hinsicht S. 44.

III. **Einige Streiflichter auf die römisch=katholische Theorie von der Kirche und ihren Eigenschaften** S. 47—111.

Der heutige Indifferentismus gegen das unfehlbar sein wollende unhaltbare Kirchenthum der Hierarchie ist keineswegs Indifferen=tismus gegen Religion und Christenthum S. 47. Dieß gilt am Allermeisten von den Katholiken S. 49. Darstellung des katho=lischen Kirchenbegriffes. Die angebliche Einheit S. 49. Beschaffen=heit der Heiligkeit S. 50. Bedeutung der päpstlichen Canonisa=tionen S. 53. Ueber die Heiligkeit des Stifters der römischen Kirche S. 55. Begriff von Katholicität S. 57. Stete Versicherungen von naher Selbstauflösung des Protestantismus S. 61. Gehobene Stimmung der Ultramontanen seit 1848. „Katholische Politik" S. 62. Der nothwendig römische Typus der katholischen Kirche. Später Ursprung dieser Lehre S. 65. Zunehmende Romanisirung der Kirche seit dem Concil von Trient S. 66. Beförderung des Romanismus in Deutschland durch die katholischen Theologen S. 67. Döllinger's Versprechen v. J. 1850, gegen den Ultramontanismus sich „als der Erste entschieden zu erklären", dürfte jetzt zu erfüllen sein S. 69. Romanismus und Germanismus S. 72. Das Bündniß mit den deutsch=protestantischen Brüdern sollten die deutschen Katholiken dem Bunde mit den Romanen vorziehen S. 73. Gegenwärtiges Entgegenkommen der Protestanten S. 74. Nothwendiges Aufgeben der confessionellen romanistischen Engherzigkeit S. 76. Auch der deutsche Protestantismus, leidet noch an den Folgen der romanistischen Knechtung unsers Vaterlandes S. 77. Ueber die Apostolicität der katholischen Kirche. Gegensatz des christlich-apostolischen und päpstlich-romanistischen Geistes S. 78. Sichtbarkeit als alleiniges Merkmal der katholischen Kirche. Die Sichtbarkeit der ursprünglichen und apostolischen und der päpstlich-hierarchischen Kirche S. 81. Erziehung und Bildung des Clerus zu einem verkehrten Begriff von Sichtbarkeit S. 84. Die Unfehlbarkeit der römisch-katholischen Kirche. Die Unwissenheit der katholischen Theologen selbst über das Organ derselben macht sie illusorisch S. 85. Dennoch ist diese alberne Prätension die einzige und letzte Ursache der kirchlichen Trennung S. 88. Mangel an Aufrichtigkeit hierüber bei den liberalen katholischen Theologen. Das Münchner theologische Gutachten an das Ministerium S. 89. Größere Charakterfestigkeit katholischer Laien S. 90. Schädlichkeit der falschen Scham der katholischen Theologen gegenüber den Protestanten S. 92. Peinliche Verlegenheit der liberalen Partei und unmaßgeblicher Rath für dieselbe S. 93. Die Alleinseligmachung der römischen Kirche. Auch die Liberalen lehren dieselbe S. 94. Hinterpförtchen für die Protestanten und die übrigen Akatholiken S. 97. Entstellung der protestantischen Lehre hierüber S. 98. Die offene Aussprache der ultramontanen Consequenz ist besser als die liberalen Versuche der Abschwächung S. 99. Die Erklärung Perrone's S. 100. Grundlose Anklage der Intoleranz gegen den Protestantismus S. 101. Berechtigung des Vorwurfs der Unchristlichkeit gegen das verdammungssüchtige Papstthum S. 103. Die protestantischen und orientalischen Kirchen sollten sich aber sorgfältig vor ähnlicher Exclusivität hüten S. 104. Die gemischten Ehen sind unter diesem Gesichtspunkt von wohlthätigster Wirkung. Verkehrheit der katholischen Verbote S. 106. Ansicht Schulte's S. 107. Berechtigte Gründe gegen die gemischten Ehen. Confessionelle Schulen und ihr schlimmer Einfluß auf Nährung kirchlicher Exclusivität mit deren traurigen Folgen S. 109.

IV. **Die Stellung der gebildeten liberalen Katholiken, besonders in Deutschland, zwischen dem Ultramontanismus und dem Protestantismus S. 112—141.**

Die Ultramontanen erwarten alles Heil der Welt und der christlichen Kirche nur von dem Papste und seinem gegenwärtigen Concil S. 112. Ein aufmerksamer Blick auf die Geschichte und auf die Tendenzen des Papstthums macht den Besonnenen eine solche Erwartung unmöglich S. 114. Prüfung der Versicherungen der Ultramontanen. Man kann vom Papstthum keine Förderung ächter Tugend und Sittlichkeit für die Welt hoffen S. 116. Der Protestantismus enthält in Wahrheit eine ächtere Tugend S. 118. Wirkliche Mittel zur Hebung der soliden Tugend S. 119. Noch weniger kann die Wissenschaft vom römischen Papstthum erwarten. Bedeutung des Inder für Ertödtung des wissenschaftlichen Geistes S. 120. Schon das Dogma der hierarchischen Unfehlbarkeit macht keine wahrhaft wissenschaftliche Thätigkeit möglich S. 121. Für Förderung der industriellen und volkswirthschaftlichen Bestrebungen ist vom Papstthum ebenfalls nichts zu hoffen S. 123. Ebenso wenig für Pflege von patriotischer und nationaler Gesinnung S. 125. Der Ultramontanismus richtet jedes Reich sowohl sittlich wie geistig, politisch wie bürgerlich zu Grunde S. 126. Die Unterwerfung unter das Papstthum wäre das entsetzlichste Unglück für unser Vaterland S. 127. Ein römisch-deutsches Reich ist nicht mehr denkbar S. 128. Dagegen ist der Protestantismus dem deutschen Geiste entsprungen S. 129. Auch der deutsche Katholik muß in der päpstlichen Zumuthung an die Protestanten zur Rückkehr eine Beschimpfung seiner Nationalität erkennen S. 130. Solche Rückkehr wäre ein Rückfall in eine längst überschrittene Culturstufe S. 131. Nicht der Glaube an die Göttlichkeit des Papstthums, sondern die Ueberzeugung von der Göttlichkeit der Nationalität und Persönlichkeit ist unser Palladium S. 132. Das Papstthum hat für sich alle Ursache, sich unfehlbar zu erklären, aber die Völker können davon nichts für ihr Bestes hoffen S. 132. Der deutsche Protestantismus ist in wirklicher Reform, aber das römische Papstthum nur in Verknöcherung begriffen S. 133. Der ächte Protestantismus ist Gotteswerk, aber der Tridentinische Katholicismus ist Menschenwerk S. 134. Auch die große Mehrzahl der Gebildeten ist bereits im ächten Sinne protestantisch S. 136. Das wahre Christenthum leidet durch diesen Abfall vom Papstthum gar keinen Schaden S. 137. Einige Aeußerungen katholischer Männer aus dem Volke S. 139.

V. Die Stellung der katholischen Regierungen und besonders der Bischöfe zu den kirchlichen Zuständen der Gegenwart S. 142—162.

Rückblick auf den Territorialismus S. 142. Heute noch ist die Versuchung zum Mißbrauch der Religion für politische und dynastische Privatinteressen nicht vorüber S. 144. Antheil der kleineren deutschen Staaten an Reformen auf geistigem Gebiete S. 145. Der heutige Zustand des katholischen Episcopates. Rückschritt in Deutschland seit fünfzig Jahren S. 145. Heutige theologische Doctrin über die Stellung des Bischofes zum Papste S. 146. Fügsamkeit der berühmtesten Theologen gegenüber der hierarchischen Knechtung der Wissenschaft S. 147. Deutsch gesinnte Bischöfe am Ende des vorigen Jahrhunderts S. 149. Gänzliche Romanisirung des jetzigen Episcopates S. 150. Vertheidigung des Papalsystems durch die angesehensten der heutigen katholischen Theologen S. 152. Verherrlichung des Jesuitismus S. 154. Die deutschen Fürsten haben sich die ultramontanen Bischöfe selbst herangezogen S. 155. Das landesherrliche Ernennungsrecht ist keine genügende Schutzwehr S. 156. Das Bestätigungsrecht des Papstes muß beseitigt, und dafür der Antheil des Volkes an der Einsetzung der Bischöfe wieder hergestellt werden S. 157. Zunahme des Uebermuthes der Bischöfe und ihrer Organe gegenüber dem Staate seit 1848 S. 158. Besonders in Bayern S. 160. Letzte Quelle des Uebels S. 162.

VI. Eine durchgreifende Reform des deutschen Kirchenwesens ist bedingt von dem vollständigen Bruche mit Rom einerseits und von einem aufrichtigen Zusammenwirken der Katholiken und Protestanten andererseits S. 163—196.

Mehr und mehr bereiten sich die Dinge zum Bruche des katholischen Deutschlands mit Rom vor S. 163. Altes Unrecht wird nie zum Rechte S. 164. Die Verbindung mit Rom trägt die Hauptschuld an der tragischen Lage des katholischen Süddeutschlands S. 165. In Oesterreich wie in Bayern liegen die Folgen der ultramontanen Reaction vor Augen S. 166. Auch die liberale Partei der Theologen will sich die Nothwendigkeit des Bruches mit Rom noch nicht gestehen S. 169. Der Bruch mit dem Papstthum soll keineswegs die einfache Annahme eines der protestantischen

Symbole sein S. 170. Auch der Protestantismus selbst bedarf einer durchgreifenden Reform S. 171. Ueberspannte Hoffnungen des Protestantenvereins S. 172. Aber der Protestantismus ist allerdings im Ganzen eine reinere Form des Christenthums als das römische Kirchenthum S. 174. Katholiken und Protestanten müssen erst einander viel genauer kennen lernen und gerechter beurtheilen S. 175. Der protestantische Theologe ist noch weniger entschuldbar, wenn er befangen urtheilt, als der katholische S. 177. Letzterem erschwert die begründete Furcht vor dem Index ein gerechtes Urtheil S. 178. Dazu kommt die dogmatistische Verblendung S. 180. Diese offenbarte sich am Deutlichsten in den General-Versammlungen der katholischen Vereine seit dem J. 1848 S. 182. Einige Proben dieser verblendeten Polemik S. 183. Größere Gerechtigkeit ist auf protestantischer Seite zu bemerken S. 184. Katholische Theologen und andere Gelehrte sprechen dem Protestantismus öffentlich allen Glauben, alle Tugend, alle Möglichkeit eines wissenschaftlichen Fortschrittes ab S. 186. Der Compaß des Ultramontanismus für die Beurtheilung der Menschen im Ganzen und Einzelnen ist deren Verhalten gegenüber dem Papstthum S. 195.

VII. **Nothwendigkeit einer viel bestimmteren und entschiedeneren Haltung der liberalen Katholiken, sowohl der Laien als der Theologen, gegenüber dem Ultramontanismus** S. 197—239.

Mit dem Ultramontanismus ist kein Vergleich und kein bauernder Friede möglich S. 198. Die extreme protestantische Richtung hat ihren Richter an dem ächten Protestantismus selbst S. 199. Im Ganzen stehen die Protestanten an Gerechtigkeitssinn den Katholiken voran S. 201. Richtige Bemerkung von Nitzsch über den Vorzug des Protestanten S. 203. Der orthodoxe Katholik kann über den intoleranten, juridischen und dogmatischen Standpunkt nicht hinaus S. 204. Der wahrhaft liberale Katholik muß die päpstliche Aufforderung an die Protestanten zur Rückkehr als ihm selbst widerfahrene Beleidigung betrachten und zurückweisen S. 205. Formular einer katholischen Antwort an den Papst auf jene Einladung S. 206. Bemerkungen über die von dem bayerischen Minister Hohenlohe an die theologischen und juridischen Facultäten gestellten Fragen S. 210. Rückhaltige, allzu wenig entschiedene

Antwort der liberaleren Münchner Theologen S. 213. Noch immer ist der protestantische Norden dem katholischen Süden zu liberal S. 215. Der Ultramontanismus im Süden ist von ganz anderer Gefahr als im Norden S. 216. Die katholischen Theologen Deutschlands sind sich selbst den vollen Bruch mit dem ultramontanen System schuldig S. 218. Auch das deutsche katholische Volk wird durch den Ultramontanismus entwürdigt S. 221. Am meisten leidet unter dessen Druck der beste Theil des Clerus S. 222. Die Bischöfe haben das schlechteste aller Proletariate, das eines herrschsüchtigen ungebildeten Clerus, erzogen S. 224. Gleichgültigkeit der katholischen Regierungen bezüglich der Bildung des Clerus S. 226. Verkehrung des Nationalcharakters durch den Ultramontanismus S. 227. Auch von Franzosen und Italienern ist der Bruch mit demselben als nationales Bedürfniß anerkannt S. 228. Noch weit größere Nothwendigkeit besteht für die Katholiken Deutschlands S. 233. Heute noch wünschen die deutschen Ultramontanen die traurigste Periode des Mittelalters zurück S. 234. Egoistische Privatinteressen der deutschen Ultramontanen, besonders der weltlichen Mitglieder der General-Versammlungen S. 236. Berechtigte Besorgnisse für christliche und deutsche Cultur von Seite des verblendeten Ultramontanismus S. 298.

VIII. **Fortsetzung des nämlichen Gegenstandes. S. 240—255.**

Früher oder später wird es zu einem nochmaligen großen Weltkampf mit dem Ultramontanismus kommen müssen S. 241. Der kirchliche Beruf Bayerns in Deutschland S. 242. Die Aufgabe Deutschlands ist die Befreiung der Welt von der absoluten Herrschaft Roms S. 243. Die Halbheit der liberalen Theologen verstärkt nur die Macht der Ultramontanen S. 244. Ein wahrhaft christlicher Theologe muß ein Jünger des Gekreuzigten sein wollen und zu seiner Sache sich offen bekennen S. 247. Die allerschlimmste Wirkung des Jesuitismus ist die Ertödtung des moralischen Muthes S. 249. Nur bei Vertheidigung des Ultramontanismus beweist man sich muthig, aber sorgfältigst meidet man jeden bei der Curie Anrüchigen S. 250. Durch die Regierungen selbst wurden die Theologen zu Sklaven der Bischöfe gemacht S. 251. Eine kleine Umschau unter den katholischen Theologen Süddeutschlands S. 252.

IX. Fortsetzung des nämlichen Gegenstandes S. 256—307.

Die theologische Arbeit der Zukunft soll nicht mehr auf kirchliche Acquisitionen, sondern auf religiöse Errungenschaften abzielen S. 256. Das wahre Hinderniß der Civilisation ist die hierarchische Bevormundung der Völker S. 258. Aufgabe des modernen Staates derselben gegenüber S. 258. Pflicht der Theologen ist die Abwendung von der heutigen Hierarchie und die engste Verbindung mit dem modernen Culturstaate S. 259. Die heutige katholische Laienwelt S. 260. Prüfung der Versicherung, daß die Hingabe an die hierarchischen Satzungen allein den Theologen vor Irrthum bewahren könne S. 263. Bemerkungen zu Döllinger's Erklärung hierüber S. 264. Ansicht von Michelis und Erläuterung derselben S. 268. Gar keine menschliche Satzung kann dem Theologen als verlässige Autorität der wissenschaftlichen Forschung gelten S. 272. Rückblick auf die selbstständigere Richtung der katholischen Theologie in den ersten drei Decennien unsers Jahrhunderts; die Tübinger Schule S. 275. Deren Aeußerung über den Jesuitenorden S. 277. Ueber den Eid der Bischöfe S. 278. Ueber den Widerspruch des römischen Kirchenthums mit dem wahren Christenthum S. 280. Ueber den clericalen Cölibatszwang S. 282. Ueber das Verhältniß von Katholicismus und Protestantismus S. 290. Schlimmer Einfluß Möhler's S. 295. Die Münchner Ultramontanen S. 297. Döllinger's befremdende Erfahrungen im Frankfurter Parlament 1848 S. 302. Klagen und Ermahnungen Diepenbrock's S. 303. Pharisäische Gebetsvereine in Bayern S. 305. Verständige Bemerkungen der Freiburger theologischen Zeitschrift dagegen S. 305. Vollständiger Sieg der jesuitischen Partei mit dem J. 1849 S. 307.

X. Verderblichkeit des Glaubens an die Unfehlbarkeit der Bischöfe oder der Päpste, besonders für den Clerus und die Theologie S. 308—422.

Schädlichkeit des Unfehlbarkeitsglaubens nach allen Beziehungen S. 308. Unbekanntschaft desselben in der apostolischen Zeit S. 310. Unwahre Behauptung der Fuldaer Ansprache S. 311. Döllinger's Ansicht über die nothwendige Begründung jeder Lehre aus der Bibel S. 313. Die Wissenschaft der Theologie ist mit allem Unfehlbarkeitsglauben unvereinbar S. 315. Das Krebsübel der heutigen katholischen Theologen ist ihr falscher Traditionsbegriff S. 317. Beweis dafür ist der Janus S. 318. Unterstützung jenes verkehrten Traditionsbegriffes durch die Päpste S. 324. Der Eid auf das Tridentinum muß den Theologen erlassen werden S. 326. Verhältniß zwischen Concilium und Kirche nach Janus S. 327. Sträflicher Mißbrauch der Theologie durch die Politik S. 329. Gleichgültigkeit des Staates gegen die päpstliche Knechtung der wissenschaftlichen Theologie S. 331. Die Seminarbildung knickt den selbstständigen Geist S. 333. Verderbliche Wirkung des Jesuitismus auf den Säcularclerus S. 335. Abmahnung von ernster Wissenschaft durch die Bischöfe S. 336. Das bischöfliche Beispiel S. 337. Stellung der Curie, des Episcopates und der Jesuiten zur Philosophie S. 338. Ein Beispiel für die peinliche Lage strebsamer Geistlicher S. 341. Nur von den gebildeten Laien kann der Clerus eine Besserung seiner Lage hoffen S. 343. Der hierarchische und dynastische Egoismus hindert auch die wissenschaftliche Freiheit der Theologie S. 345. Die Bequemlichkeit des Katholicismus S. 346. Besonders der katholischen Theologie S. 347. Geringe wissenschaftliche Anforderungen an die katholischen Geistlichen S. 349. Der größte Theil der wissenschaftlichen Literatur ist für sie nicht vorhanden S. 350. Klage Schulte's hierüber S. 352. Unfähigkeit der ultramontanen Theologie gegenüber dem Materialismus S. 353. Erkenntniß des Uebels durch einzelne Männer S. 354. Anschauung der Ultramontanen über die Würde der katholischen Theologie S. 355. Folgen des Unfehlbarkeitsglaubens für die Theologen selbst S. 357. Unverantwortliche Haltung der berühmtesten katholischen Theologen gegenüber der Dogmatisirung der Unbefleckten Empfängniß S. 360. Döllinger's Begriffsbestimmung einer Entscheidung ex cathedra S. 363. Indifferente Stellung der gebildeten Laien zu jenem Dogma von der Unbefleckten Empfängniß S. 364. Mangel des Wahrheits- und Gerechtigkeitssinnes in der heutigen katholischen Theologie; Beispiele; Kirchenlexicon S. 366. Behandlung der Kirchengeschichte S. 370. Ein Blick auf die Exegese S. 376. Zustand der Dogmatik S. 382. Behandlung des Kirchenrechtes S. 389. Geständnisse des Janus S. 396. An der katholischen Theologie rächt sich die Unnatürlichkeit des Unfehlbarkeitsglaubens S. 398. Von „kirchlicher Sendung" kann für die wissenschaftliche Theologie nicht die Rede sein

S. 399. Döllinger's treffliche Bemerkung über das Amt des Theologen S. 400. Eine „kirchliche" Wissenschaft ist im heutigen Katholicismus unmöglich S. 401. Die „gläubigen" Theologen vertheidigen viel eifriger die Despotie als die Freiheit S. 402. Die Vollmacht zur Ertheilung gelehrter Grade sollen die theologischen Facultäten sich vom Staate geben lassen, statt sie vom Papste zu erbetteln S. 402. Glaubensbekenntnisse sind mit der Theologie wohl vereinbar S. 403. Bevormundung der Wissenschaft, dagegen Förderung einer halb heidnischen Erbauungs-Literatur durch die Bischöfe S. 405. Betrachtung der katholischen Theologie unter dem moralischen Gesichtspunkte S. 408. Doppelte Buchführung der katholischen Theologen S. 410. In Folge des Unfehlbarkeitsglaubens betrügen die Theologen ihre Nebenmenschen um die Wahrheit S. 412. Jener Glaube erzeugt schon in den jungen Clerikern den abscheulichsten Dünkel S. 413. In keinem andern Stande begegnet man so ekelhaftem Hochmuthe S. 415. Haß und Uneinigkeit der Unfehlbarkeits-gläubigen Theologen unter sich S. 416. Es mangelt denselben der sittliche Schwerpunkt S. 417. Erwägung über die Pseudonymität des Janus S. 418. Der Glaube an die Unfehlbarkeit der hierarchischen Satzungen hindert das Christenthum und die Wahrheit an ihrer Selbstbewährung. S. 420.

XI. **Betrachtungen über den Janus als Ausgangspunkt für eine durchgreifende Reform der katholischen Kirche** S. 422—455.

Nothwendigkeit einer Umgestaltung der ganzen katholischen Theologie S. 422. Apologie der Reformation durch Janus S. 424. Noch mangelt in der katholischen Theologie der reformatorische Geist S. 425. Die Macht der Bischöfe ist noch zu groß, die Staatsregierungen sind noch zu gleichgültig und sehen der Sache zu wenig auf den Grund S. 426. Blick auf Bayern S. 427. Auch der Janus legt allzu großes Gewicht auf die Gläubigkeit der Theologie S. 430. Anders die protestantische Theologie S. 432. Aufgeben der ganzen Lehrbildung des Mittelalters S. 433. Namentlich der Sacramentenlehre S. 435. Der Janus müßte zu einem Schisma führen S. 439. Aber nur das Fallenlassen der Göttlichkeit des päpstlichen Primates kann zu einer wahren Reform führen S. 442. Auch die Unfehlbarkeit der Kirche hat der Janus als eitles Phantom erwiesen S. 444. Vergleich des Janus mit Luther bezüglich ihrer Stellung zu den Concilien S. 445. Die jetzige Reform muß zugleich eine Reform der des 16. Jahrh. sein S. 448. Bekenntniß des Janus über die gänzliche Unzuverlässigkeit des sog. kirchlichen Consenses S. 449. Der Janus hat den tiefen Stand der allgemeinen Bildung des Mittelalters im Verhältniß zur Gegenwart zu wenig in Rechnung gebracht S. 452. Unsere Zeit steht an Wahrheits- und Gerechtigkeitssinn hoch über dem Mittelalter S. 453. Ungerechte Urtheile hierüber von heutigen Bischöfen S. 454.

XII. **Eine große einheitliche Nationalkirche ist die einzig mögliche und würdige Lösung der kirchlichen Wirren in Deutschland** S. 456—534.

Papstthum und Hierarchie sind irreformabel S. 456. Die Hoffnung der Zukunft beruht auf den Gebildeten des Volkes S. 457. Dieß gilt sowohl von der katholischen als von der protestantischen Kirche S. 459. Die Laien werden auch bei den Katholiken wieder in ihre kirchlichen Rechte eingesetzt werden müssen S. 461. Die katholischen Theologen müssen mit den gebildeten Laien sich verbünden S. 463. Aller Absolutismus der Confessionalität wird aufzugeben sein S. 464. Eben darum auch aller Unfehlbarkeitswahn S. 465. Dafür muß aber ein ernster moralischer Muth sich einstellen S. 466. Die Rücksicht auf das Christliche und Nationale soll jeder confessionellen Rücksicht vorgehen S. 467. Auch im Protestantismus wird dieß dem Katholicismus gegenüber noch allzu wenig befolgt S. 468. Unklarheit über Begriff und Wesen des Protestantismus. Widersprechende Aeußerungen Schenkel's S. 469. Gerechte Foderung des Protestantismus an den Katholicismus S. 476. In wie weit ein Katholisiren bei Protestanten gerechtfertigt sein kann S. 478. Die katholische Verfassung läßt sich aber nicht ohne Weiteres für die deutsche Nationalkirche empfehlen S. 479. Es muß auf die alte kirchliche Disciplin wieder zurückgegangen werden, die der Romanismus gänzlich verlassen hat S. 480. Die Prätension der Unfehlbarkeit seines Kirchenthums kann und muß der deutsche Katholik aufgeben. Richtige Bemerkung Bunsens S. 481. Die Besonnenen in beiden Kirchen verfolgen das gleiche Ziel S. 482. Ein gemeinsames Bekenntniß ist unumgänglich nöthig S. 483. Die Parteinamen Katholiken und Protestanten sind der Vereinigung im hohem Grade hinderlich S. 485. Nicht erst von der noch steigenden Macht des Materialismus dürfen die Theologen die Einigung erwarten S. 486. Auch die liberalen Katholiken sollten den Protestanten sich vertrauensvoller nähern S. 487. Nur eine einzige deutsche Nationalkirche muß sich bilden S. 489. Die große Mehrzahl der Bevölkerung ist ja ohnehin nicht mehr orthodox auf keiner der beiden Seiten S. 491. Die ächte christliche Civilisation kann durch exclusive Symbole nicht gefördert werden S. 492. Die allgemeine Bildung steht um so tiefer, je größer die Zahl der Ultramontanen ist S. 493. Die gegenwärtige Stellung Frankreichs zum Ultramontanismus S. 494. Gegensatz zu Deutschland S. 495. Fanatismus des französischen Clerus gegen alle Akatholiken. Predigten des P. Felix S. 496. Die Deutschen können vom Romanismus nichts Gutes hoffen S. 498. Auch die liberaleren Männer im italienischen Clerus sind für die deutsche Kirche ohne alles Verständniß S. 499. Selbsterniebrigung katholischer Theologen Deutschlands den Italienern gegenüber S. 500. Klage Cantù's über die theologische Unwissenheit in Italien S. 501. Aber die Katholiken und Protestanten Deutschlands fühlen das Bedürfniß gegenseitiger Ergänzung S. 502. Kirchlicher Rückschritt im heutigen Frankreich S. 503. Uebermacht der Ultramontanen S. 504. Wiedererwachen des leidenschaftlichsten Fanatismus gegen die Protestanten S. 506. Völlig blinde Hingebung an den Papst S. 507. Vertheidigung und Entschuldigung der größten Intoleranz und Gewaltthätigkeit gegen die Protestanten S. 509. Gegensatz zwischen Maret und dem Janus S. 511. Nothwendigkeit eines aufrichtigen Bündnisses der katholischen und protestantischen Theologen Deutschlands gegenüber dem romanischen Auslande S. 517. Gebotene Vorsicht gegen die Ultramontanen in Deutschland selbst S. 520. Entschiedenere Mitwirkung der Staaten zu einer kirchlichen Reform S. 521. Schluß. Resumé. Aufgeben des Absolutismus der hierarchischen Satzungen S. 522, sowie des egoistischen Mißbrauches der Religion durch die Staaten S. 523. Ein treffliches Wort Döllinger's S. 525. Pflicht des katholischen Clerus gegenüber dem Concil S. 526. Nur von ernster Wissenschaft, nicht von dem Unfehlbarkeitsglauben ist Heil zu hoffen S. 527.